W0182685

Weltbild

Lisa Jackson
Dich will mein Herz

FSC
www.fsc.org
MIX
Papier aus verantwortungsvollen Quellen
FSC® C014496

Dieses Buch wurde auf FSC®-zertifiziertem Papier gedruckt.

Titel der nordamerikanischen Originalausgaben:
A Husband to Remember

Erschienen bei: Silhouette Books, Toronto
He's The Rich Boy

Erschienen bei: HQN Books, Toronto
A Twist of Fate

Erschienen bei: Silhouette Books, Toronto

Published by arrangement with
HARLEQUIN ENTERPRISES II B.V. / S. à r. l.

Genehmigte Sonderausgabe 2017
für Weltbild GmbH & Co. KG,
Werner-von-Siemens-Straße 1, 86159 Augsburg
Besuchen Sie uns im Internet: www.weltbild.de

HarperCollins Germany GmbH
Valentinskamp 24
20354 Hamburg

Umschlaggestaltung: Johannes Frick, Neusäß
Umschlagabbildung: © Johannes Frick unter Verwendung eines Motivs von Shutterstock (© Dmitry Tsvetkov)
Satz, Druck und Bindung: GGP Media GmbH, Pößneck
Printed in Germany
Dieses Buch wurde auf FSC®-zertifiziertem Papier gedruckt.
ISBN 978-3-95649-787-2

Lisa Jackson

Das Herz vergisst nie

Roman

Aus dem Amerikanischen von
Eva Repolusk

Weltbild

Prolog

Dampfschwaden stiegen von dem Dschungelboden auf. Die Erde roch nach Feuchtigkeit, obwohl die sengende Tropensonne erbarmungslos das dichte Laubdach durchdrang. Ihre Lungen brannten, ihre Wadenmuskeln schmerzten, und sie schluckte die Angst herunter, die sie höher und höher hinauf in das Hügelland der Insel trieb. Über ihr eigenes schweres Atmen hinweg hörte sie die Brandung tief unterhalb der Klippen ans Ufer donnern, doch sie lief immer weiter und horchte angestrengt auf etwaige Geräusche ihres Verfolgers.

Gott, hilf mir, bitte. Ihre Beine waren zerkratzt von Ranken und Dornen, in ihren Sandalen stolperte sie über freiliegende Wurzeln und Steine. Sie kletterte den überwucherten Pfad hinauf und hoffte, sich auf der Hügelkuppe, hoch über dem Meer, verstecken zu können oder auf eine Weggabelung zu stoßen, die ihr zumindest die Chance eines Entkommens bot.

„*Pare!*“, befahl eine tiefe Stimme. „Bleib stehen!“

Er war dicht hinter ihr, viel zu dicht!

„*Dama! Por favor! Pare!*“

Panik erfasste sie. Der Weg führte hinaus aus dem dichten Wald, und sie fand sich auf den felsigen Klippen wieder. Die Sonne schien strahlend hell, das Wasser reflektierte das Licht und blendete sie beinahe. Sie hielt sich im Schatten der Bäume und rannte weiter aufwärts, nach Norden, fort von der Stadt.

Das nackte Entsetzen trieb sie vorwärts. Der Schweiß strömte ihr übers Gesicht; ihr Atem ging laut – zu laut. Ihr Herz raste, als sie die schmutzig grauen, langsam verfallenden Mauern der alten Missionsstation erblickte. Die Mission war zwar seit Jahren verlassen, stellte jedoch ihre einzige Hoffnung dar. Immerhin bestand die geringe Chance, dass sie dort auf jemanden traf, vielleicht einen Touristen oder Einheimischen, der ihr helfen konnte.

Sie begann den Aufstieg auf den letzten Hügel. Um nicht zu schreien, biss sie sich auf die Lippe und preschte den Weg längs der Klippen entlang. Ihre Füße traten Kiesel los, die herabfielen in die wütende weiße Gischt, die tief unten gegen das felsige Ufer donnerte.

Nur noch ein paar Meter.

Es sei denn, dort ist niemand.

Es sei denn, mein Verfolger hält dort schon jemanden bereit, der mich in Empfang nimmt.

Hinter ihr hastete der Mann den Pfad hinauf und kam immer näher. *Schneller! Lauf! Lauf!*

Tränen brannten in ihren Augen, aber sie rannte weiter, hörte ihn laut atmen und hoffte, dass er nicht bewaffnet war.

„Bleib stehen!“, brüllte er noch einmal. So nah. So verdammt nah.

Eine riesige Hand packte sie an der Schulter, und sie verlor den Halt. Ihr Fuß knickte um, und sie schrie auf. Im Fallen versuchte sie, sich an vertrockneten Grasbüscheln und spitzen Steinen festzukrallen, doch ihre Finger griffen ins Leere. Ihr Körper stürzte über den Rand der Klippe und schwebte hoch über dem felsigen Strand.

Sie wollte schreien, aber schon umfing sie Dunkelheit.

1. Kapitel

Stimmen, weit entfernt, wirr, lockend, hallten von irgendwoher aus der Dunkelheit, außer Reichweite.

„Wachen Sie jetzt auf“, sagte eine Frau mit starkem Akzent auf Englisch. „*Dios*, Sie haben genug geschlafen. *Señora*, hören Sie mich?“

Sie wollte antworten, konnte allerdings nicht, obwohl die Stimme inzwischen vertraut und freundlich klang, eine der Stimmen, die sie in den Momenten, wenn sie bei Bewusstsein gewesen war, gehört hatte. Sie hatte in der Dunkelheit oft viele Stimmen wahrgenommen und wusste, dass sie freundlich waren. Auf diese Stimmen konnte sie sich verlassen, sie würden ihr helfen – im Gegensatz zu den Stimmen in ihren Träumen, Stimmen, die sie in stummem Entsetzen schreien ließen, während vor ihrem inneren Auge immer und immer wieder die Hetzjagd durch den Dschungel ablief.

Wenn sie doch nur die Augen öffnen könnte.

„*Señora* – hören Sie mich? *Señora?*“ Die Krankenschwester versuchte wieder, mit ihr zu reden. „Ihr Mann … er ist hier. Wartet darauf, dass Sie aufwachen.“

Mein Mann. Aber ich habe keinen Mann …

Sie schluckte. Herrgott, hatte sie Sand in der Kehle? Und dieser Geschmack in ihrem Mund – eklig und bitter. Metallisch. Ihr Magen brannte. Für einen Moment gelang es ihr, die Lider zu heben. Licht drang in die zugeschwollenen Augenschlitze, was eine Explosion von Schmerzen in ihrem Gehirn auslöste. Sekundenlang sah sie eine korpulente Frau, die sich über sie beugte – eine Frau in Weiß, mit großen Brüsten, besorgter

Miene, dunkler Haut und schwarzem Haar, das unter einem gestärkten weißen Schwesternhäubchen zu einem festen Knoten geschlungen war.

Kluge braune Augen blickten sie an, und die Schwester setzte zu einem Redeschwall auf Spanisch an, den sie nicht annähernd verstand. Wo war sie? In einem Krankenhaus vermutlich, aber wo?

Sie konnte sich nicht konzentrieren, konnte den Namen auf dem Schildchen auf dem mächtigen Busen der Frau nicht lesen. „Der Arzt, er ist auf dem Weg hierher – und Ihr Mann, wir haben ihm gesagt, dass Sie aufwachen."

Ich bin nicht verheiratet, wollte sie erwiderten, konnte die Worte jedoch nicht formen, und wieder überrollte sie eine Woge von Dunkelheit.

„Oh nein ... sie fällt wieder in ..." Die Schwester wechselte erneut ins Spanische und bellte Anweisungen.

Die Dunkelheit war friedvoll und ruhig und kühl.

„Wir verlieren sie wieder!", rief die Stimme der stämmigen Schwester aus der Finsternis. *„Señora! Señora!* Wachen Sie auf. Wachen Sie einfach wieder auf!" Sie spürte kräftige Finger an ihrem Handgelenk, die sich rasch bewegten und versuchten, sie zurück ins Bewusstsein zu holen, doch das Fallen hatte begonnen, und sie schwebte stetig der schwarzen Leere entgegen, dankbar für die Erleichterung, die sie brachte.

„Nikki!", sprach eine Männerstimme sie an, doch es war zu spät.

Nikki?

„Ihre Frau, sie wacht bald auf", erklärte die Krankenschwester.

Ich bin mit niemandem verheiratet. Ich bin ... Panik erfasste sie, als sie nach einem Namen suchte, nach einer Erinnerung, nach irgendetwas, was sie noch wusste. Aber da war nichts.

„Nikki, bitte. Wach auf." Erneut der Ehemann. *Ehemann?* Ihre Lider flatterten sekundenlang, und ihr Blick fiel auf ein sehr männliches Gesicht. Strenge scharfe Züge, dichte Brauen und aufgewühlt blickende blaue Augen drangen in ihr umnebeltes Gehirn vor. Seine Lippen waren schmal und sinnlich, seine Nase war ein wenig krumm, und sie war sicher, ihn nie im Leben gesehen zu haben.

„Nikki, komm schon. Wach auf."

Doch die Dunkelheit überspülte sie erneut, riss sie in ihren sicheren stillen Wirbel zu einem Ort, wo sie sich nicht nach ihrer Vergangenheit fragen und nicht überlegen musste, warum dieser Mann, dieser Fremde, behauptete, mit ihr verheiratet zu sein.

Der Duft von Rosen und Nelken durchzog den allgegenwärtigen Geruch nach Antiseptika, und sie hörte Musik, eine sanfte spanische Ballade, hin und wieder unterbrochen von statischem Rauschen, während die Melodie durch ihren Schlaf wehte und sie langsam in den Wachzustand holte. Sie wollte sich recken, aber ihre Muskeln rebellierten, und sie hatte das Gefühl, als hätte sie Ewigkeiten so dagelegen. Alles tat ihr weh, und in ihrem Kopf – mein Gott, ihr Kopf – war ein pochender Schmerz, der ihr die Tränen in die Augen trieb.

Langsam und unter Schmerzen hob sie die Lider und schaute auf eine weiß verputzte Zimmerdecke. Es war dämmrig, doch durch ein einziges Fenster fiel schwindendes Tageslicht und hielt die völlige Dunkelheit aus dem Zimmer fern. Sie blinzelte und ließ den Blick durchs Zimmer schweifen – ein Krankenzimmer, wie es schien, mit weiß verputzten Wänden, gefliestem Boden und zwei Einzelbetten, von denen eines unbelegt und nicht hergerichtet war.

Sie spürte die Präsenz des Mannes, noch bevor sie ihn sah. Als sie leicht den Kopf drehte und gegen das brennende Stechen die Luft anhielt, erkannte sie einen Fremden, der auf dem einzigen Stuhl hockte. Er war unrasiert, die Ärmel seines zerknitterten Hemds waren hochgekrempelt, die Beine in seinen Jeans hatte er weit von sich gestreckt. Groß war er, mit finsteren, entschlossenen Zügen. Die Lippen bildeten einen harten schmalen Strich. Er starrte an ihr vorbei auf die Tür zum Flur, hinter der Musik gedämpfte Stimmen und das Rasseln eines Wagens begleitete, der durch den Korridor geschoben wurde.

Böse Vorahnungen ließen ihre Nerven vibrieren, sowie sie ihn anschaute. Es musste einen Grund für seine Anwesenheit geben – aber welchen? Und wer war er? Er sah gefährlich aus mit dem kantigen Kinn, das Entschlossenheit verriet, und Schultern, so breit, dass sie die Stuhllehne verbargen, und er schien seit mindestens einer Woche nicht geschlafen zu haben. Zusätzlich zu seiner zerknitterten Kleidung war sein Haar zerzaust und reichte ihm bis zum Kragen, und der Typ strahlte etwas Bedrohliches aus.

Als ob er plötzlich spürte, dass sie ihn ansah, ließ er den Blick hastig zurück zum Bett schweifen, und Augen, blau wie die karibische See, fixierten sie mit so unbeirrbarer Eindringlichkeit, dass es ihr einen Angstschauer über den Rücken jagte. Sei nicht albern, ermahnte sie sich. *Er ist doch offensichtlich ein Freund.* Und dennoch hatte er etwas Beunruhigendes an sich, etwas, woran sie sich hätte erinnern müssen, etwas, was wichtig war. Etwas Verzweifeltes. Sie strengte ihr Gedächtnis an, aber Schmerzen schossen durch ihren Kopf.

Sie rechnete mit einem Lächeln von ihm, doch stattdessen verkniff er leicht die Mundwinkel, da er sah, dass sie wach war.

„Nikki."

War das ihr Name? Er erschien ihr passend, aber trotzdem … Sie wollte etwas erwidern, ihn fragen, wer er war, allerdings versagte ihre Stimme, und es fühlte sich an, als hätte sie Sand in ihrem ausgetrockneten Mund. Sie strich mit der Zunge über die Lippen und versuchte, sich aufzurichten, aber erneut schoss ein brennendes Stechen durch ihren Kopf.

„Hey, Moment.“ Sofort war er auf den Füßen und drückte sie mit großen schwieligen Händen sanft an den Schultern zurück ins Kissen. „Langsam, Nikki. Du wirst noch viel Zeit zum Reden haben, glaub mir.“

Er kannte sie, doch sie war sicher, ihn nie zuvor gesehen zu haben … Nein, einmal war sie kurz bei Bewusstsein gewesen, und da hatte ebendieser Mann mit den kalten blauen Augen forschend in ihre geblickt. Sie versuchte sich zu konzentrieren, verzog jedoch vor Kopfschmerzen das Gesicht und bekam einen Würgereiz. Es gab etwas über ihn, was sie hätte wissen müssen. Etwas Wichtiges.

Er bot ihr einen Schluck Wasser aus dem Glas auf ihrem Nachttisch an und knickte den Strohhalm, damit sie besser trinken konnte. Das Wasser war warm und schmeckte leicht metallisch, und nach ein paar Zügen schüttelte sie den Kopf, und er stellte das Glas zurück auf den Tisch.

„Wer … wer bist du?“, fragte sie mit heiserer, leicht piepsiger Stimme, die klang wie ein schlecht gestimmtes Musikinstrument.

Sekundenlang dachte sie zu bemerken, dass er argwöhnisch die Augen zusammenkniff. „Das weißt du nicht?“

„Nein … Ich …“ Voller Panik durchforschte sie ihr Gedächtnis oder vielmehr das, was davon übrig war. Sie fand nichts. *Nichts.* Nicht nur nichts über diesen Mann oder dieses Krankenhaus oder sich selbst. „Ich … ich kann mich nicht erinnern …“ Aber wie war das möglich? Sie versuchte, sich zu konzentrieren, aber ihr Gehirn förderte nicht ein einziges Ereignis aus ihrer Vergangenheit zutage – keine Person, keinen Ort, kein geliebtes Haustier oder Buch. Nichts. „Oh Gott“, flüsterte sie. Ihr Herz hämmerte, ihre Handflächen wurden feucht. „Ich erinnere mich nicht …“

Er strich ihr das Haar aus der Stirn und wollte offenbar etwas sagen, bremste sich aber, und der scharfe Blick, mit dem er sie bedachte, verriet, dass er ihr nicht glaubte.

„Wer *bist* du?“, fragte sie. Instinktiv wusste sie, dass sie diesem Mann gegenüber keinerlei Schwäche zeigen durfte.

„Ist das dein Ernst? Du leidest an Amnesie?“, spöttelte er leise.

„Ich kann …“

Plötzlich beugte er sich über sie, umfasste ihr Gesicht mit beiden Händen und küsste sie mit einer Intimität, die von Tausenden vorangegangenen Küssen sprach. Seine Lippen verschmolzen warm und besitzergreifend mit ihren, und ihr Herz, das angstvoll schlug, begann zu rasen, bis das Blut in ihren Adern pulsierte. Er stöhnte leise und flüsterte: „Du hast mir gefehlt, Nikki. Mein Gott, ich hatte solche Angst.“ Sein Mund suchte erneut ihren, so leidenschaftlich, dass sie zitterte und in dem Kuss versank, bevor sie ihren Verstand einschalten konnte.

Schluss mit diesem Wahnsinn. Schluss jetzt!

So überzeugend seine Lippen und seine Hände auch waren, auf diese Weise durfte sie nicht reagieren, denn tief in ihrem Herzen war ihr klar, dass dieser Kuss nicht echt war – dass dieser Mann seine Leidenschaft und Fürsorge nur vorspielte. Das wusste sie instinktiv. Sie versuchte, sich zu wehren, aber die Kanüle in ihrem Arm behinderte sie, und sein Mund bewegte sich langsam und sinnlich auf ihren Lippen.

„Gott sei Dank, dass du wohlauf bist.“ Wieder küsste er sie.

Auf ein leises Hüsteln von der Tür her richtete er sich auf; die Röte kroch ihm in den Nacken. Verlegen lächelte er die Schwester an, die im Türrahmen stand. „Sie ist aufgewacht“, meinte er und zuckte die Achseln mit der unschuldigen Hinterlist eines Kindes, das Kekse genascht hat. Jede Spur der Kälte, die sie bei ihm gespürt hatte, verbarg er schnell.

„*Dios.* Dank sei der Jungfrau Maria.“ Die Schwester, eine kräftige, vollbusige Frau mit Augen, so schwarz wie Obsidian, trat an Nikkis Bett. Sie unterdrückte ein Lächeln über die zärtliche Szene, die sie gerade beobachtet hatte, und scheuchte den

Mann fort vom Bett, der plötzlich wie ein liebeskrankes Hündchen wirkte.

Nikki versuchte, eine Erklärung abzugeben. „Ich weiß nicht, was hier los ist, aber …“

„Schsch, Señora. Bitte.“ Schwester Consuela Vasquez, was das Namenschild an ihrem üppigen Busen verriet, maß routiniert Nikkis Puls, den Blutdruck und die Temperatur. Nikki wollte protestieren, Fragen stellen, doch die Frau befahl ihr zu warten. „Zuerst müssen wir wissen, wie es Ihnen geht. Dann erzählen Sie uns alles. In Ordnung?“

Nikki wartete ungeduldig, wollte sich dem Blick des Fremden entziehen, der sie während der gesamten Untersuchung nicht aus den Augen ließ. Schließlich, nachdem Schwester Vasquez den Infusionsbeutel geprüft und Informationen in Nikkis Krankenakte gekritzelt hatte, schenkte sie Nikki ein ehrliches, erleichtertes Lächeln. „Nun, Señora Makinzee, Sie sind aufgewacht. *Qué tal?*“

Nikki zog die Brauen zusammen und schüttelte den Kopf. „Ich … Ich verstehe nicht. Ich spreche kein Spanisch.“

„Sie fragt, wie du dich fühlst“, mischte sich der Mann ein.

„Als wäre ich von einem Sattelschlepper überfahren worden.“

„*Cómo?*“

Die Mundwinkel leicht hochgezogen erklärte der Fremde es der Schwester, und Consuela Vasquez schmunzelte.

„*Sí.* Sie haben Glück, dass Sie noch leben. Ihr Mann … Er hat Ihnen das Leben gerettet.“

Nikki schaute zu dem Mann, der sich übers Bett beugte. Er lächelte nicht mehr, und sein Blick war plötzlich undeutbar. Seine Mimik veränderte sich wie ein Chamäleon. „Ach ja?“, flüsterte sie. Ihr Herz hämmerte, der Schweiß lief ihr über den Rücken. Sie wollte sich der Schwester anvertrauen, ihr die beängstigende Schwärze erklären, die sich offenbar dort befand, wo ihr Erinnerungsvermögen hätte sein sollen, aber sie zögerte und fragte sich, ob es klug wäre, es einzugestehen, solange dieser Mann – dieser Mann, der sie so leidenschaftlich geküsst hatte, während sie hilflos im Bett lag – im Zimmer war. „Mein Mann? Aber ich bin nicht verheiratet."

Das Lächeln der Schwester erlosch. „Er ist Ihr Mann, *Señora.*"

Erneut schüttelte Nikki den Kopf, doch ein stechender Schmerz schoss durch ihr Gehirn und ließ sie nach Luft ringen. „Ich bin nicht verheiratet", wiederholte sie und begegnete dem Blick des Mannes, des Typs, der behauptete, sie wären ein Ehepaar. Bildete sie es sich nur ein, oder spannten sich seine Kiefer leicht an?

„Aber, Señor Makinzee ..."

„McKenzie. Trent McKenzie." Sein Blick wurde nicht wärmer, während er nun hinzufügte: „Erinnere dich, wir haben geheiratet, kurz bevor wir nach Salvaje in die Flitterwochen geflogen sind."

Lieber Himmel, sagte er die Wahrheit? Warum sollte er lügen? Aber sie würde sich doch bestimmt an ihre eigene Hochzeit erinnern!

„Ich heiße ..." Sie blinzelte gegen den rasenden Schmerz, als sie versuchte, einen Blick hinter die verschlossene Tür in ihrem Bewusstsein zu erhaschen.

„Nikki Carrothers", half Trent ihr auf die Sprünge.

Das hörte sich richtig an. Der Name passte wie ein lieb gewordenes altes Paar Hausschuhe.

„Nikki Carrothers McKenzie."

Die Hausschuhe waren plötzlich zu eng. „Das glaube ich nicht", erwiderte sie verunsichert. War es möglich, dass sie mit diesem Mann verheiratet war? Sie musterte ihn, stellte ihn sich ohne die Bartschatten vor, ohne die Falten der Erschöpfung um die Augen, mit gekämmtem Haar. Man konnte ihn wohl als attraktiv bezeichnen. Er war knapp eins neunzig groß, mit breitem Brustkorb, der sich zu schmalen Hüften verjüngte, und Muskeln, die bei jeder Bewegung deutlich zu erkennen waren. Geschmeidig und gefährlich. Denn seine Augen enthielten nicht die Spur von Wärme. Unsterbliche Liebe war sicher nicht der Grund, aus dem er an ihrem Bett stand.

„Keine Erinnerungen?“, fragte die Schwester.

Versuch es, Nikki, versuch es. Sie senkte sekundenlang die Lider und strengte sich an, ihre Erinnerungen – ihr *Leben* – zurückzuholen. „Keine einzige. Ich … Ich … Ich kann mich einfach nicht erinnern“, gestand sie widerwillig. Ihr Kopf dröhnte.

Consuelas Miene wurde noch besorgter. „Dr. Padillo kommt gleich. Er wird mit Ihnen reden.“ Sie schaute Trent fragend an und hastete dann, nachdem sie Nikki eine Wäsche, ein Frühstück und ein Schmerzmittel versprochen hatte, mit raschelnder Tracht zur Tür hinaus. Trent folgte der Schwester auf den Flur, und sosehr Nikki auch die Ohren spitzte, hörte sie doch nur Fetzen des im Flüsterton auf Spanisch geführten Gesprächs. Was wollte sie in diesem fremden Land – in einem Krankenhaus, um Himmels willen – ohne Erinnerungsvermögen?

Ihr Kopf pochte, und sie versuchte, die Arme zu heben. Der linke war am Bett fixiert, die Kanüle mit Pflaster an ihrem Handgelenk befestigt. Der rechte Arm war frei, schmerzte allerdings, wenn sie probierte, ihn zu bewegen. Und jetzt, nachdem die Kopfschmerzen in ein dumpfes Dröhnen übergegangen waren, stellte sie fest, dass ihr alles wehtat. Ihre Beine und ihr Rumpf – alles – fühlte sich zerschunden und zerschlagen an.

Ihr Mann. Er hat Ihnen das Leben gerettet.

Ihr schnürte sich die Kehle zu. Was hatte sie mit Trent McKenzie zu schaffen?

Sie blickte sich im Zimmer um, betrachtete die dicken verputzten Wände und das einzige Fenster. Verblassendes Sonnenlicht strömte durch die Wedel einer Palme, die sich direkt vor der Scheibe im Wind wiegte und an der Wand am Fußende ihres Betts ein Schattenspiel erzeugte. Das Fenster war einen Spalt geöffnet, und der Geruch des Meeres wehte durch den Raum und vermischte sich mit dem Duft der Rosen, zwei Dutzend rote Knospen, und der weißen Nelken, die in einer Vase auf dem Tisch standen.

Die Karte war geöffnet und an einer riesigen weißen Schleife befestigt, deren Aufschrift lautete: „In Liebe, Trent". Diese Blumen stammten von dem kalten Mann, der behauptete, mit ihr verheiratet zu sein? Nikki versuchte, sich Trent McKenzie in einem Blumenladen vorzustellen, wo er Vasen voller Schnittblumen – Lilien, Glockenblumen und Orchideen – begutachtete. Es gelang ihr nicht. Der Mann, der in ihrem Krankenzimmer Wache gehalten hatte, war hartgesotten und argwöhnisch, und sein Blick hatte etwas Grausames an sich. Ausgeschlossen, dass er die Blumen geschickt hatte. Und ausgeschlossen, dass sie ihn geheiratet hatte.

Aber warum sollte er lügen?

Wenn sie sich doch bloß erinnern könnte! Der pochende Schmerz in ihrem Kopf setzte wieder ein.

Irgendwo auf dem Flur stöhnte ein Patient, eine Frau weinte leise. Klingeln schrillten, Leute eilten durch die Flure. Mehrere Personen gingen an der Tür vorbei, sämtlich schwarzhaarig und mit dunklem Teint, Bewohner dieser Insel vor der Küste Venezuelas. Als Trent ihr gegenüber Salvaje erwähnte, hatte Nikki blitzartig ein Bild der Tropeninsel vor Augen gehabt. Es war ein Bild aus einem Reisekatalog, in dem Salvaje als Paradiesgarten, als fremdartige tropische Insel geschildert wurde, versehen mit Fotos, kleinen Bildern von weißen Sandstränden, üppigem dichten Laubwerk, glücklichen Bewohnern und atemberaubend schönen zerklüfteten Felsen, die sich aus dem Meer zu erheben schienen. Nikkis Puls begann zu rasen, sowie sie sich an ein letztes Foto in dem Katalog erinnerte, das Bild einer Missionsstation, vor hundert Jahren auf dem höchsten Punkt der Insel errichtet. Die Mission mit dem zerfallenden Glockenturm und der verwitterten Madonnenstatue. Die Mission aus ihrem Albtraum.

Sie verkrampfte sich, ihr Herz pochte heftig. Was tat sie hier auf Salvaje, und warum behauptete dieser Mann, der einzige Amerikaner, den sie gesehen hatte, ihr Mann zu sein? Wenn sie sich doch erinnern würde! Sie schloss die Augen, kämpfte gegen die schwarze Leere in ihrem Bewusstsein und hörte das rhythmische Klacken von Stiefelabsätzen auf den Fliesen.

Er war zurück. Vor Angst spannten ihre Muskeln sich an, aber sie zwang sich, die Lider zu heben, und sagte sich, dass er ihr unbeabsichtigt einen Fetzen Erinnerung beschert hatte, als er Salvaje, die Wilde Insel, erwähnte. Wenn sie konnte, sollte sie versuchen, ihm noch mehr Informationen zu entlocken, in der Hoffnung, dass jedes kleine Stückchen vielleicht Weiteres aus ihrer Vergangenheit heraufbeschwor.

Er trat an ihr Bett und baute sich mit seiner zynischen Art und seinem lügenden Blick vor ihr auf. Nikki, am Bett fixiert, gezwungen, unter einer dünnen Bettdecke still zu liegen, fühlte sich unglaublich verletzbar und wusste instinktiv, dass sie sich vor dem Sturz nicht so gefühlt hatte. „Dr. Padillo ist informiert“, erklärte Trent etwas weniger barsch. „Er kommt binnen einer Stunde. Vielleicht können wir dich dann hier herausbringen.“

„Wohin gehen wir dann?“

„Zurück ins Hotel, wo wir unsere Koffer packen. Dann nehmen wir den ersten Flug nach Seattle, sobald du reisefähig bist.“

Seattle. Ihre Heimat war der Pazifische Nordwesten. Sie hätte ihm fast geglaubt. „Haben wir dort ein Haus?“, fragte sie und bemerkte, wie er die Zähne zusammenbiss und zögerte.

„Ich habe ein Haus. Du hast eine Wohnung, aber wir haben geplant, dass du nach unserer Rückkehr mit deinen Sachen bei mir einziehst.“

„Wir … Wir haben in Seattle geheiratet?“

Der Blick, mit dem er sie forschend anstarrte, verriet seinen Verdacht, dass sie irgendwie beabsichtigte, ihm eine Falle zu stellen.

„Vor einem Friedensrichter. Eine kurze Zeremonie, bevor wir hierher in die Flitterwochen geflogen sind.“

Keine große Hochzeit? Eine heimliche Heirat? Was war mit ihrer Familie – ihren Eltern? Sie lebten doch sicher noch … Ihr Magen zog sich zusammen, als sie versuchte, sich auf Seattle zu konzentrieren – die Stadt am Puget Sound. Vor ihrem inneren Auge sah sie graues Wasser, weiße Fährschiffe und kreisende Möwen an einem wolkenverhangenen Himmel. Erinnerungen? Oder eine Ansichtskarte, die irgendein Bekannter ihr geschickt hatte?

Trent massierte sich die Schultermuskeln, als würden sie ihm von seiner Wache schmerzen. Sie beobachtete die Bewegungen seiner Hand und fragte sich, ob genau diese Hände sie intim berührt hatten. Hatten sie über ihre Rippen gestrichen, waren sie besitzergreifend über ihren Schenkel gelitten, hatten sie sich um ihren Nacken gelegt und sie an seinen Körper gedrückt, mit einer Leidenschaft, so heiß wie ein Vulkan? Und hatte sie ihrerseits ihn berührt, ihn geküsst, mit ihm geschlafen? Hatte sie die Finger mit den dichten schwarzen Haarsträhnen in seinem Nacken verwoben? Hatte sie verwegen die Hand in den Bund seiner abgetragenen Jeans geschoben? Hilflos biss sie sich auf die Lippe. Trent war sexy, maskulin und gefährlich, und dennoch … Wenn sie mit ihm geschlafen hatte, wenn ihr nackter Körper sich mit seinem vereinigt hatte, würde sie sich dann wirklich nicht daran erinnern?

Trent wandte sich zu ihr um, ertappte sie dabei, dass sie seinen Rücken musterte, und für eine Sekunde fiel die harte Schale von ihm ab, und in seinen Augen blitzte ein Funken von Bedauern auf. Nikki wurde es eng in der Brust; sie bekam kaum noch Luft, denn hinter dem Bedauern erkannte sie auch einen Hauch von körperlichem Verlangen. Hastig wandte er den Blick ab, als fürchtete er, seine Augen könnten seine Gefühle verraten.

„Wer bist du wirklich?", fragte Nikki.

Er verzog den Mund. „Du erinnerst dich ehrlich nicht an mich?"

„Warum sollte ich lügen?"

„Warum sollte *ich* lügen?"

Sie hob leicht die ringlosen Finger ihrer linken Hand an und bewegte sie demonstrativ.

Er presste die Lippen zusammen. „Hausordnung. Dein Schmuck, inklusive Ehering, befindet sich im Safe."

„Kein heller Streifen auf der Haut."

„Keine Zeit zum Sonnenbaden. Wir sind erst ganz kurz vor deinem Sturz hier eingetroffen."

„Ich bin gestürzt?"

„Auf den Felsen bei der alten Missionsstation. Du kannst von Glück sagen, dass du noch lebst, Nikki. Ich dachte … Du hättest tot sein können."

Angst schnürte ihr die Kehle zu. „Ich kann mich nicht erinnern", flunkerte sie ihn an, wollte keine Bestätigung hören, dass ihr Albtraum der Wirklichkeit entsprach, dass er kein Produkt ihrer allzu lebhaften Fantasie war.

„Hast du mich den Berg hinauf verfolgt?", fragte sie. Es war kaum mehr als ein Flüstern.

Er zögerte, allerdings nur einen Herzschlag lang. „Du warst allein, Nikki", sagte er, und sie erkannte, dass er sie nach Strich und Faden belog. „Niemand war bei dir."

„Wo warst du?"

„Ich habe auf dich gewartet. In der Missionsstation. Ich habe nicht gesehen, wie du gestürzt bist." Sein Gesicht wurde kreideweiß, als würde er eine grausige Erinnerung noch einmal durchleben. „Ich glaube, es wäre am besten … für dich … nach Hause zu fliegen. Dort wirst du dich sicherer fühlen und den Unfall vergessen."

Den Unfall? Kalte Angst packte sie, und sie wünschte, sie hätte wieder laufen können, dass ihr Körper ihr gehorchen würde und sie flüchten könnte … Aber wohin?

„Ich glaube nicht, dass ich mich sicherer …"

„Aber du wärst in Sicherheit. Bei mir."

„Ich kenne dich nicht einmal", erwiderte sie, und das nackte Entsetzen drückte ihr die Luft ab.

Er seufzte und strich sich mit der Hand durch seine widerspenstigen Haare. „Vielleicht sollten wir nicht über diese Dinge reden. Der Arzt will nicht, dass du dich aufregst."

Jetzt riss ihr der Geduldsfaden, und sie schlug jegliche Vorsicht in den Wind. „Ich kann mich an gar nichts erinnern! Ich erinnere mich nicht an mein Leben, meinen Beruf, meine Eltern, meine Verwandten, und an dich erinnere ich mich erst recht nicht! Und da soll ich mich nicht aufregen?"

Sein Mund zuckte, und auf sein Gesicht trat wieder dieser kaltherzige Ausdruck. „Ich denke, wir sollten lieber auf Padillo warten. Hören, was er zu sagen hat."

Beim Klang seiner Stimme brach ihr Angstschweiß aus. Sie konnte sich an keine ihrer früheren Beziehungen erinnern, hätte allerdings schwören können, dass keiner der Männer ein so grober Kerl mit Falkenaugen, kantigen Zügen und abgenutzten Stiefeln gewesen war. Sie bemerkte die abgetragene Lederjacke, die er nachlässig über die Stuhllehne geworfen hatte, und seine schief getretenen Stiefelabsätze. Er bewegte sich unruhig wie ein Mensch, der es gewohnt war, immer wieder einen Blick über die Schulter zu werfen. Vor Furcht war ihr Hals wie ausgedörrt. War er ein Betrüger? Jemand, der sie entführen sollte? Oder war er tatsächlich ihr Mann?

Tausend Gründe für eine Entführung schwirrten ihr durch den Kopf, doch sie glaubte nicht, dass sie reich oder berühmt oder die Tochter irgendeines Tycoons war. Sie fühlte sich nicht wie eine politische Extremistin oder eine Kriminelle oder dergleichen … Aber aus irgendeinem Grund wollte dieser Mann, dass sie oder die Leute in diesem Krankenhaus annahmen, er wäre mit ihr verheiratet.

Sie hatte kaum Erinnerungen, war allerdings überzeugt, dass dieser Schwindler *nicht* ihr Ehemann war.

Doch wer auf dieser Insel würde ihr glauben? Bestimmt nicht Schwester Vasquez, die offensichtlich der Meinung war, dass Trent in seine angebliche Frau vernarrt war. Aber vielleicht der Arzt. Wenn sie Dr. Padillo allein sprechen konnte, gelang es ihr vielleicht, ihn davon zu überzeugen, dass etwas nicht stimmte.

Trent schaute aus dem Fenster, als hielte er nach jemandem unten auf dem Parkplatz Ausschau.

„Ich bin mir sicher, wenn ich tatsächlich mit dir verheiratet wäre, dann wüsste ich es", erklärte sie.

„Du wirst dich erinnern", erwiderte er kühl. Er lehnte sich mit der Hüfte an die Fensterbank, und sein Blick wanderte von Nikki zu dem Kruzifix an der Wand, dem einzigen Schmuck in dem ansonsten kahlen Raum. „Sobald ich dich hier rausgeholt habe."

„Aber das kannst du nicht", sagte sie, und Verzweiflung drohte sie zu überwältigen. Allein mit diesem Mann – ohne Erinnerungen an die Vergangenheit?

„Ich bin dein Mann, Nikki, und nachdem du jetzt aufgewacht bist, werde ich den Arzt um deine Entlassung bitten, sobald du fliegen darfst."

2. Kapitel

„Sie ist also wach!“, sagte der Arzt, der den Kopf in Nikkis Krankenzimmer steckte. Er war klein und rundlich, hatte ein breites Lächeln, dunkle Augen und einen Halbkranz von grauem Haar. Selbstbewusst betrat er das Zimmer. „*Buenos días*, Sie sind unsere schlafende Schönheit, Dornöschen, *sí*?“

Nikki fühlte sich alles andere als schön. Sie hatte Schmerzen am ganzen Körper und wusste, dass ihr Gesicht zerkratzt und von Blutergüssen verunstaltet war. „*Buenos días*“, sagte sie leise, froh, endlich jemanden zu sehen, der ihr vielleicht helfen konnte.

Der Arzt nahm ihre Krankenakte aus der Halterung am Fußende des Betts und überflog die Eintragungen. Sein Arztkittel, eine Nummer zu klein, spannte über seinem Bauch, und als er den Kopf hob und lächelte, zeigte sich eine Goldumrandung an einigen seiner Zähne. Auf seiner platten Nase saß eine kleine Nickelbrille. „Ich bin Dr. Padillo“, sagte er, legte die Krankenakte beiseite, rückte mit seiner Stiftleuchte näher, zog behutsam Nikkis Augenlid zurück und richtete den schmalen Lichtstrahl auf ihr Auge. „*Cómo se siente hoy?*“

„Wie bitte?“

„Sie versteht kein Spanisch.“ Als sie Trents Stimme hörte, verkrampfte sie sich.

Da der Lichtstrahl Nikki blendete, konnte sie Trent nicht sehen, doch sie spürte, dass er seinen Posten beim Fenster nicht verlassen hatte. Stunden hatte er auf der Fensterbank sitzend oder mit rastlosem Auf-und-ab-Schreiten am Fußende des Betts verbracht.

„Dr. Padillo hat gefragt, wie du dich heute fühlst." Als die Stiftleuchte erlosch, erhaschte Nikki einen Blick auf ihn. Er lehnte an der Fensterbank, hatte eine Hüfte sexy vorgeschoben.

„Willst du die Wahrheit?", fragte Nikki und blinzelte.

„Die Wahrheit und nichts als die Wahrheit", antwortete Trent.

„Als hätte man mich zu Hackfleisch verarbeitet."

Padillo zog die Brauen hoch und setzte seine Brille ab. „*Cómo?*"

Trent sagte etwas auf Spanisch, und der Arzt lächelte und polierte seine Brillengläser mit einem Zipfel seines Arztkittels. Er schob sich die Brille wieder auf die Nase. „Ihren Sinn für Humor haben Sie anscheinend nicht verloren, wie?"

„Nur mein Gedächtnis."

„Stimmt das?", fragte er Trent, was Nikki ziemlich wurmte. Nicht Trent hatte das Gedächtnis verloren, sondern sie, und es passte ihr nicht, dass die beiden Männer über sie redeten.

„Ja, es stimmt", sagte sie leicht verärgert.

Stirnrunzelnd prüfte Padillo ihr anderes Auge, knipste die Leuchte aus und sah Trent an, der sich aufgerichtet hatte und in Nikkis Blickfeld getreten war. Seine Miene war streng, seine gereizte Stimmung hatte sich nicht geändert. Dr. Padillo rieb sich das Kinn. „Sie haben sehr viel Glück gehabt, Señora McKenzie. Wir alle waren in großer Sorge um Sie. Besonders Ihr Mann."

„Krank vor Sorge", fügte Trent hinzu, und Nikki glaubte, einen Hauch von Spott in seinem Tonfall zu entdecken. Er sah sie kühl an, dann wandte er sich wieder dem Arzt zu.

Nikki wollte sich anders hinlegen, verzog jedoch das Gesicht, als Schmerzen durch ihr Bein fuhren. „Ich fühle mich, als hätte ich mir jeden Knochen im Leib gebrochen."

Padillo lächelte leicht, war wohl nicht sicher, ob sie scherzte. „Die Knochen – die sind in Ordnung. Abgesehen von Ihrem –", er warf Trent einen Blick zu, „– *tobillo.*"

„Von deinem Knöchel. Er ist verstaucht, aber nicht gebrochen", erklärte Trent ihr, wenngleich sie es lieber vom Arzt persönlich als von ihm gehört hätte. Die Vorstellung, dass Trent und Padillo über ihre Verletzungen oder sonst etwas redeten, was sie betraf, verursachte ihr Magenschmerzen.

„*Sí.* Der Knöchel ist geschwollen, aber zum Glück nicht gebrochen."

Wahrscheinlich sollte sie ihm das glauben, aber in ihrem Krankenbett, geplagt von Schmerzen am ganzen Körper, fühlte sie sich alles andere als glücklich.

„Ihre Muskeln schmerzen, und Sie haben Schnitt- und Schürfwunden – Prellungen. Fleischwunden. Sicher sind Sie …" Er zögerte.

„Blau und grün?", half Trent ihm aus.

Dr. Padillo grinste. „*Sí.* Viele Hämatome. Aber ich glaube, Sie werden es überleben." Seine dunklen Augen blitzten, als er sie leicht an den Armen und am Hals berührte und ihr Krankenhemd anhob, um die Hautabschürfungen in Augenschein zu nehmen, die sie auf ihrem Unterleib und dem Rücken spürte. „Diese Verletzungen müssen sauber gehalten und mit antibiotischer Salbe behandelt werden, damit sie heilen und sich nicht entzünden", ließ er Trent wissen. Um seinen Worten Nachdruck zu verleihen, deutete er auf einen Kratzer, der sich von ihrer rechten Achsel ausgehend über ihre Rippen zog, und ein Lufthauch streifte ihre Brust.

Peinlich berührt spürte sie, wie ihr die Röte über den Hals ins Gesicht stieg, was lächerlich war, falls Trent wirklich ihr Mann war. Bestimmt hatte er sie viel spärlicher als mit einem Krankenhemd bekleidet gesehen. Ihre Brüste waren nichts Neues für ihn. Trotzdem war sie froh, als der Arzt den dünnen Baumwollstoff wieder über sie legte und dem Anstand einigermaßen Genüge getan war.

Die Kopfschmerzen, die, solange sie wach war, nie ganz aufgehört hatten, steigerten sich wieder zu einem schmerzhaften Dröhnen. Alles tat ihr weh. Ihre gesamte rechte Seite war wund,

und sie spürte das Pochen in ihrem Knöchel. Padillo horchte sie mit einem Stethoskop ab und bat sie, die Hand zur Faust zu ballen und sich aufrecht hinzusetzen. Sie tat, was er verlangte, gestattete sich dann einen Blick in Trents Richtung, in der Hoffnung, dass er so viel Anstand besaß, aus dem Fenster zu blicken, doch er fixierte sie, als hätte er jedes Recht zuzusehen, während der Arzt sie untersuchte.

„Uuh!", entfuhr es ihr, als Padillo ihren rechten Fuß berührte.

Der Arzt runzelte die Stirn. „*Tiene dolor aquí.*"

„Was?"

„Er sagt, dass du dort Schmerzen hast – im Fuß."

„*Mucho* Schmerzen", sagte sie und biss die Zähne zusammen.

„*Sí.*" Padillo zog das Laken und die leichte Bettdecke wieder über sie. „Der Fuß wird noch ein paar Tage lang … schmerzempfindlich sein, doch gegen Ende der Woche werden Sie wieder damit auftreten können." Er schob die Hände in die Kitteltaschen und fügte hinzu: „Wir hatten uns schon gefragt, ob Sie überhaupt noch aufwachen."

„Wie lange war ich …?"

„Du hast sechs Tage lang im Koma gelegen", sagte Trent, und so, wie er aussah, hatte er sich offenbar während der ganzen Zeit ihrer Bewusstlosigkeit nicht rasiert. Vermutlich war es ein Zeugnis seiner unsterblichen Liebe, dass er fast eine ganze Woche an ihrem Bett gewacht hatte, und trotzdem hatte er etwas beinahe Raubtierhaftes an sich.

Noch einmal musterte sie seine harten Züge und suchte in ihrer Erinnerung nach Hinweisen auf dieses markante Gesicht. Wenn sie ihn geheiratet hatte, würde sie ihn doch sicher lieben, mit ihm im selben Bett schlafen, sich an irgendetwas erinnern, was ihn betraf. Sie biss sich auf die Lippe, als er ihren Blick erwiderte, mit Augen von undurchsichtigem Blau, die nichts von seinen Gefühlen preisgaben. Verzweiflung erfüllte ihr Herz.

„Die Schwester gibt Ihnen ein Schmerzmittel“, sagte Dr. Padillo, notierte etwas in ihre Krankenakte und lehnte sich dann mit der Hüfte gegen das Bett. „Erzählen Sie von Ihrer … *Dios*“, knurrte er und schnippte mit den Fingern.

„Amnesie“, ergänzte Trent.

„*Sí.* Haben Sie überhaupt irgendwelche Erinnerungen?“

Nikki ließ den Blick von dem Arzt zu Trent und wieder zurück wandern. Sie brauchte Zeit allein mit Padillo, doch Trent machte keinerlei Anstalten, sich zu verziehen. „Können wir unter vier Augen reden?“, fragte sie, und Padillo zog die Brauen zusammen.

„Wir sind doch unter uns …“ Sorgenvoll blickte er zu Trent auf.

„Bitte.“

„Aber Ihr Mann …“

„*Bitte*, Doktor. Es ist wichtig!“ Sie krallte die Finger in den gestärkten Stoff seines weißen Kittels.

„Das ist vielleicht eine gute Idee“, sagte Trent und zuckte lässig die Achseln. Als hätte er nichts zu verbergen. „Sie ist im Moment ein bisschen durcheinander. Vielleicht können Sie so manches mit ihr klären und ihrer Erinnerung auf die Sprünge helfen.“

Deinetwegen bin ich nicht durcheinander, dachte sie, hielt jedoch ihre Zunge im Zaum, denn es war nun einmal so, dass sie nicht das Geringste über sich selbst wusste.

Trent strich mit den Fingern an der Fußstange des Krankenbetts entlang. „Falls ich gebraucht werde: Ich warte im Flur.“ Mit leisem Klacken seiner Stiefelabsätze verließ er das Zimmer, schloss die Tür hinter sich, und Nikki stieß einen langen Seufzer aus.

„Dieser Mann ist *nicht* mein Ehemann“, versicherte sie, so nachdrücklich sie konnte.

„Nicht?“ Der Arzt zog skeptisch die Brauen hoch und musterte Nikki, als hätte sie tatsächlich den Verstand verloren.

„Ich … Ich bin mir ganz sicher.“

„Ihr Erinnerungsvermögen. Es ist zurück?“

„Nein, aber …“ Ach, es war hoffnungslos! Hilflos ballte sie eine Hand zur Faust, und Schmerz schoss in ihren Arm. „Ich würde mich doch an ihn erinnern. Ich weiß es genau!“ Ungebeten brannten heiße Tränen in ihren Augen, doch sie wollte nicht weinen.

Dr. Padillo tätschelte ihre Schulter. „Diese Dinge brauchen ihre Zeit.“

„Aber ich würde mich doch an den Mann erinnern, den ich geheiratet habe!“

„Wie Sie sich an Ihre restliche Familie erinnern?“

Sie antwortete nicht. Der Nebel, der ihre Vergangenheit einhüllte, wollte sich nicht lichten, und ihr blieben nur dunkle Schatten und verschwommene Gefühle, nichts Greifbares.

„An Ihr Zuhause? Ihr Haustier? Ihren Beruf? Erinnern Sie sich daran?“

Sie schloss die Augen und kämpfte gegen die Tränen, die hinter ihren verschwollenen Lidern brannten. Sie erinnerte sich an so wenig, und doch fühlte sie sich wie in der Falle, wie ein Insekt im klebrigen Netz einer Spinne, verletzlich und schwach. Sie blickte auf die Kanüle, durch die die Infusion in ihren Arm tröpfelte, auf das Metallgestell des Betts, den Verband an ihrem Arm und den winzigen Raum – ihr Gefängnis, bis sie wieder laufen konnte.

Wenn sie sich doch bloß erinnern könnte! Warum belagerte Trent wie ein aufmerksamer Wachtposten Tag und Nacht ihr Zimmer? Er konnte sich doch darauf verlassen, dass das Pflegepersonal sich um sie kümmerte. Oder war seine Besorgnis ganz anderer Art? Fürchtete er, dass sie flüchten könnte?

Sie schloss die Augen, während die Fragen in ihrem Kopf dröhnten. Warum zum Teufel befand sie sich auf dieser kleinen

Insel vor der Küste Venezuelas? Und warum um Gottes willen glaubte der Arzt ihr nicht? Es musste doch eine Möglichkeit geben, ihn zu überzeugen!

„Ich habe Trent McKenzie zum allerersten Mal gesehen, als ich aufgewacht bin."

„Sehen Sie! Das stimmt nicht. Er hat Sie schließlich ins Krankenhaus gebracht." Padillo lächelte ermutigend. „Geben Sie sich Zeit, Señora McKenzie. Ihr Amerikaner! Immer in Eile."

„Nennen Sie mich bitte Nikki."

„Na gut, Nikki. Überstürzen Sie nichts", sagte Dr. Padillo sanft. „Sie haben ... Glück gehabt. Der Unfall hätte viel schlimmere Folgen haben können."

Sein Tonfall ließ sie aufhorchen, und zum ersten Mal fragte sie sich, warum sie am ganzen Körper dermaßen zerschunden war. „Was ist passiert?", fragte sie, blickte zu dem Mann auf und wehrte sich gegen das grauenhafte Gefühl, dass der Mann, in dessen Hände der Arzt sie entlassen würde, von Natur aus gefährlich war.

„Ich habe mit Ihrem Mann und auch mit der *policía* gesprochen. Die Aussagen stimmen überein. Sie und Señor McKenzie sind in den Hügeln bei der Missionsstation gewandert. Diese Hügel sind stellenweise sehr ... *escarpadas* ... hm, spitz ... nein ..."

„Steil", kam sie ihm zu Hilfe, und ihr Albtraum stand ihr wieder lebhaft vor Augen. Die zerklüfteten Felsen. Die brüllende See. Die schwindelnden Höhen und die Missionsstation mit dem zerfallenden Glockenturm.

„*Sí.* Steil. Der Weg, auf dem Sie gingen, war schmal, führte am Rand der Felsen entlang, und Sie sind gestolpert, haben den Halt verloren und sind hinuntergestürzt. Glücklicherweise sind Sie auf einem ... *saliente – Dios* ... wie heißt das ...?"

„Auf einem Vorsprung gelandet", vervollständigte Trent den Satz, nachdem er die Tür geöffnet und die letzten Worte mitgehört hatte. Er nahm Nikki ins Visier, und sein Mund war ein schmaler Strich. „Du bist über den Rand gerutscht und ein Stück darunter auf einem Felsvorsprung gelandet. Wärst du nur einen Meter weiter gerutscht, dann wärst du über dreißig Meter tief ins Meer gestürzt."

Ein Ruck ging durch ihren Körper, als sie sich an den freien Fall erinnerte. *Der Albtraum entsprach demnach der Wirklichkeit. Gott steh mir bei!* Angst würgte sie, doch sie brachte in rauem Flüsterton hervor: „Und du hast mich gerettet?"

Seine Lippen spannten sich ein wenig. „Ich konnte dich nicht vor dem Sturz vom Felsen bewahren – ich befand mich bereits in der Missionsstation. Aber ich habe dich schreien gehört." Er biss die Zähne zusammen. „Ich folgte dem Schrei und rannte zu der Stelle, an der du abgestürzt warst. Zum Glück konnte ich zu dir heruntersteigen und dich zurücktragen."

Log er? „Wie bist du zu mir hinuntergekommen?"

„Es war heikel", gab er zu und krempelte den Ärmel seines Baumwollhemds auf. „Aber ich bin Bergsteiger."

„Du hast also nicht gesehen, wie ich gestürzt bin?"

Er hielt ihren Blick fest und zögerte Sekundenbruchteile lang. „Es tut mir leid. Ich hätte nicht vorausgehen sollen."

Nikki war nicht überzeugt, dass er die Wahrheit sagte, doch die Schmerzen machten ihr zu schaffen, und sie wusste, dass es sinnlos war, mit diesen beiden Männern zu diskutieren. War es möglich, dass Trent, wie er behauptete, ihr Retter war, oder war er der Mann, der sie verfolgt und vom Felsen gestoßen hatte? Doch wenn es so war, warum hätte er sie dann in ärztliche Obhut bringen sollen? Oh Gott, ihr Kopf tat so weh.

Schaudernd dachte sie an ihren Albtraum, wie ihre Füße auf dem steinigen Weg den Halt verloren und ihr Körper dem felsigen Strand tief unter ihr entgegenstürzte. Tief im Inneren hatte sie damit gerechnet, dass der grausige Traum Wirklichkeit war, trotzdem zitterte sie vor Angst, einer Angst – so kalt wie der Meeresgrund. Sie war nicht abgestürzt, sie war gestoßen worden, gejagt von jemandem … von jemandem, der düster und schlecht war. Sie blickte Trent ins Gesicht, in dieses ernste, entschlossene Gesicht. Es fiel ihr schwer, sich vorzustellen, dass er sie vor dem Tod bewahrt hatte … Beinahe hätte sie aufgeschrien, doch sie kämpfte gegen das Schaudern an, das ihren Körper erfasst hatte. Vor diesem Fremden, der behauptete, ihr Mann zu sein, durfte sie keine Schwäche zeigen, und sie musste sich einen Plan zurechtlegen, eine Möglichkeit zur Flucht aus dem Krankenhaus suchen und herausfinden, wer sie war. Herrgott, wenn ihr Kopf nicht so entsetzlich schmerzen würde, wenn sie ihren Knöchel belasten könnte, dann würde sie einen Weg finden, um die Wahrheit ans Licht zu bringen.

Ein Schatten fiel auf ihr Gesicht, als Trent sich übers Bett beugte. „Ich bin gleich zurück“, versprach er, und sein Atem streifte ihr Gesicht. Er hauchte ihr einen Kuss auf den Mund, und in der Berührung seiner Lippen lag so viel Wärme, dass Nikkis Herz einen Schlag lang aussetzte. War es denn möglich, dass sie sich in diesen dreisten, rücksichtslosen Mann verliebt hatte? Nikki hatte zwar keinerlei Erinnerung an ihre Vergangenheit, konnte sich jedoch nicht vorstellen, dass sie einen so Furcht einflößenden Mann geheiratet hatte, einen Mann, der durch seine bloße Präsenz alle Menschen in seiner Umgebung unter seinen Willen zwang. Ganz sicher hätte sie sich für einen freundlicheren, klügeren Mann entschieden – für einen eher intellektuellen Mann.

Seine Lippen strichen über ihren Mund, und Nikki hatte Mühe, steif und ohne jede Reaktion im Bett liegen zu bleiben. Trent hob den Kopf, nahm die Schultern zurück, strich sein Hemd glatt und zwinkerte Nikki zu. Das Lächeln auf seinen Lippen war eindeutig anzüglich – als ob er und sie irgendein düsteres, unanständiges Geheimnis teilten. Er klopfte kurz ans Bettgestell und verließ mit dem Arzt das Zimmer.

Innerlich schäumend malte Nikki sich tausendfach aus, wie sie ihn erwürgen würde. Seine kleine Einlage für den Arzt war nur Theater. Oder? Sein Kuss enthielt keine Leidenschaft, im Gegensatz zu dem vorherigen, und dennoch hatte sie einen Hauch von Gefühl empfunden, eine Zärtlichkeit, die sie nicht mit Trent McKenzie in Einklang bringen konnte, ganz gleich, wer zum Teufel er war. Ratlos biss sie die Zähne zusammen, wollte ihre Erinnerungen zwingen zurückzukommen, doch ihr Bewusstsein gab nur verschwommene Bilder her. Sie erinnerte sich an eine Wiese und an ein Pferd, auf dem sie ritt – nein, ein Pony, ein geschecktes Pony. Sie ritt ohne Sattel. Beinahe vom hohen Gras verborgen folgte ein Hund dem stämmigen kleinen Pferdchen. In einer Ecke der Weide standen Apfelbäume – vielleicht befand sich dort eine alte Obstwiese –, und jenseits des Zauns standen Eichen und Fichten.

Hatte das Pony ihr gehört? Sie stellte sich vor, dass auf der anschließenden stoppeligen Weide Vieh graste, doch das Bild verschwamm, und zurück blieb eine Leere, die Nikki nicht ausfüllen konnte. „Verdammt noch mal", sagte sie leise, als sie vergeblich versuchte, weitere Gedanken an ihre Vergangenheit heraufzubeschwören.

Was ist mit Trent? Deinem Mann? An ihn blieb ihr jegliche Spur einer Erinnerung versagt.

Sie drehte sich leicht auf dem zerknitterten Laken und schnappte nach Luft, als stechender Schmerz durch ihren Knöchel zuckte. Im Flur hörte sie Trent und Padillo leise im typisch spanischen Rhythmus reden. Natürlich sprachen sie über Nikki, aber sie konnte sie weder richtig hören noch verstehen. Frustriert wollte sie sich aufsetzen, sank jedoch zurück in die Kissen. Könnte sie doch aus diesem Bett steigen, zur Polizei marschieren oder zum Flughafen oder der amerikanischen Botschaft, sofern es die auf dieser gottverlassenen Insel überhaupt gab, um zu erfahren, wer sie war und wie sie hierhergelangt war.

Tränen stiegen ihr in die Augen, und sie schaute auf das Kruzifix an der Wand. „Gib mir Kraft", flüsterte sie. Schwester Vasquez kam mit ihren Medikamenten. Nikki erwog, die Einnahme zu verweigern, weil sie einen klaren Kopf bewahren musste, doch die Schmerzen waren zu heftig, und sie war dankbar für den Schlaf, den die kleinen Pillen ihr schenken würden. Bereitwillig schluckte sie das Beruhigungsmittel und wartete darauf, dass der Schmerz allmählich nachließ und die Schläfrigkeit einsetzte. Als sie die Augen schloss, waberte eine alte Werbebotschaft durch ihr Hirn. *Wie auf Wolken schweben …*

Wenn sie wieder aufwachte … würde sie versuchen, sich zu erinnern.

„Ich will, dass sie so bald wie möglich entlassen wird." Trent musterte den kleinen Mann, der der angesehenste Arzt auf der Insel war. Allerdings praktizierten kaum mehr als drei Ärzte auf Salvaje. Deshalb hatte Trent nicht vor, lange hierzubleiben und zu hoffen, dass der Mann wusste, was er tat. Zu viel stand auf dem Spiel.

„Aber Sie haben doch Zeit … Sie sind auf Hochzeitsreise." Wissend grinsend tätschelte Padillo Trents Arm. „Haben Sie Geduld."

„Wir müssen zurück in die Staaten."

„Warum müssen Sie so früh abreisen?"

„Wir wollten nur eine Woche bleiben", erklärte Trent, bemüht, nicht die Beherrschung zu verlieren. Er war gewohnt zu tun, was er wollte. Dass Nikki im Krankenhaus der Insel gelandet war, kam ungelegen. Verdammt ungelegen. War wahrscheinlich sogar gefährlich. Nur die Ruhe bewahren, ermahnte er sich selbst, doch er hatte in den vergangenen fünf Nächten nicht viel Schlaf bekommen, und seine Nerven waren zum Zerreißen gespannt. Im Augenblick hätte er den kleinen Arzt am liebsten geschüttelt, bis er zu Verstand kam und sich überzeugen ließ, dass er Nikki auf der Stelle entlassen musste. Doch er durfte sich nicht verraten. Noch nicht.

„Salvaje ist eine wunderschöne Insel. Sie sollten bleiben. Das Klima genießen“, sagte Dr. Padillo. Eine Schwester im Empfangsbereich versuchte, durch Winken seine Aufmerksamkeit auf sich zu ziehen. „Ihre Frau … Sie hat noch nicht viel von der Insel gesehen.“

„Wir können zurückkommen.“

„Ihr Amerikaner“, sagte der Arzt und schnalzte mit der Zunge. „Immer in Eile.“

Wenn du wüsstest.

„In drei Tagen kann ich sie entlassen“, sagte Padillo, doch die steilen Falten zwischen seinen Brauen verrieten Trent, dass er nicht glücklich mit dieser Entscheidung war. „Aber es gehen nur wenige Flüge nach Amerika.“

„Wir werden einen finden.“

„Doktor“, rief die Schwester, und Padillo winkte ab, als wäre sie ein lästiges Insekt.

„Dann bereite ich die notwendigen Papiere zur Unterzeichnung vor.“

„Gut. Ach ja, und wenn Sie schon mal dabei sind, ich benötige die Handtasche meiner Frau und ihre persönlichen Sachen.“

„Heute?“

„*Sí.* Ich schätze, sie würde gern alles durchsehen, bevor sie heimfliegt.“

„Falls etwas verloren gegangen sein sollte, kann das Krankenhaus nicht verantwortlich …“

„Keine Sorge“, sagte Trent, in Gedanken schon wieder bei der hübschen Frau mit dem übel zugerichteten Gesicht, die ein paar Türen weiter den dunklen Flur hinunter in ihrem Krankenbett lag. „Geben Sie mir einfach ihre Habseligkeiten. Ich unterschreibe eine Empfangsbestätigung für alles.“

Nikki war nicht sicher, wie spät es sein mochte. Sie hatte so lange geschlafen, dass sie den Überblick verloren hatte, doch ihr kam es vor, als wären zwei oder drei Tage vergangen, an denen Trent ständig bei ihr im Zimmer gewesen war, Schwestern hinein- und heraushuschten, sie fütterten, ihr Flüssigkeiten einflößten, sich an der Infusion zu schaffen machten, voller Sorge, dass sie Schaden nehmen könnte, und ihr versicherten, dass sie bald wieder gesund sein würde.

Sie fürchteten anscheinend eine Infektion, achteten streng auf Temperatur und Blutdruck, doch keine zeigte sich auch nur im Geringsten besorgt darüber, dass sie ihr Gedächtnis so gut wie verloren hatte.

Als Nikki sich bei Padillo über ihre Amnesie erkundigt hatte, beteuerte der, dass ihre Erinnerungen zurückkommen und ihre komplette Vergangenheit ihr wieder gegenwärtig sein würde, wahrscheinlich zunächst nur häppchenweise, aber dann würden sich allmählich alle Jahre ihres Lebens zu einem großen Bild zusammenfügen, und sie würde wieder wissen, wer sie war, wer ihre Verwandten waren, welchen Beruf sie ausübte. Sie würde sich auch erinnern, wie sie McKenzies Frau geworden war.

Da war sie nicht so sicher.

Als sie Trent zu ihrer Amnesie befragte, zeigte er sich nicht sonderlich gesprächig. „Keine Sorge", sagte er. „Die Erinnerungen kommen wieder. Immer mit der Ruhe." Nikki fragte sich, ob die Krankenhausbelegschaft ihn auf diese Antwort eingeschworen hatte oder ob er verhindern wollte, dass sie sich an ihre Vergangenheit erinnerte.

Trent gab seinen Wachtposten nicht auf. Er blieb in ihrem Zimmer, saß Tag und Nacht an ihrem Bett, verschmähte das für ihn bereitgestellte Bett und sah jedes Mal, wenn Nikki aufwachte, noch mitgenommener aus. Er verzichtete aufs Rasieren, schaffte es aber eines Tages immerhin, ein frisches Hemd anzuziehen. War er so aufopferungsvoll? Das nahm sie ihm nicht ab, doch sie war sicher, dass irgendetwas sie verband, etwas, was ihm viel wichtiger war als ein Ehering.

Hatte er sie entführt und auf diese winzige Insel vor der Küste Südamerikas verschleppt?

Nein – denn dann hätte er nicht die Polizei über ihren Unfall informiert, und auch Padillo hatte mit den Behörden gesprochen. Es sei denn, die *Policía de Salvaje* war zu unerfahren, um über die Verbrechenslage in den Staaten Bescheid zu wissen. Warum sollte man seine Aussagen in Zweifel ziehen? Nach außen hin gab er sich deutlich den Anschein, als würde sie ihm etwas bedeuten. Sie selbst dagegen konnte sich nicht daran erinnern, wo sie lebte. Natürlich würde man Trent glauben.

Ihr Kopf begann zu pochen, und Trent, der spürte, dass sie wach war, verließ seinen Platz am Fenster und setzte sich auf einen Stuhl am Fußende des Betts. Er stemmte die abgelaufenen Stiefelabsätze gegen die Matratze und verschränkte die Arme vor der Brust.

„Guten Morgen", sagte er gedehnt und lächelte sie aufreizend an.

Nikki warf einen Blick aus dem Fenster. „Es ist Nachmittag." Sie hatte einen grauenhaften Geschmack im ausgetrockneten Mund.

„Na, immerhin hast du dein Zeitgefühl nicht verloren."

„Sehr witzig", sagte sie und wünschte sich, ihre Zunge würde sich nicht so dick anfühlen. Sie bewegte den Arm und stellte überrascht fest, dass er kaum noch schmerzte. Entweder schritt die Heilung voran, oder das Schmerzmittel wirkte noch.

„Fühlst du dich besser?"

„Ich fühle mich scheußlich."

Er schmunzelte. „Wie schön zu sehen, dass dir dein sonniges Gemüt nicht abhandengekommen ist."

„Nie und nimmer." Sie zwang sich, ihm in die Augen zu sehen, und fragte: „Wer bist du? Und", sie hob den lädierten rechten Arm und wehrte mit der Handfläche ab, damit Trent sie nicht sofort mit vorgefertigten, vom Arzt abgesegneten Antworten abspeiste, „versuch nicht, mir einzureden, dass du mein Mann wärst."

Seine Lippen zuckten, seine Zähne blitzten sehr weiß im Kontrast zu seinem dunklen Teint, doch er legte keinen Widerspruch ein.

„Was machst du beruflich?"

„Ich arbeite für eine Versicherungsgesellschaft."

„Ach, hör doch auf", sagte sie und verdrehte die Augen zur Zimmerdecke. „Du – mit Schlips und Kragen? Ausgeschlossen." Holzfäller, Cowboy oder Rennfahrer hätte sie gelten lassen, aber Versicherungsvertreter?

„Warum nicht?"

„Unterschätz mich nicht, ja? Auch wenn ich mich kaum erinnern kann, bin ich doch nicht schwachsinnig."

„Glaub, was du willst." Sein Grinsen war süffisant und spöttisch, und sie hätte etwas darum gegeben, es ihm aus dem Gesicht zu fegen.

„Ah, jetzt verstehe ich", sagte sie und konnte sich nicht bremsen, ihn aufzuziehen. „Du hast den Großteil der vergangenen Woche in der unsinnigen Hoffnung an meinem Bett verbracht, dass ich dir beim Aufwachen eine Lebens- oder Unfallversicherung abkaufe."

„Ich bin Ermittler."

„Das klingt schon plausibler."

„Für eine Versicherungsgesellschaft. Betrug, Brandstiftung, Selbstmord und dergleichen." Er neigte den Kopf zur Seite und fuhr fort: „Doch die Gesellschaft wüsste es sicherlich zu schätzen, wenn ich dir zu gewissen Bedingungen …"

„Lass gut sein. Ich glaube dir." Nikki versuchte, sich aufzusetzen. Es gelang ihr nicht, und sie wies auf den Hebel am Fußende des Betts. „Würdest du bitte …?

Trent stellte die Füße auf den Boden und griff nach dem Hebel. Im nächsten Moment saß Nikki nahezu aufrecht im Bett. „Besser so?"

Sie rieb ihren Handrücken, auf dem die Einstichstellen der Infusionsnadeln sich blau und grün verfärbten – passend zum Rest ihres Körpers. „Ja. Danke."

An diesem Tag wirkte er nicht gar so feindselig, und seine bisher gewohnte Rastlosigkeit war nahezu verflogen. Als er die Füße wieder an der Matratze abstützte und tief in den Stuhl rutschte, erschien er beinahe harmlos, einfach wie ein besorgter Ehemann, der darauf wartete, dass seine Frau sich erholte. Nikki beschloss, seine gute Laune auszunutzen, denn sie glaubte nicht, dass die lange anhalten würde.

„Wie haben wir uns kennengelernt?"

„Ich hatte durch meine Arbeit bei der Versicherungsgesellschaft mit einer Kollegin von dir zu tun. Connie Benson."

„Connie?", wiederholte sie und schüttelte den Kopf, als keine Erinnerung in ihr aufstieg. Doch der Name klang richtig. „Connie Benson?"

„Ihr wart beide Reporterinnen beim *Observer*."

„Ich bin …"

„Beim *Seattle Observer*. Du hast gesagt, du würdest seit etwa sechs Jahren dort arbeiten."

Ein scharfer Schmerz quälte ihr Gehirn. Der *Observer*. Sie hatte davon gehört. Jetzt wusste sie es wieder. Ja, ja! Diese Tageszeitung in Seattle hatte sie ihr Leben lang gelesen … Sie erinnerte sich, wie sie an einem Tisch saß … Die Sonne schien durch das Erkerfenster in der Ecke … Mit wem …? Oh Gott, mit wem hatte sie dort gesessen? Ihr Kopf zuckte hoch.

„Du erinnerst dich."

„Nur daran, dass ich diese Zeitung oft gelesen habe. Mit jemandem zusammen."

Trent hob beide Hände. „Nicht mit mir, fürchte ich."

Sie empfand leise Enttäuschung. Aus irgendeinem Grund hatte sie gehofft, dass seine Geschichte durch diesen kleinen Informationsfetzen bestätigt oder widerlegt werden könnte.

„Wir haben uns erst vor etwa fünf Wochen kennengelernt."

„Vor fünf Wochen?", wiederholte sie verblüfft.

„Eine stürmische Romanze, sozusagen."

„Klingt ja nach einem echten Orkan! Fünf Wochen? Nur fünfunddreißig Tage, und schon haben wir geheiratet?"

„So ungefähr."

„Oh nein." Sie schüttelte den Kopf, und sein Blick verdüsterte sich. „Ich glaube nicht, dass ich …"

„Doch, Nikki, verdammt noch mal! Wir waren so oft wie möglich zusammen, haben beschlossen zu heiraten, einen ortsansässigen Friedensrichter aufgesucht, der hat uns getraut, und dann sind wir hierher auf Hochzeitsreise gegangen."

Nikki schüttelte immer noch den Kopf. „Nein, ich bin ganz sicher …"

Geräuschvoll setzte er die Füße auf den Boden, und plötzlich beugte er sich drohend über sie, die Hände zu beiden Seiten ihres Kopfes aufs Laken gestützt, das Gesicht ganz dicht vor ihrem. „Hör zu, Lady, entschuldige, wenn ich all deine romantischen Träume zerstört haben sollte. Aber es ist nun mal so, dass wir keine lange Verlobungszeit und keine große schicke Hochzeit gehabt haben."

„Warum nicht?"

Sein sinnliches Lächeln war unübersehbar anzüglich, und Nikki fragte sich, wie sie sich noch vor wenigen Minuten so unbefangen in seiner Gegenwart hatte fühlen können. Mit einem Finger zeichnete er die Knochen ihres Schlüsselbeins nach, eine träge erotische Geste, die ihr das Blut wild durch die Adern jagte. „Weil wir es nicht mehr erwarten konnten, mein Schatz", sagte er gedehnt. „Wir waren einfach zu scharf aufeinander."

„Lügner." Sie schob seine Hand weg, doch ihr Puls raste wie verrückt und verriet ihren Zustand.

„Aber so war es nun mal. Wenn du willst, kannst du der Sache einen romantischen Anstrich verpassen, mich auf ein weißes Ross setzen und in eine strahlende Rüstung stecken, aber das haut einfach nicht hin, Nikki. Ich bin kein strahlender Held."

Ihr Puls raste, ihr Atem ging keuchend. *Herr im Himmel!* Hatte sie diesen … diesen sexy, herablassenden Mistkerl tatsächlich geheiratet?

Er ließ den Blick unverfroren über ihren Körper wandern. „Ich könnte dich belügen. Zum Teufel, was soll's, du erinnerst dich ja sowieso nicht, oder? Wenn du also Herzchen und Blumen willst, Mondschein und Champagner, Strandspaziergänge mit Händchenhalten, bitte schön."

„Warum tust du das?", presste sie zwischen zusammengebissenen Zähnen hervor.

„Ich will nicht, dass du dich irgendwelchen Illusionen über mich hingibst. Das ist alles."

„Was ist mit den Rosen?"

„Den was?"

Mit einer Handbewegung zeigte sie auf den Blumensockel neben ihrem Bett. Dabei streifte sie mit den Fingerspitzen sein Hemd, spürte die unter dem weichen blauen Denim verborgenen Muskeln. Er atmete tief ein und hielt eine Sekunde lang Nikkis Blick fest. Sie bekam einen trockenen Hals und stellte sich ihn auf einem anderen Bett vor, auf ihr liegend, schwitzend in wildem Auf und Ab. Hastig schloss sie die Augen und verdrängte die erotische Vorstellung. Es konnte nicht sein, dass er die Wahrheit sagte! Unmöglich!

„Ach, die Blumen. Nette Geste, findest du nicht?", fragte er mit unverhohlenem Spott.

„Was soll das heißen? Willst du sagen, die sind nur ein Scherz?"

„Ich dachte, sie würden dir gefallen. Das ist alles."

Ihr Mut sank, als er sich wieder auf dem Stuhl niederließ. Wieder kreuzte er die Fußknöchel auf der Bettkante, dann fragte er: „Willst du sonst noch was wissen?

„Nur noch eines", antwortete sie und riss sich zusammen. „Warum hast du mich geheiratet, wenn du mich doch so sehr hasst?"

Er presste die Lippen aufeinander. „Ich hasse dich nicht, Nikki."

„Du hast es darauf angelegt, mich lächerlich zu machen."

„Weil du dich nicht an mich erinnern kannst oder willst."

Es gab ihr einen Stich ins Herz, und sie zwang die Worte über ihre Lippen. „Liebst du mich?"

Er zögerte, sein Blick verschattete sich sekundenlang, seine Miene war undurchdringlich. Energisch fuhr er sich mit der Hand durchs Haar und verzog das Gesicht. „So könnte man es bezeichnen."

„Würdest du – würdest du es als Liebe bezeichnen?"

Ohne ihre Frage und den Schmerz zu beachten, den ihre Augen verraten mussten, stand er auf und reckte sich träge. Seine Muskeln dehnten sich, sein Körper erschien maskuliner und gefährlicher denn je.

„Liebst du mich?", fragte sie noch einmal, dieses Mal mit Nachdruck.

Ein trauriges Lächeln huschte über sein Gesicht. „So gut ich kann, Nik. Du wirst dich nicht erinnern, aber ich kann es dir auch gleich erklären. Ich glaube nicht unbedingt an Liebe."

„Warum hast du mich dann geheiratet?"

Er zögerte einen Moment. „Es erschien mir angebracht."

„Warum?"

Er schob die Hände in die Gesäßtaschen seiner Jeans und ging zur Tür. Dort hielt er inne und bedachte Nikki mit einem Blick, der ihr ins Herz schnitt. „Ich habe dich geheiratet, weil du es dir so sehr gewünscht hast, verdammt noch mal."

„Wie edel von dir."

„Du erinnerst dich tatsächlich nicht an mich, wie? Denn sonst würdest du wissen, dass ich alles andere als edel bin." Er schlenderte hinaus, sie blieb gekränkt zurück und lauschte seinen Schritten im Flur.

Dann stieß sie einen langen, herzzerreißenden Seufzer aus. Alles war ein einziges Chaos. Nichts ergab einen Sinn. *Denk nach, Nikki, denk nach! Trent McKenzie ist nicht dein Mann. Das kann nicht sein. Wer zum Teufel ist er dann, und was will er?* Sie schloss die Augen und zwang sich, in Gedanken in der Zeit zurückzugehen. Trent hatte gesagt, sie würde in Seattle leben, und das fühlte sich richtig an. Er hatte erwähnt, dass sie bei einer Zeitung arbeitete – beim *Seattle Observer* –, und auch das schien zu stimmen. Doch sonst schien nichts – nicht die überstürzte Liebesgeschichte, nicht die hastige Eheschließung vorm Friedensrichter anstelle einer Hochzeit, nicht der feindselige Mann selbst – Teil ihres Lebens sein zu können.

Wer war er, und warum beharrte er darauf, dass er mit ihr verheiratet war? Sie wollte ihr Gedächtnis zwingen, ballte vor Frust die Fäuste, doch ihr Bewusstsein war so weiß und nackt wie das Laken, unter dem sie lag.

Ratlos gab sie auf und blickte aus dem Fenster auf den blauen Himmel und das Laub, das sich in einer Brise regte. Vielleicht bemühte sie sich zu sehr. Vielleicht sollte sie sich an den Rat des Arztes halten und zulassen, dass ihr Gedächtnis sich langsam wieder einstellte, Stück für Stück.

Und was war mit Trent?

Herrgott noch mal!

„Señorita Carrothers!"

Die Frauenstimme ließ sie aufschrecken. Sie wandte das Gesicht zur Tür und sah ein hübsches Mädchen mit runden Wangen und kurzem schwarzen Haar. Das Lächeln verblich, als sie Nikkis lädiertes Gesicht bemerkte.

„*Dios!* Geht es Ihnen gut? Wir im Hotel haben uns solche Sorgen gemacht …“

„Müsste ich Sie kennen?“

„*Sí*, als Sie sich eingetragen haben …“

„Moment mal.“ Nikki wollte eine Hand heben, doch der Infusionsschlauch behinderte sie. Sie versuchte zu überlegen, sich zu erinnern. „Wollen Sie sagen, ich habe mich als Carrothers eingetragen? Als *Señorita* Carrothers?“, fragte Nikki, und ihr Puls beschleunigte sich. Das hier war der erste Beweis dafür, dass Trent sie belog.

„*Sí.*“

„War ich allein, oder war mein Mann bei mir?“

„Ihr Mann?“ Ein Ausdruck der Fassungslosigkeit huschte über das Gesicht des Mädchens.

Von irgendwoher auf dem Flur wurde in schnellem Spanisch auf das Mädchen an der Tür eingeredet, Schwester Vasquez erschien, quasi mit gesträubtem Schutzengel-Gefieder. Nikki verstand nicht, worüber geredet wurde, wohl aber, dass die Schwester das Mädchen gehörig herunterputzte.

„Moment“, sagte Nikki, als sie begriff, dass Schwester Vasquez ihre einzige Verbindung mit der Vergangenheit wegschicken wollte. „Wie heißen Sie? Wo arbeiten Sie?“ Doch das Mädchen war bereits aus ihrem Blickfeld verschwunden. Ihre Schritte hallten auf dem Flur wider. „Bitte rufen Sie sie zurück!“, flehte Nikki verzweifelt. Da verschwand ihre einzige Quelle, die zumindest ein paar Informationen zu haben schien, die ihr helfen konnten.

„Tut mir leid, Señora McKenzie. Strengste Anweisung vom Doktor. Sie dürfen nur Besuch von Familienmitgliedern empfangen.“

Nikki wollte aus dem Bett steigen. „Aber …“

„Oh, Señora, bitte nicht! Sie müssen ruhen … Nicht bewegen.“

„Lassen Sie sie nicht gehen!“, befahl Nikki, doch es war zu spät. Das Mädchen war fort, und Nikki blieb mit noch stärkerem Misstrauen gegen den Mann zurück, der vorgab, mit ihr verheiratet zu sein. Als die Schwester ihren Blutdruck maß, fragte Nikki: „Können Sie mir nicht wenigstens ihren Namen verraten?“

„Ich weiß ihn nicht.“

„Warum war sie hier?“

„Ich glaube, Sie hat Señora Martínez besucht.“

„Bitte, fragen Sie Señora Martínez nach dem Namen und der Arbeitsstelle des Mädchens.“ Die Schwester schien sich weigern zu wollen, doch Nikki packte sie am Ärmel und hielt sie verzweifelt zurück. „Bitte, Schwester Vasquez. Es ist wichtig.“

„*Dios*“, hauchte Schwester Vasquez. „Ich will sehen, was ich tun kann.“

„*Gracias.*“ Nikki drückte sich selbst die Daumen, dass Trent nichts von ihrer Bitte erfuhr. Zunächst einmal würde sie das Gespräch mit der Frau für sich behalten.

Binnen einer Stunde hörte sie Trents Schritte und wappnete sich für eine weitere Konfrontation. Mit zwei Bechern Kaffee tauchte er an der Tür auf. „Ein Friedensangebot“, sagte er und stellte einen Becher auf den Nachttisch. Dann nahm er seinen Posten beim Fenster wieder ein. „Ich wollte dich nicht ärgern.“

„Ich würde gern lügen und behaupten, mir ginge es gut, aber mir geht's nicht gut.“

Er zuckte mit den Schultern und trank einen großen Schluck Kaffee. „Ich weiß. Ich wollte, ich könnte es ändern.“

„Du musst nicht Tag und Nacht hier sein.“

„Oh doch.“

„Ich komme schon klar …“

„Ich will aber nicht, dass meine junge Frau sich einsam fühlt.“ Er lächelte verschlagen, trank aus seinem Pappbecher und ließ sich vom Dampf das Gesicht wärmen.

„Ich fühle mich nicht einsam.“

„Ich hatte gehofft, dass meine Nähe deinem Gedächtnis auf die Sprünge hilft.“

Sie schüttelte den Kopf. „Ich will dich nicht kränken, aber ... Ich begreife nicht, dass ich jemals den Wunsch verspürt haben könnte, dich zu heiraten. Klar, ich kann mich nicht erinnern, aber du bist meiner Meinung nach überhaupt nicht mein Typ.“

„War ich auch damals nicht.“ Er zog ein Knie hoch auf die Fensterbank und blickte durch die Scheibe. „Du hast sonst immer Kerle mit Schlips und Kragen bevorzugt.“

„Warum soll ich mich dann mit dir eingelassen haben?“, fragte sie.

„Es war die Herausforderung“, antwortete er, und seine Augen blitzten verführerisch.

„Das glaube ich nicht.“

„Dann irrst du dich.“ Er zog die Mundwinkel herunter. „Du warst schon immer sehr risikofreudig, Nikki. Eine Frau, die nie Angst davor hatte, immer genau das zu tun, was sie für richtig hielt. Dein Job beim *Observer* ist der Beweis dafür.“

„Mein Job?“, hakte sie nach.

„Mhm. Du bist Reporterin, und zwar eine verdammt gute.“

Aus irgendeinem merkwürdigen Grund tat sein Kompliment ihr gut, doch sie blieb vorsichtig. Sie wusste instinktiv, dass McKenzie nicht der Typ war, der jemanden ohne Hintergedanken lobte. Ihre Schultermuskeln spannten sich an.

„Seit du bei der Zeitung angefangen hast, kämpfst du um anspruchsvollere Aufgaben und Themen für deine Artikel.“

„Und habe ich sie bekommen?“

„Natürlich nicht. Ein paar Leute beim *Observer*, in erster Linie die in Machtpositionen, wollen vor allem den Status quo erhalten. Du weißt schon, Frauen sind zuständig für Unterhaltung, Haushaltstipps, lokale Neuigkeiten über die Schulen und

Bürgermeisteramtskandidaten und wessen Kind den letzten Lesewettbewerb gewonnen hat. Solche Sachen halt."

„Über so etwas habe ich geschrieben?", fragte sie und zog die Brauen zusammen. Es klang plausibel, doch sie war sich nicht sicher.

„Meistens, aber du hast dich mehr für Politik interessiert, für die Gangs in den Gettos, für Korruption bei der Polizei, eben für politische Themen." Er behielt sie fest im Auge, während er den starken Kaffee schlürfte.

„Wer war mein Chef bei der Zeitung?"

„Eine Frau namens Peggy Henderson … Nein, ich glaube, sie heißt Hendricks."

„Du weißt es nicht genau?", fragte sie ungläubig.

Er zuckte wieder mit den Schultern. „Ich habe sie nie kennengelernt." Als Nikki ihn skeptisch anschaute, schnaubte er verächtlich. „Wie gesagt, du und ich, wir kennen uns noch nicht lange." Wieder bedachte er sie mit diesem heißen Blick.

„Was ist mit meiner Familie?", fragte sie und krallte die Finger ins Laken. Er versorgte sie mit mehr Informationen, als sie verkraften konnte.

„Dein Vater hat eine Niederlassung in Seattle, er besitzt ein Import/Export-Unternehmen. Aber er hält sich nicht oft in der Stadt auf. Eher im Orient. Du hast eine Schwester an der Ostküste und eine irgendwo in Montana, glaube ich, und deine Mutter lebt in L. A."

„Meine Eltern sind geschieden?" Herrgott, warum kam ihr nichts davon bekannt vor? Warum konnte sie sich das Lächeln ihrer Mutter, das Gesicht ihres Vaters, die Haarfarbe ihrer Schwester nicht vorstellen?

„Dr. Padillo will nicht, dass du etwas überstürzt", sagte Trent mit fester Stimme. „Er hält es für das Beste, wenn dein Gedächtnis von selbst zurückkommt."

„Und du bist anderer Meinung?"

„Ich weiß nicht, was ich denken soll, aber ich glaube, das Beste wäre, dich nach Hause zu bringen, zurück in die Staaten, wo du dich von einem amerikanischen Arzt, vielleicht auch von einem Psychologen oder Neurochirurgen, behandeln lassen kannst."

Sie spürte einen Kloß im Hals. „Könnte meine Amnesie von Dauer sein?", fragte sie, und ihr Herz schien einen Schlag lang auszusetzen. Die Vorstellung, den Rest ihres Lebens ohne Erinnerungen an ihre Kindheit, ihr Elternhaus und ihre Familie zu verbringen, war niederschmetternd. Verzweiflung wollte sie in einen dunklen Abgrund ziehen.

Trents Blick verschattete sich. „Ich weiß es nicht. Aber je eher wir nach Hause kommen, desto besser." Hier zeigte sich Trent von einer bisher unbekannten Seite. Er schien sich plötzlich um ihr emotionales Wohlergehen zu sorgen. „Morgen will Padillo dich entlassen. Ich hole unsere Sachen aus dem Hotel, wir treffen uns hier und nehmen dann den ersten Flug zurück in die Staaten."

„Ich würde gern telefonieren."

Er erstarrte. „Wo willst du denn anrufen?"

„Zunächst einmal bei der Zeitung. Dann vielleicht bei meiner Mutter." Bildete sie es sich nur ein, oder verkrampfte er sich ein wenig?

„Wenn der Arzt einverstanden ist."

„Warum denn nicht?"

„Wie gesagt, ich bin kein Mediziner. Aber ich sehe nach, ob ich hier ein kabelloses Telefon finde. Wenn nicht, kannst du den Münzfernsprecher am Ende des Flurs benutzen."

„Jetzt gleich?"

„Das halte ich nicht für eine gute Idee."

„Tja, ich aber." Sie richtete sich mühsam zum Sitzen auf, ohne den dumpfen Schmerz in Hüfte und Bein zu beachten, und glitt aus dem Bett. Als sie ihren rechten Fuß belastete, verzog sie das Gesicht, doch der Schmerz war nicht so intensiv, wie sie erwartet hatte. Sie kannte sich in diesem Krankenhaus nicht aus, hoffte aber dennoch, Mrs. Martínez zu finden. Falls sie von Schwester Vasquez keine Informationen über das Mädchen aus dem Hotel bekam, würde sie sich an Mrs. Martínez wenden. Viele Wege führen nach Rom.

„Leg dich wieder ins Bett“, befahl Trent.

„Jetzt noch nicht.“

„Bitte, Nikki …“

„Hilf mir ins Bad“, sagte sie, wischte sich das Haar aus dem Gesicht und griff nach dem leichten Bademantel am Fußende des Betts. Den hatte ihr das Krankenhaus bereitgestellt, und er war alles andere als kleidsam, bedeckte aber immerhin die Blöße, die das OP-Hemd offen ließ. Sie verlagerte ihr Gewicht, so gut es ging, auf den linken Fuß, schob die Hände durch die Ärmel, zog den Gürtel straff. „Komm schon, *teurer Gatte*.“

Im ersten Moment schien er sich weigern zu wollen. „Das ist doch Wahnsinn.“

„Die Schwester hat gesagt, ich könne aufstehen, sobald ich mich entsprechend fühle. Und jetzt ist mir danach.“

Trent knurrte etwas über starrsinnige Frauen ohne einen Funken Verstand, beugte sich jedoch leicht vor, damit Nikki ihren Arm um seinen Nacken legen konnte. Er schlang seinen Am um ihre Taille und trug ihr Gewicht nahezu ganz allein. „Okay, gehen wir.“

Zuerst war sie ein bisschen unsicher, doch sie schaffte die paar Schritte aus dem Zimmer bis zum Bad im Flur. Sie versuchte, nicht auf Trents warme Hände an ihrer Taille zu achten, und konzentrierte sich auf jeden einzelnen mühsamen Schritt. Das Gehen fiel ihr immer leichter, und sie wurde zuversichtlicher.

Wenn sie doch seinen Duft hätte ignorieren können, diesen Geruch nach Mann und Moschus und Leder, als sie vor der Tür zum Bad stehen blieben.

„*Señora McKenzie!*“ Eine zierliche Krankenschwester eilte den Flur entlang. Sie furchte besorgt die Stirn und hastete über den Fliesenboden. „*Espere!*“ Als sie näher kam, bedachte sie Trent mit einem wütenden Blick. „*Qué es esto?*“ Ihre schwarzen Augen sprühten Feuer, und sie presste die schmalen Lippen fest aufeinander.

„Sie will wissen, was hier los ist“, übersetzte Trent. Es folgte ein Wortwechsel in raschem Spanisch, und schließlich schob Schwester Lidia Sánchez die Badtür mit der Hüfte auf und half Nikki in den Raum. „Schätze, mein Verhalten am Krankenbett hat ihr nicht zugesagt“, bemerkte Trent, als die Tür zufiel.

Schwester Sánchez schimpfte immer noch leise und wütend auf Spanisch, und Nikki unternahm nicht einmal den Versuch, sie zu verstehen. Stattdessen betrachtete sie sich im Spiegel über dem Waschbecken. Ihr Herz setzte einen Schlag aus, und all die Tränen, die sie so tapfer unterdrückt hatte, drohten nun geweint zu werden. Die Schwellungen waren inzwischen zurückgegangen, doch ihre Augen waren von Kratzern und Blutergüssen umrandet. Ihr Haar war schmutzig und verfilzt, und sie erkannte sich kaum wieder. Sie hatte nicht damit gerechnet, besonders gut auszusehen, doch dass es so schlimm sein würde, hatte sie nicht gedacht. Unter den Blutergüssen erahnte sie Spuren einer Frau, die als hübsch und lebhaft bezeichnet worden war, mit grünen Augen, einem gewinnenden Lächeln und hohen Wangenknochen. Ihr kinnlanges Haar, hellbraun mit honigblonden Strähnchen, ließ schwere Locken erahnen, doch an diesem Tag hingen die schmutzigen Strähnen schlaff und glanzlos herab.

Trent gab sich mit Sicherheit nicht als ihr Mann aus, weil er hingerissen war von ihrer Schönheit. Sie verzog das Gesicht, als sie ihren Augenwinkel berührte, wo der Schorf sich löste.

„*Pase*“, verlangte Schwester Sánchez und hielt die Tür offen. „*Ahora.*“

Nikki leistete dem Befehl Folge, doch auf dem Weg hinaus blieb sie noch einmal vor dem Spiegel stehen und erhaschte einen Blick auf die Schwester, als sie versuchte, sich die Hände zu waschen. „Wissen Sie, in welchem Zimmer Mrs. Martínez liegt?“

„*Sí*, in Zimmer sieben. Kennen Sie sie?“, fragte sie skeptisch.

„Ich habe nur von ihr gehört“, sagte Nikki, trocknete sich die Hände ab und folgte der Schwester zurück in ihr leeres Zimmer. Trent war nirgendwo zu sehen, und Nikki empfand eine Mischung aus Enttäuschung und Erleichterung. Sie hatte ihm fast vertraut, als das Mädchen aus dem Hotel all ihre Zweifel wieder wachgerufen hatte. Irgendwie musste sie eine Möglichkeit finden, mit Mrs. Martínez in Zimmer sieben zu sprechen.

Ihr Bett war frisch bezogen worden, Nikki legte sich in die sauberen Laken und schloss die Augen. Ihre oberflächlichen Wunden verheilten. Selbst ihrem Knöchel ging es schon viel besser, doch in ihrem Gedächtnis herrschte immer noch dichter Nebel, der kam und ging wie die Gezeiten, flüchtige Einblicke in die Vergangenheit gewährte, sich jedoch nie ganz zurückzog.

Sie war sicher, sich an einen Golden Retriever namens Shorty zu erinnern – und daran, dass sie sich nie mit ihren Schwestern verstanden hatte, die mehrere Jahre älter waren. Doch an ihre Namen oder Gesichter konnte sie sich nicht erinnern.

Instinktiv wusste sie, dass sie von Natur aus ehrgeizig war und selten ihre Zeit vertrödelt hatte – jetzt schon schienen die Wände ihres Krankenzimmers sie erdrücken zu wollen –, und doch konnte sie sich nicht auf den einfachen Umstand besinnen, dass sie mit einem Mann verheiratet sein sollte, der so unvergesslich war wie Trent McKenzie.

Sie befand sich in einer Zwischenwelt. Keine Vergangenheit. Keine Zukunft. Ein Mensch, der im Grunde gar nicht richtig existierte.

Als sie seine Stiefelschritte hörte, schlug sie die Augen auf und sah Trent am Fußende des Betts. Seine Miene war finsterer denn je. „Ich habe gute und schlechte Nachrichten“, sagte er und umklammerte den Metallrahmen des Betts so heftig, dass seine Fingerknöchel weiß wurden. „Die gute Nachricht ist, dass du aus dem Krankenhaus entlassen werden kannst. Padillo sagt, du kannst morgen gehen.“

„Und die schlechte?“

„Die Fluggesellschaft, bei der wir gebucht haben, hat gestern Insolvenz angemeldet.“

„Wie bitte?“

Er zog die Augenbrauen zu einem durchgehenden schwarzen Balken zusammen. „Die sind pleite. Alle, die einen Platz in der Maschine gebucht haben, bemühen sich um einen anderen Flug. Auf dem Flughafen herrscht Chaos, und ich schätze, in den nächsten zwei Tagen kommen wir hier nicht weg.“

„Zwei Tage?“, wiederholte sie.

„Kann auch länger dauern.“ Er biss wütend die Zähne zusammen, dann fügte er hinzu: „Ich habe ein neues Zimmer für uns gebucht und hatte Glück, noch eines zu bekommen. Vorsichtshalber habe ich für eine Woche im Voraus bezahlt. Nur für alle Fälle.“ Er kickte ein nicht vorhandenes Steinchen über den Boden. „Wie’s aussieht, sitzen wir hier eine Weile fest, Mrs. MacKenzie. Nur du und ich.“

3. Kapitel

„Da sind wir – *Home, sweet home.*“ Trent stieß die Tür zu ihrem Hotelzimmer auf, und die Angst umklammerte Nikkis Herz wie eine kalte Hand. Sie saß fest. Allein mit ihrem Mann.

Nikki schluckte, hielt sich immer noch an Trents Arm fest, um das Gleichgewicht zu halten, und trat vorsichtig über die Schwelle des Zimmers im ersten Stock. Es war mit einem Doppelbett, einem kleinen runden Tisch mit zwei Sesseln bei der Terrasse und einer Kommode möbliert. Zu beiden Seiten des Bettes standen identische Nachttische in vage mediterranem Stil.

„Komm. Du solltest dich ausruhen.“

„In den vergangenen Wochen habe ich nichts anderes getan als auszuruhen“, widersprach sie, obwohl die Entlassung aus dem Krankenhaus, die Holperfahrt im Taxi und der Weg durch das große Hotel beschwerlich gewesen waren. Dr. Padillo hatte ihr versichert, dass sie sich jetzt mit jedem Tag besser fühlen würde, und darauf setzte sie ihre ganze Hoffnung.

Trent hatte nicht gelogen: Es war praktisch unmöglich, von der Insel herunterzukommen. Die einzige Fluglinie, die die Insel regelmäßig ansteuerte, befand sich in einem schwierigen Insolvenzverfahren, dessen Ende nicht in Sicht war. „Du hast noch keinen Flug für uns ergattern können?“, fragte sie, obwohl Trents Schweigen während der Taxifahrt ihr verriet, dass seine diesbezüglichen Versuche erfolglos geblieben waren.

„Ich bleibe am Ball.“

Er legte eine Hand fest unter ihren Ellenbogen, führte sie zum Bett, schlug die Decke zurück und half ihr, sich auf das saubere Laken zu legen. Sie kam sich unbeholfen und albern vor. Wäre er wirklich ihr Mann gewesen, hätte es sie nicht gestört. Falls aber nicht … Was wohl mit ihm hier allein auf engstem Raum passieren würde? Musste sie sich fürchten?

„Hier gibt es ein Telefon. Verbindung nach Übersee zu bekommen ist allerdings Glückssache. Alle, die hier festsitzen, versuchen zu Hause anzurufen."

„Toll", murrte sie, obwohl sie nichts anderes erwartet hatte. Er hatte ihr helfen wollen, vom Münzfernsprecher im Krankenhaus aus ihre Mutter zu erreichen. Sie stopfte sich das zweite Kopfkissen hinter den Kopf und sah sich im Zimmer um. Es war luftig und sauber. An der Decke hing ein Ventilator, die bunt geblümten Bettdecken passten zu den Vorhängen. Die Schranktür stand einen Spaltbreit offen, und Nikki entdeckte ihre ordentlich auf Bügel gehängten Kleider – zumindest vermutete sie, dass es ihre waren. Ein gelbes Sommerkleid, eine Kaki-Jacke und ein weißer Rock waren zu sehen. Sie hatte gehofft, dass der Anblick ihrer eigenen Sachen ihrem Gedächtnis nachhelfen würde, wurde jedoch wieder einmal enttäuscht. Es sah so aus, als würde sie die schlichten Puzzleteile ihres Lebens nie wieder zusammensetzen können.

Als hätte er ihre Gedanken gelesen, öffnete Trent ein Schubfach der Kommode und entnahm ihm eine Lederhandtasche.

Blitzartig kam die Erinnerung. „Die habe ich in New Mexico gekauft", sagte sie, als Trent ihr die Tasche reichte, und strich über das glatte verzierte Leder. „Von Indios. Das war auf einer Reise … mit …" So schnell, wie die Tür zu ihren Erinnerungen sich geöffnet hatte, fiel sie auch wieder zu, und Nikki blieb mit einem leeren Gefühl unfassbaren Verlusts zurück. „Himmel, ich kann mich nicht erinnern."

„Mit einem Mann oder einer Frau?", fragte Trent in plötzlich scharfem Tonfall.

„Ich weiß es nicht." Sie schaute ihn an, hoffte, dass er die Lücken füllen würde, doch er zuckte nur mit den Schultern.

„Ich war nicht dabei. Das war vor meiner Zeit." Er ging zur Tür, schloss sie und betätigte einen Schalter, der den Deckenventilator in langsame, träge Drehbewegung setzte.

Nikki wollte sich nicht so leicht abwimmeln lassen. Sie hielt die Schlüssel zu ihrem Leben in der Hand und war entschlossen, über ihre Vergangenheit herauszufinden, was sie nur konnte. Sie lehnte sich an das Kopfteil des Betts, schlug die Klappe der Handtasche zurück und leerte deren Inhalt in ihren Schoß. Bürste. Kamm. Brieftasche. Taschentücher. Sonnenbrille. Die Taschenbuchausgabe eines spanisch-englischen Wörterbuchs. Ein Paar silberne Ohrringe. Mehrere Kulis. Adressbuch. Reisepass. Eine kleine Kamera.

„Sämtliche Hinweise auf meine Identität", sagte sie sarkastisch.

„Nicht ganz. Ich glaube, ich habe noch ein paar mehr." Er griff in seine Jeanstasche und zog einen versiegelten Plastikbeutel heraus. Er enthielt ein Paar goldene Creolen, ein dazu passendes Armband und einen schmalen goldenen Ring.

Ihre Kehle schnürte sich zusammen, und sie unterdrückte einen Schrei beim Anblick ihres Eherings. Der Beweis für ihre Heirat. Mit zitternden Fingern nahm sie den Ring aus dem Beutel und schob ihn sich auf den Finger. „Den hast du für mich gekauft?", fragte sie und suchte Trents Blick.

„Bei einem Juwelier in der Nähe vom Pioneer Square."

Nikki fuhr sich mit der Zungenspitze über die Lippen und betrachtete ihre Hände. Der Ring war unübersehbar eine Nummer zu groß.

„Du wolltest ihn mitnehmen in die Flitterwochen, und wir hatten vor, ihn nach unserer Rückkehr in die Staaten ändern zu lassen."

„Ach ja?", fragte sie atemlos. Warum erinnerte sie sich nicht daran, vor einem Friedensrichter gestanden zu haben, mit klopfendem Herzen und strahlend glücklichem Lächeln, als die Liebe ihres Lebens ihr diesen glatten Ring auf den Finger schob? *Weil es nie geschehen ist!*

„Ich erinnere mich nicht ...“

„Du wirst dich erinnern“, versprach er und sah sie mit festem Blick an.

Sie schüttelte den Kopf und betrachtete den Ring wie unter Hypnose. Ihr Kopf begann wieder zu dröhnen. „Ich müsste mich daran erinnern, Trent“, sagte sie zunehmend frustriert. „Eine Hochzeit. Ganz gleich, wie schlicht. So etwas vergisst man nicht.“

„Gib dir Zeit.“

Gib dir Zeit. Nichts überstürzen. Du wirst dich an alles erinnern. Aber wann? Sie hatte das Gefühl, verrückt zu werden, und ihr Geduldsfaden riss. „Ich habe es satt, mir Zeit zu geben! Verdammt noch mal, Trent, ich will mich erinnern. Und zwar nicht an einen Fetzen hier und da. Ich will den Rest meines Lebens zurück, und das auf der Stelle!“

„Ich würde ihn dir geben, wenn ich könnte.“ Er fuhr sich hilflos mit beiden Händen durchs Haar. Dann fiel sein Blick auf ihre Brieftasche. „Hier.“ Er warf sie Nikki zu. „Vielleicht kann die dir weiterhelfen.“

„Vielleicht“, sagte sie, glaubte jedoch keinen Augenblick daran. Sie schickte ein stummes Gebet zum Himmel, öffnete die dicke Ledermappe und ging die Kreditkarten und Ausweise durch. Nichts konnte die Mauer durchbrechen, die sie von ihrer Vergangenheit trennte, und sie wollte schon aufgeben, als sie auf das erste Foto stieß.

„Dad“, flüsterte sie, und ihr Magen krampfte sich zusammen, als sie das Foto eines distinguiert aussehenden Mannes mit stahlgrauem Schnauzbart und kantigem Kinn betrachtete. Sekundenlang entsann sie sich seiner in einem roten Samtanzug und mit langem weißen Bart und einer Nickelbrille auf der

Nase, wie er sich jährlich für die Weihnachtsfeier des Unternehmens als Weihnachtsmann verkleidete … Die Erinnerung verblasste, und Nikki bemühte sich vergebens, sie noch einmal heraufzubeschwören.

„Hey … Immer mit der Ruhe.“ Plötzlich saß Trent auf der Bettkante und legte Nikki seine warme Hand auf die Stirn. „Es kommt schon alles zurück.“

Wenn sie das doch nur glauben könnte! „Sagt sich leicht, wenn man selbst weiß, wer man ist.“

„Du bist erst vor knapp einer Woche aus dem Koma erwacht.“

Seine harten Züge strahlten jetzt etwas unglaublich Freundliches aus, und heiße Tränen stiegen Nikki in die Augen. Sie wehrte sich gegen den Zusammenbruch und das Weinen, weil sie Trent nicht trauen konnte – selbst seine Freundlichkeit konnte ja Theater sein. Ihre Brieftasche enthielt noch mehr Fotos, einige alt und verblichen, aber keines, das sie erkannte, bis sie auf das Familienfoto stieß, aufgenommen vor vielen Jahren vor der Trennung ihrer Eltern. Damals hatte ihr Vater noch schwarzes Haar; ihre Mutter, eine schmale Frau mit vorspringendem Kinn, war blond. Ihre älteren Schwestern – warum konnte sie sich nicht an ihre Namen erinnern? – waren anscheinend etwa vierzehn und zwölf Jahre alt, und Nikki selbst war höchstens acht, und ihre Zähne waren zu groß für ihren Mund.

„Janet“, sagte Trent und zeigte auf das ältere Mädchen mit dem dunklen Haar. „Carole.“ Die mittlere Schwester mit der Zahnspange. „Deine Mom heißt Eloise. Sie und dein Dad …“

„Sind geschieden. Ich weiß“, sagte Nikki, traurig, weil sie sich nicht an die Stimme oder das Lächeln ihrer Mutter erinnerte, nicht einmal an einen Streit mit ihren Schwestern. Hatten sie ein gemeinsames Zimmer gehabt? Hatten sie ein gutes Verhältnis? Warum fühlte sie sich so unglaublich allein, selbst wenn sie Familienfotos anschaute? Wenn sie das Flickwerk ihres Lebens doch zusammennähen und die Puzzelteile ihrer Erinnerung einordnen könnte!

„Hör mal, warum versuchst du nicht, deinen Dad anzurufen?“, schlug Trent vor, doch sein Blick war immer noch verhangen von Vorsicht. „Er lebt noch in Seattle, und du hattest schon immer ein gutes Verhältnis zu ihm. Vielleicht hilft es dir, seine Stimme zu hören.“ Er klappte das Adressbuch auf, blätterte zur Rubrik „C“ und überflog die Seite. „In Seattle ist es noch früh, wahrscheinlich erwischst du ihn noch zu Hause.“

Er hob den Hörer ab und begann zu wählen, bevor Nikki protestieren konnte.

„Hast du mit ihm gesprochen?“, fragte sie.

„Nein.“

„Du hast ihn nicht angerufen, ihm nicht von dem Unfall erzählt?“

„Ich hielt es für besser, wenn er es von dir erfährt. Ich habe ihn noch nicht kennengelernt. Soweit ich informiert bin, weiß er nicht einmal, dass wir verheiratet sind, und da du nicht in Lebensgefahr warst, wollte ich ihn nicht in Panik versetzen.“

„Und meine Mutter …“

Er hob eine Hand. *„La telefonista? Quiero llamar Seattle en los Estados Unidos. Comuniqueme, por favor, con el número de Ted Carrothers …“* Er rasselte die Nummer ihres Vaters auf Spanisch herunter, beantwortete noch ein paar Fragen und reichte Nikki dann mit einem leichten Stirnrunzeln den Hörer.

Nikkis Herz pochte heftig, ihre Finger, die den Hörer hielten, waren feucht von Schweiß. „Komm schon, Dad“, flüsterte sie, als auf dem fernen Kontinent das Telefon zu klingeln begann. Sie wollte schon aufgeben, als sich eine verschlafene Männerstimme meldete.

„Carrothers?“

„Dad?“, sagte Nikki mit heiserer Stimme. Tränen brannten hinter ihren Lidern, und eine Woge der Erleichterung überrollte sie. Sie hatte das Gefühl, dass sie im nächsten Moment zusammenbrechen und weinen würde.

„Hey, Nik, ich habe mich schon gewundert, wann ich mal wieder von dir höre."

„Ach Dad." Sie konnte nicht verhindern, dass ihre Stimme brach.

„Stimmt etwas nicht, Liebling?"

„Doch, doch, alles in Ordnung", versicherte sie und warf Trent einen dankbaren Blick zu. „Aber ich hatte einen Unfall …" Sie berichtete ihm alles, was sie über die Reise wusste, verschwieg ihm jedoch die Amnesie, damit er sich keine Sorgen machte. Während sie redete und erklärte, dass ein gewisser Trent McKenzie sie gerettet hatte, folgte sie Trent mit ihren Blicken, der sie allein ließ und hinaus auf die Veranda ging – sei es nun, damit sie wirklich allein mit ihrem Vater sprechen konnte oder einfach nur, weil er Luft schnappen wollte. Der Wind hatte aufgefrischt, wehte ihm das dunkle Haar aus dem Gesicht und blähte seine Jacke.

„Nikki! Du hättest umkommen können!", rief ihr Vater und klang auf einmal hellwach.

„Bin ich aber nicht."

„Gott sei Dank. Ich wusste ja, dass die Reise nach Salvaje keine gute Idee war. Ich habe versucht, dich zu warnen."

„Tatsächlich?"

„Erinnerst du dich nicht? Ich dachte, du hättest nicht angerufen, weil du mir immer noch verübelst, dass ich dir die Reise ausreden wollte."

Das war nicht der richtige Zeitpunkt, um ihren Gedächtnisverlust zu erwähnen. „Na ja, alles hat geklappt. Und ich habe Trent geheiratet."

„Du hast *was*?" Er fluchte leise. „Ich habe von dir noch nie eine Silbe über ihn gehört. Nikki, soll das ein Witz sein? Ich bin kurz vorm Herzinfarkt …"

„Nein, kein Witz, Dad. Ich bin wirklich verheiratet." *Das behaupten zumindest alle hier.* Sie hörte, wie er nach Luft schnappte. „Es war … es ging allles sehr schnell", sagte sie und reichte ihrem Vater damit die spärlichen Informationen weiter, die sie aus Trent herausbekommen hatte.

„Mit einem Kerl namens Trent McKenzie. Mit einem Mann, von dem ich noch nie gehört habe?" Jetzt geht sie los – die Standpauke, dachte sie. „Heilige Mutter Gottes! Ich kann es nicht glauben. Was ist mit Dave?"

„Dave?" Der Name stieß eine Tür in ihrem Gedächtnis auf.

„Dave Neumann. Der Mann, mit dem du drei Jahre lang zusammen warst. Ich weiß, dass ihr eine kleine Meinungsverschiedenheit hattet und dass du gesagt hast, es wäre vorbei, aber, Nikki, zum Teufel, das war vor knapp sechs Monaten. Und jetzt bist du einfach mit diesem … diesem Fremden durchgebrannt?" Wut und Überraschung drangen aus dem Hörer. „Du warst schon immer sehr spontan, ich weiß, aber ich muss schon sagen, das ist doch der Gipfel!"

„Du lernst ihn kennen, wenn wir zu Hause sind", versicherte Nikki ihrem Vater mit einem flauen Gefühl im Magen.

„Das will ich hoffen. Weißt du, Nikki, achtzehn Jahre lang habe ich dich aus allen möglichen Problemen rausgeboxt – ob nun bei der Polizei oder in der Schule oder bei deinen Freunden oder was auch immer –, aber seit du erwachsen bist, bist du auf diesem Selbstständigkeits-Trip, und nichts, was ich sage, kommt bei dir an. Ich habe dich vor der Reise nach Salvaje gewarnt, oder? Ich wusste, dass es Probleme geben würde. Wenn du mir gesagt hättest, dass du in die Flitterwochen fliegst, oder mir wenigstens verraten hättest, dass du heiraten willst, wäre es vielleicht anders gelaufen, und du wärst nicht in diesem verkommenen miesen Krankenhaus geendet!"

Nikki nahm die Schultern zurück. „Was hätte es denn geändert, wenn du Bescheid gewusst hättest?“

„Weiß ich nicht, zum Teufel. Aber du bist so verdammt dickköpfig und verschlossen geworden. Verdammt, warum musstest du mir verschweigen, dass du heiratest? Schämst du dich für den Kerl?“

„Es ... es kam mir einfach romantischer vor“, versuchte sie sich an einer halbwegs plausiblen Erklärung.

„Romantisch? Dass ich nicht lache! Seit wann bist du romantisch? Ausgerechnet du, die Enthüllungsreporterin, die Rächerin der Unterdrückten, die Frau, die bei jedem verdammten Kreuzzug der Linken dabei ist? Erzähl mir bitte nicht, dass er einer von diesen langhaarigen radikalen Idioten ist, die sich an Atomkraftwerke ketten oder Nägel in Bäume schlagen, um die Holzfäller aufzuhalten.“

„Eher nicht, Dad!“, sagte Nikki und lächelte in sich hinein, als sie Trent ansah. Er lehnte am Geländer, seine breiten Schultern drohten die Nähte seiner Jacke zu sprengen. Nikki konnte sich ihn nicht wirklich auf einer Demo vorstellen.

„Gut.“ Es klang ein bisschen versöhnlicher, so, als hätte ihr Vater die Neuigkeit schließlich doch akzeptiert. „Ich verstehe nur nicht, warum du nie von ihm erzählt oder den Mut aufgebracht hast, ihn mir vorzustellen.“

„Es ist ... Es ist ein bisschen kompliziert. Ich erkläre dir alles, wenn ich zu Hause bin.“

Am anderen Ende der Leitung entstand eine kleine Pause, dann folgte ein geflüsterter Fluch. „Gibt es sonst noch was, was ich wissen müsste?“

Nikki brach der Schweiß aus.

„Also, wenn du ein ... ein Problem hättest, würdest du dich doch bei mir melden, oder?“

Sie biss sich auf die Lippe. Was wollte er damit sagen?

„Falls du in Schwierigkeiten steckst ...“

Ach Dad, wenn du wüsstest!

„Heutzutage *muss* kein Mensch mehr heiraten. Es gibt so viele Möglichkeiten …“ Er unterbrach sich, und Nikki verstand nun, was er damit andeuten wollte.

„Ich bin nicht schwanger, Dad.“

Er stieß einen Seufzer der Erleichterung aus. „Na, immerhin etwas!“

„Ich rufe dich an, wenn ich zu Hause bin.“

„Tu das. Moment noch. Ich hole rasch meinen Kalender. Wo ist das verdammte Ding?“, fragte er sich selbst mit plötzlich gedämpfter Stimme. „Okay. Also, wann bist du zu Hause? Ich muss nächste Woche nach Tokio.“

„Wir kommen zurück, sobald wir einen Flug buchen können. Es gibt Probleme mit unserer Fluggesellschaft.“

„Ah ja, hab ich gelesen. Aber es gibt auch noch andere Flüge. Versuch bitte, noch vor meiner Abreise zu Hause zu sein, okay, Nik?“

„Mach ich“, versprach sie. Sie unterhielten sich noch ein paar Minuten, dann legte Nikki schließlich auf und war verzweifelter als vorher. Sie wollte sich ihrem Vater anvertrauen, ihm sagen, dass sie ihre Vergangenheit verloren hatte, sich nicht an den Mann erinnern konnte, der sich zu ihrem selbst ernannten Leibwächter aufgeschwungen hatte – zu ihrem *Ehemann*, verdammt –, aber sie hatte den Mund gehalten. Sie war erwachsen und für sich selbst verantwortlich. Der Zorn ihres Vaters eben hatte eindeutig nicht nur mit ihrer heimlichen Hochzeit zu tun. Es musste da noch andere, ältere Probleme in der Familie geben.

Langsam erhob sie sich vom Bett und ging zur Veranda. Der warme Wind trug den Duft des Meeres herein, spielte mit ihrem Haar und strich über ihr zerschundenes Gesicht. Dicke Ranken kletterten an den weiß verputzten Mauern des Hotels hinauf, duftende Blüten wiegten sich im Wind. Das Hotel stand auf einem Hügel und bot einen eindrucksvollen Ausblick über die ganze Insel. Von der Veranda aus schaute Nikki über rote Dächer und üppiges Blattwerk hinweg bis zur Bucht. Fischerboote und Vergnügungsschiffe bewegten sich am Horizont, und als Nikki nach Norden blickte, sah sie die steilen Felsen aus dem Meer ragen, das raue Terrain, das sich zum höchsten Punkt auf Salvaje und zu den zerfallenden weißen Mauern des Turms der Missionsstation erstreckte.

Sie biss sich auf die Unterlippe. Die Angst hielt ihr Herz umklammert wie ein schwarzes gesichtsloses Monster, und plötzlich konnte sie kaum noch atmen. Verzweifelt hielt sie sich am Geländer fest, weil ihre Knie nachzugeben drohten.

Trent hatte eine Pilotenbrille aufgesetzt, sein Gesicht wirkte verschlossen. „Gedächtnisblitz?“, fragte er und biss die Zähne zusammen.

Sie schüttelte den Kopf. „Eigentlich nicht.“

„Hat dein Vater dich aus dem Gleichgewicht gebracht?“

Sie schnaubte und blinzelte die plötzlich aufsteigenden Tränen fort. „Ein bisschen. Er ist nicht sonderlich glücklicher darüber, dass er dich nicht kennt.“

„Er wird darüber hinwegkommen.“

„Ich weiß nicht“, sagte sie. Sie stützte sich auf die Ellenbogen auf, ließ die Felsen links liegen und blickte hinaus aufs Meer, wo das Sonnenlicht auf den leichten Wellen glitzerte.

„Hör zu. Ich weiß, dass du dich nicht an mich erinnerst und mir nicht traust. Das ist schon in Ordnung. Ich kann unglaublich geduldig sein, wenn es sein muss.“ Das glaubte sie ihm durchaus. Wie ein Tiger, der seiner Beute auflauert, wusste Trent McKenzie, wann er warten und wann er zuschlagen musste. Der Gedanke war ganz und gar nicht beruhigend. Er presste die Lippen zu einem schmalen Strich zusammen. „Aber ich verspreche dir, dass ich dich beschütze“, sagte er dann.

Sie wollte ihm gern glauben. Oh Gott, wenn sie ihm doch vertrauen könnte, doch sie musste an das Mädchen im Krankenhaus denken, die Freundin von Mrs. Martínez, und wieder nagte der Zweifel an ihr. Sie fing seinen Blick ein und zitterte leicht. „Ich glaube, ich war eher der Typ, der selbst auf sich aufpasst."

Er verzog den Mund zu einem zynischen Lächeln. „Dann helfe ich dir dabei."

Ihr Herz öffnete sich ihm ein wenig, und sie betrachtete seine schönen Gesichtszüge unter dem Bartschatten und der Sonnenbrille. Es wäre einfach, sich jetzt in ihn zu verlieben, ihm zu vertrauen, weil sie kaum eine andere Wahl hatte.

Aber auch wenn sie durch unglückselige Umstände im Moment von ihm abhängig war, blieb sie eine selbstbewusste, eigenständige Frau. „Mein Vater hat meine Reise nach Salvaje erwähnt. Davon habe ich ihm erzählt. Aber von dir habe ich ihm nichts gesagt."

„Deine Entscheidung."

„Warum habe ich dich nicht erwähnt?"

„Weil du Angst hattest, er könnte versuchen, dir die Heirat auszureden", sagte Trent schlicht und blickte wieder auf den Horizont. „Du verstehst dich nicht immer gut mit deinem Dad, Nikki, und ihm passte es nicht, dass du auf irgendeine kleine Insel reisen wolltest, fern der Zivilisation, wie er sie kennt."

„Ich habe das also hinter seinem Rücken durchgezogen?", fragte sie ungläubig.

„Du hast einfach darauf verzichtet, mich zu erwähnen."

„Warum?"

Er schnaubte verächtlich und musterte Nikki mit kaltem Blick. „Weil du befürchtet hast, dass er gegen mich sein wird." Er lehnte sich mit der Hüfte ans Geländer und verschränkte die Arme vor der Brust. „Das wenige, was ich über deinen alten Herrn weiß, lässt mich übrigens stark vermuten, dass du da wahrscheinlich recht hattest. Ted Carrothers hätte mich auf den ersten Blick gehasst."

„Warum?"

„Weil er sich einen anderen Mann für dich vorstellt."

„Dave", sagte sie, ohne zu überlegen.

„Genau." Trent schob seine Ärmel hoch bis über die Ellenbogen. „Du erinnerst dich an ihn?" Nikki schüttelte den Kopf, und er grinste anzüglich. „Nun ja, er war der typische College-Streber. Groß, blond, immer blitzblanke Schuhe. Hatte ein Football-Stipendium für Washington State und wurde Jahrgangsbester. Dann hat er Jura studiert und ist in eine Firma eingestiegen, die sich auf Steuerrecht für große Firmen spezialisiert hat. Er fährt BMW und trainiert im hipsten Studio der Stadt."

„Mit so einem Typ war ich zusammen?"

„Du wolltest ihn heiraten", berichtigte er.

„Kennst du ihn denn?"

„Vom Hörensagen."

Bildete sie es sich nur ein, oder verzog er das Gesicht?

„Woher?"

„Ich habe ihn überprüft", sagte Trent, nun deutlich gereizt.

„Wann?"

„Vor unserer Abreise aus Seattle."

Sie wollte erst nachbohren, doch etwas an seinem selbstbewussten Auftreten überzeugte sie, dass er die Wahrheit sagte und sie tatsächlich die Verlobte dieses Dave gewesen war. „Vermutlich weißt du auch, warum wir Schluss gemacht haben?"

Er zuckte mit der Schulter. „Der war dir zu konventionell. Aber dein Vater war begeistert von ihm. Sogar deine Mutter hielt ihn für eine großartige Partie. Leider wollte Dave, dass du auf deine Karriere verzichtest und dich lieber auf seine konzentrierst. Dazu warst du nicht bereit."

„Gott sei Dank", flüsterte sie, wurde sich bewusst, wie sich das anhörte, und hielt den Mund. Doch es war zu spät. Trents Augen glitzerten teuflisch, und Nikki hatte den deutlichen Eindruck, dass er sie hinters Licht geführt hatte.

Sie pflückte eine violette Bougainvilleablüte und zwirbelte sie zwischen den Fingern. Durfte sie Trent vertrauen? Wahrscheinlich nicht. Belog er sie? Zweifellos. Aber welche Wahl hatte sie denn?

Er schlug mit der flachen Hand auf das abblätternde schmiedeeiserne Geländer, als wäre er endlich zu einer wichtigen Entscheidung gekommen. „Ich muss kurz weg. Mich am Flughafen nach dem Stand der Dinge erkundigen. Willst du mit?"

Sie schüttelte den Kopf. „Ich möchte lieber duschen."

„Aber schließ die Tür hinter mir ab."

„Hast du Angst, dass ich weglaufen könnte?", fragte sie sarkastisch.

Er warf einen Blick auf ihren immer noch geschwollenen Knöchel. „Weglaufen? Nein. Aber weghumpeln – na ja, vielleicht. Aber selbst wenn, würdest du wohl nicht weit kommen. Außerdem gibt es auf dieser Insel nichts, wohin du laufen könntest."

Ihr wurde kalt. Ja, sie saß in der Falle. Ihr Mund wurde plötzlich staubtrocken.

Trent deutete mit einer Kopfbewegung auf die Fenstertüren. „Komm, ich helfe dir ins Bad."

„Das schaffe ich allein", sagte sie steif und verließ wie zum Beweis mit unsicheren Schritten die Veranda, ging ins Bad und schloss mit Nachdruck die Tür hinter sich ab. Ohne Zeit zu vergeuden, drehte sie die Wasserhähne über der Wanne auf und begann, sich auszuziehen. Als Dampf vom warmen Wasser aufzusteigen begann, blickte sie in den Spiegel, funkelte ihr Bild darin finster an und betrachtete die grünlich verfärbten Blutergüsse an Brust und Rücken. Der Schorf löste sich, doch unter der Haut hatte sich Blut an der Fußsohle und am Knöchel gestaut. „Du bist ja gerade Miss America, Carrothers“, sagte sie zu sich selbst und hielt inne, als ihr bewusst wurde, dass ihr Name ja jetzt McKenzie war.

„Nikki McKenzie. Nicole McKenzie. Nicole Louise Carrothers McKenzie.“ Der Name kam ihr einfach nicht so ohne Weiteres über die Lippen. Sie legte sich in die Wanne und überließ es dem warmen Wasser, die Schmerzen in ihren Muskeln zu lindern. So gut sie konnte, wusch sie Haar und Körper und ließ das Wasser lauwarm werden, bevor sie aus der Wanne stieg und sich behutsam mit einem Badetuch abrubbelte.

Sie wickelte sich in das dicke Frotteetuch und ging ins Schlafzimmer, blieb jedoch abrupt stehen, als sie Trent auf seiner Bettseite liegen sah. Er hatte die Stiefel ausgezogen, die Beine an den Knöcheln gekreuzt und den Blick auf die Tür geheftet.

Seine Lider waren halb geschlossen, und sein Blick war mehr als nur interessiert, als er ihn von ihren Füßen über Knie und Körper bis zu ihrem Gesicht wandern ließ.

„Ich … Ich dachte, du wärst weggegangen“, stotterte sie und zog das Badetuch fest um sich, als wären sie Fremde.

„Ich warte doch lieber noch.“

„Warum?“

„Es wäre blöd gewesen, dich im Bad allein zu lassen. Du kannst ausrutschen und dir den Kopf stoßen oder so was.“

„Ich bin kein Pflegefall!“

„Das habe ich auch nicht behauptet.“

„Und ich brauche keinen Betreuer.“

Er überging diese Äußerung. „Ich wollte einfach nur da sein, falls es Probleme gibt.“

„Das einzige Problem für mich bist du“, sagte sie und zwang sich, zur Kommode zu gehen, um einer der Schubladen einen frischen Slip, BH, Shorts und T-Shirt zu entnehmen. Ihr schoss durch den Kopf, dass Trent ihre Sachen ausgepackt und ihre intimsten Kleidungsstücke berührt hatte, doch sie ignorierte die Verlegenheitsröte, die ihr unaufhaltsam den Hals hinaufkroch. Falls sie ihm glauben konnte, hatten sie schließlich noch viel intimere Dinge getan … Wen interessierte da noch die verflixte Unterwäsche?

Sie wollte gerade zurück ins Bad, als er sagte: „Meinetwegen brauchst du nicht zu gehen.“ Es leuchtete belustigt in seinen kobaltblauen Augen, ganz, als würde er ihr Unbehagen genießen.

„Du meinst, ich soll einfach das Handtuch fallen lassen und mich in aller Ruhe anziehen?“

„Prima Idee.“ Er schob die Hände hinter den Kopf und behielt Nikki im Auge. Wartete. Wie ein Löwe geduldig abwartet, bis die Gazelle die warnende Witterung ignoriert und friedlich wieder zu grasen beginnt.

Nur um das anzügliche Grinsen aus seinem Gesicht zu vertreiben, hätte sie das verdammte Handtuch am liebsten fallen gelassen, sich splitternackt vor Trent aufgebaut und ihn auf die Probe gestellt. Würde er sie dann weiter hochnehmen, schnell den Blick abwenden oder, noch schlimmer, die Kontrolle verlieren, Nikki in seine Arme reißen und sie zum Bett tragen? Wie sollte sie dann reagieren? Mit schmelzender Leidenschaft? Also wirklich!

Sie machte auf dem Absatz kehrt und marschierte, so stolz und aufrecht, wie es ihre Verletzungen erlaubten, erhobenen Hauptes ins Bad.

„Vergiss die antiseptische Salbe nicht“, erinnerte er sie, als sie die Tür zuschlug. Sie rümpfte die Nase und imitierte ihn vor dem Spiegel. Sie versuchte, mehr zu sehen als die Abschürfungen und den Schorf in ihrem Gesicht. Ein paar von den kleineren Kratzern heilten bereits ab, und die Haut rund um ihr Auge war nicht mehr gar so verfärbt. „Und bleib im Hotel“, befahl

Trent hinter der Tür. „Der Arzt hat dir empfohlen, die Sonne zu meiden."

„Ja, Chef", knurrte sie leise. Sein Befehlston ließ sie mit den Zähnen knirschen. Ihr Leben lang schien sie immer irgendwer herumkommandieren zu wollen. Ihre Eltern, ihre älteren Schwestern, ihre Lehrer, der Zeitungsverleger und jetzt Trent ... Sie erstarrte, ihr Herz hämmerte wie wild. Nichts Greifbares, aber wenigstens Erinnerungsfetzen, unvollständig und unklar, hatten den Nebel in ihrem Bewusstsein durchdrungen. Bruchstücke ihrer Persönlichkeit schienen sich herauszubilden. Plötzlich war sie überzeugt, dass sie schon immer eigensinnig gewesen war und ihren Status als jüngste Schwester, als jüngste Mitarbeiterin beim *Observer* verabscheute.

Sie fand es grässlich, dass man ihre Arbeit kontrollierte, nur weil sie jung war – und manchmal auch, weil sie eine Frau war. Sie war stolz auf ihre Artikel, war mit Leidenschaft Journalistin und unglaublich frustriert, weil sie nicht ernst genommen wurde.

Sie hätte Trent gern die Neuigkeit mitgeteilt, nämlich, dass sie tatsächlich anfing, sich wieder zu erinnern, doch sie hielt den Mund. An ihn hatte sie noch immer keinerlei Erinnerungen, genauso wenig wie an die Reise nach Salvaje, an die Gründe, aus denen sie ihn geheiratet hatte.

Und wenn ihr nun plötzlich wieder einfiel, dass er derjenige war, der sie gejagt und vom Felsen gestoßen hatte? Eigentlich konnte sie nicht glauben, dass er ihr etwas antun wollte, denn seit dem Unfall hatte er reichlich Gelegenheit dazu gehabt. Dennoch, etwas tief in ihrem Unterbewusstsein, etwas Dunkles, Dämonisches, Erschreckendes riet ihr, vorsichtig zu bleiben diesem Mann gegenüber. Falls er gefährlich war und ihr Erinnerungsvermögen ihr irgendwann doch offenbarte, dass er log, wurde er womöglich gewalttätig.

Ein Angstschauer lief ihr über den Rücken. Immer mit der Ruhe, Nikki, sprach sie sich Mut zu. *Du kannst ihm nicht ver-*

trauen. Noch nicht. Bis sie konkretere Beweise hatte, würde sie ihre kleine Entdeckung – dass ihr Erinnerungsvermögen zurückkam – für sich behalten.

Als Nikki sich schließlich angezogen, ihr Haar getrocknet und ihr Gesicht mit Salbe behandelt hatte, war Trent fort, und sie war froh, allein zu sein.

Mithilfe des Wörterbuchs telefonierte sie mit dem Zimmerservice und bestellte einen Krug Eistee. Sie fand ein paar Geldscheine in ihrer Brieftasche und gab dem Kellner ein saftiges Trinkgeld, bevor sie die Tür hinter ihm verriegelte.

Auf der Terrasse schenkte sie sich Tee ein und betrachtete noch einmal die Fotos aus ihrer Brieftasche. Eines hatte sie vorher übersehen – einen in der Wildnis aufgenommen Schnappschuss. Ein brausender Fluss und steile Berge bildeten den Hintergrund, vor dem sich zwei Menschen umarmten. In der Frau erkannte Nikki sich selbst, doch der Mann – blond und muskulös und mit regelmäßigen Gesichtszügen – war nicht Trent. Dave, sagte sie unhörbar, doch sie empfand überhaupt nichts, als sie sein Foto mit der Fingerspitze berührte. Keine Liebe. Keinen Hass. Keine Wut. Als wäre er für immer aus ihrem Bewusstsein und ihrem Herzen gelöscht.

„Was für ein Chaos", sagte sie zu sich selbst, entschied sich jedoch, nicht länger über ihr Pech nachzudenken. Fast eine Woche lang hatte sie sich selbst bemitleidet, doch jetzt wurde es langsam mal Zeit, ihr Leben wieder in die Hand zu nehmen. Sie war nicht mehr bettlägerig. Sie konnte laufen, wenn sie auch zugegebenermaßen noch kein Wettrennen gewinnen würde, doch sie war nicht mehr abhängig von Trent oder einer Schar Ärzte. Sie war eine erwachsene Frau und, wollte man den anderen glauben, eine willensstarke und unabhängige Person, die ihr Leben gut im Griff hatte. Eine Enthüllungsjournalistin, verdammt noch mal!

Da sollte sie doch wohl in der Lage sein herauszufinden, ob

Trent der war, für den er sich ausgab. Nikki sah zu, wie die Zitronenspalte zwischen den Eiswürfeln in ihrem Glas tanzte, und beschloss, sofort mit der Recherche zu beginnen.

Bevor es vielleicht zu spät war. Bevor sie einen entsetzlichen, unwiderruflichen Fehler beging.

Bevor sie mit ihm schlief.

4. Kapitel

Der Mann war bekannt als *El Perro*, der „Hund“, und Trent fand, der Name passte. *El Perro* war klein und drahtig und trug das lange schwarze Haar zu einem strähnigen Pferdeschwanz gebunden. Er lümmelte hinter dem Steuer eines zerbeulten alten Pontiacs und blinzelte mürrisch durch den Rauch, der von der Zigarette in seinem Mundwinkel aufstieg. Seine schwarzen Knopfaugen hatten stets wachsam die leere staubige Straße im Blick. Sengender Sonnenschein fiel auf die Kühlerhaube, brach sich Bahn durch den Schmutz auf der Frontscheibe und ließ die Temperatur im Inneren des Pontiacs auf nahezu vierzig Grad ansteigen, obwohl die Seitenfenster heruntergekurbelt waren.

Der Wagen parkte auf einem tristen Stück Ödland. Trockenes Unkraut wucherte zwischen den zwei staubigen Fahrspuren am Hügel. In der Ferne war das Meer zu erkennen. Weiter unten erstreckte sich die Stadt Santa María am Strand entlang, deren weiß verputzte Häuser nahezu blendend das Sonnenlicht reflektierten, und hoch oben auf dem Hügel waren durch den Baumbestand hindurch die Ruinen der Missionsstation zu sehen.

El Perro zog an seiner filterlosen Zigarette und saugte den Rauch tief in die Lungen. „Du willst also, dass ich die da beschatte.“ Er tippte mit schmutzigem Fingernagel auf das Foto von Nikki mit ihren Schwestern, das Trent kopiert hatte.

„Ja.“

„Qué bonita.“

Trent konnte nicht widersprechen. Nikki Carrothers war eine der schönsten Frauen, die ihm je begegnet waren. Ihr Lächeln war ansteckend, die grünen Augen blickten intelligent und warm, ihr Haar war dicht und glänzend. Doch es war nicht ihre Schönheit, die ihn fesselte. Nein. Seine Faszination ging viel tiefer. Zu tief. Es war, als würde er ertrinken. Nikki brachte seinen Verstand durcheinander. Das war so, seit er sie zum ersten Mal gesehen hatte. Er löste den Blick von dem Foto und biss die Zähne zusammen.

„Sie ist in Gefahr?"

„Sie ist in Gefahr, und sie ist gefährlich. Beides."

El Perro lachte leise. „Eine *tigresa, sí*? Wild wie diese Insel."

„Sie ist meine Frau", sagte Trent bedeutungsschwer und überbrückte damit die sprachliche wie auch die gesellschaftliche Barriere zwischen sich und dem Mann. Im Stillen verfluchte er den Umstand, dass er sich mit diesem zwielichtigen Typen abgeben musste. Doch *El Perro* war ihm wärmstens empfohlen worden. Er war der Beste auf Salvaje.

„Du brauchst einen anderen Mann, um deine Frau zu bewachen?" Mit verächtlichem Schnauben sagte der mürrische Mann: „Wenn's um meine Frau geht, traue ich niemandem außer mir selbst. Kein anderer Mann …"

Trent packte *El Perro* bei der Hemdbrust und zerknüllte die verschwitzte Baumwolle zwischen den Fingern. Er kam dem Gesicht des Einheimischen so nahe, dass er jede Pore auf der Haut des kleineren Mannes sehen konnte und der Zigarettenrauch des *Hundes* in Trents Augen brannte. „Damit wir uns verstehen, *amigo*, du wirst sie nicht anrühren, du wirst nicht mit ihr sprechen, und sie wird dich nicht sehen. Kapiert?" Er ruckte am Hemd des Mannes.

El Perros Augen verengten sich zu Schlitzen, er zog heftig an seiner Zigarette. Wütend stieß er den Rauch durch die Nase aus. „Du machst mir keine Angst", fauchte er, doch seine Augen wurden schwarz wie die Tiefe der Hölle. „Für dein Geld beschatte ich deine Frau. Sie wird überhaupt nicht wissen, dass ich in der Nähe bin."

„Gut."

Trent ließ von dem Mann ab, lehnte sich zurück in die kaputte Polsterung des Wagens, griff in seine Jackentasche und zückte einen kleinen Umschlag. Er warf das Honorar auf den speckigen Sitz, stieg aus dem Pontiac und ließ die Tür offen. „Den Rest bekommst du, wenn der Auftrag erledigt ist."

„Woher weiß ich, dass er erledigt ist?"

„Ich finde dich", versprach Trent und war selbst verwundert über die Macht seiner Gefühle.

El Perro grinste träge und zeigte dabei eine kleine Lücke zwischen den verfärbten Schneidezähnen. „Es ist nicht immer einfach, die Fährte des Hundes zu finden, oder?" Er warf seine Zigarettenkippe aus dem Fenster.

„Ich finde dich", wiederholte Trent nur und verzog die Lippen zu einem grausamen Lächeln. „Darauf kannst du wetten."

Keine Anzüge!

Nicht einmal ein Sportsakko. Auf der Suche nach einem Hinweis auf Trents Identität durchsuchte Nikki die Kleidungsstücke im Schrank. Sie arbeitete rasch, griff in jede Tasche, kramte in einer Denimjacke, in zwei Jeans, einer Shorts und mehreren Hemden. Trotz aller Mühen fand sie nichts außer einem Päckchen Kaugummi, etwas amerikanischem Kleingeld und einem Nagelknipser.

„Okay, Nancy Drew, was kommt als Nächstes?", fragte sie sich selbst und humpelte ins Bad. Dort fand sie nichts von Trent als Rasierschaum, einen Rasierer, der offenbar nicht häufig benutzt wurde, ein Stück Seife, Zahnpasta und Zahnbürste. „Toll. Einfach toll", murmelte sie und fragte sich, wann er zurückkommen würde. Wie viel Zeit blieb ihr noch? Wenn sie ihm glauben konnte, wimmelte es auf dem Flughafen von besorgten Touristen auf der Suche nach einem Rückflug, und Trent würde stundenlang in der Schlange stehen.

Sie fühlte sich wie eine Verräterin, als sie den Telefonhörer abhob und mithilfe der Telefonistin das Krankenhaus an die Strippe bekam. Doch Schwester Sánchez hatte dienstfrei. Und Mrs. Martínez konnte nicht ans Telefon kommen. Die Telefonistin des Krankenhauses versicherte Nikki in holprigem Englisch, dass Schwester Sánchez sie anrufen würde, sobald ihr Dienstplan es erlaubte.

„Toll", knurrte Nikki frustriert und ließ sich wieder aufs Bett sinken. Es musste doch eine Möglichkeit geben, Trent zu überprüfen. Irgendeine. Sie griff nach ihrem Adressbuch, blätterte darin und stoppte bei *M*, doch Trents Namen, Adresse oder Telefonnummer fand sie dort nicht.

Zwar war das Büchlein zur Hälfte voll mit Einträgen, doch der Mann, den sie geheiratet hatte, war nicht aufgeführt.

Verschwommen vertraute Namen schlugen Funken in ihrem Gedächtnis, die Gesichter aber, die vor ihrem inneren Auge auftauchten, waren flüchtig und verschwommen.

Unter *J* stieß sie auf Janet Jones und sah, dass die Anschrift durchgestrichen war, mit dem Hinweis, unter *C* nachzusehen, wo ihre Schwester Janet gelandet war, als sie ihren Mädchennamen wieder angenommen hatte.

Das Gesicht ihrer Schwester erstand in ihrem Bewusstsein, und sie erinnerte sich an ein tränenreiches Gespräch, in dem Janet ihr anvertraut hatte, dass ihr Mann, die Liebe ihres Lebens, sie wegen einer anderen Frau verlassen hatte, wegen einer Jüngeren ohne Kinder, aber dafür mit viel Geld. Janet war beinahe selbstmordgefährdet gewesen danach und hatte für den Rest ihres Lebens den Männern abgeschworen. Draußen hatte es heftig geregnet, das Wasser floss in Sturzbächen über die Fenster ihrer Wohnung …

Nikki holte scharf Luft. Plötzlich wusste sie wieder, wo sie lebte – in einer kleinen Wohnung ohne Fahrstuhl im Queen-Anne-Viertel von Seattle. Das weitläufige alte Haus stammte aus den Zwanzigerjahren und war später in vier Wohnungen unterteilt worden. Ihre eigene Atelierwohnung befand sich auf der obersten Etage, die vormals die Dienstbotenunterkünfte beherbergt hatte. Die Zimmerdecken waren abgeschrägt, die Fenster verglaste Gauben, doch es gab einen gemauerten Kamin, jede Menge Stauraum unter den Dachvorsprüngen des alten Herrenhauses und einen glänzend polierten Holzfußboden. Die Wohnung war lang und schmal und voller Pflanzen und Antiquitäten.

Mit rasendem Herzen erinnerte Nikki sich an den Webteppich, den sie auf dem Flohmarkt gefunden hatte, an eine alte Nähmaschine, die sie als Beistelltisch benutzte, und an einen Rollschreibtisch beim Fenster. Ihr Computertisch stand in der Ecke neben einem eingebauten Bücherregal und ihrem wuchtigen Sofa aus dem Nachlass von … von … ach, Gott, wer hatte ihr das Sofa vermacht? Ihre Großtante Ora!

Warme Tränen standen in ihren Augen, als sie an ihre Verwandten dachte, die jetzt Gesichter und Namen hatten. Sie dachte an ihr Zuhause, an das sie sich endlich wieder erinnerte. Ihre Schwester Carole war auch bei dem tränenreichen Treffen dabei gewesen und hatte Janet geraten, sich von dem Penner scheiden zu lassen. Caroles Meinung nach konnte Janet ihren Tim jetzt „ausnehmen wie eine Weihnachtsgans".

Hatte sie auch glücklichere Momente mit ihren Schwestern erlebt? Nikki konzentrierte sich, doch keinerlei Erinnerung an die beiden Frauen materialisierte sich aus dem Nebel der Vergangenheit.

Sie schniefte und versuchte, an Trent zu denken, daran, wie sie mit ihm zusammen gewesen war. Hatte er ihr in der winzigen Kochnische mal geholfen? Hatte er das Leck im Dach über einem der Fenster geflickt? Hatte er Nikki in die Arme gezogen und sie auf dem Teppich vor dem Kamin oder auf dem Tagesbett unter den Dachbalken geliebt?

Sie spürte einen Kloß im Hals, doch ihr fiel nichts anderes ein als das unablässige Trommeln des Regens, während ihre Schwester ihr Herz ausschüttete und abwechselnd weinte und fluchte wegen Timothy Jones – seines Zeichens Zahnarzt und Mistkerl.

Von diesem Durchbruch ermutigt, wurde Nikki ungeduldig und wollte mehr Erinnerungen erzwingen. Noch einmal durchforstete sie ihr Adressbuch und hielt unter der Rubrik *N* inne. Genau, da waren David Neumanns Name, Adresse und Telefonnummer fein säuberlich verzeichnet. Doch Trents Nummer hatte sie nicht einmal nachlässig in das Büchlein gekritzelt. Merkwürdig.

Sie warf das Adressbuch zur Seite, kramte in ihrer Brieftasche und nahm sich noch einmal das Familienfoto vor. Hatte Janet nach der Scheidung von Tim noch einmal geheiratet? Und Carole? Hatte sie einen Mann?

Hast du einen? fragte eine Stimme in ihrem Kopf. Sie blickte auf ihren Ehering, der höhnisch glitzerte und sich an ihrem Finger ungewohnt anfühlte. Warum erinnerte sie sich nicht daran, wie Trent ihr den kleinen goldenen Reif auf den Finger geschoben hatte? War die Trauungszeremonie von Musik begleitet gewesen? Vermutlich nicht. Hatte sie einen Brautstrauß gehabt? Ein Hochzeitskleid?

„Hör auf!", knurrte sie sich selbst an. Mit solchen Gedanken erreichte sie nichts außer gewaltigen Kopfschmerzen, und sie wollte doch keine Schmerzmittel mehr nehmen. Gerade jetzt, solange sie allein war, brauchte sie einen klaren Kopf.

Frustriert ging sie zurück zum Schrank, wühlte in ihren eigenen Kleidungsstücken und rechnete halb damit, ein cremefarbenes Leinenkostüm zu finden, das für eine Hochzeit geeignet war, oder eine Fülle von Negligés oder ... was? Als sie nichts davon entdeckte, wandte sie sich wieder dem Bett zu, und ihr Herzschlag drohte auszusetzen. Die Kamera! Sie biss sich auf die Lippe, nahm sich die 35-mm-Kamera auf und musterte die Rückseite. Neun Fotos waren darin gespeichert. Ihr Mund wurde trocken. Klar, wenn sie sich doch auf ihrer Hochzeitsreise befand, dann hatte sie bestimmt auch ein paar Schnappschüsse von Trent gemacht. Mit feuchten Fingern öffnete sie die Kamera, entnahm ihr den Film und verstaute ihn in ihrer Handtasche. Was sollte sie tun, wenn Trent auf keinem Foto verewigt war? Und was, wenn nun doch?

Die Schatten im Zimmer wurden größer, als die Sonne im Westen hinter den Bergen versank. Es war noch Tag, nach ihrer Uhr vier Uhr nachmittags. Trent würde bald zurückkommen, und sie hatte nicht viel erreicht. Ihr Magen knurrte und erinnerte sie daran, dass sie seit dem Frühstück im Krankenhaus nichts mehr zu sich genommen hatte, doch zum Essen hatte sie keine Zeit. Noch nicht.

Sie legte sich aufs Bett. Das Spanisch-Englisch-Wörterbuch befand sich aufgeklappt mit dem Rücken nach oben auf dem Nachttisch. Nikki nahm allen Mut zusammen und versuchte, ihre Mutter in Los Angeles anzurufen, doch die Telefonistin erklärte ihr, dass alle Leitungen in die Vereinigten Staaten überlastet seien.

Na wunderbar, dachte sie sarkastisch und überlegte, wen sie unbedingt anrufen musste. Ihre Familie natürlich, und ihre Chefin beim *Observer*, Peggy Hendricks. Außerdem Connie Benson, eine Kollegin und enge Freundin. Falls Nikki in den wenigen Wochen vor der Reise nach Salvaje bereits mit Trent zusammen gewesen war, hatte irgendeine Bekannte ihn doch mit Sicherheit kennengelernt – eine Freundin oder Kollegin, wenn schon kein Familienmitglied.

Sie musste sich beeilen. Ihre Suche nach einem zweiten Zimmerschlüssel blieb ergebnislos. Nun, das sollte sie nicht aufhalten. Sie legte sich den Riemen ihrer Handtasche über die Schulter, schloss die Tür hinter sich ab und ging den Flur entlang zum Aufzug.

Das uralte Getriebe ächzte, als der Aufzug ankam. Nikki stieg mit einem älteren Paar und einem in ein Strandtuch gehüllten halbwüchsigen Mädchen in die Kabine. Das Mädchen, tiefbraun und mit geübt gelangweilter Miene, warf einen Blick auf Nikki, verzog das Gesicht und wandte den Blick ab. Nikki wurde rot. Sie bemerkte, dass auch die kleine alte Dame mit dem apricotfarbenen Haar ihr nun ins Gesicht starrte.

„Du liebe Zeit, was ist Ihnen denn zugestoßen?“, fragte sie mit besorgtem Eulenblick hinter ihren Brillengläsern.

„Ich … Das war ein Unfall. Ich, hm, bin mit dem Fahrrad gestürzt“, antwortete Nikki. Sie fühlte sich nicht wohl bei dieser Lüge, wollte der mitfühlenden alten Dame aber auch nicht ihre Lebensgeschichte erzählen.

Die Frau schnalzte mit der Zunge. „Na ja, Sie sind glücklicherweise auf dem Wege der Genesung. In ein paar Tagen sehen Sie bestimmt schon viel besser aus. Aber achten Sie darauf, dass der Schorf weich bleibt. Mit Vitamin E …“

„Phyllis, bitte.“ Der Mann schüttelte den Kopf. „Entschuldigen Sie, Miss. Meine Frau war früher Krankenschwester und glaubt immer noch, sie sei ständig im Dienst.“

„Schon gut“, sagte Nikki und war froh, dass die beiden Englisch sprachen und auch Amerikaner waren.

„Gehen Sie nicht zu lang in die Sonne“, riet Phyllis ihr, als der Aufzug rüttelnd zum Stehen kam. „Setzen Sie einen Hut auf. Die Sonne tut sowieso nicht gut. Die macht nur Falten. Sehen Sie mich an.“

„Hör auf, Phyllis.“

Das junge Mädchen schlüpfte aus der Kabine, kaum dass die Türen sich geöffnet hatten, und der Mann führte seine Frau zur Eingangstür. Nikki ging zur Rezeption auf der anderen Seite des Foyers.

Das Hotel war alt, hatte verputzte Wände, Deckenventilatoren und bunte Teppiche auf kühlen Fliesenböden. In der Mitte des Foyers befanden sich in einer Art vergitterter Voliere leuchtend bunte Vögel und Kübel mit üppigen Tropengewächsen, die sich um einen Teich mit einem kleinen Wasserfall gruppierten. Goldfische und Koi-Karpfen schwammen unter Seerosenblättern, und aus einer Palme heraus kreischte ein Tukan.

Wie gern hätte Nikki bei dem Anblick Trent geglaubt, dass er ihr Mann war, und sich einfach wohlgefühlt in diesem schönen nostalgischen Hotel mit den dunklen Möbeln, trägen Ventilatoren und zierlichen Kunstschmiedearbeiten.

Sie ging zum Empfangstresen und versuchte, mit dem Mann dort zu reden, doch ihr stockendes Spanisch war nicht besser als sein Englisch. Er gab sich Mühe, die verkrusteten Verletzungen in ihrem Gesicht nicht anzustarren, lächelte gezwungen und winkte einem älteren Mann mit dichtem silbernen Haar, einer Brille und rotem Gesicht.

„Wie kann ich Ihnen helfen, *Señora*?“

Sie verbarg ihre Nervosität und erklärte, dass ihr Mann versehentlich den Zimmerschlüssel mitgenommen und sie sich nun ausgeschlossen hätte. Das Lügen fiel ihr leichter, je länger sie redete, und nach wenigen weiteren Erklärungen erhielt sie einen eigenen Schlüssel. Sie bat um Einblick in ihr Anmeldeformular, und der Hotelangestellte zog zwar leicht die weißen Brauen hoch, zeigte ihr jedoch das Dokument, das Trent unterzeichnet hatte. Die Kopie seiner American-Express-Karte wies ihn als Trent McKenzie aus. Nikki überflog den Rest der Informationen und erfuhr, dass er in Seattle lebte, doch die Anschrift sagte ihr nichts. Rasch merkte sie sich den Straßennamen und die Telefonnummer, dann fragte sie den Empfangschef nach einem Fotogeschäft oder einem anderen Laden, in dem sie ihre Fotos entwickeln lassen konnte.

„Einen Film?“, fragte er, schob die Unterlippe vor und überlegte. „Unten am Strand. José. Er kann Ihre Fotos in zwei, drei Tagen fertig haben.“

In drei Tagen! „Gibt es niemanden hier, der nur eine Stunde braucht?“

Der rotgesichtige Mann lachte. „Santa María ist nicht New York“, sagte er. „Reden Sie mit José. Vielleicht kann er ... die Sache für Sie ein bisschen beschleunigen.“

Sie drehte sich um und wäre beinahe über einen etwa fünfjährigen Jungen gestolpert, der sie anstarrte. Seine Augen waren groß und rund, und er zeigte mit dem Finger auf Nikkis Gesicht, bevor er loslief, um seine Mutter einzuholen, eine große, anmutige Frau in einem Voile-Kleid. Die Frau warf einen Blick auf Nikki, bedachte sie mit einem mitleidigen Lächeln und fing prompt an, ihren Sohn auszuschimpfen, weil er Nikki angestarrt hatte.

Nikki war das hochnotpeinlich. So konnte sie sich nicht öffentlich blicken lassen, ohne überall Aufmerksamkeit zu erregen. Zwar heilten die Kratzer, und ihr blaues Auge war beinahe verschwunden, trotzdem fiel sie auf, wo immer sie auftauchte.

Eine Tarnung musste her. Etwas Einfaches. Eine dunkle Sonnenbrille und ein Hut mit Schleier, den sie übers Gesicht ziehen konnte. Mit den Reiseschecks in ihrer Brieftasche konnte sie etwas Preiswertes kaufen. Dazu fehlte ihr nur noch ein Laden, und in einem Hotel von dieser Größe gab es doch sicher ein kleines Geschäft.

Sie bedankte sich bei dem Angestellten und ging, so schnell sie konnte, den Flur hinunter zum Ausgang, als sie spürte, dass jemand sie beobachtete. Ihr Herz hämmerte gegen ihre Rippen, sobald sie ihn entdeckt hatte. Er lümmelte träge in einem Sessel neben der Terrassentür, fixierte Nikki und hatte einen Fuß auf den Tisch gelegt. Langsam richtete Trent sich auf. Mit regloser Miene, völlig ungerührt näherte er sich und sagte nur: „Ah, meine Frau."

„Du warst fleißig, wie?"

Oh Gott, hatte er gehört, wie sie nach der Filmentwicklung gefragt hatte? Ihr Mund war trocken wie Watte. „Im Zimmer habe ich es nicht eine Sekunde länger ausgehalten."

„Und deshalb hast du beschlossen, mich auszuspionieren."

Sie wollte es abstreiten, aber andererseits auch nicht lügen. Na ja, jedenfalls nicht so offensichtlich – und schon gar nicht, wenn sie auf frischer Tat ertappt worden war. Sie hob das Kinn. „Hör zu, Trent, ich erinnere mich an so gut wie gar nichts, was meine Vergangenheit betrifft, ich erinnere mich nicht an dich und nicht daran, warum – oder *ob* – wir geheiratet haben. Außerdem habe ich das Gefühl, du verbirgst einiges vor mir. Warum also sollte ich da nicht versuchen, ein paar von den Puzzleteilen meines Lebens zusammenzusetzen?"

„Soll ich dir beweisen, dass wir frisch verheiratet sind?", fragte er und machte einen Schritt auf sie zu. „Ja? Wollen wir uns für drei, vier Tage im Schlafzimmer verbarrikadieren?"

„Nein, ich ..."

„Das lässt sich einrichten, weißt du? Komm, ich trag dich nach oben, und es geht sofort los."

„*Du* verstehst nicht ..."

„Nein, *du* verstehst nichts, verdammt noch mal! Ich habe mir große Mühe gegeben, dich zu nichts zu drängen, Nikki. Ich dachte mir, es wäre besser zu warten, bis dein Verlangen nach mir genauso groß ist wie meines nach dir." Er presste die Lippen aufeinander und fasste Nikki hart beim Ellenbogen. „Willst du nach oben? Jetzt? Nur du und ich?"

„Nein!" Ihre Stimme klang erstickt.

„Das habe ich auch nicht erwartet." Verächtlich ließ er Nikkis Arm los und fuhr sich durchs Haar. „Diese Situation macht mich verrückt!"

„*Dich?* Du hast doch immerhin eine Vergangenheit."

„Die wirst du auch wieder haben", sagte er barsch.

„Du hast leicht reden."

„Warum kannst du mir nicht vertrauen?", fragte er. Seine Augen blitzten in faszinierendem Blau. Kurz sah Nikki etwas wie Verzweiflung in seinem Blick aufflackern, doch die wusste er schnell wieder zu verbergen.

„Ich kenne dich nicht."

Er sah sie an, als hätte sie ihn geohrfeigt. „Ach, zum Teufel, darüber will ich nicht schon wieder diskutieren! Komm." Er griff sie beim Handgelenk und wollte zum Aufzug.

„Nein!" Nikki rührte sich nicht von der Stelle und verlor fast das Gleichgewicht, als Trent an ihrem Arm zerrte. Einige alte Männer, die an einem Fenster geraucht hatten, drehten den Kopf in ihre Richtung.

„Gehen wir", befahl Trent durch zusammengebissene Zähne.

„Ich sagte doch schon, ich will nicht zurück ins Zimmer."

Seine Kiefermuskeln arbeiteten, an seiner Schläfe pochte eine Ader. „Entweder steigst du freiwillig in den Aufzug, oder ich trage dich eigenhändig nach oben."

„Du kannst doch nicht …"

Er kam näher, bis seine Lippen beinahe ihr Ohr berührten. „Lass dir eines gesagt sein, Baby. Ich kann tun und lassen, was ich will. Du bist meine Frau, ich bin dein Mann, und falls du es noch nicht bemerkt haben solltest: Wir befinden uns hier nicht in den guten alten Vereinigten Staaten."

„Das heißt aber nicht …"

„Die Gesellschaft hier ist nicht so aufgeklärt wie wir. Frauenrechte kümmern absolut niemanden. Das Gesetz erlaubt einem Mann, mit der Frau nach der Heirat so ziemlich alles anzustellen, was er will."

Ihr stockte der Atem. „Das ist finsterstes Mittelalter!"

„Willkommen auf Salvaje."

„Ein tolles Ziel für eine Hochzeitsreise", knurrte sie. „Wer hat diesen Urlaub geplant? Der Marquis de Sade?"

„Du."

Ihr wurde innerlich kalt. Wer war dieser Mann, dieses Ungeheuer, das sie geheiratet hatte? Er versuchte, sie in Richtung Aufzug zu bugsieren, doch wenn er sie nicht über den Boden schleifen wollte, würde sie genau da bleiben, wo sie war. Sie hob rebellisch das Kinn und beschloss, ihn auf die Probe zu stellen. „Wenn du mich tragen willst, nur zu. Wenn nicht, dann lass mich in Ruhe!"

Zähneknirschend ließ er ihren Arm wieder los. „Was genau willst du von mir?"

„Antworten. Ehrliche Antworten."

„Die habe ich dir gegeben."

„Zu wenige."

Er schloss für eine Sekunde die Augen und massierte seine Nasenwurzel zwischen Daumen und Zeigefinger. „Okay", sagte er gedehnt, als müsste er sich zwingen, ruhig zu bleiben, „dann lass uns doch essen gehen, und dabei fragst du mich alles, was dein kleines Herz begehrt."

Er machte sich über sie lustig, doch sie widersprach nicht. Sie wollte nichts als die Wahrheit. Wieder nahm er ihren Ellenbogen, diesmal jedoch nicht so grob, und führte sie durch die gläserne Doppeltür zu einem Restaurant mit Garten. Sie bestand darauf, draußen zu sitzen, und Trent widersprach nicht, obwohl er innerlich vor Wut zu kochen schien.

Der Oberkellner führte sie zwischen Kübelpflanzen hindurch zu einem privateren Tisch neben einer Mauer aus Feldsteinen. Dahinter öffnete sich der Blick aufs Meer, das sich mit

Einbruch der Nacht langsam verdunkelte. Der Seewind brachte den Duft von Jasmin und Zitronen mit sich, und aus Lautsprechern, verborgen in den üppigen Ranken und Blumen rund um die Tische, perlte leise spanische Musik.

„Hier ist es wirklich schön", sagte Nikki nervös. Sie hätte gern gewusst, wie sie ihre Umgebung empfunden hätte, wenn sie nicht von dem Felsen gestürzt wäre, ihr Gedächtnis nicht verloren hätte und schwer verliebt in diesen geheimnisvollen Fremden gewesen wäre, der behauptete, mit ihr verheiratet zu sein.

„Wenn du meinst."

Ein Kellner in roter Hose und schwarzem Hemd erschien, und Trent bestellte Wein für Nikki und ein Bier für sich selbst. Der Kellner sah Nikki an, und sein seelenvoller Blick blieb ein bisschen länger als nötig an ihrem Gesicht haften, bevor er sich zurückzog.

„Willst du wirklich hierbleiben?"

„Natürlich."

„Die Leute starren dich an."

„Lass sie doch. Ich bin nicht ansteckend", sagte sie, und Trent lehnte sich auf seinem Stuhl zurück. Zwar wirkte er äußerlich entspannt, doch Nikki wusste es besser. Unter der Oberfläche seiner zur Schau gestellten Ruhe brodelte ein Vulkan. Er stützte das Kinn auf die an den Spitzen zusammengelegten Finger und blickte Nikki vorwurfsvoll an. „Du hättest warten müssen, bis ich zurück bin, statt das Zimmer allein zu verlassen."

„Ich sagte doch schon: Die vier Wände hatten mir nichts mehr zu sagen."

„Mit dem kaputten Knöchel kannst du jederzeit wieder fallen."

„Meinem Knöchel geht's schon bedeutend besser."

Er erwiderte nichts, sondern schaute sich nur beiläufig im Garten um, als wäre er ein interessierter Tourist, doch Nikki konnte sich des Eindrucks nicht erwehren, dass er nach jemandem Ausschau hielt. Als würde eine Gefahr auf sie lauern.

Die Getränke wurden serviert, und nachdem Trent flüchtig in die Speisekarte geschaut hatte, bestellte er für sich und Nikki. Er wechselte ein paar Worte mit dem Kellner, sie lachten und dann bedachte der Kellner Nikki mit einem anzüglichen Blick. Nikki ließ sich nicht einschüchtern, obwohl es nervös in ihrem Magen rumorte. Sie dachte an die Kamera in ihrer Handtasche und biss sich auf die Lippe. In Trents Gegenwart konnte sie den Film schlecht zum Entwickeln bringen; sie sah aber auch keine Möglichkeit, ihm an diesem Tag noch zu entkommen.

Sie breitete die Serviette über ihrem Rock aus und fing Gesprächsfetzen von den Tischen zwischen den üppig blühenden Topfpflanzen auf. Leise Unterhaltungen und Gläserklirren wurden unterbrochen von gedämpftem Gelächter. Menschen genossen entspannt und glücklich ihren Urlaub auf einer tropischen Insel.

„Du glaubst also, du bist schon so weit, dass du die Stadt unsicher machen kannst", sagte Trent und musterte sie.

„Die ganze Insel, wenn es sein muss."

Er trank einen Schluck Bier und zupfte am Etikett der langhalsigen Flasche. Langsam ließ er den Blick über den Garten wandern, als wollte er seine Gedanken ordnen, doch seine Augen blieben wachsam. Sein Mund zu hart.

„Wie war's auf dem Flughafen?"

„Nicht so toll. Ich konnte Plätze in einer Maschine buchen, allerdings fliegt sie erst in ein paar Tagen."

Langsam verließ Nikki der Mut. Es war natürlich verrückt, denn sie wollte ja nach Hause und in ihr Leben zurückkehren, doch sie fühlte sich betrogen, als hätte sie diese karibische Insel mit einem Ziel aufgesucht, das sie noch nicht erreicht hatte. Selbst wenn sie nur eine Besichtigungstour geplant hatte, war der Trip ein Reinfall. Und wenn diese Reise tatsächlich ihre

Hochzeitsreise sein sollte, war sie die reine Katastrophe: ihr angeblicher Mann war eher ihr Feind als ihre große Liebe.

Der Kellner kam mit dampfenden Schalen voll sämiger Fischsuppe, die Nikki in der Kehle brannte. Ihr Gespräch mit Trent geriet ins Stocken, und sie trank ihren Wein zu Schwertfisch, einem würzigen Reisgericht und gebratenem Gemüse.

Sie hatte ihr zweites Glas beinahe geleert, als der Kellner mit der Dessertkarte zurückkam. Nikki schüttelte den Kopf. „Ich kann nicht mehr", beteuerte sie, und Trent grinste breit. „Ich dachte schon, du wärst ein Fass ohne Boden."

„Nach einer Woche voller wässriger Gelatine, klebrigem Haferbrei und welkem, geschmacksneutralem Gemüse im Krankenhaus kommt mir einfach alles verlockend vor."

„Außer dem Nachtisch."

Sie lächelte und leerte ihr Weinglas. „Später vielleicht."

„Im Bett?", fragte er und hielt ihren Blick fest. Nikki konnte sich sekundenlang nicht rühren und leckte unbewusst einen letzten Tropfen Wein von ihren Lippen. Sie dachte an den Film in ihrer Handtasche. Würden bei der Entwicklung Schnappschüsse von einem unbeschwert lächelnden Trent in den Flitterwochen herauskommen? Mit bloßem Oberkörper und unglaublich sexy, den Wind im Haar und mit heißer Leidenschaft im Blick? Plötzlich erschien ihr der Ring an ihrem Finger sehr schwer und zu eng.

Trent bezahlte die Rechnung und half Nikki beim Aufstehen.

„Ich … Ich will noch nichts ins Hotel", gestand sie.

„Bist du nicht müde?"

„Es ist noch nicht einmal acht Uhr", sagte sie. „Außerdem habe ich im Krankenhaus ewig lange im Bett gelegen."

„Nicht mit mir", sagte er, und ihr Puls begann zu rasen. Er nahm ihren Arm, und sie fragte sich, ob er zuvorkommend sein oder lediglich sichergehen wollte, dass sie nicht ausriss, ihm nicht abhandenkam.

Durch die Lücke in der Mauer gingen sie auf einen Sandweg hinaus, der über das Hotelgelände führte. Sie überquerten eine große gepflasterte Terrasse und passierten mehrere Tische unter Sonnenschirmen. Sturmlaternen brannten, ihre Flammen leuchteten warm in der aufziehenden Dämmerung.

„Ich habe heute versucht, meine Mutter und meine Schwestern anzurufen“, gestand Nikki, als sie am Pool vorbeischlenderten. Im Wasser planschten immer noch Kinder, doch die Sonnenanbeter waren schon gegangen, die Sonnenliegen leer.

„Und?“

„Ich hatte Pech. Die Leitungen waren überlastet.“

Er nickte. „Das Telefonnetz hier ist ohnehin nicht besonders belastbar, und seit dem Fiasko der Fluggesellschaft ist es nahezu unmöglich, im Ausland anzurufen. Wir hatten Glück, dass wir deinen Dad überhaupt erreicht haben.“

Um sie herum rückte die Nacht näher. Insekten summten und flatterten um die Laternen herum, und Millionen Sterne glitzerten am dunkelblauen Himmel. Nikki schob die Hände in ihre Rocktaschen und sagte: „Erzähl mir genau, wie wir uns kennengelernt haben.“

Er streifte sie mit einem Blick. „So aufregend war das gar nicht.“

„Egal.“

„Ich habe eine Schadensforderung für Connie Benson bearbeitet. Ihr Auto war gestohlen worden, und ich musste ihr ein paar Fragen stellen. Du warst bei ihr, als ich kam, und sie hat uns einander vorgestellt. Ein paar Tage später liefen wir uns in einem Restaurant am Meer über den Weg. Wir kamen ins Gespräch und redeten, bis das Lokal schloss. Von da an haben wir uns häufig gesehen.“ Er warf ihr einen verhaltenen Blick zu. „Du bist in der ersten Woche schon praktisch bei mir eingezogen.“

„Nein!“ Sie wurde rot, die Glut stieg ihr vom Hals in die Wangen. „Ich kann doch nicht so impulsiv sein.“

„Ja, mein Gott, Nikki, warum sollte ich mir so etwas ausdenken?“

„Ich … Ich weiß nicht“, gab sie zu und wünschte sich nur, die Lücken in ihrer Erinnerung endlich schließen zu können. „Ich weiß, dass ich starrsinnig bin. ‚Willensstark‘, wie meine Mutter es wohl nennt, aber ich bin auch einigermaßen rational und vorsichtig und würde nie jemanden heiraten, den ich nicht sehr gut kenne.“

„Es fühlte sich richtig an, Nikki. Mach es nicht komplizierter, als es war.“

„Okay“, gab sie nach. Sie stiegen die sandbedeckten Steinstufen hinauf. „Und was war mit dir? Du scheinst mir nicht gerade der heiratswütige Typ zu sein.“

„Bin ich auch nicht.“ Er zuckte mit den Schultern. „Aber mit dir …“ Er zögerte, blieb bei einer krumm gewachsenen Palme stehen und strich mit den Händen an Nikkis nackten Armen hinauf. „Bei dir habe ich den Kopf verloren.“ Es klang irgendwie verächtlich. „Glaub mir, ich habe mich gegen dich gewehrt, doch …“, mit seinen rauen Händen umfasste er ihre Arme und zog Nikki an sich, „… ich habe den Kampf verloren.“ Er küsste sie und presste sie enger an sich. Warnsignale schrillten in Nikkis Kopf, allerdings ignorierte sie sie und spürte, wie dieser Mann jeden Widerstand dahinschmelzen ließ. Seine Lippen waren zärtlich und fordernd zugleich, ein Versprechen noch nicht gelebter Leidenschaften. Nikki zitterte, und Trent drückte sie fester an sich. „Du bist mir ein Rätsel, Nikki. So habe ich noch nie empfunden. Du bringst mich dazu, Dinge zu tun, die mir völlig unvernünftig erscheinen, und trotzdem tu ich sie bereitwillig, *begeistert*, für dich.“ Sein Gesicht spiegelte seine Ratlosigkeit, als verstehe er sich selbst nicht mehr. „Als ich dich kennenlernte, glaubte ich, ich würde dich schnell vergessen. Dass es eine heiße Affäre wird, und das war's dann."

„Sehen so deine Beziehungen mit Frauen aus? Sind es nur ‚heiße Affären'?"

Er zog einen Mundwinkel hoch. „Eigentlich gehe ich überhaupt keine Beziehungen ein."

„Soll ich mich jetzt geschmeichelt fühlen?", fragte sie. Sie traute ihm nicht über den Weg. Nikki wollte von ihm abrücken, ein wenig Abstand zwischen ihren und seinen Körper legen, aber er hielt sie fest, presste sie an sich, ließ sie nicht los.

„Ich beantworte nur deine Fragen."

„Du stehst also auf One-Night-Stands?", stieß sie atemlos hervor und musterte seine Miene dabei.

„Ich ‚stehe' auf gar nichts."

„One-Night-Stands sind gefährlich, weißt du? In der heutigen Zeit."

„Halt mir keine Vorträge, Nikki, das bringt nichts. Bevor ich dich traf, bin ich gerannt, als ginge es um mein Leben, sobald ich eine Frau anziehend fand. Das Letzte, was ich in meinem Leben brauchte, waren emotionale Verstrickungen."

Das nahm sie so hin. Ihr Herz raste, und sie fühlte die Wärme seines Körpers. „Aber mir willst du einreden, wir wären verheiratet."

„Wir sind verheiratet."

„Das glaube ich nicht ..."

„Glaub es", befahl er, bevor er sie noch einmal küsste, mit der Zunge die Konturen ihrer Lippen nachzeichnete und sie zwang, den Mund zu öffnen, damit er sie intensiver schmecken konnte. Tief in einem dunklen Winkel ihres Bewusstseins war ihr klar, dass sie ihn stoppen musste, doch sie konnte es nicht, nicht wenn er ein solch flammendes Begehren in ihr weckte und ihr Herz wild klopfte.

Er drückte Nikki so eng an sich, dass ihre Brüste schmerzten. Mit den Händen strich er sinnlich über ihren Rücken und ließ sie an der empfindlichen Stelle über dem Po verweilen.

„Das … Das kann doch nicht wahr sein."

„Es ist wahr."

„Nein, bitte …"

„Hör zu, verdammt noch mal!", sagte er und zuckte mit dem Kopf zurück, um ihr in die Augen zu schauen. „Etwas anderes kann ich dir nicht erzählen. Ich kann nicht erklären, *wie* es passiert ist. Es ist eben geschehen. Es ist ja nicht so, dass es geplant gewesen wäre. Ich habe dich angesehen und mir gesagt, nichts wie weg hier, aber aus unerfindlichen Gründen, die ich eben nicht erklären kann, bin ich dir in die Arme gelaufen statt in die entgegengesetzte Richtung. Vielleicht lag es daran, dass du anfangs kein Interesse gezeigt hast."

„Ich dachte, du hättest gesagt, ich wäre … Wie hast du dich gleich noch so romantisch ausgedrückt? *So verdammt heiß*, nicht wahr?"

„Das war später." Er grinste und streichelte über ihren Rücken.

„Aber nicht sehr viel später."

„Ich war ganz schön hinter dir her. Zuerst hast du mir wegen Neumann die kalte Schulter gezeigt. Du warst noch damit beschäftigt, die Wunden zu lecken, die er dir zugefügt hatte."

Dave. Sie spürte einen Kloß im Hals. Sie hatte geglaubt, ihn zu lieben, hatte ihn heiraten wollen, aber die Absicht hatte er nie gehabt. Sie konnte sich nicht erinnern, wie er Schluss gemacht hatte, spürte allerdings plötzlich die emotionale Verlassenheit, den Schmerz und die Demütigung. Ihr Gedächtnis verspottete sie; Erinnerungen stiegen an die Oberfläche ihres Bewusstseins, nur, um gleich wieder unterzutauchen und sie traurig und leer zurückzulassen.

„Willst du damit andeuten, ich habe dich geheiratet, um mich über Dave hinwegzutrösten?“, fragte sie verwirrt.

„Ich will sagen, du wolltest keine ernsthafte Beziehung, aber ich hab nicht aufgegeben, und als die Sache dann heiß und ernst wurde, hast du darauf bestanden, dass wir heiraten.“

Ging das bei ihr wirklich so schnell? Ihr Vater hatte ihr erzählt, sechs Monate wären seit der Trennung von Dave vergangen. Hätte sie wirklich wie im Mittelalter von Trent verlangt, dass er sie heiratete und damit seine „ehrenhaften Absichten“ unter Beweis stellte? „Und du hast natürlich bereitwillig meine Forderung erfüllt“, erwiderte sie spöttisch. Sie wusste instinktiv, dass Trent McKenzie kein Mann war, der sich manipulieren ließ.

„Ich wollte dich. Basta.“ Seine Stimme klang rau und heiser, und der entschiedene Unterton schnitt ihr ins Herz. „Ich hätte alles getan, um dich zu bekommen. Alles.“

„Du hättest mich sogar geheiratet.“

„Auch das.“

Ihr stockte der Atem, und als Trents Blick sie traf, brannte darin ein inneres Feuer, das jede Gegenwehr unmöglich machte, so viel Sinnlichkeit und Leidenschaft lagen darin.

Er senkte seinen Mund auf ihren und küsste sie zunächst zärtlich, dann jedoch immer fordernder. Seine Lippen strichen über ihren Mund, und seine Zunge folgte dem Umriss ihrer Lippen, die er tastend, lockend öffnete. Nikki schloss die Augen und stöhnte leise, erwiderte schließlich aber verlangend seinen Kuss.

Sie bekam weiche Knie, und Trent schlang beide Arme um Nikki, hielt sie und drückte sie eng an sich. Geschickt schob er mit dem Bein ihren Rock hoch, drängte ihre Oberschenkel auseinander und lehnte Nikki gegen den Stamm einer Palme. Flammende Begierde erfasste Nikki, ihr Atem ging flach und schnell, und die abwehrende Stimme in ihrem Kopf war fast völlig zum Verstummen gebracht.

Sie wusste, dass seine Küsse Gefahr bedeuteten, und doch konnte sie ihm nicht widerstehen. Ihr Körper verlangte nach ihm, ihre Brüste sehnten sich nach seiner Zärtlichkeit, und tief im Inneren fühlte sie sich wie die kochende Lava eines Vulkans kurz vor dem Ausbruch.

Als Trent den Kopf hob, ließ sie sich gegen seinen Körper sinken.

„Genauso war es immer zwischen uns", sagte er heiser und schaute gequält drein. Er strich ihr eine Haarsträhne aus dem Gesicht. „Und deswegen, Lady, habe ich dich geheiratet."

5. Kapitel

Und jetzt? Los, Nikki. Du bist eine intelligente Frau. Oder warst zumindest mal eine. Also, was willst du jetzt tun?

Vertrau ihm. Lieber Himmel, Nikki, folge deinem Herzen – und vertraue ihm!

Sie stand auf der Veranda und umklammerte das schmiedeeiserne Geländer. Der Wind spielte mit ihrem Haar und streichelte ihre Wangen. Durch die offene Tür des Hotelzimmers hörte sie Wasser rauschen. Trent stand unter der Dusche. Nikki versuchte, einen Plan zu ersinnen, und schaute auf die blinzelnden Lichter von Santa María. Wie eine Kette aus Juwelen säumten sie das Ufer des Meeresarms, spiegelten sich im Wasser und hielten die dunkle Nacht in Schach.

Nikki blieb nicht viel Zeit. Bald würde sie mit einem Mann schlafen, der mit einem einzigen Blick ihr Blut zum Pulsieren brachte. Mit einem mysteriösen Mann, der behauptete, er wäre mit ihr verheiratet. Mit einem Mann, den sie instinktiv als gefährlich einschätzte. Wenn sie ihm doch nur vertrauen könnte! Aber Vertrauen, das wusste sie aus verschwommenen Erfahrungen in der Vergangenheit, musste man sich verdienen, man bekam es nicht geschenkt. Nikki rieb ihre Arme, als wäre ihr plötzlich kalt, und dachte an die bevorstehende Nacht, in der sie in einem Bett mit ihm liegen, ihn ganz nahe bei sich haben würde. Ihr Magen zog sich zusammen. Nein, sie würde nicht mit ihm schlafen. Ob er nun ihr Mann war oder nicht, sie vertraute ihm nicht. Am besten vermied sie den Sex mit ihm, indem sie so tat, als würde sie sofort einschlafen. Er würde sicherlich verstehen, dass sie der Umzug ins Hotel nach den Tagen in der Klinik angestrengt hatte und sie erschöpft war.

In Wahrheit würde sie natürlich kaum ein Auge zutun, wenn Trent nur Zentimeter entfernt neben ihr lag. So ein Mist, dachte sie, blies sich die Ponyfransen aus der Stirn und blickte hinunter auf die Terrasse, wo sich noch mehrere Leute aufhielten, lachten, redeten und Cocktails schlürften. Ältere Paare amüsierten sich bei einem Glas Wein, ein Pärchen Mitte dreißig ging Händchen haltend beim Pool spazieren. Verliebte, dachte Nikki mit einem Anflug von Neid.

Sie schüttelte die lästigen Gedanken ab, lief zurück ins Zimmer, und während sie aufs Wasserrauschen im Bad lauschte, schlüpfte sie rasch aus Rock und Bluse und zog einen Seidenpyjama an. Der Stoff schmiegte sich an ihre Brüste und Hüften, und der tiefe V-Ausschnitt zeigte mehr Haut, als ihr lieb war. Aber dieser pinkfarbene Pyjama war der am wenigsten erotische, den sie im Reisegepäck hatte. Ein Flanellnachthemd und Morgenrock zum Warmhalten im nassen und kalten Winter in Seattle wären schließlich auf einer tropischen Insel fehl am Platz gewesen. *Besonders auf der Hochzeitsreise.*

Das Wasserrauschen hörte auf, und Nikkis Herz pochte heftig. Oh Gott, schoss es ihr durch den Sinn. Sie konnte kaum schlucken, weil sich ihr die Kehle zuzuschnüren schien.

Leise schlüpfte sie unter die Bettdecke, legte sich auf die Seite und kehrte der anderen Betthälfte den Rücken zu. Sie schloss die Augen, nahm wahr, wie Trent wieder das Wasser anstellte, wahrscheinlich am Waschbecken. Er ließ sich verdammt viel Zeit, während sie um sofortigen Tiefschlaf betete. Herrgott, sie führte sich auf wie ein Kind, wie eine neurotische Jungfrau, aber da sie immer noch gehandicapt und traumatisiert war, hielt sie Täuschung für die beste Verteidigung. Nur, bis sie wieder voll einsatzfähig war. Sobald ihr Erinnerungsvermögen zurückgekehrt war, würde sie Trent offen entgegentreten.

Allerdings fiel ihr die Täuschung viel schwerer, als sie erwartet hatte. Nikki Carrothers war in ihrem alten Leben nie so tief gesunken, sich mit Lügen aus der Affäre zu ziehen, das wusste sie. Hier gelten mildernde Umstände, sagte sie sich, schüttelte ihr Kissen auf und versuchte, sich zu entspannen.

Plötzlich verstummte das Geräusch von fließendem Wasser. Nikki verkrampfte sich. Licht glitt ins Schlafzimmer, da Trent die Tür öffnete. Los, stell dich schlafend, befahl sie sich, kam sich dabei jedoch ziemlich blöd vor.

Trent sprach kein Wort. Sie hörte seine Schlüssel klimpern, sowie er sie auf dem Nachttisch auf seiner Bettseite ablegte, spürte, wie er die Decke zurückschlug, roch den Duft von Seife, Rasierschaum und Moschus, während er ins Bett schlüpfte. Die Matratze knarrte. Er schaltete das Licht auf seinem Nachttisch aus, rückte näher, und ihr Puls begann zu rasen.

Dann legte er lässig und vertraut den Arm um ihre Taille. Er schmiegte sich an sie, sein warmer Atem an ihrem Nacken, sein Brusthaar streifte die glatte Seide auf ihrem Rücken. „Wem willst du etwas vormachen?“, fragte er. „Ich weiß, dass du wach bist.“

Sie antwortete nicht. *Verstell dich! Atme einfach so natürlich ein und aus, als würdest du seinen warmen Körper gar nicht spüren!*

„Aber keine Angst. Ich zwinge dich zu nichts.“

Ihre Muskeln entspannten sich ein wenig, und Trent nutzte die Gelegenheit und drückte sie noch enger an sich. Seine Beine, nackt, wie sie durch den Pyjama hindurch spürte, lagen an ihren, und er passte sich ihr vollständig an, beugte Knie und Hüften in exakt dem gleichen Winkel wie sie. Sie versuchte, sich an dieses Gefühl von Nähe und Intimität zu erinnern, daran, dass sie schon früher mit ihm im Bett gelegen hatte, doch keine angenehmen, wohligen Bilder tauchten auf. Trent gab ihr einen Kuss auf den Nacken, und ihr Puls beschleunigte sich wie verrückt. „Kein Grund zur Eile, Schatz", sagte er sinnlich-gedehnt, sodass ihr Magen kribbelte. „Wir haben ja noch den Rest unseres Lebens vor uns."

Oh Gott, warum konnte sie sich nicht erinnern?

Trent war klar, dass er die Finger von ihr lassen sollte. Nikki so nahe zu sein war gefährlich, und trotzdem konnte er nicht widerstehen. Ja, es stimmte, sie war die faszinierendste Frau, die jemals seinen Weg gekreuzt hatte. Seit er sie in Seattle zum ersten Mal gesehen hatte, wollte er sie.

Aber er musste sich zurückhalten. Sie hatte noch Schmerzen, war verwirrt und misstrauisch. Er hätte ihr gern so viel gesagt und durfte doch so vieles noch nicht preisgeben. Aber sobald sie zurück in den Vereinigten Staaten waren und er sie in Sicherheit wusste, würde alles besser werden. Trent roch den Fliederduft ihres Shampoos in ihrem Haar auf dem Kissen, und sein Verlangen wurde fast quälend. Es wäre so leicht, sie einfach zu küssen, ihre Brüste zu streicheln, sich an sie zu pressen und ihre Schenkel zu spreizen …

„Herrgott", stieß er hervor und zwang sich, sich umzudrehen und an die Bettkante zu rücken. Ein Held war er nie gewesen, und normalerweise war es ihm egal, was eine Frau von ihm dachte, bevor oder nachdem er mit ihr geschlafen hatte. Doch jetzt, mit Nikki, war alles anders. Kompliziert. Gefährlich.

Er verzog das Gesicht, starrte an die Decke, war sich hundertprozentig sicher, dass sie nicht schlief. Diese Nacht versprach, endlos zu werden!

Als das erste Morgenlicht durchs Fenster fiel, stieg Nikki aus dem Bett. Sie riskierte einen Blick auf Trent und schluckte, als sie sein Gesicht sah, glatt rasiert und völlig entspannt. Sein Kinn war ausgeprägt und kantig. Dunkle Wimpern umrandeten die Augen, und der zynische Zug um den Mund war verschwunden. Das schwarze Haar fiel ihm in die Stirn, und selbst schlafend wirkten seine nackten Schultern breit und muskulös. Ein schöner Mann, dachte Nikki, aber wer zum Teufel war er? Ihr Mann? Ihr Geliebter? Ihr Feind?

„Willst du den ganzen Tag da stehen bleiben und mich anschmachten, oder kommst du zurück ins Bett und setzt deine Gedanken in die Tat um?“ Ohne die Augen zu öffnen, klopfte er auf die Stelle, wo sie gelegen hatte.

„Du …“

Provozierend lächelnd stützte er sich auf einen Ellenbogen auf. Die Bettdecke rutschte nach unten und gab den Blick auf sein Sixpack frei. „Ich, was?“

„Du bist wach“, erwiderte sie lediglich neutral.

„Mhm.“ Er reckte die Arme über den Kopf und ließ sich zurück ins Kissen sinken. „Du kannst froh sein, dass ich nicht versucht habe, unsere Situation auszunutzen.“

Nikki schluckte den Köder. „Vielleicht bist ja eher du derjenige, der froh sein sollte“, erwiderte sie, eilte ins Bad und sperrte die Tür hinter sich ab, bevor sie merkte, wie kindisch sie sich verhielt. Er war schließlich ihr Mann – vermutlich zumindest. Er durfte sie nackt sehen. Oder nicht? Sie holte tief Luft und schloss die Tür wieder auf. Wenn er wollte, sollte er den nächsten Schritt tun.

Sie sagte sich, dass alles so normal war, wie es unter den gegebenen Umständen nur sein konnte, legte sorgfältig ein leichtes Make-up auf und bemerkte zufrieden, dass ihr Gesicht allmählich abheilte. Einige Schorfkrusten lösten sich langsam ab, andere waren schon abgefallen und hatten rosa Haut hinterlassen, die in starkem Kontrast zu Nikkis Sonnenbräune stand. Die Verletzungen am ganzen Körper heilten, wie sie feststellte, als sie antibiotische Salbe und Vitamin-E-Öl auf die Schürfwunden auftrug. Wenn doch nur ihr Kopf auch heilen wollte …

Nachdem sie ihr Haar gebürstet und Shorts und ein T-Shirt angezogen hatte, ging sie zurück ins Schlafzimmer, wo Trent, nur mit einer abgetragenen Jeans bekleidet, Kaffee in zwei Becher einschenkte. „Sahne, kein Zucker, stimmt's?", fragte er.

„Ja." Seit Jahren versuchte sie, sich die Sahne abzugewöhnen, wie ihr jetzt einfiel, doch sie mochte den Kaffee einfach nicht schwarz. Trent war offenbar lange genug mit ihr zusammen, um ihre alltäglichen Gewohnheiten zu kennen. Es war frustrierend, dermaßen im Dunkeln zu tappen.

Trent reichte ihr einen Becher, setzte sich mit der Zeitung an den Tisch, und Nikki nahm zögernd ihm gegenüber Platz. Sie gab sich Mühe, nicht ständig seine scharfen Gesichtszüge zu fixieren, während sie in ihren Kaffee blies, doch sie beobachtete ihn in der Hoffnung, dass ein Blick, eine Geste, ein Wort Erinnerungen an ihre stürmische Beziehung und Heirat freisetzen würde.

„Erzähl mir von deiner Familie", bat sie, während er die Titelseite überflog.

„Da gibt es nicht viel zu berichten."

„Deine Eltern?"

„Sind noch miteinander verheiratet und leben in Toledo. Dad hat in einem Stahlwerk gearbeitet und ist inzwischen Rentner. Mom ist Krankenschwester. Sie geht in ein paar Jahren in den Ruhestand."

„Brüder?"

„Nur eine kleine Schwester. Kate. Eigensinnig, unverheiratet und eine Nervensäge." Er hob den Blick und lächelte. „Sonst noch was?"

„Wie bist du nach Seattle gekommen?"

Er furchte die Stirn und legte die Zeitung säuberlich gefaltet auf den Tisch. „Was soll das werden? Das Interview?"

„Ja. Ein langes."

„Ich wollte nicht so enden wie mein alter Herr, mit kaputtem Rücken und lädierter Hüfte, deshalb habe ich mich erfolgreich um ein Stipendium bemüht. Das hat mich, gepaart mit Nachtarbeit, durchs Studium gebracht. Ich habe meinen Abschluss in Jura gemacht, festgestellt, dass ich nicht unter einem Chef arbeiten kann, und mit dem Gedanken gespielt, Privatdetektiv zu werden. Bin viel herumgekommen. Die Lage war schlecht, und dann erfuhr ich von der Stelle bei der Versicherungsgesellschaft, wo ich mir die Arbeitszeit frei einteilen konnte, und griff zu. Damals wohnte ich in Denver und war längst scharf drauf weiterzuziehen."

„Und das ist alles?"

„Mein Lebenslauf."

Sie trank einen Schluck Kaffee und verbrühte sich die Zunge, während sie über seine Geschichte nachdachte – verschachtelt, wie sie war. Er hatte nichts gesagt, was sie hätte anfechten können, doch alles erschien ihr so kalt und steril – kein Hauch von Wärme, wenn er über seine Eltern sprach, kein Lächeln, als er seine Heimatstadt erwähnte, kein Wort über ein Haustier oder einen Freund oder irgendetwas, was einen Anflug von Gefühl gezeigt hätte. Als wäre seine Vergangenheit am Computer konzipiert und ausgedruckt worden.

Du lässt dich von deiner Fantasie mitreißen, sagte sie sich. *Warum sollte er lügen?*

Er schlug die Zeitung wieder auf und blickte düster auf die in Spanisch geschriebenen Artikel. „Da wünscht man sich den *Observer* herbei, nicht wahr?"

Krach!

Glas splitterte auf der Veranda.

Nikki zuckte zusammen, heißer Kaffee schwappte über ihre Hände und auf den Tisch.

Trent stieß seinen Stuhl zurück. „Bleib da", befahl er mit finsterem Blick. Auf den Fußballen, die Muskeln angespannt, die Zähne zusammengebissen, wiederholte er: „Bleib da!" Er stieß die Fenstertüren auf. Eine frische Morgenbrise wehte ins Zimmer, blähte die Vorhänge und ließ die Zeitung rascheln.

Trotz seiner Warnung schlich Nikki in Richtung Veranda und sah ein Meer von Glasscherben und die Überreste einer Sturmlaterne auf dem Boden.

Trent war, ohne auf die Scherben und seine bloßen Füße zu achten, bis an den Rand der Veranda gelaufen, von wo aus er die Umgebung und die nahen Brotfruchtbäume inspizierte, als rechnete er mit einem Herumtreiber, der sich gleich auf ihn stürzen würde.

Er wollte weitergehen, und Nikki schrie: „Pass auf, du wirst dich schneiden!"

„Ich habe doch gesagt, du sollst im Zimmer bleiben!"

„Ich lass mich nicht gern herumkommandieren."

„Es ist nur zu deinem Besten."

„Ich kann auf mich selbst aufpassen."

„Ach ja?" Nach einem hastigen Blick über die Schulter musterte er Nikki von Kopf bis Fuß und fixierte dann die Kratzer in ihrem Gesicht.

Sie nahm die Schultern zurück und hob das Kinn. „Wenn ich auch nicht viel über meine Vergangenheit weiß, bin ich doch sicher, dass ich immer mehr als eigenständig war!"

Der Blick, den er auf sie abschoss, sprach Bände.

„Ich wüsste sowieso gern mal, warum du dich so aufregst", sagte sie und deutete auf die Glasscherben. „Das war nur der Wind."

„Mag sein." Er schien sich überzeugt zu haben, dass niemand in der Nähe lauerte, bückte sich und hob die größeren Glasscherben auf.

„Hast du einen Angriff erwartet?" Auch Nikki begann, Scherben aufzusammeln und in den Mülleimer zu werfen.

„Nein." Er schüttelte den Kopf, als müsste er sich selbst überzeugen.

„Wovor hast du dann Angst?“, fragte sie.

„Angst?“

„Du führst dich auf, als wäre jemand hinter uns her.“

Die Linien um seinen Mund wurden tiefer. „Ich hab mich erschrocken, sonst nichts.“ Verärgert warf er den Rest der zerbrochenen Laterne in den Mülleimer aus Metall, und das laute Klappern hätte Tote erwecken können.

„Auf mich wirkst du nicht gerade wie jemand, der sich leicht erschrickt. Komm schon, Trent, da ist doch was im Busch. Du willst mich so schnell wie möglich von der Insel schaffen. Du hältst mich quasi gefangen in diesem Hotelzimmer. Jedes Mal, wenn ich allein rausgehe, führst du dich auf, als würde gleich etwas Schreckliches passieren.“

Er folgte ihr ins Hotelzimmer und lehnte sich mit der Schulter gegen den Türrahmen. Die Arme vor der Brust verschränkt sah er Nikki an, mit aufeinandergepressten Lippen, die Augen leicht zusammengekniffen, als würde er mit einer schwierigen Entscheidung ringen. „Dir ist schon einmal was passiert, und du hast lange genug im Krankenhaus gelegen. Ich will einfach kein Risiko eingehen.“

„Meinst du, dass noch ein Unfall passieren könnte?“

Seine Lippen wurden schmal. Nikki wich instinktiv zurück und stützte sich auf die Kante der Kommode. Trent war ihr noch immer nicht geheuer, trotzdem beschloss sie, dass es Zeit für eine Art Entscheidungskampf war. Sie hatte die ganze Zeit einen Hochseilakt mit ihm vollführt, in ständiger Angst, dass ein einziger falscher Schritt sie in schwarze Vergessenheit stürzen würde, aus der es kein Entkommen gab. Das hielt sie keine Minute länger aus. „Ich habe das Gefühl, dass du etwas vor mir verbirgst.“

„Nein.“

„Lügner.“

Er rückte ihr so nahe, dass seine nackten Zehen ihre berührten, die aus den Sandalen lugten. Zunächst sagte er kein Wort, musterte eindringlich ihr Gesicht, und Nikki stockte der Atem. Sie schaute in Augen von tiefem geheimnisvollem Blau, Augen, die in die geheimsten Winkel ihrer Seele zu blicken schienen. Ihre Handflächen wurden feucht, und einen Atemzug lang fragte sie sich, ob Trent sie jetzt küssen würde. *Reiß dich zusammen, Nikki!*

„Ich will dich einfach von hier fortschaffen, bevor dir wieder was passiert."

„Du bist also abergläubisch."

„Ich kann dir nicht folgen."

„Weil der *Unfall* sich hier zugetragen hat, willst du abreisen. Das ist ziemlich unsinnig. Es sei denn, du glaubst, ich wäre nur hier auf Salvaje anfällig für Unfälle. Oder du weißt mehr, als du zugibst."

„Zum Beispiel?" Er runzelte die Stirn und schloss die Zimmertür hinter ihnen ab.

„Ich habe Albträume, Trent, und ich durchlebe den Sturz vom Felsen immer wieder, aber nicht so, dass ich einen falschen Schritt mache und durch eigene Schuld abstürze", meinte sie. Jetzt hatte sie seine ungeteilte Aufmerksamkeit. Sein Kopf zuckte hoch, seine Nackenmuskeln verspannten sich. „Ich weiß, dass jemand mich gejagt und vom Felsen gestoßen hat." Es war plötzlich so stickig im Zimmer, dass sie kaum noch Luft bekam. Trent kniff die Augen zusammen, rührte sich allerdings nicht.

„Wer?"

„Ich … Ich habe keinen Ahnung. Ich erinnere mich nicht. Aber es ist so wirklichkeitsgetreu, es muss wahr sein."

„Du denkst, ich hätte dich gestoßen", sagte er mit ausdrucksloser Stimme. Seine Nasenflügel bebten leicht.

Ihr Puls dröhnte in ihren Ohren. „Ich weiß nicht, was ich glauben soll. Doch ich weiß, dass du nicht völlig aufrichtig zu mir bist."

„Herrgott“, stieß er tief seufzend hervor. Er rieb sich den Nacken und schüttelte den Kopf. Als er Nikki wieder ansah, war sein Blick streng. „Dein Traum entspricht teils der Wirklichkeit, teils nicht. Es stimmt, dass ich deinen Sturz vom Felsen nicht gesehen habe. Ich war bereits in der Missionsstation und habe auf dich gewartet. Aber wir sind nicht verfolgt worden.“

„Bist du sicher?“

Er antwortete nicht. „Warum hätte dich jemand stoßen sollen, Nikki?“

„Ich habe keinen Schimmer.“ Sie schüttelte den Kopf, versuchte, sich zu erinnern.

„Ach, Nikki.“ Er fluchte leise und stützte sich zu beiden Seiten ihres Körpers auf der Kommode auf. Er beugte sich vor, bis seine Nasenspitze fast ihre berührte. „Mir ist klar, dass dir die Vorstellung nicht gefällt, doch du musst mir vertrauen. Ich bringe dich nach Hause. Ich sorge dafür, dass du in Sicherheit bist.“

„Wirst du ehrlich zu mir sein?“

Er zögerte, jedoch nur kurz, dann zog er einen Mundwinkel zu einem spöttischen Lächeln hoch. „Natürlich, Schatz“, meinte er gedehnt, und Nikki wusste sofort, dass dieser Mann ein Lügner war, ein Mann, der alles sagen oder tun würde, um seine Ziele zu erreichen.

Trotz alledem, trotz ihres Bauchgefühls, das ihr riet, ihm nicht zu trauen, gab es auch einen Teil von ihr, der sich an ihn lehnen, sich auf ihn verlassen, ihm ihr Leben anvertrauen wollte. Wenn sie sich doch nur bei ihm sicher fühlen könnte! Er roch so angenehm und männlich und … Sie biss sich auf die Lippe, da Trent mit einem Finger ihr Kinn anhob und flüsterte: „Vertrau mir, Nikki. Bald sind wir zu Hause, und du kannst zu deinem Arzt. Du erlangst dein Gedächtnis zurück. Alles wird gut.“

Vertrau mir. Es versetzte ihr einen Stich ins Herz. Sie wollte ihm ja vertrauen. Mehr als alles auf der Welt wollte sie glauben, dass er ihr die Wahrheit sagte, dass sie verheiratet waren, dass auf Salvaje oder sonst irgendwo niemand ihr etwas antun wollte.

Dann küsste er sie. Langsam und mit Bedacht, die Hände an ihren Wangen, eng an ihren Körper geschmiegt. Seine Lippen waren warm und voller Überzeugungskraft, seine Zunge drängte sanft gegen ihren Mund. Nikki wusste, dass sie ihn aufhalten sollte, dass sie eine Katastrophe heraufbeschwor, wenn sie sich von ihm küssen ließ, und trotzdem schloss sie die Augen und öffnete bereitwillig die Lippen. Er strich mit beiden Händen zart an ihrem Gesicht herab, über ihre Schultern und bis zu ihrem Po. Sein nackter Brustkorb presste sich an ihr T-Shirt, und Nikki verlor sich in Trents Duft und der Nähe seines Körpers.

Stöhnend zog Trent sie fester an sich, drängte ihre Hüften gegen seine, damit sie den Beweis seines Verlangens auch spürte. Er vertiefte den Kuss, und das Blut rauschte leidenschaftlich durch ihre Adern.

So plötzlich, wie er sie an sich gerissen hatte, ließ er sie wieder los, fluchte und stemmte die Hände in die Hüften. Er schloss die Augen. „Verdammt noch mal. Oh, verdammt!“ Er glitt sich mit den Fingern durchs Haar. „Ich muss hier raus … *Wir beide* müssen hier raus.“

Sie war völlig seiner Meinung. In dem kleinen Zimmer eingepfercht zu sein, zu zweit, das war ein Spiel mit dem Feuer.

„Komm“, sagte Trent und schlüpfte in ein verwaschenes Jeanshemd. „Lass uns frühstücken, und dann schauen wir uns Santa María an. Machen eine Besichtigungstour. Irgendwas. Moment.“ Er trat auf sie zu, das Hemd offen, und untersuchte ihre Verletzungen. Mit dem Daumen berührte er sanft den Kratzer auf ihrer Wange. „Aber wir dürfen nicht lange draußen bleiben. Der Arzt meint, du darfst nicht zu viel Sonne …“

„Ich weiß. Ich nehme einen Hut mit“, erwiderte sie. Sie war wütend – ob nun auf ihn oder sich selbst, konnte sie nicht sagen.

„Ich will nicht, dass auf diesem schönen Gesicht Narben zurückbleiben."

„Ich pass schon auf." Plötzlich erfasste sie ein Hochgefühl bei dem Gedanken, den Gefängnismauern des Hotels zu entfliehen: Das war ihre Chance, sofern sie mal allein war, den Film entwickeln zu lassen, der in der Kamera gesteckt hatte.

Gewissensbisse plagten sie, sie schob sie allerdings rasch beiseite. Sie hatte das Recht, alles über ihren „Mann" zu erfahren, selbst wenn sie die Wahrheit hinter seinem Rücken auskundschaftete.

Trent streifte sich Shorts und ein T-Shirt über, setzte eine Pilotenbrille auf und ging nach draußen. Die Zufahrt vor dem Hotel wimmelte von Taxis und anderen Autos. Trent nahm Nikkis Hand und führte sie am Taxistand vorbei zu einer Bank im Schatten, auf der der Kutscher eines Pferdewagens saß und döste.

Beim Geräusch der sich nähernden Schritte schnaubte das Pferd – ein großer rotbrauner Wallach –, und der Kutscher öffnete seine Augen. „Ah, *Señor*", sagte er und schob seinen breitkrempigen Hut in den Nacken. „Eine Kutschfahrt für die Dame?"

„*Sí.*" Trent holte einen Geldschein aus seiner Brieftasche und orderte eine Fahrt in die Innenstadt.

„Um das schöne Santa María anzuschauen? Heißt genauso wie das Schiff von Columbus, hm?"

„Genau", meinte Nikki lächelnd. Es war ein gutes Gefühl, draußen im Sonnenschein zu sein, zu sehen, wie die Schatten der sich wiegenden Palmwedel am Boden spielten, mit jemand anderem als Trent zu reden, sich trotz des Gedächtnisverlusts jung und unbeschwert zu fühlen.

Trent half ihr auf den Ledersitz, und der Kutscher stieg auf seinen Bock und ließ die Peitsche über dem Kopf des Wallachs knallen. Die Kutsche setzte sich ächzend in Bewegung und holperte leicht auf dem abgenutzten Kopfsteinpflaster der unebenen Straße.

Dank des Huts, der ihr Gesicht überschattete, und der Sonnenbrille, die ihre Augen verbarg, kam Nikki sich beinahe normal vor. Als sie so neben Trent saß, sein Bein an ihrem spürte, seinen Duft nach Seife und Leder roch, hätte sie sich fast wie eine Braut auf Hochzeitsreise fühlen können. Fast.

Trent legte einen Arm hinter ihren Schultern auf die Sitzlehne, zog Nikki jedoch nicht an sich und trommelte ungeduldig mit den Fingern auf dem Polster, an dem ihr Kopf ruhte. Sein Blick hinter der Pilotenbrille war unruhig, wanderte unablässig umher. Sein Kinn war kantig, er presste die Lippen aufeinander und schien sich keine Minute entspannen zu können.

Es war, als würde er nach etwas Ausschau halten. Oder nach jemandem. Als rechnete er mit Gefahr. Er presste die Lippen zusammen, und seine Finger hörten nicht auf zu trommeln.

Nikki wollte sich nicht von seiner Stimmung anstecken lassen. Es war ewig lange her, dass sie unter Leuten gewesen war, und ihr war nicht bewusst gewesen, wie sehr sie sozialen Kontakt brauchte. Froh beobachtete sie Straßenverkäufer, die ihre Waren von beschirmten Schubkarren an den Straßenecken verhökerten. Fahrrad- und Motorradfahrer konkurrierten mit den wenigen Autos und uralten Lieferwagen, die die Straßen verstopften. Doch das alte Pferd stapfte voran, ohne sich vom Lärm und Gewimmel der Stadt beeindrucken zu lassen.

Über ihnen hingen Blumenkörbe voll flammender Farbenfülle von Laternenmasten. Tief violette Blüten und leuchtend pinkfarbene Knospen an langen Ranken flatterten im Wind und verströmten ihren Duft in die bereits mit dem Geruch von Salzwasser, Fisch und Seetang geschwängerte Luft.

Es war ein herrlicher Tag. Die Sonne brannte mit tropischer Glut, doch die Brotfruchtbäume und Palmen boten ein wenig

Schatten. Als die Kutsche langsam hügelabwärts rollte, erhaschte Nikki gelegentlich einen Blick aufs Meer, azurblau und glitzernd. Schoner und Fischerboote glitten über die Bucht, und im Norden erhoben sich zerklüftete Felsen, eigenständige kleine Inseln, wie die knochigen Rücken unter Wasser verborgener uralter Seemonster.

Nikki schauderte unwillkürlich, und ihre gute Laune verflog im Wind. Sie blickte hinauf zu den Felsen über der Stadt und entdeckte den verfallenden Glockenturm der alten Missionsstation, kaum zu erkennen im dichten Baumbestand der Berge. Warum war sie den steilen Pfad hinaufgehastet, und wer hatte sie vom Felsen gestoßen? Denn trotz Trents gegenteiliger Behauptungen hatte jemand sie absichtlich gestoßen, um sie umzubringen.

Der Kutscher zügelte sein Pferd, und als Trent ihm das Trinkgeld gab, sprang Nikki, heraus, ohne den verletzten Fuß zu belasten. Kurz beschlich sie das Gefühl, beobachtet zu werden, und sie drehte sich rasch um und musterte das Touristengedränge auf der Straße. Fast rechnete sie schon damit, dem bösartigen Blick eines Fremden zu begegnen. Doch keiner der Touristen und Einheimischen, die durch einen Innenhof umringt von Läden und Cafés in der Nähe des Parks schlenderten, schenkte ihr auch nur eine Spur von Aufmerksamkeit. Die meisten gingen langsam, einige hatten einen Platz auf den verschnörkelten schmiedeeisernen Bänken gefunden und aßen, lasen oder rauchten, wieder andere fütterten die Vogelscharen, die sich im Schatten mehrerer Grapefruitbäume eingefunden hatten.

Werd mal nicht albern, schalt Nikki sich – Trent hatte sie anscheinend mit seiner Anspannung angesteckt, doch sie fand nicht zurück in die beschwingte Stimmung wie kurz zuvor.

Der Wind trug die Musik einer Steeldrum-Band herüber, als Trent auf der sandigen Uferpromenade voranging. Leute spazierten an den Docks entlang, blieben stehen, um an Buden und Karren zu feilschen, und schnatterten in verschiedenen Sprachen.

In einem kleinen Café bestellte Trent ein Frühstück aus frischem Obst, in der Pfanne gebratenem Brot und Jakobsmuscheln. Sie tranken frisch gepressten Orangensaft und starken Kaffee und blickten auf das in der Sonne glitzernde Meer hinaus.

„Du hast mir nichts von den Frauen in deinem Leben erzählt“, sagte Nikki, nachdem sie ihren Kaffee ausgetrunken hatte.

„Du hast mich nicht danach gefragt.“

Sie stellte die Ellenbogen auf den Tisch, stützte das Kinn in die Hände und sagte: „Ich frage dich jetzt.“

Trent grinste. Sein herausfordernder Blick ließ einen ganzen Schwarm Schmetterlinge in Nikkis Bauch aufflattern. „In allen grausigen Einzelheiten?“

„In allen“, erwiderte sie, obwohl sie von einem Anflug von Eifersucht überrascht wurde. Die Vorstellung von Trent mit einer anderen Frau gefiel ihr nicht.

Er trank einen großen Schluck und blickte stirnrunzelnd auf den Kaffeesatz in der Tasse. „Da gibt es eigentlich nicht viel zu berichten. In Toledo hatte ich in der Highschool eine Freundin, die hat dann einen anderen geheiratet – einen, der mehr Geld hatte. Der Dad des Jungen hatte eines der größten Stahlwerke im Mittleren Westen. Ich zog von einem College zum anderen, schlug nirgends Wurzeln und habe auch nicht viele gebrochene Herzen hinterlassen.“

„Du warst vorher nie verheiratet?“

Er schüttelte den Kopf.

„Auch nie kurz davor?“

„Nicht so kurz davor wie du“, antwortete er, neigte den Kopf zur Seite und musterte Nikki. „Du erinnerst dich immer noch nicht an Dave?“

Sie dachte zurück, versuchte, Erinnerungen heraufzubeschwören, irgendeine Verbindung zu dem Mann, den sie beinahe geheiratet hätte. Er war sportlich und gut aussehend – so viel wusste sie von dem Schnappschuss, den sie in ihrer Brieftasche gefunden hatte. Doch er hatte etwas an sich, einen Charakterzug, der ihr jetzt erst wieder einfiel. „Nicht so richtig, aber ich habe das Gefühl, dass er sehr dominant war."

Trent zuckte die Achseln, doch Nikki kam in Fahrt. „Genau. Immer diese Andeutungen, die eigentlich Forderungen waren: Ich sollte mich anders kleiden, mondäner auftreten, mir einen Beruf suchen, der seiner Meinung nach besser zu einer Frau passt …" Sie spürte, wie alte Gefühle sich plötzlich wieder Bahn brachen. „Er … Er hat mich einmal eingeladen, in ein Konzert oder in die Oper oder so, und dafür hatte er mir ein Kleid gekauft, weil mein Stil ihm nicht gefiel." Aufgeregt hatte sie damals die Schachtel geöffnet, bis sie das schwarze Etuikleid sah – durchsichtige Ärmel und so kurz, dass sie darin nicht ohne Peinlichkeiten hätte sitzen können.

„Steht dir bestimmt toll", hatte Dave beteuert, und um ihm einen Gefallen zu tun, hatte sie das Kleid angezogen und sich sogar von ihm überreden lassen, das zu einem französischen Zopf geflochtene Haar aufzustecken. Den ganzen Abend lang hatte sie sich unwohl gefühlt. Dave hatte sie seinen Freunden vorgestellt, sie vorgeführt wie eine seiner neuen Errungenschaften, genauso wie seinen neuen Sportwagen oder die goldene Armbanduhr. Sie hatte ihm zwar etwas bedeutet, doch Nikki wusste immer, dass seine Liebe oberflächlich war. Er hätte sie keines Blickes gewürdigt, wenn sie hässlich gewesen wäre. Zynisch verzog sie den Mund und fragte sich, wie er wohl jetzt auf ihr lädiertes Gesicht reagieren würde.

„Ja, ich erinnere mich an Dave", sagte sie. „In mancher Hinsicht war er wie du."

Trent schnaubte abfällig.

„Du weißt schon – fordernd, arrogant, penetrant“, zog sie ihn auf. Sie konnte nicht widerstehen.

Er nahm ihr Handgelenk. „Vorsichtig, Lady“, warnte er sie, „oder du merkst gleich, *wie* penetrant ich sein kann.“ Sein Griff hatte nichts Aggressives, seine Finger waren warm, und sein Lächeln war verführerisch.

Sie schlenderten durch die kleine Stadt, und Nikki hielt unentwegt Ausschau nach einem Fotogeschäft. Als sie beim Schaufensterbummel anhielten, um ein paar Schmuckstücke aus Silber und Gold, Achat und Muscheln zu bewundern, dachte sie ständig an die Filmrolle in ihrer Handtasche.

Sie passierten mit Blumen, frischem Obst, handgefertigtem Schmuck, Pullovern und Drachen beladene Karren. In den Hafenanlagen saßen Fischer und rauchten, während sie ihre Netze flickten oder ihren Fang verkauften. Jenseits der Uferpromenade erstreckte sich halbmondförmig weißer Strand entlang der Bucht. Sonnenanbeter lagen auf Strandlaken, ließen sich bräunen und tranken aus hohen Gläsern. Kinder planschten in Ufernähe, Schnorchler wateten tiefer hinein in die glitzernde Gischt.

Ein Inselparadies, dachte Nikki. *Der ideale Ort für eine Hochzeitsreise.* Fast glaubte sie, dass es wahr war. Doch ein Blick auf Trent, und ihre romantischen Fantasien stürzten in sich zusammen. Sie hatte keinerlei Erinnerung an ihn. Wenn sie in sein schönes, markantes Gesicht blickte, kam ihr kein Bild vom Zusammensein mit ihm in den Sinn. Allmählich erhaschte sie flüchtige Blicke auf kleine verschwommene Erinnerungsfetzen, doch Trent war in keiner der winzigen Skizzen ihrer Vergangenheit aufgetaucht. Warum nicht?

Weil er ein völlig Fremder ist, darum!

Der Gedanke traf sie wie ein Schlag. Sie machte sich etwas vor! Das musste aufhören.

Die noch nicht entwickelten Fotos würden vielleicht nicht den Beweis erbringen, dass er nicht ihr Mann war. Dennoch war sie sicher, dass er es nicht sein konnte…

Am frühen Nachmittag wurde Nikki langsam müde. Sie machten Rast in einem Freiluftcafé am nördlichen Ende der Strandpromenade. Trent bestellte gerade Getränke, als Nikki ein Schild entdeckte, ein bemaltes Brett an einem kleinen verputzten Haus, weniger als einen Straßenzug entfernt, das Josés Fotogeschäft beherbergte.

Sie zögerte, sagte sich dann aber, dass es vielleicht keine bessere Gelegenheit als diese mehr geben würde. Der Kellner stellte ein schäumendes Bier vor Trent und eine eisgekühlte Limonade vor Nikki auf den Tisch. Sie sprachen nicht viel, tranken nur langsam aus ihren Gläsern, beobachteten die Touristen, jung und alt, auf der Straße. Nikki glaubte fast, das Filmdöschen würde sich in ihre Schenkel brennen. Die Minuten verstrichen, während sie auf einen Vorwand wartete, um Trent allein zu lassen.

Eine lärmende Frau mit einem Strohhut, die einen schlanken Jungen jagte, erregte ihre Aufmerksamkeit, bevor sie in der Menschenmenge auf der Straße untertauchte. Sekunden vergingen. Trent hatte sein Bier fast ausgetrunken.

Nikki ließ sich Zeit, schlürfte ihre Limonade ganz gemächlich und hoffte auf einen Grund, den Tisch zu verlassen. Sie sah einen Schwarzen ohne einen Zahn im Mund, der in einem Hauseingang auf der anderen Straßenseite Gitarre spielte. Zu seinen Füßen lag ein magerer alter Hund, sonnte sich und hob den Kopf nur manchmal, um eine Witterung aufzunehmen und sich dann mit leisem Knurren wieder abzulegen.

Nikki spürte Trents Blick auf sich und nahm noch einen Schluck. Doch ihre Kehle war wie zugeschnürt, das Trinken bereitete ihr Schwierigkeiten. An einem Tisch in der Nähe saß ein einzelner Mann vor seinem Bier, und obwohl er ihr den Rücken zukehrte, glaubte Nikki, ihn schon einmal gesehen zu haben … im Foyer des Hotels oder … Als hätte er gemerkt, dass sie ihn beobachtete, zahlte der Mann und ging, ohne sich noch einmal umzusehen.

Das ist nur Einbildung, sagte sie sich und wandte sich wieder dem Gitarrenspieler zu, der jetzt die sanfte Calypso-Melodie eines ihr unbekannten Songs spielte. Nikki betrachtete die Menschenmenge und bemerkte einen großen schlanken Einheimischen in Weiß. Statt eines Gürtels trug er eine rote Schärpe, und auf seiner Schulter saß ein grüner Papagei.

Der Hund hob den Kopf, schnupperte, und als er den Vogel entdeckte, sprang er auf und bellte laut. Der Papagei schlug mit den Flügeln, krächzte und versuchte zu entkommen.

Nikki zuckte zusammen und stieß dabei ihr Glas und Trents Bier um. Alles wurde nass, Eiswürfel schlitterten über den Tisch, Bier mischte sich schäumend mit Limonade und tropfte vom Tischrand auf Nikkis Schoß.

„Was zum Teufel …?", fuhr Trent auf und blickte von Nikki zu dem Hund, der jetzt von dem zahnlosen Mann ins Haus gezerrt wurde, und dem Papagei, der angeleint war und nicht wegfliegen konnte.

„Oh Gott, es tut mir leid", entschuldigte sie sich und fing ihr Glas auf, bevor es vom Tisch rollen konnte. „Was für eine Schweinerei!"

Trent zuckte kaum mit der Wimper, rief nur nach einem vorbeigehenden Kellner, während Nikki mit einer Serviette den Tisch abtupfte. Ihre Shorts waren nass, ihre Bluse hatte Spritzer von Bier und Limonade abbekommen, und es tropfte immer noch durch die Ritzen im Tisch auf den Terrassenboden.

„*Señora, por favor …*" Ein Kellner, Wischlappen in der Hand, eilte zu ihrer Rettung, und in all der Verwirrung zupfte Nikki an Trents Ärmel. „Ich versuche eben, das hier im Waschraum auszuspülen", sagte sie und deutete auf ihre Kleidung. „Damit es keine Flecken gibt."

„Lass uns einfach zurück ins Hotel gehen.“

„Nein!“ Sie umklammerte seinen Arm. „Wir haben uns so gut amüsiert, lass es uns jetzt nicht verderben. Bestell noch etwas zu trinken, und ich versuche, nicht so tollpatschig zu sein.“ Ohne seinen Protest abzuwarten, lief sie ins Gebäude und schaute sich ostentativ nach einem Waschraum um.

Sie nahm sich die Zeit, aus dem Fenster zu sehen, und sah, dass Trent mit dem Kellner sprach. Gut. So rasch wie möglich und ohne Aufsehen zu erregen, huschte sie aus einer Seitentür und hastete auf der schattigen Seite der Straße zu Josés Laden. Ihr Knöchel begann zu pochen, doch sie lief weiter. Ein Glöckchen klingelte, als sie den Laden betrat. An der Kasse stand ein junges dunkelhäutiges Mädchen und bediente einen Kunden, einen Mann mit silbrigem Haar und einem Gehstock.

Nikki wartete ungeduldig, sie hätte den älteren Mann am liebsten zur Seite gedrängt. Als er seine Einkäufe bezahlt hatte, drehte er sich um und begegnete Nikkis Blick. Im ersten Moment glaubte sie, sie würde ihn kennen. Ihr wurde eiskalt, als sie in diese völlig ausdruckslosen Augen sah. Ihr Herz drohte stillzustehen. Der alte Mann lächelte gezwungen, ein unechtes, aber betont freundliches Lächeln. Die Kälte, die sie gepackt hatte, verschwand wieder. „Entschuldigen Sie, Miss“, sagte der Mann in perfektem Englisch. Er tippte sich an den Strohhut und ging langsam zur Tür hinaus.

Sie schaute ihm hinterher, hatte aber keine Zeit zu überlegen, wer er war – wahrscheinlich irgendein alter Kerl, den ihr lädiertes Gesicht geschockt hatte. Sie holte die Filmrolle aus der Tasche und legte sie neben die Kasse. Mithilfe des Wörterbuchs bat sie das Mädchen in stockendem Spanisch, den Film *pronto* zu entwickeln. Vor Nervosität blickte sie immer wieder auf die Uhr, während die hübsche Verkäuferin sich zum Ausfüllen des Auftragsscheins alle Zeit der Welt ließ. Nikkis Handflächen wurden feucht, doch irgendwann erklärte die junge Frau endlich, dass die Fotos in zwei Tagen abholbereit sein würden. Nikki bedankte sich hastig und eilte aus dem Laden.

Außer Atem schlüpfte sie wieder durch die Seitentür ins Café und dann in den Waschraum, wo sie Bluse und Shorts am Körper mit Wasser behandelte und den Stoff anschließend auswrang, so gut es ging. Sie sah reichlich derangiert aus, konnte sich aber darüber jetzt keine Gedanken machen. Sie zwang sich, ein paarmal tief Luft zu holen, und ging dann zurück zu ihrem Tisch, wo Trent sie bei einer frischen Flasche Bier erwartete.

Er warf einen Blick auf ihre nassen Sachen. „Alles okay?"

„Mhm." Ein frisches Glas Limonade erwartete sie auf dem sauber gewischten Tisch. Nikki nahm einen tiefen Zug und hoffte, dass sie ruhig wirkte, dass man ihr den Schmerz im Knöchel nicht anmerkte und ihr nicht ansah, dass sie gerannt war.

„Hat ja auch lange genug gedauert."

„Es herrschte Hochbetrieb." Sie lächelte liebreizend, fischte eine Erdnuss aus dem Schälchen auf dem Tisch und schob sie sich in den Mund. „Anscheinend hatten sich noch mehr Frauen bekleckert."

Er zog eine Braue hoch bis über den Rahmen seiner Sonnenbrille, schwieg jedoch. Nikki hätte sich unter seinem intensiven Blick beinahe gewunden, brachte aber ein Lächeln zustande und hob ihr Glas an die Lippen. Als sie spürte, wie ein Schweißtropfen von ihrer Schläfe rann, schickte sie ein stummes Stoßgebet zum Himmel und hoffte, dass Trent nicht merkte, wie nervös sie war.

„Prost", sagte sie und stieß mit ihrem Glas an den Hals seiner Bierflasche. „Auf die Flitterwochen."

Es zuckte in seinem Gesicht. „Prost", brummte er. Statt Nikki anzusehen, schweifte sein Blick über das Meer von Menschen, die an den beschirmten Tischen auf dem Vorplatz vorbeiflanierten.

Innerlich seufzte Nikki erleichtert auf. Die Limonade war herb und kühl, und nachdem ihre Mission nun ausgeführt war, konnte sie sich entspannen. Sie tranken aus, und trotz Nikkis Protest bestand Trent darauf, ins Hotel zurückzukehren.

Sie wollte nicht, doch er blieb hartnäckig und brachte sie zurück zur Kutsche. Nikki beschloss, jetzt lieber keinen Streit vom Zaun zu brechen. Außerdem brannte die Sonne erbarmungslos, und vom Kopfsteinpflaster stiegen Hitzewellen auf. Nur die vom Meer landeinwärts ziehende Brise brachte ein bisschen Erleichterung. Nikkis Gesicht begann wieder zu schmerzen, und ihr Knöchel pochte.

Trent half ihr in die Kutsche.

Zwei Tage, dachte sie, als das Pferd gemächlich den Hügel hinauftrottete. Nur noch zwei Tage. Dann konnte sie die Fotos abholen. Vielleicht erhielt sie dann endlich die eine oder andere Lösung der Rätsel, die Trent McKenzie ihr bisher aufgegeben hatte.

Und was würde sie tun, wenn sie auf den Fotos keine Spur von ihrem „Mann“ entdeckte? Schlimmer noch, was würde sie tun, wenn er auf den Fotos abgelichtet *war*, ihre Hand hielt, sie küsste, sein sexy Lächeln der Kamera präsentierte?

Ihr wurde flau im Magen. Was, wenn sie herausfand, dass sie tatsächlich mit diesem Fremden verheiratet war?

6. Kapitel

„Ich möchte noch einmal zur Missionsstation“, sagte Nikki ruhig, während sie die Karten mischte, mit denen sie seit fast einer Stunde spielte. Langsam, aber sicher verlor sie den Verstand auf so engem Raum mit diesem Mann. Seit ihrer Rückkehr von der Kutschfahrt hatte sie vorgetäuscht, Solitaire zu spielen, und Trent verstohlen unter gesenkten Wimpern hervor gemustert, um ihn für immer in Erinnerung zu behalten, während sie im Herzen doch wusste, dass man einen Mann wie Trent McKenzie niemals vergessen würde.

„Das ist nicht dein Ernst.“ Trent lag ausgestreckt auf dem Bett, verfolgte mit halbem Ohr irgendeine spanische Sendung im Fernseher und blätterte gleichzeitig in einer Sportzeitschrift, deren einziges Thema anscheinend Football war. Er war unruhig, so unruhig wie sie selbst, seit sie ins Hotel zurückgekommen waren. Die Spannung zwischen ihnen hatte sich drohend zusammengeballt wie Wolken am Tropenhimmel.

„Doch, Trent. Ich finde, ich sollte noch einmal dorthin gehen.“

„Hast du den Verstand verloren?“ Er warf die Zeitschrift zur Seite.

„Welchen Verstand?“, witzelte sie, doch der Scherz kam nicht an, und Trent fuhr sich mit gespreizten Fingern durchs Haar.

Sie wusste, dass die Missionsstation ein gefährliches Thema war, doch sie war fest entschlossen, noch einmal den Weg dorthinauf zu gehen. Bevor sie die Insel verließen. Solange sie noch die Möglichkeit hatte.

Sie saß am Tisch neben den Fenstertüren und schaute über die Schulter zu Trent, der seinen langen Körper so unverschämt auf der zerwühlten Bettdecke ausstreckte. Bewusst versuchte sie, den Blick auf seine Beine und das Brusthaar auf der sonnenbraunen Haut im V-Ausschnitt seines Hemds zu vermeiden. Sie bemühte sich sogar, die Angst und Sorge auszublenden, die ihm den Blick verdunkelte.

Sie mischte ihre Karten, statt daran zu denken, wie heiß die Atmosphäre im Zimmer geworden war. Sie hatte ihn ertappt, wie er sie ansah, mit Blicken, die sich bis in ihre Seele einbrennen wollten. Sie drehte eine Karte um. Karobube. „Ich glaube, wenn ich noch einmal hinaufgehe, zum ‚Tatort' sozusagen, könnte ich mich vielleicht an irgendetwas erinnern. An etwas Wichtiges."

„Bis hinauf zur Missionsstation führt keine Straße. Du müsstest zu Fuß gehen – und dein Knöchel …"

„Wir könnten doch fahren." Sie drehte eine weitere Karte um. Herzdame.

„Fahren? Wie denn?"

„Mit Motorrädern."

„Zu holprig."

Sie deckte noch ein paar Karten auf. „Dann reiten wir eben. Irgendwie muss man doch auf diesen Berg."

„Ich glaube nicht, dass du schon in der Lage bist zu reiten."

„Was du glaubst, tut nichts zur Sache."

„Ach nee!" Er sprang vom Bett auf und durchquerte das Zimmer. Mit einer flinken Bewegung schob er Nikkis Karten beiseite, stützte sich mit den Handflächen auf den Tisch und hielt sein Gesicht ganz dicht vor ihres. „Du bist meine Frau, verdammt noch mal. Ich trage die Verantwortung für dich. Ich lasse nicht zu, dass dir noch einmal etwas zustößt – und …"

„Ich bin ein selbstständiger Mensch!", schoss sie zurück und funkelte ihn Nase an Nase böse an. Zwischen ihnen schien es elektrisch zu knistern, und Nikki sah graue Schlieren in seinen blauen Augen. „Ob du nun mein Mann bist oder nicht, ich bin erwachsen. Fähig, eigene Entscheidungen zu treffen." Herrgott, diese Auseinandersetzung kannte sie von früher. Mit ... mit jemand anderem ... Mit ihrem Vater! Sie hatten gestritten – über Vertrauen und Verantwortung –, und das Gesicht ihres Vaters war rot gewesen, die Lippen waren schmal vor Zorn über seine widerspenstige Tochter.

„Du kannst keine Entscheidungen treffen, solange du nicht gesund bist!"

Seine Worte holten sie ruckartig zurück in die Gegenwart, und all der alte Zorn mischte sich mit neuer Wut. „Und wer entscheidet das?", wollte sie wissen und schob aufmüpfig das Kinn vor. „Du oder der liebe Gott?"

Seine Augen sprühten Funken. „Du bist das unausstehlichste Wesen, das mir je über den Weg gelaufen ist!"

„Toller Grund zum Heiraten, wie?"

Geschmeidig wie ein Panther fasste er Nikki. Er zog sie in seine Arme, suchte ihre Lippen und küsste sie mit heißem Begehren und so wild, dass sie sich nicht losreißen konnte. Das Blut rauschte ihr ohnehin schon in den Ohren, und jetzt brachte sein heftiger Kuss ihr Herz zum Rasen.

Sie wandte ruckartig den Kopf von ihm ab. „Lass mich los", presste sie hervor.

„Erst, wenn ich vernünftig mit dir reden kann!"

Er küsste sie noch einmal. Noch wilder dieses Mal. Nikki versuchte, sich zu befreien, denn sie wusste, dass es ein nicht wiedergutzumachender Fehler war, ihn zu küssen, sich auf ihn zu verlassen, sich ihm hinzugeben. Aber sein Mund trieb ein Zauberspiel mit ihren Lippen, und er wäre beinahe über den Tisch gestiegen, um ihr körperlich so nahe wie möglich zu sein.

Erregende Schauer durchliefen sie. Weißglühendes Verlangen drohte sie zu verzehren.

„Herrgott, du machst mich wahnsinnig“, sagte Trent, als er schließlich aufsah und Nikki in die Augen schaute. Sein Brustkorb hob und senkte sich, sein Atem ging schwer.

„Du *bist* wahnsinnig.“

„Nur in deiner Gegenwart, Schatz.“ Er nahm die Hände runter. Seine blauen Augen versprühten immer noch feurige Begierde. Unter Aufbietung seiner geballten Willenskraft löste er sich von ihr und ging auf Abstand. „Nur in deiner Gegenwart.“

Nikki rieb ihre geschwollenen Lippen und verbiss sich eine weitere scharfe Entgegnung. Es war nicht der richtige Zeitpunkt, um sich die Worte von ihrem Temperament diktieren zu lassen. Wenn er sich despotisch geben wollte, bitte schön. Das würde sie aussitzen. So schwierig dürfte es nicht sein. Es war ausgeschlossen, dass er den ganzen morgigen Tag im Hotel verbringen würde, und wenn er ging, würde sie genau das tun, was sie wollte.

Er ließ sich zurück aufs Bett fallen, griff nach dem Telefonhörer und bestellte ein Abendessen beim Zimmerservice. Während er den Hörer mit einer Hand abdeckte, fragte er: „Was möchtest du essen?“

„Alles, was du für mich bestellst, mein Herr und Meister.“

„Hör auf damit.“

„Ich habe kein Recht, Entscheidungen zu treffen“, sagte sie zuckersüß, obwohl ihre Blicke ihn hätten töten können. „Schon vergessen?“

Trent biss die Zähne zusammen, dann bestellte er auf Spanisch für sie, legte auf und sagte: „Hoffentlich magst du Leber mit Kichererbsen in scharfer Chilisoße.“

„Mein Leibgericht“, antwortete sie lächelnd.

Trent brummte etwas über undankbare Frauen, trat auf die Veranda hinaus, schlug die Tür hinter sich zu und blickte in den dämmerigen Himmel.

Leber mit Kichererbsen! Innerlich noch immer schäumend vor Wut, begab sich Nikki ins Bad, schloss die Tür hinter sich und nahm ein warmes Wannenbad. Sie war nicht sicher, ob sie es noch eine Minute länger mit Trent allein aushalten könnte.

Eine Dreiviertelstunde später kehrte sie erfrischt und kampfbereit ins Zimmer zurück und fand Trent wartend am Tisch vor. Der Zimmerservice hatte das Essen serviert; die Platten waren noch mit ihren Hauben bedeckt. Neben Nikkis Teller stand ein Glas funkelnder Weißwein, während auf Trents Platz eine langhalsige Bierflasche schwitzte. Außerdem war der Tisch mit Brot, Butter und Nachtisch gedeckt.

„Wollte ohne dich nicht anfangen“, meinte Trent und stieß mit dem Fuß ihren Stuhl zurück, als sie im Bademantel über dem Pyjama den Tisch umrundete.

„Wie edel von dir.“

Er schnaubte abfällig, und sie setzte sich ihm gegenüber. Sie spürte seinen Blick ein bisschen zu lange auf sich ruhen, bevor er sich abwandte. „Dann lass uns essen. Wir wollen doch nicht, dass diese scharfe Chilisoße kalt wird.“ Mit großer Geste hob er die Glocke von seinem Teller, und Dampf stieg von seinem Menü aus Weißfisch, sautiertem Gemüse und Pasta in einer Knoblauch-Sahne-Soße auf. „Die Spezialität des Hauses.“

Nikki wappnete sich und deckte ihren Teller auf, um festzustellen, dass Trent für sie das Gleiche bestellt hatte. „Alles andere war aus“, erklärte er und öffnete seine Bierflasche.

„Klar.“

„Morgen vielleicht.“ Er zog sie auf, und seine Augen glommen verführerisch.

„Nach dem Ausflug zur Missionsstation.“

„Fang mir nicht damit an“, warnte er sie und zog die Mundwinkel herab.

„Okay, okay!“ Sie hob die Hände, die Handflächen nach außen. „Friede!“

„Ist das möglich?“

„Das weiß Gott allein“, sagte sie lächelnd, bevor sie das Weinglas an die Lippen hob.

Sie gab sich alle Mühe, ihn während des Essens nicht gegen sich aufzubringen. Sie speisten in geselligem Schweigen, und das Essen war köstlich. Der Fisch war zart und blättrig, der beste, den sie seit langer, langer Zeit gegessen hatte.

Sie bemühte sich, Trent nicht anzustarren, versuchte sich in Small Talk, aber viel gab es über das Hotel, das Wetter und die Stadt Santa María nun mal nicht zu sagen.

Nikki hatte fast schon das Gefühl zu platzen, als er die Hauben von zwei kleinen Tellerchen hob. „Ach, ich kann nicht mehr“, sagte sie und schüttelte den Kopf, als sie das Schälchen mit Cremepudding sah, das mit in Schnaps eingelegten Bananenstückchen bedeckt war und von Soße triefte.

„Komm schon. Das ist eine Spezialität der Insel.“ Trent schenkte sich und ihr eine Tasse Kaffee ein und gab einen Schuss Sahne in ihre. Nikki sah zu, wie sich träge weiße Sahnewolken an die Oberfläche erhoben, und fragte sich, wie oft Trent ihr wohl früher schon Kaffee eingeschenkt hatte. Wie oft mochten sie allein zu zweit wie an diesem Tag an einem Tisch gesessen haben? Wie oft waren sie ins Bett gesunken und hatten sich bis zum Morgengrauen geliebt?

Plötzlich wurde ihre Kehle trocken, und sie trank einen großen Schluck Kaffee. Sie durfte nicht ständig in dieser Weise an Trent denken – musste verhindern, dass ihre Fantasie so mit ihr durchging. Über den Rand der Tasse hinweg sah sie Trent an, und ein erregendes Prickeln durchlief sie. Trent blickte sie so eindringlich an, mit solch heißblütigem Verlangen, dass sie sich abwenden musste.

Nervlich angespannt nahm sie den Nachtisch in Angriff, aß einen großen Teil der Süßspeise und schob dann, übersatt, das Schälchen von sich. „Das reicht. Mehr geht nicht.“

„Bist du sicher? Es gibt noch Kaffee …"

„Ausgeschlossen. Greif du nur zu." Sie gähnte und reckte sich und bemerkte, dass Trents Blick zu ihrem V-Ausschnitt wanderte.

„Nein. Ich, hm, ich gehe duschen."

Er stand auf und ging geradewegs zum Bad. Er schloss die Tür hinter sich ab und fragte sich, wie zum Teufel er die nächsten paar Tage überstehen sollte. Wusste sie nicht, dass sie ihn an seine Grenzen trieb? War es ihr egal? Oder hatte sie sich seit dem Unfall so sehr verändert? Er wollte sich ihr nicht aufdrängen, solange sie noch nicht bereit war, aber, verdammt noch mal, ihr so nahe zu sein, in einem Bett mit ihr zu schlafen, um Gottes willen, und dabei die Finger von ihr lassen zu müssen, das brachte ihn fast um den Verstand.

Du drehst durch, Mann.

Leise vor sich hin schimpfend schaltete er die Dusche ein. Er zog die Sachen aus und stellte sich unter den eiskalten Strahl, schloss die Augen und hoffte, dass das kalte Wasser seinen Puls beruhigen und die Erektion abstellen würde, die jedes Mal entstand, wenn er mit Nikki allein war.

Das Wasser traf seine Haut wie mit spitzen kalten Nadeln. Trent lehnte sich gegen die Fliesen und wartete, zwang jeden Gedanken an Nikki aus seinem Kopf. Er hatte andere Sorgen. Gleich morgen musste er mit *El Perro* reden und sich vergewissern, dass Nikki keine Faxen machte. Bei dem Gedanken an den abstoßenden kleinen Mann verzog Trent das Gesicht und wünschte, er müsste sich nicht mit Gestalten wie dem Hund abgeben.

Leider gehörte es zum Spiel dazu.

Nikki nutzte die Zeit, die sie allein im Zimmer verbrachte. Noch immer ärgerte sie, dass Trent glaubte, ihr Vorschriften machen zu können. Tja, wenn er sich da nur nicht getäuscht hatte. Auch wenn sie sich nicht an ihre Vergangenheit erinnerte, war sie doch keine Schwachsinnige, die nicht wusste, was gut für sie war! Mit halbem Ohr lauschte sie auf das Wasserrauschen, während sie seine Jacke und seine Hosentaschen durchsuchte und seine Brieftasche fand.

„Bingo“, flüsterte sie und öffnete die lederne Mappe mit zitternden Fingern und einem selbstzufriedenen Lächeln. Was sollte sie tun, wenn sich herausstellte, dass er nicht Trent McKenzie war, dass er mehrere falsche Namen hatte, dass er sie belog? Ihr Herz klopfte so laut, dass er es doch sicher durch die geschlossene Tür und über das Prasseln der Dusche hinweg hören musste. Mit klammen Fingern und angehaltenem Atem durchsuchte sie die Brieftasche.

Sein Führerschein bestätigte, dass er tatsächlich Trent McKenzie hieß und dass seine Adresse mit der auf dem Anmeldeformular des Hotels identisch war. Sein Foto schaute sie an, sein harter Blick forderte sie heraus, und sie kam sich vor wie eine Diebin. Sekundenlang erwog sie, die Brieftasche zurückzustecken, doch sie wusste, dass sie womöglich keine zweite Chance bekam, um mehr über Trent zu erfahren.

Sie sagte sich, dass es zum Enthüllungsjournalismus, ihrem Beruf, gehörte, seine Sachen zu durchsuchen. Und wenn er tatsächlich ihr Mann war, dürfte es ihn nicht stören. Hastig überprüfte sie die Karten, die in gesonderten Fächern steckten: Versicherung, American Express, MasterCard, Visa, Puget-Sound-Versicherung und die auf Trent McKenzie ausgestellte Karte einer Ölgesellschaft. Die Brieftasche enthielt keine Fotos, keinerlei Hinweise auf das Wesen des Mannes, doch er trug mehrere Hundert Dollar in bar und Reiseschecks im Wert von beinahe zweitausend Dollar bei sich. Sie wollte die Brieftasche schon wieder zuklappen, entdeckte dann aber noch ein verborgenes Fach. Ihr Herz setzte einen Schlag aus, als sie die Erlaubnis las, eine verborgene Waffe zu tragen.

Weil er Privatdetektiv war. Das alles hätte sie beruhigen müssen, doch Angst schnürte ihr den Magen zusammen, und sie biss sich auf die Lippe, während eiskalte Panik sie erfasste.

Die Dusche hörte auf zu rauschen, und mit unbeholfenen Bewegungen schob sie die Brieftasche hastig zurück in seine Jacke. Sie schlüpfte unter die Bettdecke, knipste das Licht aus, schmiegte den Kopf ins Kissen und stellte sich schlafend. Diese Vorstellung würde sich nicht auf unbegrenzte Zeit aufrechterhalten lassen, das wusste sie, doch solange sie nicht bereit war, die Konsequenzen des Beischlafs mit ihrem „Ehemann“ zu tragen, ließ sie sich ohne Weiteres zu diesem Theater herab.

Am nächsten Morgen ließ Trent sie allein. Irgendwann nach Mitternacht schlief sie erschöpft ein, obwohl Trent seinen kräftigen Arm um ihre Taille gelegt hatte und sie seinen warmen, regelmäßigen Atem im Nacken spürte. Einmal war sie mitten in der Nacht aufgewacht und hatte festgestellt, dass er ihre Brust umfasste, als hätte er das Recht, sie zu berühren, wie es ihm passte.

Sie hatte sich seiner Hand entzogen, doch ein Gefühl der Leere und Enttäuschung blieb zurück; und der Wunsch – oh Gott, der *brennende* Wunsch – zu wissen, wer sie war.

Er hatte eine Nachricht auf dem Nachttisch hinterlegt, dass er vor elf Uhr zurück sein würde und sie wieder beim Zimmerservice etwas zu essen bestellen sollte.

„Nie im Leben“, sagte Nikki und schlug die Bettdecke zurück. Sie musste sich beeilen. Als sie sich angezogen und das Haar gebürstet hatte, wählte sie die Nummer der Auslandsauskunft und ließ sich mit dem Büro des *Seattle Oberservers* in den Vereinigten Staaten verbinden. Mit etwas Glück hatte Connie Frühschicht. Nikki drückte sich die Daumen. Minuten später meldete sich nach fünfmaligem Klingeln aus Tausenden Meilen Entfernung eine kecke Frauenstimme. „Connie Benson.“

„Hältst du die Stellung?“, fragte Nikki leise, obwohl Trent erst in ein paar Stunden zurück sein würde.

„Wer spricht da?“

„Nikki. Nikki Carrothers.“

„Machst du Witze?“, fragte Connie mit plötzlicher freundlicher Stimme. „Ich dachte, du steckst irgendwo in der Südsee.“

„In der Karibik“, berichtigte Nikki und bemühte sich um eine feste Stimme. Sie holte tief Atem. „In den Flitterwochen.“

„In den *was*?“, kreischte Connie. „Hey, wer spricht da? Soll das ein Witz sein oder was?“

„Es ist kein Witz“, sagte Nikki und erklärte die näheren Umstände, so gut sie konnte, doch ihre Amnesie gestand sie nicht ein. Für den Augenblick galt, je weniger Leute davon wussten, desto besser.

„Ich fasse es nicht! Du. Verheiratet.“ Connie lachte leise, und Nikki sah das Bild einer rotblonden schlanken Frau mit Sommersprossen und lachenden goldenen Augen vor sich. „Na ja, wie sagt man so schön: Sag niemals nie.“

„Was soll das heißen?“

„Weißt du, nach dem Fiasko mit David hast du den Männern doch endgültig abgeschworen. Also, wer ist der Glückspilz, und wie hast du ihn kennengelernt?“

„Du kennst ihn“, sagte Nikki und kreuzte die Finger. Hier war ihre erste Chance, Trent einer Lüge zu überführen. „Er heißt Trent McKenzie und arbeitet für …“

„Die Versicherung? Puget Sound Insurance?“, sagte Connie atemlos. „Himmel, der ist umwerfend!“

„Dann erinnerst du dich an ihn?“

„Wie könnte man einen solchen Mann vergessen?“, sagte sie. „Und du hast ihn *geheiratet*?“

Wenn ich das wüsste!

„Das lass dir gesagt ein, falls ich jemals solch einen Mann einfange, dann engagiere ich einen von diesen Piloten und lass es über Seattle an den Himmel schreiben, und ich veranstalte die größte Hochzeit, die diese Stadt je erlebt hat, nur um mit ihm anzugeben! Hör mal, Nikki, warum hast du mir nichts davon gesagt?“

Darauf war Nikki vorbereitet. „Ich wollte alle überraschen.“

„Lieber Himmel, wie romantisch!“ Wieder folgte ein langer, neiderfüllter Seufzer. „Warte, bis ich das Peggy erzähle. Sie flippt aus. Sie wird glauben, du würdest deinen Job aufgeben, zu Hause bleiben und an die fünfzig Kinder großziehen.“

„Wohl kaum“, sagte Nikki, musste aber grinsen. Es war ein gutes Gefühl, mit jemandem zu reden, dem sie vertrauen konnte. „Du erinnerst dich also daran, dass du ihn mir vorgestellt hast?“

„Aber natürlich. Es ging um den Versicherungsanspruch vor ein paar Monaten. Den hat er überprüft. Kam ins Büro, um mich zu sprechen, und du warst auch da.“

So weit, so gut. Trents Geschichte wurde bestätigt, aber trotzdem war etwas falsch, ungereimt. „Was macht die Arbeit?“

„Die alte Leier“, sagte Connie. „Anscheinend gab es eine Art Schwindel unten im Hafen. Einer der Gewerkschaftsbosse hat Beiträge abgesahnt, und in Tacoma arbeitet ein Drogenring, aber diese Aufträge haben natürlich John und Max eingesackt. Ich darf über die Ankunft von Jana berichten, dieses großartige Model aus Europa, aber abgesehen davon ist alles beim Alten. Du weißt schon, Regionales, Nachrichten aus dem Stadtrat, nichts Weltbewegendes. Was deinen Freund Crowley angeht, er treibt immer noch sein Unwesen, doch anscheinend kann ihm kein Mensch etwas nachweisen. Wenn du mich fragst, hat Max in diesem Fall Mist gebaut.“

Ein kleiner Erinnerungsfetzen blitzte auf. „Crowley?“, fragte sie beiläufig, obwohl ihr Herz hämmerte. Mit dem Namen hatte es etwas auf sich, etwas Wichtiges.

„Ja. Weißt du, Peggy hat sich dafür eingesetzt, dass du darüber berichtest, aber es waren die hohen Tiere. Frank Pianzani, er schult Max für seinen Job, deshalb hat er es abgelehnt, dass eine Frau über den Senator berichtet. Manchmal glaube ich, die Frauenbewegung hat es nie durch die Türen des *Observers* geschafft. Klar, wir können darüber reden, so viel wir wollen, und darüber berichten – wir kriegen Gott weiß alle Informationen in die Zeitung –, aber praktizieren? Das wird nie geschehen. Nicht, solange Pianzani und seine Kumpel das Sagen haben."

Nikki zwirbelte nervös das Telefonkabel. „Gut, erzähl mir von Crowley."

„Der gute Senator hat sich in den vergangenen paar Wochen nichts zuschulden kommen lassen, und sein Gesicht hat keine Zeitung mehr geziert", sagte Connie. „Ich war zu beschäftigt, um groß auf ihn zu achten. Ich muss all die heißen Nachrichten über das Schulessen bringen, weißt du? Jemand muss schließlich melden, ob Hotdogs oder Jo-Jos aufgetischt werden." Sie lachte, und Nikki lächelte. „Weißt du, meine interessanteste Story seit deiner Abreise beschäftigt sich mit der Frage, ob das Schulessen zu viel Fett enthält."

„Drecksarbeit, aber irgendwer muss sie ja machen."

Connie lachte.

„Ich glaube, ich komme nach Hause und nehme mir die Crowley-Story noch einmal vor", sagte Nikki in der Hoffnung, Connie würde sie über die Details informieren.

„Ich habe nichts anderes erwartet."

„Wie genau hat denn alles aufgehört?", drang Nikki weiter in sie und drehte die Telefonschnur in den Händen. „Ich war so mit Heiraten und so weiter beschäftigt, dass mir kaum Zeit geblieben ist, darüber nachzudenken."

„Wie ich schon sagte, er hält den Ball flach. Falls er in dunkle Machenschaften verwickelt ist, verbirgt er es gut. Ich warte jedenfalls, bis du zurück bist. Übrigens, du hast doch nicht vergessen, dass wir nicht am Bürotelefon darüber sprechen sollten?"

„Oh." Die Sache war also so bedeutend, dass andere Leute von der Zeitung ihre Gespräche nicht mithören sollten? Was konnte das sein? Sosehr sie sich auch bemühte, sie konnte sich nicht erinnern.

„Weißt du, all das Gerede um den Senator hat ungefähr zu der Zeit eingesetzt, als du Trent kennengelernt hast."

„Ich … Ich weiß", sagte Nikki, obwohl sie sich fühlte, wie von einem Vorschlaghammer getroffen. Bestand eine Verbindung zwischen Trent und Senator Crowley, und wenn ja, welche? Was ging da vor?

„Hör zu, wir reden, wenn du wieder zu Hause bist. Und wenn du willst, höre ich mich um."

„Das wäre toll."

„Wird also gemacht!"

Nikki stand mehr denn je vor einem Rätsel. Wer zum Teufel war Senator Crowley?

Sie unterhielten sich noch ein paar Minuten, und Nikki erklärte, dass sie in ein paar Tagen zu Hause sein würde. Ihr blieb nicht mehr viel Zeit bis zu Trents Rückkehr, sie war aber immer noch nicht willens, die Verbindung zu ihrer Freundin und ihrer Vergangenheit zu unterbrechen.

Sie legte trotzdem auf und seufzte. Trent hatte also nicht gelogen. Sie wusste nicht, ob sie lachen oder weinen sollte. Eines war jedenfalls sicher, sie konnte den Versuch nicht aufgeben, sich so gut wie möglich an ihr Leben vor dem Unfall zu erinnern, und ganz oben auf ihrer Liste standen Trent McKenzie und Senator Crowley.

Mit einem Blick auf die Uhr entschied sie, dass ihr noch Zeit genug für ein Gespräch mit ihrer Mutter blieb. Falls sie denn eine Verbindung bekam. Sie hatte wieder Glück, und ein paar

Minuten später tönte die hohe Stimme ihrer Mutter an ihr Ohr. Eloise war offenbar aufrichtig erfreut, von ihr zu hören. Obwohl die Hintergrundgeräusche laut waren und ihre Mutter mehr als einmal die Sprechmuschel abdecken und einen ihrer halbwüchsigen Söhne anschreien musste, war sie anscheinend erleichtert, von ihrer jüngsten Tochter zu hören.

„Gott sei Dank, dass du dich endlich meldest", schimpfte sie milde. „Dein Vater hat angerufen. Er hat mir von deinem Unfall erzählt, wusste aber nicht, wo du untergekommen bist. Dann ließ er die Bombe platzen, dass du irgendeinen völlig Fremden geheiratet hast. Nikki, ich kann einfach nicht glauben, dass du etwas so Überstürztes tust. Tja, Janet, das ist eine andere Geschichte. Als sie Tim geheiratet hat, wusste ich, dass es ein Fehler war. Mich würde gar nicht wundern, wenn sie aus Reno oder so anrufen und mir mitteilen würde, dass sie wieder geheiratet hat. Aber du ... Na ja, du warst immer die Vernünftige. Du weißt ja, ich habe Dave schrecklich gern gemocht ..."

„Ja, ich weiß, Mom", sagte Nikki und fand die Täuschung abscheulich. „Aber es hat nicht geklappt."

„Und dieser Trevor, ist er ...?"

„Trent, Mom. Trent McKenzie."

„Ich könnte schwören, dass dein Vater gesagt hat, er hieße Trevor. Dieser Mann, glaub mir ...", brummte sie, sprach den Rest ihres Gedankens aber nicht aus. „Hör zu, komm einfach, so schnell du kannst, nach L. A. Ich möchte den Mann gern kennenlernen – und Fred auch. Er betrachtet euch Mädchen als seine Töchter, das weißt du ja."

Freds Zuneigung galt, wie Nikki sich erinnerte, allem anderen eher als seinen Stieftöchtern. Und ihre Mutter wusste das. Weshalb sie ständig versuchte, ihnen allen etwas vorzugaukeln, war Nikki unbegreiflich. Fred Sampas hatte für keine von Eloises Töchtern je einen Blick erübrigt. „Zusätzliche Belastungen", hatte er sich einmal bei einem Freund beklagt, und Carole,

Nikkis zweitälteste Schwester, hatte die Bemerkung gehört. „Grüß Fred von mir“, sagte sie und unterdrückte den Sarkasmus in ihrer Stimme.

„Mach ich, Schatz, aber jetzt erzählst du mir erst einmal alles über deinen Unfall. Dein Vater blieb sehr vage, aber er sagte, du bist wohlauf. Er hat doch nicht gelogen, oder? Er wollte mich nicht nur schonen?“

„Nein, Mom, mir geht's gut. Ich habe noch ein paar Kratzer und Blutergüsse, doch in ein, zwei Tagen sind auch die verschwunden.“ Sie berichtete Einzelheiten von ihrem Sturz und aus dem Krankenhaus, und ihre Mutter hörte sich über die knisternde Fernleitung ganz zufrieden an.

„Gott sei gedankt, dass dir nichts Schlimmeres passiert ist! Weißt du, Nikki, ich verstehe nicht, warum du es nicht ein bisschen langsamer angehen lässt. Nachdem du jetzt verheiratet bist, solltest du dir mehr Ruhe gönnen und nicht ständig versuchen, dich dieser verdammten Zeitung gegenüber zu beweisen.“

„Tue ich das denn?“

„Na ja, du willst, dass sie dich wie einen Mann behandeln, aber du bist kein Mann. Das dürftest du selbst wohl wissen.“

„Ich verlange weiter nichts als Gleichbehandlung.“

„Die gibt es nicht. Nicht auf dieser Welt. Genauso wenig wie Gerechtigkeit. Das weißt du so gut wie ich.“ Nikki verzichtete auf Widerspruch und erkannte, dass sie kein enges Verhältnis zu ihrer Mutter hatte und wohl nie gehabt hatte. Sie redeten noch ein paar Minuten, bis Nikkis Halbbrüder die Aufmerksamkeit ihrer Mutter einforderten und sie das Gespräch beenden mussten.

Nikki ließ sich rücklings aufs Bett sinken. Tränen brannten in ihren Augenwinkeln. Ihre Mutter und ihr Vater waren nie glücklich miteinander gewesen, so viel wusste sie, und die Scheidung hatte für sie eine Art Erlösung bedeutet, doch immer war auch ein bisschen Schmerz dabei gewesen, kleine Gewissensbisse, die Nikki nie hatte abschütteln können. Sie war alt genug zu verstehen, dass sie den tiefen bösen Riss zwischen ihrer Mutter und ihrem Vater nicht verschuldet hatte, und trotzdem empfand sie echte Eifersucht, weil Eloise mit Fred und ihren neuen Söhnen so zufrieden lebte. Sie schauderte. „Hör auf, dich selbst zu bemitleiden", schimpfte sie.

Jetzt war nicht der richtige Zeitpunkt, sich mit dem Kummer ihrer Vergangenheit zu befassen, und sie schob die schmerzlichen Erinnerungen – so winzig sie waren – an ihre Mutter beiseite und konzentrierte sich stattdessen auf ihren Anruf bei Connie. Das Gespräch hatte sie aufgerüttelt. Sie musste herausfinden, was sie nur konnte, und der sicherste Weg, um die dunklen Schatten ihres Albtraums loszuwerden, bestand darin, sich ihrer Vergangenheit und dem Unfall zu stellen. Der erste Schritt war die Missionsstation.

„Auf geht's!" Nikki, den Rock über die Oberschenkel hochgeschoben, hieb der Stute die Fersen in die scheckigen Flanken. Der kleine Grauschimmel schoss nach vorn und galoppierte den steinigen Weg zur Missionsstation hinauf. Die kurzen dunklen Beine griffen weiter aus, und die Stute legte die Ohren an. Verschwommen nahm Nikki wahr, wie der Wind, der vom Meer her landeinwärts blies, hohes Gras und Wildblumen wogen ließ und bedrohliche Wolken und drückende Hitze mitbrachte. Sie preschten an dem dunklen Wald entlang, wo sie in ihren Albträumen in einem Wettlauf auf Leben und Tod gejagt wurde, um ... Um was?

Nikki blickte nervös zum grauen Himmel auf. In Rock und T-Shirt war sie nicht für einen Tropensturm ausgerüstet. Außerdem musste sie sich beeilen. Fertig sein, bevor Trent sie einholte.

Es war nicht einfach gewesen, das Pferd zu mieten. Einer der Pferdekutscher hatte sie an einen Mann verwiesen, der Pferde besaß und tageweise vermietete, doch Nikkis stockendes Spanisch, ihr lädiertes Gesicht und ihr verzweifelter Tonfall hatten das Misstrauen des Besitzers geweckt. Erst als sie mehr als den geforderten Preis bezahlte, wurde ihr die feurige kleine Stute anvertraut.

„Keine Sorge", beruhigte sie sich selbst. Doch sie hatte Angst, teils vor dem aufkommenden Sturm, teils, weil sie Trent schon wieder hinterging, und teils, weil sie das unheimliche Gefühl hatte, verfolgt zu werden, seit sie das Hotel verlassen hatte. „Ach, sei nicht so ein Waschlappen!" Es lag einfach nur an dem Geruch nach Sturm und daran, dass ihre Nerven zum Zerreißen gespannt waren. Mehr nicht.

Sie ignorierte den Schmerz, der in ihrem Knöchel zu pochen begann, beugte sich tiefer über den Hals des Pferdes, roch den Tiergeruch und hörte das Atmen des Grauschimmels, als er bergauf kletterte.

„Wir sind fast da", sprach Nikki dem Pferd Mut zu. Der Wind in ihrem Haar und das Hufgetrappel auf dem kiesbestreuten Weg weckten tief in einem Winkel ihres Bewusstseins die Erinnerung an ein anderes Mal, an einen anderen Ritt. Sie war sicher, dass sie häufig ritt; die Lederzügel fühlten sich so gut in ihren Händen an. Sie bewegte sich instinktiv mit der Stute, nahm die subtilen Veränderungen im Gang des Pferds vorweg, konnte sich aber nicht genau an einen bestimmten Ausritt erinnern.

Das wird schon noch kommen, sagte sie zu sich selbst, enttäuscht, weil sie das Einsetzen ihrer Erinnerungen nicht kontrollieren konnte. Als sie eine Wegbiegung hinter sich ließen, kam die Missionsstation in ihr Blickfeld, deren vormals weiße Mauern grau waren und zu Ruinen zerfielen.

Der Weg bog scharf zum Abgrund hin ab.

Nikkis Herz blieb beinahe stehen, und sie zog heftig die Zügel an. Das Pferd schüttelte den Kopf und geriet ins Rutschen.

„Hey, Mädchen, schon gut“, sagte Nikki, sowohl um sich selbst zu beruhigen wie auch die mutige kleine Stute. Das Tier tänzelte und brach schnaubend zur Seite aus, als Nikki absaß. Nikki konnte kaum atmen, und das Donnern der Brandung, die zig Meter unter ihr auf Sand und Felsgestein prallte, hallte durch ihren Kopf.

Angst, eisig kalt und betäubend, stieg in ihr auf, doch sie tastete sich näher an den Rand des Abgrunds heran. Ihre Kehle fühlte sich wund und trocken an, ihre Finger umklammerten die Lederzügel, als sie näher kam und hinunterblickte. Oh Gott! Ihr Herz schien sich in das Wüten in der Tiefe stürzen zu wollen. Zackige schwarze Felsen stachen aus dem tosenden aquamarinblauen Wasser. Schaum und Gischt wirbelten ans Ufer.

Der Albtraum schien sie aufzusaugen. Sie spürte, wie sie abstürzte, ihr Blickfeld schien sich zu verschatten. Ihre Nackenhaare sträubten sich, und sie warf hastig einen Blick über die Schulter, überzeugt, dass sie jemanden sah, der sich im düsteren Wald versteckte und sie mit glühenden Augen beobachtete. Ihr Körper überzog sich mit einer Gänsehaut. Fast schon den ganzen Tag lang hatte sie das Gefühl, verfolgt zu werden, doch sie hatte auf ihrem Weg nie jemanden gesehen. Als sie jetzt allein direkt am Rand des Abgrunds stand, genau an der Stelle, an der sie herabgestoßen worden war, fühlte sie sich allein und erfüllt von namenloser Angst.

Sie blickte wieder aufs Meer hinaus. Eine Vogelschar in den Brutstätten an den höchsten Felsspitzen erhob sich plötzlich erschrocken in einer wilden Wolke zum Himmel. Nikki rieb sich die Arme und versuchte, sich an die Vögel zu erinnern. In ihren Albträumen war die lärmende Schar nicht aufgetaucht. „Los doch, Nikki, denk nach!“, flüsterte sie verzweifelt. Warum konnte sie keine Erinnerung heraufbeschwören, nicht eine einzige? Hilflos kickte sie einen Stein und blickte ihm nach, als er über den Felsrand kullerte.

Die Bilder in ihrem Kopf änderten sich plötzlich. Mit grausiger Klarheit erinnerte sie sich an die grobe Hand auf ihrer Schulter, an den Stoß, der sie ins Taumeln brachte und von der Klippe stürzte …

„Nikki!“

Sie fuhr heftig zusammen und schrie auf. Das Pferd schnaubte, wollte steigen, doch Nikki hielt es am Zügel zurück, fuhr herum und sah Trent auf einem Fuchswallach unter den dicht stehenden Bäumen auftauchen. Er war ihr also gefolgt! Kein Wunder, dass sie nervös war. Sie wappnete sich für eine neuerliche Standpauke, weil sie allein ausgegangen war, und sah dem Fuchs entgegen, der den Hügel hinaufraste.

Trent bewegte sich im Einklang mit dem Pferd, als wäre er ein Reiter mit jahrelanger Erfahrung. Sein schwarzes Haar flatterte wild im Wind, sein Gesicht war sonnenbraun und ernst, seine Hemdschöße peitschten seinen Rücken. Er trug seine Pilotenbrille, trotzdem war die ernste Miene nicht zu übersehen. Man musste kein Genie sein, um zu verstehen, dass er verärgert war.

Er saß ab, als der Wallach zum Stehen kam, und Nikkis Herzschlag beschleunigte sich noch mehr.

„Was zum Teufel denkst du dir dabei?“, wollte er wissen, als er auf sie zukam.

„Was zum Teufel willst *du* hier? Du hast mich zu Tode erschreckt, als du dich angeschlichen und meinen Namen gerufen hast!“

„Ich dachte, du wolltest womöglich springen.“

„Bist du verrückt?“, fragte sie. Ihre Wut verrauchte ein wenig, als sie trotz der getönten Brillengläser die Angst in seinem Blick erkannte. Sie trat vom Abgrund zurück und atmete zur Beruhigung tief durch. Als sie das Haar zurückwarf, erinnerte sie ihn: „Ich habe doch gesagt, dass ich die Missionsstation noch einmal aufsuchen will.“

„Und ich habe gesagt …“

„Ich weiß, was du angeordnet hast“, sagte sie und tippte wütend mit dem Zeigefinger gegen seine Brust. Ihr Pferd, das sie am Zügel hielt, folgte ihr. „Aber ich lasse mir weder von dir noch von sonst jemandem etwas befehlen.“

„Du hast dich hinter meinem Rücken fortgeschlichen!“ Zornig blickte er auf sie herab, doch sie ließ sich nicht einschüchtern.

„Genau! Weil du mich nicht begleiten wolltest.“ Ihre Wut loderte wieder auf. „Ich habe es satt, mir von dir sagen zu lassen, was gut für mich ist. Und ich habe es mehr als satt, herumzuliegen und zu versuchen, mein Leben zu rekonstruieren. Wenn wir verheiratet sind, und ich will damit nicht sagen, dass ich daran glaube, dann solltest du dir eines merken, Trent McKenzie. Ich bin nicht die Sorte Frau, die in Watte gepackt oder wie eine zerbrechliche Porzellanpuppe behandelt oder wie eine Sklavin herumkommandiert werden will!“

Trent sah sie an. Der Wind spielte mit seinem Haar, seine Augen lagen verborgen hinter den getönten Brillengläsern, den Mund hatte er streng zu einem schmalen Strich zusammengekniffen. In verblichenen Jeans und einem weißen Hemd mit hochgekrempelten Ärmeln und wehenden Schößen sah er sexy und unberechenbar und geheimnisvoll aus. Braun gebrannt und stolz blickte er auf sie herab, und Nikki wusste nicht, was sie zu erwarten hatte.

„Und wenn dir nun etwas zugestoßen wäre?“

„Mir ist nichts zugestoßen. Was ich nicht dir verdanke.“

„Niemand wusste, wo du steckst.“

„Du hast mich gefunden“, schoss sie frech zurück.

„Ich hatte Glück.“

„Dann gibt es keinen Grund zu streiten!“

„Ach nein? Für den Fall, dass du es noch nicht bemerkt hast: Vom Meer her zieht ein Unwetter auf.“

„Ich habe schon andere Stürme überstanden."
„Wir sind hier nicht in Seattle."
„*Das* zumindest weiß ich noch." Wütend drehte sie die Zügel in den Händen, bis das Leder ihr in die Haut schnitt. „Du kannst mich begleiten oder zurück ins Hotel gehen. Ist mir egal", sagte sie, stellte den linken Fuß in den Steigbügel und saß auf. „Ich reite zur Missionsstation. Beim letzten Mal habe ich sie nicht zu sehen bekommen. Und ich will nicht zweimal den gleichen Fehler machen. Los!" Sie gab der Stute die Fersen, und das Pferd fiel in Galopp und ließ Trent im Staub zurück.
„Geschieht ihm recht", sagte Nikki zu dem Grauschimmel. „So einen überbehütenden, arroganten, wichtigtuerischen Macho habe ich noch nie erlebt! Ich *kann* nicht glauben, dass ich den geheiratet haben soll!"
Doch Trent war nicht der Typ, der sich von ein paar deutlichen Worten abschrecken ließ. Den Eindruck hatte Nikki zumindest, als sie sich näherndes Hufgetrappel hörte. Sie wagte einen raschen Blick über die Schulter und sah Trent, der ritt wie der Teufel. Sein kräftiger Wallach holte sie problemlos ein. „Wie finde ich das denn?", brummte sie und trieb ihr Pferd weiter an. Es war eine merkwürdige Genugtuung für sie, dass er gezwungen war, ihr zu folgen. Aus irgendeinem Grund hatte er sich zu ihrem Beschützer aufgeschwungen oder hoffte zumindest, dass sie das glaubte.
Die Stute atmete heftig, als Nikki schließlich vor der Missionsstation die Zügel straff zog. Sie ließ sich zu Boden gleiten und nahm die Ruinen in Augenschein. Die Mauern der jahrhundertealten Kirche standen noch, waren aber rissig und verfallen vom aussichtslosen Kampf gegen das Wetter. Das Dach war schon vor langer Zeit eingestürzt. Hier und da waren noch Reste der roten Ziegelbedachung zu sehen, doch ein klaffendes Loch legte Querträger und verfaulende Dachsparren frei.

Der Glockenturm war dem Zerfall preisgegeben, die Steinmauer rund um die Missionsstation war eingestürzt. Es war ein gottverlassener Ort, in dem nur Geister zu hausen schienen. Nikki lief ein Schauer über den Rücken, als sie die Stute an dem tief hängenden Ast eines Brotfruchtbaums festband und durch einen eingesunkenen Torbogen einen Bereich betrat, in dem Unkraut alles überwucherte, was vormals ein gepflegter Garten gewesen sein mochte.

„Die Mönche, die hier gelebt haben, sind vor fast einem Jahrhundert fortgezogen", sagte Trent und band sein Pferd an, bevor er Nikki durch die Ruinen folgte. Sie schlüpfte durch eine Türöffnung ohne Tür und betrat den Vorraum der Kirche. Der Steinboden war rissig, und Unkraut wuchs aus den Ritzen der flachen Stufen zu einem Podest, auf dem der Altar gestanden hatte. Ranken krochen die Wände hinauf und bezeugten die Nutzlosigkeit der verbliebenen Dachreste.

„Warum sind sie gegangen?"

Trent zuckte mit den breiten Schultern. „Vermutlich hatten sie das Interesse verloren. Die Missionsstation benötigte damals schon umfangreiche Reparaturen, und die Mönche wurden immer weniger. Salvaje war nicht so dicht bevölkert wie einige andere Inseln. Die Lage abseits der Handelsrouten verzögerte die Entwicklung."

„Ich hätte gedacht, dass Mönche diese Art von Abgeschiedenheit mögen."

„Ein paar sind geblieben und irgendwann gestorben. Der letzte, Bruder Francis, hat bis 1930 hier gelebt, soviel ich weiß, wurde dann aber im Schlaf ermordet, von einer Frau, die schwor, er wäre der Vater ihres Kindes. Man munkelt, dass er heute noch nachts in den Ruinen umgeht."

Der Gedanke an die Schritte des geisterhaften Mönchs verursachte ihr eine Gänsehaut. „Du machst Witze", sagte sie. „Natürlich ist das ein Scherz."

„Ich selbst habe ihn nie gesehen, aber viele von den Einheimischen sind abergläubisch und überzeugt, dass seine Seele noch auf Erden weilt."

„Das ist irgendwie gruselig." Nikki strich mit den Fingern an der rauen Wand entlang und traf auf das Netz einer großen schwarzen Spinne. Hastig schob sie die Hand in ihre Rocktasche. „Warum wollten wir neulich diese Station besuchen?"

„Um sie zu besichtigen."

Sie furchte die Stirn, dachte an den Traum, in dem sie durch den dampfenden Dschungel gelaufen und stolpernd aus dem dichten Gestrüpp auf die grasbewachsene Landzunge hoch überm Meer gelangt war. Sie hatte eine Stimme gehört – eine raue Männerstimme, die sie auf Spanisch anrief.

Dama! Por favor! Pare! Sie war nur noch schneller gelaufen. Die Stimme ihres Verfolgers hatte sie den Weg zur Missionsstation hinaufgejagt, obwohl ihre Lungen mit jedem Atemzug brannten wie Feuer.

„Oh Gott", flüsterte sie und lehnte sich an die Wand. Ja, sie hatte den Weg gesehen, war ihm ein paar kurze Schritte weit gefolgt – und dann hatte eine schwere Hand sie gestoßen, und sie war gestürzt, tiefer und tiefer …

„Nikki." Sie zuckte zusammen, als sie Trents Stimme hörte und seine Hand an ihrem Arm spürte. „Ist alles in Ordnung?"

Das Traumbild verblasste, und sie sah ihn an und zitterte trotz der drückenden Hitze, der Schwüle, die ihr Schweißperlen auf die Stirn trieb. „Ich muss immerzu an den Traum denken."

„Es ist vorbei", sagte er.

„Das glaube ich nicht." Sie rieb sich die Arme und ging zu einem Fenster ohne Scheibe, das Aussicht auf den wechselhaften Horizont bot. Schoner mit gestrichenen Segeln ankerten in der Nähe der Stadt, und der Strand war nahezu menschenleer. Die schweren, dickbäuchigen Wolken am Himmel hatten eine tiefviolette Farbe angenommen. Das Meer wogte mit dunklen wütenden Wellen.

„Bald sind wir zu Hause."

„Und dann ist alles wieder gut?"

„Das hoffe ich."

Er wollte sie beschwichtigen, das spürte sie, und sie war zerrissen zwischen dem Wunsch, ihm ihr Leben anzuvertrauen, und dem Drang, vor ihm davonzulaufen, weil er ihr gefährlich werden konnte – wenn nicht in körperlicher Hinsicht, dann doch immerhin in emotionaler. Er brachte sie aus dem Gleichgewicht; eben noch fand sie ihn auf rein sinnliche Weise unglaublich attraktiv, und im nächsten Moment fürchtete sie, er könnte an irgendeinem dunklen Plan beteiligt sein, der ihr Schaden zufügen sollte. Aber warum? Wer steckte hinter einem solchen Plan? Warum sollte jemand ihr etwas antun wollen? Warum fühlte sie sich wie ein Bauernopfer in irgendeinem politischen Intrigenspiel?

Der Gedanke traf sie wie ein Blitzschlag. *Politische Intrige. Politik!* Ihr war, als wäre sie unversehens über den Grund für ihre Anwesenheit auf der Insel gestolpert. Aber was war es ganz konkret? Wieder begann ihr Kopf zu dröhnen. Was hatte Connie gleich gesagt? Dass die Frauen beim *Seattle Observer* keinen Zugang zu den großen, berichtenswerten Storys erhielten? Dass man sie von politischen Skandalen und Korruption und allem, was das Pulitzer-Preis-Potenzial hatte, fernhielt? Der Gedanke war da, knapp unter der Oberfläche ihres Bewusstseins, und ließ ihr keine Ruhe. Er würde ihr mehr Klarheit über ihre Vergangenheit wie auch über ihre Gegenwart verschaffen. Sie konzentrierte sich, doch sosehr sie sich auch anstrengte, der Gedanke entzog sich ihr, schlüpfte zurück in die schwarze Vergessenheit, die ihre Vergangenheit verschlungen hatte. Verdammt noch mal! Warum konnte sie sich an etwas dermaßen Wichtiges nicht erinnern?

„Wir sollten zurückreiten.“ Trent zog sie leicht am Arm, doch sie befreite sich ruckartig. Sie betrachtete die leere, zerstörte Kirche und schüttelte den Kopf.

„Warum habe ich Salvaje als Ziel für die Flitterwochen ausgesucht?“, wollte sie genauso unvermittelt wissen, wie die Frage ihr in den Kopf schoss.

„Weiß ich nicht. Vermutlich hat dir die Insel gefallen.“

„Aber warum dann nicht Jamaika oder die Bermudas oder Hawaii? Warum eine dermaßen abgelegene Insel?“ Sie durchschritt den bröckelnden Torbogen und betrachtete die Insel von ihrem höchsten Punkt aus. Salvaje war kaum mehr als die Spitze eines großen unterseeischen Berges und so wild, wie der Name nahelegte. Im Osten lag das Meer in tiefem Blau, so bedrohlich wie der sich verdunkelnde Himmel. Im Westen wartete der Dschungel, heiß und schwül und ungebändigt. Tief unten befand sich Santa María, ein kleiner Außenposten der Zivilisation. Nikki ging hinüber zur anderen Seite der Ruinen, wo die Pferde angebunden waren. Trent umschlang sie mit beiden Armen und verschränkte die Finger auf ihrem Leib.

„Du hast Gefallen an Salvaje gefunden.“

„Ist dir das nicht sonderbar vorgekommen?“, fragte sie, drehte sich in seinen Armen und hätte ihm am liebsten die Pilotenbrille von der Nase gerissen, um ihm in die Augen sehen – die Wahrheit suchen – zu können.

„Wir wollten allein sein.“ Eine steife Brise fuhr ihm in die Haare, und er zupfte seine Ärmel zurecht, die er bereits über die Unterarme herabgezogen hatte.

Ihr Magen vollführte einen merkwürdigen kleinen Hüpfer. „Aber hier sind Touristen, andere Menschen …“ Er fixierte ihre Lippen, und sie musste sich gegen den Drang wehren, nervös über die Konturen zu lecken. Sie sah, wie Trent schluckte, und fragte sich, wie es wohl wäre, seine breite Brust zu berühren, über die kleine Narbe an seinem Haaransatz zu streichen, seine Lippen warm und feucht auf ihren zu spüren.

Als hätte er ihre Gedanken gelesen, lächelte Trent schief, und ihr Puls raste. „Wir sollten lieber aufbrechen. Da braut sich ein höllischer Sturm zusammen, und wir wollen doch nicht, dass er uns hier draußen überrumpelt."

„Nein?", fragte Nikki und schob das Kinn vor. Der Wind blähte ihren Rock. „Hast du nicht gesagt, wir hätten nie die Finger voneinander lassen können, wir wären so scharf aufeinander gewesen, dass wir heiraten mussten, und wir wären hierhergekommen, weil die Insel so verflixt abgelegen ist? Warum willst du dann jetzt, sobald wir allein sind und keine Menschenseele weit und breit zu sehen ist, zurück zum Hotel flüchten?"

Er biss die Backenzähne zusammen. „Ich bin nur auf dein Wohl bedacht."

„Tatsächlich?"

„Deine Verletzungen ..."

„Ich glaube dir nicht, Trent. Das alles haut nicht hin. Ich glaube, ich bin hierhergekommen, weil ich ... weil ich an einer Story für die Zeitung gearbeitet habe oder weil ich vor irgendetwas davongelaufen bin oder weil ich fortmusste, aber ich glaube nicht, dass ich hergekommen bin, um mit dir allein zu sein. – Oh!"

Sein Mund brachte sie zum Schweigen. Als der Wind zu heulen begann und die kleine Stute wieherte und stieg, zog er Nikki noch fester an sich und presste die Lippen auf ihre. Nikki rang nach Luft und wehrte sich, doch Trent ließ sie nicht los.

Mit der Zunge öffnete er sanft ihre Lippen und drang weiter vor. Nikki wusste, dass sie ihn hätte aufhalten sollen, dass sie mit dem Feuer spielte, wenn sie ihn anstachelte, doch sie konnte nicht anders. Ihre Knie wollten nachgeben. Sie stemmte sich nicht mehr abwehrend mit den Händen gegen seine Schultern, sondern krallte die Finger in sein Hemd und spürte seine warme Haut unter der Baumwolle.

Lass es nicht zu, Nikki! Mach diesem Wahnsinn ein Ende! schrie ihr Verstand, doch ihr Körper verlangte nach mehr. Sie konnte nicht genug kriegen von Trents maskulinem Duft, von seinen Händen auf ihrem Rücken, vom Geschmack seines Kusses.

Ihr Herz hämmerte, während er sich zusammen mit ihr auf den Boden sinken ließ. Er hob den Kopf, setzte die Sonnenbrille ab und schaute Nikki eindringlich an. „Du bringst mich dazu, Dinge zu tun, die ich besser lassen sollte."

„Wie zum Beispiel … das hier?", fragte sie heiser. Der Blick seiner unwahrscheinlich blauen Augen hielt sie gefangen.

„Wie alles, was ich gemacht habe, seit ich dir zum ersten Mal begegnet bin."

Wolken zogen über den Himmel. Trent folgte mit dem Daumen ihrer Kinnlinie. „Ich habe mich von dir ferngehalten, weil du mir mehr Ärger bringst, als ich verkraften kann."

„Doch das hast du nicht durchgehalten", hakte sie nach.

„Ich konnte nicht."

Und trotzdem liebte er sie nicht. Sie schluckte, da er die Finger in ihrem Haar vergrub und sie erneut küsste. Mit wachsendem Verlangen erwiderte sie seine Leidenschaft.

Nikkis Blut rauschte heiß in ihren Adern. Ihr Körper schmerzte von einem eigensinnigen Bedürfnis, das an ihr Herz rührte und tief in ihr brannte. Trent hauchte Küsse auf ihre Augenlider, ihre Wangen und ihren Hals. Sie atmete so schwer, dass ihre Brüste sich hoben und senkten und sich nach Zärtlichkeiten sehnten. Die ersten Regentropfen spürte Nikki gar nicht.

Trent strich mit den Lippen an ihrem Hals hinunter, und seine Hände fanden den Saum ihres T-Shirts, glitten an ihren Rippen hinauf, und wo er sie berührte, begann Nikkis Haut zu glühen.

Tu's nicht, Nikki! Nein! schrie die Stimme der Vernunft, während ein anderer Teil von ihr jegliche Vorsicht in den Wind schlug. Bisher hatte sie Trent noch keiner Lüge überführt. Er war schließlich ihr Mann, und auch wenn er nicht ihr Mann sein sollte, war er dennoch der verführerischste Mann, dem sie je begegnet war.

Er ließ die Zunge an ihrem Hals entlangwandern und entfachte damit flüssige Glut tief in Nikkis Innerem. Leise stöhnte sie auf, und er reagierte, indem er ihr behutsam das T-Shirt auszog. Als die kühle Luft ihre nackte Haut streifte, spürte sie, wie ihre Brustwarzen sich aufrichteten, und die köstliche Wärme, die sich vom tiefsten Zentrum ihrer Weiblichkeit langsam ausdehnte, beraubte sie jedes vernünftigen Gedankens.

Trent küsste ihren Brustansatz, fuhr mit dem Mund die feine Spitze ihres BHs entlang. Hatte er sie früher schon einmal so geküsst? Sie konnte sich nicht erinnern, hinderte ihn aber nicht daran, einen Träger ihres BHs herunterzuschieben und ihre Brust zu entblößen. Die rosige Brustwarze wurde hart.

„Himmel, du bist hinreißend schön", flüsterte Trent. Sein heißer Atem glitt über die feuchten Spuren seiner Küsse auf ihrer Haut. „So verdammt schön." Nikki blickte zu ihm auf. Der verdunkelte Himmel bildete den Hintergrund für seine kräftigen, wie gemeißelt wirkenden Züge, die leicht schiefe Nase und das entschlossene Kinn. Sie streckte die Hand aus und zog Trents Kopf herab, bis seine Lippen sich um ihre Brustwarze schlossen.

Es durchfuhr sie wie ein Stromschlag. Trent kitzelte und reizte sie mit der Zunge, und sie reckte sich ihm entgegen, drängte ihre Hüften an seine. „Herrgott, Nikki, wir spielen mit dem Feuer", murmelte er, während er sie von ihrem BH befreite und ihre Brüste massierte und sein Gesicht dazwischen barg.

„Schon in Ordnung. Wir sind verheiratet", sagte sie. Sie war längst nicht mehr Herr über ihre Sinne, das Verlangen übertrumpfte den Verstand.

Aufreizend presste Trent die Lippen auf ihre, glitt mit einer Hand unter den Bund ihres Rocks hinunter bis zu ihrem Po, berührte sie tiefer und tiefer, bis sie sich unter ihm wand.

„Nikki“, flüsterte er rau und zog die Finger zurück.

„Bitte.“ Sie bäumte sich unter ihm auf, und er stöhnte, sein Blick wurde verhangen.

„Das hier ist keine gute Idee.“

„Du hast angefangen.“

„Wir werden es beide bereuen.“

„Warum?“, presste sie hervor. Sie ahnte, dass er versuchte, ihr etwas Bestimmtes zu sagen, die Mauer der Leidenschaft zu durchbrechen, die ihren Verstand umgab.

„Der Arzt hat gesagt ...“

„Er ist nicht hier.“

„Wir werden nass.“

„Nicht zum ersten Mal. Wir sind aus Seattle, schon vergessen?“ Sie lächelte ihn herausfordernd an. Regen prasselte auf den Boden.

Trent ließ den Blick von ihren frisch geküssten Lippen zu ihren Brüsten schweifen, und wieder wurden seine Augen dunkel vor Begierde. „Lieber Himmel“, sagte er, bevor er den Mund wieder auf ihren senkte. Nikki tastete nach den Hemdknöpfen und öffnete sie, sodass sie sein schwarzes krauses Brusthaar unter ihren Fingerspitzen spürte, das Zucken seiner Muskeln fühlen konnte, als sie seine Brustwarzen streichelte. Sie beobachtete, wie er den Bauch einzog, um ihren Händen den Zugang zur Knopfleiste seiner Jeans zu erleichtern.

„Du machst mich verrückt“, murmelte er heiser.

„Das beruht auf Gegenseitigkeit.“

Mühelos streifte er ihr den Rock ab und entledigte sich seiner Hose. Nikki sah ihn zum ersten Mal, schlank und nackt und mit festen Muskeln. Er spreizte ihre Oberschenkel. „Bist du dir sicher?“, fragte er.

„Trent, bitte."

Er schloss die Augen, brummte etwas Unverständliches und drang in sie ein. Nikki rang nach Luft, als sie ihn aufnahm und er sich in einem magischen Rhythmus in sie schob. Sie bewegte die Hüften im Gleichklang mit ihm und krallte die Fingernägel in seine Schultern, während eine Flut süßer Lust sie in Wellen durchströmte. Trents Stöße wurden immer schneller, und Nikki hielt mit ihm Schritt. Sie atmete wild, das Blut rauschte ihr in den Ohren, und Regen rann an seinen geschmeidigen Muskeln herab.

„Nikki!", keuchte er und warf den Kopf in den Nacken. „Nikki, Nikki, Nikki!"

Als würde das Universum explodieren, zog sich ihr Körper zusammen. Ihre Gedanken wirbelten durcheinander. Sie erschauerte unter dem Nachbeben und seufzte, als er sich auf sie sinken ließ und ihren Namen flüsterte.

„Ach, Nikki", murmelte er heiser und strich ihr zärtlich die nassen Haarsträhnen aus dem Gesicht. Regen lief über seinen Hals. Sein Gesicht wirkte gequält, während er sie auf den Mund küsste. „Was habe ich getan?"

7. Kapitel

„… und bleib im Zimmer, bis ich zurück bin“, befahl Trent durch die offene Tür des Taxis. Regen rann ihm in den Nacken und unter den Kragen. Nikki saß im Fond eines zerbeulten alten Chevys, der nach Schimmel, Schweiß und abgestandenem Zigarettenrauch stank. Sie hatten die Pferde zurückgebracht, und jetzt schickte Trent sie ins Hotel. Allein.

„Wohin willst du?“

„Noch mal zum Flughafen, um mich zu erkundigen, wie schlimm dieses Unwetter eingeschätzt wird und ob unsere Maschine morgen startet.“

„Ich könnte mitkommen …“

In stummem Vorwurf presste er die Lippen zusammen. „Geh ins Hotel, und trockne dich ab, bevor du dir eine Lungenentzündung einfängst.“

„Ich will aber nicht …“

„Ich komme so bald wie möglich zurück.“ Er schlug die Autotür zu, und der Taxifahrer gab Gas und ließ Trent in einer Regenpfütze und einer Abgaswolke zurück.

„Geschieht ihm recht“, knurrte Nikki, immer noch wütend. Nachdem sie sich geliebt hatten, war er nun wieder so mürrisch und grüblerisch wie zuvor und bestand darauf, dass sie die Pferde zurückbrachten und sie ins Hotel ging.

Der Wind pfiff durch die Palmen und Bananenbäume zu beiden Seiten der Straße, die weitgehend menschenleer war, da Fußgänger das Ende des Unwetters abwarteten.

Vor dem Hotel bezahlte Nikki den Taxifahrer und flitzte durch den Regen ins Foyer. Ihr Rock wies Schlammspritzer auf, ihr Haar war strähnig und tropfnass. Sie fuhr mit dem Aufzug in den ersten Stock und suchte ihr Zimmer auf. So schön Salvaje während des milden Wetters auch gewesen sein mochte, bei Sturm wirkte die Insel düster und bedrohlich.

Fröstelnd zog Nikki sich aus, stieg unter die heiße Dusche, seifte sich ein und shampoonierte energisch ihr Haar. Ihr Rock war vermutlich ruiniert, hatte Flecken bekommen, als sie mit Trent in der Wildnis Sex gehabt hatte. Die Leidenschaft zwischen ihnen war zutiefst erschütternd gewesen, und trotzdem hatte Trent sie hinterher nicht anders behandelt als zuvor. Er war nach wie vor ein zynischer, anmaßender Mistkerl.

Über BH und Slip zog sie einen Bademantel an, setzte sich vor den Frisierspiegel und kämmte die Knoten aus ihrem Haar. Die Frau, die sie aus dem Glas anblickte, sah besser aus als noch vor ein paar Tagen. Der Schorf auf den Gesichtsverletzungen war verschwunden, und wenn ihre Haut an diesen Stellen auch noch rosig war, würde sie mit geschickter Grundierung, Rouge, Lippenstift und Lidschatten doch beinahe wieder so aussehen wie vor ihrem Gedächtnisverlust.

Das Telefon klingelte. Beim dritten Ton hob Nikki den Hörer ab, überzeugt, dass Trent der Anrufer war, und meldete sich. „Hallo."

„Um Himmels willen, warum hockst du immer noch auf dieser gottverlassenen Insel?"

Sie musste unwillkürlich grinsen, als sie das Bild des bärbeißigen Mannes heraufbeschwor, der ihr Dad war. „Wahrscheinlich aus dem gleichen Grund, aus dem du ständig zwischen Seattle, Tokio, Seoul und Sydney hin- und herfliegst. Termine."

Er lachte leise. „Komm mir nicht so, Kind. Ich mache mir Sorgen um dich und bin erst wieder beruhigt, wenn du heimischen Boden unter den Füßen hast. Die Unwetterwarnungen und so weiter reichen, um mich in den Wahnsinn zu treiben. Es ist ein Glücksfall, dass ich dich überhaupt telefonisch erreicht habe."

„Schön, von dir zu hören, Dad“, sagte sie, ließ sich rücklings aufs Bett fallen, blickte an die Decke und betrachtete die langsam rotierenden Ventilatorblätter.

„Dann bist du nicht mehr böse auf mich?“

„Aber nein“, sagte sie und wünschte, sich erinnern zu können, worüber sie vor ihrer Abreise aus Seattle gestritten hatten. Ihr Vater hatte mehrmals erwähnt, dass er gegen ihren Flug nach Salvaje gewesen war, doch an den Grund erinnerte sie sich nicht.

„Gut. Denn du hast völlig falschgelegen.“

„Falschgelegen?“, hakte sie nach. „Das glaube ich nicht.“

Sie hörte, wie er entnervt den Atem ausstieß. „Doch, natürlich. Jim ist über jeden Zweifel erhaben. Schon immer.“

„Jim?“, wiederholte sie. *Welcher Jim?*

„Wieso du meintest, nach all den Jahren seinetwegen recherchieren zu müssen … Ich weiß nicht, was in dich gefahren war.“

Seinetwegen recherchieren? Nikki wollte sich nicht verraten, doch sie brannte darauf zu erfahren, von wem die Rede war.

„Er und ich, wir kennen uns schon endlos lange, kannten uns schon, bevor er gewählt wurde, und ich lasse nicht zu, dass du seinen guten Namen in den Schmutz ziehst.“

Gewählt wurde? Ein Politiker? Du liebe Zeit. Ihr Gespräch mit Connie vom *Observer* kam ihr in den Sinn. „Du glaubst, ich agitiere gegen Senator Crowley“, riet sie aufs Geratewohl.

„Ach, verflixt, gegen wen sonst?“, knurrte er gereizt. „Was ist los mit dir?“

„Nichts“, log sie und kreuzte die Finger.

„Na ja, du bist wohl verliebt, denn du benimmst dich, als hättest du den Verstand verloren.“

Wenn du wüsstest, Dad! Sie hätte sich ihm gern anvertraut, ihm von ihrem Gedächtnisverlust erzählt, doch ein Gefühl, eine merkwürdige unangenehme Warnung, tief in ihrem Bewusstsein ließ sie den Mund halten. Es gab einen Grund; einen Grund, den sie nicht ermessen konnte, warum sie sich nicht bei ihrem Vater aussprechen konnte. Sie spürte es jetzt – diese unausgesprochene Barriere zwischen ihnen war schon immer da gewesen. „Wir hatten also Streit wegen Senator Crowley", sagte sie und versuchte vergebens, sich zu erinnern.

Am anderen Ende der Leitung entstand eine lange Pause, bevor ihr Vater fragte: „Schatz, ist alles in Ordnung mit dir?"

„Ja. Mir geht's gut", schwindelte sie. Warum hatten sie und ihr Vater Streit wegen des Senators? Connie hatte angedeutet, dass Nikki an irgendwelchen Machenschaften des Senators interessiert war, aber was ging das ihren Vater an? War ihr Vater oder sein Unternehmen darin verwickelt? Glaubte er, sie würde den Namen eines unbescholtenen Mannes in den Schmutz ziehen, oder hielt er den Senator für gefährlich und fürchtete um Nikkis Sicherheit? Oder war es noch etwas anderes … etwas, was sich viel tiefer in den Winkeln ihres Bewusstseins versteckte?

„Wann kommst du nach Hause?" Ihr Vater klang besorgt.

„Morgen. – Es sei denn, der Flug wird abgesagt."

„Dann reden wir."

„Dad! Warte!" Zum Glück hatte er noch nicht aufgelegt. „Ich … Ich habe mir bei dem Unfall den Kopf gestoßen", gab sie zu, in der Hoffnung, dass sie ihrem Vater mithilfe der Wahrheit mehr Informationen entlocken konnte, die sie so dringend brauchte. „Deshalb kann ich mich nicht an alles erinnern."

„Du erinnerst dich nicht? Herrgott, was ist los auf dieser Insel?"

„Ich habe eine leichte Amnesie", gestand sie. Der Regen prasselte gegen die Fenstertüren, der Sturm rüttelte an den Fenstern. „Manche Dinge fallen mir nicht ein. Crowley zum Beispiel."

Ihr Vater stieß leise Flüche aus. „Ich weiß nicht, ob ich vor Sorge umkommen oder erleichtert sein soll", sagte er, was Nikki noch mehr verwirrte, „aber du steigst in die erste Maschine, die diese verdammte Insel verlässt, und kommst nach Hause. Ich rufe Tom an und …"

„Tom?"

„Tom Robertson. *Dr.* Robertson. Der Arzt, der dich dein Leben lang behandelt hat. Zum Teufel, Nikki, jetzt hast du mir wirklich Angst eingejagt."

„Ich erinnere mich noch an *dich*, Dad", sagte sie, um ihn ein wenig zu beruhigen.

„Gott sei Dank!" Seine Stimme klang ein wenig erstickt. „Und ich sag dir, wenn ich deinen Mann kennenlerne, dann kann er sich auf einiges gefasst machen. Ich möchte mal wissen, was er sich dabei denkt, dich …"

„Dad, schon gut", sagte sie rasch. „Dr. Padillo ist der Meinung, dass es sich um eine vorübergehende Amnesie handelt, und inzwischen weiß ich schon wieder viel mehr als kurz nach dem Sturz. Das wird schon wieder."

„Na, ich weiß nicht. Dieser Dr. Soundso, dem trau ich nicht. Womöglich ist er ein verdammter Quacksalber. Komm nach Hause, Nicole. Wir kümmern uns um dich."

Plötzlich war Nikki den Tränen nahe. Hier endlich fand sie ihren Fels in der Brandung. „In Ordnung, Dad."

„Das will ich meinen!"

Mit leisen Verwünschungen an die Adresse von Ärzten, die ihren Doktortitel in der Lotterie gewonnen hatten oder noch schlimmer, legte er auf. Nikki wusste, jede Erklärung, dass Dr. Padillo ihr volles Vertrauen genoss, wäre sinnlos gewesen. Der freundliche Arzt wirkte kompetent, sachkundig und fürsorglich, und wenn sein Englisch besser gewesen wäre, hätte Nikki sich bei ihm bestens aufgehoben gefühlt. Wie es aussah, hatte sich seine Prognose hinsichtlich ihrer Amnesie als zutreffend erwiesen.

Ihre Verletzungen heilten gemäß seinen Zeitvorgaben, und ihre Erinnerungen stellten sich häppchenweise wieder ein.

Der einzige Unsicherheitsfaktor war bisher Trent. Ihr Mann. Der Mann, der mit einem einzigen dreisten Lächeln ihr Herz zum Rasen brachte. Der Mann, dem sie sich mitten in einem Wolkenbruch bereitwillig hingegeben hatte.

Morgen würde sie Antworten erhalten. Nach ihrem Besuch im Fotoladen würde sie wissen, ob sie schon vor dem Unfall mit Trent zusammen gewesen war. Und wenn nicht? fragte eine bohrende Stimme in ihrem Kopf. *Was dann? Wirst du dann noch mit ihm schlafen können? Wirst du ihn zur Rede stellen? Na?* Ohne diese Fragen beantworten zu können, dachte sie an den Flug nach Seattle. Die vertraute Umgebung würde ihrer Erinnerung bestimmt auf die Sprünge helfen.

Aber was sollte sie wegen Senator Crowley tun, und warum hatte sie das Gefühl, dass sie sich zum Teil auch Crowleys wegen für Salvaje als Reiseziel ... als Ziel ihrer Hochzeitsreise ... entschieden hatte?

Das Gespräch mit ihrem Vater hallte in ihrem Kopf nach; in der Trübnis ihres Bewusstseins schwebten Namen, die er genannt hatte. Dr. Robertson. Senator Crowley. Ein dünner Mann mit Nickelbrille, gewinnendem Zahnlückenlächeln und einer riesigen Nase kam ihr in den Sinn. Weil sie ihn sich mit einer weißen Jacke vorstellte, nahm sie an, dass es sich um den Arzt handelte. Was Crowley anging, hatte sie keinerlei Vorstellung von seinem Aussehen. Senator Jim – nein, James – Crowley. Woher kannte sie ihn? Warum interessierte er sie? Was für eine Story vermutete sie hinter ihm? Sie bekam eine Gänsehaut, als sie in Erwägung zog, dass Trent irgendwie mit dem Mann zu tun haben könnte. Vielleicht behauptete er deswegen, sie wären verheiratet. Ihr Kopf begann zu dröhnen. Nikki betrachtete ihren Ehering, einen Goldreifen, der zu groß für ihren Finger war, und der Ring schien sie zu verhöhnen.

Trotz allem hatte sie mit Trent geschlafen. Hatte sich ihm hingegeben, als wäre er tatsächlich der Mann, den sie liebte. Sie wurde unwillkürlich rot, als sie an die Intensität seiner Zärtlichkeiten und an ihre eigene wilde, schamlose Reaktion dachte. Sie hatte nur den Augenblick gelebt, hatte sich dem Mann völlig überlassen, und jetzt, als sie auf dem Bett lag, das sie mit ihm teilte, schloss sie die Augen und wusste mit schmerzhafter Gewissheit, dass sie wieder mit ihm schlafen würde.

Es war nur eine Frage der Zeit.

Sie war wohl eingeschlafen. Immer noch benommen lag sie auf dem Bett, als sie die Verandatür klappen hörte. Sie wälzte sich herum, versuchte, das Geräusch zu ignorieren, doch der Lärm war aufdringlich. Sie reckte sich, stieg aus dem Bett und stellte fest, dass es draußen dunkel war. Der Sturm tobte immer noch mächtig, und Trent war seit Stunden fort. Voller Sorge biss sie sich auf die Lippe, sagte sich aber, dass Trent ein Mann war, der auf sich aufpassen konnte, wahrscheinlich sogar besser als jeder andere Mann, den sie kannte. Natürlich, überlegte sie sarkastisch, erinnerte sie sich an die meisten Männer aus ihrer Bekanntschaft nicht mehr. Ihr Magen knurrte, und sie fragte sich, ob sie den Zimmerservice bestellen oder auf Trent warten sollte.

Wieder ertönte das Klappern. Nikki massierte ihren verspannten Nacken, ging zu der Glastür und streckte die Hand nach dem Türgriff aus, hielt jedoch mitten in der Bewegung inne. Sie erstarrte. Ihre Nackenhaare richteten sich auf. Ein unterdrückter Schrei entrang sich ihrer Kehle, als sie ihn sah. Da war jemand. Eine Gestalt auf der Veranda. Das Licht, das aus dem Zimmer fiel, und der prasselnde Regen verzerrten die Sicht, doch sie wusste genau, dass ein Mann auf ihrer Veranda stand, ein Mann mit dunklem Haar, einer nassen Jeans und einer feucht glänzenden Jacke. Sein Gesicht war verschwommen. Er hatte in etwa die gleiche Größe und den gleichen Körperbau wie Trent, doch … Er sprang über das Geländer und warf sich mit wehender Jacke gegen das Gebäude, wahrscheinlich um an den Kletterpflanzen herabzusteigen.

„Oh mein Gott“, flüsterte sie und wich zurück, tastete nach der Innentür, hielt dann aber plötzlich inne. Was sollte den Mann daran hindern, ins Foyer zu gehen und dort auf sie zu warten? Sie durchquerte hastig das Zimmer, prüfte, ob die Verandatür verriegelt war, und schloss die Jalousien. Sie lief zur Tür zum Flur, sah, dass sie verschlossen war, und wählte mit zitternden Fingern die Nummer der Zentrale.

„Ich möchte melden, dass ein Fremder sich draußen auf meiner Veranda herumtreibt, ein Spanner oder so …“

„Señora, por favor …“

„Holen Sie jemanden an den Apparat, der Englisch spricht. Oh Gott! Hm, *comprende usted*? Verstehen Sie? Da war ein Mann, ein verdammter Spanner oder Schlimmeres, auf meiner Veranda! *Habla usted inglés?* Ich brauche Hilfe!“

Das Schloss der Tür zum Flur rasselte. Nikki ließ den Hörer fallen. Mit klopfendem Herzen griff sie nach der Nachttischlampe – eine armselige Waffe, aber etwas anderes hatte sie nicht – und sah entsetzt zu, wie die Tür sich öffnete und Trent eintrat. Das nasse Haar klebte an seinem Kopf, die Schultern seiner Lederjacke waren durchweicht. Nikki brach beinahe zusammen, ließ sich gegen die Wand sinken und löste die Finger vom Lampenfuß. „Gott sei Dank“, flüsterte sie.

Mit einem Blick in ihr Gesicht kniff Trent besorgt die Augen zusammen. „Was ist passiert?“, fragte er und durchquerte das Zimmer. „Nikki, fehlt dir was?“

Sie schüttelte den Kopf, brachte aber kein Wort hervor, und als Trent sie in die Arme nahm, ließ sie sich wie ein dummes Weibchen, das nicht für sich selbst einstehen kann, gegen ihn sinken. Erleichtert klammerte sie sich an ihn, bemüht, sich nicht zu blamieren, indem sie in Tränen ausbrach. Er roch nach

Draußen – nach Regen, Leder und salziger Luft –, und obwohl sie sich gern wie eine liebeskranke Idiotin in seine Arme geschmiegt, ihm aus ganzem Herzen vertraut und aufgehört hätte, sich mit Bedenken seinetwegen zu quälen, straffte sie den Rücken und löste sich behutsam aus seiner Umarmung.

„Was ist los?"

„Ich habe jemanden auf der Veranda gesehen."

„Wen?"

Sie schüttelte den Kopf, versuchte, sich das Erscheinungsbild des Mannes zu vergegenwärtigen. „Ich weiß es nicht. Irgendein Mann. Es war zu dunkel, um ihn erkennen zu können, doch er war gebaut wie du, trug eine dunkle Jacke ... keine Kopfbedeckung ..." Sie registrierte Trents tropfnasses Haar und sein gerötetes Gesicht. Er schien schwer zu atmen, doch er hatte keinerlei Grund, ihr nachzuspionieren. Nicht den geringsten Grund. Nicht, wenn er doch einen Zimmerschlüssel besaß. Ihr krankes Bewusstsein spielte ihr wieder mal einen Streich.

Trent öffnete die Jalousien und stieß die Fenstertüren auf. Regen und Wind wehten ins Zimmer, als Trent nach draußen stürmte. Im selben Moment hämmerte jemand gegen die Tür. *„Señora McKenzie!"*

Mit drei raschen Schritten, die Hand Einhalt gebietend gegen Nikki erhoben, durchquerte Trent das Zimmer. „Wer ist da?"

„Policía!"

Trent riss die Tür auf, und zwei Sicherheitskräfte des Hotels stoben mit gezückten Waffen ins Zimmer.

„Es ist schon gut", beschwichtigte Trent, und einer der beiden, der bulligere, ging zum Nachttisch, hob den Telefonhörer ab, knurrte etwas auf Spanisch und legte wieder auf.

Nikki umschlang mit beiden Armen ihren Oberkörper und setzte sich auf die Bettkante, während Trent dolmetschte. Sie berichtete ihm von dem Mann auf der Veranda, und er wiederholte ihre Aussagen auf Spanisch für die beiden Wachmänner. Die Fragen nach der Identität und einer Beschreibung kamen in rascher Folge, und Nikki musste eingestehen, dass sie die Gestalt durch die regennasse Scheibe nur dunkel und verschwommen gesehen hatte.

„Wir haben keine Ahnung, wer das war", sagte Trent, als die Wachmänner ihre Befragung beendeten. „Ich zumindest nicht. Du, Nikki?"

Sie schüttelte den Kopf. Wer hätte ein Interesse daran, sie auszuspionieren? „Ich habe keine Ahnung."

Die Wachmänner besprachen sich und redeten mit Trent, erzählten sogar einen Witz, von dem Nikki kein Wort verstand. Irgendwann gingen sie, baten Nikki um Verzeihung wegen des Schreckens, den sie davongetragen hatte, und versprachen, Ausschau nach Verdächtigen zu halten.

„Sie vermuten, dass es nur wieder ein Einbruchsversuch war", sagte Trent, als er die Tür hinter den Männern geschlossen hatte. „Die häufen sich offenbar in den größeren Hotels der Gegend. Ein Einbrecherring, der es auf Geld und Schmuck reicher Touristen abgesehen hat."

„Hier hätten sie nicht viel gefunden", sagte Nikki nicht sehr überzeugt. Sie zog die Brauen zusammen. „Außerdem bin ich gar nicht so sicher, dass es etwas mit einem Raub zu tun hatte."

„Wieso nicht?" Er legte beide Riegel vor, bevor er sich auf die Bettkante setzte und seine Stiefel auszog.

„Weil ich das Gefühl hatte, dass mich jemand verfolgte."

Er warf ihr über die Schulter hinweg einen interessierten Blick zu, sagte jedoch nichts.

„Früher am Tag. Als ich mit dem Pferd unterwegs war, habe ich es gespürt, und dann bist du aufgetaucht, und ich dachte, *du* wärst der Grund dafür, dass ich mich beobachtet fühlte. Aber jetzt … Jetzt bin ich nicht mehr so sicher." Sie zog die Füße an den Körper und legte die Arme um ihre Knie.

„Du glaubst also, der Mann auf der Veranda könnte dich verfolgt haben?"

„Ja. Aber ich weiß nicht, warum!" Sie seufzte hilflos und beschloss, ein kleines Spiel zu wagen. „Ich glaube, es könnte etwas mit Senator Crowley zu tun haben."

Bildete sie es sich nur ein, oder spannten sich die Sehnen in Trents Nacken?

„Crowley? Wie kommt denn der plötzlich ins Spiel?"

„Ich weiß nicht", gab sie zu. „Aber ich habe mit Connie von der Zeitung gesprochen, und später hat dann mein Vater angerufen. Beide erwähnten unseren illustren Senator. Connie glaubt offenbar, ich hätte an einer Story über ihn gearbeitet, um irgendwelchen politischen Schmutz aufzudecken, und Dad … Dad verhielt sich merkwürdig. Er benahm sich, als hätten wir vor meinem Aufbruch nach Salvaje Streit gehabt, und dieser Streit hatte offenbar mit Crowley zu tun." Sie reckte sich und bauschte mit leicht zittrigen Fingern ihr noch feuchtes Haar auf. „Das Dumme ist, ich weiß nicht einmal, wie der Mann aussieht. Ich konnte mich kaum an seinen Namen erinnern."

„James", informierte Trent sie und warf seine Stiefel in den Schrank. „Diamond Jim Crowley. Seines Zeichens Rechtsanwalt, Geschäftsmann und Senator. Ein Republikaner aus Tacoma." Er zog seine Jacke aus und hängte sie über den Stuhl vor der Kommode, bevor er sich neben Nikki auf dem Bett ausstreckte. „Connie hat recht. Du hast dich für ihn interessiert. Du hast geglaubt, er könnte in irgendwelche dunklen Geschäfte verwickelt sein."

„Was hat das mit Salvaje zu tun?"

„Nichts."

„Warum hatten mein Vater und ich seinetwegen Streit?"

„Weil dein Dad ein eingefleischter Republikaner mit eigenem Unternehmen ist. Du weißt es anscheinend nicht mehr, aber du und dein Vater seid euch von jeher politisch so fern, wie es nur denkbar ist.“ Er rückte näher an sie heran, legte den Kopf aufs Kissen neben ihrem Oberkörper. Nikki wollte von ihm abrücken, sagte sich, dass das allein vernünftig wäre, doch unwiderstehliche Sehnsucht hielt sie an ihrem Platz auf dem Bett.

„Wie dunkel?“

„Was?“

„Der Senator. Was habe ich vermutet?“

„Das weiß ich nicht. Du wolltest nicht darüber reden. Alles streng geheim. Mich wundert, dass dein Vater und Connie davon wussten.“

Auch Connie hatte betont, dass es sich um etwas handelte, worüber sie Stillschweigen bewahren mussten. Aber was war es? Nikki zerbrach sich den Kopf und spürte Trents nasses Haar an ihrem Schenkel.

„Was hast du am Flughafen erfahren?“, fragte sie, um einen klaren Kopf zu bewahren, doch er umfasste ihren nackten Knöchel. Nikkis Herz schlug schneller, sie konnte sich kaum auf etwas anderes konzentrieren als auf die warme Hand an ihrem Bein.

„Der Sturm soll sich legen, und unser Flug geht um drei. Wenn keine weiteren Katastrophen dazwischenkommen, sind wir morgen gegen Mitternacht zu Hause.“

Erleichterung hätte sie überwältigen sollen. Stattdessen wollte das nagende Gefühl, etwas auf Salvaje zurückzulassen, etwas Unfertiges, nicht aufhören, sie zu quälen.

Trent ließ die Finger sanft an ihrer Wade hinaufgleiten. Nikki konnte kaum noch atmen. Sie biss sich auf die Lippe und blickte auf Trent herab. Er hatte den Kopf auf dem Kissen zu ihr gedreht und sah sie an.

„Ich glaube, das hier ist keine besonders gute Idee", sagte sie mit einer Stimme, die sie kaum als die eigene erkannte.

Er strich über ihr Knie und ließ die Hand weiter aufwärts wandern. „Das weiß ich."

„Vielleicht sollten wir aufhören. Oh!" Ihr Widerspruch endete abrupt, als Trent sich plötzlich über sie beugte und mit den Lippen ihren Mund fand, während seine Finger ihren Slip ertasteten.

„Ich kann nicht", gestand er und küsste sie mit der gleichen wilden Leidenschaft, die schon vor wenigen Stunden ihre Seele berührt hatte. „Weißt du das immer noch nicht? Wenn ich bei dir bin, kann ich einfach nicht aufhören."

Trent entdeckte *El Perro* an der Bar. Der Hund trank aus einem hohen Glas und versuchte, bei einer langbeinigen Rothaarigen zu landen. La Luna Plata, oder die Silbermond-Bar, war für den frühen Nachmittag gut besucht. Zigarettenrauch und Lachen, Gläserklirren und das Klimpern von Eiswürfeln lagen in der Luft, grobe Witze auf Spanisch flogen von einem zum anderen. Der Barmann, ein stämmiger Kerl mit einem gezwirbelten Schnauzbart, mixte eifrig Drinks. Kellnerinnen in kurzen Rüschenröckchen und tief ausgeschnittenen engen Bodys schlängelten sich geschmeidig zwischen den Nischen und runden Tischen hindurch.

Trent ließ sich auf einem freien Hocker neben dem Hund nieder. Ihre Blicke begegneten sich im Spiegel hinter dem Tresen. Als Trent ein Bier bestellte, flüsterte *El Perro* der Rothaarigen etwas ins Ohr, grinste über ihre Antwort und tätschelte ihr Hinterteil, als sie vom Hocker glitt. Erst als Trent sein Bier bezahlt hatte, zogen sich die beiden Männer in eine der hinteren Nischen in der Nähe eines geräuschvollen Pokerspiels zurück, das ihre Unterhaltung übertönte.

„Deine Frau, die ist listig wie ein Fuchs, wie?", fragte *El Perro*, und seine dunklen Augen blitzten vor boshaftem Vergnügen in dem dunklen Lokal.

Trents Blut geriet ein wenig in Wallung, doch er brachte ein schmales Lächeln zustande. „Sie ist nicht dumm."

„Zu klug für dich, was?"

„Mag sein", räumte Trent ein und trank einen tiefen Schluck aus seiner Flasche.

El Perro lachte schnaubend und zündete sich eine Zigarette an. „Sie überlässt dir das Aufräumen und erledigt ihre Geschäfte allein."

„Was für Geschäfte?", fragte Trent, obwohl er vermutete, es längst zu wissen. „Meinst du den Fotoladen?"

Der kleinere Mann stieß eine Rauchwolke aus und wirkte leicht enttäuscht. *„Sí."*

„Damit hatte ich gerechnet."

„Weißt du, dass sie dem Silberhaarigen begegnet ist?", fragte *El Perro* mit einem verstohlenen Blick ins Trents Richtung. „Dem Mann mit dem Gehstock?"

Trents Gelassenheit verließ ihn. Seine Muskeln spannten sich an, und er umklammerte die Bierflasche. „Crowley?", flüsterte er heiser. „Sie ist Crowley begegnet?"

„Sí." El Perro hatte offensichtlich seinen Spaß an der Sache, doch Trent wäre ihm am liebsten an die Kehle gegangen.

„Und?"

„Und nichts. Sie hat ihn nicht erkannt."

Das war keine Lösung des Problems. „Und er?"

„Er hat sie lange angesehen, aber nichts gesagt." Der Hund beugte sich über den Tisch vor. „Der Silberhaarige, dem traue ich nicht über den Weg, *amigo*. Seine Augen sehen aus wie tot."

Amen. Trent ballte die Hände zu Fäusten. „Sonst noch was?"

„Nein, nichts."

Trent zückte einen schmalen Umschlag und warf ihn auf den Tisch. „Du hast schlampig gearbeitet", sagte er. „Sie hat dich auf der Veranda gesehen."

Der dunkelhäutige Mann zog die Brauen zusammen. Er schob die Zigarette in den Mundwinkel und zählte die Geldscheine. „Schlampig. *El Perro* doch nicht.“ Zufrieden, weil die Summe stimmte, spähte er durch den dichten Zigarettenrauch. „Ich war nie auf eurer Veranda, *amigo*.“

Nikki blickte auf die Uhr. Trent war seit beinahe einer Dreiviertelstunde fort. Er hatte gesagt, er wolle hinunter ins Foyer gehen und mit dem Geschäftsführer über verstärkte Sicherheitsvorkehrungen sprechen, und Nikki erwartete ihn längst zurück.

Das Unwetter hatte sich über Nacht gelegt, und der Tag war klar und hell, die Nachmittagssonne fiel wieder durch die Fenster.

Nikki warf einen Blick aufs Bett und spürte, wie ihr die Röte heiß den Hals hinaufstieg. Wie oft hatten sie sich in der vergangenen Nacht geliebt? Dreimal? Viermal? Sie konnte sich nicht entsinnen. Nicht dass es wichtig war, sagte sie sich, aber ihre Liebe war so wild ... so ... verzweifelt gewesen, als wüssten sie beide, dass sie bald ein Ende finden würde. *Dummes Weib mit albernen Kleinmädchenträumen.*

Trent hatte ihr versprochen, dass sie vor der Abreise in der Stadt noch ein paar Einkäufe in letzter Minute machen konnte – Nikki wollte die Fotos abholen. Sie musste eine Möglichkeit finden, Trent noch einmal zu entwischen, nur für ein paar Minuten, aber das dürfte nicht zu schwierig werden.

Sie hörte seinen Schlüssel im Schloss und lächelte, als Trent hereinkam. „Ich dachte schon, ich hätte dich verloren“, sagte sie, bemerkte dann aber seinen eiligen Schritt und den finsteren Zug um seinen Mund.

„Pech gehabt“, sagte er ohne den Hauch eines Lächelns. „Hast du gepackt?“ Er sah ihr Gepäck neben der Tür und nickte. „Gut. „Wir haben die Chance, einen früheren Flug zu erwischen, doch dann müssen wir in zwanzig Minuten auf dem Flughafen sein."

Nikkis Mut sank. „Moment", protestierte sie, als er nach ihrem Koffer und dem Kleidersack griff. „Ich dachte, wir wollten noch in die Stadt ..."

„Keine Zeit."

„Aber du hast es versprochen", sagte sie verzweifelt. „Ich habe dir doch gesagt, dass ich noch einkaufen möchte und ..."

„Tut mir leid."

„Ich reise nicht ab, bevor ich ..."

„Du reist ab, und zwar jetzt. Mit mir", sagte er in einem Ton, der keinen Widerspruch duldete.

„Für den Fall, dass du noch nicht davon gehört hast: Wir leben nicht mehr im Mittelalter, McKenzie! Du kannst mich nicht herumkommandieren, als wärst du irgendein Adliger und ich kleines Dienstmädchen ..."

Er fasste ihre Unterarme mit eisernem Griff. „Hier ist es nicht mehr sicher."

„Was soll das heißen?"

„Der Mann auf der Veranda. Ich glaube, du hattest recht. Er war kein Einbrecher."

„Was war er dann?", fragte sie, bemüht, keine Angst zu zeigen.

„Das weiß ich nicht, aber wir bleiben nicht hier, um es herauszufinden." Er ließ ihre Arme los, als es an der Tür klopfte, und gestattete dem Pagen, beim Gepäcktragen behilflich zu sein.

Nikkis Verzweiflung wuchs. „Es würde doch nur eine Minute dauern."

Das Telefon schrillte, und Trent griff nach dem Hörer. „Hallo?"

Das Gespräch war ziemlich einseitig. Trent hörte zu, sah Nikki aus schmalen Augen an und presste die Lippen zusammen.

„*Gracias*, ich werde es ihr sagen“, versprach Trent, bevor er langsam den Hörer wieder auflegte.

Nikki wurde innerlich kalt.

„Das war Schwester Sánchez aus dem Krankenhaus. Mrs. Martínez’ Freundin ist ein Mädchen namens Rosa Picano. Sie arbeitet in einem Hotel am südlichen Ende der Bucht. Willst du mir von ihr erzählen?“

Nikki sah ihn fest an und sagte: „Ich will dir schon lange von ihr erzählen. Sie hat mich im Krankenhaus gesehen. Sie kannte mich. Nannte mich Señorita Carrothers. Nicht Señora McKenzie.“

Trent zog eine Braue hoch. „Und das wundert dich?“

„Ja. Warum nennt sie mich …?“

„Weil es bei unserer Ankunft ein Missverständnis gab. In unserem ersten Hotel. Du hast uns registriert, während ich mich ums Gepäck kümmerte, und deine Kreditkarten, sämtliche Ausweise, selbst dein Pass lauten noch auf deinen Geburtsnamen. Es war einfacher, uns unter Carrothers einzutragen.“

„Das Mädchen erinnerte sich nicht an einen Mann.“

„Weil ich gleich den Geschäftsführer aufgesucht habe. Die Installationen in unserem ersten Zimmer funktionierten nicht.“

Sie wollte ihm vertrauen, ihm glauben, konnte es aber nicht. Zu vieles blieb ungeklärt. „Sagst du mir die Wahrheit?“

„Ja, aber ich weiß nicht, was ich tun soll, um dich zu überzeugen“, antwortete er gereizt. „Komm jetzt. Wir dürfen unseren Flug nicht verpassen.“ Er zog sie mit sich zum Lift und durch das Foyer vors Hotel, wo ein Taxi auf der halbkreisförmigen Zufahrt wartete. Ein braun gebrannter Fahrer verstaute ihr Gepäck im Kofferraum. „Das kannst du nicht machen“, fauchte Nikki, als Trent sie in den Fond des Wagens schob, ebenfalls einstieg und den Chauffeur auf Spanisch anwies, sie zum Flughafen zu bringen.

„Oh doch.“

„Ich schreie“, warnte sie ihn.

„Nur zu. Wir sind verheiratet, und wie ich schon sagte, auf dieser Insel stellt kaum einer die Rechte eines Ehemanns infrage. Wenn ich sage, was gut für dich ist, dann ist es gut für dich, ob es dir passt oder nicht.“

„Das ist barbarisch!“

Seine Augen funkelten zornig. „Natürlich. Deswegen funktioniert es ja auch.“

„Aber …“ Sie wollte Widerspruch einlegen, schreien, ihn mit ihren Fäusten bearbeiten, als der Taxifahrer auf die Betonpiste abbog, die an der Stadt Santa María vorbei direkt zum Flughafen führte. Nikki war so mutlos wie seit ihrem Erwachen im Krankenhaus vor all diesen Tagen nicht mehr. In diesem Augenblick hasste sie Trent.

„Ich will die Scheidung“, platzte sie wütend heraus.

Seine Antwort war ein träges sinnliches Lächeln. „Letzte Nacht warst du aber anderer Meinung.“

Ohne zu überlegen, hob sie die Hand, er hielt sie mitten in der Bewegung fest. „Das würde ich an deiner Stelle nicht tun.“

„Du an meiner Stelle würdest mich wahrscheinlich mit dieser verdammten Knarre erschießen, für die du einen Waffenschein besitzt.“

„Wahrscheinlich“, räumte er ein und lächelte wieder. Die Palmen machten dem Flughafen Platz, der lediglich aus ein paar niedrigen Baracken und ein paar rissigen Startbahnen bestand. Nikki blieb nichts anderes übrig, als Trent in das Gebäude zu folgen. Sie konnte nicht schreien, dass sie entführt würde, denn er brachte sie ja nur nach Hause, und im Grunde glaubte auch sie, dass ihnen auf dieser Insel irgendeine Gefahr drohte. Warum sonst wäre er so nervös?

Doch hier auf Salvaje war noch etwas anderes, etwas, was sie zu diesem Fleckchen der Karibik gezogen hatte, irgendein Grund, aus dem sie überhaupt nur hierher hatte fliegen wollen, und was immer dieser Grund sein mochte, sie wusste tief im Inneren, dass sie ihn nicht gefunden hatte.

Sie kochte immer noch vor Wut, als sie an Bord des kleinen Flugzeugs gingen. Sie hatte einen Fensterplatz, schloss den Sicherheitsgurt über dem Schoß und lauschte den Sicherheitsinformationen der Flugbegleiterin. Sie wusste, dass Trent sie beobachtete, doch als sie abhoben, blickte sie aus dem Fenster auf die wilde Insel, wo sie ihr Gedächtnis verloren hatte, das Paradies, auf dem sie ihre Flitterwochen hatte verbringen wollen, den Ort, wo sie ihr Herz an einen Mann verloren hatte, den sie abwechselnd hasste und liebte. Ach, was für ein schreckliches Durcheinander!

Das Flugzeug flog eine Runde, und hoch über Salvaje sah Nikki Carrothers McKenzie herab auf die zerfallende Missionsstation inmitten uralter Palmen. Es versetzte ihr einen schmerzhaften Stich, als sie an ihren Albtraum und den Tag ihres Aufwachens im Krankenhaus dachte, wo sie sich plötzlich mit einem Mann verheiratet sah, an den sie sich nicht erinnerte. Sie spürte einen Kloß im Hals, als die Insel aus ihrem Blickfeld verschwand.

Sie verbrachten den Flug schweigend, bis sie Miami erreichten, wo sie die Zollschranke passierten, in eine andere Maschine umstiegen und nach Westen weiterflogen. Nikki schaute einen Film an, statt sich einer Unterhaltung mit Trent auszusetzen. Sie schlummerte ein, aß und befand sich nach einem letzten Umsteigen auf dem Weg nach Seattle.

Seattle. Die größte Stadt am Puget Sound, die sich am Lake Union und Lake Washington entlangzog mit einer Reihe von Autobahnen, die dem in den letzten Jahren ständig zunehmenden Verkehr kaum gerecht werden konnten. Sie hatte die Innenstadt als unglaublich hügelig in Erinnerung – schon vor langer Zeit hatte sie sich Autos mit Schaltgetriebe abgewöhnt – und den Uferbereich als kühl und windig.

Für den *Observer* arbeitete sie seit ... fünf oder sechs Jahren. Nikki lehnte sich zurück an die Kopfstütze, dachte an ihren Beruf und konnte sich an keinerlei besondere Vorkommnisse erinnern, wusste aber, dass ihre Arbeit sie nicht befriedigte und sie den brennenden Wunsch verspürte zu beweisen, dass sie genauso gut wie die meisten männlichen Mitarbeiter war. Langsam trieb eine Erinnerung an die Oberfläche ihres Bewusstseins.

„Du weißt doch, was man sagt: ‚Gegen die Stadtverwaltung kommt keiner an'", verkündete Peggy und warf einen Aktenordner auf Nikkis chaotischen Schreibtisch. Peggy, eins sechzig groß und mit sieben Zentimeter hohen Absätzen, war ein zierlicher Rotschopf mit großen Augen, einer Brille auf der Nasenspitze und einem Temperament, das ihrer Haarfarbe entsprach. „Ich hab's versucht, Nikki."

„Ich habe die Story nicht bekommen."

„‚Mit organisierter Kriminalität', ich zitiere, ‚befassen sich am besten Männer. Die verleihen der Story die notwendige Schärfe.' Zitatende." Peggy griff in ihre Handtasche und suchte nach einer Schachtel Zigaretten, obwohl sie vor acht Monaten das Rauchen aufgegeben hatte. „Verdammt", zischte sie leise. „Da will ich doch wie früher meinen BH verbrennen."

Nikki brachte ein Lachen zustande, obwohl sie vor Wut kochte. „Wir dürfen uns nichts gefallen lassen."

„Die glauben, sie tun uns einen Gefallen."

„Ach, dann ist es jetzt wohl Kavaliersverhalten, uns die guten Storys wegzuschnappen." Nikki schäumte innerlich. „Tja, ich schätze, es ist an der Zeit, dass wir ihnen beweisen, wie sehr sie sich täuschen."

„Nikki ..." Peggys Tonfall enthielt eine Warnung.

„Ich finde, es ist Zeit für den Pulitzerpreis."

„Das alles gefällt mir nicht", sagte Peggy und rümpfte die Nase. „Na ja, eigentlich doch, aber ich muss mich nach den

Entscheidungen des Chefredakteurs richten. Das ist mein offizieller Standpunkt."

Nikki zuckte die Achseln, wusste jedoch, was sie zu tun hatte. Die nächste große Story, die sich anbot, sollte ihr nicht entwischen. Sie sammelte ohnehin schon Informationen zu verschiedenen Themen, von denen eines recht vielversprechend war – nämlich die Story um Senator James T. Crowley. „Und was ist dein inoffizieller Standpunkt?"

Peggy schob sich die Brille zurück auf die Nasenwurzel und reckte entschlossen ihr kleines Kinn vor. „Ran an den Speck."

Jetzt, während sie über Seattle kreisten, begann Nikkis Herz zu hämmern. Damit war also ihr Interesse am Senator geweckt worden, aber sie konnte sich nicht erinnern, warum. Er war in irgendwelche schmutzigen Geschäfte verwickelt, so viel war sicher, und irgendwie stand ihre Reise nach Salvaje – ihre Hochzeitsreise – mit der Story in einem Zusammenhang. Aber wie?

Das Flugzeug setzte zum Landeanflug an, und Nikki blickte aus dem Fenster. Als sie die Wolkendecke durchstießen, kamen Millionen von rasterförmig angeordneten Lichtern ins Blickfeld. Nikki zog den Sicherheitsgurt fest. Bald würde sie zu Hause sein. Bestimmt fand sie dann ihre Erinnerungen wieder. Sie warf einen Blick auf Trent. Das Geheimnis, das ihn umgab, würde bald gelüftet werden.

Ihr wurde flau im Magen. Was, wenn sie erfuhr, dass sie nicht verheiratet waren, dass er jetzt zurück in Seattle, aus welchem Grund auch immer, keine Verwendung mehr für sie hatte? Sicher, sie glaubte, dass sie ihm etwas bedeutete, und sei es nur ein bisschen, doch nicht ein einziges Mal hatte er gesagt, dass er sie liebte. Das gab ihr einen kleinen Stich ins Herz. *Sei keine Heulsuse, Nikki!* In den vergangenen zehn Tagen oder so war der Mann eine Plage für sie gewesen. Egal, dass sie dahinschmolz, wenn er sie küsste, egal, dass sie unwillkürlich immer wieder betrachten musste, wie ihm das Haar in die Stirn fiel, egal, dass ihre Haut jedes Mal prickelte, wenn er ihre Hand in seine nahm.

Romantische Fantasien! Mehr nicht. Sie war mit ihm allein auf einer tropischen Insel gewesen, mit dem Gefühl von Gefahr und Abenteuer. Natürlich hatte sie sich in ihn verknallen müssen.

Doch das war vorbei. Sie war zu Hause. Trent bedachte sie mit einem flüchtigen Blick, der ihre eigenen Gefühle spiegelte. Düster dreinblickend griff Trent in die Innentasche seiner Jacke und entnahm ihr einen Umschlag.

„Ich dachte mir, dass du die hier gern sehen würdest", sagte er geheimnisvoll und warf ihr den Umschlag in den Schoß. Nikkis Herz drohte auszusetzen, als sie erkannte, dass der Umschlag die Fotos von dem Film enthielt, den sie in Josés Fotoladen abgegeben hatte. „Nur zu, Nikki", sagte Trent ruhig. „Schau hinein."

8. Kapitel

Nikki wurde so kalt, als hätte ein Geist nach ihrer Seele gegriffen. Nur sieben Fotos waren entwickelt worden, und diese waren in einer Stadt am Wasser aufgenommen, aber in einer modernen, geschäftigen Stadt, wie sie erkennen konnte, völlig anders als der ländliche karibische Ort Santa María. Sie blätterte die wenigen Fotos durch. Kein einziges Bild von Salvaje oder Trent.

„Sieht aus wie Victoria", sagte er, als sie die Fotos nur anstarrte und spürte, wie ihr vor Verlegenheit die Röte in den Nacken stieg. „In British Columbia."

Sie presste die Lippen aufeinander. Victoria. Sie war dort gewesen. Wahrscheinlich im letzten Urlaub, als sie die Kamera zuletzt benutzt hatte.

„All die Mühe umsonst", bemerkte Trent, als sie die Aufnahmen zurück in den Umschlag schob.

Sie räusperte sich und warf ihm einen argwöhnischen Blick zu. „Hast du mir nachspioniert?"

„Ich habe nur versucht, auf dich achtzugeben." Sein Gesicht wirkte verschlossen und abweisend, als wollte er sie zum Widerspruch herausfordern. „Aber du glaubst mir ja nie."

„Ich weiß nicht, was ich glauben soll", gestand sie. Mit einem Ruck und singenden Reifen setzte das Flugzeug auf der Landebahn auf. Nikki verstaute die Fotos in ihrer Tasche. Da hatte sie sich ja als großartige Enthüllungsjournalistin erwiesen. Kein Wunder, dass sie bisher nur Storys über Jahrmärkte, Pfadfindertreffen und die Hochzeit der Gouverneurstochter hatte schreiben dürfen. Brandaktuell.

Jetzt war sie der Antwort auf die Frage, ob sie mit Trent verheiratet war, keinen Schritt näher gekommen.

In der Ankunftshalle holten sie ihr Gepäck ab und fuhren mit dem Shuttlebus zum Parkplatz, wo Trent seinen Jeep abgestellt hatte. Das Fahrzeug wies zahlreiche Beulen und Dellen auf und benötigte dringend eine frische Lackierung, doch es weckte keinerlei Erinnerungen. Nikki schlüpfte auf den Beifahrersitz, der unter ihrem Gewicht knarrte, wartete auf Trent und war überzeugt, nie zuvor in einem Jeep gesessen zu haben.

Doch jetzt war sie hier. Mit ihrem „Ehemann". Herrgott, wann würden die Erinnerungen endlich wieder einsetzen?

Reifen surrten über den Asphalt, der Jeep beschleunigte und mischte sich in den dichten Verkehrsstrom nach Norden ins Herz von Seattle. Dichter, für Washington typischer Nieselregen fiel vom Himmel, und die Scheibenwischer huschten hin und her, während Nikki verzweifelt durch die Scheibe spähte. Hier in ihrer Heimatstadt würde sie sich doch bestimmt erinnern. Sie wartete, kreuzte die Finger und betete stumm um eine Spontanheilung dank eines Adrenalinstoßes und dem vertrauten Anblick und Lärm von Seattle. Dann wäre ihr Leben wieder vollständig – bestehend aus Vergangenheit, Gegenwart und Zukunft.

Die regennassen Straßen wirkten anheimelnd. Die Geschäftigkeit, der Lärm und die hellen Lichter der Stadt riefen ein vertrautes Sehnen in ihrem Herzen hervor. Nebelschwaden waberten über das Pflaster. Der kühle Oktoberwind blies nach Osten über das dunkle Wasser der Meerenge hinweg und trieb in den schmalen steilen Straßen rund um Elliott Bay sein Unwesen.

Ja, diese Stadt war Nikkis Zuhause. Hier hatte sie ihr ganzes Leben verbracht, und sie erinnerte sich an Fahrten in der Monorail mit ihrer Mutter und ihrer Schwester zu den Einkaufszentren der Stadt, wo sie durch die Läden streiften und sich zum Mittagessen mit ihrem Vater trafen. Diese fröhlichen Ausflüge hatte es nicht oft gegeben, und sie lagen lange zurück, in einer Zeit, bevor die Kluft zwischen Eloise und Ted Carrothers zu tief geworden war und sich nicht mehr überbrücken ließ. Nikki, der Jüngsten, war die unterschwellige Spannung zwischen ihren Eltern in den ersten Jahren entgangen, doch als sie älter wurde, in der Pubertät, bemerkte sie mehr und mehr, dass ihre Mutter todunglücklich war. Die Ehe mit einem Mann, der erwartete, dass allabendlich pünktlich um sechs Uhr das Essen auf dem Tisch stand, dass seine Hemden gewaschen, gestärkt und gebügelt und Haus und Kinder picobello sauber gehalten wurden, für den Fall, dass er einen wichtigen Kunden zum Abendessen mitbrachte, hatte ihre Spuren hinterlassen.

Aus dem Glas Wein, das ihre Mutter vor dem Abendessen genoss, waren bald zwei geworden, dann drei. Manchmal hatte Eloise vor dem Essen schon eine ganze Flasche geleert, und sobald das Geschirr in der Spülmaschine eingeordnet war, zog sie sich mit „Kopfschmerzen" ins Obergeschoss zurück.

Irgendwann hatte sie beim Essen kaum noch die Augen offen halten können, und die Streitereien, die zwischen Nikkis Eltern ausbrachen, ließen die Wände ihres Hauses im Queen-Anne-Bezirk wackeln.

Nikki erinnerte sich, wie sie in ihrem Bett lag, die Bettdecke über den Kopf gezogen, um die wütenden Stimmen nicht hören zu müssen, die durchs Haus schallten. Selbst jetzt noch, mehr als fünfzehn Jahre später, gab ihr das einen Stich. Sie blinzelte die Tränen fort und sagte sich, dass sich alles ja zum Besten gewendet hatte. – Ihre Mutter war in Südkalifornien glücklich, hatte einen Grundstücksmakler geheiratet und lebte am Meer, und ihr Vater, immer noch Junggeselle, schien diesen Zustand zu genießen.

Trent steuerte den Jeep in die Zufahrt eines alten englischen Tudor-Hauses, das in Apartments unterteilt worden war. Das

Fahrzeug rumpelte über mehrere Bremsschwellen, bevor es einen Parkplatz unter einer Eiche mit ausladenden Ästen und sprödem welkem Laub fand.

Nikki musterte das Gebäude, als sie die Tür des Jeeps zuschlug. Ihr Zuhause. Der Anblick des alten Hauses hätte einen Ansturm von Erinnerungen auslösen müssen. Nervös ließ sie den Blick über das Gebäude schweifen, wollte hinter zur Nacht geschlossenen Jalousien der hell schimmernden Fenster blicken. Wer waren die Menschen, die so eng mit ihr zusammen wohnten? Ein alter weißer Pick-up und ein Ford-Kombi waren in der Nähe des Jeeps geparkt, doch sosehr Nikki sich auch anstrengte, sie konnte die Gesichter der Leute nicht heraufbeschwören, denen die Autos gehörten und die unter einem Dach mit ihr lebten.

Enttäuscht folgte sie Trent, als er ihr Gepäck die Außentreppe hinauf zur Galerie des zweiten Stocks trug. Die Stufen waren mit Gummistreifen gegen die Ausrutschgefahr gesichert, das Geländer wirkte abgegriffen. Auf ihrer kleinen Veranda kramte Nikki nach ihrem Hausschlüssel, zog gegen den Regen die Schultern hoch und schloss die Tür auf.

Sie ließ Koffer und Handtasche auf den verblichenen Orientteppich fallen und atmete tief die dumpfe abgestandene Luft ein. Wie aus Gewohnheit trat sie aus ihren Schuhen und ging auf Strümpfen durch den langen, schmalen Speicherraum, der ihr als Wohn- und Schlafzimmer diente. Sie strich über Stuhllehnen und die staubige Tischplatte und fühlte sich hier daheim.

„Ist schön, zu Hause zu sein“, gestand sie heiser und fühlte sich zum ersten Mal seit zwei Wochen nicht orientierungslos. Sie warf einen Blick auf den Quilt, der über die Rückenlehne ihres kamelbuckligen Sofas geworfen war, lächelte über die Blumen, die vertrocknet und ohne Blätter auf einem Tischchen vor einem der Fenster standen, und registrierte, dass ihr Teekessel leer auf dem Herd stand.

„Du erinnerst dich?“, fragte Trent.

Sie schüttelte den Kopf und schaute sich nach ihm um. Entdeckte sie etwas wie Erleichterung in seinem Blick? „Nicht richtig. Keine Bilder. Nur Gefühle. Aber … ich glaube, es kommt." Sie trat an ein Fenster, öffnete es und ließ einen Hauch von Frühherbstluft in das stickige Apartment, bevor sie zum Kamin ging. Kühle, feuchte Luft breitete sich im Zimmer aus und folgte Nikki, als sie mit dem Finger über den Kaminsims strich und eine feine Staubschicht aufwirbelte. Sie hielt Ausschau nach Fotos oder Andenken an den Mann, den sie geheiratet hatte. Da war nichts. Nicht ein einziger Schnappschuss, der seine Behauptung bestätigte.

Stirnrunzelnd musterte sie ihren Schreibtisch. Der Kalender war auf der Seite mit dem Datum von vor fast zwei Wochen aufgeschlagen. Nikki schmunzelte über den Gary-Larson-Cartoon und blätterte zwei Wochen weiter. Die Seiten waren leer. Sie blätterte ein paar Seiten zurück, registrierte ein paar Termine, die sie abgesprochen und wohl auch wahrgenommen hatte, fand aber nicht einen einzigen Eintrag, der Trent betraf. Nicht einmal seine Initialen. Keine Verabredung zum Abend- oder Mittagessen, kein Hinweis auf einen Kino- oder Barbesuch oder dergleichen. Als hätte er nie existiert.

Nikki hob den Kopf, rechnete halb mit irgendeiner Erklärung von Trent, doch seine Miene war undurchdringlich, was ihr gestattete, ganz nach Belieben ihre Schlüsse zu ziehen. „Sind wir nie ausgegangen?", fragte sie. „Du weißt schon, zum Essen oder so … zu einem Rendezvous?"

Er zog die Mundwinkel hoch, und seine Augenfarbe wechselte zu rauchblau. „Wir haben die Dating-Phase einfach übersprungen."

„Aber hier finde ich keinen Hinweis auf dich. Keinen einzigen …"

Er zuckte die Achseln, als hielte er ihre Sorge für angemessen, und lehnte sich an die gepolsterte Armlehne ihres Sofas.

Seine Nackenmuskeln spannten sich an, und er schien nach den richtigen Worten zu suchen. „Bei uns lief alles sehr spontan ab. Ich habe das nie analysiert. Du hast es auch nicht."

Sie hatte keinen Anlass, ihm zu glauben, keinen Beweis zur Untermauerung seiner Worte. Sie massierte ihren verspannten Nacken, seufzte und blickte auf den Anrufbeantworter, dessen rotes Lämpchen ungeduldig blinkte. Unter bösen Vorahnungen betätigte sie die Abspieltaste, und das Band spulte rasch zurück.

Die ersten vier Anrufer legten einfach auf. Dann erklang Jans Stimme, erfüllt von der Sorge der großen Schwester. *Nikki? Ich bin's, Jan. Was zum Teufel ist los? Mom hat angerufen; sie sagt, du wärst auf irgendeiner Karibikinsel und hättest dort geheiratet. Herrgott noch mal. Irgendeinen Kerl, den niemand von uns je gesehen hat.* Nikkis Blick begegnete Trents. *Stimmt das alles? Ruf mich an, wenn du zurück bist, und erzähl mir alles! Himmel, Nikki, was ist mit dir passiert? Das alles ist so … ich weiß nicht … spontan. Ich dachte, du hättest all das endlich überwunden.* Eine Pause folgte, und Jan seufzte. *Hör zu, es klingt, als wäre das Kind längst in den Brunnen gefallen. Ich sollte dir wohl gratulieren … Na ja, ruf mich einfach an.*

„Wir haben keine Zeit für so etwas", knurrte Trent, als ein paar weitere Anrufe einfach abgebrochen wurden.

„Aber sicher."

Die nächste Stimme auf dem Anrufbeantworter hinterließ eine Computernachricht für ein sagenhaftes Angebot in Sachen Timesharing-Urlaub in Colorado, die folgende Nachricht war eine Umfrage über das Fernsehprogramm.

Der letzte Anruf klang dringlicher. *Nikki? Ich bin's, Dave.* Nikki erstarrte. Trent verzog den Mund zu einem humorlosen Lächeln. *Um Himmels willen, was ist los? Ich habe in deinem Büro angerufen und mit Connie geredet, und sie sagt, dass du mit einem Mann verheiratet bist, den du kaum kennst! Soll das womöglich ein Witz sein? Connie sagt, dass du dich kaum jemals mit ihm getroffen hast, bevor du zu dieser Insel geflogen bist. Um Gottes willen, Nikki, ruf mich an, und sag mir, dass es eine Lüge ist oder ein Witz oder … oder was auch immer. Klar, wir hatten Probleme, aber ich dachte, wir brauchten nur ein bisschen Zeit und Freiraum, um die zu überwinden.* Eine längere Pause entstand, dann ertönte ein Seufzer. *Hör mal, wenn du wirklich verheiratet bist, dann hoffe ich nur, dass dieser Kerl es wert ist, denn du hast nur das Beste verdient …*

Nikki schloss die Augen und dachte an Dave, groß und blond, wie aus dem Ei gepellt, immer picobello. Früher einmal hatte er sie anscheinend sehr gemocht, doch die Bilder, die durch ihren Kopf zuckten, sprachen nicht von Liebe oder Zärtlichkeit oder Leidenschaft. Ihr wurde bewusst, dass sie ihn wohl nie wirklich geliebt hatte. Offenbar war er nur der richtige Typ zu einem falschen Zeitpunkt in ihrem Leben. Und er war derjenige gewesen, der „Freiraum" und ein bisschen mehr „Zeit" eingefordert hatte, wenn sie sich recht erinnerte.

Seine Stimme ertönte von Neuem. *Aber … wenn das alles nur eine gewaltige Lüge ist, ruf mich an. Oder wenn der Kerl doch nicht der Richtige ist, melde dich um Himmels willen … Ob du es glaubst oder nicht, Nikki, du fehlst mir. Bis jetzt war mir nur nicht klar gewesen, wie sehr … Wie lautet gleich diese Redensart über verpasste Gelegenheiten? Tja, die trifft anscheinend auf mich zu. Ich liebe dich, Nikki. Ich werde dich immer lieben.* Er legte abrupt auf, und seine Worte hingen in der Luft wie stille, unsichtbare Wächter, die stark wie ein stählerner Vorhang zwischen Nikki und Trent standen.

„Sehr wortgewandt", brummte Trent und verzog die Lippen zu einem harten flachen Strich. „Vielleicht hast du den falschen Mann geheiratet."

„Vielleicht habe ich auch gar nicht geheiratet."

Er lächelte zynisch und fuhr sich frustriert mit gespreizten Fingern durch sein kohlschwarzes Haar. „Im Augenblick ist es mir verdammt egal, was du glaubst, aber wir müssen hier raus." Er hob den Koffer an, den sie abgestellt hatte, und warf sich den Trageriemen über die Schulter. Mit der anderen Hand packte er den Tragegriff des Kleidersacks und wies mit einer Kopfbewegung in Richtung Tür.

Nikki ließ sich nicht einschüchtern. „Wann haben wir geheiratet?", fragte sie und rührte sich nicht vom Fleck.

„An dem Freitag, als wir abgereist sind. Gegen Mittag."

Sie stand immer noch am Schreibtisch und blickte auf das entsprechende Datum in ihrem Kalender, doch der gab nichts her, außer einer Erinnerung daran, ihre Kleider aus der Reinigung zu holen, und der Startzeit ihres Flugs nach Salvaje. Als hätte Trent McKenzie, bevor er im Krankenhaus in Santa María an ihrem Bett auftauchte, gar nicht existiert. „Das habe ich nicht eingetragen."

„Natürlich nicht." Trent ließ beide Gepäckstücke fallen und schritt zum Schreibtisch, als wäre er schon tausendmal durch Nikkis Wohnung gelaufen. „Bis zu diesem Tag haben wir nicht gewusst, wann wir heiraten würden. Deshalb sind wir einfach zum Friedensrichter gegangen, und er vollbrachte die schmutzige Tat." Er blickte sie aus schmalen Augen an, als wollte er ihren Widerspruch herausfordern.

„Unsere Ehe ist also eingetragen."

„Bei der Stadt Seattle und beim King County", antwortete er, griff um Nikki herum und zog sie in seine Arme. Er seufzte, strich ihr eine Haarlocke aus der Stirn und rang um Geduld. „Komm schon, Nik. Pack ein paar Sachen ein, dann fahren wir zu meiner Wohnung."

„Ist das unser Plan?"

„Ich halte es für das Beste."

„Wir können auch hierbleiben."

„Nikki." Er lehnte seine Stirn gegen ihre. Seine Züge wurden weich vor Zärtlichkeit. „Wir sind beide müde. Lass uns nicht streiten – pack einfach deine Sachen und …"

„Moment mal." Sie durfte sich nicht von ihm einwickeln lassen. So warm und einladend seine Umarmung auch war, sie löste sich trotzdem von ihm und bemühte sich, klar zu denken. Im Moment stand sie unter Adrenalin, und sie befand sich in ihrer eigenen Wohnung. Niemand, schon gar nicht ein Mann, an den sie sich nicht einmal erinnerte, durfte sie herumkommandieren. „Wir sind hier nicht auf Salvaje, Trent. Hier kannst du deine Höhlenmenschen-Taktik nicht gegen mich einsetzen."

„Und ich dachte, ich wäre besonders nett zu dir", sagte er und verdrehte die Augen zur Dachschräge.

„Ich verlange Antworten, Antworten, die du mir gleich am Tag meines Aufwachens hättest geben sollen."

Er verzog den Mund. „Wenn wir in meiner Wohnung sind."

„Warum nicht jetzt?" Sie war in Fahrt und nicht zu bremsen. „Warum bist du mir gefolgt?"

„Was?"

„Auf der Insel", sagte sie und rückte von ihm ab, um Abstand von seinem Körper zu gewinnen. Wenn er sie in den Armen hielt, war sie außerstande zu denken und einen kühlen Kopf zu bewahren. „Du bist mir doch gefolgt, oder?"

„Ich hatte Angst um dich."

„Das ist keine Antwort."

Er knurrte etwas und schob die Hände in die Taschen. „Ich hatte einen Mann zu deiner Überwachung angeheuert."

„*Was* hast du?"

„Einen Privatdetektiv."

Ihre Wut loderte hoch. „Du elender, verlogener Scheiß…"

„Hör auf!", warnte er. Seine Nasenflügel blähten sich leicht, ein Zeichen, dass er mit seiner Geduld am Ende war. „Ich wollte dir ein bisschen Freiheit lassen, aber …"

„Aber nicht zu viel. Du hast mich einfach nur an der längeren Leine gehalten, wie? Warum? Damit ich mich daran stranguliere?“ Sie stapfte auf ihn zu und hob das Kinn. „Du verbirgst etwas vor mir. Nein, das nehme ich zurück. Nicht etwas, sondern alles. Du hast dich deutlich bedeckt gehalten, als ich dich nach deiner Familie fragte, du bist Tausenden von Fragen nach unserer Beziehung ausgewichen, und du führst dich auf, als würden wir in schrecklicher Gefahr schweben. Sogar jetzt. Obwohl wir zu Hause sind. Du hast gesagt, man hätte mich nicht von dem Felsen gestoßen, und trotzdem bist du nervös wie eine Katze und stellst dich an, als wollte uns jemand – gut, mich zumindest – umbringen. Was ist los, Trent?“

„Ich sagte doch, ich erkläre es dir, wenn wir zu Hause sind.“

„Wir *sind* zu Hause.“ Sie stemmte die Hände in die Hüften und beschloss, ihn in Zugzwang zu bringen. „Warum sagst du mir nicht, was all diese … Geheimniskrämerei und dieser Mantel-und-Degen-Kram mit Senator Crowley zu tun hat?“

Sein Kinn wurde kantig. „Du bist also immer noch hinter ihm her, wie?“

„Unbedingt.“ Sie umrundete Trent, ging zu ihrem Computer und schaltete ihn ein. Das Gerät erwachte summend zum Leben. „Schätze, ich finde alles, was ich über den guten alten Diamond Jim wissen und so einiges, was ich lieber nicht wissen will, in diesem Ding hier.“ Sie tippte mit dem Fingernagel auf die Oberkante des Monitors. „Vielleicht taucht auch dein Name auf.“

„Wir haben keine Zeit …“

„Ach nein?“ Sie fuhr zu ihm herum, dass ihr Haar ihre Wange peitschte. „Wie war das mit ‚alle Zeit der Welt‘? Oder dem ‚Rest unseres Lebens‘? Auf Salvaje wolltest du mir einreden, wir könnten es langsam angehen lassen, doch hier in Seattle heißt es immer nur husch, husch. Willst du mich nicht aufklären, Trent?“, fragte sie, als der Bildschirm hell wurde.

Entnervt ließ sie sich in ihren Schreibtischsessel fallen, drückte ein paarTasten und durchsuchte ihre Dateien. „Mal sehen, was wir zum Beispiel unter ‚Crowley' finden." Rasch tippte sie den Namen des Senators ein, doch das Gerät piepte und ließ sie wissen, dass eine Datei dieses Namens nicht existierte. „Okay." Sie furchte die Stirn und überlegte. „Wie wär's mit ‚Regierung'?" Nur eine halb fertige Story über einen Bürgermeisterkandidaten. „Politik" war auch nicht erfolgreicher. „Das kann nicht sein", sagte Nikki und tippte hastig weiter. Eine Datei folgte der anderen. Sie überflog noch einmal die Liste ihrer laufenden Arbeiten. Kein Crowley. Kein Diamond Jim. Keine politische Intrige. Da stimmte etwas nicht. Nikki biss sich auf die Lippe, öffnete weitere Menüs und fand abgehakte Artikel. Aber keinerlei Hinweis.

„Wieso bist du so verdammt sicher, dass du an dieser Story gearbeitet hast?", fragte Trent und warf einen skeptischen Blick auf den Bildschirm. Dann ging er zum Kamin und inspizierte die Fotos von ihrer Familie. Er betastete ein Farbfoto von Nikkis Schwester Carole.

„Die Story ist mir nicht zugewiesen worden – nicht offiziell –, aber ich habe so ein Gefühl, dass ich …" Sie redete nicht weiter, als ihr auffiel, wie vertraut Trent sich in dem Zimmer bewegte, aus den Fenstern blickte, die Hände in die Gesäßtaschen schob, eine Schranktür mit defektem Schloss zuschob, als würde er seine Umgebung kennen wie seine Westentasche. Als ob er hierhergehörte.

Ihr wurde der Mund trocken. Hatte er ihre Story über Crowley womöglich gelöscht? All ihre Einträge über den Senator vernichtet?

Aber warum? Herrgott, ihr Kopf begann wieder zu dröhnen. Vielleicht war Crowley der Schlüssel zu Trents Behauptung, dass er ihr Mann wäre. Eine Gänsehaut überzog ihre Arme. Die gesamte Theorie war ihr nicht geheuer und ergab auch kaum einen Sinn. Nikki schluckte und fixierte den Bildschirm, wollte Trent nicht in die Augen sehen, aus Angst, er würde ihre Gedanken lesen. Sie wollte nicht glauben, dass er ihre Arbeit sabotierte. Warum hätte er ihr etwas vorlügen sollen, wenn es sich so leicht nachprüfen ließ? Was wäre der Sinn? Und falls er ihr etwas antun wollte … Nun, dazu hatte er in einem fernen Land, in dem die Regierung der Vereinigten Staaten ihm nichts anhaben konnte, reichlich Gelegenheit gehabt. Ihre Handflächen waren feucht vor Angst. „Ich finde, wir müssen reden", sagte sie, schaltete den Computer aus und drehte sich in ihrem Sessel zu Trent um. Er fing ihren Blick in dem ovalen Spiegel über dem Kamin auf, während der Rechner herunterfuhr. Nikki spürte einen Kloß im Hals, und sein Blick, ausdruckslos und undeutbar, hielt ihren fest.

„Du hast recht. Aber dazu müssen wir in meine Wohnung."

„Warum?"

„Weil wir hier nicht sicher sind, Nikki."

„Hier ist mein Zuhause und …"

„Herrgott noch mal!" Er wirbelte herum und stürmte auf sie zu, zog sie auf die Füße. „Hol deine Sachen – sofort! Wir haben nicht viel Zeit."

„Ist das dein Ernst, dass wir nicht sicher sind?"

„Tödlicher Ernst."

„Und wenn wir in deiner Wohnung sind?"

„Dann kannst du mich alles fragen, was du willst. Aber setz dich jetzt in Bewegung, bevor es zu spät ist!"

Seine grimmige Miene überzeugte sie. Sie schluckte ihre Angst herunter, wankte zum Schrank, entnahm ihm ein paar Jeans und Sweater und stopfte alles in eine leere Tasche. „Wirst du mir sagen, wovor wir auf der Flucht sind?", fragte sie und griff nach ihrem Kosmetikköfferchen, während er den Koffer aufhob. Sie schlüpfte in ihre Reeboks und eine Jeansjacke und funkelte Trent böse an. „Denn mein Erinnerungsvermögen kommt zurück, verdammt noch mal, und wenn ich dabei herausfinde, dass du ein Betrüger bist, Trent McKenzie, dann wirst du bitter dafür büßen!“

Trent hatte sich selten gescheut zu lügen, schon gar nicht, wenn die Situation erforderte, die Wahrheit ein bisschen zu modifizieren, doch dieses Mal hatte er zu hoch gepokert und war im Begriff, alles zu verderben. Er hatte sich selbst emotional so sehr in seinem eigenen Lügennetz verfangen, dass er in der Falle saß. Wie eine verdammte Fliege im Spinnennetz.

Innerlich verfluchte er sich selbst, nahm eine Kurve ein wenig zu schnell, und der alte Jeep geriet ins Schlingern, bevor die Reifen auf der glitschigen Straße wieder griffen.

Er warf einen Blick auf Nikkis zierliche Gestalt, die an der Beifahrertür lehnte. Sie schien verwirrt, litt unter dem Verlust ihrer Erinnerungen. Er umklammerte das Steuer, bis seine Finger schmerzten.

So hatte er das alles nicht geplant. Dass er Nikki so sehr mochte, war nicht vorgesehen. Als er sie kennenlernte, hatte er sie attraktiv gefunden, natürlich – zum Teufel, welcher körperlich gesunde Amerikaner hätte das nicht? Sie hatte eine tolle Figur, Rundungen an den richtigen Stellen, und ein Gesicht, das niemanden kaltließ. Ob sie es wusste oder nicht, Nikki war hinreißend schön. Sogar jetzt, mit dem von den verheilten Unfallverletzungen teilweise rosa verfärbten Gesicht, sah sie umwerfend gut aus, schön auf eine Weise, die kein Modemagazin präsentierte.

Ihre Augen waren klar und konnten einem Mann bis auf den Grund seiner Seele blicken, ihr Haar war dicht und lockig, und ihr schön geschwungener Schmollmund weckte ungeahnte Empfindungen in Trent.

Ihr Aussehen hatte ihn angesprochen, auch ihre Persönlichkeit, teils Pitbull, teils stolzer Pfau und teils sexy Kätzchen, hatte ihn gefesselt. Er hatte oft genug mit schönen Frauen zu tun gehabt, ohne in die üblichen Fallen zu tappen, doch in Nikki Carrothers Fall war er kopfüber in einen Abgrund gestürzt und fiel immer noch. Geradewegs in die Tiefen einer emotionalen Hölle. Die Frau hatte eine Art, ihm unter die Haut zu gehen, dass er sie nicht wieder loswurde.

„Verdammt", fluchte er leise. Sie blickte flüchtig zu ihm herüber und starrte dann wieder geradeaus durch die regennasse Frontscheibe auf die kurvenreiche Straße entlang des Lake Washington.

Er manövrierte den Jeep aus dem Verkehrsfluss und bog in eine lange gewundene Zufahrt zwischen hohen Fichten und tropfnassen abgeblühten Rhododendronbüschen ein. Der Weg wurde von kleinen Lämpchen beleuchtet. Nach einer Biegung wurde das hell angestrahlte Haus zwischen den Bäumen sichtbar.

„Hier wohnst du?", fragte Nikki ungläubig.

„Mein trautes Heim."

Vor der Garage schaltete er den Motor aus, und Nikki betrachtete das Haus, ein weitläufiges, auf der einen Seite doppelstöckiges Landhaus.

„Irgendwie passt es nicht zu dem Jeep."

„Es macht mir einfach Spaß, dich zu verwirren."

„Das glaube ich dir gern", antwortete sie, stieg aus seinem verbeulten Fahrzeug und zog ihr Make-up-Köfferchen mit sich. Sie setzte die Kapuze ihrer Jacke auf und stieß einen leisen Pfiff aus.

Trent zückte seinen Schlüsselring und schloss die Tür auf.

Drinnen roch es nach Reinigungsmittel, Wachs und Öl. Auf dem Weg durch holzgetäfelte Flure schaltete Trent zielstrebig Lampen ein, fand die Schalter im Dunkeln, doch Nikki fühlte sich innerlich kalt. Auch wenn sie sich nicht an ihre Vergangenheit erinnerte, war sie doch sicher, dass sie nie in ihrem Leben einen Fuß in dieses Haus gesetzt hatte. Das Wohnzimmer lag im rückwärtigen Teil des Hauses. Der Raum war mit Sesseln, Ottomanen und einem Sofa in Creme- und Blautönen eingerichtet und bot einen Panoramablick auf den See, auf dessen tintendunkler Oberfläche sich nur wenige Lichter spiegelten.

Nikki blickte aus dem Fenster und schlang die Arme um ihren Oberkörper. Messinglampen spendeten weiches Licht über Mahagonitischen, und ein schwacher Duft von Pfeifentabak und Asche im Kamin hing in der Luft. „Hier war ich noch nie", sagte sie ausdruckslos.

„Du wirst dich erinnern."

„Ich glaube nicht." Ein kalter Schauer lief ihr über den Rücken. „Das hier hätte ich nicht vergessen. Ich würde mich daran erinnern, mit dir in diesem Haus gewesen zu sein!" Sie strich mit dem Finger über die Fensterbank und hob dann den gequälten Blick zu Trent, in der Hoffnung, ein Gefühl der Sicherheit, der Zugehörigkeit zu finden.

„Du bist einfach nur müde." Seine Stimme war rau wie Schmirgelpapier. Er biss die Zähne zusammen, nahm Nikkis Hand und ging durch einen kurzen, mit Teppich ausgelegten Flur zum Schlafzimmer, wo er ihren Koffer ans Fußende eines massiven Doppelbetts mit rechteckigen Pfosten und einem geschnitzten Kopfbrett stellte. Der Teppich war dick und burgunderrot, die Bettdecke braun, burgunderrot und waldgrün gemustert.

In einer Ecke befand sich ein Kamin, und Trent riss an seiner Schuhsohle ein Streichholz an und entzündete das trockene Holz auf den antiken Feuerböcken.

Nikki fühlte sich plötzlich beklommen, als sie sich in dem Zimmer umschaute. Irgendetwas stimmte nicht, das spürte sie genau.

Flammen knisterten in dem staubtrockenen Reisig, und Moos knackte, als das gierige Feuer es verzehrte.

Trent richtete sich auf, rieb sich das Kreuz und reckte sich. Nikkis Herz zog sich zusammen beim Anblick eines nackten Hautstreifens über seiner tief sitzenden Jeans, der sichtbar wurde, als Trent die Arme in Richtung Decke hob. Sie registrierte die geschmeidigen Rückenmuskeln und die Rinne der Wirbelsäule. „Es war ein langer Tag", sagte Trent, zog seine Jacke aus und warf sie lässig aufs Fußende des Betts. „Wir sollten schlafen gehen."

Der Raum kam Nikki plötzlich so eng vor, dass sie kaum noch atmen konnte. Im Hotel auf Salvaje hatte sie mit Trent geschlafen, hatte ihr schlechtes Gewissen jedoch damit beruhigt, dass sie keine andere Chance gehabt hatte. Sie hatte ihn wie ausgehungert geliebt, weil sie eine willige Gefangene war und der Rest ihres Lebens so fern und entlegen schien.

Doch jetzt waren sie zu Hause. Oder vielmehr an einem Ort, den Trent dafür ausgab. Die Aussicht, mit ihm ins Bett zu gehen, machte Nikki plötzlich Angst. Jetzt hatte sie die Wahl. Sollte sie zumindest haben. Eine Amerikanerin auf amerikanischem Boden in ihrer Heimatstadt. Trent fesselte sie nicht ans Bett und hatte sie nicht hierher verschleppen müssen. Sicher, es hatte ihn beträchtliche Überredungskünste gekostet, doch Nikki hatte genug Verstand, um Nein zu sagen, wenn sie das wirklich gewollt hätte.

Ehrlich gesagt, sie wollte ja bei ihm sein. Hier. Allein. So gefährlich er auch manchmal wirkte, konnte sie doch nicht aufhören, ihn zu begehren. Vielleicht hatte er nicht gelogen. Vielleicht war etwas Wahres an seiner Geschichte über ihre Beziehung. Dass sie heiß war, stimmte. Trent zog sein Hemd aus, und Nikki sah, wie der Feuerschein auf den festen, mit krausem Brusthaar gesprenkelten Muskeln spielte.

Trent schaute sie mit hochgezogener Braue an. „Möchtest du ein Bad nehmen oder so?"

„Du hast gesagt, du würdest mir jetzt meine Fragen beantworten."

„Hab ich.“ Er ging langsam auf sie zu, griff nach dem Koffer in ihrer Hand und stellte ihn ab. Ohne den Blick von ihrem zu lösen, streifte er ihr die Jeansjacke ab und ließ sie zu Boden fallen. „Ich dachte nur, wir könnten vorher ein paar wichtigere Dinge erledigen.“

„Du hältst mich hin“, sagte sie. Ihre Stimme klang atemlos, und sie war wie gefesselt von seinem magischen Blick, während er ihr Gesicht betrachtete.

Er küsste sie, eroberte gierig ihren Mund. Nikki schloss die Augen und erwiderte den Kuss und krallte die Finger in seine harten Schultermuskeln.

„Nikki, ach, Nikki“, flüsterte er heiser. Ihre Gedanken wanderten zu einer Situation, als sie einen anderen Mann geküsst hatte, einen Mann, den sie zu lieben glaubte. Doch dessen Küsse hatten nichts von Trents Leidenschaft, und sie selbst hatte niemals diese wilde Hingabe empfunden wie jetzt. Trotzdem vermischte es sich in ihrem Kopf, das Damals und Heute, das Jetzt und Vorher. Trent oder Dave? Ihr Mann oder ihr Verlobter? Nikki konnte nicht klar denken und bemühte sich, einen klaren Gedanken zu fassen. „Dave?“, raunte sie, während er mit den Lippen über ihren Hals strich und die empfindliche Haut unter ihrem Kinn berührte.

Trent erstarrte. Nikki taumelte zurück und wäre beinahe aufs Bett gefallen. Sie war benommen, ihr Körper jedoch war immer noch voller Verlangen.

Trents Gesicht war wutverzerrt. „Wie hast du mich genannt?“

„Oh Gott“, sagte sie. Was hatte sie sich dabei gedacht? „Ich habe dich Dave genannt“, erwiderte sie und sah etwas wie Panik in seinen Augen aufblitzen. „Ich … ich war verwirrt.“

Trent schnaubte verächtlich und verschränkte die Arme vor der breiten Brust. „Du hast mich für Neumann gehalten.“

„Nein – eigentlich nicht“, sagte sie zitternd. Herrgott, warum war sie so durcheinander?

„Doch – du hast mich …“

„Ich weiß. Es lag daran, dass ich mich erinnert habe“, entgegnete sie und schüttelte den Kopf, als wollte sie dadurch die schrecklichen Spinnweben loswerden, die durch ihr Bewusstsein waberten und die Vergangenheit verzerrten.

„Woran?“

„Wie ich Dave geküsst habe.“

„Toll“, sagte er, und seine Augen funkelten vor Zorn. „Und, halte ich dem Vergleich stand?“

„Vergleich … Nein, ich wollte nicht …“

„Sag einfach, was du gemeint hast!“, verlangte er. Seine Lippen bewegten sich kaum, als er sprach. Tiefe Falten gruben sich in seine Stirn, während sein Blick an ihr herabwanderte.

„Du solltest dich für mich freuen!“, konterte sie in aufloderndem Zorn und schob rebellisch das Kinn vor.

„Freuen!“

„Es ist schließlich ein Durchbruch.“

„Na, wunderbar.“ Er stieß hart die Luft aus. „Und wenn wir uns lieben, tust du dann so, als wäre ich Neumann? Und ich soll Beifall klatschen?“

„Mach, was du willst, verdammt noch mal!“

„Aber es könnte passieren, oder? Dass du mich mit ihm verwechselst?“

„Genau. Das Risiko müssen wir beide eingehen“, sagte sie. Ihre Brust hob und senkte sich unter ihren unregelmäßigen, wütenden Atemzügen. „Vielleicht solltest du mich nach Hause bringen.“

„Hier bist du zu Hause.“

„Beweis es mir“, brachte sie hervor, sah zu ihm hoch und ließ ihr Haar über eine Schulter fallen. „Zeig mir die Heiratsurkunde!“

Es wurde sehr still zwischen ihnen. Abgesehen vom Knistern des Feuers und dem leisen Prasseln des Regens gegen das Fenster war kein Laut zu hören. Nikki wusste, dass sie ihre

Trumpfkarte auf den Tisch gelegt hatte, aber Trent zuckte nicht mit der Wimper, rührte keinen Finger.

„Die habe ich nicht“, sagte er, ihre Lippen fixierend. Sie versuchte, es zu ignorieren, senkte den Blick auf seinen kräftigen Brustkorb und tiefer, bis er an seiner riesigen silbernen Gürtelschnalle hängen blieb. Die Kehle wurde ihr eng. So klappte es nicht.

„Wo ist sie?“, fragte sie und zwang sich, wieder in seine rauchblauen Augen zu gucken.

„In meinem Büro.“

„Was?“

„In der Stadt. Dort haben wir sie auf dem Weg zum Flughafen zurückgelassen.“ Er rückte etwas näher an sie heran, nahe genug, dass sie sich gegen den Drang wehren musste, vor ihm zurückzuweichen. Es gab keinen Fluchtweg. Ihre Waden pressten sich bereits ans Fußende des Betts.

„Ich glaube dir nicht.“

„Egal.“ Er griff nach ihr, doch sie schlug seine Hand weg. „Du hast mir von Anfang an nicht geglaubt.“

„Es ist nicht egal. Ganz und gar nicht.“

„Wir holen die verdammte Urkunde.“ Wieder streckte er die Hand aus und hakte einen Finger in den V-Ausschnitt ihrer Bluse ein. Dieses Mal wehrte Nikki ihn nicht ab. Sie konnte es nicht.

„Wann?“, fragte sie und hoffte, dass sie nicht anfing zu stottern, aber sie konnte sich nur schwer auf das Gespräch konzentrieren. Trents Fingerspitze strich über ihre Haut.

„Morgen. Du willst du doch bestimmt zum *Observer*. Dann fahren wir kurz zu meinem Büro.“

Lieber Himmel, wenn sie doch klar denken könnte! Aber Trents Berührung machte sie wild. Sie stand so dicht vor ihm, dass sie seinen Atem auf der Haut spürte, und erbebte, als er langsam, ach so langsam, anfing, die Knöpfe ihrer Bluse zu öffnen, jede einzelne kleine Perle aus ihrer Öse zu lösen.

Unter dem Aufgebot ihrer geballten Willenskraft fasste Nikki sein Handgelenk. „Du weichst vom Thema ab."

„Wir haben kein Thema." Er beugte sich vor und küsste ihr Ohr, und sie schmolz dahin.

„Du … könnte doch sein, dass du mich belügst."

„Könnte sein." Er bedeckte ihren Hals mit kleinen Küssen. Die Bluse glitt auf, und er legte die Hände auf ihren Oberkörper. Seine Finger fühlten sich warm und vertraut an, als er Nikki näher zog.

„Ich muss wissen, dass du mir die Wahrheit sagst", protestierte sie, obwohl sich in ihrem Kopf längst alles drehte. „Bitte …"

„Später."

„Trent, bitte …" Er brachte ihr Flehen mit den Lippen zum Schweigen; verlangend nahm er ihren Mund in Besitz. Doch Nikki leistete Widerstand.

„Komm schon", flüsterte er. „Lass dich gehen."

„Ich kann nicht …"

„Natürlich kannst du. Du bist so heiß und wild wie die Insel, von der wir gerade gekommen sind."

Sie seufzte und ließ ihn gewähren. Ihre Knie wurden weich, und von ihrer Mitte her breitete sich feuchte Hitze aus. Sie umschlang seinen Nacken, und er strich mit den Fingern an ihren Rippen hinauf bis zu ihren Brüsten.

Es war wie ein Stromschlag, als Trent ihr die Bluse von den Schultern schob und ihren Busen oberhalb des Spitzen-BHs küsste. „Herrgott, du bist hinreißend schön", flüsterte er dicht an ihrer Haut.

Nikki ließ den Kopf nach hinten fallen und bot ihm so ihren Hals dar. Er knabberte und leckte ihre Haut, bevor er sich wieder ihrem Busen zuwandte. Schnell befreite Trent eine rosige Spitze aus der lavendelfarbenen Spitze und liebkoste sie.

Nikki stöhnte und rieb sich an ihm. „Gut so, Süße, lass dich gehen …“ Er verwob die Finger mit ihren honigfarbenen Locken. Sanft drückte er sie auf die kühle Bettdecke. Trent suchte wieder ihren Mund, glitt mit den Händen unter ihren Rücken und massierte ihren Po.

Nikkis Gedanken wirbelten wild durcheinander, ihre Gefühle verfingen sich in fernen Erinnerungen, die an die Oberfläche ihres Bewusstseins drangen, um gleich wieder unterzutauchen. Gott, wollte sie diesen Mann! Nikki senkte den Kopf und strich mit der Zunge über sein Kinn und seinen Hals. Trent atmete scharf ein, und Nikki bewegte sich weiter an ihm herab. Fasziniert sah sie, wie Trents flache Brustwarzen sich unter ihrer Berührung aufrichteten. Sie umschloss eine mit dem Mund, und Trent stöhnte auf. Seine Finger krümmten sich in ihrem Haar.

„Du bist gefährlich“, flüsterte er.

„Du auch.“

Er streifte ihr die BH-Träger von den Schultern und küsste das Grübchen am Schlüsselbein. „Du bringst mich dazu, Dinge zu machen, an die ich nicht einmal denken dürfte“, sagte er mit rauer Stimme, bevor er sie noch einmal küsste. Er legte die Hände um ihre Brüste und ließ den Daumen um eine ihrer Spitzen kreisen.

Nikki wölbte ihm die Hüften entgegen, war verloren, sämtliche Zweifel verflüchtigten sich in der dunklen Nacht. Sie bohrte die Finger in seinen Rücken und verdrängte all ihre Bedenken und Ängste. Sie wollte diesen Mann, liebte ihn womöglich, brauchte ihn, wie sie ganz sicher nie einen anderen gebraucht hatte. Seine Zärtlichkeit weckte ein wildes Feuer in ihr, und die Leidenschaft, die in ihren Adern pochte, ließ sich nicht verleugnen.

Nikki vergaß die Zukunft, die Vergangenheit und lebte nur im Moment, für die Berührung seiner Lippen, die auf ihrer Haut brannte und ihr Herz schneller schlagen ließ.

Sie spürte, wie Trent ihr die Hose von den Hüften schob, und öffnete lang genug die Augen, um zu sehen, wie auch er sich seiner verwaschenen Jeans entledigte.

„Sag mir, dass du es willst", raunte er.

„Ich will dich."

Er stützte sich auf eine Hand und umfasste mit der anderen ihre Brust, sodass die Knospe sich wieder aufrichtete. „Sag's noch einmal."

„Ich … ich will, dass du mit mir schläfst", flüsterte sie. Er senkte den Kopf und ließ eine der harten Spitzen in seinen Mund gleiten. „Ohhh."

„Ja!" Sein Atem strich warm und aufreizend über die feuchte Stelle und fachte die verzehrenden Flammen an, die in Nikki loderten. Erneut bog sie den Rücken durch, rieb die nackten Hüften an seinen. Er wanderte mit der Hand unter ihren Po und hielt Nikki einen Moment lang fest. „Oh, Nikki, ich möchte nie wieder aufhören", gestand er, bevor er ihre Schenkel spreizte und sich über sie beugte.

„Niemals", hauchte sie.

Regen rann über die Fensterscheiben, das Feuer brannte knisternd, als Trent sie in Besitz nahm. Er senkte die Lider, während Nikki zu ihm aufblickte, mit klopfendem Herzen. Sie hob die Hand und berührte sein dunkles Haar, ließ sich auf Trents Rhythmus ein und bewegte die Hüften im Gleichklang mit seinen.

Mit ihm auf der weichen Daunendecke zu liegen fühlte sich so gut und richtig an. Der Feuerschein tanzte über seine Muskeln und malte rotgoldene Lichter in sein schwarzes Haar. Sein Gesicht war angespannt, kleine Schweißperlen standen ihm auf der Stirn, während er in sie hineinstieß, wieder und wieder.

Nikki schloss die Augen und gab sich ihm mit Leib und Seele hin, vertraute sich ihm an, während ihre Gedanken sich mehr und mehr ihrer Kontrolle entzogen. Sie spürte, wie ihre Welten kollidierten, wie es sie bis in die tiefste Seele erschütterte und in schwindelnde Höhen katapultierte, die vor ihr bestimmt noch nie eine Frau erreicht hatte.

Sie hörte eine Stimme, begriff, dass es ihre eigene war, und klammerte sich an Trent fest, als er auf sie sank, außer Atem und erschöpft.

„Nikki, süße Nikki“, murmelte er und drückte sie fest an sich. Sanft schmiegte sie sich an Trent. In dieser Nacht, dieser Nacht voller Leidenschaft, existierte nichts außer ihm und der überwältigenden Tatsache, dass sie ihn liebte.

Trent hielt sie in den Armen, doch die Dämonen seiner Gedanken ließen ihn nicht schlafen. Er hatte im Leben Fehler gemacht, zu viele, um sie zählen zu können. Und ihm war klar, dass er in Bezug auf Nikki mehr als genug Fehler begangen hatte, doch er konnte nicht anders.

Wenn es sein musste, würde er für sie lügen, stehlen, womöglich sogar töten. Aber er wusste, dass sie ihm, ganz gleich, wie oft er es ihr versicherte, niemals glauben würde.

Er presste sie enger an sich und küsste ihre Schulter. Sie murmelte seinen Namen. Es versetzte ihm einen Stich, denn er erkannte, dass es trotz all seiner Bemühungen sein Schicksal war, sie zu verlieren.

Er war zu weit gegangen, hatte sich von seinen eigenen Träumen einfangen lassen, weil er sich nicht vorstellen konnte, jemals ohne Nikki zu leben. Ja, er hatte gelogen, und eines Tages würde Nikki ihn mit Sicherheit in die tiefste Hölle verdammen, doch er hatte sich nicht bremsen können. Eine Frau wie sie war ihm noch nie begegnet, und er hatte ihr zwar widerstehen wollen, doch dieser Vorsatz hatte sich als unausführbar erwiesen.

„Ach, Nikki“, sagte Trent seufzend und hauchte ihr einen Kuss auf die Schläfe. „Wenn du wüsstest.“

9. Kapitel

Heiße, stickige Luft brannte in ihren Lungen und überzog ihre Haut wie ein feuchter, unsichtbarer Film. Sie lief und lief, Ranken umschlangen ihre Beine, ihre Füße gerieten ins Stolpern, belaubte Zweige schlugen ihr ins Gesicht. Der Schweiß brach ihr aus allen Poren, und das Geräusch von Schritten, von schweren bedrohlichen Schritten, schnell wie eine Dschungelkatze, folgte ihr.

Hilfe!

Das Meeresrauschen zog sie magnetisch an, obwohl sie wusste, dass die See keine Rettung brachte. Doch das Bösartige, dessen heißen Atem sie im Nacken spürte, jagte sie trotz ihrer kraftlosen Beine unaufhörlich den Berg hinauf. Die Angst dröhnte ihr in den Ohren, und immer wieder schickte sie ein Stoßgebet zum Himmel.

„*Bitte, lieber Gott, hilf mir!*"

„*Pare!*", rief eine tiefe Stimme. Oh Gott, er war schon so nahe! Aus den Augenwinkeln sah sie seinen großen schwarzen Schatten, der schnell näher kam.

Sie lief noch schneller, ihre Lungen brannten, ihre Beine schmerzten.

„Nikki! Nikki!"

Trents Stimme, irgendwo in der Ferne.

Der Schatten streckte den Arm aus, richtete eine Pistole auf ihren Rücken. Nikki wollte schreien, doch die Stimme blieb ihr im Halse stecken.

Der Schuss peitschte auf …

„Nikki! Nikki! Wach auf!"

Mit einem Schrei fuhr Nikki hoch und saß kerzengerade im Bett. Zitternd, heiser vom Schreien, ließ sie sich gegen Trent sinken und verlor den Kampf gegen die heißen Tränen der Angst.

„Alles ist gut“, flüsterte er in ihr Haar. Sie barg das Gesicht an seiner Schulter und grub die Finger in seine Haut. „Nikki, schsch. Du bist in Sicherheit.“ Trent zog sie an seine Brust, wiegte sie zärtlich und küsste ihr zerzaustes Haar, versuchte, sie zu beruhigen.

„Es war alles so echt“, flüsterte sie innerlich bebend. Mit den Fingerspitzen wischte sie eine Träne fort und kam sich reichlich dumm vor. Ihre Ängste hatten sich in dem Traum manifestiert, dem gleichen verdammten Albtraum, der sie seit zwei Wochen immer wieder heimsuchte.

„Du warst wieder auf der Insel“, sagte Trent und drückte sie an sich.

Sie nickte und schmiegte ihre Wange an seine glatte Haut. Über ihre eigenen Atemgeräusche hinweg hörte sie seinen regelmäßigen Herzschlag. Sie kämpfte einen neuerlichen Tränenstrom zurück, lehnte sich an Trent, umschlang seinen nackten Oberkörper und seufzte in sein krauses Brusthaar.

Trent hielt sie fest, bis sie ruhiger atmete, bis sie nicht mehr zitterte, bis die Gewissensbisse, die ihn plagten, nicht mehr zu ertragen waren. Er blickte auf die Uhr. Fünf Uhr morgens. Das Feuer war bis auf ein paar glühende Holzstücke zu kalter Asche verbrannt, der Regen hatte aufgehört. Aus dem Fenster sah er die ersten Lichter in den Häusern von Frühaufstehern am anderen Ufer des Sees.

Nikki umschlang ihn noch fester, und er biss die Zähne zusammen, weil sein Betrug ihn zerreißen wollte wie mit Tigerzähnen. Zwei Wochen lang hatte er sie belogen, und früher oder später würde er die Wahrheit gestehen müssen. Er hatte vorgehabt, alles richtigzustellen, sobald das Flugzeug auf dem SeaTac gelandet war, doch er hatte es nicht getan, teils aus Angst, teils aus Egoismus. Zum ersten Mal seit fünf Jahren spürte er das Verlangen nach einer Zigarette und einem guten Schluck Jim Beam, und er wünschte, dieses Sehnen, das sich hart zwischen seinen Beinen bemerkbar machte, würde verschwinden.

Die Zeit lief ihm davon, und die Lüge wurde immer größer.

Binnen Stunden würde Nikki in der Lage sein, die Tatsachen selbst zu überprüfen.

Trent hasste Schwäche, und was Nikki anging, war er schwach. War von Anfang an schwach gewesen. Das zumindest war keine Lüge. Sein Verlangen nach ihr war überwältigend, und auf Kosten ihres Vertrauens hatte er der Fleischeslust nachgegeben. Herrgott, was für ein Chaos!

Der Zeitpunkt war richtig. Es gab kein Zurück. Langsam löste er sich aus Nikkis Umarmung. „Vielleicht solltest du versuchen, noch ein bisschen zu schlafen", schlug er vor und gab sich dann in Gedanken einen Tritt, weil er das Unvermeidliche hinauszuzögern versuchte.

Gähnend streckte sie sich, reckte die Hände in die Luft, und die Bettdecke rutschte herab und legte ihre Brüste frei, die um seine Aufmerksamkeiten baten. Die kleinen Brustspitzen waren hart vor Kälte, und Trent dachte daran, wie sie sich in seinen Händen anfühlen oder schmecken würden …

„Ich kann nicht schlafen", meinte sie und lächelte schwach.

Wusste sie eigentlich, wie verdammt sexy sie aussah, wenn das goldbraune Haar ihr in wirren Wellen sinnlich um die Schultern fiel und ihre Augen ihn immer noch dunkel und verschlafen anschauten?

Sein Verlangen wurde unerträglich. Er schlüpfte zur Bettkante, schwang die Beine von der Matratze und stieg in seine plötzlich sehr engen Jeans. Im Zimmer roch es nach verkohltem Holz, Parfüm und frischer Luft, durchzogen von dem berauschenden Duft nach Sex.

„Ich kann auch nicht schlafen“, gestand er und war sich ihres Blicks auf seinem Rücken bewusst. Hätte er doch schon vor ein paar Wochen gewusst, wie sich diese Sache entwickeln würde, hätte er die Folgen seines Handelns erahnt, er hätte sich vielleicht anders verhalten. Jetzt war es natürlich zu spät. Viel zu spät. „Ich muss dir etwas sagen.“ Er blickte in die entgegengesetzte Richtung, spürte jedoch instinktiv, dass Nikki die Schultern zurücknahm. Aha, es war wieder Skepsis angesagt.

Zum Teufel, McKenzie, wie konntest du so dumm sein? Er drehte sich um und stützte sich mit Händen und Hüften an der Kommode ab. „Ich weiß nicht, wie ich es dir sagen soll“, begann er leise und verhalten. „Aber du hattest recht. Wir sind nicht verheiratet.“

Zunächst blieb alles still. Nichts veränderte sich, außer der Temperatur im Zimmer, die plötzlich auf den Gefrierpunkt zu sinken schien. Mit großen Augen blickte Nikki zu ihm auf, beinahe verständnislos und doch verletzt bis in die tiefste Seele. „Ich … Ich glaube, ich höre nicht …“

„Ich habe gelogen.“

Sie holte scharf Luft, als hätte er sie geohrfeigt, dann schloss sie kurz die Augen und rang offensichtlich um Fassung. „Wir sind nicht verheiratet“, wiederholte sie der Klarheit halber und öffnete die Augen. Ihr Gesicht war wutverzerrt und leichenblass. „Und waren es auch nie.“

„Stimmt.“

„Oh Gott“, sagte sie matt und schaute gequält zur Decke. „Warum hast du es mir nicht gesagt? Warum nicht?“

„Ich konnte nicht.“

Sie blinzelte heftig, spannte die Lippen, schob wütend das Kinn vor und flüsterte: „Wusste ich’s doch. Ich habe es einfach gewusst und mich doch von dir reinlegen lassen!“

„Nikki …“ Er machte einen Schritt auf sie zu, doch sie schaute ihn so zornig an, dass er stehen blieb.

„Du Mistkerl. Du elender, nichtswürdiger, verlogener Mistkerl! Du hast mich in dem Glauben gelassen …"

„Ich hatte keine Wahl."

„Keine Wahl?" Sie schleuderte ihm die Worte an den Kopf und stieg aus dem Bett. Im ersten Moment hatte sie sich nicht gerührt, schien wie erstarrt zu sein, doch jetzt stand sie auf und sammelte ihre Kleider zusammen. „Keine Wahl!" Sie schnaubte verächtlich über seine faule Ausrede.

„Sie wollten dich umbringen."

„Sie?", wiederholte sie unüberhörbar skeptisch.

„Die Männer, die dich gejagt haben."

„Ach, jetzt lautet die Geschichte plötzlich ganz anders. Du liebe Zeit, ich habe weiß Gott Dummheiten in meinem Leben gemacht – na ja, das *glaube* ich zumindest –, aber das hier schlägt dem Fass den Boden aus."

„Ja."

„Na toll", sagte sie und zog Jeans, Bluse und den Pullover an. Auf Unterwäsche verzichtete sie. Sie packte den Tragegriff ihres Koffers und ging zur Tür.

Trent nahm ihr Handgelenk. „Wohin willst du?"

„Nach Hause", sagte sie lapidar. „In das Zuhause, an das ich mich erinnere."

„Das geht nicht."

„Ich kann tun und lassen, was ich will, verdammt noch mal." Sie blickte höhnisch auf die Hand, die ihr Gelenk umklammerte. „Lass mich los, McKenzie. Es sei denn, du willst, dass ich die Polizei rufe und dich wegen Entführung, Geiselnahme und tätlicher Übergriffe verhaften lasse."

„Ich habe dir nie etwas getan." Sie wurde noch blasser, und Trent fluchte leise. „Ich habe dich nicht körperlich verletzt."

„Nimm einfach deine verdammte Hand weg, oder ich schreie", drohte sie und kniff in unverhohlenem Hass die Augen zusammen. Der Blick schien seine Seele zu zerfetzen, doch er hielt stand, und sein Gesicht verzerrte sich gereizt.

„Du könntest mich wenigstens erklären lassen."

„Du hast deine Chance gehabt. Immer und immer wieder. Ich habe dich *angefleht*, mir die Wahrheit zu sagen, habe um deine Aufrichtigkeit *gebettelt*, und wie hast du reagiert? Mit Lügen und Versprechungen und Gott weiß was sonst noch!" Inzwischen schrie sie beinahe. Ihr Atem ging unregelmäßig, ihre Wut schien die Luft zum Knistern zu bringen.

„Und jetzt hast du keine Zeit für die Wahrheit."

„Von dir? Niemals. Ich würde nicht wissen, was ich glauben soll."

„Um Himmels willen …"

Da trat sie nach ihm. Mit der Spitze ihres weichen Turnschuhs. Sie traf sein Schienbein und zuckte zurück, doch er sprang sie an wie eine Katze und fauchte: „Moment mal, Süße."

„Geh zum Teufel."

„Nein danke. Da war ich bereits", schoss er zurück. Seine blauen Augen sprühten vor Wut, seine Nasenflügel bebten, sein kantiges Gesicht wurde rot.

„Ich auch." Sie fixierte ihn mit einem bösen Blick, riss sich von ihm los, zog den Ring vom Finger und warf ihn nach Trent. „Ich glaube, der gehört dir."

Er fing den Ring auf, und sämtliche Gesichtsmuskeln spannten sich. „Ich habe dich lediglich beschützt. Es war die einzige Möglichkeit, dich ins Krankenhaus einweisen zu lassen, ohne dass tausend Fragen gestellt wurden, die einzige Möglichkeit, in deinem Zimmer bleiben zu können und aufzupassen, dass niemand an dich herankam …"

„Ach, was wird das denn jetzt?" Sie wies mit einer Kopfbewegung auf das Bett. „Weißt du, das ist das erste Mal, dass ein Mann es auf sich genommen hat, mit mir zu schlafen, um mich zu ‚beschützen'."

Er knirschte mit den Zähnen. „Du bist unmöglich."

„Immerhin greife ich nicht auf Lügen zurück, um jemanden ins Bett zu bekommen."

„Das reicht!" Er öffnete und schloss die Hände, und Nikki hatte den deutlichen Eindruck, dass er diese Hände am liebsten um ihren Hals gelegt und sie erwürgt hätte. Tja, sie hätte ihn auch am liebsten erwürgt! Und trotzdem war da etwas in ihr – etwas Dummes, Unvernünftiges, sehr Weibliches –, das ihn immer noch liebte. Herrgott, wie dumm sie war! *Sei stark, Nikki.*

„In dem Punkt hast du recht, McKenzie", sagte sie, hob ihren Koffer wieder an und drückte sich an Trent vorbei. „Es reicht schon lange!"

Er sparte sich jeden Versuch, sie zurückzuhalten, und Nikki wusste nicht, ob sie froh oder traurig darüber sein sollte. Ein Teil von ihr sehnte sich immer noch danach, dass er sie in die Arme nahm, doch ihre realistische Ader vertrieb diese dumme Idee sogleich aus ihrem Kopf. Sie liebte ihn nicht. Sie konnte ihn nicht lieben. Sie würde ihn nie lieben und hatte ihn nie geliebt. Alles, was sie für ihn empfunden hatte, war ein vergeudetes leeres Gefühl – eine Vorstellung, durch die der Sex mit ihm passend und schuldfrei wurde.

Mit dem Mann verheiratet! Man stelle sich vor! Trotz ihrer Gedächtnislücken hätte sie wissen müssen, dass er nicht ihr Typ war.

Sie stieß die Hintertür auf und trat hinaus in die graue Morgendämmerung. Nebel erhob sich in gespenstischen Schwaden, und der See unterhalb eines steilen Abhangs voller Fichten, noch immer nass vom nächtlichen Regen, lag ruhig und grau da. Das stille Wasser schien sich meilenweit bis zum jenseitigen Ufer auszudehnen, wo in den dunklen Hügeln erste Lichter in den Häusern zu schimmern begannen.

Eine Erinnerung blitzte auf. Nikki sah sich auf einem Segelboot. Ihr Vater stand am Steuer, ihre Schwestern – in neonorangen Schwimmwesten – tobten übers Deck. Das Großsegel blähte sich, fing den Wind ein, und das Boot glitt schaukelnd über die unruhigen, gischtgekrönten Wellen.

Der Wind war rau und winterkalt, doch Nikki störte es nicht. Jan hatte sich beschwert, weil ihr Haar strähnig wurde. Carole war überzeugt, Frostbeulen davonzutragen, doch Nikki hatte dem Wind ins Gesicht gelacht und gespürt, wie er an ihrem Pferdeschwanz zerrte und auf ihren Wangen brannte.

„Lass uns bis nach Alaska segeln", rief sie und hielt sich am Auslegerbaum fest, als ginge es um ihr Leben.

„Aye, aye, Kumpel", antwortete ihr Vater, und sie liebte ihn mit der ganzen Kraft ihres jungen Herzens.

„Ich will nicht nach Alaska", schrie Jan über das Heulen des Winds hinweg. „Ich bin verabredet."

Nikki war nicht sonderlich beeindruckt. „Na und?"

„Nichts da, na und! Ich muss rechtzeitig zu Hause sein, um vorher noch mein Haar zu waschen und zu föhnen."

„Für Paul Jansen. Verschone mich." Nikki lachte.

„Das ist keine Verabredung. Das ist ein Todesurteil", fügte Carole hinzu und zwinkerte ihrer jüngsten Schwester zu. „Aber Alaska ist zu kalt." Caroles Zähne klapperten inzwischen hörbar. Sie stieß die Worte abgehakt und unter weißen Atemwölkchen hervor. „K-können w-wir nicht lieber n-nach Hawaii oder L. A. o-oder …?"

Als Los Angeles erwähnt wurde, machte Ted Carrothers' Grinsen einer düsteren Miene Platz. Ihre Mutter war bereits nach Südkalifornien gezogen und hatte ihren Töchtern gegenüber angedeutet, dass es einen neuen Mann in ihrem Leben gab. „Vergiss es einfach", antwortete er seinen Töchtern, den Möchtegern-Seglerinnen. Als er Jan entdeckte, fügte er hinzu: „Keine Angst, du bist rechtzeitig zu deiner Verabredung wieder zu Hause."

Sie warf ihr Haar in den Nacken und genoss ihren Sieg.

„Ausgeschlossen! Komm schon, Dad“, bettelte Nikki, und ihre Träume zerbrachen. Sie brannte auf Abenteuer und wollte nicht zurück in das leere Haus, das ihre Mutter zwei Jahre zuvor verlassen hatte. „Lass uns in die Meerenge hineinsegeln.“

Ihr Vater schaute zum bleigrauen Himmel auf, doch noch bevor er seine jüngste Tochter wieder ansah, wusste die, was er sagen würde. Die Stimmung war zerstört. „Ach, nein, kehren wir lieber um. Ich muss noch eine Menge Bürokram nachholen, damit ich nächste Woche auf die Konferenz in Seoul vorbereitet bin.“

Jetzt stand Nikki da und blickte auf den stillen See, der die Dämmerung begrüßte. Stahlgrau und kalt. Sie schauderte und merkte erst, dass Trent neben ihr stand, als ein Zweig unter seinen Füßen knackte.

„Hast du's dir anders überlegt?“, fragte er. Kein Zorn schwang mehr in seiner Stimme mit. Nur Bedauern.

Sie schüttelte den Kopf. „Nein, aber ich überlege.“ Sie staunte, wie schnell die Gedanken jetzt aufeinanderfolgten. Urplötzlich überfielen sie überstürzend klare, lebhafte Erinnerungen, die ihr in der vergangenen Woche noch verloren waren.

Er berührte ihre Schulter, und sie zuckte zusammen.

„Ich habe mein Auto nicht hier“, sagte sie wie zur Erklärung. „Weil ich den Busfahrplan nicht kenne und Taxis zu so früher Morgenstunde in diesem Teil der Stadt nicht herumfahren …“

„Ich fahre dich.“

„Kommt nicht infrage. Ich rufe ein Taxi.“

„Sei nicht albern.“

„Albern?“ Sie lachte freudlos. „Ich habe mich schon reichlich veralbern lassen. Ob ich albern bin, interessiert mich nicht mehr.“

„Du weißt, wie ich es meine. Steig in den Jeep.“

Er wirkte tatsächlich besorgt. Aber er war ja auch ein perfekter Schauspieler. Hatte er ihr nicht sogar eingeredet, sie wäre mit ihm verheiratet? Sie würden einander *lieben*? Alles Lügen! Obwohl niemand aus ihrem Bekanntenkreis von ihrer Beziehung wusste, hatten sie sich verliebt, waren aufs nächste Standesamt geeilt, um sich trauen zu lassen, und dann in die Flitterwochen auf eine kleine abgelegene Insel der Kleinen Antillen geflogen. Dort war sie von einem Felsen gestürzt und beinahe ums Leben gekommen. Welch ein Glück für sie, dass Trent in der Nähe war und sie den Klauen des Todes entrissen, sie in sein Bett geholt und sie immer und immer wieder belogen hatte! Sie umklammerte den Riemen ihrer Handtasche.

„Komm schon, Nikki." Seine Stimme war ein Streicheln.

„Und wenn dein verdammter Jeep das letzte Fahrzeug auf der Welt wäre, nein." Sie schob sich den Riemen der Tasche weiter über die Schulter und stapfte in Richtung Hauptstraße. Wenn nötig würde sie den Daumen heraushalten, obwohl das ein bisschen riskant sein würde.

Er nahm ihren Arm. „Steig in den Jeep."

„Lass das."

„Ich will dir einen Gefallen tun."

Sie schnaubte verächtlich. „Auf einen Gefallen von dir kann ich verzichten."

Er schob sie zum Auto, zerrte am Griff, und mit einem metallischen Knirschen öffnete sich die Beifahrertür. „Steig ein."

„Ich werde nicht ..."

„Und wenn ich dein wunderschönes Hinterteil eigenhändig in den Sitz hieven muss, du steigst jetzt ein", warnte er, und sie glaubte ihm. Noch immer schwer in ihrem Stolz verletzt, stieg sie in den verflixten Jeep und biss die Zähne zusammen, als Trent die Tür zuschlug. Das war doch verrückt. Der nackte Wahnsinn.

Er glitt auf den Fahrersitz und drehte den Schlüssel im Zündschloss. Er schloss die Tür und legte den Rückwärtsgang ein. Sekunden später fuhren sie die regennassen Straßen entlang und mischten sich unter die ersten Autos und Lastwagen auf dem Weg zu den Wolkenkratzern längs dem Ufer von Elliott Bay.

Im Jeep war es stickig. Die Frontscheibe beschlug, und Trent schaltete das Gebläse ein. Nikki drückte sich rücklings gegen die Beifahrertür. Sie war doch wirklich ein Idiot erster Güte! Genervt verschränkte sie die Arme und sah Trent böse an. „Wer zum Teufel bist du?"

„Ich hab's dir doch gesagt."

„McKenzie ist dein richtiger Name?"

„Du hast meinen Ausweis gesehen, oder? Als du meine Brieftasche durchsucht hast." Das saß. Nun ja, ein Sherlock Holmes war nicht an ihr verloren gegangen.

„Ausweise kann man kaufen."

Seufzend klappte er den Sonnenschild herunter, riss die Zulassung aus der Halterung und hielt sie Nikki unter die Nase. „Ich habe kein Alias, okay?"

Das verbeulte Fahrzeug war auf Trent McKenzie zugelassen. Er bog in die Zufahrt zu ihrem Apartmenthaus ein.

„Gut. Dann kenne ich jetzt also deinen Namen." Sie zuckte die Achseln, als wäre es ihr gleichgültig, konnte sich jedoch nicht enthalten zu fragen: „Womit bestreitest du deinen Lebensunterhalt?"

„Ich bin freiberuflicher Detektiv. In erster Linie arbeite ich im Bereich Versicherungsbetrug. Das alles habe ich dir schon erzählt." Er schaltete den Motor herunter, und der Jeep fuhr langsamer.

„Du hast mir eine Menge erzählt."

Das Fahrzeug hielt an, wartete im Leerlauf vor dem Eingang zu einem der Apartments im Erdgeschoss. „Ich habe nicht gelogen, was unser Kennenlernen betrifft, Nikki." Er schaltete den Motor aus, und als Nikki die Tür öffnen wollte, fasste er ihren Arm. „Hör mir einfach mal zu."

„Ich habe genug gehört. Zwei Wochen voller Lügen sind mehr, als ein Mensch schlucken sollte, meinst du nicht?“ Es gelang ihr, den Türgriff zu drücken, wobei sie sich einen Nagel abbrach. Verdammt. „Du hast mich belogen, McKenzie, und schlimmer noch, als ich wusste, dass du nicht die Wahrheit sagtest, hast du immer noch mehr Lügen draufgesetzt.“ Die Worte sprudelten nur so aus ihr heraus. „Nicht nur das. Du hast mit mir geschlafen, hast mich unter Vorwänden hierher gebracht, mich *benutzt*, und erst, als du wusstest, dass dein Lügengebäude einstürzen würde, hast du endlich die Karten auf den Tisch gelegt. Aber erst, nachdem wir uns geliebt hatten! Verzeihung, ich wollte sagen: erst, als wir Sex gehabt hatten!“ Vor Wut zitternd stieg sie aus dem Jeep, schnappte sich ihren Koffer und lief die nassen Stufen hinauf. Trent folgte ihr auf den Fersen, jagte ihr nach, stieg hinter ihr die Treppe hinauf.

Ihr Traum war wieder da, unwirklich, aber trotzdem Angst einflößend, als Trent ihr folgte. Es war, als hätten sie dieses Spielchen schon einmal gespielt. Auf dem Treppenabsatz wirbelte Nikki zu ihm herum. „Lass mich in Ruhe, Trent“, verlangte sie, doch er war zu nahe. Er stemmte die Handflächen zu beiden Seiten ihres Gesichts gegen den Türrahmen und blockierte mit seinem Körper jeglichen Fluchtweg.

„Ich kann nicht, verdammt noch mal. Hör zu, Nikki, ich wollte nicht, dass es so endet.“ Selbstironisch zog er die Mundwinkel herab. „Ich hätte es dir früher sagen sollen, konnte aber nicht. Nach deiner Entlassung aus dem Krankenhaus wollte ich … wollte ich bei dir bleiben. Um dich zu beschützen.“

„Um mit mir zu schlafen.“

„Ja!“

Die Luft knisterte unter seinem Eingeständnis, und Nikki hatte plötzlich einen Kloß im Hals. „Tja, du Glückspilz“, sagte sie böse, doch die unverstellte Ehrlichkeit in seinem Blick überwand ihre Schutzwälle. „Du hättest es beenden können", flüsterte sie.

„Das wollte ich."

„Klar", höhnte sie, und endlich brachte sie den Mut auf, die Frage zu stellen, die ihr unter den Nägeln brannte. „Vor wem meintest du denn, mich beschützen zu müssen?"

Er spannte ein wenig die Lippen. „Crowley."

Sie atmete tief durch. „Also hatte ich recht."

„Vielleicht."

Sie sah ein Bild des silberhaarigen Mannes mit dem polierten schwarzen Spazierstock vor sich. Dem war sie in dem Fotoladen begegnet! Ihr Herz setzte einen Schlag aus. Ja, er hatte etwas tödlich Gefährliches an sich, das Glimmen in seinen Augen war so kalt wie ein Eisblock. Doch sie glaubte nicht, dass er die Kraft oder die Ausdauer besaß, sie durch einen Dschungel zu hetzen. „Aber er hat mich nicht verfolgt."

„Ich wüsste nicht, dass dich überhaupt jemand verfolgt hätte."

Ihr war, als hätte ihr jemand einen Tritt in den Magen versetzt. „Aber mein Traum. Alles andere passt zusammen. Und wer war der Mann, der sich auf der Veranda herumgetrieben hat, hm? Warst du das?"

„Natürlich nicht."

„Sondern?"

„Ich dachte, es könnte der Mann gewesen sein, der dich beschatten sollte."

„Oh, toll! Einfach toll! Jetzt willst du mir weismachen, dass einer von den sogenannten Guten ein Spanner ist?"

„Nein. *El Perro* hat es abgestritten."

„Er heißt *El Perro*? Bedeutet das nicht Wolf oder so?"

„Hund."

„Ach, hör schon auf." Sie warf verzweifelt die Arme hoch. „Das alles ist unglaublich, verdammt noch mal."

„Ach ja?“ Sein Gesicht kam ihr so nahe, dass sie die kleinen Fältchen um seinen Mund erkennen konnte. „Es ist ganz einfach, Nikki. Du schwebst in Gefahr. Durch Crowley selbst oder einen seiner Handlanger. Dass wir zurück in Seattle sind, heißt nicht, dass du dich in Sicherheit befindest. Ich habe gehört, wie du mit Connie gesprochen hast. Ich wusste, dass du Diamond Jim auf der Spur warst. Da habe ich angefangen, über dich zu recherchieren – weil du etwas an dir hast, was ich nicht vergessen konnte. Der Senator ist gefährlich, Nikki.“

Angst schnürte ihr die Kehle zu, doch Nikki verdrängte sie. Kein Mensch, schon gar nicht ein notorischer Lügner, sollte ihr sagen, wie sie ihr Leben gestalten musste. „Ich wüsste nicht, warum ich dir glauben sollte.“ Sie griff hinter sich, fand den Türknauf und drückte ihn. Nichts rührte sich.

„Warum sollte ich lügen?“

„Das hast du mich schon öfter gefragt, und ich habe zwei Wochen benötigt, um die Antwort zu finden.“ Sie kramte in ihrer Handtasche, fand ihren Schüsselring und schob den Wohnungsschlüssel ins Schloss. Es öffnete sich mit einem Klicken. Mit der Schulter stieß Nikki die Tür auf und blieb auf der anderen Seite der Schwelle stehen. „Ich würde an dieser Stelle gern etwas Tiefschürfendes sagen, etwas, was dich an mich erinnert, aber mir fällt einfach nichts ein. Deshalb einfach: Leb wohl.“

„Ich gehe nicht.“ Um seinen Worten Nachdruck zu verleihen, schob er den gestiefelten Fuß in den Türspalt.

„Ich rufe die Polizei.“

„Schön.“ Er rührte sich noch immer nicht von der Stelle, und sie spürte, wie es ihr heiß den Nacken hinaufkroch.

„Du hast mich die letzten zwei Wochen herumkommandiert, Trent McKenzie, doch das ist jetzt vorbei“, schwindelte sie, denn sie wusste tief innerlich, dass es zwischen ihm und ihr nie vorbei sein würde. Doch genau daran durfte sie jetzt nicht denken. „Ich werde dich wegen Belästigung, Betrug und Entführung verklagen. Und wenn diese Vorwürfe nicht greifen, finde ich andere. Also mach lieber, dass du hier wegkommst."

Er schlüpfte ins Zimmer, lehnte sich an die Wand, verschränkte die Arme vor der Brust und wies mit einer Kopfbewegung aufs Telefon. „Jetzt glaube *ich dir* nicht."

Sie konnte ihre Drohung nicht in die Tat umsetzen, wagte es nicht, die Polizei anzurufen. Ganz gleich, an welcher Art von Story über Senator Crowley sie arbeitete, sie war noch nicht reif für die Veröffentlichung, und Nikki musste achtgeben, dass Diamond Jim nichts spitzkriegte. Wenn sie Trent anzeigte, musste man mit Öffentlichkeit und Fragen zu ihrer Reise nach Salvaje rechnen. Ihre Story war halb gar und skurril, ihr Gedächtnis funktionierte noch nicht hundertprozentig. Nein, sie hielt die Polizei lieber aus dieser Sache heraus. Zunächst einmal. Nikki blickte in Trents versteinertes Gesicht und hätte ihn am liebsten geschüttelt. Er hatte sie in die sprichwörtliche Ecke gedrängt und wusste das ganz genau.

„Mach dich fertig für die Arbeit; ich fahre dich hin."

„Du brauchst mich nicht ..." Erst jetzt wurde ihr bewusst, dass ihr Auto nicht da war. Sie rannte beinahe zu einem Fenster, wischte die Scheibe mit dem Ärmel klar und blickte hinunter auf den ihr zugeteilten Parkplatz. Leer. Ihr rot-weißes Cabrio stand nicht am angestammten Ort. „Du weißt nicht zufällig, was aus meinem Auto geworden ist?"

„Ich vermute, es steht am Flughafen."

„Am Flughafen!", rief sie, und wieder kochte die Wut in ihr hoch. Wäre er früher ehrlich zu ihr gewesen, hätte sie jetzt über ihren eigenen fahrbaren Untersatz verfügen können.

„Vielleicht aber auch nicht. Du hattest keinen Parkschein bei dir."

„Woher weißt du das?", wollte sie wissen, doch die Antwort war ja sonnenklar. Im Krankenhaus, als sie in dem winzigen

Zimmer lag und versuchte, die Puzzleteile ihres Lebens zu ordnen – versuchte, sich an die Trauung mit diesem geheimnisumwitterten, übellaunigen Mann zu erinnern, der behauptete, mit ihr verheiratet zu sein –, hatte man ihm ihre Handtasche ausgehändigt. Da hatte er Gelegenheit, ihrer Tasche zu entnehmen oder unterzujubeln, was immer er wollte. Daher auch der Ehering – dieses verflixte Symbol seines Betrugs. „Herrgott, was für ein Chaos!", sagte sie, ließ sich seufzend aufs Sofa fallen und schloss die Augen. „Was soll ich meinen Leuten sagen? Meine ganze Familie hält mich für verheiratet. Connie auch. Was soll ich ihr sagen?" Sie warf Trent einen vorwurfsvollen Blick zu. „Wenn du planst, das Leben eines Menschen völlig auf den Kopf zu stellen, lässt du nichts aus, wie?"

Um Ruhe bemüht legte sie einen Fuß im Reebok-Schuh auf die Tischplatte und fragte sich, wie sie diesen Tag bewältigen sollte. Sie musste mit Fragen zu ihrem Unfall, den Verletzungen in ihrem Gesicht, ihren Flitterwochen, ihrem Ehemann rechnen. Was sollte sie sagen? Was konnte sie überhaupt sagen?

„Du brauchst niemandem zu sagen, was los ist."

„Ach ja? Als Nächstes schlägst du mir wohl vor, weiterhin vorzugeben, dass wir verheiratet wären." Sie lehnte den Kopf ans Rückenpolster und seufzte.

Sie hörte, wie er auf dem Weg zum Kamin den Tisch umrundete. „Warum nicht?"

„Es ist eine Lüge." Sie schlug die Augen auf.

„Das muss nicht sein."

Ihr Herz schien einen Schlag lang auszusetzen, bevor sie die Sprache wiederfand. „Oh doch", sagte sie leise. Ein Teil von ihr wollte den leichten Ausweg wählen, die Lüge aufrechterhalten, bis sich die Lage beruhigt hatte, und mit diesem gefährlichen, sinnlichen Mann zusammenbleiben. Dann konnte sie ihren Freunden und Verwandten die Wahrheit sagen. Später konnte sie ihn verlassen … Aber würde sie je die Kraft finden, ihn loszulassen? Langsam schüttelte sie den Kopf und zwang sich, Trent anzusehen. „Dann würde alles nur noch schlimmer."

Als die Worte über ihre Lippen kamen, erinnerte sie sich an ihre ältere Schwester, Jan, auf den Knien, als sie eine Wunde an Nikkis Kinn untersuchte. Nikki saß bleich und zitternd auf dem Rand der Badewanne. „Ach, Gottchen, du siehst schlimm aus", hatte Jan gesagt.

„Danke", murmelte Nikki den Tränen nahe.

Ihr Ellenbogen schmerzte, und ihr Gesicht sah wahrscheinlich genauso aus, wie es sich anfühlte. Kleine Steinchen hatten sich an ihrem Unterarm in die Haut gegraben, und Blut war bis zum Handgelenk geflossen und getrocknet. „Also, was ist passiert?", fragte Jan, die anscheinend nicht wusste, ob wirklich Grund zur Sorge bestand.

„Ich bin mit dem Fahrrad gestürzt."

„Und wie!" Jan entnahm der Hausapotheke eine gefährlich aussehende braune Flasche und Verbandmull.

Nikki traten Tränen in die Augen. Sie schmeckte Blut, hatte sich auf die Unterlippe gebissen. Dann erzählte sie Jan die Wahrheit. Nikki war mit ihrer Freundin Fahrrad gefahren. Terry Watson war ein unbekümmertes Mädchen, dessen Abenteuerlust Nikki imponierte. Sie hatte hellblondes Haar, blaue Kulleraugen und lachte gern. Sie war beliebt und stand in dem Ruf, ein bisschen waghalsig zu sein. An jenem Tag hatte Terry, als Nikki für einen Geschichtstest mit Terry arbeiten sollte, die Bücher von sich geschoben und Nikki einen Alternativplan vorgestellt. Ohne übermäßige Überredungskünste hatte Terry sie bald überzeugt, mit dem Fahrrad zum großen Safeway-Markt in drei Meilen Entfernung zu fahren. Das Problem war nur, dass dieser Supermarkt weit außerhalb der Grenzen lag, die ihre Eltern ihnen gesetzt hatten.

Die Mädchen fuhren los und waren aufgeregt, weil sie etwas leicht Ungezogenes taten. Sie wollten zurück sein, bevor Terrys

Mutter von der Arbeit kam. Niemand würde je etwas erfahren.

Es herrschte starker Verkehr auf vier Spuren mit Tempo neunzig, und die Wolken, die sich schon den ganzen Tag zusammengeballt hatten, öffneten plötzlich ihre Schleusen. Der Regen verursachte kleine Bäche auf den Fahrbahnen, bevor das Wasser in die Gullis floss. Es wurde dunkel wie in der Nacht.

Scheinwerfer blitzten auf, Reifen sprühten Wasser auf die Gehsteige. Terry beschloss, nicht bis zum Zebrastreifen zu fahren, sondern im Zickzackkurs alle vier Fahrbahnen zu überqueren.

„Warte auf mich!", schrie Nikki, und Terry wandte den Kopf nach ihr um. Ein Fahrzeug, das um die Biegung kam, geriet ins Schleudern, als der Fahrer auf die Bremse trat. Hupen grölten, Reifen quietschten. Nikki bremste. Das Fahrrad schlingerte auf Rollsplitt und rutschte zur Seite. Nikki war gestürzt, hatte sich Knie und Ellenbogen und Gesicht aufgeschürft, und ihr Fahrrad geriet unter die Räder des fließenden Verkehrs und wurde unter den Reifen eines Pick-ups zermalmt.

„Verrückte Kinder!" Der Fahrer tobte vor Wut. „Ich hätte euch beide totfahren können!" Er hatte den Körperbau eines Holzfällers, einen Vollbart und sprühende blaue Augen und trabte wutentbrannt auf Nikki zu. Da sah er die Schürfwunden in ihrem Gesicht und an den Armen. „Hey, Kleine, alles in Ordnung?"

„Ja", brachte sie hervor, doch sie fühlte sich elend. Sie wusste allerdings, dass ihre Verletzungen nicht halb so schlimm waren wie die Angst, die sich in ihrem Herzen breitmachte. Ihre Eltern würden ihr den Kopf abreißen, wenn sie von dem Unfall erfuhren.

Eine Frau in einem langen Regenmantel und mit einer riesigen runden regenfleckigen Brille stieg aus einem Kleinwagen, auf dem Rotlicht blitzte. Sie zog in Abwehr gegen den Wolkenbruch die Schultern hoch und sagte: „Ich glaube, wir sollten den Rettungsdienst rufen."

Nein! „Mir fehlt wirklich nichts." Nikki ließ sich ihre Schmerzen nicht anmerken und griff nach dem Lenker ihres Fahrrads. In diesem Moment kam Terry mit leichenblassem Gesicht hinzu.

„Wir müssen hier weg", zischte Terry.

„Aber, Schätzchen, die Polizei …"

Das reichte. Nikki hatte ihr verbogenes Fahrrad aufgehoben und stieg auf. Das Hinterrad schleifte, der dritte Gang steckte fest, doch sie überlegte nicht lange, sondern fuhr einfach los wie der sprichwörtliche geölte Blitz und trat den ganzen Heimweg über in die Pedale, was ihre Beine nur hergaben.

„So war das wirklich", gestand sie ihrer Schwester, als sie schwankend auf dem Wannenrand saß.

Jan verdrehte die Augen. „Das gibt Ärger, Nik. Gewaltigen Ärger." Sie tupfte Jod auf Nikkis Verletzungen, und Nikki sog scharf den Atem ein, durch Zähne, die lockerer zu sitzen schienen als noch am Morgen dieses Tages. „Dad bringt dich um", prophezeite Jan.

Er hatte sie nicht umgebracht. Er war sogar geradezu lieb zu ihr, als er am Fußende ihres Betts saß, die Hände zwischen den Knien gefaltet, der Anzug von der Heimfahrt zerknittert. „Ich bin nur froh und dankbar, dass du lebst", sagte er in vorwurfsvollem Tonfall.

Nikki hätte sich am liebsten die Bettdecke über den Kopf gezogen, um nie wieder zum Vorschein zu kommen. Sie hatte ihren Vater enttäuscht und fühlte sich elend. Tränen rannen über ihre Wangen; sie sog die Lippen ein und unterdrückte mühevoll ein Schluchzen.

„Ich hoffe, du hast deine Lektion gelernt. Ich habe darauf vertraut, immer zu wissen, wo du dich aufhältst. Ich habe gedacht, ich könnte dir glauben."

Nikki blinzelte heftig und schluckte den immer größer werdenden Kloß in ihrem Hals herunter. Wenn sie ihre Tat doch ungeschehen machen könnte!

„Aber jetzt … tja, wir müssen von vorn anfangen, Nicole. Vertrauen wird nicht verschenkt – es muss verdient werden, weißt du?"

„Es tut mir leid, Dad. So sehr."

„Mir auch, Süße, aber dieses Mal reicht es nicht, dass es dir leidtut. Du hättest ums Leben kommen können. Zunächst einmal wirst du Terry nur noch in der Schule treffen, und du hast Hausarrest, bis … Tja, bis ich dir wieder vertrauen kann."

Ihre Zukunft dehnte sich endlos vor ihr aus. Sie war überzeugt, eine alte Jungfer zu sein, bevor er ihr wieder glauben konnte. Ach, sie wäre am liebsten auf der Stelle tot gewesen. *Nimm mich zu dir, oh Herr, ich bin bereit. Ich ertrage die Vorstellung nicht, hier eingesperrt zu sein, bis er mir wieder vertraut. Das wird er niemals tun. Nie, nie, nie im Leben.*

Himmel, das lag so lange zurück. Nikki rieb sich die Arme und bemerkte, dass Trent sie musterte. Auf ihre Reaktion wartete. „Ich werde nicht lügen", sagte sie und registrierte, wie lächerlich ihre Worte klangen. „Na ja, ich werde nicht mehr lügen. Ich sage einfach, es hat nicht funktioniert, wir haben überstürzt geheiratet und uns jetzt wieder getrennt." Innerlich wand sie sich, als sie sich vorstellte, wie ihre Verwandten und Freunde ihr in den Ohren liegen würden: „Ich hab's dir doch gesagt."

Schmerz verdunkelte seinen Blick, und er räusperte sich. „Am besten wäre, wenn wir die Farce noch ein bisschen länger durchhalten", sagte er leise.

„Warum?"

„Nur, bis diese Crowley-Geschichte ausgestanden ist."

Kalte Angst kroch ihr über den Rücken, die sie jedoch verbarg. „Erzähl mir alles über den guten Senator. Und wenn wir schon nicht zusammen nach Salvaje geflogen sind, warum warst du dann dort? Ich kann mir nicht vorstellen, dass du deinen Urlaub in den Tropen verbringst und hoffst, dass irgendeine Frau ihr Gedächtnis verliert, damit du dich auf sie stürzen und sie ausnutzen kannst."

Seine Augen blitzten gefährlich. Er rieb sich das Kinn und fluchte, als wollte er ihr nichts verraten. „Man munkelt, dass der Senator bestechlich ist. Nichts ist bewiesen, versteht sich, und im Umfeld von Regierungsbeamten wird immer viel spekuliert, aber unser guter Diamond Jim ist genauso schlüpfrig wie beliebt. Ihm kann man nichts anhängen – offenbar gelingt es ihm immer, einem Skandal auszuweichen."

„Was geht dich das alles an?"

Er ballte die Faust; seine Nackenmuskeln spannten sich an. „Ich kenne den Senator. Ich habe ein Hühnchen mit ihm zu rupfen."

„Was für ein Hühnchen?", fragte Nikki, erstaunt, weil er sich ihr öffnete.

„Etwas Persönliches."

„Meinst du nicht, dass ich mit drinstecke, *persönlich*?"

„Sagen wir einfach, ich würde ihm keine Träne nachweinen, wenn er in Flammen aufginge."

„Du und ich, wir sind also unabhängig voneinander nach Salvaje geflogen."

„Stimmt. Deshalb hat Rosa, die Hotelangestellte, dich erkannt und mich nicht."

„Und dann?", fragte sie und sah, wie sich starke, wütende Gefühle in seiner Miene spiegelten.

„Wir saßen nicht in derselben Maschine. Ich bin Crowley schon früher gefolgt. Du bist ein paar Tage später aufgetaucht, und ich habe dich erkannt und fürchtete, du könntest dir Probleme aufhalsen. Ich wollte mich nicht zu erkennen geben, deshalb habe ich dich einfach nur im Auge behalten. Da ich dein

Gespräch mit Connie beim *Observer* mitgehört hatte, dachte ich mir, dass du Jim Crowley auch auf der Spur warst."

„Du hast mich also … beschattet."

„Dich und Crowley."

Sie schnalzte mit der Zunge. „Fleißiger Junge."

„Inzwischen hatte ich meine Recherchen zu deiner Person, zu deinem Vater, deinen Freunden und Interessen abgeschlossen. Ich wusste alles über dich."

„Entzückend", knurrte sie sarkastisch.

Er überging die Spitze. „Crowley wusste offenbar, dass du ihm auf den Fersen warst. Er muss dich erkannt haben, denn er ist ja eng mit deinem Dad befreundet. Aber ich glaube nicht, dass seine Gefühle für deinen alten Herrn seinen Zielen in die Quere kommen, und du, meine Liebe, warst und bist eine Bedrohung für ihn."

„Woher soll er das wissen?"

„Er ist ein mächtiger Mann und hat Beziehungen. Es würde mich nicht wundern, wenn einer deiner Kollegen dem Senator in den Hintern kriecht."

„Wer?"

„Das weiß ich nicht", gab er zu und runzelte leicht die Stirn. „Also habe ich dich überwacht, und ich wusste, dass du die Missionsstation besichtigen wolltest, weil ich gehört hatte, wie du den Portier im Hotel nach dem Weg gefragt hast. Ich bin dir vorausgegangen und dann …" Sein Blick war schuldbewusst, und er fuhr sich mit der Hand über den Mund. „Ich war einen Augenblick unaufmerksam, und plötzlich hörte ich dich schreien. Ich bin gerannt, so schnell ich konnte, und fand dich auf der Felsnase. Den Rest kannst du dir denken."

„Und der Mann, der mich gestoßen hat?"

Trent schüttelte den Kopf. „Den habe ich nicht gesehen." Als er sah, dass sie widersprechen wollte, hob er eine Hand. „Ich sage nicht, dass er nicht existiert, ich sage nur, dass ich ihn nicht gesehen habe. Vermutlich hatte er sich versteckt. Ich habe nur daran gedacht, dich schnellstens in Sicherheit zu bringen.

„Und dann hast du beschlossen, dich als mein Mann auszugeben."

„Wie ich schon sagte, ursprünglich habe ich das getan, um in deiner Nähe sein und dich beschützen zu können. Das Krankenhaus verfügte nicht gerade über das beste Sicherheitssystem der Welt, und ich fürchtete, Crowley könnte einen von seinen Handlangern schicken, der dafür sorgt, dass du nie mehr jemandem was von deinen Erkenntnissen erzählen kannst. Tja, ich hab dich jedenfalls davor beschützt."

„Aber nur, weil ich mein Gedächtnis verloren hatte. Was wäre geschehen, wenn ich mich plötzlich an alles erinnert hätte?"

Ein Muskel zuckte in seiner Wange. „Dem Problem wollte ich mich erst stellen, wenn es auftaucht."

„Und deswegen hast du ... im Schlafzimmer nichts überstürzt."

Er verzog den Mund. „Ich hatte mir vorgenommen, die Finger von dir zu lassen. Deine Verletzungen waren Grund genug."

„Aber ..."

„Ach, zum Teufel, Nikki!", explodierte er. „Ich konnte nicht anders! Ich wusste, dass es nicht richtig war, aber schließlich habe ich dich nicht gerade vergewaltigt, oder?"

Sie errötete. „Du hast mich ausgenutzt."

„Dann verklag mich doch! Ruf die verdammte Polizei! Mach, was du willst, aber glaub mir, um Gottes willen! Ich konnte mich nicht zurückhalten. Ich wollte es ja. Verdammt, ich wusste, dass es ein Fehler sein würde, mit dir zu schlafen, doch das Risiko musste ich eingehen."

„Du *musstest* überhaupt nichts."

Er seufzte schwer. „Es ist passiert, Nikki."

Ihr wollte das Herz brechen, doch sie weigerte sich, in die Rolle des gekränkten Opfers zu schlüpfen. Leider ergab ein Teil dessen, was Trent gesagt hatte, durchaus einen Sinn, und in Wahrheit wollte sie ihn nicht verlassen. Noch nicht. Erst, wenn sie wieder bei Kräften war. Sie stand auf und sagte: „Okay, wir spielen diese Farce weiter, nur noch zwei Tage lang, bis ich weiß, wie zum Teufel wir die Scheidung ohne Aufsehen über die Bühne bringen. Und dann ein glatter Schnitt."

„Schön." Er wirkte erleichtert. Die Falten um seine Augen waren nicht mehr so deutlich.

„Aber ich werde arbeiten."

Er wollte widersprechen, überlegte es sich aber anders und nickte knapp. „Ich fahre dich hin und hole dich wieder ab, dann fahren wir zum Flughafen und suchen dein Auto." Es war sinnlos, auf diesem Punkt herumzureiten. Immerhin waren die Grundregeln aufgestellt, was nicht hieß, dass sie sich nicht jeden Augenblick ändern konnten. Nikki holte Handtücher aus einem Schrank, verkündete, dass sie duschen wollte, schloss die Badezimmertür hinter sich ab und drehte die Hähne auf. Dampf stieg in Richtung Zimmerdecke, als sie sich auszog. Sie war also nicht verheiratet. Schön. Bald würde Trent für immer aus ihrem Leben verschwinden.

Sie schob den Duschvorhang zur Seite und stieg unter den heißen Brausestrahl. Als sie nach dem Shampoo griff, fiel ihr Blick auf ihre ringlose linke Hand, und es fiel ihr schwer, nicht zu weinen. Was war los mit ihr? Er war ein Schwindler! Ein Betrüger! Ein Lügner! Keinen Deut besser als Judas!

Warum liebte sie ihn dann immer noch?

10. Kapitel

„Herzlichen Glückwunsch!“ Connie hockte auf der Kante von Nikkis Schreibtisch und legte ein weißes Päckchen mit einer großen silbernen Schleife neben Nikkis Computermonitor. Sie war schlank und rotblond, in West Texas aufgewachsen, wie man noch immer deutlich bei jedem Wort hörte. Sie trug einen kurzen schwarzen Rock, ließ die Beine baumeln, und als sie lächelte, glitzerten ihre Augen wie flüssiges Gold.

„Was ist das?“, fragte Nikki, obwohl sie es ahnte, und ihre Stimmung sank. Die silbernen Hochzeitsglocken auf dem Geschenkpapier verrieten alles.

„Mach’s auf, dann weißt du’s.“

„Ich kann nicht.“

„Oh doch.“ Connie gab sich gekränkt. „Es sei denn, du willst warten, bis Trent dabei ist …“

„Nein!“ Nikki griff nach dem Päckchen, las die Karte und entfernte Schleife und Papier. Das Päckchen enthielt eine Vase aus geschliffenem Kristall. „Oh Connie, wie schön“, sagte sie und kam sich vor wie eine Diebin. „Ich … Ich weiß nicht, was ich sagen soll.“

Connie grinste. „Du brauchst nichts zu sagen. Und jetzt schau mal auf deinen Zeitplan. Ein paar von uns wollen dir eine verspätete Hochzeitsparty ausrichten, wahrscheinlich im nächsten Monat.“ Sie beugte sich über den Schreibtisch und blätterte durch die leeren Seiten in Nikkis Kalender. „Wie wär’s mit dem Zehnten?“

„Hm … lieber nicht“, sagte Nikki ausweichend. Sie fühlte sich wie eine Betrügerin und Schwindlerin, wie ein Mensch, der lügt, um zu bekommen, was er haben will.

„Das wird ein Spaß. Jennifer kennt einen Stripper und …“

„Ach, Connie, wirklich, bitte nicht“, flehte Nikki. Alles wuchs ihr über den Kopf, und sie hatte das Gefühl, ihr Leben würde aus den Fugen geraten. Sie strich über Connies Handrücken und beschloss, sich ihrer Freundin anzuvertrauen. „Hör zu, ich muss dir etwas sagen“, begann sie und warf einen Blick über die Schulter.

Max Van Cleve kam auf ihren Schreibtisch zu. Sein welliges blondes Haar war perfekt frisiert, das weiße Hemd gestärkt.

„Später“, sagte Nikki zu Connie. „Ich erzähle dir alles beim Mittagessen.“

„Worum geht's? Ärger?“, schloss Connie aus den Sorgenfalten, die sich anscheinend dauerhaft auf Nikkis Stirn einrichten wollten.

„Warte es einfach ab, ja?“ Sie wollte nicht, dass Max etwas von ihrem Gespräch mitbekam, und Connie hatte es zum Glück wohl verstanden.

„Wie ich höre, sind Gratulationen angebracht“, sagte Max und zeigte seine perfekten weißen Zähne. „Wie wär's mit einem Kuss für die errötende Braut?“ Er zog sie auf, das wusste Nikki. Er war seit drei Jahren mit seiner Frau Dawn verheiratet, und die beiden führten sich immer noch auf, als wären sie in den Flitterwochen. Bei dem Gedanken kribbelte es in ihrem Bauch. *Flitterwochen. Salvaje. Trent.*

„Erstens erröte ich nicht, und zweitens will ich Dawn nicht eifersüchtig machen“, konterte sie. Sie kam sich vor wie eine gemeine Betrügerin. Jahrelang hatte sie sich etwas auf ihre Ehrlichkeit zugutegehalten; das wusste sie, weil sie bei jeder Lüge ein schlechtes Gewissen hatte.

„Ich?“ Er tippte sich selbst auf die Brust. „Würde ich etwas tun, was meine Frau kränkt? Niemals. Trotzdem, du bist mir was schuldig.“ Er klopfte mit den Fingerknöcheln auf die Schreibtischkante und ging weiter in Richtung Empfangsbereich.

Nikki stieß einen Seufzer der Erleichterung aus, der ihren Pony flattern ließ. Es war gut, endlich allein zu sein, obwohl der Zustand weniger als eine Dreiviertelstunde anhielt. Dann kam Connie mit einem dampfenden Becher Kaffee und einem getoasteten Bagel zurück.

„Ganz frisch“, sagte sie und deponierte den Bagel, eine Serviette, den Kaffee und ein Portionsdöschen Kaffeesahne auf einem von Nikkis Poststapeln.

„Du rettest mir grad das Leben.“ Nikki gab die Sahne in den Becher und probierte den heißen Kaffee.

„Ich bin nur froh, dass du wieder hier bist. Hier war es stinklangweilig, als du fort warst.“ Ein Set goldener Armreifen klimperte, als sie auf Frank Pianzanis verglastes Büro wies. „Schlimmer denn je. Frank glaubt anscheinend, die einzigen Storys, die ich bewältigen kann, drehen sich um Drillingsgeburten oder Lehrerentlassungen. Wirklich weltbewegend.“ Sie zwinkerte mit ihren stark getuschten Wimpern. „Irgendwer sollte dem Mann mal erklären, dass wir im einundzwanzigsten Jahrhundert leben.“

„Ich kenne eine Frau, die dafür prädestiniert ist“, sagte Nikki mit Nachdruck.

„*Moi?*“ Connie deutete mit einem rot lackierten Fingernagel auf ihr Brustbein und schüttelte den Kopf. „Soll ich riskieren, meinen Job zu verlieren? Nee, nee. All diese mutigen und edlen Angelegenheiten überlasse ich gern jemand anderem. Ich bin nur eine Arbeitsbiene.“

„Klar“, sagte Nikki. Connie ging zurück zu ihrem Schreibtisch.

Nikki aß ihren Bagel, wischte sich die Finger ab und trank Kaffee, während sie fortfuhr, ihre Notizen zu überfliegen, Post durchzusehen, die letzten paar Ausgaben des *Observers* durchzublättern und sich ganz allgemein auf den aktuellen Stand der Belegschaft zu bringen. Die Zeit schien ihr immer noch nicht wieder im Gleichgewicht zu sein, und ob es nun am Jetlag, an ihrer Amnesie oder ihrer stürmischen Beziehung mit Trent lag, jedenfalls konnte sie sich nicht voll auf ihre Arbeit konzentrieren. Beziehung. Ha! Was sie mit Trent verband, war nichts weiter als kalte Lüge und heißer Sex.

Der Gedanke machte sie nicht gerade glücklich, und sie trank den Rest Kaffee aus, zerknüllte den Becher und warf ihn in den Mülleimer, bevor sie einen weiteren Umschlag aufriss. Doch die Arbeit fiel ihr nicht leicht. Sie war nicht an den Lärm und die Geschäftigkeit im Büro gewöhnt. Sekretärinnen in High Heels klackerten vorüber, Briefträger schoben ihre Karren durch die Gänge zwischen den Waben, in denen sich die Schreibtische befanden, Telefone klingelten, Unterhaltungen drangen durch die schalldichten Barrieren, und die Neonröhren unter der Decke summten und tauchten das Innenleben des *Observers* in surreales Licht.

Anscheinend konnte sie Trent nicht aus ihren Gedanken verbannen. Sein Gesicht stand ihr vor Augen, und seine verschwommenen Vorwürfe gegen Senator Crowley wiederholten sich in Nikkis Kopf wie eine defekte Schallplatte. Sie drehte einen Bleistift zwischen den Fingern und dachte über die Verbindung zwischen Crowley und Trent nach. Warum war Trent so versessen darauf, Crowley zu ruinieren?

Nikki kratzte sich mit dem Radiergummi-Ende ihres Bleistifts am Hinterkopf und öffnete die ersten Dateien mit den Storys, die sie vor ihrem Abflug nach Salvaje bearbeitet hatte. Der Großteil ihrer Arbeit war fertig und längst gedruckt: Schnee von gestern. Nur ein paar Artikel und Interviews waren noch nicht abgeschlossen, doch nichts davon hatte mit Politik oder Diamond Jim Crowley zu tun. Als sie ihre Arbeiten durchlas und versuchte, sich wieder in ihre Arbeit hineinzufinden, empfand sie eine unterschwellige Unzufriedenheit, eine Bestätigung ihrer Vermutung, dass sie mit diesem Job beim *Observer* unglücklich war.

Max hatte ein paar Wochen zuvor einen Artikel über Senator Crowley geschrieben, doch der las sich eher wie eine Wahlkampagne, nicht wie topaktueller Journalismus. Der Artikel enthielt wenig mehr als eine Erinnerung daran, dass James Thaddeus Crowley in Washington, D. C., hart für die Menschen im Bundesstaat Washington arbeitete. Für Jobs. Für die Wirtschaft. Für die Umwelt. Für jedermann. Unsinn! Da stank etwas zum Himmel. Dessen war sie sich sicher, und in einem Geistesblitz erinnerte sie sich, dass sie einen Enthüllungsbericht über Crowley geplant hatte, dass es etwas gegeben hatte … irgendeinen vertuschten Skandal. Was war das? Sie nagte an ihrer Unterlippe und versuchte, sich zu konzentrieren, erinnerte sich jedoch an nichts außer an den kalten Mann mit dem Gehstock in dem Fotoladen auf Salvaje. Trent hatte irgendetwas über Bestechung gesagt. *Denk nach, Nikki, denk nach!*

Ihr fiel nichts ein. Ihr kam nicht ein einziger armseliger Gedanke.

„Na, prima“, knurrte sie angewidert und seufzte. Wütend über ihr versagendes Erinnerungsvermögen blätterte sie die neuen Storys durch, die ihr zugewiesen worden waren: die neuen Radwege beim Lake Washington, ein ausführlicher Artikel über den Leiter des Sinfonieorchesters, eine Story über die Import/Export-Wirtschaft in Seattle, mit dem Hinweis, dass sie ihren eigenen Vater als Quelle benutzen konnte, da dieser eines der größten Import/Export-Unternehmen an der Meerenge leitete.

Nichts Aufregendes. Kein Enthüllungsjournalismus. Kein Schmutz. Nichts, was wirklich wichtig war.

Kein Wunder, dass sie es auf Crowley abgesehen hatte. Nikki klopfte mit ihrem Bleistift auf den Schreibtisch und blickte auf ihren Monitor. Aber worin bestand Trents Beziehung zu dem Senator? Er war auf Salvaje gewesen, hatte Diamond Jim verfolgt, genauso wie sie selbst. Seine Sorge war so groß gewesen, dass er vorgegeben hatte, mit ihr verheiratet zu sein. Aber hatte er sich um ihre Sicherheit gesorgt? Oder darum, was sie über den Senator schreiben würde? Welches Hühnchen hatte er zu rupfen? Sie wusste es nicht, sagte sie sich, lehnte sich auf ihrem Stuhl zurück und blickte böse auf den Monitor, aber sie wollte es verdammt noch mal herausfinden!

„Ihr seid gar nicht verheiratet!“ Connie verschluckte sich beinahe an ihrem Spinatsalat. „Aber – du hast angerufen und es mir erzählt.“ Verwirrt und tief gekränkt sah sie Nikki an.

„Versteh doch, es tut mir leid. Ich war nicht ich selbst.“ Nikki stocherte in ihrem Krabbensalat herum und vertraute sich Connie nun vorbehaltlos an. Sie verschwieg nichts, bis auf die äußerst schmerzliche Tatsache, dass sie sich in genau den Mann verliebt hatte, der diese Farce initiiert hatte. Sie berichtete ihrer Freundin sogar von ihrer Amnesie und gestand, dass ihre Erinnerungen äußerst lückenhaft waren.

„Du machst Witze!“, flüsterte Connie in dem gut besuchten Restaurant. Sie warf einen Blick über die Schulter, als rechnete sie damit, inmitten von Reportern, Börsenmaklern, Sekretärinnen und Nachwuchs-Managern einen bewaffneten Auftragsmörder in einem Rattansessel vor einem Teller Fettuccine zu entdecken, dessen Waffe samt Schalldämpfer jedes Mal sichtbar wurden wenn er die Hand nach dem Knoblauchbrot ausstreckte.

„Sieh mal, so schlimm ist das doch nicht.“

„Nicht so schlimm? Hast du den Verstand verloren?“, zischelte Connie.

Nikki spießte mit der Gabel eine Eischeibe auf.

„Du stürzt von einem Felsen oder *wirst* sogar hinuntergestoßen, kommst knapp mit dem Leben davon, kannst dich an gar nichts erinnern, und dein Retter, im Grunde ein völlig Fremder, behauptet, er wäre mit dir verheiratet. Später, *nachdem* du deinen Verwandten und Freunden von deiner Hochzeit berichtet hast, gibt er zu, dass es eine Lüge war. Und warum? Um dich zu schützen? Ich glaube, ich würde mich mit einem Barracuda in unmittelbarer Nähe sicherer fühlen."

„Aber du kennst ihn", wandte Nikki ein. Trotz allem hatte sie den Drang, Trent zu verteidigen. Sie ließ eine Olive über die Salatblätter rollen und versuchte zu erklären. „Hör zu, ich weiß, es hört sich schlimm an …"

„Schlimm trifft es ja wohl kaum. Abgefahren, schon eher. Unglaublich kommt der Sache ziemlich nahe, und einfach verlogen ist sogar noch besser. Herrgott, der Kerl hat Nerven. Und, nur, damit du es weißt, ich kenne ihn nicht. Ja, ich bin ihm begegnet, als ich diesen Versicherungsanspruch geltend machen wollte. Jemand hatte meinen BMW gestohlen, weißt du noch? Den meine Eltern mir zum Examen geschenkt hatten." Sie aß ein Blättchen Salat. „Habe ich dir erzählt, dass er von einem Typ gestohlen wurde, der mit einem Ring von Autodieben zu tun hatte? Trent arbeitet für meine Versicherungsgesellschaft und hat die ganze Sache aufgeklärt."

„Dann ist er gar nicht so schlecht."

„Wenige Menschen sind nur schlecht. Und er ist nun wirklich eine Augenweide. Aber einem Lügner traue ich nicht, Nikki, und du solltest es auch nicht tun. Dieser Kerl hat dich belogen. Im großen Stil. Wenn es nach mir ginge, sollte man ihn aufhängen, an seinen … Na ja, an den Füßen oder schlimmer!" Sie zupfte ein Stückchen Brot ab und beugte sich über den Tisch. „Nun erzähl mal: Als du geglaubt hast, du wärst mit ihm verheiratet …"

Jetzt geht es los! Nikki griff nach ihrem Wasserglas und trank. Ihr Hals war trocken.

„Was habt ihr gemacht …? Na ja, angeblich wart ihr auf Hochzeitsreise. Wie bist du damit zurechtgekommen?"

Nikki hätte sich um ein Haar verschluckt, aber dieses Mal kam ihr die Lüge – oder vielmehr die Halbwahrheit – leicht von der Zunge. „Ich war verletzt. Im Gesicht, am Knöchel, am ganzen Körper. Trent hat sich verhalten, als wären meine Verletzungen Grund genug, sich nicht mit mir einzulassen. Außerdem hättest du mich sehen sollen. Schade, dass ich keine Fotos habe. Ich sah so hässlich aus, dass kein Mann sich für mich interessiert hätte."

Connie zog skeptisch eine Braue hoch, widersprach aber nicht, und Nikki fühlte sich schäbig. Warum konnte sie nicht einfach alles erklären? Weil es nun mal so war, dass sie sich in den Lumpen verliebt hatte.

„Deswegen kann ich das Hochzeitsgeschenk nicht annehmen", fügte sie hinzu und schob ihren halb gegessenen Salat beiseite. „Es ist wunderschön, aber ich bin nicht verheiratet."

Connie brachte ein Lächeln zustande. „Behalt es", sagte sie. „War's wert dafür, was ich alles von dir erfahren habe."

„Ich kann nicht."

„Betrachte es als verfrühtes Geburtstagsgeschenk."

„Ich habe im Mai Geburtstag."

„Dann eben als verspätetes."

Sie stritten, und schließlich gab Nikki nach, nur um Connie bei Laune zu halten.

„Und jetzt zu diesem Gedächtnisverlust. Vielleicht kann ich ein paar Lücken füllen", sagte Connie. „Du warst vor deiner Abreise richtig unglücklich, und du warst auf diesem … ich glaube, du nanntest es Rachefeldzug, gegen Senator Crowley. Du wolltest eine Enthüllungsstory über den Mann schreiben, und Frank hat es dir nicht erlaubt. Selbst als Peggy sich für dich eingesetzt hatte, bestand er darauf, dass Max oder John die Story übernehmen, und wir wissen schließlich alle, dass Max denkt, Diamond Jim könne über Wasser wandeln. Als Peggy verlangte, dass du eine faire Chance bekommst, hat Frank ein Machtwort gesprochen. Etwa folgendermaßen, ich zitiere: ‚Männer haben in Bezug auf Politik einfach den besseren

Durchblick.' Du weißt schon, irgendetwas Großspuriges und Blödes und völlig Abwegiges. Versteht sich von selbst, dass du total wütend warst." Connie bedachte Nikki mit einem listigen Lächeln. „Ich glaube, du hast trotzdem an der Story gearbeitet. So muss es gewesen sein, wenn du Crowley auf Salvaje gefunden hast. Was zum Teufel hat er dort getrieben?"

„Wenn ich das wüsste", sagte Nikki. Der Kellner brachte die Rechnung. Nikki nahm sie an sich. Sie war entschlossen, so viel sie konnte, über Senator James Crowley wie auch über Trent McKenzie herauszufinden.

Spät am Nachmittag hatte der Nieselregen aufgehört. Die Sonne begann, das nasse Pflaster zu trocknen, und hinterließ nur in den tiefsten Ritzen und Löchern auf Gehsteigen und Straßen noch Pfützen.

Nikki trat aus der Drehtür und atmete die frische Luft von der Bucht her tief ein. Der Himmel war noch bedeckt, doch ein paar Sonnenstrahlen durchbrachen die Wolken und ließen den Asphalt glitzern.

Nikki klemmte sich den Schirm unter den Arm und entdeckte Trent, der, die Arme vor der Brust verschränkt, am Kotflügel seines Jeeps lehnte. Er hatte in zweiter Reihe in einer Gasse geparkt, schien sich jedoch keinerlei Sorgen wegen eines Strafzettels zu machen. Er hob die Hand, als er Nikki sah, und ihr dummes Herz vollführte bei seinem Anblick unwillkürlich einen Hüpfer. Als wären sie tatsächlich frisch verheiratet. Was für ein Witz! Wann sollte dieser Schwindel ein Ende haben? Sie schlang die Arme fest um ihren Oberkörper, als könnte sie so ihr unberechenbares Herz hüten, und wich den größten Pfützen aus.

Trent grinste, als er sie sah, setzte dieses sexy Lächeln auf, das seine Zähne blitzen ließ und das sie so nervtötend fand. „Hab dein Auto gefunden."

„Tatsächlich? Am Flughafen?"

„Da, wo du es abgestellt hast."

Sie stieg in seinen Wagen, als ob sie dort und nirgendwo sonst hingehörte, und der Duft von Leder und Öl erschien ihr plötzlich vertraut. Die Lage wurde allmählich gefährlich. Obwohl Trents Nähe sie immer ein wenig beunruhigte, gab sie ihr doch gleichzeitig ein Gefühl von Intimität und Geborgenheit.

Er stellte die Sitzhöhe ein, ließ den Motor an, setzte den Blinker und fädelte den Jeep in den Verkehr in südlicher Richtung um die Meerenge herum ein.

Trent hielt Wort und fuhr auf direktem Weg zu einem der Parkplätze beim Flughafen, wo ihr kleines Dodge-Cabrio eingequetscht zwischen einem Toyota-Kombi und einem Cadillac stand.

„Wie hast du ihn gefunden?"

Er grinste. „Berufsgeheimnis."

„Hör doch auf." Nikki öffnete die Beifahrertür des Jeeps, doch bevor sie aussteigen konnte, berührte Trent sie am Handgelenk. „Wir treffen uns später in deiner Wohnung", sagte er, und ihr Pulsschlag beschleunigte sich ein wenig.

„Das halte ich nicht für eine gute Idee."

„Wir müssen schließlich den Schein wahren, oder?"

„Für wen?" Etwas in ihr brannte darauf, mit ihm allein zu sein, ihre kleine Lüge – nein, ihre *große* Lüge – fortzuführen, mit ihm in der Wohnung zu sein, mit einem Glas Wein vorm Feuer zu sitzen, ihn zu küssen und zu umarmen und überall zu streicheln, und doch war ihr klar, dass der Bruch irgendwann umso härter sein würde, je länger sie das Unvermeidliche hinauszögerte, je mehr Zeit sie damit vertat, die Verliebte zu spielen. Sie musste ihr Herz schützen.

Trent ging um den Kühler des Jeeps herum und blieb neben Nikki stehen, als sie den Schlüssel ins Schloss des Kleinwagens schieben wollte.

„Nicht", warnte sie, bevor er sie auch nur angerührt hatte.

„Nikki ..." Er wollte nach ihr greifen, doch sie entzog sich ihm.

„Ich kann wirklich nicht mehr mit dieser Lüge leben", sagte sie mit belegter Stimme. Herrgott, sie würde doch wohl nicht zusammenbrechen? Sie schob den Schlüssel mit Nachdruck ins Schloss und drehte ihn.

„Du musst aber."

Sie hielt inne.

„Zu deiner Sicherheit."

Das war zu viel. Nikki ließ den Schlüssel stecken und wirbelte zu Trent herum. „Himmelherrgott! Lass uns nicht wieder davon anfangen. Du weißt, wo ich wohne, wo ich arbeite, weißt alles über meine Eltern, meine Verwandten, sogar über meinen Exfreund, verdammt noch mal. Und was weiß ich über dich? Nichts! Überhaupt nichts. Aber bei dir soll ich mich ‚sicher' fühlen. Gib's auf, McKenzie."

„Du wirst mich nicht los."

„Aber sicher doch. Von jetzt an sind wir geschieden."

Er lachte laut, beinahe grausam, dann griff er nach Nikki und zog sie an sich. Sie schnappte nach Luft, als sein Mund ihre Lippen fand und er sie so heftig küsste, dass sie kaum atmen konnte. Ihre Knie wurden weich, in ihrem Kopf drehte sich alles. Lass nicht zu, dass er dich so behandelt! verlangte eine innere Stimme, doch ein anderer Teil von ihr seufzte zufrieden.

An ihr immer noch nasses Auto gelehnt versuchte sie, sich sämtliche Gründe vor Augen zu führen, weshalb sie ihn von sich stoßen, ihre nüchterne Haltung wiederfinden und darauf bestehen sollte, dass die Affäre ein Ende haben musste, doch ihr Herz pochte wild, ihr Körper sehnte sich nach Trents Zärtlichkeit, und ihre Entschlusskraft schien sie zu verlassen, Stück für Stück, wie die Sonne langsam hinter dem Horizont versank.

Ihre Sinne verschwammen, und es erschien ihr nur natürlich, die Arme um seinen Nacken zu legen und den Kopf zu heben, um seinen Kuss voll auskosten zu können. Mit der Zunge öffnete er ihre Lippen, und Nikki bebte voller Vorfreude.

Als er den Kopf hob, rang er nach Atem, und Nikki schluckte. Es fühlte sich so gut an, doch sie wusste, dass es völlig falsch war. Trent zu lieben würde ihr nur noch mehr Kummer einbringen.

Trent lehnte seine Stirn an ihre und drückte Nikki an sich. „Lass uns nicht mehr darüber streiten, ja? Wir treffen uns zu Hause."

„Bei *mir* zu Hause", stellte sie klar.

„Ja, Nikki, bei *dir*."

Er rührte sich nicht, als sie in den Fahrersitz ihres Cabrios glitt. Die Polsterung passte sich ihren Körperformen an; der Sitz befand sich für ihre Beinlänge im passenden Abstand zu Gas und Kupplung. Nikki legte den Rückwärtsgang ein, manövrierte den Wagen aus der engen Parkbucht, schaltete und fuhr mit quietschenden Reifen über den Parkplatz.

Trent blickte ihr nach und fragte sich, wie zum Teufel er jemals wieder zu seiner alten Routine zurückfinden sollte. Sobald diese Crowley-Geschichte geregelt war, gab es keinen Anlass mehr, Nikki weiter zu sehen, keinen Grund, Vorwände für das Zusammensein mit ihr zu finden, keinen Grund, Nikki mit List in sein Bett zu locken.

Wütend auf sich selbst, auf die Welt im Allgemeinen und ganz besonders auf Diamond Jim, trat er gegen den Reifen des Jeeps, und ein scharfer Schmerz schoss von seinem Fuß bis in die Hüfte. Er fluchte leise. Seit er Nikki Carrothers das erste Mal gesehen hatte, schlug sein Herz anders, und er meinte, sie wäre anders als jede Frau, der er bisher begegnet war. Als er erfuhr, dass sie an einer Story über Crowley arbeitete, hatte er sich eingehend über sie informiert. Je mehr er über sie wusste, desto größer wurde seine Faszination, bis er, ähnlich wie von Crowley, auch von Nikki besessen war. Eine böse Besessenheit, eine gute. Im Gleichgewicht.

Doch Trent hatte nicht erwartet, im Laufe der Tage immer stärker in ihren Bann zu geraten. Sein Instinkt hatte ihn nicht getrogen, dachte er finster, als er in den Jeep stieg. Sie war anders. Eigensinnig, entschlossen, unerbittlich – nicht unbedingt weibliche Qualitäten, die er sich von seiner Ehefrau wünschen würde.

Mitten in seinem Griff nach dem Steuer hielt er inne. *Ehe?* Was dachte er da? Er wollte keine Ehe, hatte nie eine gewollt und schon gar keine mit einer dickköpfigen, arroganten Frau wie Nikki. Nein, er stand seit jeher auf den weichen, femininen Typ, kurvenreich, kokett, nicht allzu viel Grips. Derartige Beziehungen ließen sich leicht beenden.

In seinem Leben hatte es ein paar intelligente Frauen gegeben, Frauen, die ihn auf einer Ebene anzogen, der er nicht vertraute, Frauen, die die Chance hatten, mit seinem Herzen und seinem Verstand zu spielen, und die hatte er gemieden wie die sprichwörtliche Pest. Aber mit Nikki war alles anders.

Er schob den Schlüssel ins Zündschloss, trat auf die Kupplung und raste Nikki hinterher. Ein zynisches Lächeln umspielte seine Lippen. Anfangs hatte er die Rolle des Beschützers einzig zur Gewährleistung ihrer Sicherheit übernommen, doch als die Farce ihrer Heirat funktionierte und er zu engem Kontakt mit Nikki gezwungen war, hatte er sich unmöglich gegen ihre Anziehungskraft zur Wehr setzen können. Im Krankenhaus war sie allein und verletzlich gewesen, verängstigt, doch im Lauf der Tage und ihrer Genesung hatte Trent flüchtige Blicke auf die wahre Nikki erhascht, auf die Frau, die offenbar sein Herz fest in ihrer Hand hielt.

Herrgott, was für ein Chaos! Und jetzt jagte er ihr auch noch hinterher. Wie passend, dachte er ironisch lächelnd. Unwillkürlich fragte er sich, ob er ihr für den Rest seines Lebens hinterherjagen würde.

Nikki ging es wieder besser. Während sie einer endlosen Schlange von rot glühenden Rücklichtern folgte, sich von der Autobahn bis zur Ausfahrt vorarbeitete, Sender im Radio fand, die so vertraut waren wie ein alter Bademantel, wurde ihr klar, dass sie anfing, sich selbst zu verstehen. Gedächtnisblitze folgten so rasch aufeinander wie die Verkehrszeichen. Meilensteine ihrer Vergangenheit huschten durch ihr Bewusstsein.

Sie erinnerte sich an einen kleinen schwarzen Hund namens Succotash, an ihre Lieblingspuppe, an ihre Mutter, die sich eine Zigarette anzündete und ihr dringend riet, sich niemals das Rauchen anzugewöhnen, an die Streitereien, die Nacht für Nacht aus dem Elternschlafzimmer zu hören waren, als sie zur Highschool ging, an die zunehmende Begeisterung ihrer Mutter für Wein, an das Zerbrechen ihrer Familie. Ihr war, als wären die Grundmauern ihres ganzen Lebens geschleift worden, als wäre die Sicherheit, die sie kannte, ihr genommen worden. Dieser triste Abschnitt ihres Lebens war, wie sie sich erinnerte, der einzige, in dem sie ihren Vater weinen gesehen hatte. Ihr Kinn zitterte ein wenig, bevor ihre Gedanken sich glücklicheren Momenten zuwandten, ihrem Abschlussball und dem glitzernden weißen Chiffonkleid, das sie getragen und dann mit Orangenpunsch bekleckert hatte.

Tränen schimmerten in ihren Augen, als ihr Leben anfing, einen Sinn zu ergeben, und die Lücken und Löcher im Puzzle ihrer Existenz kleiner wurden. Sie hatte ein Leben – ein Leben, an das sie sich erinnerte.

Sie erinnerte sich an ihre Beziehung mit Dave Neumann. Dave. Er war ihr erster richtiger Freund, der erste Mann, den sie eventuell hätte heiraten wollen. Er sah gut aus und war geistreich, und sie hatten Stunden damit verbracht, eine Zukunft zu planen, die irgendwie keine rechte Form annehmen wollte. Er wünschte sich eine Eigentumswohnung in der Stadt und sie ein Haus in einem Vorort. Er wollte mit Kindern mindestens noch zehn Jahre warten und war nicht sicher, ob Babys und Windeln und mitternächtliche Fütterungen jemals in sein wohlgeordnetes Leben passen würden. Er passte seinen Urlaub seiner Arbeitsplanung an und bestand auf Reisen, die er geschäftlich „abschreiben" konnte, statt Spaß und Abenteuer zu suchen.

Kein Wunder, dass die Beziehung einen langsamen, schmerzhaften Tod gestorben war.

Sie verließ in ihrem kleinen Dodge die Autobahn und betrachtete sich als Glückspilz. Sie und Dave hatten sich „vorübergehend" getrennt, um „ihre Beziehung auf die Probe zu stellen" und um „sicherzugehen, dass sie nicht einen großen Fehler machten". Es war Daves Idee gewesen, und alles hatte sich sehr vernünftig angehört. So antiseptisch. So leidenschaftslos. Na, zum Teufel damit. Wenn Trent sie irgendetwas gelehrt hatte, dann war es die Tatsache, dass sie ein leidenschaftlicher Mensch war. Sexuell, intellektuell und moralisch. Dafür sollte sie ihm wohl dankbar sein.

Trent. Oh Gott, was sollte sie mit ihm machen? Der Umgang mit ihm war einfacher gewesen, als sie glaubte, er und sie wären verheiratet, doch jetzt, nachdem sie wusste, dass Entscheidungen anstanden – schwere, schmerzliche Entscheidungen, die ihre Zukunft bestimmten –, da hatte sie Angst. Nach dem Bruch mit Dave hatte sie sich gesagt, dass sie sich nie, *niemals im Leben* wieder mit einem Mann einlassen würde, der ihr Leben bestimmen wollte. Tja, Trent hatte da ganz sicher alle Schutzwälle, die sie errichtet hatte, niedergewalzt und gelogen, *gelogen*, um zu bekommen, was er wollte.

Sie biss die Zähne zusammen. Diese Täuschung traf sie immer noch.

Dann war da die Vertrauensfrage. Jahrelang hatte sie auf ihren Vater vertraut, sich auf ihn verlassen, hatte nie seine Meinungen infrage gestellt, doch kürzlich, vor der Reise, hatten sie gestritten, und es war nicht das erste Mal gewesen. Nikki erinnerte sich an Ted Carrothers' Zorn, weil sie plötzlich zu einer Frau mit eigenem Kopf geworden war, als könnte er es nicht so recht hinnehmen, dass seine Kleine sich zu einer eigenständig denkenden Frau entwickelt hatte.

„Lass Jim in Ruhe", hatte er sie kurz vor ihrer Abreise nach Salvaje gewarnt.

Als Nikki jetzt auf den Parkplatz abbog, schüttelte sie ihre Tagträume ab und trat hart auf die Bremse, um nicht die Seitenwand des Apartmenthauses zu rammen. Ihr Mund wurde staubtrocken, als sie an den Streit dachte. Sie hatten im Schatten eines gestreiften Sonnenschirms vor einem Restaurant am Wasser gesessen. Der Geruch von Salzwasser war durch den Bohlenbelag gedrungen, und der frische Wind zauste das Haar ihres Vaters. Sie und Ted Carrothers waren die einzigen Gäste auf der Terrasse; alle anderen waren vernünftig genug, sich einen Platz auf der anderen Seite der dicken Fensterscheiben zu suchen.

„Jim ist mit mir befreundet", hatte ihr Vater gesagt. Er bestellte durch Handzeichen ein weiteres Glas Gin Tonic beim Kellner.

„Aber er ist in zahlreiche dunkle Geschäfte verwickelt, Dad", erwiderte Nikki und hob entschlossen das Kinn. Der Wind wehte ihr eine lange Haarsträhne über die Augen.

„Er ist Politiker. Das gehört zu seinem Job."

„Ausgeschlossen. Das glaube ich nicht. Wenn jemand in die Regierung gewählt wird, muss er nicht automatisch zum Gauner werden."

„Die Versuchungen …"

„Jeder Mensch ist Versuchungen ausgesetzt, Dad. Du in deinem Unternehmen, ich in meinem Job, in meinem Leben. Man braucht Charakterstärke, um ihnen zu widerstehen."

Ihr Vater schüttelte den Kopf, verfiel dann in Schweigen, als der schlanke Kellner in einem grünen Polohemd, weißem Jackett und schwarzer Hose ihm einen frischen Drink vorsetzte. Ted trank in tiefen Zügen, presste die Lippen aufeinander und blickte an Nikki vorbei auf die Meerenge, über der lärmende Möwen auf unsichtbaren Luftströmungen hoch über dem Wasser schwebten und Fähren den dunklen Wasserspiegel aufwühlten und breite schäumende Heckwellen hinterließen. Vergnügungsboote und Frachter eiferten um Platz im bewegten Wasser, und Nikkis Vater lächelte traurig, als er ein Segelboot vorübergleiten sah. Er senkte den Blick auf sein Getränk. „Vor dreißig Jahren habe ich genauso gedacht wie du, Nicole, doch wenn man älter wird, Kinder hat, der Tatsache ins Auge sieht, dass die Welt nicht perfekt ist, dann nimmt man die Dinge hin, wie sie sind."

Nikki hatte nicht nachgegeben. Sie hatte ihren Vater nie als schwach eingeschätzt, nie in Betracht gezogen, dass er alt und lebensüberdrüssig wurde. „Ich werde niemals glauben, dass alle Mächtigen korrupt sind."

„Nicht korrupt, Nicole. Einfach nur menschlich. Hör auf meinen Rat. Lass Jim in Ruhe."

Jetzt, als sie das Auto verriegelte und die Stufen zu ihrer Wohnung hinaufstieg, verkrampfte sich schmerzhaft ihr Magen. Ihr war so kalt, als wäre der Nordwind heulend durch ihre Seele gezogen, und sekundenlang hatte sie wieder das beunruhigende Gefühl, das unheimliche Wissen, dass sie beobachtet wurde. Vielleicht sogar verfolgt wurde. „Das nennt man Paranoia, Carrothers", sagte sie zu sich selbst, doch sie bekam eine Gänsehaut und warf einen Blick über die Schulter, in der Hoffnung, das Motorengeräusch des Jeeps zu hören oder Scheinwerferlicht auf den Büschen rings um den Parkplatz zu sehen. Sie entdeckte keine Augen in dem dichten Rhododendron oder im Wein-Ahorn, keinen Hinweis darauf, dass jemand sie beobachtete. Trotzdem schauderte ihr, doch Trent erschien nicht wie ein mystischer Ritter des Mittelalters zu ihrer Rettung.

Himmel, jetzt wäre sie dankbar für sein Kommen, und bei diesem Gedanken blieb ihr fast das Herz stehen. Unvermittelt verhielt sie mitten auf der Treppe den Schritt.

Sie machte sich von ihm abhängig? Oh nein! Sie riss sich zusammen und stieg die restlichen Stufen hinauf, schloss die Tür auf, schaltete das Licht ein und warf ihren Mantel über die Sofalehne. Als sie den Kühlschrank öffnete, zuckte sie zurück und entnahm ihm einen Viertelliter saure Milch und verschimmeltes Brot. So viel zum Abendessen.

Sie entsorgte Klumpen saurer Milch und pelzige Weißbrotscheiben im Müllschlucker. Als der Küchendienst erledigt war, hörte sie ihren Anrufbeantworter ab und lauschte den Dutzenden von Fragen ihrer Schwester Jan auf dem winzigen Band. *Ich dachte, du wolltest mich anrufen. Mach schon, Nikki, ich brenne darauf zu erfahren, was los ist.*

Auch ihre Mutter hatte angerufen und ihrer Sorge wegen Nikkis Verletzungen und ihrer überstürzten Heirat Ausdruck gegeben. *Ich kann nur hoffen, dass du weißt, was du tust, und falls dein Vater beschließt, eine Art Empfang zu geben, möchten Fred und ich helfen. Schließlich bist du auch meine Tochter.*

Das klang merkwürdig aus dem Mund einer Mutter, die drei halbwüchsige Kinder zurückgelassen hatte, um in Los Angeles sich selbst und eine neue Familie zu finden.

Die letzte Nachricht stammte von Dave. *Ich weiß nicht, warum ich dich anrufe. Offenbar habe ich eine masochistische Ader. Aber ich muss dich sehen und wissen, dass du glücklich bist.* Ja klar. Es war, wie Niki vermutete, wohl eher so, dass Dave sich plötzlich für sie interessierte, weil sie nicht mehr zur Verfügung stand. Jetzt, da jemand anderer sie begehrte, begehrte Dave sie auch. Sie lachte leise. Sie war nicht verheiratet. Ihre Beziehung mit Trent war dem Untergang geweiht, dennoch bestand nicht die geringste Chance, dass sie versuchen würde, sich wieder mit Dave auszusöhnen. Wenn sie etwas von Trent gelernt hatte, dann waren es das Bedürfnis nach Unabhängigkeit und die traurige Tatsache, dass sie als Lebenspartner einen stärkeren Mann als Dave benötigte.

Sie hatte keine Lust, die Anrufe zu beantworten, entschied aber dennoch, es gleich zu erledigen. Außerdem wollte sie lieber reden, wenn Trent nicht mithörte.

Sie wählte aus dem Gedächtnis und lächelte bei dem Gedanken, dass etwas so Einfaches so große Erleichterung brachte. Jan war nicht zu Hause, ihre Mutter war in Sorge, und Nikki hatte gerade eine knappe Nachricht auf Daves Anrufbeantworter gesprochen, als es kurz an der Tür klopfte. Dann klickte das Schloss, und Trent, zwei Tüten mit Lebensmitteln in den Händen, stand auf der Schwelle.

Erschrocken fragte Nikki: „Wie hast du das gemacht?", doch resigniert wusste sie die Antwort bereits, bevor er es sagte.

„Ich habe einen Schlüssel."

„*Wie* bitte?"

„Als wir auf Salvaje waren. Da habe ich einen anfertigen lassen."

Hilflos ballte sie die Fäuste. Auf der ganzen Welt existierte mit Sicherheit kein Mann, der sie wütender machen konnte. Aus schmalen Augenschlitzen musterte sie seinen hochmütigen Gesichtsausdruck. *Als ob er hierhergehörte!* „Du wohnst hier nicht."

Er verzichtete auf eine Antwort, stellte die Einkaufstüten auf den Tisch und fing an, Lebensmittel in den Kühlschrank und den Küchenschrank zu räumen. „Ich dachte mir, dass du wohl kaum noch etwas dahast."

„Hast du gehört?"

Über die Schulter hinweg bedachte er sie mit einem brennenden Blick. „Klar und deutlich, Süße."

„Du kannst hier nicht einfach antanzen, als würdest du hier wohnen, als wären wir *verheiratet*, zum Kuckuck. Kommt nicht infrage."

„Nur, bis Gras über diese Sache gewachsen ist."

„Wie bitte? Bis Gras über welche Sache gewachsen ist?", hakte sie nach und kam mit großen Schritten wütend auf ihn zu. „Crowley."

„Ganz recht."

„Was zum Teufel hast du damit zu schaffen?"

„Crowley ist gefährlich. Vermutlich hast du das auch schon herausbekommen." Er ließ den Blick über die Gesichtshälfte gleiten, die noch vor Kurzem so arg zerschunden war.

Unwillkürlich straffte sie die Schultern.

„Ich weiß, du meinst, einen verdammten Enthüllungsbericht über ihn verfassen zu müssen, doch ich bin der Meinung, du solltest Crowley lieber mir überlassen."

„Was hast du mit ihm vor?", fragte sie und schob eine Lebensmitteltüte aus dem Weg. Sie fasste Trent beim Arm und zwang ihn, sie anzusehen. Ein Salatkopf rollte vom Tresen und fiel zu Boden, aber sie störte sich nicht daran.

Trents Züge wurden hart. „Ich kümmere mich um ihn."

„Ach ja?", schoss sie zurück. Ihre Arbeit über Crowley schoss ihr durch den Kopf, eine Serie von Artikeln über Bestechung und Lobbyismus. Wenn ihre Quellen zuverlässig waren, sorgte der Senator nicht nur für die oberen Zehntausend, sondern nahm auch große Geschenke von Unternehmen überall im Staat Washington und im pazifischen Raum an.

Nikki hielt immer noch Trents Arm fest. „Hör mal, Nikki, denk von mir, was immer du willst, es ist mir egal, aber ich will nicht, dass dir etwas zustößt." Seine Worte klangen beschwichtigend, und Nikki rückte von ihm ab, fort von dem Zauber seiner Stimme, fort von seinem verführerischen Blick.

„Fang nicht wieder damit an, okay?"

„Es stimmt, verdammt noch mal!“ Leise schimpfend zog er Nikki in seine Arme, und sie erstarrte. Wie einfach hätte sie es zulassen können, dass ihre Knie weich wurden, sie sich auf ihn verließ, dass er die Entscheidungen für sie traf. Sie wollte ihn auffordern, sie in Ruhe zu lassen, die Finger von ihr zu nehmen, sich zum Teufel zu scheren …

Aber sie konnte es nicht. Sie stemmte sich an der Kühlschranktür ab und wandte den Kopf, sodass ihr Haar wie ein Vorhang über eine Schulter fiel. Trent nutzte das aus und strich mit den Lippen über ihren Nacken. Ihre Nerven vibrierten erwartungsvoll, als er die Arme um ihre Taille legte und Nikki an sich zog. Ihr Po schmiegte sich an seine harte Erektion unter seiner Jeans. Sie wollte mit ihm verschmelzen. Trent ließ den Mund über ihren Nacken gleiten und legte die Hände mit gespreizten Fingern auf ihren Körper. Mit den Daumen fuhr er an der Unterseite ihrer Brüste entlang.

„Nicht“, flüsterte sie atemlos.

Er hörte nicht.

Sie schluckte den Drang hinunter, sich zu Boden sinken zu lassen und Trents Körper zu umschlingen und mit sich herabzuziehen, und schob seine Hände von sich. „Nicht“, sagte sie mit mehr Nachdruck, und er rückte widerwillig von ihr ab.

Nikki drehte sich um und lehnte sich rücklings an den Kühlschrank. „Setz bitte nicht Sex als Waffe ein.“

„Habe ich das getan?“

Sie funkelte ihn aus schmalen Augen an. „Du weißt genau, was du getan hast. Und ich kann dir in Sachen Crowley nicht zustimmen“, sagte sie, hob den Salatkopf auf und warf ihn in die Spüle. „Das ist zu wichtig.“

„Er ist nichts weiter als ein korrupter Senator.“

„Aber einer, um den ich mich kümmern kann.“ Sie warf ihr Haar über die Schulter zurück. „Ich muss wohl irgendetwas richtig gemacht haben, sonst hätte er auf Salvaje nicht versucht, mich aus dem Weg zu räumen."

„Er ist gefährlich, Nikki, und anscheinend ist er verzweifelt. Du darfst kein Risiko eingehen."

Sie tat die Einwände mit einer Handbewegung ab, ging zu ihrem Computer und schaltete ihn ein. „Irgendetwas muss doch vorhanden sein", sagte sie und trommelte ungeduldig mit den Fingern, während der Rechner hochfuhr. „Hier drin. Wenn ich es doch nur finden könnte!"

Trent gab den Widerspruch auf, und als Nikki sich ihren Stuhl heranzog, lehnte er sich seitlich an den Schreibtisch, stützte sich mit den Händen ab, kreuzte die Fußknöchel und sah zu. Sie spürte einen Adrenalinstoß, als sie die Finger auf die Tastatur legte und anfing, Befehle einzugeben. Hinter dem Rücken ihres Verlegers hatte sie ein paar Wochen an dem Crowley-Thema gearbeitet. Unzufrieden mit dem Fortschritt ihrer Karriere hatte sie die Sache selbst in die Hand genommen, nachdem ihr wieder einmal die Chance versagt worden war, etwas Interessanteres als eine Story über die Sieger des Kuchenwettbewerbs zu schreiben.

Sie beabsichtigte, Frank Pianzani, dem Herrgott persönlich, zu beweisen, dass sie mit den großen Nummern mithalten konnte. Sie war zur Enthüllungsjournalistin ausgebildet und hatte nie zeigen dürfen, was sie konnte. Tja, dieses Mal sollten die Mitarbeiter beim *Observer* merken, wen sie vor sich hatten.

Es sei denn, ich lasse mich vorher umbringen, dachte sie und schauderte.

Sie sah ihre Dateien durch, fand aber nichts. Sie prüfte ihre Disketten, schob eine nach der anderen ins Laufwerk und ließ sich den Inhalt anzeigen. Immer noch null Ergebnis. „Wo ist es? Wo? Wo? Wo?", knurrte sie und hätte fast vor Frust geschrien. Ungeduld schüttelte sie. Die Story und ihre Aufzeichnungen mussten hier sein. Irgendwo hier.

Es sei denn, alles war der Einfachheit halber gelöscht worden. Trent hatte einen Schlüssel und Zugang zu ihrer Wohnung, wenn sie nicht zu Hause war. Manchmal hatte sie ihn in diesem Zimmer allein gelassen. Wenn sie unter der Dusche stand, wenn sie zur Arbeit war … Ratlos biss sie die Zähne zusammen. Er war erwiesenermaßen ein Lügner der schlimmsten Art, und er würde alles tun, um sie matt zu setzen, aus welchen Gründen auch immer, ob sie nun edel waren oder sonst was.

Ihre Finger hielten inne, während sie diesen Gedanken nachhing.

„Probleme?", fragte Trent, und als sie zu ihm aufblickte, erwartete sie, Spott in seinen blauen Augen zu entdecken, doch sie fand nur ehrliche Sorge.

„Ich kann die Datei einfach nicht finden."

Trent rieb sich das stoppelige Kinn und fragte: „Darf ich mal nachsehen?"

„Tu dir keinen Zwang an." Müde rollte sie in ihrem Schreibtischstuhl zur Seite, stand auf und streckte den Rücken durch, während Trent sich vor den Computer setzte. Fasziniert sah Nikki zu, wie seine langen Finger flink über die Tasten flogen. Er war genauso vertraut mit dem Computer wie sie selbst. So sah es zumindest aus.

„Du wirst sie unter einem Codenamen abgelegt haben", sagte er, und sie ließ ihn sitzen und schenkte ihm ein kleines bisschen Vertrauen. Während er ihren Computer durchsuchte, schlüpfte sie in die Rolle der Hausfrau, wusch den verdammten Salat und begann, aus den Lebensmitteln, die Trent mitgebracht hatte, ein Abendessen zu zaubern. Ihr Magen knurrte erwartungsvoll, doch ihre Gedanken waren beim Computer und ihren fehlenden Dateien.

Nikki kochte Linguine und bereitete eine Sahnesoße mit Shrimps und Knoblauch zu, während ihre Gedanken um Crowley kreisten. Wenn er hinter dem Überfall auf sie auf Salvaje steckte, dann hatte der gute alte Diamond Jim, der *Freund* ihres Vaters, versucht, sie umzubringen. Also wusste er, dass sie ihm auf der Spur war. Woher?

Sie warf einen Blick zu Trent hinüber, und es schnürte ihr die Kehle zu. Das würde er doch nicht tun? Sie leckte den Holzlöffel ab und überlegte. Was hatte Trent gesagt – über eine undichte Stelle beim *Observer*? Connie? Nein! Frank? Max? „Ich kann mich nicht an einen Codenamen erinnern“, sagte sie laut genug, damit Trent sie hörte. „Der gehört wohl zu den Details, die im Nebel bleiben.“ Es war so frustrierend. Verdammt noch mal. Ihre Erinnerungen waren größtenteils zurückgekehrt, und doch wollte ihr diese wichtige Information einfach nicht einfallen. „Komm, leg eine Pause ein. Ich lade dich zum Essen ein.“

„Du spielst die Hausfrau? Du?“ Er ließ die Fingerknöchel knacken und reckte sich. Er wirkte entschieden zu groß für Nikkis kleinen Schreibtischsessel.

„Ich dachte, das wäre ich dir schuldig, nachdem du dir die Mühe gemacht hast, die Vorräte aufzustocken.“ Sie wies ihm einen Platz an dem kleinen Tisch zu, auf dem sie Platzdeckchen ausgelegt und Kerzen angezündet hatte. „Gewöhn dich lieber nicht daran“, scherzte sie, doch bei dem Gedanken, dass ihre Beziehung nur eine vorübergehende war, blieb ihr das Lachen im Hals stecken. Erstaunlicherweise fuhr ihr ein Stich ins Herz, und sie verbarg die plötzliche Gefühlsaufwallung, indem sie ein Lächeln aufsetzte und eine Salatschüssel aus Holz zu der Pasta und der Soße auf den Tisch stellte.

Es war einfach albern. Sie setzte sich und wartete, während Trent Wein einschenkte. Im klaren Chardonnay spiegelte sich der Kerzenschein.

Herrgott, sie würde Trent vermissen, erkannte sie mit einer Traurigkeit, die ihr ganzes Herz ergriff. Sie hatte sich an ihn gewöhnt, freute sich auf sein Lachen und auf seine Liebeskünste.

Er stieß behutsam mit seinem Weinglas gegen ihres. „Auf die

Ehe", sagte er, und ihr Herz schien in tausend Scherben zu zerbrechen. Er meinte es natürlich nur im Scherz.

Noch einmal zwang sie sich zu einem Lächeln und sagte: „Und auf die Scheidung."

„Kannst es wohl nicht erwarten, mich loszuwerden, wie?", fragte er, und sie glaubte, flüchtig etwas wie Schmerz in seinen Augen zu sehen.

„Je schneller, desto besser." Sie trank den kühlen Wein und stellte sich den schmalen goldenen Ring an ihrem Finger vor. Die Kehle wurde ihr so eng, dass sie kaum schlucken konnte. Schmerz durchzuckte sie bei dem Gedanken, dass, komme, was wolle, Trent bald schon nur noch irgendeine verschwommene Erinnerung für sie sein würde.

Sie aßen schweigend zu Ende, jeweils in die eigenen Gedanken versunken. Als Nikki das Geschirr in die Spülmaschine räumte, machte Trent Feuer, und sie tranken den restlichen Wein gemütlich auf dem Sofa, während trockenes Moos in den Flammen knisterte.

Als Trent sich ihr zuwandte, passierte es so natürlich, wie der Wind übers Meer streift. Er küsste Nikki, und sie wehrte sich gegen die Tränen, die hinter ihren Lidern brannten. Seine Arme umfingen sie besitzergreifend.

Er öffnete die Knöpfe ihrer Bluse, und sie gab sich ihm hin, mit Leib und Seele. Tief in sich wusste sie, dass sie nie wieder einen Mann mit der blinden Leidenschaft lieben würde, die jetzt ihre Seele und ihr Leben beherrschte.

Sie war seine Frau. Wenn auch nur noch für ein paar Tage. Und sei es auch nur wegen der Lüge, die sie aneinanderfesselte und sie auch wieder auseinanderreißen würde, so sicher, wie der Mond die Gezeiten der Meere bestimmte.

Plötzlich war Nikki wach. Schweiß lief ihr über den Rücken, und ihr Herz hämmerte wie wild. Der Albtraum hatte sich in ihren Schlaf geschlichen, sich in ihr Bewusstsein gebrannt und sie in Angst und Schrecken versetzt. Selbst jetzt zitterte sie, obwohl sie an Trent geschmiegt dalag, der einen Arm um sie gelegt hatte. Würde die Angst denn nie verschwinden?

Sie warf einen Blick auf die Uhr und stöhnte. Halb fünf. Das Bett, in der Ecke unter dem Dachvorsprung, war warm, zerwühlt und roch nach Sex und Trent; durchs Fenster sah sie Sterne, hell und klar, über der Stadt glitzern.

Sie atmete tief aus und drängte sich an Trent, als die Erinnerung sie plötzlich wie ein außer Kontrolle geratener Güterzug überrollte. Sie wusste wieder, was sie mit der Crowley-Datei gemacht hatte. Die letzten Ausläufer der Angst verflüchtigten sich wie Tau vor der Sonne. Nikki schlüpfte aus dem Bett. Trent drehte sich brummend auf die andere Seite und atmete regelmäßig weiter. Nikki zog ihren Bademantel an und ging zum Computer, ohne Licht zu machen. Im Kamin schimmerten noch Glutreste und warfen rote Schatten auf die Kerzen, die zu blauen Wachslachen heruntergebrannt und längst verloschen waren. Die Weinflasche stand leer auf dem Tisch, die leichte Decke, auf der sie sich geliebt hatten, lag zerknüllt am Boden.

Ihr Herzschlag stockte einen Moment, bevor sie sich diese dummen romantischen Gedanken verbot. Sie hatte zu arbeiten. Am Tag vor ihrer Abreise nach Salvaje, genau an dem Tag des heftigen Streits mit ihrem Vater, hatte sie beschlossen, ihre Informationen über Crowley zu verbergen, nur für den Fall, dass jemand vom *Observer* oder einer von Crowleys Leuten wissen wollte, was sie im Schilde führte. Sie hatte sämtliche Notizen und ihre Diskette sorgsam in einer Kiste mit Weihnachtsschmuck tief in einem der Schränke unter den Dachgesimsen versteckt.

Leise öffnete sie die Schranktür und zog an der Kette, die von einem der freiliegenden Dachbalken hing. Im Licht einer nackten Glühbirne wich sie Mausefallen aus und zerrte eine schwere Kiste mit dem Christbaumständer aus dem Schrank, dann durchwühlte sie eine zweite Kiste voller Baumschmuck und Lichterketten.

Ganz unten fand sie die Diskette in einem Pappumschlag. Ein brauner Umschlag enthielt ihre Notizen. „Verdammt noch mal", flüsterte sie, froh, dass ihre Erinnerungen endlich wiedergekommen waren. Sie ließ die Schranktür offen, trug ihre Ausbeute zum Schreibtisch und knipste die Arbeitslampe mit dem grünen Schirm an.

Trent schnarchte leise und wälzte sich wieder auf die andere Seite.

Nikki hatte beinahe Angst vor dem, was sie finden würde, als sie den Computer hochfuhr. Als er summend zum Leben erwachte, sah sie die Zeitungsartikel, die Ausschnitte aus Zeitschriften und ihre eigenen Aufzeichnungen durch. „Tolles Zeug", gratulierte sie sich selbst. In einem plötzlichen Gefühl von Stolz auf ihre Arbeit und ihr Leben wollte sie Trent an alledem teilhaben lassen.

Sie warf einen Blick zum Bett hinüber. Trent beobachtete sie blinzelnd. Sein Haar war zerzaust, sein Bartschatten dunkel, sein nackter Oberkörper schimmerte bronzefarben im Schein der verlöschenden Glut. Er reckte sich, blickte auf die Uhr und stöhnte. „Du bist wahnsinnig, Carrothers", sagte er und klopfte auf den warmen Platz im Bett, den sie kürzlich verlassen hatte.

„Ich weiß, aber ich habe mich erinnert!"

„Halleluja", knurrte er sarkastisch und rieb sich den Schlaf aus den Augen. „Hatte das nicht noch Zeit?"

„Nein." Sie hielt die alten Artikel und Fotos in die Höhe. „Beweismaterial, McKenzie. Jawohl."

Er stützte sich auf einem Ellenbogen auf und zog die Brauen zusammen. „Tatsächlich?"

„Ich glaube schon. Meiner Vermutung nach ist der gute alte Diamond Jim einigen der einflussreichsten Unternehmer in Tokio, Seoul und Hongkong Gefälligkeiten schuldig." Sie konnte ein stolzes Lächeln nicht unterdrücken, als sie Zeitungsartikel aus aller Welt durchblätterte.

„Das ist Schnee von gestern“, meinte Trent. „Seit Jahren versucht man, Crowley einen Schmiergeldskandal anzuhängen. Er kann sich immer wieder herauswinden.“

„Hier nicht“, sagte sie, während sie ihre Aufzeichnungen überflog. „Der große Zusammenhang wurde mir klar durch einen Tipp von jemandem, der mal für ihn gearbeitet hat. Er behauptet, dass der Senator all seine schmutzigen Geschäfte, die Annahme von Bargeld und die Geldwäsche zur Einzahlung auf ein Schweizer Konto über eine kleine Karibikinsel getätigt hat.“

„Lass mich raten“, sagte Trent. Sein Blick war inzwischen alles andere als verschlafen, jeder Muskel in Schultern und Brust war angespannt. „Salvaje.“

„Bingo“, flüsterte sie. „Deshalb bin ich auf die Insel geflogen.“ Sie blickte aus dem Fenster auf die Lichter der Stadt, die zwischen den Bäumen blinkten. „Deshalb wollte er mich umbringen lassen.“

„Du kannst ihm nichts beweisen.“

„Noch nicht“, sagte sie, entschlossen, den Bonzensenator zu überführen. Sie legte die Zeitungsausschnitte auf dem Schreibtisch unter die Lampe, und ein vergilbter Artikel löste sich aus dem Stapel. Zusätzlich zu dem Bericht enthielt er ein Foto von Senator Crowley mit dem Chef einer Autofirma mit Hauptsitz in Japan.

Sie griff nach dem Artikel, hielt jedoch mitten in der Bewegung inne. Das Foto zeigte noch einen weiteren Mann, einen Mann, der hinter dem kleineren Industriellen stand, einen Mann, den sie erkannte. Ihre Welt blieb stehen und geriet aus den Fugen, als ihre Zukunft und ihre Vergangenheit kollidierten. Sie schluckte und blickte in das unverwechselbare kantige Gesicht von Trent McKenzie.

11. Kapitel

Nikki blickte fassungslos auf das Foto. Wut stieg in ihr hoch. Schon wieder hatte er sie belogen! Herrgott, warum hatte sie ihm vertraut, ihm geglaubt?

„Was ist los?“, fragte Trent mit verschlafen grollender Stimme.

„Ich, hm, ich habe etwas Interessantes gefunden.“ Ihr wurde innerlich kalt. Im ersten Impuls hätte sie ihm das belastende Beweisstück am liebsten unter die Nase gehalten, Antworten verlangt, über seinen Mangel an Ehrlichkeit und Gerechtigkeit gewettert und über den Schmerz in ihrem Herzen. Stattdessen mahnte sie sich zur Ruhe und zwang sich, das Foto mit zitternden Fingern tief in ihren Aufzeichnungen zu verstecken.

„Was denn?“

„Weiteres Beweismaterial. Ich muss mit einem der Leute sprechen, die für ihn gearbeitet haben. Barry Blackstone“, sagte sie, als der Name ihr wieder einfiel, der ihr häufig in ihren Notizen begegnet war. „Vor ein paar Monaten hat er seinen Job bei Crowley aufgegeben, und ich habe mir eine Notiz gemacht mit dem Hinweis, dass er mir Insider-Informationen geben kann.“

„Blackstone?“

Sie stand auf und ging mit hölzernen Schritten zum Bett, wo sie sich neben dem verlogenen Mistkerl auf die Bettdecke fallen ließ … neben dem Mann, den sie liebte. „Kannst du mir etwas über ihn sagen?“

Trent biss die Zähne zusammen, seine Miene wirkte angespannt. Er wollte nach Nikki greifen, doch sie schob seine Hände weg.

„Jetzt nicht", sagte sie und verbarg, dass ihr gerade das Herz brach. Sie würde ihm nie wieder gestatten, sie in die Arme zu nehmen, sie würden sich nie wieder lieben. Hier und jetzt, obwohl der Duft von Sex noch in den Laken hing, schwor sie sich, ihm nie wieder in seine verführerische Falle zu tappen. Um außer Reichweite der Versuchung zu gelangen, ging sie zum Sofa und lehnte sich ans Polster. Eine Welt ohne Trent. Sie erschien ihr so trist und leer. Plötzlich der Welt überdrüssig, verschränkte sie die Arme vor der Brust. „Du hast doch sicher schon von ihm gehört."

„Ich kenne Blackstone", sagte Trent und sah sie verhalten an, als spürte er die stummen Vorwürfe, die im Raum standen. Er schlüpfte in seine abgetragene Jeans. Die Hose war an den Knien und am Hintern so fadenscheinig, dass sie zu reißen drohte, als er barfuß zum Kamin ging, sich hinhockte, um einen staubigen Eichenkloben auf den Rost zu legen, und in die Glut blies. Helle Funken sprühten und fanden Moos und trockene Rinde. „Ich habe mal für unseren Freund, den Senator, gearbeitet", gestand er schließlich und stocherte mit dem Schürhaken in der warmen Asche.

Nikki konnte sein Eingeständnis nicht fassen. Hatte er ihre Gedanken gelesen, gewusst, dass sie ihn schon wieder bei einem Ausweichmanöver ertappt hatte? Ihr Puls begann zu hämmern, und sie wusste nicht, ob sie den Rest der Geschichte hören wollte. Würde er die Wahrheit sagen oder lügen? Würde er zugeben, dass er mit dem Mann im Bunde war, der sie umbringen lassen wollte? „Darüber hast du nie ein Wort gesagt."

„Es war nie der richtige Zeitpunkt." Rot glühende Holzstückchen pulsierten an den angekohlten Kloben. „Vor ein paar Jahren war ich wenige Wochen lang einer von Crowleys Bodyguards."

Wie bequem. Offenbar hat er den Verdacht, dass du ein Foto von ihm entdeckt oder seinen Namen in einem der Artikel ge-

lesen hast. Trotzdem spielte sie mit und fragte sich, ob er sich aufhängen würde, wenn sie ihm mehr Leine ließ. „Aber jetzt stehst du nicht mehr auf seiner Gehaltsliste?", fragte Nikki. Sein Vertrauensbruch legte sich wie eine Schlange um ihr Herz und drückte es ab.

„Nein." Er legte ein weiteres Holzscheit in die knisternden, gierigen Flammen. „Vor vier Jahren habe ich aufgehört."

„Warum?"

Er warf einen Blick über die Schulter in Nikkis Richtung. Er hatte den Mund zu einem harten zynischen Strich zusammengepresst. „Mir passten die Arbeitsbedingungen nicht."

„Soll heißen?" Ihr war klar, dass sie ihn bedrängte, doch sie konnte sich nicht zurückhalten. Nach diesem allerletzten Mal, das schwor sie sich, würde sie seine Halbwahrheiten und Lügen nie wieder anhören.

Trent erhob sich, wischte sich die Hände an der Hose ab und klatschte. „Soll heißen, dass sich mir der Verdacht aufdrängte, Jimbo könnte es mit der Wahrheit nicht so genau nehmen. Es hatte ein paar Vorfälle gegeben, die mir nicht passten. Ich hatte ihn in Verdacht, sowohl bei internationalen Lobbyisten wie auch bei Unternehmen hier in den Staaten die Hand aufzuhalten. Ich habe ihn zur Rede gestellt." Ein wehmütiges, aber zufriedenes Grinsen trat auf seine Lippen. „Da hat er mich in die Wüste geschickt."

„Er hat dich gefeuert?"

„Er hat ‚das Arbeitsverhältnis aufgelöst', wie er es formulierte", erwiderte Trent. „Nett, nicht wahr?"

Nikki schauderte und rieb sich die Arme. *Glaub ihm kein Wort. Nicht ein einziges.*

„Aber es war sowieso zu spät. Ich hatte meine Kündigung längst eingereicht." Er schob die Hände in die Vordertaschen seiner Jeans und schlenderte auf Nikki zu. Der Feuerschein spielte mit rotgoldenen Schatten auf der glatten Haut und den geschmeidigen Muskeln seines Oberkörpers. Nikki versuchte, das schwarze Haar auf seiner Brust nicht zu beachten, das sich zu einem schmalen Strich verjüngte und verführerisch im Bund seiner Jeans verschwand. Sie mied den Blick auf seine schön definierten Schultermuskeln und in seine tiefblauen Augen, die nun auf sie gerichtet waren.

Ihr dummes Herz machte einen Satz, doch sie gestattete sich nicht mal ein Lächeln. „Du hast mich belogen." Ihr Flüstern hallte von den Dachbalken wider und umkreiste sie und Trent wie ein kalter Whirlpool.

„Das haben wir bereits festgestellt."

„Nein, ich meinte, du hast mich schon wieder belogen. Du wolltest nicht, dass ich von deiner Verbindung zu Crowley weiß. Warum nicht?" Sie sah mit trotzig erhobenem Kopf zu ihm auf, als er knapp vor ihr stehen blieb. Seine nackten Zehen berührten fast die ihren, sein Blick tauchte tief in ihren.

„Ich wollte nicht darüber reden."

„Und was ist mit mir? Konntest du dir nicht denken, dass ich das wissen wollte?", fragte sie. Zorn kochte in ihrem Blut und führte ihre Zunge. Der Mann hatte Nerven!

„Wozu wäre das gut gewesen?"

„Hier geht es nicht um gut oder schlecht, Trent! Hier geht es um Wahrheit und Lüge, um Vertrauen. Du verlangst, dass ich vorgebe, mit dir verheiratet zu sein, dich in meinem Haus zu beherbergen, dir einen Hausschlüssel zu überlassen, um Himmels willen, und du hältst es nicht einmal für nötig, mir von deiner Verbindung zu Crowley zu erzählen!"

„Du hast mich nicht danach gefragt."

„Doch", widersprach sie und verzog höhnisch den Mund. „Du hast gesagt, es wäre etwas Persönliches."

„War es auch."

Sie warf frustriert die Hände hoch und schüttelte den Kopf. „Wie konnte ich so dumm sein – so verdammt dumm?"

„Du bist nicht dumm.“ Er nahm ihren Arm. „Ich hätte reinen Tisch mit dir machen müssen, doch es erschien mir nicht wichtig.“

„Nicht wichtig?“ Sie entzog ihm mit einem Ruck ihren Arm und stapfte zum Kamin. Eine Woge von Kummer überspülte sie. Sie liebte Trent, und er hatte sie benutzt. Wieder einmal. Ausnutzen war die einzige Grundlage ihrer Beziehung. Mehr konnte nie daraus werden. „Wir reden hier über mein Leben. Wegen meiner Aktivitäten bin ich beinahe umgebracht worden, und dir erscheint es nicht wichtig.“

Sein Blick verdunkelte sich. „Ich versuche, dich zu beschützen.“

„Dann hör auf damit. Okay? Scher dich aus meinem Haus und aus meinem Leben! Lass mich in Ruhe, Trent.“ *Um Himmels willen, lass mich allein, damit ich meine Wunden lecken und von vorn beginnen kann.*

Doch das tat er nicht. Er fluchte leise und ging direkt auf sie zu. Sein Gesichtsausdruck zeigte eine Mischung aus Wut, Empörung und Angst. „Ich kann nicht, Nikki.“

„Ach, verschon mich mit deiner Beschützernummer. Sie nutzt sich allmählich ab.“

„Ich liebe dich.“

Die Worte hallten durch ihre Wohnung und durch ihre Seele.

„Ich habe dich von Anfang an geliebt.“

Er streckte die Hände nach ihr aus, und sie versetzte ihm eine schallende Ohrfeige. „Sag so was nicht, Trent. Ich will keine Lügen mehr!“, schrie sie. Ein roter Abdruck bildete sich auf seiner Wange. Entsetzt darüber, dass sie ihn geschlagen hatte, wich sie einen Schritt zurück, doch er hatte bereits ihr Handgelenk gepackt und riss sie an sich. Seine Augen wurden zu schmalen Schlitzen, und Nikki dachte daran, dass sie ihn einmal für grausam gehalten hatte.

„Ich habe in mancher Hinsicht gelogen, Nikki, und ich bin nicht stolz darauf, und ich werde nicht behaupten, dass meine

Gründe immer nur edler Natur waren, denn das waren sie nicht. Ich habe mit dir geschlafen, habe mit dir Liebe gemacht, weil ich mich nicht zurückhalten konnte, verdammt noch mal. Ich habe mir sogar eingeredet, es wäre notwendig, aber ich habe nicht damit gerechnet, dass ich mich in dich verlieben würde." Seine Finger gruben sich tief in ihr Fleisch. „Falls ich irgendwie hätte verhindern können, dass ich mich in dich verliebe, glaub mir, ich hätte es getan."

Nikki schluckte. „Ich glaube dir nicht", krächzte sie. Wie sollte sie einem Mann vertrauen, der log, um andere Lügen zu überdecken? Die Worte waren Musik in ihren Ohren, doch wie eine falsche Melodie würden sie rasch verwehen, verschwinden.

„Ich liebe dich, Nikki."

Schon wieder diese grauenhaften, wunderbaren Worte. Tränen stiegen Nikki in die Augen.

„Ich glaube, ich habe mich gleich bei unserer ersten Begegnung in dich verliebt." Er seufzte laut, lebte seine Rolle aus. „Versteh mich nicht falsch. Ich bin kein sentimentaler Trottel. Diese Sache ist nicht typisch für mich, aber ich habe mich in dich verliebt, und ich schwöre, solange ich lebe, werde ich keine andere Frau lieben."

Oh Gott! Sie wollte ihm so gern glauben. Von ganzem Herzen wünschte sie sich, diesem Mann vertrauen und ihn lieben zu können, doch sie konnte es nicht. Tränen flossen in kleinen Bächen aus ihren Augen, sie stieß Trents Arm von sich und schüttelte den Kopf. „Und ich schwöre dir, Trent McKenzie, dass ich dir, solange ich lebe, niemals vertrauen werde." Mit dem Gefühl, innerlich in tausend Scherben zu zerfallen, rückte sie von ihm ab und wischte sich die Tränen von den Wangen. „Es ist zu spät."

„Nikki ..." Er streckte die Arme nach ihr aus, doch hölzern stand sie da und gestattete sich nicht, sich hineinzuschmiegen.

„Selbst wenn wir mal eine Chance gehabt haben sollten, ist sie jetzt vertan. Geh jetzt, Trent“, beharrte sie und wehrte sich gegen den Drang, sich ihm in die Arme zu werfen.

„Aber …“

„Leg den Schlüssel einfach auf den Küchentresen – und geh. Da ist die Tür, verdammt noch mal!“

Er musterte eindringlich ihr Gesicht, machte dann auf dem Absatz kehrt, schnappte sich seine Jacke und verschwand aus ihrem Leben. Die Tür fiel krachend ins Schloss, und der Fußboden bebte.

Nikkis Knie wurden weich. Sie hielt sich an der Tischkante fest, und weil sie Angst hatte, zusammenzubrechen und Trent weinend zurückzurufen, lief sie ins Bad, verriegelte die Tür, drehte das Wasser in der Dusche auf und zog ihren Bademantel aus. Dampf wallte hoch und erfüllte den Raum und ihre Lunge, als sie unter den warmen Strahl trat und betete, dass das heiße Wasser den Schmerz in ihrem Herzen fortspülen möge. Sie liebte Trent, war vom Schicksal dazu bestimmt und verdammt, ihn ihr Leben lang zu lieben, doch sie würde ihn nicht wissen lassen, was sie empfand. Durch ihn hatte sie bereits zu viel Schmerz erfahren – nie wieder würde sie so dumm sein und ihm eine Gelegenheit geben, ihr noch einmal wehzutun.

Sie weinte unter der Dusche und schluchzte leise, während ihre Tränen sich mit dem Wasser mischten. Sie schwor sich, dass es die letzten Tränen um einen Mann sein würden, der sie – ohne mit der Wimper zu zucken – belügen und gleichzeitig behaupten konnte, er würde sie lieben.

Als sie schließlich die Wasserhähne zudrehte und sich das nasse Haar aus dem Gesicht wischte, fühlte sie sich besser. Sie würde überleben. Irgendwie würde sie jeden Tag ohne ihn leben, und der Schmerz würde nachlassen, nicht schnell, aber sie würde es ertragen und ihr Leben weiterleben. Schon vor langer

Zeit, als ihre Eltern sich scheiden ließen, hatte sie erkannt, dass sie eine Überlebenskünstlerin war und so ziemlich alles erreichen konnte, was sie wollte. Im Augenblick wollte sie, dass Trent aus ihrem Leben verschwand.

Sie zog den Gürtel ihres Bademantels in der Taille fest, biss die Zähne zusammen und öffnete die Badezimmertür. Sie hielt inne, holte tief Atem, um Kraft zu schöpfen, und trat in einer Dampfwolke aus der Tür.

Trent war fort. Das wusste sie, noch bevor sie sich in der dämmerigen Wohnung umgesehen hatte. An der Atmosphäre im Zimmer spürte sie, dass er gegangen war. Und zudem erkannte sie, dass sie sich getäuscht hatte. War sie gerade noch dumm genug gewesen zu glauben, dass sie ab jetzt keine Tränen mehr für Trent McKenzie übrig hatte, so strömten sie jetzt doch zu Tausenden.

„Ich verstehe einfach nicht, warum ich diesen Mann, den du geheiratet hast, nicht kennenlernen kann." Ted Carrothers legte die Hand unter den Ellenbogen seiner Tochter und geleitete sie über die Straße. Er hatte Nikki beim *Observer* angerufen, und sie hatten vereinbart, zusammen zu Abend zu essen.

„Er ist beschäftigt", redete Nikki sich heraus, während sie sich durch die Scharen von eiligen Fußgängern auf den Gehsteigen schlängelten. Schirme, Stiefel, Zeitungen und Taschen unter den Arm geklemmt, legten alle mit wehenden Regenmänteln ein rasantes Tempo vor, als würde jeder Einzelne von ihnen in einem ganz privaten Rennen gegen die Welt antreten.

Im Gegensatz zu Salvaje, wo ein gemächliches Tempo herrschte und das Wetter warm und drückend war, wehte in Seattle ein frischer Wind vom Pazifik her. Nebel wallte durch die Straßen, Nieselregen hing in der Luft. Ted stieß die Tür zu seinem bevorzugten irischen Pub auf, und Nikki wurde begrüßt von Gelächter, Gläserklirren und dem Lärm eines Fernsehers, in dem ein Boxkampf übertragen wurde. Rauch hing über dem Tresen, und schwerer Bierdunst lag in der Luft.

„Weiter hinten. Rosie hat uns einen Tisch reserviert", sagte ihr Vater, als sie an der lang gezogenen Mahagoni-Bar vorbeigingen, die seit dem großen Brand Teil von Rosies Bar war. „Bitte schön." Ted drängte sich zwischen den dicht besetzten Tischen hindurch und fand wie versprochen eine Ecknische nahe der rückwärtigen Wand.

Nikki nahm auf der Holzbank Platz, und Rosie brachte ungefragt zwei Krüge mit schäumendem Bier. Da Rosie nicht glaubte, dass irgendjemand außer ihr den Betrieb führen könnte, arbeitete sie Tag und Nacht als Kellnerin und Wirtin. „Gott segne dich, Rose", sagte Ted und zwinkerte ihr zu.

„Du bist wohl öfter hier, wie?", fragte Nikki scherzhaft und überflog die Speisekarte.

„So oft wie möglich. Und du brauchst keine Bestellung aufzugeben. Das ist bereits erledigt."

„Meinst du nicht, ich würde gern selbst bestimmen, was ich esse?"

Seine blauen Augen glitzerten. „Nicht, wenn ich bezahle."

„Wir leben im einundzwanzigsten Jahrhundert, Dad."

„Aber ich bin eben altmodisch."

Sie war nicht in Stimmung für einen neuen Streit. „Schon gut", sagte sie und betrachtete das flackernde gläserne Windlicht, während sie redeten.

„Und nun zu Trent. Wer zum Teufel ist das?"

Gute Frage. „Ich habe ihn durch eine Freundin kennengelernt." Keine richtige Lüge, nur eine leichte Verfälschung der Wahrheit. Sie trank einen tiefen Zug von ihrem Bier. „Erinnerst du dich an Connie Benson? Ich arbeite mit ihr zusammen, und vor einiger Zeit wurde ihr Auto gestohlen ..." Sie spann die Lüge fort und brachte es nicht übers Herz, ihrem Vater zu beichten, dass ihre Ehe zu Ende war. Oder besser, dass sie nie bestanden hatte. Über einer Schale sämiger Muschelsuppe und knusprigem Brot sagte sie sich, dass ihr Liebesleben ihren Vater ohnehin nichts anging und sie allein mit Trent fertigwerden musste. Rosie räumte die leeren Flaschen und Schüsseln ab und kam mit einer Platte mit gegrilltem Lachs und Rosmarinkartoffeln zurück. Das Gespräch ging hin und her, und jedes Mal, wenn Trents Name fiel, verbarg Nikki die Tatsache, dass es ihr einen Stich in der Brust versetzte.

Als sie ihren Lachs zur Hälfte verspeist hatte, war Nikki kurz vorm Platzen.

„Und wo steckt Trent heute Abend?", fragte ihr Vater, spießte eine Kartoffel auf und betrachtete sie eingehend. „Warum isst er nicht mit uns?"

„Er arbeitet bis in die Nacht hinein. Muss eine Menge nachholen."

„Ein Privatdetektiv … Tja, ich dachte, zum Heiraten würdest du dir einen …" Er suchte nach dem richtigen Wort, und Nikki spürte, wie Ärger in ihr aufstieg.

„Einen konventionelleren Mann aussuchen?", fragte sie. „Jemanden wie Dave Neumann."

Ihr Vater zuckte die mächtigen Schultern. „Er ist nicht übel, aber, hey, nachdem du nun ja verheiratet bist, halten wir ihn lieber raus aus unserem Gespräch."

„Gute Idee." Nikki stocherte in dem rosa Lachs herum; ihr Appetit hatte sich verflüchtigt. Sie kam sich dumm und heuchlerisch vor, weil sie einen Mann verteidigte, der sie bedenkenlos belog.

Ihr Vater erkundigte sich nach ihrer Amnesie, stellte sie auf die Probe, sah zufrieden, dass ihr Gedächtnis funktionierte, und nickte vor sich hin. „Freut mich, dass es dir besser geht. Ich war in großer Sorge um dich, Nicole."

„Ich weiß. Aber mir geht's gut. Wirklich." Sie lächelten einander an, und etwas von den alten Gefühlen der Liebe zwischen ihnen machte sich wieder bemerkbar. Nikki dachte daran, dass sie ihm bedingungslos vertraut und seine vollendete Weisheit nie infrage gestellt hatte.

Schließlich schob ihr Vater den Teller von sich. Rosie stürzte herbei, als hätte sie auf der Lauer gelegen, und räumte das schmutzige Geschirr ab. Sie fragte, ob noch Getränke gewünscht würden, doch Nikki wie auch ihr Vater lehnten ab. Als sie endlich ging, stützte Ted die Ellenbogen auf den Tisch und legte die Fingerspitzen zusammen. „Abgesehen von den Flitterwochen und dem Unfall, wie war die Reise?"

„Salvaje ist eine interessante Insel. Subtropisch. Warm. Ich möchte gern irgendwann noch einmal dorthin."

Ihr Vater schob die Unterlippe vor. „Was ist mit Jim Crowley?" Nikki wurde flau im Magen, und sie blickte ruckartig auf, doch ihr Vater schien lediglich Konversation zu machen und ließ den Rest seines Biers im Krug kreisen. „Ich weiß, dass er zur selben Zeit wie du auf der Insel war. Ich dachte schon, du würdest ihn verfolgen."

„Ich war auf Hochzeitsreise, Dad", sagte sie. „Ich habe kein Wort mit ihm geredet." Nikkis Zunge arbeitete schwerfällig, als sie versuchte, das Problem zu umschiffen, ohne ihren Vater zu belügen.

„Er ist … Na ja, nicht unbedingt mein Freund, aber ich kenne ihn. Ich arbeite seit Jahren mit seiner Kanzlei zusammen. Ich habe mit seinem Sohn, James junior, zu tun. Ein Wahnsinnsanwalt. Einfach brillant."

„Dad, du verlangst, dass ich von einer Story über den Senator Abstand nehmen soll, nur weil Jims Sohn ein brillanter Anwalt ist? Insbesondere, wenn diese Story diesen Lieblingssohn in ein schlechtes Licht rückt?"

„Hör einfach auf, den Mann zu piesacken, Nikki." Ted trank den Rest Bier aus. „Ihr Presseleute, immer müsst ihr im Dreck wühlen."

„Er ist Politiker, Dad.“

„Deshalb hat er es sich selbst zuzuschreiben?“

„Deshalb sollten ihm die Interessen seiner Wähler am Herzen liegen. Er kann nicht den Lobbyisten schöntun, und er muss eine weiße Weste behalten. Das gehört einfach dazu.“

„Ich finde, er ist ein guter Mann, Nikki. Ich möchte nicht, dass irgendwelche aus der Luft gegriffenen Anschuldigungen seinen Ruf zerstören. Das wäre nicht fair, und ich will nicht, dass meine Tochter an so etwas beteiligt ist.“

„Ich bin Journalistin, Dad.“ Sie hob stolz das Kinn. „Ich tue mein Äußerstes, um die Wahrheit zu schreiben, ohne mich von Vorurteilen oder Dogmen beeinflussen zu lassen. Nun ja, angesichts meines Genpools ist das nicht leicht, aber ich kann dir bestenfalls versprechen, dass ich Crowley nicht belästige, wenn er keinen Dreck am Stecken hat.“

Ihr Vater seufzte. „Mehr kann ich wohl nicht erwarten.“

„Ganz genau.“

Ihr Vater beglich die Rechnung und begleitete Nikki zu ihrem Wagen. Sie gab ihm ein flüchtiges Küsschen auf die Wange und fragte sich, wie sie beide, die einander früher so nahe gewesen waren, sich politisch so sehr voneinander hatten entfernen können. Wahrscheinlich lag es an seinem Alter. Er war desillusioniert.

Sie fuhr zu ihrer Wohnung und hatte das unheimliche Gefühl, verfolgt zu werden. Wieder einmal. Himmel, sie litt zunehmend unter Paranoia. Wenn sie nicht achtgab, würde sie auf der Couch irgendeines Seelenklempners landen und harte Dollars für die Erkenntnis bezahlen, dass sie aufgrund des Kindheitstraumas der elterlichen Scheidung unter Unsicherheit litt.

Und weil ein Mann dir eingeredet hat, du wärst mit ihm verheiratet.

Du liebe Zeit. Sie trommelte mit den Fingern auf das Lenkrad und sagte sich, dass sie Trent nie wiedersehen dürfte. Sollten die Erinnerungen von allein verblassen. Schlafende Hunde soll man nicht wecken.

Soweit sie sich zurückerinnern konnte, hatte sie aber niemals einen schlafenden Hund in Ruhe gelassen. Ihre Wissbegier, ihr Gerechtigkeitssinn, ihr Verlangen, Unrecht wiedergutzumachen, trübten manchmal ihr Urteilsvermögen. Sie war nicht der Typ, der sich für den einfacheren Weg entschied oder sich um ein Problem herumdrückte, und damit wollte sie auch jetzt nicht anfangen. Wenn sie vorhatte, die beste verdammte Reporterin beim *Seattle Observer* oder auch bei der *New York Times* zu werden, dann sollte sie lieber aufhören, wie ein Feigling zu denken.

Sie presste entschlossen die Lippen aufeinander, legte den Rückwärtsgang ein, wendete ihr Cabrio und fuhr mit quietschenden Reifen in Richtung Lake Washington. Sie würde ihre Angelegenheiten mit Trent McKenzie klären, so oder so.

Sie fuhr mit Bleifuß, wechselte ständig die Fahrspur, war plötzlich versessen darauf, Trent zu sehen. Wochenlang war sie durch ihre Verletzungen, ihre Amnesie, Trents Lügen und ihre neu erwachende Liebe zu ihm gefesselt, doch jetzt hatte sie das Ruder wieder fest in der Hand, auch wenn ihre Hände, die das Steuer hielten, jetzt leicht zitterten.

Ein Teil von ihr liebte ihn immer noch. Dieser dumme, weibliche, vertrauensselige Bereich ihres Gehirns beschwor immer noch sein Gesicht herauf und bebte unter der Erinnerung an seine Zärtlichkeit. „Idiotin“, knurrte Nikki und hupte ungeduldig, als ein riesiger Lieferwagen vor ihr einscherte.

Was würde sie zu Trent sagen, wenn sie ihn zur Rede stellte? Sie wusste es nicht. Stirnrunzelnd sah sie ihr Bild im Rückspiegel und beschloss, als sie die Besorgnis in ihrem Blick erkannte, dass sie improvisieren würde. Es wäre nicht das erste Mal.

Sie fuhr bei Gelb über eine Ampel und bog von der Hauptstraße ab. Mit überhöhter Geschwindigkeit befuhr sie die kurvenreiche Straße über die Felsen rund um den See. Sie wappnete sich für eine weitere schmerzhafte Konfrontation und lenkte ihren sportlichen Wagen auf die Zufahrt zu Trents Haus.

Die Sonne, verborgen hinter einer hohen Wolkendecke und feinen Nebelfeldern, ging bereits unter, und die hohen Fichten rund um das weitläufige alte Haus wirkten düster und still. Nikki hielt bei der Garage und biss sich auf die Lippe. Trents Jeep stand nicht dort, wo er ihn am Vorabend geparkt hatte.

„Wunderbar", schimpfte sie, ging zur Haustür und klopfte energisch. Keine Antwort. Sie drückte kräftig auf den Klingelknopf und hörte das Läuten im Haus. Noch immer keine Schritte oder Rufe von drinnen.

Nikki rieb sich die Arme und fühlte tiefste Enttäuschung. „Hör auf", ermahnte sie sich selbst. Trent sollte sich nicht um diese Abrechnung herumdrücken, nicht, nachdem sie den Mut aufgebracht hatte, sich ihm zu stellen. Sie ging hinters Haus und fand einen Zettel an der Hintertür, den sie sich laut vorlas. „Warte auf mich."

Es schnürte ihr die Kehle zu. Er hatte sie erwartet. Oder jemand anderen. Ihre feinen Nackenhaare richteten sich auf, als sie die Tür öffnete und in die Küche trat. Nachdem sie Licht gemacht hatte, fühlte sie sich besser, doch bei einem Blick ins Schlafzimmer krampfte sich ihr Magen zusammen. Das große Bett war gemacht, das Feuer lange ausgebrannt, die Vorhänge waren zugezogen, doch vor ihrem inneren Auge sah Nikki das Zimmer so, wie es gewesen war. Ein warmes Feuer warf rote und goldene Schatten über das Bett, und das Bett war zerwühlt und warm. Trent lag ausgestreckt über ihr, seine Lippen streiften ihre Brust, seine Augen blickten tief in ihre.

Liebe oder Lust?

Verwirrt biss sie sich auf die Lippe. Was sie empfunden hatte, war Liebe. Seine Küsse waren ihr willkommen, sie hatte gern und bereitwillig mit ihm geschlafen, hatte ihm ihr Herz geschenkt, und sie würde es immer wieder tun, falls sie je wieder die Gelegenheit bekam. Die Vorstellung war ihr zuwider, aber sie begriff, dass sie zu einer dieser Frauen geworden war, die sich unerklärlicherweise immer zu den falschen Männern hingezogen fühlen, zu Männern, die sie nur verletzten und benutzten, Männern, die leichtfertig mit ihrer Liebe umgehen und nie wirklich zulassen können, dass eine Frau ihre Seele berührt.

Willkommen in der Realität.

Motorengeräusch auf der Zufahrt riss sie aus ihren Gedanken. Trent! Wütend über die aufflackernde Vorfreude ging sie zur Haustür, in der Absicht, Trent persönlich in Empfang zu nehmen und ihm gehörig die Meinung zu sagen.

„Wo warst du, zum Teufel?“, wollte sie wissen, als sie die Tür aufstieß.

Auf der Eingangsveranda stand, mit Augen von sprödem Blau und einem Gesichtsausdruck, der ihre eigene Überraschung spiegelte, niemand anderer als Senator James Thaddeus Crowley.

Es zerriss sie nahezu. „Ach“, flüsterte sie.

Crowley stützte sich schwer auf seinen Gehstock. Sein Gesicht war faltig und wettergegerbt. Einen Schritt hinter ihm stand ein Mann, und als Nikki diesem ins Gesicht blickte, drehte sich ihr fast der Magen um. Sie sah ihrem Tod ins Gesicht. Dieser große Mann mit dem kurz geschorenen schwarzen Haar, den Raubtieraugen und der langen Nase war der Mann, der sie gejagt hatte, der Mann, dessen rasche Schritte ihr durch das dampfende Unterholz im Dschungel von Salvaje gefolgt waren. In einem Ansturm von Erinnerungen erkannte sie in ihm den Mann, der ihr seine fleischige Hand auf die Schulter gelegt und sie vom Felsen gestoßen hatte. Oh Gott!

„Miss Carrothers“, sagte der Senator aalglatt. Er hatte sich wieder gefasst, während Nikki zu schwitzen begann. „Na, so was, was sagt man dazu? Zuerst auf der Insel und jetzt hier.“

„Was wollen Sie?“ Gefahr hing nahezu greifbar in der Luft um sie herum, und sie sah sich nach einem Fluchtweg um, doch die beiden Männer versperrten ihr den Weg zu ihrem Cabrio, und der silberne Mercedes des Senators stand Stoßstange an Stoßstange mit ihrem Fahrzeug. Kein Entkommen.

„Ich suche McKenzie.“ Crowley kniff leicht die kalten Augen zusammen. „Ihr Mann? Oder ist das nur ein hässliches Gerücht?“

„Er ist im Moment nicht zu Hause“, sagte sie, vergeblich bemüht, ihr rasendes Herz zu beruhigen. Ihre Handflächen, die immer noch auf der Türkante lagen, wurden feucht.

„Nicht?“ Crowley warf seinem Kumpan ein durch und durch böses Grinsen zu und sagte etwas auf Spanisch, was Nikki eine Gänsehaut verursachte. Sie verstand die Sprache nicht, doch die Bedeutung der Worte war klar und tödlich. Sie schlug die Tür zu, legte den Riegel vor und versuchte, sich zu erinnern, wo im Haus sich Außentüren befanden. Himmel, sie wusste es nicht. Sie wusste nicht, wie viele Eingänge es gab, wie viele Möglichkeiten für einen Mörder, ins Haus einzudringen.

Sie saß in der Falle. Die Angst hinterließ einen bitteren Geschmack in ihrem Mund. Sie bekam kaum noch Luft, als sie ins Schlafzimmer lief, das Telefon fand und eine Nummer eingab. „Bitte helfen Sie mir“, flüsterte sie, als die Zentrale sich meldete. „Ich befinde mich in Lebensgefahr und …“ Sie sah das Gesicht von Crowleys Handlanger am Fenster, ließ den Hörer fallen und rannte zum anderen Ende des Hauses. Als sie eine Tür knarren hörte, verließ sie der Mut. Sie hatte die Küchentür nicht hinter sich abgeschlossen.

Es war nur eine Frage der Zeit, wann der Mann sie fand.

Angst ließ ihr Blut erstarren. Nikki konnte kaum einen Fuß vor den anderen setzen, zwang sich jedoch zu laufen. Sie fand die Tür zum Keller, ließ sie weit offen stehen und huschte geräuschlos die Treppe zum ersten Stock hinauf. Auf dem Absatz verharrte sie. Das Blut rauschte ihr in den Ohren. Mit angehaltenem Atem wartete sie auf das Verhängnis, und dann hörte sie ihn. Im Haus. Er schlich wie eine Raubkatze.

Trent, wo steckst du?

Sie hörte Stufen knarren, dann wurde die Kellertür weiter aufgestoßen.

Nikki bewegte sich flink und lautlos und huschte ins erstbeste Zimmer. Ein Schlafzimmer mit Etagenbetten und einem Fenster. Ohne zu überlegen, öffnete sie das Schiebefenster und kletterte hinaus auf ein leicht geneigtes Schindeldach. Auf dem Hinterteil rutschte sie über die Dachziegel und bremste ihre Fahrt an der Dachrinne ab. Sie hatte keine andere Wahl, als zu springen. Angestrengt hielt sie sich nahe bei einem Fallrohr am scharfen Metall fest, ließ sich behutsam herab, hörte die Dachrinne ächzen und ließ sich fallen. Sie landete auf allen vieren. Einen Fluchtplan hatte sie nicht, sie konnte nur darauf hoffen, zu einem Nachbarhaus zu gelangen. Doch die Nachbarn an diesem Teil des Seeufers wohnten weit voneinander entfernt, abgetrennt durch dichten Wald oder den See.

Nikki sprintete durch den Garten und stürzte sich in dichtes Gebüsch am Seeufer. In der Ferne hörte sie einen Motor aufheulen, und schon glaubte sie, der Senator hätte nur geblufft und würde jetzt wieder abfahren. Durch das Laub sah sie etwas Silbernes aufblitzen. Sein Mercedes. Gott sei Dank. Doch ihre Erleichterung hielt nicht lange vor. In einem Fenster im Obergeschoss des Hauses, dem Fenster, das sie geöffnet hatte, entdeckte sie ihren Henker. Sein Gesicht war vor Wut hässlich verzerrt; er ließ den Blick suchend über das Grundstück schweifen.

„Gott steh mir bei", flüsterte sie, als sie verstand, dass Diamond Jim diesen brutalen Mann zurückgelassen hatte, damit er sie erledigte. Er selbst würde Spuren hinterlassen, weit entfernt vom Tatort, wo ihr ein zweiter Unfall zustieß. Ihr Puls raste. Sie überlegte angestrengt. *Denk nach, Nikki, denk nach! Benutz deinen verdammten Verstand!*

Sie konnte es nicht riskieren, zur Vorderseite des Hauses zu laufen. Von seinem Aussichtspunkt aus konnte der potenzielle Mörder sie sehen. Ihre einzige Chance war der Wald. Sie würde doch sicher den Weg durch das Dickicht bis zum nächsten Haus finden.

Sie rannte, schob Äste und Dornenranken zur Seite, bahnte sich ihren Weg durch das Gestrüpp. Trockene Blätter und Spinnweben klebten in ihrem Gesicht, sie stolperte über Ranken und Wurzeln.

Sie hörte einen Ruf auf Spanisch, und ihr Herz drohte stehen zu bleiben. Er hatte sie entdeckt! *Lauf, Nikki, lauf um dein Leben!*

Hinter ihr knackte ein Ast. Oh Gott. Er holte auf. *Lauf! Lauf! Lauf!* Sie mobilisierte ihre letzten Kraftreserven.

Déjà-vu! Genauso hatte sie sich in ihren Albträumen von Salvaje gefühlt. Sie rannte, rannte, gehetzt vom personifizierten Bösen. Hinter ihr dröhnten Schritte. Näher. Immer näher. „Bitte, lieber Gott, hilf mir!" Ihre Lungen schienen bersten zu wollen.

Ein Schuss peitschte durch die Luft, und Nikki stolperte, schürfte sich die Knie auf und rappelte sich wieder hoch.

Sie brach aus dem Dickicht und fand sich am Rand des Felsens wieder. Tief, tief unten lag der See. „Nein!", schrie sie, als die Schritte näher kamen.

Voller Entsetzen warf sie einen Blick über die Schulter und sah ihren Angreifer, groß und bedrohlich, das Gesicht, zerkratzt von Zweigen und Dornen, zu einem hässlichen Zähnefletschen verzogen.

„Jetzt entkommst du mir nicht mehr", sagte er lächelnd und schwer atmend.

Nikki wich zurück, spürte, wie ihre Füße den Halt verlieren wollten, hielt aber das Gleichgewicht.

Der Mann stürzte vor, und sie sprang zur Seite. „Du Scheißkerl“, schrie sie und trat nach ihm, während sie stürzte.

„Nikki!“

Wieder ein Schuss. Der Knall dröhnte in ihren Ohren. Ihr Angreifer ging zu Boden. Nikki schrie, fühlte sich von starken Armen gepackt, die sie vor dem Sturz vom Felsen bewahrten. Trent zerrte sie zurück auf sicheren Boden. „Alles ist gut“, flüsterte er. In einer Hand hielt er seine Waffe, den anderen Arm hatte er stahlhart um ihre Taille gelegt.

„Oh Gott, Trent!“ Nikki klammerte sich an ihn, schluchzte und umarmte ihn. Unter Crowleys Handlanger breitete sich eine dunkelrote Lache aus. Er stöhnte und wand sich vor Schmerzen.

„Keine Bewegung!“, warnte Trent ihn, und Nikki brach zusammen und barg das Gesicht an seiner Schulter. Trent roch nach Leder und Schweiß und Schießpulver, und er zitterte genauso heftig wie sie. „Halte durch, Nikki, ich bin bei dir“, flüsterte er in ihr Haar. „Und ich werde immer bei dir sein.“

Sie konnte nicht loslassen. Zitternd klammerte sie sich an ihn, als hinge ihr Leben davon ab. Die Zeit dehnte sich endlos aus, die Minuten verstrichen, ihr Herzschlag beruhigte sich, der Mann am Boden stöhnte erbarmungswürdig.

Nikki lauschte auf Trents unruhigen Atem. In der Ferne heulten Sirenen, Menschen riefen, und irgendwann trafen Polizei und Nachbarn ein. Für Nikki spielten sich die Ereignisse wie in Zeitlupe ab. Sie erinnerte sich daran, dass Trent mit einem der Polizisten geredet, an einer Zigarette gezogen und in Richtung des Hauses gezeigt hatte.

Eine Polizistin nahm Nikkis Aussage zu Protokoll, und Nikki blieb dabei erstaunlich ruhig, obwohl ihre Gedanken rasten und sie Trent nicht aus den Augen ließ. Sie nahm wahr, dass ein Hubschrauber eintraf und die Sanitäter den Angreifer abtransportierten, ihn über den stillen See zu einem nahe gelegenen Krankenhaus flogen. Doch das alles erschien ihr unwirklich und wirr, und sie war dankbar, als Trent ihr in seinen Jeep half und mit ihr zur Polizeiwache fuhr.

Unter brutalem Neonlicht, in dem sie noch brutalere Fragen beantwortete, trank Nikki mehrere Becher bitteren Kaffee und erklärte immer und immer wieder, was passiert war. Die Polizisten redeten miteinander, als fänden sie ihre Aussage absurd, dann aber schließlich doch glaubwürdig. Der Mann im Krankenhaus hatte bereitwillig gesungen, wie es aussah. Er würde überleben, und seine Aussage bestätigte Trents und Nikkis Geschichte.

Nach den Worten des potenziellen Mörders hatte Crowley gewusst, dass Nikki ihm nach Salvaje gefolgt war, ausdrücklich in der Absicht, Informationen mit dem Ziel seiner Überführung zu sammeln. Crowley hatte den „Unfall" angeordnet, hatte sie umbringen lassen wollen, obwohl er ihren Vater kannte. Nikki war zu entschlossen, zu hartnäckig, und Crowley hielt sie zu Recht für eine ernst zu nehmende Gefahr. Der Senator hatte von einem Freund erfahren, dass sie ihn bloßstellen wollte … von dem guten alten Max, der beim *Observer* arbeitete und neidisch auf Nikkis Ehrgeiz und ihre harte Arbeit war.

Irgendwann, Stunden später, durften sie und Trent nach Hause fahren.

„Alles in Ordnung?", fragte Trent und legte ihr seine Jacke über die Schultern.

Erschöpft bis in die Knochen, schenkte sie ihm den Anflug eines Lächelns. „Ich glaube schon."

Er half ihr in den Beifahrersitz des Jeeps, setzte sich hinters Steuer und hielt inne, bevor er den Zündschlüssel ins Schloss schob. Sekundenlang schloss er die Augen, dann wandte er sich

Nikki zu und seufzte, während der Blick seiner blauen Augen sie streichelte. „Verzeih mir“, sagte er und strich über ihre Wange.

„Wofür?“

„Für alles. Ich hätte dich nicht allein lassen dürfen.“

„Du hattest keine Wahl. Ich musste zur Arbeit. Ich habe ein eigenes Leben. Du hättest mich niemals jede Minute des Tags im Auge behalten können.“

„Genau das hätte ich aber tun sollen.“ Man sah ihm das schlechte Gewissen an. „Ich hatte gehofft, dass du zurückkommen würdest, war aber nicht sicher. Deshalb habe ich die Tür offen gelassen und bin zu deiner Wohnung gefahren. Als du dort nicht aufgetaucht bist, habe ich mir Sorgen gemacht, bin nach Haus und sah, wie Crowley eilig verduftete. Dein Auto stand in der Zufahrt, und ich dachte ...“, er biss die Zähne zusammen, „... ich dachte, ich käme womöglich zu spät. Nikki, wenn dir etwas zugestoßen wäre ...“ Er lehnte sich schwer in den Sitz zurück. „Dieser Scheißkerl wird dafür büßen. Er hat ein Alibi, weißt du? Der gute alte gerissene Diamond Jim.“ Trent verzog den Mund zu einem zufriedenen Grinsen. „Allerdings ist sein Alibi nicht wasserdicht. Ich kenne den Kerl, der behauptet, sich mit ihm auf ein paar Drinks getroffen zu haben, und er wird sich dazu überreden lassen, die Wahrheit zu sagen.“

„Wie?“, fragte Nikki.

„Der Mann ist spielsüchtig. Hat Verbindungen zu den falschen Kreisen, hohe Schulden. Ich weiß das, weil ich in den paar Wochen mit ihm zu tun hatte, als ich für Crowley gearbeitet habe. Jimbo lässt nach. Er hätte sich eine bessere Geschichte kaufen können, dazu war jedoch nicht genug Zeit. Er wusste nicht, dass du in meinem Haus sein oder Rodriguez als den Mann erkennen würdest, der dich auf Salvaje vom Felsen gestürzt hatte.

Außerdem glaubte Jim, du würdest ihm dieses Mal nicht entwischen. Es sollte wie ein Unfall aussehen, wie schon beim ersten Mal." Er wandte sich Nikki zu und blickte ihr tief in die Augen. „Wir kriegen sie dran, Nikki. Zusammen. Damit hast du die Story deines Lebens."

Die Story deines Lebens. Der Beweis, dass sie beim *Observer* auch eine große Nummer sein konnte. Warum erschien es ihr so unwichtig? „Und du. Was hast du davon?"

„Ich habe mich von einer Manie befreit. Anfangs, als ich für Crowley arbeitete, hielt ich ihn für ehrlich und aufrecht und für den besten Repräsentanten für die Wähler dieses Bundesstaats. Doch dann habe ich herausgefunden, dass er niederträchtig und korrupt ist, und die letzten paar Jahre war ich entschlossen, ihm das Handwerk zu legen."

„Dann ist die Mission deines Lebens jetzt erfüllt", sagte Nikki betont unbeschwert, während ihr in Wahrheit das Herz brach.

„Ja. So ist es wohl." Er trat aufs Gas und drehte den Zündschlüssel. Der Motor des Jeeps sprang an, und binnen Minuten steckten sie ihm zähen Verkehrsfluss stadtauswärts.

Trent fuhr durch die Nacht zu Nikkis Wohnung. Er parkte den Jeep ein und half Nikki die Treppe hinauf und ins Haus. „Warum bist du noch einmal zu mir gekommen?", fragte er, als sie aus der Jacke schlüpfte.

„Ich dachte, wir sollten reinen Tisch machen."

„Worüber?"

„Alles." Sie schaltete das Licht ein, versuchte, die Intimität, den Zauber seiner Nähe abzuschütteln. Sie sah ihm in die Augen und wünschte, zwischen ihnen wäre alles anders. „Du hast mich belogen."

„Und das wirst du mir nie verzeihen."

Sie biss sich in die Unterlippe. „Ich glaube nicht, dass ich es kann."

Er suchte nach Worten, überlegte es sich anders und wandte sich zur Tür. „Ich habe nicht gelogen, als ich sagte, dass ich dich liebe, Nikki. Und in meinem ganzen Leben habe ich nie solche Angst ausgestanden. Als ich dich auf dem Felsen sah …" Er lehnte sich rücklings an die Tür und wurde kreideweiß im Gesicht.

Ihr wurde die Kehle eng. *Liebe ihn! Vertrau ihm! Vergib ihm! Er hat es für dich getan!*

„Als ich herausgefunden hatte, dass du auf Salvaje warst, um Material gegen Crowley zu sammeln, meinte ich, dich beschützen zu müssen. Ich habe nicht gelogen, als ich sagte, vorher in Seattle hätte ich, als ich dich zum ersten Mal sah, mein eigentliches Ziel aus den Augen verloren. Dich auf der Insel zu sehen hat meine Gefühle nur noch verstärkt. Deshalb habe ich die Lügengeschichte über unsere Heirat erfunden. Ich wollte dich einfach in Sicherheit bringen und so schnell wie möglich von der Insel schaffen. Ich dachte, dass Crowley und seine Leute nicht so schnell Verdacht schöpfen würden, wenn wir zusammen reisen und uns als Mann und Frau ausgeben. Hätte auch klappen können, wenn das Unwetter nicht gewesen wäre." Er verzog den Mund zu einem traurigen Lächeln.

„Und wenn ich nicht das Gedächtnis verloren hätte?"

Ein Muskel zuckte in seiner Wange. „Ich weiß nicht. Ich hätte mir etwas anderes einfallen lassen."

„Du bist ein gewaltiges Risiko eingegangen."

Er sah sie an. Und die Worte *Ich habe es für dich getan* kamen ihm nicht über die Lippen. Stattdessen erkannte er die Kritik in ihren Augen, ließ den Blick noch einmal über ihren Körper wandern und sagte: „Du weißt, was ich empfinde, und du weißt, wo ich wohne. Ach, übrigens, es ist eigentlich nicht mein Haus."

Noch eine Lüge.

„Ich habe es von einem Freund gemietet."

Na ja, nicht ganz so schlimm.

Er öffnete die Tür. „Auf Wiedersehen, Nikki." Mit einem raschen Blick über die Schulter war er fort. Die Tür hatte sich hinter ihm geschlossen, und Nikki gab ihrer Erschöpfung nach, ließ sich auf den Boden sinken, vergrub das Gesicht in den Händen und weinte.

Nikki trank einen Becher Kaffee und blickte auf den kleinen Fernseher auf Frank Pianzanis Schreibtisch. Knapp eine Woche war seit der Veröffentlichung ihrer Story vergangen, und inzwischen war sie Franks neue Star-Reporterin. Max war wegen seiner Warnung des Senators gekündigt worden.

Frank war zufrieden mit sich selbst. Dank Nikki war der *Observer* allen Konkurrenten zuvorgekommen, und jetzt wurde das Ergebnis ihrer unglaublichen Arbeit in den Abendnachrichten gesendet.

Nikki blickte auf den Bildschirm und sah, wie Senator Crowleys Gesicht erschien. Seine Stimme klang immer noch wie die eines geschulten Rhetorikers, aber man spürte die Anspannung. „Ich weise die Vorwürfe strikt von mir. Sie sind durch und durch haltlos, und sämtliche Bürger des Staates Washington, die mich jahrelang gewählt haben, wissen, dass ich niemals Schmiergeld oder Geschenke von Lobbyisten angenommen habe."

„Was ist mit dem Mann im Krankenhaus? Felipe Rodriguez?"

„Ich weiß nicht viel über ihn. Er ist erst seit ein, zwei Monaten bei mir angestellt. Doch der Mann leidet offenbar unter Wahnvorstellungen. Seine Geschichte ist zu skurril, um glaubhaft zu sein. Werfen Sie doch einfach mal einen Blick auf meine Biografie ..."

„Rodriguez behauptet, er hätte sie auf Salvaje kennengelernt, Sie wären kürzlich dort gewesen und hätten ihn für den Mord an einer amerikanischen Staatsangehörigen bezahlt – an Nicole Carrothers, einer Reporterin beim *Observer.*"

„Wie gesagt – Wahnvorstellungen. Seine Geschichte ist absurd. Wenn Sie mich jetzt bitte entschuldigen würden, ich gebe keine weiteren Kommentare ab."

Frank schaltete das Gerät aus. „Wie es aussieht, strebt Diamond Jim keine Wiederwahl an."

„Schön."

„Und das Ethik-Komitee des Senats will deine Anschuldigungen prüfen."

„Noch besser."

„Ja, es wird immer besser", sagte Frank, stand auf und reckte sich. Sein weißes Hemd war zerknittert, und er ließ glücklich seine Hosenträger schnappen. „Weißt du, ich glaube, ich habe dir hier bei uns nie genug zugetraut."

„Das stimmt", sagte Nikki.

Frank rieb sich den Nacken. „Tja, das will ich wiedergutmachen."

„Zu spät."

„Wie bitte?"

Nikki schenkte ihm ihr liebenswürdigstes Lächeln. „Ich kündige."

Frank sah aus, als hätte sie ihm einen Schlag mit der Keule versetzt. „Du kündigst? Du kannst doch nicht kündigen!"

Sie griff in ihre Handtasche und holte einen langen, schmalen Umschlag heraus. „Oh doch."

„Das hat irgendwie mit deinem Mann zu tun, oder? Nur, weil es zwischen euch nicht so richtig klappt ..." Frank erkannte, dass er zu weit gegangen war, nahm seine Lesebrille vom Schreibtisch und setzte sie sich auf die Nase. „Sag jetzt nicht, die *Times* bietet dir mehr Geld."

Sie grinste, doch die tiefe Befriedigung, die sie sich erhofft hatte, blieb aus. Wie sollte sie erklären, dass sie mit dieser Story ihren Standpunkt klargemacht, Stellung bezogen hatte und jetzt vorankommen wollte? Ihr Leben war in der letzten Woche auf den Kopf gestellt worden, und sie hatte Trent nicht ein einziges Mal gesehen.

Alle möglichen Leute, aber nicht Trent. Ihr Vater, ihre Mutter und ihre Schwestern hatten sich in der Zeit um sie geschart. Sie hatten angerufen und sie besucht, waren krank vor Sorge gewesen bei der Vorstellung, dass sie beinahe ums Leben gekommen wäre. Sie hatten unzählige Fragen nach ihrem Mann gestellt, und Nikki war ihnen ausgewichen, hatte behauptet, die Ehe hätte noch keinen festen Boden unter den Füßen, und nach den Ereignissen der letzten paar Wochen hätten sie beide beschlossen, dass sie Abstand brauchten.

Ihre Verwandten fanden diese Reaktion merkwürdig, doch Nikki hatte sich durchgewurstelt, hatte sich den Fragen der Polizei, anderen Reportern, Interviews und ihrer Arbeit gestellt. Während der ganzen Zeit hatte sie sich einsam und innerlich leer gefühlt.

Tja, an diesem Tag sollte ihr Leben sich ändern. So oder so. Sie schnappte sich ihren Mantel, fuhr im Lift ins Parkhaus und stieg in ihr kleines Cabrio. Auf dem Rücksitz lag der Krimskrams, der ihren Schreibtisch gefüllt hatte: Aufzeichnungen, Stifte, Papier, Rekorder, Rotationskartei, Bücher und andere Utensilien, die sich in ihrer Zeit beim *Observer* angehäuft hatten.

Es war Zeit, nach vorn zu schauen. Sie holte tief Luft, dann legte sie den Gang ein und hoffte, dass sie das Richtige tat.

Du weißt, wo ich wohne.

Ihre Nerven waren zum Reißen gespannt, als sie sich in den Verkehrsstrom einfädelte, das Radio einschaltete und die Melodie eines alten Songs von Bruce Springsteen mitsummte. Doch ihre Gedanken folgten nicht dem Text oder der Musik; ihre Gedanken waren bei Trent und dem, was sie ihm sagen wollte.

Sie bog in die Zufahrt zu dem Haus am Lake Washington ein, und ihr Herz sank. Sein Jeep war nicht da, und das Haus sah leer und kalt aus, als wäre es unbewohnt. Das Flatterband, das den Tatort abgesperrt hatte, war entfernt worden, doch nichts deutete auf Trents Anwesenheit hin.

Sie klopfte energisch an die Haustür und wartete.

Nichts. Kein Lebenszeichen. Trockenes Laub raschelte in den alten Eichen, schwebte zu Boden und tanzte kurz in einer leichten Brise. So wie wir, dachte Nikki und sah traurig zu. Sie und Trent hatten ein paar Wochen getanzt und wurden dann vom Wind auseinandergeweht.

Stimmt nicht. Du hast ihn von dir gestoßen. Sie ging um das Haus herum, und ein Gefühl des Unbehagens überkam sie, als hätte ein Geist sie berührt. Sie rieb sich die Arme, folgte dem Weg, den sie am Tag des Mordversuchs genommen hatte, sah die geknickten Zweige im Wald, bemerkte die Fußabdrücke und den dunklen Fleck auf Gras und trockenem Laub, wo ihr Angreifer in seinem Blut gelegen hatte.

Trent hatte sein Leben aufs Spiel gesetzt, um sie zu retten.

Fröstelnd sagte sie sich, dass sie Glück gehabt hatte. Sie blickte über den See, über das stahlgraue Wasser zum jenseitigen Ufer mit den Häusern im immergrünen Wald.

„Nikki?“ Der Wind trug Trents Flüsterstimme an ihr Ohr. Sie drehte sich um und sah, wie er auf sie zukam. Der Wind zauste sein Haar, die altbekannte Lederjacke war am Hals offen. „Was tust du hier? Ich habe dein Auto gesehen und …“ Er unterbrach sich, fing ihren Blick auf und hielt ihn fest.

„Ich denke, wir haben noch etwas zu klären“, sagte sie und verspürte den albernen Drang, in Tränen auszubrechen. Herrgott, sobald sie in seiner Nähe war, schien sie jedes Mal in die Knie zu gehen. Sie blinzelte die Tränen weg, ging zu Trent und hakte sich bei ihm unter. „Komm, hier wollen wir nicht bleiben.“

Sie folgten dem Weg bis zu einer Stelle, die von dem Bösen, das ihnen von Salvaje bis nach Seattle gefolgt war, unberührt geblieben war. „Ich, hm, ich habe nachgedacht“, sagte sie und wandte sich ihm zu, ohne seinen Arm loszulassen. Der Wind spielte in ihrem Haar, blies es ihr ins Gesicht, ließ es ihre Wangen streicheln.

„Wann hast du dazu Zeit gehabt?“

Also hatte er die Nachrichten gesehen. Hatte ihr aufregendes neues Leben im Auge behalten. „Ja, es war eine hektische Zeit“, gab sie zu, „aber ich hatte trotzdem viele Stunden Zeit für intensive Gewissenserforschung.“

„Ach ja?“ Er glaubte ihr anscheinend nicht. „Wie ich hörte, hast du eine Belobigung und eine Beförderung erhalten.“

Sie zuckte die Achseln. „Ich habe gekündigt.“

Er sagte kein Wort, stand lediglich hölzern da, nahm sie nicht in die Arme, obwohl sie ihn ohne Worte darum bat.

„Es war Zeit für eine Veränderung.“

„Hast du eine neue Stelle?“

Sie schüttelte den Kopf. „Noch nicht.“

„Vermutlich hast du ja jetzt die freie Auswahl.“

„Egal.“ Sie spürte, wie seine Hand sich verkrampfte, und drückte sie fester. „Ich will keine neue Stelle, Trent. Ich will nur dich.“ Als er nicht reagierte, nahm sie sein Gesicht zwischen ihre Hände und zwang ihn, ihr in die Augen zu sehen. „In den Stunden meiner Gewissenserforschung war ich allein. In meinem Bett, wo ich mir die Augen ausgeweint habe. Ich bin zu dem Schluss gekommen, dass ich, wenn ich mich nicht noch länger in meinem eigenen Elend suhlen wollte, der Wahrheit ins Gesicht sehen muss, und die Wahrheit ist …“, sie holte schaudernd Atem, bereit, ihre Seele zu entblößen, „… dass ich dich liebe, Trent McKenzie, und dass ich dich heiraten will.“ Er biss die Zähne zusammen. „Falls du mich haben willst.“

Sie schluckte den Stolz herunter, der ihr wie ein Kloß die Kehle füllte, griff in ihre Handtasche und zückte ein Päckchen. „Tickets nach Salvaje", sagte sie. „Für dich und mich."

Trent verzog den Mund zu einem dünnen skeptischen Lächeln. „Du willst noch einmal auf die Insel?"

„Mhm."

„Wann?"

„Gleich, nachdem wir beim Standesamt waren und uns trauen lassen haben."

Sein Lächeln wurde ein wenig heiterer. „Und wenn ich nicht heiraten will?"

Es gab ihr einen schmerzhaften Stich ins Herz, doch sie hob trotzig das Kinn. „Dann komm als mein Lover mit."

Er lachte kurz auf und rückte von Nikki ab. „Du bist unglaublich", sagte er, stemmte die Hände in die Hüften und schüttelte den Kopf.

Enttäuschung machte sich in ihr breit.

„Ich dachte, du wolltest mich nie wiedersehen."

„Ich habe es mir anders überlegt." Als er nichts erwiderte, strich sie sich das Haar aus dem Gesicht. „Verdammt noch mal, Trent, das hier fällt mir weiß Gott nicht leicht. Ich habe meinen Stolz heruntergeschluckt, habe dir gesagt, dass ich dich liebe, habe dich beinahe angefleht, mich zu heiraten, und du hast nichts dazu zu sagen?"

„Aber sicher doch."

Jetzt kommt's. „Und was genau?" Ihre Augen sprühten Feuer.

Er schob einen Finger in seine Jeanstasche und zog den schmalen goldenen Ring heraus, den Ring, der auf Salvaje ihr Ehering gewesen war. „Ich habe mich nur gefragt, wieso du so lange gebraucht hast."

Sie holte tief Luft. „Du hast darauf gewartet, dass ich hierher zurückkomme. Du hast gewusst, dass ich kommen würde, stimmt's?"

„Ich habe die Möglichkeit in Betracht gezogen."

„Du hochnäsiger, aufgeblasener ..."

Er erstickte ihre Beleidigungen mit einem Kuss. „Würdest du mal einen Moment still sein?", fragte er und schob den Ring auf ihren Finger, den er perfekt auf ihre Größe hatte umarbeiten lassen. „Dieses Mal muss ich es unbedingt richtig machen." Er blickte ihr tief in die Augen und umfasste ihr Gesicht. „Heirate mich, Nikki", flüsterte er und spürte, wie sie erbebte, als sie sich an ihn schmiegte.

Er nahm sie fest in die Arme, seine Lippen fanden ihre, und er wusste, dass Nikki jetzt und bis in alle Ewigkeit seine ganz besondere Frau sein würde.

– ENDE –

Lisa Jackson

Was die Nacht verspricht

Roman

Aus dem Amerikanischen von
Barbara Alberter

Weltbild

1. Kapitel

„Und vergiss nicht, mich abzuholen, wenn Feierabend ist", meinte Nadines Vater, während sein Pick-up über den Weg zur Monroe-Sägemühle holperte, in der er arbeitete. Er parkte vor dem Schuppen, in dem die Stämme entrindet wurden, und stellte den Motor ab, dann reichte er seiner Tochter den Autoschlüssel.

„Ich werde pünktlich sein." Nadine hielt den Hund fest, der hinter George Powell aus dem Wagen springen wollte. „Komm, wir sind gleich zu Hause", versuchte sie ihn zu beruhigen.

Wenn sie an das gemietete Haus dachte, in dem sie mit ihren Eltern wohnte, zog sich ihr Magen zusammen. Es war nicht das Heim, das es einmal war, in den letzten Monaten hatte die Streitlust ihrer Eltern immer mehr zugenommen.

Sie blickte durch die Windschutzscheibe auf das geschäftige Treiben. Lastwagen brachten riesige Stämme, Kräne luden sie ab und stapelten sie auf dem großen Hof. Andere Kräne hoben sie aus dem Fluss an Land, um sie dort zu trocknen.

Männer mit Schutzhelmen liefen umher und schrien Befehle. Stämme wurden entrindet und dann über Transportbänder in die Sägemühle geschickt, wo sie zu rohen Brettern geschnitten wurden. Ihr Vater hatte fast sein ganzes Leben hier gearbeitet, genau wie sein Vater und dessen Vater zuvor. George Powell war stolz darauf, dass die Powells auf den Gehaltslisten der Monroe-Sägemühle gestanden hatten, seit diese eröffnet worden war.

Aus den Augenwinkeln sah Nadine einen eleganten blauen Mercedes, der auf den Hof gefahren kam. Bei all den zerbeulten

Pick-ups und Lastwagen schien der glänzende Wagen hier völlig fehl am Platz zu sein.

Nadine rutschte auf den Fahrersitz des Pick-ups und betrachtete den Fahrer, der aus dem Wagen ausstieg. Er war groß und schien noch jung zu sein – nicht einmal zwanzig – mit dichtem dunklem Haar, das vom Wind zerzaust war. Seine Augen verbarg er hinter einer Sonnenbrille, er hatte eine Lederjacke über die Schulter geworfen.

Nadine brauchte gar nicht erst zu raten, es war niemand anders als Hayden Garreth Monroe, der Sohn des Eigentümers der Sägemühle. Sie hatte ihn vor ein paar Jahren schon einmal gesehen, als er noch in die Schule ging. Nur kurze Zeit hatte er hier im Ort gelebt.

Nadine erinnerte sich an Hayden als zwölfjährigen Jungen, der ärgerliche junge Mann dort jedoch war ihr fremd. Er schien wütend zu sein, mit großen Schritten ging er auf das Büro der Gesellschaft zu. Ohne nach rechts und links zu sehen, stürmte er die Treppe hinauf, dann schlug die Tür hinter ihm zu.

Nadine holte tief Luft. Sie bedauerte denjenigen, der den Zorn dieses jungen Mannes herausgefordert hatte.

Die Monroes waren nach San Francisco gezogen, als Hayden alt genug gewesen war, die High School zu besuchen, nur im Sommer kamen sie hierher zurück und bezogen das große Haus am See. Haydens Vater besaß mehrere Sägemühlen in anderen Teilen des Landes, hierher kam er nur ab und zu.

Ihr Vater hatte eines Abends neidvoll über ihn gesprochen. „Das ist ein Leben. Garreth besteigt bei seinem Büro in der Stadt den Firmenhelikopter und kommt hierher geflogen. Um neun Uhr ist er im Büro, wirft einen Blick in die Bücher, unterschreibt ein paar Schecks und ist nachmittags pünktlich zu seinem Golfspiel wieder zurück in der Stadt."

Geistesabwesend streichelte Nadine Bonanza, den Schäferhund, und merkte gar nicht, dass er ihr das Gesicht leckte. Sie entdeckte ihren Vater, der aus dem Büro kam, wo die Stechuhr stand. Er winkte ihr noch einmal zu, dann verschwand er in einem der Schuppen. Nadine ließ den Motor an und fuhr langsam los.

„He!" Durch das geöffnete Fenster hörte sie eine Männerstimme. Sie warf einen Blick in den Rückspiegel und trat auf die Bremse. Ihr Herz machte einen kleinen Sprung, als sie sah, dass Hayden höchstpersönlich hinter ihr hergelaufen kam.

Er öffnete die Beifahrertür. „Können Sie mich mitnehmen nach …?" Er hielt inne, und Nadine ahnte, dass er geglaubt hatte, sie sei einer der Arbeiter der Mühle.

Sie blickte zu dem Mercedes. „Ist das denn nicht Ihr Wagen?"

Er zog die Augenbrauen zusammen. „Hören Sie, ich muss in die Stadt. Ich bin Hayden Monroe." Er nahm die Sonnenbrille ab.

„Nadine Powell." Sie schüttelte seine Hand.

„Bens und Kevins kleine Schwester", sagte er.

Aus irgendeinem Grund gefiel es ihr nicht, dass er in ihr das kleine Mädchen sah. „Stimmt."

„Fahren Sie in die Stadt?"

Das hatte sie nicht vor, aber das konnte sie nicht zugeben. „Äh … sicher, steigen Sie ein. Ich … ich muss nur zu Hause kurz anhalten, aber das liegt auf dem Weg." Sie lächelte ihn an und hoffte, dass ihr Vater nicht sah, wie Hayden in den Wagen stieg. Als er die Wagentür schloss, brummte Bonanza, doch dann rückte er gehorsam ein Stück näher zu ihr. Nadine fuhr los. Hoffentlich verstand ihre Mutter, dass sie Hayden in die Stadt fahren wollte. In letzter Zeit war sie nämlich nicht gerade sehr verständnisvoll. Nadine wusste, dass sie ihre Gründe hatte. Sie hatte oft genug gehört, wie ihre Eltern miteinander stritten, um zu wissen, dass die Probleme in ihrer Familie tief gingen.

„Ich muss nur eben den Hund nach Hause bringen", entschuldigte sie sich.

„Ich habe es nicht eilig." Doch seine Anspannung strafte seine Worte Lügen. Schon als er aus dem Wagen gestiegen war, hatte sie seine Wut gefühlt.

„Haben Sie Probleme mit Ihrem Wagen?", fragte sie.

„So könnte man es nennen." Er starrte aus dem Fenster und presste die Lippen zusammen.

„Es ist ein wunderschönes Auto."

Er warf ihr einen rätselhaften Blick von der Seite zu. „Ich habe meinem alten Herrn gesagt, er soll es verkaufen."

„Aber ... es ist doch brandneu. Für einen solchen Wagen würde ich einen Mord begehen."

Er verzog den Mund. „Wirklich?" Dann erst sah er sie genauer an. Er betrachtete ihr Haar, ihre Augen, nichts schien seinem prüfenden Blick zu entgehen. Nadine schämte sich für die abgeschnittenen Jeans, die sie trug, und die ausgewaschene Bluse. Sie hob stolz den Kopf und fühlte, wie ihr ein Schweißtropfen zwischen den Schulterblättern über den Rücken lief.

„Mein alter Herr hat zwar nicht von mir verlangt, einen Mord dafür zu begehen, aber so etwas Ähnliches." Er rieb sich die verspannten Nackenmuskeln. „Haben Sie jemals den Dritten kennengelernt?"

„Wie bitte?"

„Hayden Garreth Monroe den Dritten."

Nadine schüttelte den Kopf. „Ich habe ihn ein paar Mal gesehen, auf den Sommerfesten der Firma."

„Ach ja, richtig." Er nickte. „Auf einigen Sommerfesten bin ich auch gewesen. Vor langer Zeit. Nun, dann wissen Sie ja auch, dass mein Vater sehr ... überzeugend sein kann. Was auch immer er haben will, er bekommt es meistens."

„Und was hat das mit Ihrem Wagen zu tun?"

„Er hat auch seinen Preis – nicht in Dollars und Cents, aber immerhin einen Preis, den zu zahlen ich nicht bereit bin."

„Oh." Sie hätte gern noch mehr gefragt, doch sein Gesichtsausdruck hielt sie davon ab.

Nadine bog in einen unbefestigten Weg, der den Berg hinaufführte, zu dem kleinen Haus am Fluss. Nie zuvor hatte sie sich dieses Hauses geschämt, doch dieser reiche Junge neben ihr machte sie unsicher. Es war schon schlimm genug, dass er sich den zerschlissenen Sitz in dem alten Pick-up mit einem nicht gerade angenehm riechenden Hund teilen musste, aber jetzt würde er auch noch die Terrasse sehen, die nicht mehr ganz standfest war, den verrosteten Zaun und den Garten voller Unkraut.

Vor der Garage hielt sie an. „Ich bin gleich wieder da." Doch dann erinnerte sie sich an ihr gutes Benehmen. „Wollen Sie nicht mit reinkommen?"

Bonanza verschwand im Gebüsch neben dem Haus, als Nadine Hayden zur Hintertür führte. „Mom?", rief sie in der Küche.

Ein Blech mit Apfelkuchen stand zum Abkühlen auf der Anrichte, es duftete nach Äpfeln und Zimt. Hayden nahm die Sonnenbrille ab, und jetzt erst erkannte Nadine, dass er unglaublich blaue Augen hatte. Ihr Herz machte einen kleinen Sprung, und ihre Stimme klang atemlos, als sie nach ihrer Mutter rief. „Bist du zu Hause?"

„Ich komme gleich", rief Donna von oben, dann hörte man ihre Schritte auf der Treppe. „Warum warst du so lange weg? Ich muss einkaufen und …" Mit einem Korb Wäsche kam sie in die Küche und blieb wie angewurzelt stehen, als sie Nadine und ihren Besucher sah.

„Ich werde dir aus der Stadt mitbringen, was du brauchst", versicherte Nadine ihr schnell. „Ich muss sowieso dorthin. Ich habe Hayden versprochen, ihn hinzubringen."

„Hayden Monroe?", erriet ihre Mutter und gab ihm die Hand.

„Das ist meine Mom, Donna Powell."

„Freut mich, Sie kennenzulernen", sagte Hayden.

„Mich auch", antwortete ihre Mutter kühl.

Nadine war entsetzt. Ihre Mutter war sonst immer herzlich und freundlich, doch jetzt strahlte sie Kälte aus.

„Du solltest deinem Freund etwas zu trinken anbieten", ermahnte sie ihre Tochter immerhin. „An der Pinnwand hängt die Einkaufsliste, in meinem Portemonnaie ist Geld ..." Sie blickte zu Hayden und wollte etwas sagen, doch dann hielt sie sich zurück. „Komm nicht zu spät zurück", ermahnte sie ihre Tochter. „Ich brauche die Eier für den Hackbraten." Sie stellte den Wäschekorb auf den Tisch.

„Ich komme gleich wieder zurück!" Nadine war froh, dass sie verschwinden konnte. Sie holte zwei Büchsen Cola aus dem Kühlschrank, nahm die Einkaufsliste und das Geld und lief aus dem Haus. Hayden verabschiedete sich von ihrer Mutter und stieg dann zu ihr in den Wagen. Nadine war so nervös, dass sie Schwierigkeiten hatte, den Motor anzulassen.

„Sie müssen meine Mom entschuldigen", stotterte sie. „Normalerweise ist sie freundlicher, aber wir ... nun, wir haben sie überrascht und ..."

„Es war doch alles in Ordnung." Seine blauen Augen schienen bis in ihre Seele blicken zu können. Nadine hätte gern gewusst, was er von ihrem kleinen Haus dachte. Lachte er darüber, weil es ihre Armut so offensichtlich zeigte? In dem alten Pick-up schien er sich wohlzufühlen, dabei war er doch sicher an teure Autos gewöhnt.

Sie fuhr los. Eigentlich wusste sie, dass es besser wäre, nicht zu viele Fragen zu stellen, aber sie konnte ihre Zunge nicht im Zaum halten.

„Was haben Sie gemeint, als Sie sagten, Sie wären nicht gewillt, den Preis zu zahlen – für den Mercedes?"

Er hatte die beiden Colabüchsen geöffnet und reichte ihr eine davon. „Mein Vater möchte mir meine Freiheit abkaufen."

„Wie denn das?“

Er verzog den Mund zu einem verächtlichen Lächeln, dann setzte er seine Sonnenbrille wieder auf. „Auf die verschiedensten Arten“, wich er aus. Sie wartete, doch er sprach nicht weiter, erklärte nicht, was er damit sagen wollte.

„Wo soll ich Sie absetzen?“, fragte sie, als sie die Außenbezirke von Gold Creek erreichten.

Er schien in Gedanken versunken zu sein. „Wie wäre es mit Anchorage?“

„In Alaska?“

„Ja, oder Mexico City.“

Sie lachte, weil sie glaubte, er hätte einen Scherz gemacht, doch er verzog nicht einmal den Mund. „So viel Benzin habe ich nicht im Tank“, gab sie zurück.

„Ich könnte es kaufen.“ Er schien seine Worte ernst zu meinen – doch das konnte nicht sein. „Wie weit, glauben Sie, würde dieser Wagen uns bringen?“

„Uns?“

„Mmmm.“

„Vielleicht bis nach San Jose. Oder nach Monterey, wenn wir Glück haben.“ Sie wurde langsam nervös.

„Das ist nicht weit genug.“ Durch die Gläser seiner Sonnenbrille betrachtete er sie. „Ich denke, wenn wir noch weiter weg wollten, hätten wir diesen verdammten Mercedes nehmen müssen!“

Nadine umklammerte das Lenkrad. Er sprach, als hätte er den Verstand verloren, aber sie fand das aufregend.

Er lehnte sich auf dem Sitz zurück und strich sich das dunkle Haar aus dem Gesicht. Nadine musste an einer roten Ampel halten, sie wandte sich zu ihm.

„Da wir aber den Mercedes nicht haben und dieser Wagen uns nicht weit bringen wird, werden Sie mir wohl sagen müssen, wohin Sie wollen.“

„Wohin ich will?", wiederholte er und schüttelte den Kopf. „Setzen Sie mich an der Bushaltestelle ab."

„An der Bushaltestelle?" Beinahe hätte sie gelacht.

„Der Bus wird mich bringen, wohin ich will."

Die Ampel wurde grün, und Nadine fuhr weiter. „Und wo ist das?"

„Überall und nirgends." Er versank wieder in Schweigen, bis Nadine auf dem Parkplatz neben der Bushaltestelle anhielt. Er trank die Büchse Cola leer, dann nahm er seine Jacke. „Ich möchte Sie für Ihre Mühe entlohnen …"

„Es war keine Mühe", wehrte sie schnell ab.

„Aber Sie haben Benzin verbraucht und Zeit und …"

„Ich habe Sie nur mitgenommen." Die Sonnenbrille machte es ihr unmöglich, in seinen Augen zu lesen.

„Ich möchte aber bezahlen." Er holte einen Zehndollarschein hervor. „Kaufen Sie sich etwas dafür."

„Ich soll mir etwas dafür kaufen?" Nadines Wangen brannten vor Verlegenheit. Er hatte Mitleid mit ihr. Sie ignorierte den Geldschein, den er ihr hinhielt. „Mich kann man auch nicht kaufen", erklärte sie. „Ich habe Ihnen einen Gefallen getan, mehr nicht."

„Aber ich möchte, dass Sie …"

„Und ich möchte, dass Sie aussteigen. Sofort."

Er zögerte, ihr verändertes Verhalten schien ihn zu verwirren. Mit gerunzelter Stirn steckte er das Geld wieder ein. „Nun, dann bin ich Ihnen eben noch etwas schuldig", brummte er. „Ich bleibe nicht gern jemandem etwas schuldig."

„Machen Sie sich keine Sorgen, Sie schulden mir gar nichts", versicherte sie ihm und wurde immer wütender. Sie hatte wirklich einen Augenblick lang geglaubt, dass er sich für sie interessierte, doch sie hatte sich geirrt. Was war sie doch für ein Dummkopf gewesen! Die Erniedrigung schmerzte.

„Danke fürs Mitnehmen." Er öffnete die Tür und stieg aus.

„Gern geschehen, Prinz“, antwortete sie, und noch ehe er die Gelegenheit hatte, die Tür zu schließen, fuhr sie schon los.

„Idiot!“, schalt sie sich, als sie ihr Bild im Rückspiegel sah. Ihre Wangen waren hochrot, Tränen glänzten in ihren Augen. Mit quietschenden Reifen fuhr sie um eine Kurve. „Vergiss ihn“, sagte sie sich, obwohl sie tief in ihrem Inneren wusste, dass Hayden Monroe jemand war, den man nicht so leicht vergaß.

2. Kapitel

Donna wartete schon auf Nadine, als sie mit der Tüte mit den Lebensmitteln in die Küche kam.

„Du hast neuerdings sehr reiche Freunde, wie?"

„Er ist nicht mein Freund." In der Hosentasche suchte Nadine nach dem Wechselgeld und reichte es ihrer Mutter.

„Und wie ist Hayden Monroe dann in den Wagen gekommen?"

„Ich war zur falschen Zeit am falschen Ort."

„Ich dachte, du hättest deinen Vater zur Arbeit gebracht."

„Das habe ich auch." Nadine holte die Sachen aus der Tüte und erzählte ihrer Mutter dabei, wie sie Hayden getroffen hatte.

„Er hat einen brandneuen Mercedes auf dem Hof stehen gelassen?", fragte Donna kopfschüttelnd, als Nadine ihre Geschichte beendet hatte. „Weißt du, es ist besser, wenn man mit den reichen Leuten nichts zu tun hat. Sie haben schon immer viel Geld gehabt, sie können sich nicht vorstellen, wie der andere Teil der Bevölkerung lebt. Und ich möchte mit dir wetten, dass dein Freund Hayden auch nicht anders ist."

Nadine dachte an den Zehndollarschein, den er ihr hatte geben wollen, und plötzlich wurde sie rot. Was wusste sie überhaupt von Hayden, und warum verspürte sie das Bedürfnis, ihn zu verteidigen, wo er sie doch beleidigt hatte? Sie erinnerte sich an seinen Blick, als er versucht hatte, sie zu bezahlen. Er schien überrascht gewesen zu sein, als sie sein Geld nicht nehmen wollte. Wahrscheinlich war er in dem Bewusstsein aufgewachsen, dass jemand, der ihm einen Gefallen tat, dafür bezahlt werden wollte. Menschen konnte man kaufen ... wenn der Preis stimmte. „So ist er nicht“, verteidigte sie ihn dennoch.

„Ganz gleich, wie er ist, er gehört nicht zu uns. Es gibt genug Gerüchte über ihn, Nadine, auch wenn ich nicht alles glaube, was in der Stadt erzählt wird. Aber wo Rauch ist, da ist auch Feuer.“

„Was sind das denn für Gerüchte?“, wollte Nadine wissen.

Ihre Mutter trocknete die Hände an der Schürze ab und wandte sich zu Nadine. „Hayden Monroe hat genau wie sein Vater und sein Großvater den Ruf, ein Frauenheld zu sein.“ Sie errötete ein wenig, doch dann sprach sie weiter. „Ich habe gehört, dass er mit mehreren Mädchen etwas gehabt hat – doch ich denke, ich sollte hier den Klatsch nicht wiederholen.“

„Dann darfst du ihm nichts vorwerfen!“, erklärte Nadine.

Einen Augenblick lang sah ihre Mutter sie schweigend an, dann wandte sie sich wieder zum Herd und legte den Hackbraten in einen Topf. „Ich dachte, du gehst mit Sam aus.“

Nadine hätte gern mehr über Hayden erfahren und über seinen Ruf, aber sie wusste, ihre Mutter würde ihr nichts erzählen. Sie zuckte bei der Erwähnung von Sam Warne nur mit den Schultern. Ein paar Mal war sie mit ihm ausgegangen. Er war ganz nett, mehr nicht. „Vielleicht fahren wir am Freitag nach Coleville ins Kino.“

Ein Lächeln umspielte die Lippen ihrer Mutter. Sie mochte Sam, er war der Sohn einer befreundeten Familie. Sein Vater arbeitete im Holzhandel der Fitzpatricks, seine Mutter kam oft in die Bücherei, in der Donna arbeitete. Wenn man Donna glaubte, so hatte Sam all die Eigenschaften, die man sich für einen zukünftigen Schwiegersohn wünschen konnte. Er sah gut aus, kam aus einer Mittelklassefamilie und war ein Jahr älter als Nadine. Er würde Nadine sicher ein guter Ehemann sein, doch Nadine wollte noch lange nicht heiraten. Zuerst wollte sie den Highschool-Abschluss schaffen und dann noch zwei Jahre aufs College gehen.

Auch wenn Hayden ihr nicht aus dem Kopf ging, sprach sie nicht mehr über ihn. Die nächsten Stunden verbrachte sie damit, ihrer Mutter in Haus und Garten zu helfen.

Eine Stunde, bevor sie ihren Vater abholen sollte, duschte Nadine, kämmte ihr rotes Haar, bis es glänzte, und zog ein hübsches Kleid an. Sie fuhr noch einmal mit dem Lippenstift über die Lippen, weil sie hoffte, Hayden wieder zu sehen. Ihr dummes Herz klopfte laut, als sie zu dem Pick-up lief.

Nadine sah sich auf dem ganzen Parkplatz um, als sie wenige Minuten vor Feierabend dort anhielt, doch der Mercedes stand nicht mehr an seinem Platz. Sie kam sich in ihrem Kleid plötzlich sehr dumm vor.

„Du siehst aber hübsch aus!“ Ihr Vater öffnete die Tür des Wagens und stieg ein. „Willst du noch mit Sam ausgehen?“

„Heute Abend nicht.“ Sie drehte den Zündschlüssel herum. Dass er Sam erwähnte, ärgerte sie.

„Junge, bin ich froh, dass Feierabend ist!“ Ihr Vater lehnte sich in dem Sitz zurück und schloss die Augen, als Nadine losfuhr.

Erst später, beim Abendessen, fiel Haydens Name.

„Du hättest hören müssen, was heute bei uns los war“, erzählte George seiner Frau und den Kindern. „Ich war gerade im Büro, als der Sohn des Chefs kam. Er war wütend wie ein Bär und verlangte, seinen Vater zu sehen. Die Sekretärin wollte ihn gar nicht zu ihm lassen, aber der Alte hatte den Aufruhr gehört und kam aus seinem Büro. Da hat der Junge ihm die Autoschlüssel vor die Füße geworfen und etwas gesagt, was ich hier gar nicht wiederholen kann. Dann hat er sich umgedreht und ist verschwunden. Verflixt, der war vielleicht wütend.“

„Aber warum denn?“, wollte Ben wissen.

„Das konnte ich nicht erfahren. Aber es hatte etwas mit seinem Wagen zu tun – einem tollen Mercedes, den er nicht haben wollte. Er meinte, er sei alt genug, um selbst entscheiden zu können, was er wollte, wann er es wollte und mit wem, na ja, so etwas hören wir von euch ja auch immer wieder. Dann ist er einfach verschwunden, und Dora und ich haben mit offenem Mund dagestanden. Der alte Garreth war so wütend, dass er beinahe geplatzt ist."

„Sieht ganz so aus, als sei Hayden endlich schlau geworden", meinte Ben. „Sein alter Herr hat ihn jahrelang herumgestoßen. Es war an der Zeit, sich endlich einmal zu wehren. Obwohl ich niemals einen solchen Wagen ablehnen würde."

„Vielleicht würdest du es doch tun, wenn der Preis, den du dafür zahlen musst, zu hoch ist", mischte sich jetzt Nadine ein.

„Teufel, nein, ich würde meine Seele verkaufen, um einen solchen Wagen fahren zu können."

„Ben!" Donna warf ihrem Sohn einen warnenden Blick zu, ehe sie ihre Tochter ansah. Eine Sekunde lang glaubte Nadine, ihre Mutter würde den anderen von Haydens Besuch erzählen, doch George kam ihr zuvor.

„Ich habe Garreth noch nie so wütend gesehen", erzählte er weiter. „Der Alte sah aus, als würde er im nächsten Augenblick platzen, deshalb bin ich so schnell wie möglich aus dem Büro verschwunden. Es geht mich ja eigentlich nichts an, aber mir scheint, dass dieser Junge Garreth ganz schön zu schaffen macht."

Donna warf ihrer Tochter einen Blick zu. „Nadine hat Hayden mit in die Stadt genommen."

Alle sahen plötzlich Nadine an. „Stimmt das?", wollte Ben wissen. „Was hat er denn gesagt?"

„So ungefähr das, was Dad erzählt hat."

Ben schnaufte verächtlich. „Wenn du mich fragst, geht es bei dieser Geschichte um Wynona Galveston."

„Galveston?", fragte Donna. „Ist das die Tochter von Dr. Galveston?"

„Ich glaube schon", meinte Ben. „Roy hat erzählt, dass Hayden sich mit ihr verloben soll und dass sie die Tochter eines berühmten Herzchirurgen ist. Roy hat damit angegeben, wie reich sie angeblich ist."

„Nun, es scheint, dass Hayden sich nicht für sie interessiert." George blickte zum Fernsehapparat, wo gerade die Sportnachrichten liefen. Nadine war dankbar, dass er abgelenkt war. Sie nahm ihren Teller und ihr Glas und wollte sie in die Küche tragen, dabei fing sie den Blick ihrer Mutter auf.

Siehst du, was ich gemeint habe!, schien dieser Blick ihr zu sagen.

Das nächste Mal sah sie Hayden am Sonntagnachmittag am See. Nadine und Ben waren mit Bens kleinem Motorboot hinausgefahren. Er hatte es sich von dem Geld gekauft, das er sich neben der Schule verdiente. Zusammen mit einigen Freunden aus der Schule hatten sie den ganzen Nachmittag lang geschwommen, waren Wasserski gefahren und hatten in der Sonne gelegen.

Patty Osgood und ihr Bruder Tim kamen gerade, als Nadine sich eine Bluse übergezogen hatte und darauf wartete, dass sie an der Reihe war, Wasserski zu fahren. Patty hatte ein Radio mitgebracht und suchte jetzt einen Sender, der Rockmusik spielte.

„Ist dein Bruder auch hier?", fragte sie mit unschuldigem Gesicht. Nadine vermutete, dass sie sich für Ben interessierte.

Patty band ihr blondes Haar zu einem Pferdeschwanz zusammen und zog die Bluse aus. Das rosa Oberteil, das sie darunter trug, hätte Pfarrer Osgood wahrscheinlich den Schock seines Lebens versetzt.

„Er ist im Boot", sagte Nadine.

Patty lächelte sie an. „Ob er mich einmal in seinem Boot mitnimmt?"

„Sicher." Nadine blickte über das Wasser. Es war heiß, die Sonne spiegelte sich auf dem Whitefire Lake und blendete sie.

Es waren viele Boote unterwegs, einige Fischer versuchten, Forellen zu fangen, andere Boote zogen Wasserski-Läufer hinter sich her.

Ein apfelrotes Rennboot raste mit atemberaubender Geschwindigkeit über das Wasser. Nadine stockte der Atem, als sie Hayden am Steuer entdeckte. Mary Beth neben ihr schnalzte mit der Zunge.

„Er ist also den Sommer über hier", meinte sie. „Dabei habe ich geglaubt, er würde nie wieder hier auftauchen."

„Seine Familie kommt doch jedes Jahr hierher", widersprach Nadine, weil sie das Gefühl hatte, ihn verteidigen zu müssen.

„Ich weiß. Aber ich habe geglaubt, dass er nach dem letzten Sommer nie wieder kommen würde." Mary Beth und Patty warfen einander einen wissenden Blick zu.

„Was ist denn passiert?", wollte Nadine wissen.

„Du weißt schon. Wegen Trish."

„Trish?"

„Trish London", flüsterte Mary Beth, als sei dieser Name ein Schimpfwort. „Weißt du nicht mehr? Sie ist im letzten Sommer von der Schule abgegangen."

„Sie ist nach Portland zu ihrer Schwester gezogen", meinte Nadine und wünschte, sie wüsste, was die beiden Mädchen vor ihr zu verbergen versuchten. Trish London war ein Mädchen gewesen, das sich gern mit Jungen einließ, aber Nadine hatte ihren Namen noch nie in Verbindung mit Hayden gehört. Eigentlich war sie sicher, dass viele der Geschichten über Trish stark übertrieben wurden von den Jungen, die damit angaben, sexuelle Abenteuer mit ihr gehabt zu haben, von denen sie nur träumten.

„Willst du behaupten, dass du nicht weißt, warum sie weggezogen ist?", fragte Patty, und ihre Augen blitzten boshaft.

Nadine fiel es schwer, ihre Neugier zu unterdrücken. „Ich habe nie darüber nachgedacht."

„Sie war schwanger!“, erklärte Mary Beth. „Sie ist nach Portland gezogen, um dort das Kind zu bekommen und es zur Adoption freizugeben.“

„Das Kind war von Hayden Monroe“, erklärte Patty.

„Woher willst du das wissen?“

„Jeder weiß das. Haydens Vater hat die beiden im letzten Sommer im Bootshaus erwischt. Garreth war wütend und hat Hayden so schnell nach San Francisco zurückgeschickt, dass er sich nicht einmal mehr von ihr verabschieden konnte. Vielleicht wollte er das ja auch gar nicht. Auf jeden Fall ist Trish ein paar Wochen später nach Portland gezogen. Da brauchst du nicht viel Fantasie, um dir vorzustellen, was da passiert ist.“ Patty zog die Augenbrauen hoch.

„Nur weil die beiden zusammen waren, heißt das noch lange nicht …“

Patty winkte ab. „Natürlich heißt das nicht unbedingt, dass Hayden der Vater ist. Aber Tim kennt Haydens Vettern, Roy und Brian Fitzpatrick. Und die beiden haben Tim erzählt, dass der alte Monroe ziemlich viel Geld bezahlt hat, damit Trishs Familie nicht darüber redet.“

„Roy und Brian Fitzpatrick sind auch nicht gerade Tugendbolde“, meinte Nadine.

„Glaub, was du willst, Nadine, aber die Geschichte ist wahr.“ Mary Beth lächelte selbstgefällig. „Sie hat mich auch nicht sehr überrascht. Trish tritt eben in die Fußstapfen ihrer Mutter.“

Eve London hatte den Ruf, das leichte Mädchen der Stadt zu sein. Sie hatte drei Ehemänner gehabt.

Patty winkte ab. „Ich habe gehört, dass Hayden sich mit einem reichen Mädchen aus San Francisco verloben wird. Ich frage mich, was sie wohl sagen würde, wenn sie von Trish erführe.“

„Sie wird es nie erfahren“, prophezeite Mary Beth.

Patty zog die Schultern hoch. „Es besteht immer die Möglichkeit, dass sie von dem Klatsch erfährt." Mit einem bösartigen Grinsen griff sie nach ihrem Radio und suchte einen Sender. „Was sie wohl sagen wird, wenn sie erfährt, dass Hayden Daddy ist."

„Aber das weißt du doch gar nicht."

„Ach, Nadine, werde doch endlich erwachsen", unterbrach Mary Beth sie. „Was ist denn nur los mit dir? Warum willst du nicht glauben, dass Hayden Monroe es mit Trish getrieben hat?"

„Vielleicht hat Nadine ja eine Schwäche für den reichen Jungen", meinte Patty und sah Nadine an. „Ist es das?"

„Ich kenne ihn nicht einmal."

„Aber ich wette, du würdest ihn gern kennenlernen. Dafür kann ich dir nicht einmal einen Vorwurf machen. Er ist sexy, sieht gut aus und ist reich. Ja, für einen solchen Jungen könnte ich auch eine Schwäche entwickeln."

Nadine hatte genug. Ihr gefiel diese Unterhaltung nicht, und sie wollte auch nichts von dem Klatsch glauben. Schließlich hatte sie lange genug in Gold Creek gelebt, um zu wissen, dass in der kleinen Stadt viel geredet wurde.

Sie ging auf den Anlegesteg hinaus. Dort setzte sie sich und ließ die Beine ins Wasser hängen. Es war heiß in der Sonne. Sie kniff die Augen zusammen und sah Hayden zu, wie er mit dem Boot über das Wasser raste.

Ob die Geschichte mit Trish London stimmte? Und was war dran an seiner Verlobung mit Wynona Galveston? Ihr Magen zog sich zusammen bei dem Gedanken, dass Hayden heiraten könnte, doch sie schalt sich selbst deswegen. Sie hatte ihn schließlich nur im Auto mitgenommen, das war alles.

Ben kam an den Anlegesteg zurückgefahren. „Kommst du mit?", fragte er, doch sie schüttelte den Kopf. „Wie du willst." Er ging über den Anlegesteg zu den anderen, und Nadine hörte

Patty Osgood lachen. Nadine warf einen Blick über ihre Schulter zurück. Patty strahlte Ben an, sie lehnte auf ihren Ellenbogen und streckte ihren Busen so weit vor wie möglich. Ben setzte sich neben sie, er konnte die Augen nicht von ihr lassen.

Nadine schüttelte den Kopf, dann wandte sie ihre Aufmerksamkeit wieder dem See zu. Ihr Herz setzte einen Schlag lang aus, als Hayden näher kam.

„Hab ich mich also nicht getäuscht", meinte er, als er das Boot neben dem Steg anhielt. Er trug helle abgeschnittene Jeans, sein nackter Oberkörper war braun gebrannt. Nadines Kehle war plötzlich trocken.

Hayden machte das Boot fest, dann kletterte er zu ihr auf den Steg. Wassertropfen rannen aus seinem Haar. „Ich dachte, ich könnte mich bei dir revanchieren." Er duzte sie einfach.

Bei der Erinnerung an ihre letzte Unterhaltung stieg wieder die Wut in Nadine auf. Warum hatte sie sich überhaupt die Mühe gemacht, ihn vor ihrer Familie und ihren Freunden zu verteidigen? Er war wirklich so schlimm, wie die anderen immer gesagt hatten. „Ich habe dir klargemacht, was ich von einer Bezahlung halte."

Er grinste sie an. „Ich rede nicht von Geld. Wie wäre es, wenn ich dich in meinem Boot mitnehme?"

„Ich glaube nicht, dass das eine so gute Idee wäre", wehrte sie ab, obwohl sie sein Angebot am liebsten angenommen hätte. Sie könnte allein sein mit ihm, könnte den Wind in ihrem Haar fühlen. Der Gedanke war wirklich verlockend, aber sie traute Hayden nicht. Auch wenn sie von ihm geträumt hatte, so war sie doch sicher, dass es nicht gut wäre, mit ihm allein zu sein.

„Hör mal, ich schulde dir …"

„Du schuldest mir gar nichts."

„Dann möchte ich einfach, dass du mit mir kommst." Er legte seine große warme Hand auf ihre.

Sie wusste, dass sie ihm widerstehen musste. Es wäre gefährlich, mit ihm in das Boot zu steigen. Wenn sie schon nicht auf die Warnungen ihrer Mutter und ihrer Klassenkameradinnen hörte, so sollte ihr heftig schlagendes Herz ihr Warnung genug sein.

Er zog ein wenig an ihrem Arm, und noch ehe ihr eine plausible Entschuldigung einfiel, half er ihr schon in das Boot.

„He!"

Sie hörte Bens Stimme, als Hayden das Seil losmachte und den Motor anstellte. Das Boot schoss mit so viel Tempo davon, dass Nadine in ihren Sitz zurückgeworfen wurde. Aus den Augenwinkeln sah sie noch, wie Ben über den Anlegesteg gelaufen kam.

„Nadine! He! Warte! Monroe, du Schuft." Das war Ben.

Nadine lachte, dann wandte sie sich um und winkte ihm lächelnd zu. Patty saß mit gerunzelter Stirn auf ihrer Decke. Wahrscheinlich war sie wütend, dass ihr Bens Aufmerksamkeit nicht länger gehörte. Wieder lachte Nadine, dann sah sie zu dem Jungen … nun, zu dem Mann, der am Steuer des Bootes stand. Der Wind blies ihm das Haar aus dem Gesicht.

„Wohin willst du?", überschrie er das Getöse.

Sie zog die Schultern hoch und hoffte, dass er nicht bemerkte, wie aufgeregt sie war. „Du bist der Kapitän."

Er lachte. „Hoffentlich bist du nicht enttäuscht."

Wieder dachte sie an die Gerüchte, die sie über ihn gehört hatte, doch schnell schob sie alles andere beiseite. Sie fühlte sich unbeschwert und ein wenig leichtsinnig, während das Boot so schnell fuhr, dass ihr der Wind Tränen in die Augen trieb.

Hayden folgte der Uferlinie bis zur Südseite des Sees, vorbei an dem Landungssteg, wo Ben noch immer stand und ihnen wütend nachsah. Sie fuhren nach Norden, wo die Häuser der Reichen standen. Nadine sah die großen Häuser hinter den Bäumen, die Bootshäuser, Tennisplätze und Swimmingpools und die vielen Anlegestege.

„Wahrscheinlich wunderst du dich darüber, dass ich mit diesem Boot fahre", meinte er nach einer Weile.

„Gehört es dir?"

„Meinem Vater", gab er zu und verzog das Gesicht. „Mit dem Boot kann ich fahren, ohne mir Gedanken machen zu müssen, was im Gegenzug dafür von mir verlangt wird." Sein Lächeln verging. „Aber bei meinem alten Herrn weiß man nie. Bei ihm wird alles in Dollar und Cent umgerechnet." Er warf ihr einen Blick von der Seite zu. „Willst du noch immer mit mir fahren?"

„Es macht mir keine Angst, wenn du von deinem Vater sprichst."

„Das sollte es aber."

„Ich habe zwei ältere Brüder, ich bin nicht sehr ängstlich." Die Lüge kam ihr nur schwer über die Lippen, denn in Wirklichkeit fürchtete sie sich davor, mit ihm allein zu sein.

Er schüttelte lachend den Kopf. Dann fuhr er langsamer und lenkte das Boot in eine kleine Bucht. Nadines Herz klopfte heftig. Was tat sie hier, allein mit einem reichen Jungen, der einen schlechten Ruf hatte?

Er fuhr mit dem Boot einen schmalen Wasserlauf entlang, der sich nach einiger Zeit zu einer von Bäumen überwachsenen Lagune öffnete. „Warst du schon einmal hier?", fragte er, und sie verneinte.

„Ist das hier euer Besitz?"

„Der Besitz meines Vaters. Er genießt es, Dinge und auch Menschen zu besitzen."

„Wie dich zum Beispiel?"

Er zog einen Mundwinkel hoch. „Ich bin der einzige Mensch, den er nicht kaufen kann. Und das macht ihn krank."

„Und das freut dich."

Seine weißen Zähne blitzten, als er lachte. Dann nahm er ihre Hand und half ihr aus dem Boot an den Strand, wo das Sonnenlicht durch das dichte Laub der Bäume gemildert wurde. „Als Kind bin ich oft hierhergekommen“, erzählte er. „Aber das war schon vor langer Zeit, als mein Vater mich noch kaufen konnte.“

„Du tust so, als sei er ein regelrechtes Ungeheuer.“

„Ist er das denn nicht?“

„Mein Dad findet das nicht.“ Nadine setzte sich auf einen großen Felsbrocken und vergrub ihre nackten Zehen in dem warmen Sand. „Er findet, dass dein Vater ein gutes Beispiel für den amerikanischen Traum ist.“

„Weil er eine oder zwei Sägemühlen geerbt hat?“ Hayden schnaufte. „Er war zufällig der Sohn eines reichen Mannes.“

Sie sah ihn nur an, sagte aber nichts.

„Ich weiß, genau wie ich. Das denkst du doch, nicht wahr?“

„Ich finde nur, du hast keinen Grund, dich zu beklagen.“

„Aber du kennst meine Familie doch gar nicht.“

Sie schüttelte den Kopf. Als sie zu ihm aufblickte, stand er vor ihr und starrte sie an. Die Luft schien elektrisch aufgeladen zu sein. Es duftete nach Wasser und frisch geschlagenem Holz.

„Weißt du, warum ich dich hierher gebracht habe? Ich muss immer an dich denken. Seit dem Tag, als du mich in deinem Wagen mitgenommen hast.“

Nadine traute ihren Ohren kaum, am liebsten hätte sie sich gekniffen, um festzustellen, dass sie nicht träumte. „Du … hättest mich anrufen können.“

„Das wollte ich nicht. Ich wollte dich nicht wiedersehen.“ Er setzte sich neben sie. „Ich meine, ich habe versucht, mir das einzureden.“

„Warum hast du dann an der Anlegestelle angehalten?“

„Weil ich dich gesehen habe und nicht anders konnte.“ Er nahm seine Sonnenbrille ab und sah sie mit seinen unglaublich blauen Augen eindringlich an.

Nadine leckte sich die Lippen. „Warum wolltest du mich denn nicht wiedersehen?“

Er lachte leise und legte eine Hand auf ihren Arm. Ihre Haut brannte unter seiner Berührung, beinahe hätte sie den Arm weggezogen. „Weil es nur Schwierigkeiten geben wird." Sachte strich er über ihr Handgelenk. „Hast du all die Geschichten über mich gehört?"

„Ich … ich glaube nicht alles, was ich höre."

Er sah sie lange an. „Du hast mich ‚Prinz' genannt."

„Nun, den Namen hast du verdient."

„Ja, wahrscheinlich", gab er zu. „Und was ist mit dir?", wollte er wissen. „Hast du auch an mich gedacht?"

Es ging ihn nichts an, was sie fühlte. „Nicht sehr oft." Sie zwang sich, diese Worte auszusprechen.

„Lügnerin."

„Warum sollte ich lügen?" Trotzig hob sie das Kinn und sah in seine blauen Augen.

„Weil du Angst vor mir hast."

„So schnell kann mich nichts ängstigen."

Er zog die Augenbrauen hoch, seine Hand glitt über ihren Arm bis zu ihrem Hals. „Du zitterst aber."

„Mir ist kalt." Sie zog sich ein wenig von ihm zurück.

Er lachte. „Wo es über dreißig Grad warm ist? Vielleicht wirst du krank, bekommst Schüttelfrost und Fieber."

„Schon möglich", antwortete sie, obwohl ihr klar war, dass sie beide den wahren Grund dafür wussten.

Hayden zog sanft an ihrem Arm, bis sein Gesicht nur noch einen Hauch von ihrem entfernt war und sie seinen warmen Atem auf der Wange fühlte. „Oder vielleicht hast du ja doch Angst", flüsterte er.

„Ich habe keine."

Ihr Protest verstummte, als sich seine Lippen auf ihre legten. Sein Mund war warm, und Nadines Widerstand schmolz dahin. Er legte die Arme um sie und zog sie näher, Nadine stöhnte auf, als sie zusammen in den warmen Sand sanken.

Hitze stieg in ihr auf, willig öffnete sie ihm den Mund, schmeckte ihn, fühlte ihn und roch den Duft des Wassers, der seiner Haut anhaftete.

Ihr ganzer Körper reagierte auf ihn. Ihre Brüste drängten sich ihm entgegen, als er sie an sich zog. Hayden stöhnte. Ein Schauer durchlief seinen Körper, und als er den Kopf hob und sie ansah, entdeckte sie in seinen Augen eine Leidenschaft, von der sie bisher nichts geahnt hatte.

Wieder küsste er sie, und Nadine fühlte seine Erregung, als er sich gegen sie drängte. Seine Hände glitten zu ihren Rippen, er streichelte sie und schob die Hände langsam höher.

Irgendwo tief in ihrem Inneren wusste Nadine, dass sie ihn zurückhalten sollte, dass sie Schwierigkeiten bekommen würde, wenn sie ihn weiter so küsste, Schwierigkeiten, die sie sich jetzt noch gar nicht vorstellen konnte. Doch ihr Körper hatte seinen eigenen Willen, und Haydens Finger auf ihrem Badeanzug weckten in ihr die Überzeugung, dass es richtig war, was sie tat.

Hayden bedeckte ihren Hals mit Küssen, und Nadine bog sich ihm entgegen, mit beiden Händen griff sie in sein Haar. Das Blut rauschte in ihren Ohren, und ihr Herz raste.

„Verflixt, Nadine, ich wusste, dass es mit dir so sein würde", flüsterte er und hob den Kopf. Seine Augen glänzten, das Haar fiel ihm ins Gesicht, über die schmale Narbe auf seiner Stirn.

Sie konnte kaum sprechen. „Wie denn?"

Er lächelte. „Als ob ich nie genug bekommen könnte."

„Oh." Sie leckte sich die Lippen, und er küsste sie noch einmal, fordernder diesmal, mit einer Leidenschaft, die auf sie übersprang. Er rollte sich mit ihr herum, sodass sie auf dem Rücken lag, dabei schob er ein Knie zwischen ihre Schenkel. Nadine küsste ihn und schob alle anderen Gedanken weit von sich. Er rieb sich an ihr, und seine Lippen schienen überall gleichzeitig zu sein, er küsste ihr Gesicht, ihren Hals und ihre nackten Schultern. Und sie sehnte sich nach mehr. Er schob einen Träger ihres Badeanzuges über ihre Schulter hinunter und entblößte ihre Brust.

Mit einem leisen Aufstöhnen streichelte er ihre Brustspitze. „Du bist wunderschön“, hauchte er, und sie spürte seinen Atem auf ihrer Haut. Heißes Verlangen packte sie, als er an ihrer Brust zu saugen begann. Sie drängte sich gegen ihn, verlangte nach mehr und stöhnte auf.

„Oh, Nadine, tu mir das nicht an“, bat er und hob den Kopf.

„Hayden?“, flüsterte sie und schloss die Augen.

„Du willst das nicht“, flüsterte er.

„Doch.“

„Verflixt, Nadine, du willst es nicht.“ Seine Finger schlossen sich um ihren Po, und er fluchte laut. „Ich will es nicht.“ Er schob sie von sich. „Verdammt, Nadine!“, murmelte er und strich sich das Haar aus dem Gesicht. „Wir können das nicht tun!“

Nadine fühlte, wie Scham in ihr aufstieg. Es war ja beinahe so, als sei es ihre Idee gewesen, mit ihm hierherzukommen. „Du hast es gewollt“, beschuldigte sie ihn.

„Sieh mal … ich wollte nicht … oh, Teufel!“ Er schlug mit der Faust auf den Boden, dann rollte er sich auf den Rücken und starrte in den Himmel. „Ich wollte nur bei dir sein.“

„Mach dir keine Sorgen.“ Sie hoffte, dass er ihre Enttäuschung nicht bemerkte. Sie sollte ihm dankbar sein, dass er sich zurückgehalten hatte. Sie klopfte sich den Sand ab und zwang sich zu einem Lächeln. „Es ist doch nichts passiert.“

„Noch nicht. Aber es hätte nicht mehr lange gedauert.“ Er sah sie an. „Versuch das nicht abzustreiten.“

„Ich glaube, du solltest mich zurückbringen.“ Nadine dachte an Trish London, und ihr wurde klar, dass es nicht schwer gewesen wäre, sich von Hayden verführen zu lassen.

„Du sollst nicht glauben, dass mir das, was geschehen ist, nicht gefallen hat“, meinte er. „Ich habe das gewollt. Aber“, er hob die Hand, „wir sollten an die Konsequenzen denken.“

An die Konsequenzen, sich mit einem Mädchen aus der falschen sozialen Schicht einzulassen, dachte sie mit einem bitteren Geschmack im Mund. „Ich … ich weiß nicht. So etwas habe ich noch nie zuvor erlebt!“

„Ich auch nicht“, gestand er ihr mit einem Lächeln und zog sie in seine Arme. Sie wollte ihn zurückschieben, doch als er ihr einen zärtlichen Kuss auf die Wange gab, ließ ihr Widerstand nach. Er legte einen Finger unter ihr Kinn, hob ihren Kopf und küsste sie so zärtlich, dass ihr beinahe das Herz brach.

„Was, zum Teufel, soll das?“, ertönte plötzlich Bens Stimme.

Nadine zuckte zurück, doch ehe sie reagieren konnte, hatte sich Bens Hand schon um ihren Unterarm geschlossen.

„Ben, nicht“, bat sie.

Er betrachtete sie von Kopf bis Fuß, sein Gesicht wurde weiß. „Nadine, was hast du getan?“

„Ich glaube nicht, dass dich das etwas angeht.“ Nadine band ihre Bluse zusammen.

„Du warst nicht eingeladen, Powell“, mischte sich Hayden ein.

„Das ist meine Schwester!“

„Ich kann allein auf mich aufpassen“, fuhr Nadine ihn an.

„Du bist erst siebzehn!“

„Deshalb brauchst du nicht zu denken, dass du auf mich aufpassen musst.“

„Es sieht aber ganz so aus!“

„Jetzt reicht es“, warnte Hayden ihn, doch Ben schien seine Warnung nicht zu hören. Es war beinahe so, als freue er sich auf eine Prügelei.

„Lass deine Finger von meiner Schwester.“

„Ach, hört doch auf!“, rief Nadine.

Hayden schien nicht abgeneigt, seine Kräfte mit Ben zu messen. „Lass dir von ihm nichts sagen, Nadine.“

„Das werde ich auch nicht!“ Wütend stellte sie sich vor ihren Bruder und stieß mit dem Zeigefinger gegen seine Brust. „Lass mich in Ruhe, Ben. Ich bin alt genug, um auf mich selbst aufzupassen."

„Du warst gerade dabei, einen großen Fehler zu machen. Wenn du ihn nicht schon gemacht hast." Ben holte tief Luft. „Verdammt, Nadine, warum gebrauchst du nicht deinen Verstand?"

„Ich habe gesagt, ich kann allein auf mich aufpassen." Sie war jetzt so wütend, dass sie am ganzen Körper zitterte.

„Du warst schon immer störrisch", murmelte er vor sich hin, dann warf er Hayden einen vernichtenden Blick zu. „Wage nicht, sie anzurühren, Monroe", warnte er ihn.

Er starrte seine Schwester an. Doch unter all der Wut entdeckte sie in seinen Augen einen Anflug von Schmerz. „Ich erwarte dich in spätestens einer Viertelstunde am Anlegesteg, Nadine. Wenn du bis dann nicht dort bist, werde ich nicht auf dich warten. Dann kannst du all das hier", er machte eine ausladende Handbewegung, „Mom und Dad erklären."

3. Kapitel

Ben hielt den Mund. Hielt er sich an ihr Übereinkommen, einander nicht zu verpetzen, oder fühlte er sich schuldig, weil er mit Patty Osgood zusammen gewesen war? Die verräterischen Stellen an seinem Hals waren Beweis genug für Pattys Leidenschaft.

Selbst als ihr älterer Bruder Kevin beim Abendessen über Monroe schimpfte, sagte Ben nichts.

„Monroe ist sowieso nur daran interessiert, Geld zu machen!“, meinte Kevin.

„Hoffentlich“, warf sein Vater ein. „Denk dran, ich habe bei ihm viel Geld investiert.“

Nadines Mutter ließ die Gabel fallen. Dieses Thema war heikel, normalerweise wurde nicht darüber gesprochen. Nadine sah, wie ihr Vater sich auf seinem Stuhl aufrichtete.

„Das Geld wird schon kommen – man muss nur Geduld haben.“

„Viele haben aber keine Geduld mehr“, meinte Donna.

„Wenn du mich fragst, du wirst dieses Geld nie wiedersehen. Der alte Monroe wird einen Weg finden, es für sich zu behalten“, weissagte Kevin. „Monroe ist ein Schuft.“

Nadine sah, dass ein Schweißtropfen über die Stirn ihres Vaters lief. „So etwas möchte ich in meinem Haus nicht hören“, befahl er, und es war plötzlich ganz still im Zimmer.

Nadine war der Bissen im Hals stecken geblieben. Sie nahm einen großen Schluck Wasser, über den Rand des Glases hinweg traf sich ihr Blick mit dem von Ben. Sofort wusste sie, dass sie wieder Verbündete waren, in dem Krieg, der in ihrer Familie ausgebrochen zu sein schien und aus dem niemand als Sieger hervorgehen würde.

In der nächsten Woche wurde der Nationalfeiertag gefeiert. Da es heiß war und die Gefahr von Waldbränden bestand, hatte sowohl die Monroe-Sägemühle als auch der Fitzpatrick-Holzhandel geschlossen. Die ganze Stadt feierte. Am Wochenende sollte außerdem noch das alljährliche Sommerfest der Monroe-Sägemühle im Stadtpark am Ufer des Whitefire Lake stattfinden.

Lange bevor sie Hayden begegnet war, hatte Nadine sich für die Feier des Nationalfeiertages mit Sam verabredet. Doch je näher der Tag kam, desto weniger freute sie sich auf ihr Zusammensein mit Sam. Er war wirklich sehr nett, und er machte sich auch viel aus ihr, aber sie hätte die Zeit lieber mit Hayden verbracht.

Am Tag des Nationalfeiertages schoben sich dicke graue Wolken vor die Sonne, es war schwül, kein Lüftchen regte sich.

Mit ihren Eltern fuhr Nadine in die Stadt und sah sich die Parade an, dann gingen sie zusammen in den geschmückten Stadtpark. Unter einem Zeltdach war ein riesiges Buffet mit den Köstlichkeiten aufgebaut, die die Frauen mitgebracht hatten. Die Männer betreuten die Grills.

Lachen und Fröhlichkeit lagen in der Luft, und selbst Nadine, die wegen ihrer Zusage an Sam nicht sehr glücklich war, ließ sich von der allgemeinen guten Laune anstecken. Es bestand ja die Möglichkeit, dass sie Hayden heute sehen würde.

Sam kam und blieb in ihrer Nähe, doch noch immer konnte sie sich nicht über seine Anwesenheit freuen. Seit sie Hayden kennengelernt hatte, war ihr Interesse an Sam erloschen. Sie mochte ihn zwar noch immer, doch sie würde ihm nie die Gefühle entgegenbringen können, die sie in Haydens Armen verspürt hatte.

Um sieben Uhr wurde sie schließlich von Thelma Surrett und ihrer Tochter Carlie am Buffet abgelöst. Sam nahm ihre Hand und zog sie zu der Tanzfläche, wo einige Musiker ihre Instrumente schon ausgepackt hatten. Nadine hatte keine andere Wahl, als mit ihm zu tanzen, doch fühlte sie sich in seinen Armen nicht wohl. Es fiel ihr schwer, über seine Scherze zu lachen, und sie bog den Kopf zur Seite, wenn er versuchte, sie zu küssen.

„He, was ist los?“, fragte er nach einer Weile.

„Gar nichts“, log sie und wusste doch, dass Hayden der Grund für ihre Unzufriedenheit war.

Sam zog sie näher an sich, und Nadine ließ es zu. Wie konnte sie ihm erklären, dass sie sich in einen anderen Jungen verliebt hatte, einen Jungen, den sie kaum kannte und der sich wahrscheinlich sowieso nicht für sie interessierte?

„So ist es schon besser“, flüsterte Sam in ihr Ohr. Er küsste sie auf die Schläfe, und Nadine erstarrte. Als die Musik endete, entschuldigte sie sich damit, sich frisch machen zu wollen, und lief davon. Sam ging zu seinen Freunden, und Nadine überlegte, wie es weitergehen sollte.

„Amüsierst du dich?“

Haydens Frage riss sie aus ihren Gedanken. Ihr stockte der Atem, sie fuhr herum.

„Ist das dein Freund?“, wollte er wissen und deutete mit dem Kopf in die Richtung, in die Sam verschwunden war.

„Er ist nur ein Freund“, wehrte sie ab.

„Es sah aber nach viel mehr aus.“

„Hast du mir nachspioniert?“

Seine weißen Zähne blitzten in der Dunkelheit. „Ich habe dich zufällig gesehen.“ Er trat aus dem Schatten, und Nadines Herz machte bei seinem Anblick einen kleinen Sprung.

„Ich bin überrascht, dich hier zu sehen“, meinte sie.

„Mein Erscheinen wurde befohlen. Vom König.“ Als sie sein Lächeln nicht erwiderte, sprach er weiter: „Du hast mich ‚Prinz‘ genannt. Dann wäre mein Vater der …“

„Der König“, beendete sie den Satz für ihn.

„Und jetzt habe ich meine Pflicht erfüllt."

Ihr Herz sank. „Du willst schon gehen?"

Seine Blicke hielten ihre gefangen. „Willst du mitkommen?"

„Wohin?"

„Das ist doch egal."

Ja! rief ihr Herz, doch sie wusste, dass sie nicht so einfach verschwinden konnte. „Ich kann nicht."

„Warum nicht?" Er legte den Kopf ein wenig schief und sah zu der Gruppe Jungen hinüber, die sich auf dem Parkplatz versammelt hatte. „Wäre dein Freund nicht damit einverstanden?"

„Ich habe dir doch gesagt, er ist nicht mein …"

Er fasste sie bei den Schultern, zog sie an sich und presste seine Lippen auf ihre. Heiß und verlangend war sein Kuss. Nadine protestierte nicht, sie sank gegen ihn und legte die Arme um seinen Hals.

Als er sie mit sich in den Schatten der Bäume zog, lagen seine Hände auf ihrer Taille, und er küsste sie mit einer solchen Leidenschaft, dass sich die Welt um sie zu drehen schien.

Als sich seine Hand um ihre Brust schloss, seufzte Nadine auf. Er schob die Hand unter ihre Bluse, streichelte die dünne Spitze ihres Büstenhalters, dann die nackte Brust, bis Nadine glaubte, sie stände in Flammen.

„Warum tust du mir das an?", flüsterte Hayden. Er hatte sie gegen einen Baum gedrängt, atmete heftig und presste sich gegen sie. „Du folterst mich! Das weißt du. Wenn ich in deiner Nähe bin, bin ich ganz verrückt." Er legte eine Hand unter ihr Kinn und drehte ihren Kopf so, dass sie ihn ansehen musste. Langsam nahm er ihre Brustspitze zwischen Daumen und Zeigefinger.

Nadine konnte kaum atmen. Sie fühlte, wie erregt er war.

„Seit Tagen habe ich an nichts anderes mehr gedacht als an dich", gestand er. „Ich will dich, Nadine. Schade, dass ich dich nicht haben kann."

Sie wollte ihn fragen, warum, doch die Antwort kannte sie schon. Er war der reiche Junge und sie das arme Mädchen, ein Nichts, und deshalb für ihn verboten.

„Nadine?"

„Das ist Ben", keuchte Nadine und stieß ihn von sich.

„Was ist nur los mit deinem Bruder?", wollte Hayden wissen. „Vertraut er dir nicht?"

„Du bist es, dem er nicht vertraut." Sie sah zur Tanzfläche und entdeckte Sam in der Gruppe seiner Freunde. Er schien nicht mehr sicher auf den Beinen zu stehen. Ben kam über den Weg auf sie beide zu, und hätte Patty Osgood ihn nicht gerufen, er hätte seine Schwester mit Hayden entdeckt.

„Ich möchte mit dir kommen." Nadine wandte sich zu Hayden um und lächelte ihn an.

„Vergiss es."

„Aber du hast doch gesagt ..."

Hayden sah sie so eindringlich an, dass sie verstummte. „Ich wünsche mir nichts mehr, als dass du mit mir kommst", meinte er. „Aber du würdest durch mich nur Schwierigkeiten bekommen."

„Das ist mir egal."

„Dein Bruder und deine Eltern ..."

„Sie werden nie etwas davon erfahren."

Er zögerte, dann holte er tief Luft. „Du machst es mir nicht gerade leicht. Und was ist mit deinem ... Freund? Immerhin bist du doch mit ihm hier."

„Ich bin mit meiner Familie hier."

„Du weißt schon, was ich meine."

Natürlich wusste sie das. Aber wenn sie bei Hayden sein konnte, interessierten sie Sams Gefühle nicht. „Das ist schon in Ordnung." Impulsiv legte sie die Arme um seinen Hals. „Ich möchte bei dir sein, Hayden. Vielleicht ist es ein Fehler, aber wenn du auch mit mir zusammen sein möchtest ..."

Er stöhnte auf. „Du weißt nicht, auf was du dich einlässt."

„Sag es mir."

Er schloss die Augen. „Nadine, nicht …" Er versuchte, ihre Arme von seinem Hals zu lösen. „Ich möchte dir nicht wehtun."

„Das wirst du nicht", widersprach sie ihm.

„Versprichst du mir das?"

„Ich verspreche es dir."

Er legte seine Lippen auf ihre, sanft nahm er ihre Unterlippe zwischen die Zähne und saugte daran. Heißes Verlangen stieg in Nadine auf, ihre Knie wurden weich. „Was soll ich nur mit dir tun?", stöhnte er.

„Vertrau mir."

Sein Lächeln war ein wenig schief. „Ich glaube kaum, dass wir einander vertrauen sollten. Nadine, ich … nein, es wird nicht klappen."

„Ich möchte bei dir sein", erklärte sie verzweifelt.

Er sah sie eindringlich an, dann lächelte er ein wenig.

„Nadine?"

Schon wieder Ben!

„Wo sehen wir uns?", flüsterte sie Hayden zu.

„Am See. Morgen Abend." Er zog sie in seine Arme und küsste sie noch einmal. „In der Lagune, in der wir zusammen waren", sagte er noch, dann verschwand er in der Dunkelheit.

Nadine zitterte. Sie rieb sich die Arme und fragte sich, ob sie wohl den Mut hatte, sich noch einmal mit ihm zu treffen. Was wusste sie schon von ihm? Er war reich. Er war es gewöhnt, dass ihm jeder Wunsch erfüllt wurde. Er hatte nicht sehr viel Respekt für seinen Vater. Und sie hatte beinahe ihren Verstand verloren, als er sie geküsst hatte.

Sie war nicht viel besser als Patty Osgood oder Trish London. Aber sie konnte nicht anders. Ganz gleich, was auch geschah, Nadine wusste, dass sie morgen Abend in der Lagune auf ihn warten würde.

Es war auch schwül an dem Tag, als das Sommerfest der Monroe-Sägemühle gefeiert wurde. Anders als am Tag zuvor waren heute alle Getränke und das Essen von einer Firma aus Coleville geliefert worden, Garreth Monroe bezahlte.

Ein ganzes Schwein wurde am Spieß gebraten, unter einem riesigen Zeltdach standen gedeckte Tische. Die Schüsseln mit den Salaten standen auf gestoßenem Eis, eine riesige Kühlmaschine produzierte frisches Speiseeis.

Trotz des drohenden Gewitters waren die Arbeiter und Angestellten der Sägemühle guter Laune. Nadines ganze Familie war gekommen. Ihre Mutter unterhielt sich mit den Frauen der anderen Arbeiter, George Powell maß sich im Hufeisenwerfen mit seinen Kollegen, alle lachten und tranken das frisch gezapfte Bier.

Nadine blickte suchend über die Menge. Sie wusste, dass es dumm war, aber sie konnte nicht anders. Sicher würde Hayden auch hier sein, immerhin war sein Vater auch gekommen, und auch Sylvia Fitzpatrick Monroe war da. Sie lächelte freundlich, doch ihr Lächeln erreichte die kühlen blauen Augen nicht. Das silberblonde Haar hatte sie zu einem kunstvollen Zopf geflochten, die Fingernägel zeigten den gleichen Farbton wie ihr eleganter Hosenanzug, in ihren Ohren blitzten Diamantohrringe.

Hayden war nirgendwo zu sehen.

Nadine versuchte, ihre Enttäuschung zu verbergen, und tat, als interessiere sie sich für das Volleyballspiel.

„Bist du noch böse auf mich?“ Sam stand auf einmal neben ihr und legte eine Hand auf ihren Arm.

„Ich bin nicht böse.“

„Nur, weil ich zu viel getrunken habe. Das war dumm von mir, und es wird auch nicht wieder vorkommen, Nadine.“

„Es waren mehr als nur ein paar Drinks, Sam. Du hast dich auf unserer Terrasse übergeben.“

„Es tut mir leid. Vergibst du mir?“ Sam lehnte sich zurück. Er war wieder nüchtern, doch er hatte einen schrecklichen Kater. Jetzt griff er nach Nadines Hand. „Wahrscheinlich hätte ich nicht so viel getrunken, wenn ich nicht so schlecht gelaunt gewesen wäre.“

„Jetzt ist alles mein Fehler?“ Nadine entzog ihm die Hand.

„Was ist denn los, Nadine? Etwas stimmt nicht, das kannst du nicht abstreiten.“

Es war wohl an der Zeit, ehrlich zu Sam zu sein, so viel war sie ihm schuldig. „Ich finde einfach, dass wir einander nicht so oft sehen sollten“, brachte sie schnell heraus.

Sam rührte sich nicht. „Heißt das, du möchtest mit anderen Jungen ausgehen?“, fragte er nach einer Weile.

„Ich …“

„Wer ist es?“, wollte er wissen. Alle Farbe war aus seinem Gesicht gewichen.

„Es gibt niemanden“, log sie.

„Und ob es den gibt! Verflixt, Nadine, wo hast du ihn kennengelernt?“ Er war jetzt schrecklich wütend.

„Ich finde nur, dass wir auch mit anderen ausgehen sollten, das ist alles.“ Nadine strich sich eine Haarsträhne aus dem Gesicht und hoffte nur, dass niemand ihre Unterhaltung mitgehört hatte. „In dieser Stadt genügt es schon, wenn man zweimal mit derselben Person ausgeht, das weißt du doch. Die Leute reden dann gleich.“

„Und du möchtest nicht mit mir in Verbindung gebracht werden?“

Nadine reckte sich. Sie wollte ihn nicht verletzten, aber sie wollte auch nicht mit einer Lüge leben. „Im Augenblick nicht, Sam.“

Er sank in sich zusammen, und im selben Augenblick tat er ihr leid. Sie mochte Sam, aber sie wusste, dass er nicht der Richtige für sie war. Je eher ihm das klar wurde, desto besser für ihn.

Und wer ist der Richtige für dich? Hayden Garreth Monroe? Sie runzelte die Stirn, nahm einen kleinen Stein und warf ihn ins Wasser.

„Nun, das war es dann wohl." Sam stand auf.

„Wir ..."

„Sag bloß nicht, wir könnten Freunde bleiben, Nadine, denn das können wir nicht. Ich wenigstens kann es nicht." Er winkte ab, als sie noch etwas sagen wollte, dann blickte er zu seinen Freunden hinüber, die mit den beiden Schwestern Heather und Rachelle zusammenstanden. Rachelle war ein wunderschönes Mädchen mit mahagonifarbenem langem Haar und großen Augen. Ihre Schwester Heather war zierlich und blond, aber sie sah genauso ansprechend aus wie ihre ältere Schwester. Sam ging zu der Gruppe hinüber.

Eine Dreiviertelstunde später, als das Schwein gebraten war, raste ein Rennboot über das Wasser. Nadines Herz machte einen Sprung, als sie Hayden entdeckte, der das Boot auf das Ufer zusteuerte. Doch sehr schnell schwand ihre Freude, denn neben ihm stand ein schlankes großes Mädchen, das aus dem Boot sprang, noch ehe Hayden angelegt hatte.

Sie sah wirklich großartig aus. Ihr kurzes blondes Haar zeigte goldene Strähnen, das weiße Sommerkleid betonte ihre hübsche Figur mit den langen Beinen. Ein Lächeln lag auf ihren vollen Lippen, als sie Haydens Arm nahm und mit ihm zu seinen Eltern ging.

Sylvia Monroe umarmte sie, und Haydens Vater blinzelte ihr zu, während Hayden das Mädchen düster anblickte. Sie sagte etwas, und alle außer Hayden lachten. Dann führte Garreth sie hinüber zum Zelt.

Ist das Wynona Galveston? überlegte Nadine. Ihr Herz war schwer. Wie konnte sie nur geglaubt haben, dass Hayden etwas an ihr lag, an einem einfachen Mädchen, wenn er doch eine solche Schönheit haben konnte?

Sie wünschte, ihr fiele ein Grund ein, um nach Hause zu gehen, doch ihre Eltern waren beschäftigt, Ben amüsierte sich mit Patty Osgood, und Kevin war bei seinen Freunden, es war also noch nicht einmal jemand da, der sie nach Hause fahren konnte.

Selbst Sam schien sich schon getröstet zu haben, doch Nadine nahm ihm das nicht übel. Hayden allerdings schien sich genauso unwohl zu fühlen wie sie.

Ein wenig später schob sie gerade das Essen auf ihrem Teller lustlos hin und her, als Ben sich neben sie an den Tisch setzte. „Sieht ganz so aus, als hätte dein Liebling eine andere gefunden."

Sie warf ihm einen düsteren Blick zu.

„Dr. Galvestons Tochter", sprach er weiter. „Jede Menge Geld. Und sie sieht auch noch großartig aus."

„Ganz wie Patty Osgood."

Ben erstarrte. „Ich wollte damit nur sagen, dass sie gut aussieht und Geld hat."

„Wann wirst du endlich erwachsen?", entgegnete Nadine.

„Das Gleiche könnte man dich auch fragen." Ben knabberte an einem Maiskolben, dann deutete er auf das Zelt, in dem Garreth Monroe Hof hielt. „Sieh den Tatsachen ins Auge, Kleines, du würdest nie zu denen da passen. Wenn Hayden Wynona heiratet, wette ich mit dir, dass sie unglücklich wird."

„Wieso?"

„Wenn nicht ihr Ehemann der Grund dafür ist, dann doch ihr Schwiegervater. Sieh mal, wie er sie anlächelt. Ich möchte wetten, er hat es auf sie abgesehen."

„Das ist doch krank. Er ist alt und ..."

„... könnte ihr Vater sein", beendete Ben den Satz für sie. „Aber das zählt bei ihm nicht, er ist ein Lüstling. Die ganze Familie taugt nichts, Nadine. Such dir einen anderen."

„Jemanden wie Sam?", fragte sie.

„Du brauchst dir keine Beschränkungen aufzulegen, Kleines, du könntest den Besten haben. Versteh mich nicht falsch,

Sam ist ein guter Kerl, aber … nun ja, wenn du die Wahrheit wissen willst, er hat so seine Probleme."

„Gibt es überhaupt jemanden, der gut genug für mich ist?" Was fiel Ben überhaupt ein, ihr sagen zu wollen, wie sie zu leben hatte? „Was hältst du von Tim Osgood?", fragte sie. „Pattys Bruder."

Bens gute Laune war wie weggewischt, er ließ den Maiskolben auf den Teller fallen. „Ich wollte dir nur helfen."

„Ich weiß ganz gut allein, was ich zu tun habe." Nadine brachte keinen Bissen mehr herunter. Sie stand auf und ging zum See, doch blieb sie wie angewurzelt stehen, als sie plötzlich Hayden und Wynona gegenüberstand.

„Nadine!" Hayden griff nach ihrem Arm.

„Hallo." Bildete sie sich das nur ein, oder waren seine Augen bei ihrem Anblick wirklich aufgeleuchtet? Er stellte sie Wynona vor, die sie gönnerhaft anlächelte.

Irgendwie gelang es Nadine, ein paar belanglose Sätze zu sagen. „Es war nett, Sie kennenzulernen, aber jetzt muss ich wirklich gehen", meinte sie schließlich.

Nadine wandte sich um und lief weg. In den wenigen Sekunden, in denen Haydens Hand auf ihrem Arm gelegen hatte, hatte Nadine gefühlt, wie seine Finger sich besitzergreifend um ihren Arm schlossen, wie um sie daran zu erinnern, dass sie sich treffen wollten.

Nadine vergrub beide Hände in den Taschen ihrer Shorts und entschied, dass es nur einen Weg gab, um herauszufinden, was Hayden wirklich fühlte. Sie musste sich heute Abend mit ihm am See treffen. Wenn er nicht kam, hatte er sich mit ihr einen Scherz erlaubt.

Aber wenn er kam … was sollte sie dann tun?

4. Kapitel

„Denkst du eigentlich jemals an die Kinder? Oder an mich?" Die Stimme von Donna Powell drang bis nach oben, und Nadine presste die Augen zusammen und wünschte, sie würde nichts hören von der Unterhaltung unten. Sie lag in ihrem Zimmer auf dem Bett und hörte dennoch jedes Wort, das unten gesprochen wurde. Erst vor ein paar Minuten hatte die Unterhaltung ihrer Eltern begonnen, und schon waren sie mitten in einem fürchterlichen Streit.

„Was ist mit all deinen Versprechungen?", schrie Donna jetzt. „Und mit dem, was du den Kindern in den Kopf gesetzt hast?"

Nadine presste die Hände an die Ohren und wünschte, sie würden aufhören mit diesem Krieg, der schon ein paar Jahre andauerte. Sie ahnte, dass es nicht mehr lange dauern würde, bis ihre Mutter die Scheidung einreichen würde.

Sie musste weg hier, weg von all den Anschuldigungen und dem Ärger. Weg aus dem Haus, in dem es keine Liebe mehr gab.

Zu Hayden? Wenn er sie überhaupt haben wollte und nicht an Wynona Galveston gebunden war.

Sie griff nach der abgeschnittenen Jeans, die über dem Bettpfosten hing. Hayden wartete auf sie.

Nadine schlüpfte aus dem Bett, zog die Jeans an, ein T-Shirt und ein paar alte Turnschuhe. Dann kletterte sie auf die Fensterbank und hoffte, ihre Mutter würde heute Abend nicht mehr in ihr Zimmer kommen.

Der große Ast des Ahornbaumes vor ihrem Fenster hatte ihr schon mehr als einmal geholfen, heimlich von zu Hause zu verschwinden. Sie griff danach und kletterte nach unten.

Der Sommer war beinahe vorbei, doch war es noch immer heiß. Heute war Vollmond, immer wieder lugte er hinter den Wolken hervor. Nadine blickte sich noch einmal nach dem Haus um. Nur in der Küche brannte Licht, sie erkannte ihre Mutter, die an der Anrichte stand, und ihren Vater am Tisch, mit einer Flasche Bier in der Hand. Zum ersten Mal fand sie, dass ihr Vater alt aussah.

Sie wandte sich um und ging durch die Nacht davon, weg von dem kleinen Haus, in dem es einmal so viel Liebe gegeben hatte.

Was war nur geschehen? Alles in ihrer Familie hatte sich verändert, als ihr Vater darauf bestanden hatte, ihr Haus in der Stadt zu verkaufen. Es war ein kleines, aber gemütliches Heim gewesen. Kurz nach ihrem Umzug in das neue gemietete Haus hatte Nadine zum ersten Mal die Veränderung im Verhalten ihrer Eltern gefühlt. Sie erinnerte sich noch gut an den Tag, es war im Sommer gewesen, an einem Sonntag, und an diesem Tag war von Anfang an alles schiefgelaufen. Ben und Kevin hatten sich geprügelt und dabei ein großes Loch in die Wand in ihrem Zimmer geschlagen. Ihr Vater war schrecklich wütend gewesen, und ihre Mutter war in Tränen ausgebrochen. An diesem Tag hatte ihre Mutter zum ersten Mal bei der Hausarbeit nicht gesungen. George war auf seine Frau zugegangen, um sie in die Arme zu nehmen, doch sie war ihm ausgewichen.

Erschrocken hatte er sich den Nacken gerieben, doch als er dann Nadine erblickte, hatte er sie angestrahlt. „Du hast Glück, Nadine, du wirst im Leben nie so viel arbeiten müssen“, hatte er zu ihr gesagt.

„Setz ihr keinen Floh ins Ohr“, hatte seine Frau ihn gewarnt.

„Deine Ma ist heute nicht gut aufgelegt.“ George hatte seine Tochter auf den Arm genommen und sich mit ihr gedreht. „Wir haben einen kleinen Investment-Plan abgeschlossen“, hatte er ihr ins Ohr geflüstert.

„Mit Garreth Monroe", hatte seine Frau verächtlich geschnauft. „All das Geld, das wir vom Verkauf unseres Hauses übrig behalten haben." Sie hatte die Lippen zusammengepresst. „Reiche Leute teilen ihren Reichtum nicht gern mit anderen."

George hatte die schlechte Laune seiner Frau nicht weiter beachtet. „Du wirst schon sehen", hatte er gemeint und geheimnisvoll gelächelt. „Wenn unsere Kinder erst einmal berühmte Anwälte und Ärzte sind, wirst du anders darüber denken. Wir könnten sogar ein neues Haus kaufen oder eine große Reise machen."

Die Linien um Donnas Mund hatten sich noch vertieft. „Das möchte ich sehen", hatte sie gemurmelt, und Nadine hatte sich gefragt, warum sie nicht an Daddys Traum glaubte.

„Garreth Monroe ist mein Boss, er würde mich nicht betrügen." George hatte sich eine Flasche Bier geholt und sich auf die Stoßstange seines alten Wagens gesetzt. „Vielleicht kaufen wir uns sogar eines dieser Häuser am See."

Donna hatte sich auf ihren Besen gestützt und ihn angesehen. Ein kleines Lächeln war auf ihrem Gesicht erschienen, und Nadine war überrascht gewesen, wie schön ihre Mutter war.

„Du bekommst schöne Kleider und Juwelen, und du brauchst nicht länger mit diesem zerbeulten Wagen zu fahren." George hatte auf die Stoßstange geklopft. „Wir werden einen Sportwagen kaufen, einen BMW oder einen Mercedes."

„Nein, einen Cadillac", hatte sie gesagt. „Mit Ledersitzen, einer Klimaanlage und einem abnehmbaren Dach."

„Genau!", hatte George zugestimmt, doch gleich hatte Donnas Gesicht sich wieder verfinstert, und sie hatte sich wieder ihrer Arbeit zugewandt. „Du wirst die reichste Frau in der ganzen Gegend sein", hatte George noch gemeint, dann hatte er sein Bier getrunken.

„Schön wär's", hatte Nadines Mutter gemurmelt, doch ihre Stimme hatte Enttäuschung ausgedrückt.

Fünf Jahre waren seit diesem Tag vergangen. Fünf Jahre, in denen das Glück der kleinen Familie geschwunden war, ein wenig mehr bei jedem Streit der Eltern. Die Träume ihres Vaters waren verblasst, als sie Jahr um Jahr in dem kleinen Haus wohnen blieben. Mittlerweile arbeitete auch ihr ältester Bruder Kevin in der Sägemühle. Er hatte das College vorzeitig verlassen und war nach Gold Creek zurückgekehrt, in Nadines Augen ein großer Fehler.

Sie ging schneller. Sie dachte an Hayden und wischte ihre feuchten Hände an ihrer Jeans ab. War sie gerade dabei, auch einen großen Fehler zu machen?

Auch am See war es nicht kühler. Sie entdeckte Bens Boot und machte es schnell vom Anlegesteg los. Bis zur Mitte des Sees ruderte sie, erst dann wagte sie, den Motor anzustellen. Im Mondlicht und mit einer starken Taschenlampe steuerte sie das Boot nach Norden. Dreimal fuhr sie am Eingang zu der Lagune vorbei, bis sie ihn endlich entdeckte. Wenn ihr Bruder erfuhr, was sie tat, würde er sie dafür umbringen. Doch jetzt wollte sie nur noch an Hayden denken und alle Probleme vergessen. Wenn er wirklich kam, würde ihr Leben sowieso noch komplizierter werden.

Sie lauschte den Geräuschen um sich herum und blickte immer wieder auf ihre Uhr. Eine halbe Stunde war bereits vergangen, wie lange sollte sie noch warten? Eine Stunde? Zwei Stunden? Bis zur Morgendämmerung? Die ersten Regentropfen begannen zu fallen.

Das Knacken eines Zweiges ließ sie zusammenfahren.

„Nadine?“

Ihre Knie wurden weich. „Ich bin hier.“

Und dann sah sie ihn. Erleichterung stieg in ihr auf, und sie lief zu ihm hinüber.

„Ich habe nicht geglaubt, dass du kommen würdest“, meinte er, dann nahm er sie in seine Arme und küsste sie mit einer solchen Leidenschaft, dass sie glaubte zu vergehen. Sie erwiderte seinen Kuss, und ihr Herz klopfte heftig. Er war wirklich gekommen!

Sein Kuss wurde drängender, zusammen sanken sie zu Boden. „Nadine, Nadine“, flüsterte er zwischen seinen Küssen.

„Ich hatte solche Angst, dass du nicht kommen würdest“, hauchte sie, Tränen brannten plötzlich in ihren Augen.

„Ich habe doch gesagt, dass ich komme.“

„Aber du warst doch zusammen mit …“

„Pst.“ Zärtlich küsste er sie. „Ich wäre nicht gekommen, wenn ich es nicht gewollt hätte. Ich hatte Angst, dass du nicht hier sein würdest.“

„Ich hätte bis zum Morgen auf dich gewartet.“

„Und dann?“

„Dann wäre ich sicher gewesen, dass du mich nicht willst.“

„Wenn du nur wüsstest“, flüsterte er an ihrem Ohr und strich ihr übers Haar. „Nichts konnte mich davon abhalten, hierherzukommen. Schon gar nicht mein Vater.“

Endlich fanden sich ihre Lippen. Er stöhnte leise auf, als sie seinen Kuss erwiderte. Seine Hände waren zärtlich, er hatte sein Knie zwischen ihre Schenkel geschoben. Nadine verspürte eine eigenartige Wärme im Unterleib und drängte sich an ihn.

Er schob die Hände unter ihr T-Shirt und streichelte ihre nackte Haut. Nadine glaubte vor Verlangen den Verstand zu verlieren, als seine Hände sich immer höher wagten. Sie zog sein Hemd aus der Jeans und strich über seinen muskulösen Oberkörper. Mit einem Aufstöhnen schob er die Hände unter ihren Büstenhalter und umfasste ihre nackten Brüste, die sich nach seiner Berührung sehnten.

Nadine wollte viel mehr. Er zog ihr das T-Shirt über den Kopf und blickte dann bewundernd auf sie hinunter. Es dauerte nur Sekunden, dann hatte er ihr auch den Büstenhalter ausgezogen. Aber jetzt begann es zu regnen.

Nadine stöhnte auf, als er den Kopf zu ihren Brüsten senkte und zart an den rosigen Brustspitzen saugte. Sie hob sich ihm entgegen, presste ihre Hüften gegen seine.

„Du bist so wunderschön", hauchte er. Sie bewegte sich unruhig unter ihm, als er die Brustspitze mit seiner Zunge streichelte. Mit einer ungeduldigen Bewegung schob sie ihm das Hemd über die Schultern.

Er nahm eine ihrer Hände und legte sie auf den Verschluss seiner Jeans. Sie zuckte zurück. „Es ist schon in Ordnung", meinte er, nahm ihre Hand und legte sie noch einmal dorthin. Nadines Hals wurde trocken. „Das hast du mir angetan", gestand er ihr, und sie fühlte sich mächtig.

Sie wusste, dass sie mit dem Feuer spielte, es würde nicht mehr lange dauern, bis sie ihre Gefühle nicht länger kontrollieren konnten, doch das war ihr gleich. Trotz des Regens war ihr heiß, sie wollte nichts anderes, als Hayden immer und ewig so zu küssen und zu streicheln, von ihm geküsst und gestreichelt zu werden.

Er legte die Arme um sie und küsste sie, bis sie beide atemlos waren. „Ich hätte dir nie sagen dürfen, dass du hierherkommen sollst", meinte er, als sich ihre Lippen voneinander lösten.

„Aber warum?" Nadines Herz wurde schwer.

„Weil ich dich lieben will, Nadine." Er seufzte, sie fühlte, wie sein ganzer Körper sich anspannte. „Nichts in meinem Leben geht im Augenblick so, wie ich es will, und ich kann nicht aufhören, an dich zu denken, und ich … ich will dich."

„Ist das denn so schlimm?" Sie sah zu ihm auf.

Er lachte bitter. „Meine Motive sind nicht gerade edelmütig."

Nadine erschrak. „Wie meinst du das?"

Er biss die Zähne zusammen und hielt sie dann ein wenig von sich. „Ich kann an nichts anderes denken als daran, dich zu lieben. Hier, am Strand, in meinem Boot, in meinem Bett, in einem Motelzimmer. Ganz gleich wo, ich will dich haben, mehr, als ich je ein anderes Mädchen haben wollte. Es macht mich verrückt. Im Augenblick wünsche ich mir nichts sehnlicher, als dich zu lieben, bis ich nicht mehr kann."

Seine Worte sollten ihr wohl Angst machen, doch sie fürchtete sich nicht. Selbst im Dunkeln sah sie, wie angespannt sein Gesicht war.

Hayden rollte von ihr herunter, setzte sich auf den Boden und umfasste die Knie. „Ich bringe dich nach Hause."

„Ich möchte aber noch nicht nach Hause."

„Nadine, was wir hier tun, ist nicht richtig ..."

Sie streckte die Hand aus und fuhr mit dem Finger leicht über seine Schulter. Er zog scharf den Atem ein. „Nicht ...!"

„Ich möchte es aber."

Er fuhr herum und hielt ihre Hand fest. „Du könntest zu weit gehen. Bist du noch Jungfrau?"

Nadine fühlte sich, als hätte er ihr ins Gesicht geschlagen. „Was hat das denn damit zu tun, dass ich ...?"

Er fluchte.

„Und du? Bist du noch Jungfrau?"

„Ich glaube nicht, dass das jetzt wichtig ist."

„Immerhin hast du damit angefangen."

Er presste die Lippen zusammen. „Nein."

„Gut. Dann brauche ich mir keine Sorgen darüber zu machen, deinen guten Ruf zu ruinieren, nicht wahr?" Sie legte die Arme wieder um seinen Hals. Er stöhnte auf und küsste sie, gerade als der erste Blitz über den Himmel zuckte.

„Das ist nicht richtig, Nadine."

„Nur, wenn du das glaubst."

Er kniete vor ihr, küsste ihr Kinn, ihren Hals, und zog sie an sich. Ein Schauer überlief Nadine.

„Ist es das, was du willst?", fragte er.

„Mmmm." Sie konnte nicht sprechen.

„Oh, Nadine.“ Er holte tief Luft, sein ganzer Körper war angespannt. Er hielt sie fest in seinen Armen. „Ich glaube, wir sollten langsam vorgehen. Wenn das überhaupt möglich ist.“ Er fand ihr T-Shirt und warf es ihr zu. „Nimm mich mit … in deinem Boot.“

„Es gehört meinem Bruder“, korrigierte sie ihn. Sie zog das T-Shirt über den Kopf. Hatte sie etwas falsch gemacht? Sicher, sie hatte keine Ahnung, wie man einen Mann befriedigte, doch aus Haydens Benehmen hatte sie geschlossen, dass alles richtig sei.

Hayden half ihr, das Boot auf den See hinauszufahren, dann stellte er den Motor aus und ließ das Boot treiben. Sie küssten einander, als es erneut blitzte.

Er legte ihr seine Jacke um die Schultern. „Wir müssen nach Hause, hier sind wir nicht sicher.“ Geschickt lenkte er das Boot an den Anlegesteg zurück und half ihr dann beim Aussteigen. Während sie über die Straße in Richtung ihres Hauses gingen, legte er ihr einen Arm um die Schultern. „Willst du mich nicht nach Wynona fragen?“, meinte er, nachdem sie eine Weile gegangen waren.

„Möchtest du über sie reden?“

„Eigentlich nicht.“

Nadine wusste nicht, ob sie überhaupt etwas über das andere Mädchen hören wollte, und dennoch war sie neugierig. Sie wollte alles wissen, was ihn betraf.

„Meine Eltern sehen in ihr meine zukünftige Ehefrau.“

Nadines Herz wurde schwer. „Deine Ehefrau?“ Ihr wurde ganz schlecht bei dem Gedanken. Er würde eine andere Frau heiraten? Oh nein, wie hatte sie sich nur so benehmen können? Und sie hätten sich beinahe geliebt!

„Das will wenigstens mein alter Herr. Deshalb hat er mir auch den Wagen geschenkt, es sollte ein Verlobungsgeschenk sein. Das Problem ist, ich habe mich nicht verlobt.“

„Noch nicht.“

Er legte die Hand auf ihren Arm. „Niemals. Wenigstens nicht mit Wynona.“

„Sie ist sehr hübsch.“

Er schnaufte. „Findest du?“

„Mmm.“ Nadine zitterte. „Will sie dich denn heiraten?“

Er verzog grimmig das Gesicht. „Bei Wynona ist das schwer zu sagen, aber ich glaube, sie würde alles tun, um an das Geld meines alten Herrn heranzukommen. Und eine Heirat wäre da die beste Lösung.“

Hayden sprach über die Ehe, als sei sie ein Geschäft. Sie dachte an die Ehe ihrer Eltern und daran, dass es eheliches Glück wohl nur im Märchen gab. Und dennoch war sie romantisch genug, um zu glauben, dass es irgendwo die wahre Liebe gab. Es musste ganz einfach so sein!

Hayden brachte sie nach Hause. Auf der Veranda küsste er sie noch einmal zärtlich, dann lief er zur Straße zurück. Sie sah ihm nach, bis er in der Dunkelheit verschwunden war, dann kletterte sie über den Baum zu ihrem Zimmer zurück.

Erleichtert atmete sie auf, als sie darin war. Doch als sie sich gerade die nassen Schuhe auszog, hörte sie das Klicken eines Feuerzeuges und entdeckte ihre Mutter, die an ihrem Schreibtisch saß und sich eine Zigarette anzündete. Die kleine Flamme ließ Donnas Gesicht hager und erschöpft aussehen. Nadines Herz setzte einen Schlag lang aus.

„Möchtest du mir sagen, wo du gewesen bist?“, fragte Donna, als sie den Zigarettenrauch ausatmete.

„Am See.“

„Und mit wem?“

„Ich bin allein hingegangen“, erklärte sie, und das war nicht einmal gelogen.

„Und was hast du da gemacht?“

„Ich bin mit Bens Boot gefahren.“

Noch einmal zog ihre Mutter an der Zigarette. „Allein?“

„Ich habe gehört, wie du mit Dad gestritten hast, und ich … ich wollte ganz einfach weg.“ Nadine strich sich das nasse Haar aus der Stirn.

„Du bist also zwei Meilen zu Fuß gelaufen, mitten in einem Gewitter, und bist dann drei Stunden in der Dunkelheit auf dem Whitefire Lake herumgefahren. Das soll ich dir glauben?“ Seufzend stützte ihre Mutter den Kopf in die Hand. „Von all meinen Kindern hast du mir bis jetzt am wenigsten Kummer gemacht, Nadine. Ach, Nadine …“ Sie hielt betrübt inne.

Nadine fühlte sich entsetzlich. Sie hatte nie vorgehabt, ihre Mutter so zu enttäuschen.

„Also, sag mir, was los ist. Ich nehme an, du hast dich mit einem Jungen getroffen. War es Sam?“

Nadine schüttelte den Kopf. „Ich … das kann ich nicht sagen.“

„Warum nicht? Wäre ich nicht einverstanden mit ihm?“ Als Nadine nicht antwortete, winkte Donna ab. „Nein, natürlich bin ich nicht damit einverstanden, dass du dich mitten in der Nacht mit einem Jungen triffst.“ Sie stand auf und setzte sich auf Nadines Bett. „Ich glaube, ich hätte dir das schon vor langer Zeit sagen sollen. Kevin war keine Frühgeburt, ich wurde schwanger und musste deinen Vater heiraten.“ Sie fuhr sich durchs Haar. „Oh, versteh mich nicht falsch, wir hätten wahrscheinlich sowieso geheiratet, aber mit einem Baby hatte ich gar keine andere Wahl.“ Sie blinzelte, dann fügte sie leiser hinzu: „Ich möchte nur nicht, dass dir das Gleiche passiert.“

„Das wird es nicht“, beruhigte Nadine sie, obwohl ihr die Worte nur schwer über die Lippen kamen, wenn sie daran dachte, wie nahe sie heute Nacht daran gewesen war, ihre Unschuld zu verlieren. Wenn Hayden sie gedrängt hätte, hätte sie ihm keinen Widerstand geleistet.

„Wer ist dieser Junge?“

„Mom, bitte, frag nicht.“

Donna drückte ihre Zigarette auf einem Teller aus, der auf Nadines Schreibtisch stand. „Wirst du ihn wiedersehen?“

„Ich … ich weiß nicht.“

„Ich werde dir diese Entscheidung abnehmen. Du wirst ihn nicht wiedersehen – niemals.“ Ihre Mutter stand auf und kam auf sie zu. „Ich werde schon herausfinden, wer er ist. Das ist eine kleine Stadt, und jemand wird wissen, mit wem du dich herumtreibst.“

Nadine dachte an Ben. Nein, er würde sie nicht verraten. Aber Patty würde es tun und auch Mary Beth Carter. Viele Leute hatten gesehen, wie sie in Haydens Boot gestiegen war. Ihre Mutter hatte recht, es würde darüber geredet werden.

Der Mund ihrer Mutter verzog sich voller Abscheu. Sie ging zur Tür. „Ich brauche wohl nicht zu sagen, dass du Stubenarrest hast. Und solltest du dich noch einmal heimlich aus deinem Zimmer schleichen, dann werde ich ein Schloss an der Tür anbringen lassen und Gitter vor den Fenstern.“

„Mom …“

„Keine Widerrede, Nadine. Glaub mir, ich werde alles tun, um dich vor dem Fehler zu bewahren, den ich gemacht habe.“ Sie schlug die Tür laut hinter sich ins Schloss.

„Der Schuft!“ Donna warf das Küchenhandtuch in die Spüle, Tränen rannen über ihre Wangen. Ihr Mann versuchte, sie zu beruhigen, er legte ihr beide Hände auf die Schultern, doch sie schob ihn weg. „Wie konntest du nur, George? Wie konntest du einem Mann wie Garreth Monroe glauben?“

Nadine stand an der Hintertür, Ben kam auf sie zugelaufen. „Pst!“, befahl sie und legte einen Finger auf die Lippen. Doch es war zu spät, die Eltern hatten sie schon bemerkt.

„Ihr könnt ruhig reinkommen“, sagte ihr Vater, und Nadine sah, dass sein Gesicht kreidebleich war. Er biss sich auf die Unterlippe, es sah aus, als läge eine Tonnenlast auf seinen Schultern. „Da dies alle in der Familie betrifft, reden wir besser darüber. Setzt euch." Nadine und Ben setzten sich erschrocken.

„Ihr wisst, dass ich euch immer versprochen habe, dass ihr eine Menge Geld bekommen werdet. Für euch Kinder sollte damit die Ausbildung finanziert werden, wir wollten ein neues Auto kaufen und ein Haus … alles." Sein Kinn zitterte, er hielt inne und räusperte sich. „Nun, das alles wird nicht möglich sein. Das Geld, das ich Mr. Monroe gegeben habe, damit er es investiert, ist weg."

„Weg?", rief Ben. „Wieso?"

George zuckte mit den Schultern. „Es hat nicht geklappt."

„Was soll das heißen?", wollte Ben wissen. „Wo ist das Geld? In der Tasche des alten Monroe? Um eine seiner Geliebten damit auszuhalten? Oder um seinen Sohn auf eine Privatschule zu schicken?" Bens Gesicht war hochrot, seine Augen blitzten.

„Ich wusste, dass die Investition riskant war", gab ihr Vater zu. Donna hielt sich an der Anrichte fest. „Das ist aber der einzige Weg, wie man viel Geld verdienen kann."

„In was hast du das Geld denn investiert?"

„In Ölquellen."

„Du meinst, in trockene Quellen?", fragte Ben.

Nadine tat ihr Vater leid, er nickte nur. „Es sieht so aus."

„Aber wer sagt das? Monroe?"

„Ich habe den geologischen Untersuchungsbericht gesehen. Da gibt es nichts, außer einem großen leeren Loch."

„Oh nein, es ist nicht leer", erklärte Donna bitter. „Es ist gefüllt mit den Dollars, die wir gespart haben! Es ist gefüllt mit dem Haus, das uns einmal gehört hat, und mit unseren Träumen, George, unseren verdammten Träumen!" Tränen rannen über ihre Wangen, und Nadine wäre am liebsten weggelaufen.

„Wie konntest du nur einem Monroe trauen?", fragte Ben. „Jeder in der Stadt weiß, dass der alte Garreth genauso gierig und verschlagen ist wie sein Schwager. Ich wette, Thomas Fitzpatrick war auch daran beteiligt, Monroe allein hätte einen solchen Betrug niemals hinbekommen." Ben war aufgesprungen und trat nach dem Tisch. Er fuhr herum und sah seine kleine Schwester an. „Jetzt weißt du, wie die Monroes sind, Nadine. Alle. Dein kostbarer Hayden ist nicht besser als sein alter Herr."

„Oh Gott", flüsterte Donna. „Nadine. Nicht Hayden Monroe!"

Nadines Augen brannten, aber sie würde auf keinen Fall hier vor allen zusammenbrechen. Sie machte sich sehr viel aus Hayden, wahrscheinlich liebte sie ihn sogar. Und tief in ihrem Inneren wusste sie, dass er für sie das Gleiche fühlte.

„Er ist also der Junge, mit dem du dich heimlich getroffen hast?", wollte Donna wissen.

„Wer hat sich heimlich mit wem getroffen?", fragte Kevin, der in diesem Augenblick durch die Hintertür kam.

„Nadine. Mit Hayden Monroe." Donnas anklagender Blick richtete sich auf Nadine. „Und jetzt möchte ich die Wahrheit wissen, Nadine. Sag es mir, ich werde es sowieso herausfinden."

Nadine hob den Kopf und sah ihre Mutter an. „Was?"

„Bist du schwanger?"

„Schwanger?" Kevin schüttelte den Kopf. „Was ist denn hier überhaupt los?"

Ihr Vater sah Kevin fragend an. „Warum bist du heute schon so früh zu Hause?"

Kevin sank auf einen Stuhl. „Ich habe heute meine Kündigung bekommen."

„Kündigung?" Nadine sah die Enttäuschung ihrer Mutter.

„Wenn du mich fragst, der alte Monroe hat alles gründlich in den Sand gesetzt. Wusstest du denn nicht, dass die Schichten zurückgefahren werden? Diejenigen, die als Letzte eingestellt worden sind, werden als Erste entlassen. Mit Monroe war heute nicht zu reden, wahrscheinlich wegen seines Sohnes, denke ich."

„Hayden?", flüsterte Nadine.

„Wisst ihr das auch nicht?" Kevin sah alle nacheinander an. „Hayden Monroe liegt im Krankenhaus. Er hat heute Nachmittag das Boot seines alten Herrn zu Schrott gefahren. Und das Mädchen, das bei ihm war, seine Verlobte, ist mit einem Rettungsflug nach San Francisco gebracht worden. Es ist noch die Frage, ob sie es überleben wird. Ihm ist nicht viel geschehen. Diese Monroes haben doch immer Glück. Wie ich gehört habe, hat er nur ein paar gebrochene Rippen."

Nadine sank auf ihrem Stuhl in sich zusammen. „Liegt er hier im Krankenhaus?", fragte sie und stand auf.

Ihr Vater legte ihr die Hand auf die Schulter. „Ich tue das nicht gern, Kleines", meinte er voller Bedauern. „Aber du wirst nirgendwohin gehen."

„Ich muss zu ihm …" Sie fühlte, dass alle sie ansahen.

„Du bleibst zu Hause. Bis Hayden Monroe nach San Francisco verlegt wird, wirst du nirgendwohin gehen."

„Aber …"

„Keine Diskussionen, Nadine. Glaub mir, ich weiß, was für dich das Beste ist." Ihr Vater sah sie eindringlich an. „Ich habe meine Lektion über die Monroes gelernt, und ich werde nicht zusehen, wie mein Mädchen auch noch verletzt wird."

Panik stieg in Nadine auf. „Ich werde nicht …"

„Du hast gehört, was ich gesagt habe. Vergiss, dass dir Hayden Monroe je begegnet ist."

5. Kapitel

Dreizehn Jahre waren vergangen.

Nebel lag über dem Friedhof, es roch nach frisch umgegrabener Erde. Hayden schob die Hände in die Taschen seiner Jacke und starrte auf das Grab seines Vaters.

„Ich hoffe, du hast bekommen, was du verdient hast, du elender Schuft“, flüsterte er.

Er verspürte einen dicken Kloß im Hals. Hayden Garreth Monroe III war ein schlechter Vater gewesen. Er hatte seinem Sohn keine Liebe gegeben und kaum einmal ein freundliches Wort.

„Ruhe in Frieden“, murmelte Hayden, ehe er sich abwandte und ohne einen Blick zurück davonging.

Sein alter Jeep stand vor dem Friedhof, Hayden stieg ein und ließ den Motor an. Leo, ein Labrador und sein bester Freund auf der Welt – wahrscheinlich sein einziger –, wartete auf dem Rücksitz auf ihn. „Einmal halten wir noch“, versprach Hayden dem Hund. „Dann verschwinden wir von hier.“

Er fuhr in die Stadt, wo er sich mit dem Anwalt seines Vaters treffen wollte.

Bradworths Büro gefiel Hayden überhaupt nicht. Nicht einmal die Aussicht über die Bay von San Francisco konnte ihn versöhnlich stimmen. Ruhelos rutschte er in seinem Sessel hin und her und blickte von William Bradworth zum Fenster, über das der Regen rann.

William Bradworth sprach mit monotoner Stimme weiter. „Sie sehen also, Mr. Monroe, bis auf das Geld, das für Ihre Mutter vorgesehen ist, und auf ihr Haus, ihren Wagen und ihren Schmuck, haben Sie von Ihrem Vater alles geerbt, was er besaß."

„Ich dachte, er hätte mich vor ein paar Jahren enterbt."

Bradworth räusperte sich. „Das hat er auch. Aber später hat er seine Meinung geändert."

„Wie großzügig von ihm", murmelte Hayden. „Nun, ich will das alles gar nicht. Nicht ein einziges Stück von all dem Holz und auch keinen roten Heller von seinem Geld, keine einzige seiner stinkenden Ölquellen. Haben Sie das verstanden?"

„Aber er hat Ihnen ein Vermögen hinterlassen …"

„Was er mir hinterlassen hat, ist eine Fußfessel, Bradworth." Hayden warf einen Blick auf das Testament von Hayden Garreth Monroe III, das auf dem Schreibtisch lag. „Ich will es nicht." Er stand auf und stützte beide Hände auf den Schreibtisch. „Ich habe die verdammte Firma nicht gewollt, als der alte Mann noch lebte. Und zum Teufel, ich will sie heute auch nicht."

„Ich denke, Sie haben gar keine andere Wahl." So schnell ließ Bradworth sich nicht beeindrucken. „Natürlich können Sie alles verkaufen, aber das braucht seine Zeit, und Sie müssen auch zuerst noch mit Ihrem Onkel verhandeln …" Bei der Erwähnung von Thomas Fitzpatrick verzog Hayden das Gesicht. Doch Bradworth sprach schon weiter. „Er besitzt einen Anteil an der Firma. Währenddessen müssen die Arbeiter entlohnt werden, es sei denn, Sie wollen die Firma schließen und all die Leute arbeitslos machen."

Hayden biss die Zähne zusammen. Selbst aus dem Grab heraus hatte der alte Mann noch Macht über ihn. In Gold Creek stand die älteste und größte Sägemühle der Monroes. Viele der Menschen in der Stadt hatten ihr ganzes Leben lang für die Monroes gearbeitet. Wenn die Sägemühle die Arbeit einstellte, würden sie keine anderen Jobs finden. Die ganze Stadt lebte auf die eine oder andere Weise von der Sägemühle.

Hayden hatte das Gefühl, langsam zu ertrinken. „Hören Sie,

Bradworth, es muss doch einen Weg geben, die Sägemühlen hier um Gold Creek loszuwerden. Ich will sie nicht haben. Und es ist mir auch gleich, wenn ich keinen Penny vom Geld meines Vaters sehe."

Bradworth zog die Augenbrauen hoch. „Also wollen Sie die Firma verschenken? An wen? Die Heimatlosen? Die Gesellschaft zur Krebsbekämpfung? Bedürftige Kinder?"

„Sie sind hier der Anwalt."

„Richtig. Und ich sage Ihnen, wenn Sie die Firma an die Konkurrenz verkaufen, wird die Sägemühle wahrscheinlich geschlossen, und alle Arbeiter werden ihren Job verlieren. Das bleibt natürlich Ihnen überlassen. Aber bis zu einem Verkauf werden Sie sich wohl um die Firma kümmern müssen. Die nächste Hauptversammlung ist am 15. Januar." Bradworth warf einen Blick auf den Kalender. „Das ist in etwa einem Monat, bis dahin dürften Sie wohl kaum einen Käufer gefunden haben." Er griff hinter sich und holte einige Bücher aus einem Schrank. „Das hier sind die Geschäftsbücher der Sägemühle. Ich würde vorschlagen, Sie sehen sie sich einmal an. Und hier sind auch die Schlüssel für das Haus und die Schlüssel für die Wagen. Und da ist natürlich noch das Sommerhaus am ..."

„Whitefire Lake", beendete Hayden den Satz für ihn. Er dachte gern an dieses Haus zurück und an die Jahre, in denen er die Sommer dort verbracht hatte ... bis zu dem Zeitpunkt vor dreizehn Jahren, an dem sein ganzes Leben auf den Kopf gestellt worden war.

„Die Übertragung der Firma und auch des Geldes wird eine Weile dauern. Ich habe mich schon darum gekümmert. Einige der Gebäude müssen repariert und gründlich überholt, Mietverträge müssen umgeschrieben werden ..."

„Das interessiert mich alles nicht." Wie Blei lag das alles auf Haydens Schultern. „Kümmern Sie sich um alles, bis ich zurückkomme. Keine Sorge, ich werde anrufen", lenkte er ein, als er das Gesicht des Anwalts sah. Dann nahm er seine Jacke und ging zur Tür. „Was wird aus Wynona?“, fragte er, als er die Türklinke schon in der Hand hatte. „Lassen Sie sie wissen, dass der Alte tot ist. Es wird sie interessieren.“

Der Anwalt räusperte sich. „Für sie ist gesorgt worden …“

„Sie meinen wohl, sie ist gekauft worden. Wie all die anderen auch.“ Er warf noch einen verächtlichen Blick zurück. „Der liebe alte Dad hat ein ganz schönes Durcheinander hinterlassen, nicht wahr?“ Ohne auf eine Antwort zu warten, schlug er die Tür hinter sich zu und ging.

Leo war begeistert, als Hayden in den alten Jeep einstieg. „Wir machen erst einmal Urlaub“, erklärte Hayden dem Hund, als er den Motor anließ. Dann fuhr er durch die nassen Straßen San Franciscos aus der Stadt hinaus. „Whitefire Lake“, sagte er, als er im Rückspiegel den Hund ansah. „Glaub mir, es wird dir dort gefallen.“

Mit gerunzelter Stirn stellte er das Radio an. Er hatte die meisten Sommer an diesem See verbracht. Und da hatte es einmal ein Mädchen gegeben, Nadine Powell. Sie war anders als die anderen – wenigstens hatte er das geglaubt, bis sie sich schließlich als genauso geldgierig erwiesen hatte.

„Teufel!“ Das Getriebe knirschte, als er den Gang einlegte. Die Scheibenwischer kämpften gegen den Regen, es war kalt im Wagen, weil die Fenster nicht richtig schlossen, aber Hayden bemerkte es kaum. Er würde nicht zum Haus seines Vaters fahren und sich dessen Limousine holen.

„Verdammt, Garreth“, murmelte er. „Lass mich in Ruhe.“

Die Hände auf die Hüften gestützt, stand Nadine neben ihrem Wagen und starrte auf das Sommerhaus der Monroes. In ihrem ganzen Leben war sie noch nie durch das große schmiedeeiserne Tor gegangen, zu dem Haus, von dem man sagte, dass es eines der prächtigsten am ganzen See war.

Und jetzt sollte sie – als bezahlte Hilfskraft, rief sie sich in Erinnerung – dieses Haus betreten. Sie nahm die Fernbedienung und gab den Code ein, den ihr der Anwalt aus San Francisco genannt hatte. Mit einem lauten Quietschen öffnete sich das große Tor.

Eigentlich verrückt, dass gerade sie das Haus sauber machen sollte. Der Anwalt, der ihr diesen Auftrag gegeben hatte, hatte offensichtlich keine Ahnung von ihrer Verbindung zu den Monroes.

Sie stieg in ihren Wagen und fuhr auf das Haus zu, das dem Mann gehört hatte, durch den ihre Familie ruiniert worden war.

Nach ihrem traurigen Erlebnis mit Hayden hatte sie eigentlich Gold Creck verlassen wollen. Doch noch immer lebte ihre Familie – oder das, was noch davon geblieben war – in der Stadt. Und nachdem ihre Eltern sie in ein Internat geschickt hatten, das sie sich kaum leisten konnten, war sie nach Gold Creek zurückgekehrt. Und sie war geblieben, als ihre Eltern sich scheiden ließen, als ihr ältester Bruder starb und ihre eigene Ehe scheiterte.

Der Weg machte eine Biegung, und plötzlich kam der See in Sicht. Glatt wie Glas lag er vor ihr, die Berge spiegelten sich in dem ruhigen Wasser. Nadine hielt an und stieg aus. Sie erschauerte, als der kalte Wind über den See blies. Sie rieb ihre Arme und versuchte, ihr eigenes kleines Haus auf der anderen Seite des Sees zu entdecken. Doch sie sah nur den öffentlichen Anlegesteg und den Anglerladen auf der anderen Seeseite.

Ihr kleines Haus ließ sich mit diesem Haus hier nicht vergleichen. Hier hatten die Monroes ihre Sommer verbracht, hier hatte Hayden Wynona Galveston umworben, bis der schlimme Unfall sie beinahe das Leben gekostet hatte. Er hatte sich nie wieder bei Nadine gemeldet. Nadine sagte sich, dass der Schmerz darüber schon lange vergessen war, doch sie irrte sich.

Deswegen war ihre Situation so fatal. Nur weil sie nicht mehr Powell hieß, hatte der Anwalt ihr angeboten, das Haus vom Keller bis zum Dach sauber zu machen.

„… es ist mir gleich, wie lange das dauern wird, ich möchte nur, dass das Haus genauso aussieht wie damals, als es gebaut wurde“, hatte Bradworth befohlen.

Das wird nicht ganz einfach werden, dachte Nadine, als sie das dichte Moos sah, das auf dem Dach des Hauses wucherte.

Beinahe hätte sie das Angebot des Anwalts abgelehnt, doch im letzten Augenblick hatte sie ihre Meinung geändert. Dies war ihre Möglichkeit, ein wenig von dem verlorenen Geld ihres Vaters zurückzubekommen. Und sie musste sich selbst beweisen, dass ihr nichts mehr an Hayden lag.

Der Schlüssel drehte sich leicht im Schloss, und die große Haustür öffnete sich ohne Geräusch. Nadine trat zwei Schritte vor und versuchte, ihre Augen an die Dunkelheit zu gewöhnen. Tücher, die einmal weiß gewesen und jetzt vergilbt waren, lagen über den Möbeln, eine dicke Staubschicht hatte sich über alles gebreitet. In den Ecken hingen Spinnweben von der Decke, Mäusekot in der Nähe der Fußleisten sagte ihr, dass sie nicht allein war.

„Großartig, Spinnen und Mäuse.“ Das ganze Haus erinnerte sie an eine Gruft, und ein Schauer lief über ihren Rücken.

Sofort machte sie sich daran, alle Fenster und Türen zu öffnen, um frische Luft ins Haus zu lassen. Wie schade, dachte sie, als sie sich umsah. Große Glastüren führten in einen Wintergarten mit einem Klavier, das wahrscheinlich längst ruiniert war. Pflanzen waren in ihren Töpfen zu Staub zerfallen.

Seit Jahren war offenbar niemand mehr hier gewesen.

Der Anwalt hatte ihr bereits die Hälfte der Summe überwiesen, die sie für ihre Arbeit bekommen sollte. Von einem Teil hatte sie Weihnachtsgeschenke für die Jungen gekauft, einen Teil hatte sie dafür benutzt, das Heim zu bezahlen, in dem ihr

Vater jetzt lebte. Noch immer machte ihr die Bezahlung der Hypothek ihres Hauses Sorgen, John würde wahrscheinlich bald eine Zahnspange brauchen, und wie lange ihr Auto noch durchhielt, wusste nur der Himmel allein. Doch dieser Job würde ihr helfen, ihre Rechnungen zu bezahlen.

Sie entschied sich, oben anzufangen und sich nach unten durchzuarbeiten. Sie schrubbte Böden und Badezimmer, polierte Wasserhähne und wischte Spinnweben weg. Während sie das Bettzeug lüftete, suchte sie nach Mäusen und Ratten und war erleichtert, als sie keine fand.

Um halb eins war die oberste Etage fertig, die nächste Etage war viel größer, mit sechs Schlafzimmern, vier Bädern und einer Sauna mit einer eingelassenen Badewanne aus Marmor.

Im größten der Schlafzimmer entdeckte sie ein Radio. Nach einer Weile fand sie eine Radiostation, die sanfte Rockmusik spielte. Zum Plätschern des laufenden Wassers sang sie mit, während sie die Badewanne schrubbte.

Als sie sich daranmachte, die Wasserhähne zu polieren, spürte sie einen kühlen Luftzug an ihrem Nacken. Ihr Herz begann zu rasen, und sie erstarrte. Langsam richtete sie sich auf und blickte in den Spiegel über dem Waschbecken. Ein Mann – ein sehr großer Mann – stand hinter ihr und starrte sie an. Einen Augenblick lang stockte ihr der Atem, als sie Hayden erkannte.

Er sah viel besser aus, als sie ihn in Erinnerung hatte. Die Jahre hatten seinen Körper gestählt, er war schlank und muskulös.

„Wer, zum Teufel, sind Sie?“, wollte er wissen. Er war wütend, so wütend, dass sein Hals rot angelaufen war.

Nadines Herz brach fast, weil er sie nicht erkannte. Aber warum sollte er sie auch wiedererkennen, sicher war er inzwischen mit Hunderten von Mädchen zusammen gewesen.

„Ich bin angestellt worden, um hier sauber zu machen“, sagte sie. Ihre Stimme weckte seine Aufmerksamkeit, sie sah, wie in seinen Augen das Erkennen aufblitzte.

„Angestellt?", fragte er skeptisch und sah sie eindringlich an. „Von wem? Wenn sich die Dinge in den letzten vier Stunden nicht verändert haben, so ist das hier …", er machte eine ausladende Handbewegung, „… mein Haus."

„Das weiß ich, Hayden."

Er sog den Atem ein und sah aus, als habe er einen Geist gesehen. „Ich werde verrückt. Nadine?"

„Wie sie leibt und lebt", gab sie schnippisch zurück.

„Warum bist du hier?"

Sie verzog den Mund, als hätte er einen Witz gemacht. „William Bradworth hat mich beauftragt, das Haus sauber zu machen."

„Es gehört nicht Bradworth", unterbrach er sie ärgerlich. „Er hätte mir das sagen müssen. Oh, Teufel!" Er strich sich das Haar aus der Stirn. „Was ich damit sagen wollte, ich …"

„Erspare es dir, Hayden", antwortete Nadine schnell. „Es interessiert mich nicht, was du sagen wolltest." Mit ihren grünen Augen blickte sie wütend drein und ließ sich von ihm nicht einschüchtern. Eigentlich sah sie komisch aus. Ihre Bluse war feucht, sie hatte sich ein Tuch um den Kopf gebunden. An den Händen trug sie Gummihandschuhe, die viel zu groß für sie waren. Und dennoch strahlte sie das aus, was ihn schon vor Jahren angezogen hatte. Trotzig hob sie das Kinn. „Bradworth hat mich dafür bezahlt, diesen Job hier zu machen."

„Er ist hiermit beendet."

„Wenn ich einen Job annehme, dann mache ich ihn auch", versicherte sie. „Du kannst ruhig da stehen bleiben und mit mir streiten, doch ich möchte diesen Raum hier noch fertig machen, ehe ich nach Hause gehe."

„Bist du Putzfrau?"

„Unter anderem. Und im Augenblick habe ich viel zu tun. Wenn du mich also jetzt entschuldigst …" Sie beugte sich wieder über die Wanne und arbeitete weiter.

„Und was tust du sonst noch?“, wollte er wissen.

Sie warf ihm einen schnellen Blick von der Seite zu. „Oh, ich habe eine Menge verschiedener Talente. Badewannen schrubben, Böden polieren und Mausefallen aufstellen sind nur einige davon.“ Sie zog die Handschuhe aus und warf sie in einen leeren Eimer. Dann nahm sie das Tuch vom Kopf, und die rotbraunen Locken fielen ihr bis über die Schultern. „Jetzt muss ich nach Hause, aber morgen früh bin ich wieder da.“

„Das brauchst du nicht …“

„Oh doch“, erklärte sie fest. „Ich denke, ich sagte es dir bereits: Ich beende jeden Job, den ich angefangen habe, ganz gleich, wer dafür bezahlt.“

„Was soll das denn heißen?“

„Das kannst du selbst herausfinden, Hayden“, erklärte sie, als sei sie wütend auf ihn, obwohl sie es doch gewesen war, die ihn nur benutzt hatte.

Sie suchte ihre Sachen zusammen und ging an ihm vorbei aus dem Raum, die Treppe hinunter. Hayden stand zwischen dem Badezimmer und dem Schlafzimmer und fragte sich, ob sie nach Hause zu ihrem Ehemann oder ihrem Freund ging.

Er hörte, wie sich die Haustür hinter ihr schloss, aus dem Fenster beobachtete er, wie sie in einen alten Wagen stieg. Mit quietschenden Reifen fuhr sie davon und verschwand hinter den Bäumen.

„Ich werde verrückt“, murmelte er noch einmal.

Nun, wenigstens war sie verschwunden, dafür sollte er dankbar sein. Er griff nach seiner Tasche und wollte sich gerade abwenden, als etwas auf dem Rand der Badewanne aufblitzte und seine Blicke anzog. Als er näher trat, entdeckte er einen Ring, den sie offensichtlich vergessen hatte. Es war ein schlichter goldener Ring mit einem kleinen blauen Stein, er passte zu ihr.

Hayden fragte sich, ob es wohl ein Ehering war oder ein Verlobungsring, doch dann redete er sich ein, dass ihn das nicht interessierte. Er würde ihr den Ring zurückbringen und ihr einen Scheck für ihre bisherige Arbeit geben.

Er konnte im Augenblick keine Frau in seiner Nähe gebrauchen, ganz besonders keine, die ihn mit einem einzigen Blick nervös machen konnte.

Hayden Monroe! Er war wieder in Gold Creek! Nadine konnte es kaum glauben. Sie hätte sich nie bereit erklären dürfen, für diesen Schuft zu arbeiten. Natürlich sollte sie das Haus sauber machen, damit jemand darin wohnen konnte, aber mit Hayden hatte sie auf keinen Fall gerechnet. Zuletzt hatte sie gehört, dass er nach Oregon gezogen war und dass er mit seinem Vater nichts mehr zu tun haben wollte.

Ben hatte damals recht gehabt. Hayden war genau wie sein Vater – er sah unglaublich gut aus, war ungeheuer reich und kümmerte sich um nichts und niemanden. Nur Geld zählte für ihn.

Sie umklammerte das Steuer des Wagens und spielte mit dem Gedanken, sein Angebot anzunehmen und nicht mehr zu dem Haus zurückzukehren. Doch sie hatte den größten Teil der Vorauszahlung, die sie von Bradworth bekommen hatte, schon ausgegeben, und auf keinen Fall sollten ihre beiden Söhne nur wegen ihrer Dummheit auf Weihnachtsgeschenke verzichten müssen.

„Verflixt, verflixt und noch einmal verflixt!“, fluchte sie. Haydens plötzliches Auftauchen hatte sie irritiert, und die Gefühle, die in ihr erwacht waren, als sie in seine blauen Augen gesehen hatte, machten ihr Angst. Aber sie war über ihn hinweg, das musste ganz einfach so sein. Denn immerhin war das, was sie einmal verbunden hatte, schon seit dreizehn Jahren vorbei.

Nur noch etwa zwei Wochen würde sie ihn ertragen müssen, dann war ihre Arbeit beendet.

Vor ihrer Garage hielt sie an, einem etwas windschiefen Gebäude voller Feuerholz und Gartengeräten, dann trug sie die Lebensmittel ins Haus, die sie unterwegs eingekauft hatte. Die

Fahrräder ihrer Söhne lagen nicht auf der Einfahrt, wahrscheinlich waren die beiden noch nicht zu Hause.

Doch als sie die Haustür öffnete, stellte sie fest, dass die beiden sehr wohl schon zu Hause gewesen waren. Die Hintertür war nicht abgeschlossen, Schultaschen, Schuhe und Jacken lagen überall verstreut.

Sie wollte gerade nach draußen gehen, als sie die beiden Jungen hörte.

„Du lügst!“, rief Bobby, und als Nadine ans Fenster trat, entdeckte sie, dass ihr jüngerer Sohn auf seinen Bruder einzuschlagen versuchte.

John, der schon sieben Jahre alt war, wich Bobbys Schlag aus, dann schüttelte er den Kopf. „Ich glaube eben nicht an den Nikolaus!“

„Dann bist du ganz einfach dumm.“

John wartete, bis sein Bruder wieder ausholte, dann trat er schnell einen Schritt zur Seite, und Bobby landete mit einem Plumps auf dem Boden.

„Genug jetzt“, befahl Nadine, die wusste, dass dieser Streit schnell in eine Prügelei ausarten konnte.

„John macht sich über mich lustig“, jammerte Bobby. Das rotblonde Haar fiel ihm in sein sommersprossiges Gesicht, als er zu Nadine aufblickte. „Dabei habe ich im letzten Jahr den Nikolaus gesehen“, erklärte er ernsthaft.

„Das kannst du mir nicht erzählen“, forderte John ihn heraus. „Es gibt keinen Nikolaus und auch keine dummen Elfen. Junge, bist du blöd!“ John lachte, bis Nadine ihm einen bösen Blick zuwarf. „Unsere Weihnachtsgeschenke kommen alle aus dem Spielwarenladen.“

„Ich habe gesagt, es ist genug!“, warnte Nadine ihn und fragte sich, wie sie mit den beiden nur die Weihnachtsferien überstehen sollte. Im Augenblick vertrugen sie sich überhaupt nicht.

„Er ist ja ein solcher Dummkopf!“, rief John über seine Schulter zurück, während er zu seinem Fahrrad lief.

„Bin ich nicht!“, jammerte Bobby.

John schwang sich auf sein Fahrrad und fuhr zum See hinunter.

„Ich bin kein Dummkopf“, sagte Bobby noch einmal, als wolle er sich selbst davon überzeugen.

„Natürlich nicht, mein Schatz.“

„Nenn mich nicht so.“ Er stand auf und klopfte seine Jeans ab. Tränen standen in seinen Augen. „John ist ganz einfach … blöd!“

Diesmal musste Nadine ihm sogar zustimmen, doch sie behielt ihre Meinung für sich. Stattdessen nahm sie ihren kleinen Sohn in den Arm. „Wie wäre es mit einer Tasse Kakao und einigen Keksen?“

„Hast du welche gekauft?“, fragte er, und seine Augen leuchteten wieder.

„Aber sicher.“ Sie nahm seine Hand, und zusammen gingen sie ins Haus.

„Sieh mal, mein Schatz, ich weiß, wie schwierig John manchmal sein kann“, meinte Nadine, als sie später die Tasse mit dem Kakao vor Bobby hinstellte. „Ich war in unserer Familie auch die Jüngste.“ Sie dachte an Ben und Kevin, und das Herz tat ihr weh bei dem Gedanken, dass sie Kevin verloren hatte. Er hatte das Leben noch vor sich gehabt und war verzweifelt gewesen. Jetzt war sie mit Ben allein. Sie blickte in das Gesicht ihres Sohnes. „Erinnerst du dich an Onkel Ben?“

„Ist er auch so schlimm?“, fragte Bobby und tunkte seinen Keks in den Kakao.

„Ben?“ Sie lachte, und ihre traurige Laune verging. „Manchmal“, gestand sie ihrem Sohn und wünschte, Ben wäre da. Nach zehn Jahren in der Armee würde er bald nach Hause zurückkommen, sie konnte es kaum erwarten, ihn wiederzusehen.

Ben war das einzige Mitglied ihrer zerbrochenen Familie, dem sie sich verbunden fühlte.

Bobby schien sich beruhigt zu haben. „John weiß auch nicht alles“, meinte er. „Ich habe den Nikolaus gesehen!“ Trotzig hob er sein kleines Kinn. „Und ich hoffe, er wird John in diesem Jahr nur eine Rute bringen!“

„Das glaube ich nicht“, widersprach Nadine.

„Ganz bestimmt. Der Nikolaus weiß, dass John gelogen hat.“

„Komm“, versuchte Nadine ihn abzulenken. „Du kannst mir helfen, die Weihnachtsdekorationen aufzuhängen. Ich glaube, es ist alles in dem Karton unter der Treppe …“

„He, Mom!“, ertönte Johns Stimme vor dem kleinen Haus.

Bobby verdrehte die Augen. „Großartig. Er ist schon wieder da.“

„Hier ist jemand, der dich besuchen will! Er sagt, du hast etwas bei ihm vergessen!“

Nadine blickte aus dem Fenster. John kam auf seinem alten Fahrrad angerast, als sei der Teufel hinter ihm her. Sie erstarrte, als sie entdeckte, wer der Grund für die Aufregung war.

Hayden!

6. Kapitel

Nadine holte tief Luft, dann ging sie mit vor der Brust verschränkten Armen hinaus. In seiner verwaschenen Jacke, mit dem Flanellhemd und den Jeans, die sich eng an seine Beine schmiegten, sah er gar nicht aus wie der Multimillionär, der er über Nacht geworden war.

„Ich glaube, du hast etwas vergessen." Er kam auf sie zu, griff in die vordere Tasche seiner Jeans und holte einen Ring hervor. Ihren Ring. Instinktiv berührte sie den Finger, an dem sie den Ring sonst trug. „Gehört er dir?", fragte er und stieg die beiden Stufen zur Veranda hinauf.

„Oh." Sie kam sich plötzlich dumm vor. „Danke, es ist mir noch gar nicht aufgefallen." Sie nahm den Ring aus seiner ausgestreckten Hand, bemüht, Hayden dabei nicht zu berühren. „Du brauchtest dir aber nicht die Mühe zu machen, ihn mir zu bringen, ich hätte ihn auch morgen mitnehmen können."

Ihre Blicke hielten einander einen Augenblick lang gefangen. „Ich war nicht sicher, ob du morgen wiederkommst", meinte er.

„Aber ich habe doch gesagt, dass ich komme."

„Du hast auch schon vorher allerhand Dinge gesagt, Nadine." Seine Worte trafen sie wie ein Pfeil. Er beleidigte sie, aber warum? Sie hatte nie etwas getan, was ihm geschadet hätte.

„He, Mister, ist das Ihr Boot?" Johns Augen waren vor Bewunderung ganz groß, er starrte auf das Rennboot, das am Anleger schaukelte.

„Ja, es gehört jetzt mir. Gefällt es dir?"

„Und ob! Es ist total cool."

„Ist das dein Sohn?“, fragte Hayden.

Bildete sie sich das nur ein, oder hörte sie wirklich Bedauern heraus? Nur zögernd stellte sie die beiden einander vor. „Hayden Monroe, mein ältester Sohn, John.“ Sie warf einen Blick zum Haus und entdeckte Bobby, der aus dem Fenster sah. „Und das ist mein Baby.“

„Nenn mich nicht so“, warnte Bobby sie.

„Entschuldigung.“ Nadine lächelte. „Das ist mein zweiter Sohn, Bobby. Oder bist du heute vielleicht Robert?“, neckte sie ihn.

„Hallo, Bobby, John.“ Hayden schüttelte den beiden die Hand.

„Sind Sie der Mann, dem die Sägemühle gehört?“, wollte John wissen, und Nadines Lächeln gefror. „Mein Dad sagt, dass der Eigentümer der Sägemühle ein verdammter …“

„John!“, rief Nadine.

„Dein Dad hat recht“, antwortete Hayden.

John runzelte die Stirn.

„Hayden hat die Sägemühle gerade von seinem Vater geerbt“, erklärte Nadine dem Jungen. „Ihn hat Daddy gemeint.“

„Mögen Sie Ihren Dad nicht?“, wollte John wissen, und Nadine schickte ein Stoßgebet zum Himmel. Sie wollte sich nicht wieder mit Hayden einlassen, und ihre Kinder sollten ihn auch nicht mögen, außerdem wollte sie nichts von seinem Leben wissen.

„Mein Dad lebt nicht mehr“, sagte Hayden, doch als er sah, dass der Junge verwirrt war, sprach er weiter. „Wir sind nicht sehr gut miteinander ausgekommen, und wir haben uns schon lange nicht mehr gesehen.“

„Mein Dad ist der Größte!“, erklärte John stolz und warf seiner Mutter einen trotzigen Blick zu.

Hayden verzog ein wenig den Mund. „So sollte es auch sein.“

Zufrieden, dass er dem Mann seine Meinung gesagt hatte, winkte John seinem Bruder. „Komm, Bobby, wir sehen uns das Boot an."

„Seid vorsichtig. Und rührt nichts an …"

Haydens Hand legte sich auf ihre Schulter, und Nadine erschrak. „Ich wette, die beiden wissen, wie man mit einem Boot umgeht und was sie nicht anfassen sollen."

„Aber du kennst die beiden doch gar nicht."

„Schon möglich. Aber ich kenne Mütter, die übermäßig besorgt sind."

Noch immer lag seine Hand auf ihrer Schulter, doch Nadine schob sie weg. „Wie ich meine Kinder großziehe, geht dich nichts an, Hayden."

„Jungen müssen alles erkunden."

„Hast du das irgendwo gelesen, oder sprichst du aus Erfahrung?", versetzte sie.

„Ich war schließlich auch einmal ein Junge."

Ihr Herz klopfte heftig. „Ich erinnere mich daran."

Er sah sie an, und obwohl er nichts sagte, schien die Luft zwischen ihnen zu vibrieren vor unausgesprochenen Anschuldigungen. Ungläubig stellte sie dabei wieder fest, dass er böse auf sie zu sein schien. Als hätte sie ihm früher einmal unrecht getan. Als wären nicht er und sein Vater dafür verantwortlich, dass ihr Leben so ganz anders verlaufen war. Hatte er sie damals nicht im Stich gelassen, ohne auch nur einen Blick zurückzuwerfen?

Doch immerhin war er im Augenblick ihr Boss, noch dazu war er der Arbeitgeber ihres Exmannes. Nur mit Mühe brachte sie die nächsten Worte heraus. „Wenn du dir keine Sorgen machst, dass die Jungen dein Boot beschädigen, dann kannst du ja reinkommen und eine Tasse Kaffee trinken."

Er zog die Augenbrauen hoch. „Wird denn dein Mann nichts dagegen haben?"

„Überhaupt nicht", versicherte sie und entschied sich, ihm nicht zu sagen, dass sie geschieden war.

Er warf noch einen Blick zu dem Boot zurück, und Nadine schalt sich selbst, dass sie ihn eingeladen hatte. Natürlich würde er ihre Einladung ablehnen. Schließlich hatte er ihr nur den Ring wiederbringen wollen, und wahrscheinlich hatte er auch vorgehabt, ihr zu sagen, dass sie nicht mehr zu seinem Haus kommen sollte. Nun, sie würde es ihm jedenfalls nicht leicht machen.

„Okay, einverstanden." Er überraschte sie damit, dass er ihre Einladung annahm.

Sie goss Kaffee in zwei Tassen und trug sie dann hinaus auf die Veranda, von wo aus sie die Jungen beobachten konnten. Nadine setzte sich auf die Schaukel, Hayden lehnte am Geländer der Veranda.

„Bradworth sagt, du heißt jetzt Warne. Dann hast du also Sam geheiratet", meinte er nach einer Weile. „Ich dachte, er sei nur ein Freund von dir."

„Das war er auch. Und dann wurde er mehr als nur ein Freund." Sie hatte es nicht nötig, Hayden etwas zu erklären, schon gar nicht ihre schwierige und komplexe Beziehung zu Sam, der sie damals unbedingt heiraten wollte und dann Alkoholprobleme bekam. Damals hatte Nadine noch geglaubt, sie könne ihm helfen.

Sie nahm einen Schluck von ihrem Kaffee. Sam war ihr Freund gewesen, er hatte ihr geholfen, als es keinen Hayden und keine Familie mehr für sie gab. Und auch wenn ihre Ehe nicht immer glücklich gewesen war, so bereute sie doch nicht, ihn geheiratet zu haben, denn er hatte ihr die beiden Söhne geschenkt. Auch wenn die beiden ihr viele Sorgen machten, so liebte sie sie doch von ganzem Herzen. Daran würde sich nie etwas ändern.

Sie fühlte, dass Hayden sie ansah, und hob den Kopf. „Und was ist mit dir, Hayden? Ich hörte, dass du damals mit Wynona verlobt warst. Hast du nie geheiratet?"

Seine Augen blitzten ärgerlich. „Nie." Er sprach nicht weiter. Je weniger sie voneinander wussten, desto besser. Was sie damals verbunden hatte, war schon lange vorbei.

Er hatte gerade die Tasse leer getrunken, als die beiden Jungen zum Haus gelaufen kamen. „Das ist ein großartiges Boot, Mr. Monroe", meinte John. „Ich wette, es fährt ganz schön schnell."

„Ihr beide geht jetzt ins Haus …", begann Nadine.

„Möchtet ihr einmal mitfahren?", fragte Hayden ganz unerwartet.

Nadine ließ beinahe ihre Kaffeetasse fallen. „Nein!"

„Und ob!" John war begeistert.

„Ich auch!", stimmte Bobby ein und sprang aufgeregt hoch.

„Ihr müsst beide noch Hausaufgaben machen, und ihr habt noch …"

„Ach, Mom, es dauert doch nicht lange." Johns Gesicht war vor Aufregung gerötet. „Bitte?"

„Mr. Monroe hat viel zu tun." Sie blickte Hilfe suchend zu Hayden, doch der grinste nur. „Ich finde, es ist keine so gute Idee, heute Abend noch …"

„So viel zu tun habe ich gar nicht", antwortete Hayden. „Wenn du also einverstanden bist …"

Die beiden Jungen baten und bettelten. Nadine fühlte, wie sie errötete, als sie in Haydens Augen blickte.

„Du hast nicht gerade einen guten Ruf als Bootsführer", meinte sie und sah, wie er bei ihren Worten erstarrte. Nadine bedauerte ihre Worte, sobald sie sie ausgesprochen hatte. Tief in ihrem Herzen wusste sie, dass er nie etwas tun würde, um ihren Kindern zu schaden. Dennoch fiel es ihr schwer, sie mit ihm im Boot fahren zu lassen. Sie wollte den beiden Jungen aber den Spaß nicht verderben, sie wollte sich nur nicht wieder mit Hayden einlassen.

Bobbys Augen füllten sich mit Tränen. Nadine wusste nicht, ob seine Enttäuschung gespielt war oder nicht. Aber er war in letzter Zeit so unglücklich gewesen, deshalb brachte sie es nicht übers Herz, ihm seinen Wunsch abzuschlagen.

„Wenn es nicht zu lange dauert", lenkte sie ein, obwohl sie wusste, dass sie sich in Gefahr begab, wenn sie Hayden einen Einblick in ihr Familienleben erlaubte. Bobbys Tränen waren schon im nächsten Augenblick versiegt. „Ich möchte, dass ihr zurück seid, ehe es dunkel wird", versuchte sie es noch einmal mit all ihrer Autorität.

„Ganz bestimmt." Die Jungen liefen schon davon.

Hayden stellte seine leere Kaffeetasse auf das Geländer der Veranda. „Vielen Dank für den Kaffee, ich werde die Jungen bald wieder zurückbringen", versicherte er ihr kühl.

Nadine tat ihre vorschnelle Bemerkung leid. „Hör mal, was ich da eben wegen des Bootsunglückes gesagt habe, habe ich nicht so gemeint. Es ist nur …"

„Mach dir deswegen keine Sorgen", fuhr er sie an.

Sie blickte den beiden Jungen nach, die schon in das Boot kletterten. „Ich hoffe, du weißt, worauf du dich da einlässt."

„Wir fahren nur ein Stück spazieren. Du brauchst der Sache nicht mehr Bedeutung beizumessen, Nadine."

Die Kinder waren begeistert. Sie konnten kaum still sitzen und stritten darum, wer vorn sitzen durfte. Sie lachten, als der Wind ihr Haar zerzauste, und waren so fröhlich, dass es Hayden erstaunte. Er konnte sich nicht daran erinnern, dass er sich in seiner Kindheit so unbeschwert glücklich gefühlt hatte.

Er blickte über seine Schulter zurück zu dem kleinen Haus, in dem Nadine wohnte. Sie hatte sich verändert, sie war nicht mehr das Mädchen, an das er sich erinnerte. Sie war fraulicher geworden, ihr Haar dunkler und ihre Figur wohlgerundet. Doch noch immer blitzten ihre grünen Augen, und mit den Jahren war ihre Zunge schärfer geworden. Ihr Zynismus hatte ihn überrascht. Ihm gegenüber schien sie eine tiefe Bitterkeit zu verspüren, es war beinahe so, als mache sie ihn verantwortlich für das, was geschehen war.

Er biss sich auf die Unterlippe. Sicher, nach dem Unfall hatte er sich nie wieder mit ihr in Verbindung gesetzt. Seine Eltern hatten ihm klargemacht, dass sie nichts mehr mit ihm zu tun haben wollte, dass sie sich nur für das Geld interessiert habe. Natürlich hatte er seinen Eltern nicht geglaubt, aber dann hatte sein Vater ihm den eingelösten Scheck gezeigt, das Schweigegeld von fünftausend Dollar, das er George Powell gezahlt hatte, damit seine Tochter nicht behaupten sollte, Hayden habe sie vergewaltigt.

Er gab Gas, und die beiden Jungen jubelten begeistert. Fünf- bis sechsmal umrundeten sie den See, er erlaubte den beiden sogar, das Steuer zu nehmen, und als sie dann zurückfuhren, dämmerte es schon. Licht fiel aus den Fenstern von Nadines Haus.

„Nur noch eine Runde", baten die Jungen.

„Damit eure Mutter mich nachher ausschimpft? Auf keinen Fall." Hayden lenkte das Boot an den Anlegesteg und brachte dann die Jungen zurück.

„Du liebe Güte, ihr seid ja ganz nass", beklagte sich Nadine. „Und eiskalt." Sie strich den beiden liebevoll über das Haar, und Hayden wurde bei diesem Anblick der Hals eng. „Geht schnell unter die Dusche", befahl sie den Kindern.

John wollte protestieren, doch nach einem Blick auf seine Mutter schwieg er lieber. Die beiden zogen ihre Schuhe aus und ihre nassen Strümpfe, ehe sie ins Haus liefen. An der Tür wandte John sich noch einmal um.

„Oh, Mr. Monroe. Vielen Dank."

„Gern geschehen."

„Sie können ruhig zum Essen bleiben!", forderte Bobby ihn auf, und alle Farbe wich aus Nadines Gesicht.

Hayden schüttelte den Kopf. „Ich glaube nicht."

„Bitte“, drängte Bobby.

„Ein anderes Mal.“ Hayden fragte sich, warum ihm ein Abendessen in diesem gemütlichen kleinen Haus so verlockend erschien. Vielleicht lag es an dem Haus, vielleicht aber auch an den Kindern. Oder war es Nadine? Doch sie war die Frau eines anderen Mannes. Ein bitterer Geschmack stieg ihm in den Mund.

„Mom, bitte mach, dass er bleibt“, bat jetzt auch John.

„Ich glaube kaum, dass jemand Mr. Monroe zu etwas bringen kann, was er nicht möchte.“

„Er ist nur höflich!“ Bobby war erstaunt, dass seine Mutter das nicht bemerkte.

„Du kannst ruhig bleiben“, meinte sie zu Hayden gewandt.

„Und was würde dein Mann dazu sagen?“

Nadine zögerte eine Sekunde, dann schüttelte sie den Kopf. Es sah aus, als wolle sie etwas sagen, doch sie schwieg.

Auch Hayden schwieg. Hatte sie hinter dem Rücken ihres Mannes Geheimnisse? Er hatte Sam Warne nie gemocht, aber wenn Nadine ihn geheiratet hatte, so musste sie sich an ihr Eheversprechen halten. Wenn sie Sam betrügen wollte, so sollte sie das tun. Aber nicht mit ihm.

„Ich muss sowieso nach Hause“, log er und versuchte, sich einzureden, dass dieses Haus mit dem gemauerten offenen Kamin, in dem ein knisterndes Feuer brannte, ihn nicht lockte. Auch nicht die Frau, die vor ihm stand. Ehe er vielleicht seine Meinung änderte, ehe er etwas tat, was er bedauern würde, wandte er sich schnell um und ging zum Anlegesteg.

Beide Hände schob er tief in die Jackentaschen, den Kopf beugte er dem Wind entgegen. Er würde in das große leere Haus zurückgehen, würde sich einen großen Drink genehmigen und versuchen, aus den Geschäftsbüchern der Monroe-Sägemühle etwas herauszulesen. Irgendwie würde es ihm schon gelingen, die Gedanken, die um Nadine kreisten, zu vertreiben.

Hayden hatte nicht damit gerechnet, bei seiner Rückkehr seinen Onkel vorzufinden. Thomas Fitzpatrick stieg aus dem neuen Cadillac aus, den er neben der Garage geparkt hatte. Leo bellte ihn wütend an.

„Er sieht aus, als könne er jemandem ein Bein ausreißen", meinte Thomas vorsichtig.

„Nur, wenn er provoziert wird." Hayden hatte seinen Onkel ein paar Jahre nicht gesehen, er war erstaunt, dass Thomas in all den Jahren kaum gealtert war.

„Bradworth hat mir gesagt, dass du da bist, da dachte ich, ich könnte dir vielleicht helfen bei deinen geschäftlichen Problemen."

„Ich komme schon klar", antwortete Hayden ein wenig ungehalten. Glaubte sein Onkel etwa, er könne keine Bilanzen lesen? „Bradworth redet zu viel." Hayden zog den Schlüssel aus seiner Tasche und schloss die Tür auf.

„Aber er redet mit den richtigen Leuten", lenkte sein Onkel ein und trat hinter ihm ins Haus. Das Leben seines Onkels war nicht so abgelaufen, wie er es sich vorgestellt hatte, das wusste Hayden. Sein Sohn Roy war umgebracht worden, Brian hatte Firmengeld unterschlagen, und seine Frau war Roys Mörderin. Toni, die störrische, eigensinnige Toni, besuchte irgendwo im Osten ein College, und Thomas' politische Ambitionen waren alle in dem Skandal untergegangen.

Hayden tat sein Onkel beinahe leid, doch noch immer traute er ihm nicht. Er öffnete den Schrank und holte eine Flasche Whisky hervor. Er goss die bernsteinfarbene Flüssigkeit in zwei Gläser und reichte eines davon seinem Onkel. „Auf Roy", sagte er.

Thomas runzelte die Stirn. „Ich wünschte, er würde noch leben."

„Ich auch." Roy war Haydens Freund gewesen. Sicher, sie hatten sich oft gestritten, aber es hatte viele Jahre gegeben, in denen nur Roy und Brian seine Freunde gewesen waren.

„Auf deinen Vater!" Thomas hob das Glas, und Hayden schwieg. „Möge er in Frieden ruhen."

„Und möge er das bekommen, was er verdient."

„Wo warst du heute Abend?", wollte Thomas wissen. „Ich habe das Boot gehört."

Hayden erstarrte. Aus irgendeinem Grund wollte er nicht über Nadine reden. „Bradworth hat eine Frau eingestellt, die das Haus sauber machen soll. Sie hatte ihren Ring vergessen, ich habe ihn ihr gebracht."

„Mit dem Boot?"

„Sie lebt auf der anderen Seite des Sees."

Thomas runzelte die Stirn und blickte aus dem Fenster. „Nadine Warne?"

„Richtig."

Thomas sah ihn aufmerksam an, sagte aber nichts. Hayden hatte das Gefühl, dass Thomas etwas von Nadine wusste. Aber es interessiert mich nicht, versuchte er, sich einzureden.

Sie sprachen über Haydens Mutter und darüber, wie sie mit dem Tod ihres Mannes fertigwurde, dann wandte sich die Unterhaltung den Sägemühlen zu, die Hayden geerbt hatte. Die größte davon lag in Gold Creek.

„Diese Sägemühlen sind seit Generationen in der Familie." Thomas lehnte sich in dem Sessel zurück. „Während der großen Depression hat der Holzhandel die Stadt am Leben erhalten. Selbst Arbeiter, die nur ein paar Stunden in der Woche hier arbeiteten, bekamen Kredit, um Essen und Kleidung für ihre Familien zu kaufen."

„Das ist schon lange her."

Thomas winkte ab. „Ich weiß." Er stand auf und trat vor den Kamin. „Ich kann dir nicht sagen, wie du dein Leben führen sollst, Hayden, das hat nicht einmal dein Vater geschafft. Aber bis du einen Käufer für die Sägemühle findest, wirst du dich darum kümmern müssen. Du kannst die Sache unter zwei Gesichtspunkten sehen – entweder behältst du die Sägemühle, weil du Geld mit ihr verdienst – oder weil sie das Lebensblut für diese Stadt ist."

Hayden wandte sich zu seinem Onkel. „Ich dachte, du bist hier, weil du sie mir abkaufen willst."

Thomas verzog den Mund. „Du erinnerst mich an Roy. Er kam auch immer gleich zum Kern der Sache." Er lachte. „Ich brauche ein wenig Zeit. Die meisten meiner Mittel sind zurzeit in Ölquellen gebunden." Er schlug Hayden auf den Rücken. „Ich will dich nicht drängen. Ob du es nun weißt oder nicht, diese Sägemühle liegt dir im Blut." Er ging zur Tür, doch dann blieb er noch einmal stehen. „Diese Frau, die Bradworth eingestellt hat ..."

Hayden fühlte, wie er erstarrte. „Was ist mit ihr?"

„Vielleicht solltest du mir das sagen." Hayden ballte die Hände zu Fäusten, als Thomas lachte. „Mir scheint, dir liegt noch mehr im Blut als nur deine Firma."

„Ich muss zwei Tage nachsitzen", erklärte John am nächsten Morgen beim Frühstück.

„Warum?", fragte Nadine erschrocken. Sie war nicht gerade gut gelaunt heute Morgen, weil sie in nicht einmal einer Stunde Hayden gegenübertreten musste.

„Wegen Mangels an Respekt", erklärte John. „Mrs. Zalinski hasst mich."

„Das ist nicht wahr, John. Warum versuchst du nicht einfach einmal, nett zu Mrs. Zalinski zu sein?"

„Das finde ich auch", riet ihm Bobby. „Ihr Mann ist Polizist, er könnte dich einsperren."

„Man wird nicht dafür eingesperrt, dass man Mädchen im Klo einschließt", meinte John und wurde dann über und über rot.

„Hast du das getan?", fragte Nadine.

„Es war Mike Katchers Idee.“ Nadine kannte Mike Katcher. Er war ein Kind, das immer wieder in Schwierigkeiten geriet. Seine Mutter zog ihn auch allein groß, sie verbrachte aber mehr Zeit damit, sich nach einem neuen Ehemann umzusehen, als sich um ihren Sohn zu kümmern.

„Nun, vielleicht solltest du lieber deine eigenen Ideen verwirklichen“, meinte Nadine. „Wir werden uns heute Nachmittag darüber unterhalten. Ich werde deine Lehrerin anrufen und auch Mikes Mutter.“

„Mom, tu das nicht!“, rief John entsetzt. „Versprich mir, dass du sie nicht anrufst.“

„Wir reden heute Nachmittag darüber“, wiederholte Nadine, dann stand sie auf. Die Jungen liefen zu ihren Fahrrädern, um zum Schulbus zu fahren.

Nachdenklich räumte Nadine den Tisch ab. John wurde immer schwieriger. Bis jetzt war sie nachgiebig mit ihm gewesen, weil sie fürchtete, er würde sich sonst dafür entscheiden, bei Sam zu leben. Natürlich konnte er das nicht so einfach, denn sie besaß das Sorgerecht. Aber Sam hatte sich sowieso schon beklagt, weil er mehr Zeit mit den Jungen verbringen wollte. Wenn er jetzt vor Gericht ging und wenn dann John auch noch darum bat, bei seinem Vater leben zu dürfen …

Sie musste heute Abend mit John sprechen. Und wenn er dann wieder erklärte, dass er bei seinem Vater leben wollte, musste sie sich damit auseinandersetzen. Doch sie hoffte, dass es so weit nicht kommen würde.

Sie rief in der Schule an und bat um einen Termin mit Johns Lehrerin, dann suchte sie ihre Sachen zusammen. Ehe sie sich mit John befasste, musste sie Hayden gegenübertreten.

Als sie an dem kleinen Zimmer vorbeiging, das einmal ein Vorratsraum gewesen war, runzelte sie die Stirn. In dem Raum waren die Regale gefüllt mit Lederflicken, Knöpfen, Farbe und Perlen. In ihrer Freizeit machte sie dort Ohrringe, Broschen und Haarspangen, sie verzierte Jacken und färbte Hemden. Einige ihrer Sachen hatte sie schon verkauft, es lagen auch schon Aufträge für mehr vor. Doch in letzter Zeit hatte sie keine freie Minute. Immer war sie damit beschäftigt, Geld für sich und die Jungen zu verdienen.

Sie kletterte in ihren alten Wagen und ließ den Motor an, dann lenkte sie den Wagen nach Norden, um den See herum.

7. Kapitel

Haydens Jeep stand nicht auf der Einfahrt. Das große Tor war offen, aber Nadine konnte Hayden nirgendwo entdecken. Sie klopfte an die Haustür, doch als er sich nicht meldete, öffnete sie mit dem Schlüssel, den Bradworth ihr geschickt hatte.

„Hayden?“, rief sie, aber sie bekam keine Antwort. Doch seine Anwesenheit in dem großen Haus bemerkte sie überall. Schmutzige Gläser standen in der Küche, ein Schlafsack lag auf dem Bett in dem großen Schlafzimmer, und die Dusche war noch feucht. Wie lange er wohl bleiben will? fragte sie sich, während sie ihre Arbeit begann. Ein paar Tage? Eine Woche? Einen Monat? So lange, wie er brauchte, um das Haus zu verkaufen?

Dann schob sie alle Gedanken an Hayden beiseite und machte sich an die Arbeit. Drei Stunden lang schrubbte sie Fußböden, wusch Bettwäsche, die sie in den Schränken fand, lüftete Kissen und Bettdecken und machte Notizen über die notwendigen Reparaturen. Sie war gerade dabei, das Treppengeländer zu polieren, als sich die Tür öffnete.

Hayden, beladen mit zwei großen Tüten voller Lebensmittel, stand vor ihr und sah sie kalt an. „Du hast mich angelogen.“

„Ich … was?“

Er stellte die beiden Tüten ab und kam auf sie zu. Hart umfasste er ihr Handgelenk. „Ich glaube, du hast den Teufel im Leib“, meinte er wütend.

„Ich weiß gar nicht, wovon du redest.“

„Du bist gar nicht verheiratet“, sagte er.

„Nicht mehr“, lenkte sie ein. „Aber ich habe nie gesagt, dass ich verheiratet bin“, fuhr sie auf. „Das hast du nur angenommen.“

„Und wieso hast du erklärt, dein Mann hätte nichts dagegen, wenn ich zum Essen bliebe?“

„Das hat er ja auch nicht.“

„Natürlich nicht.“ Haydens Gesicht war ihrem so nahe, dass sie seinen Atem fühlen konnte. „Er hat dich vor zwei Jahren verlassen.“

„Ich finde nicht, dass dich das etwas angeht – oh!“ Er hatte sie an sich gezogen.

„Es ist mir gleich, ob du alleinstehend bist oder verheiratet“, fuhr er sie an. „Aber solange du für mich arbeitest, erwarte ich von dir, dass du ehrlich bist.“

Jetzt wurde auch sie wütend. „Du bist der Richtige, von Ehrlichkeit zu reden, Hayden!“

„Ich habe dich nie angelogen.“

„Du hast mich verlassen …“

„Habe ich dir etwas versprochen? Habe ich gesagt, ich würde bei dir bleiben?“ Seine Finger schlossen sich fester um ihren Arm. „Verdammt, ich lag im Krankenhaus, und als ich endlich wieder auf den Beinen war, warst du weg – verschwunden!“ Ein kaltes Lächeln umspielte seinen Mund. „Aber das hast du so gewollt, nicht wahr?“

„Ich … wie?“

„Das Geld, Nadine, ich weiß von dem Geld.“

„Von welchem Geld?“

Er ließ sie so schnell los, als hätte er sich verbrannt, dann lief er zur Tür und trat dagegen. Krachend fiel sie ins Schloss. Er nahm die Lebensmittel und stürmte in die Küche.

„Du arroganter Kerl!“, schimpfte Nadine. „Wie kannst du es wagen, mich mit deinen Vorwürfen zu überfallen!“

Ein lautes Klirren kam aus der Küche, gefolgt von einer Reihe von Flüchen.

Nadine lief die Treppe hinunter und stürmte in die Küche, wo Hayden gerade die Scherben einer Kaffeetasse auflas. Er warf ihr einen bösen Blick zu und murmelte etwas über eigensinnige Frauen vor sich hin.

„Kannst du mir erklären, was du eben gemeint hast?"

Er warf ihr einen erbitterten Blick zu.

„Was war mit dem Geld?", fragte sie noch einmal und hätte ihn am liebsten erwürgt.

„Das erpresste Geld", brachte er heraus und schlug heftig die Schranktür zu. „Das verdammte Schweigegeld."

„Bist du verrückt? Wovon redest du überhaupt?"

Er fuhr sich mit beiden Händen durchs Haar. „Weißt du, Nadine, ich habe mir immer eingeredet, du wärst anders als die anderen, ich habe sogar geglaubt, deine ganze Familie sei anders. Aber am Ende warst du auch nicht besser als Trish und Wynona. Ihr alle seid einfach nur geldgierig. Vielleicht gibt es ja in Wirklichkeit auch gar keine Frau, die anders ist."

„Ich weiß immer noch nicht, wovon du redest …"

„Den Teufel weißt du!" Er kam auf sie zu und zog seine Brieftasche aus der Jacke. Sein Gesicht war rot vor Wut, er hatte die Lippen zusammengepresst. Mit einer heftigen Handbewegung zog er einige Geldscheine hervor. „Hier, Nadine. Nimm das – und geh. Betrachte deine Arbeit als beendet!"

„Ich bin noch nicht fertig …"

„Oh doch, das bist du, Nadine. Du bist schon seit Langem fertig. Du weißt, wo die Tür ist."

„Ich meine den Job. Damit bin ich noch nicht fertig."

Er lächelte kalt. „Dann sieh das als deine Entlassung an."

„Das würde dir gefallen, nicht wahr? Nun, das kannst du vergessen. Ich habe nämlich die Absicht, die Arbeit zu Ende zu bringen." Voller Wut warf sie ihm das Geld vor die Füße. „Ich habe einen Vertrag unterschrieben, und den werde ich einhalten, ob es dir gefällt oder nicht! Und wenn ich dich störe, dann rate ich dir, mir aus dem Weg zu gehen!"

„Wenn du mich störst? Dass ich nicht lache!"

„Gut. Damit wäre das Problem ja aus der Welt geschafft."

Seine Augen verengten sich. „Ich glaube, wir beide werden immer Probleme haben." Die Luft zwischen ihnen schien zu knistern, und Nadines Herz schlug schneller.

„Ich habe zu tun", erklärte sie und wandte sich ab. „Geh mir aus dem Weg."

Das ist leichter gesagt als getan, dachte Hayden. *Warum rege ich mich über sie so auf?* Er hatte viele Frauen kennengelernt, seit er damals mit Nadine zusammen gewesen war. Doch die Frauen in seinem Leben, seine Mutter, Trish, Wynona und Nadine, hatten ihm schon von klein auf beigebracht, was ihnen wirklich wichtig war: Geld, Geld und noch mehr Geld.

Hayden pfiff Leo herbei und ging mit ihm nach draußen. Er trat nach einem Stein. Was hatte Nadine nur an sich, dass er in ihrer Nähe immer wieder rot sah? Sie war störrischer als alle Frauen, die er kennengelernt hatte, und sie verstand es, ihn so weit zu bringen, dass er sie am liebsten geschüttelt hätte. In seiner Fantasie stellte er sich immer wieder vor, wie sie sich ihm hingab, doch gleichzeitig wusste er, dass es so nie sein würde. Nadine war nicht die Frau, die sich unterwürfig hingab. Es war die Herausforderung, die er in ihren Augen las, das trotzige Heben ihres Kinns und ihre scharfe Zunge, die ihm zu schaffen machten.

Was ist nur mit mir los? fragte er sich. Er brauchte nur auf ihren schmollend verzogenen Mund zu blicken, und schon verspürte er das Verlangen, sie zu küssen. Idiot! schalt er sich.

Er ging ins Haus zurück, schloss sich in sein Arbeitszimmer ein und versuchte, sich auf die Geschäftsbücher zu konzentrieren. Stattdessen lauschte er auf jeden ihrer Schritte. Ärgerlich schloss er die Geschäftsbücher und redete sich ein, dass es Zeit war für eine Pause. Als er in die Küche kam, entdeckte er sie auf den Knien, wie sie einen Schrank unter der Spüle auswusch. Alles in ihm spannte sich an, als er sah, wie sich die Jeans eng um ihren Po schlossen, sein Mund wurde trocken, als sie ihm dann den Kopf zuwandte.

„Möchtest du etwas?", fragte sie.

„Ich muss weg. Schließ bitte ab, wenn du fertig bist."

„Jawohl, Boss", antwortete sie gedehnt. „Sonst noch etwas?"

Er schob beide Hände in die Taschen seiner Jeans und versuchte, nicht auf ihren Mund zu starren. „Nicht dass ich wüsste. Wenn du mich brauchst, ich bin in der Sägemühle."

„Ich werde es schon allein schaffen", antwortete sie, ohne ihn noch eines Blickes zu würdigen. Sie schrubbte den Boden des Schrankes, als hinge ihr Leben davon ab. Erst als die Tür hinter ihm ins Schloss fiel, kroch sie aus dem Schrank hervor und blies sich eine Haarsträhne aus dem Gesicht. Es war ihr gelungen, unbeteiligt zu erscheinen, doch zu wissen, dass er im selben Haus mit ihr war, hatte sie nervös gemacht.

Er ist der Boss, und du bist die Angestellte, versuchte sie sich einzureden. *Also, richte dich danach. Außerdem ist er es gar nicht wert!*

Wenn sie das doch nur glauben könnte!

Drei Stunden später war sie auf dem Weg zur Grundschule von Gold Creek. Kurze Zeit später saß sie Wanda Zalinski gegenüber, Johns Lehrerin.

„John ist kein schlechter Junge", sagte Wanda und lächelte. „Er hat nur zu viel Energie, die er nicht immer auf positive Weise anwenden kann. Auf dem Spielplatz ist er der Führer, und wenn es Ärger gibt, ist er immer mittendrin. Außerdem hat er der Musiklehrerin Widerworte gegeben, und in der Bücherei hat er sich schlecht benommen."

Nadine sank in sich zusammen.

„Auf der anderen Seite ist John überdurchschnittlich intelligent. Eigentlich habe ich manchmal sogar das Gefühl, dass er sich langweilt. Ich habe ihm einige besondere Aufgaben gegeben, die er erstaunlich gut gelöst hat. Im Augenblick hilft er einem anderen Schüler, der Probleme mit dem Unterrichtsstoff hat."

Nadine blickte erschrocken auf. John, der immer seinen kleineren Bruder ärgerte, schien ihr für diese Aufgabe wenig geeignet.

„Oh, keine Sorge." Wanda schien ihre Gedanken erraten zu haben. „Er macht es sehr gut, der andere Junge zeigt schon Fortschritte." Sie lächelte Nadine aufmunternd zu. „Von seinen Leistungen her ist John Klassenbester, nur sein Sozialverhalten lässt ein wenig zu wünschen übrig. Wenn Sie mit uns zusammenarbeiten, werden wir bis zum Ende des Schuljahres sicher eine beachtliche Besserung feststellen können."

Hayden fühlte sich ungemütlich im Büro seines Vaters, auch wenn Garreth hier kaum Zeit verbracht hatte.

Die Sekretärin seines Vaters war über die Maßen bestrebt, ihm behilflich zu sein. Sie kochte sofort Kaffee für ihn.

Die meisten Informationen über die Firma fand Hayden im Computer, doch er suchte die alten Unterlagen von vor dreizehn Jahren. Ob sein alter Herr ihn angelogen hatte, ob der Scheck, den er ihm unter die Nase gehalten hatte, eine Fälschung gewesen war?

Alles in ihm zog sich zusammen, als er fand, wonach er gesucht hatte. Ein Scheck über fünftausend Dollar, ausgestellt auf George Powell, war eingelöst worden. Der Buchungstext besagte: „Rückzahlung einer Investition". Was für eine Investition! Nur zu gut erinnerte Hayden sich daran, wie er in San Francisco im Krankenhaus gelegen hatte, sein Bein in Gips und sein Körper betäubt von den Schmerztabletten.

Sein Vater hatte ihn besucht, seine blauen Augen waren so kalt gewesen wie das Wasser des Whitefire Lake. „Das ist es, was das kleine Luder gewollt hat, Hayden“, hatte er erklärt und ihm den Scheck gezeigt. „Geld, das war alles. Wenn Frauen sich für dich interessieren, ist es nur das, was sie sehen – Dollars.“

Hayden hatte versucht zu protestieren, doch Garreth hatte ihm das Wort abgeschnitten. „Ich hoffe nur, dass sie nicht schwanger ist! Es würde deine Mutter umbringen. Und der Himmel weiß, was Wynona denken würde.“

„Wynona interessiert mich nicht“, hatte Hayden herausgebracht. In seinem Bett fühlte er sich in die Enge getrieben.

„Es sollte dich aber interessieren, mein Sohn, denn sie hat vor, dich zu heiraten. Das heißt, wenn sie überlebt. Sie liegt noch immer auf der Intensivstation.“

Hayden biss sich auf die Zunge. „Ich werde Wynona nicht heiraten“, erklärte er noch einmal bestimmt.

„Ruh dich jetzt aus“, befahl sein Vater. „Wir werden später darüber reden.“

„Ich werde nicht …“

Doch Garreth hatte das Zimmer schon verlassen, und das Schmerzmittel machte Hayden benommen. Er schlief ein.

In den folgenden Jahren hatte Hayden immer geglaubt, dass er damals die Geschichte mit dem Scheck nur geträumt hatte. Und Nadines Reaktion hatte ihm Hoffnung gemacht. Doch die Eintragung im Geschäftsbuch der Firma, zwei Tage nach seinem Unfall, konnte keine Fälschung sein. Er sah sich in dem Raum um und fragte sich, was, zum Teufel, er hier überhaupt zu suchen hatte.

In den nächsten Tagen versuchten Hayden und Nadine, einander aus dem Weg zu gehen, doch selbst in einem so großen Haus war das kaum möglich.

Wie mit einem sechsten Sinn wusste Nadine immer, in welchem Teil des Hauses er sich gerade aufhielt, und das irritierte sie. Sie hörte seine Schritte, fühlte es, wenn er im Nebenzimmer war.

Am Freitag konnte sie die Anspannung nicht länger ertragen. Sie hatte gerade den großen Kamin im Wohnzimmer gesäubert, hatte die Asche hinausgetragen und den Kerzenleuchter auf dem Kaminsims poliert.

Jetzt wischte sie sich die Hände an der Jeans ab, warf einen Blick in den Spiegel über dem Kamin und erschrak. Hayden lehnte an der Tür zum Esszimmer. Seine Stirn war gerunzelt, die Augenbrauen waren zusammengezogen, und wenn Blicke töten könnten, so wäre sie nicht mehr am Leben.

„Du brauchst nichts zu sagen, ich weiß schon, es ist dir nicht sauber genug", sagte sie.

„Es ist mir egal, ob es sauber ist oder nicht."

„Bis zum Ende der nächsten Woche bin ich fertig", erklärte sie und war enttäuscht, dass er ihre Arbeit nicht zu schätzen wusste. „Hayden, ich weiß nicht, warum du mir gegenüber so feindselig bist", sagte sie, weil sie sich nicht länger zurückhalten konnte. Sie hielt seinem Blick stand. „Du tust immer so, als hätte ich etwas Schreckliches verbrochen. Oder hat sich vielleicht dein Schuldgefühl mir gegenüber in Aggression verwandelt?"

„Mein Schuldgefühl?" Er sah sie ungläubig an.

Sie machte ein paar Schritte auf ihn zu. „Vor ein paar Tagen hast du Geld erwähnt, Bestechungsgeld oder Schweigegeld. Ich habe geglaubt, du wärst wirklich übergeschnappt, und habe versucht, es zu vergessen. Doch das ist mir nicht gelungen. Was hast du mir vorzuwerfen?"

„Ich dachte, du wüsstest von den fünftausend Dollar."

„Von welchen fünftausend Dollar?"

Haydens Augen wurden dunkel vor Wut. „Das Geld, das mein Vater deinem bezahlt hast, damit du mich in Ruhe lässt und nicht das Gerücht verbreitest, ich hätte mit dir geschlafen."

„Wie bitte?" Mit offenem Mund sah Nadine ihn an, alles Blut wich aus ihrem Gesicht.

„Richtig, Nadine, ich habe es herausgefunden. Mein Vater hat mir den Scheck gezeigt, hat ihn mir im Krankenhaus unter die Nase gehalten." Er verzog grimmig den Mund. „Und ich glaubte, du seist anders."

„Das stimmt nicht. Dein Vater hat dich angelogen."

„Das habe ich auch geglaubt", gestand er ihr. „Aber der Scheck ist eingelöst worden, Nadine. Ich habe nachgesehen, als ich im Büro war. Zwei Tage nach dem Bootsunglück wurde der Scheck ausgestellt, und drei Tage später ist er eingelöst worden. Das war dein Schweigegeld."

„Nein!" Nadines Knie wurden weich. „Ich habe nie einen Penny dieses verflixten Geldes gesehen." Sie reckte sich. „Und nur zu deiner Information – wir haben alles verloren, unser Haus, unsere Ersparnisse, selbst unser Familienglück, wegen irgendeines Investments, zu dem dein Vater meinen Vater überredet hat." Sie begann zu zittern, als sie wieder daran dachte. Schnell wandte sie sich ab und ging zur Tür. „Ich hätte nie geglaubt, dass ich das einmal sagen müsste, Hayden, aber du bist genau wie dein Vater!"

Sie wollte sich an ihm vorbeischieben, aber er hielt ihren Arm fest und drängte sie gegen die Wand. Die Dose mit dem Poliermittel fiel polternd zu Boden. „Wage es nicht, mich mit ihm zu vergleichen."

„Dann hör auf, dich wie er zu benehmen."

Sie sah, wie seine Augen aufblitzten. Er fluchte leise, dann pressten sich seine Lippen plötzlich auf ihre, und er küsste sie brutal.

Nadines Gefühle waren in Aufruhr. Sie wollte ihn nicht küssen, auf keinen Fall. Sie versuchte, sich gegen ihn zu wehren, doch stattdessen drängte sie sich gegen seinen muskulösen Oberkörper, presste ihre Hüften gegen seine. Sie erwiderte seinen Kuss, öffnete seiner suchenden Zunge willig ihre Lippen. Er ließ ihre Handgelenke los und legte die Arme um sie, zog sie noch näher an sich, bis sie an nichts anderes mehr denken konnte als daran, ihn zu lieben, genau wie schon vor so vielen Jahren.

Genauso plötzlich, wie er sie an sich gezogen hatte, ließ er sie wieder los.

„Soll mich das etwa überzeugen? Soll ich vielleicht deine Lügen glauben? Wegen eines dummen kleinen Kusses?", fuhr sie ihn an.

Er antwortete nicht, sah sie nur an.

„Wage es nicht, mich noch einmal anzurühren", warnte sie ihn. „Und der Scheck deines Vaters, den hat es nie gegeben. Du kannst dir einbilden, was du willst, aber ich kenne die Wahrheit."

„Ich auch, Nadine."

Sie wandte sich um und ging. Ihre Hände zitterten, als sie den Motor ihres Wagens anließ, Tränen brannten in ihren Augen.

Sie dachte an ihren Vater, der in einem Altersheim lebte, und an ihre Mutter, die wieder geheiratet hatte und jetzt in Iowa weitere Kinder großzog. Sie dachte an ihren ältesten Bruder Kevin, der tot war, und an Ben, der im Golfkrieg verwundet worden war und jetzt bald die Armee verlassen würde. Sie umklammerte das Steuer des Wagens und schluchzte auf. Garreth Monroe war daran schuld, dass ihre Familie auseinandergebrochen war!

Hayden trat nach dem Putzeimer, den Nadine stehen gelassen hatte. Er war angespannt und verlangte nach einer Frau. Aber er wollte nicht irgendeine Frau. Er wollte Nadine Powell

Warne. Er hatte sie geküsst, um sie zu strafen, um sie an ihren Platz zu verweisen. Jetzt schämte er sich deswegen.

Er fluchte, als er nach draußen ging. Der Wind war eisig, doch er zog keine Jacke an. Ihm war heiß, er brannte. Er würde in den Silver Horseshoe Saloon fahren und nach einem Drink wissen, was zu tun war. Sie zu küssen war sein erster Fehler gewesen.

Und er würde einen zweiten Fehler machen, wenn er ihr folgte. Doch als er in seinen Jeep kletterte, wusste er, dass die Würfel bereits gefallen waren. Noch heute würde er zu ihrem Haus fahren.

„Vergiss ihn ganz einfach“, sagte Nadine laut, als sie ihr Haar hochsteckte, den Bademantel auszog und in das heiße Wasser stieg. Doch Hayden aus ihren Gedanken zu vertreiben war beinahe unmöglich, selbst zwei Gläser Chablis hatten ihr nicht dabei geholfen. Das erste davon hatte sie voller Wut getrunken, das zweite mit ins Badezimmer genommen, weil sie hoffte, dass der Alkohol und das heiße Bad sie entspannen und den Schmerz betäuben würden.

Warum nur fühlte sie sich immer von Männern angezogen, die ihr nur Kummer machten? Sie nahm einen Schluck von dem Wein und wünschte, sie könnte Hayden vergessen.

Nadine lehnte sich zurück und genoss das heiße Wasser. Noch immer glaubte sie, Haydens Kuss zu spüren. Sie nahm den Waschlappen und fuhr sich damit über die Lippen, doch die Erinnerung ließ sich nicht so einfach abwaschen. Sie war Wachs in seinen Händen gewesen, deshalb schämte sie sich jetzt. Er hatte sie grob behandelt, hatte sie seine männliche Dominanz fühlen lassen. Das hätte sie eigentlich abstoßen sollen. Stattdessen hätte sie ihn fast gebeten, sie zu lieben.

„Dummes Weib!“, flüsterte sie. Mit nur einem einzigen Kuss hatte Hayden ihr all ihre Selbstachtung genommen.

Der Hund bellte auf der Veranda, und Nadine verzog unwillig die Stirn. Sicher hatten die Jungen etwas vergessen. Mit einem verlangenden Blick auf das warme Wasser kletterte sie aus der Wanne und begann sich abzutrocknen. Jemand klopfte.

„Augenblick, ich komme gleich", rief sie und schlüpfte in ihren Morgenmantel.

Ein Schwall kalter Luft drang ins Haus, als sie die Haustür öffnete. Nadines Herz setzte einen Schlag lang aus, als sie sah, dass es Hayden war, der vor der Tür stand.

Der Wind hatte sein Haar zerzaust, ohne Jacke, mit auf die Hüften gestemmten Händen, stand er vor ihr. Da sie sich nicht rührte, stieß er die Tür auf und trat ins Haus.

„Ich denke, wir sollten miteinander reden."

„Haben wir das nicht schon getan?", fragte sie, als sie ihre Fassung wiedergewonnen hatte, doch er nahm sie am Ellbogen und drehte sie zu sich herum, als sie an ihm vorbeiwollte.

„Wir haben uns angeschrien."

„So geht es aber am besten."

„Oh nein, Lady, da irrst du dich." Er schloss die Tür hinter sich, und Nadine zuckte zusammen. „Wir verstehen uns viel besser auf eine andere Art." Um ihr den Beweis zu liefern, zog er sie in seine Arme, und seine Lippen schlossen sich über ihren. Sein Kuss schmeckte nach Whisky, seine Kleidung roch nach Tabak und frischer Luft. Mit ihr in seinen Armen machte er einige Schritte, bis Nadine mit dem Rücken an der Wand stand.

Sie wollte ihn von sich schieben, doch er küsste sie so voller Verlangen, dass ihr Herz schneller zu schlagen begann.

„Nadine", flüsterte er rau, als er den Kopf hob und in ihre Augen sah. Er umfasste ihr Gesicht mit beiden Händen und küsste sie noch einmal, so voller Zärtlichkeit, dass ihr Tränen in die Augen traten. Inzwischen hatte er die Haarnadeln gefunden, mit denen sie das Haar hochgesteckt trug, er löste sie, und das feuchte Haar fiel ihr auf die Schultern.

„Ich habe versucht, mir einzureden, dass ich nicht hierherkommen sollte“, meinte er gequält.

„Und ich habe dir gesagt, du solltest mich nie wieder anrühren.“

„Ich kann nicht anders.“

„Willenskraft, Hayden“, riet sie ihm, obwohl ihre eigene Willenskraft verschwunden war. Sie versuchte, sich die hässlichen Dinge ins Gedächtnis zu rufen, die er heute Nachmittag gesagt hatte, damit sie wütend auf ihn wurde.

Er fuhr mit dem Daumen über ihre Lippen, ein Schauer lief durch ihren Körper. „Ich habe dich nie vergessen. Ich habe es versucht, doch es ist mir nie gelungen.“

Dass er so redete, lag nur am Alkohol. „Am ersten Tag hast du mich nicht einmal erkannt.“

„Du …“ Er strich ihr übers Haar. „Du hast dich verändert.“

„Du auch. Wir sollten nicht …“

Er legte seine Lippen wieder auf ihre, dann hob er den Kopf. „Wo sind die Kinder?“

„Keine Sorge, wir sind allein.“ Unter seinen Berührungen brannte ihre Haut. „Hayden, das ist nicht richtig …“

„Es fühlt sich aber richtig an, es kann nicht falsch sein.“

Es stimmte, doch Nadine fürchtete, dass ihr der Wein zu Kopf gestiegen war. Sie konnte nicht mehr klar denken, konnte ihm nicht begreiflich machen, was sie fühlte. „Du hast schreckliche Dinge gesagt.“

„Du auch.“

Die Vergangenheit stieg wieder vor ihr auf. „Du hast mich nicht einmal angerufen. Nach deinem Unfall habe ich darauf gewartet, ich habe an dich geglaubt, aber …“

„Du hast mich nicht besucht.“

„Ich konnte nicht … meine Eltern … oh!“ Er bedeckte ihren Hals mit Küssen, löste den Gürtel ihres Morgenmantels und fasste nach ihrer Brust. Es war schon so lange her … so lange. Sie stöhnte auf, als er ihre Brustspitze streichelte, die sich unter seiner Berührung sofort aufrichtete.

„Hayden“, murmelte sie. „Hayden, nein …“ Doch sie hielt ihn nicht zurück, als er ihren Morgenmantel auseinanderschob und ihre Brustspitze mit den Lippen umschloss. Flüchtig dachte sie daran, dass sie nackt war unter dem Morgenmantel, dass seine Hände sich um ihren Po schlossen, während er an ihrer Brustspitze saugte. Heiß stieg Verlangen in ihr auf, und als er den Kopf hob und sie ansah, stöhnte sie auf.

Er presste sein Gesicht an ihren Bauch, wie von selbst schienen sich ihm ihre Schenkel zu öffnen, als er das Dreieck krausen Haares zwischen ihren Schenkeln küsste.

„Lass mich dich lieben“, flüsterte er, und sie fühlte seinen Atem am Quell ihrer Weiblichkeit.

Ein leiser Schrei kam über ihre Lippen, als er ihre intimste Stelle küsste. Sie bog sich seiner suchenden Zunge entgegen und merkte nicht, dass ihr Morgenmantel zu Boden gefallen war, dass er sein Hemd ausgezogen hatte. Als sie unter dem Ansturm seiner Zärtlichkeiten zu zittern begann, zog er sie zu sich auf den Boden.

„Davon habe ich geträumt“, gestand er ihr. „Oh, ich habe so oft von diesem Augenblick geträumt.“ Seine Lippen schlossen sich wieder über ihren, er führte ihre Hände zum Verschluss seiner Jeans, und schon bald lag er nackt neben ihr.

„So schön … du bist so wunderschön, Nadine“, flüsterte er, als er sich über sie schob. „Mein ganzes Leben lang habe ich auf diesen Augenblick gewartet.“ Und als er sanft ihre Schenkel auseinanderschob, brannten Tränen in Nadines Augen.

„Ich auch, Hayden“, flüsterte sie. „Ich auch.“

Ihre Lippen trafen sich, und Nadine verlor jegliches Gefühl für Zeit und Raum. Als er in sie eindrang, hob sie sich ihm entgegen. Tief und heftig bewegte er sich in ihr, und sie begegnete ihm voller Leidenschaft.

Nadine klammerte sich an ihn, ihr Atem ging heftig, und sie wünschte sehnsüchtig, sie wäre dreizehn Jahre jünger. Damals hätten sie eine Chance gehabt, eine Zukunft. Aber jetzt?

8. Kapitel

Nadine reckte sich und seufzte zufrieden auf. Im Traum war sie bei Hayden gewesen …

Erschrocken riss sie die Augen auf, als sie seinen Arm um ihre Taille fühlte und feststellte, dass die angenehme Wärme an ihrem Rücken tatsächlich von ihm herrührte. Seine Beine waren mit ihren verschlungen, und sie war völlig nackt.

Sie versuchte, sich aufzusetzen, doch mit der Hand, die über ihrer Brust lag, hielt er sie fest.

„Bist du wach?“, murmelte er, und Nadine errötete.

„Ich kann nicht glauben, dass ich … dass wir …“

„Glaube es ruhig“, flüsterte er, und der Klang seiner Stimme ließ ihr einen wohligen Schauer über den Rücken laufen.

„Hayden, das ist verrückt!“

„Vielleicht.“ Er hob ihr Haar hoch und küsste sie auf den Nacken.

Ihr dummer Körper reagierte sofort, sie schalt sich dafür. Sie hatte mit Hayden geschlafen! Jetzt war sie eine der vielen Frauen in seinem Leben, die er sich mit einem kleinen Geschenk, einem Schmuckstück oder auch nur mit ein paar netten Worten gefügig gemacht hatte. Genau, wie ihre Mutter es vorhergesagt hatte. „Das kann nicht wahr sein!“

„Es ist aber wahr.“ Er küsste sie aufs Ohr.

„Hör auf! Ich meine das ernst …“

„Ich auch.“ Er drehte sie zu sich um, und sie sah in seine blauen Augen. Ein kleines Lächeln umspielte seinen Mund, und zum ersten Mal, seit sie einander wiedergesehen hatten, erkannte sie in ihm den Jungen wieder, der ihr Herz vor so vielen Jahren bezaubert hatte.

„Wir haben uns entsetzlich benommen", meinte sie, doch ihre Mundwinkel hoben sich bei ihren Worten.

„Lüstern", stimmte er ihr gespielt ernst zu, aber seine Augen blitzten. „Wir sollten bestraft werden." Er schob die Decke zurück und betrachtete ihren nackten Körper. „Mit dir werden wir anfangen."

„Mit mir?", fragte sie, nervös geworden.

„Du warst sehr, sehr böse." Er legte seine Lippen auf ihre, ganz langsam wurde sein Kuss leidenschaftlicher, doch als sie seinen Kuss erwiderte, zog er sich zurück. Er fasste ihre beiden Handgelenke und hob ihre Hände über den Kopf.

„Augenblick ..."

„Nein, du wirst warten. Und du wirst sehr geduldig sein." Wieder küsste er sie, leidenschaftlicher diesmal. Nadine wollte seinen Kuss erwidern, doch er hob den Kopf. „Geduld", brummte er.

„Ich bin kein geduldiger Mensch – ooh!"

Noch immer hielt er ihre Hände über ihren Kopf, streichelte mit der Zunge ihren Hals. Nadine bog sich ihm entgegen. So langsam, dass sie den Verstand zu verlieren glaubte, strich er mit der Zungenspitze zwischen ihren Brüsten entlang, dann streichelte er ihre Brustspitzen. Heiß stieg es in ihr auf, sie dachte daran, wie sie einander in der Nacht geliebt hatten.

Nadine stöhnte auf, sie hob ihm die Hüften entgegen. „Hayden."

„Ich bin hier." Um es ihr zu beweisen, küsste er ihre andere Brust, seine Hand glitt über ihre Hüfte.

Ein Schauer durchlief sie. Als sie die Augen öffnete, sah sie, dass ihm kleine Schweißtropfen auf der Stirn standen. Also fiel es auch ihm schwer, geduldig zu sein.

„Geduld", flüsterte sie, und er stöhnte auf. Dann schlossen seine Lippen sich über ihren, seine Hand schob sich zwischen ihre Schenkel. Nadine schloss die Augen und verlor jegliches

Zeitgefühl. Haydens Lippen und seine Hände schienen überall gleichzeitig zu sein.

Kleine Schauer durchliefen sie, sie rief seinen Namen und bog sich ihm entgegen, als er in sie eindrang.

„Geduld“, flüsterte sie noch einmal.

„Von wegen!“ Voller Lust rief er ihren Namen, als sie Erfüllung fanden. „Meine süße Nadine“, keuchte er. „Was sollen wir nur tun?“

Nadine war viel zu glücklich, um sich Sorgen zu machen. Sie küsste seine Wange, und als er sich von ihr herunterrollen wollte, hielt sie ihn fest. „Nicht so schnell.“

„Was? Schon wieder?“, fragte er, doch als sie dann mit der Zungenspitze über seine Brust fuhr, erschauerte er. In einem Augenblick wurde ihm bewusst, dass er nie genug bekommen würde von ihr.

„Erzähle mir von deiner Ehe.“ Hayden saß am Küchentisch und sah Nadine zu, wie sie Kaffee in zwei Tassen goss. Sie hatte ihr Haar zu einem Pferdeschwanz zusammengebunden, und ihre Wangen waren noch rosig von ihrem Liebesspiel.

„Da gibt es nicht viel zu erzählen. Sie ist gescheitert“, gab sie zu.

„Warum?“

„Wir haben uns in verschiedene Richtungen entwickelt.“

„Unsinn. Hast du ihn geliebt?“

Sie blies auf den heißen Kaffee in ihrer Tasse, bei seiner Frage blickte sie auf. „Ich weiß nicht recht. Ich … nun, ich glaubte damals, dass das nicht so wichtig sei. Viel wichtiger wäre, dass man den Menschen respektiert und ihn mag. Sam hat mich geliebt, er meinte, ich würde schon noch lernen, ihn auch zu lieben, ich brauche nur ein wenig Zeit.“ Sie schüttelte den Kopf. „Jetzt weiß ich, dass ich damals nur nach einem Fluchtweg suchte.“

„Einem Fluchtweg? Vor was?“

„Vor den Problemen zu Hause. Als ich aus dem Internat kam, hatte meine Mutter meinen Vater schon verlassen. Ich hatte das Gefühl, ich würde nie frei sein, wenn ich bei ihm blieb. Und da ich das Geld nicht hatte, um aufs College zu gehen, habe ich geheiratet.“ Sie vermied es, Hayden anzusehen.

Hayden rieb sich das Kinn. Bis die Vergangenheit zwischen ihnen nicht geklärt war, konnte er nicht an eine Zukunft denken. Abgesehen davon, hatte er nicht die Absicht, sich in Nadine Warne zu verlieben oder gar ein Ehemann und Vater für ihre Kinder zu werden. Aber er fühlte sich wohl hier, er trank Kaffee und wartete auf den Toast und die Eier, die sie für ihn zubereitete. Es störte ihn ein wenig, dass sie sich mit einer Affäre nicht zufriedengeben würde. Aber was sonst konnte sie miteinander verbinden? Wenn sie einander oft genug geliebt hätten, würde die Erregung sowieso nachlassen, die Scheinwelt durch die harte Wirklichkeit ersetzt werden.

Er nahm einen Schluck von seinem Kaffee und betrachtete sie in ihrem Morgenrock. In Gedanken sah er ihren nackten Körper vor sich, fühlte, wie sie sich gegen ihn drängte. Er räusperte sich und zwang sich, aus dem Fenster zu sehen. Gütiger Himmel, sie machte doch nur Toast und Eier! Dennoch war sie in diesem Morgenmantel so sexy wie keine andere im aufreizenden Bikini.

„Verdammt“, murmelte er. *Was tue ich hier überhaupt? Wenn ich noch einen Funken Verstand besitze, klettere ich jetzt in meinen Jeep und fahre nach Hause.*

Nadine lächelte ihn an und verschwand dann im Bad. „Die Eier sind fertig“, rief er nach einer Weile, doch Nadine antwortete nicht. Er nahm die Pfanne vom Herd, legte die Eier auf zwei Teller und griff nach einer Scheibe Toast.

Nadine trug einen langen Rock und einen blauen Pullover, als sie endlich aus dem Bad kam, ihr Haar hatte sie zu einem Zopf geflochten.

Sie lächelte. „Du kannst also kochen“, meinte sie. „Das überrascht mich.“

„Wieso?“ Er griff nach der Marmelade.

„Ich dachte, du hättest dein ganzes Leben lang Köchinnen und Kindermädchen und Erzieherinnen um dich gehabt, die alles für dich getan haben.“

„Das stimmt.“ Er biss in seinen Toast. „Doch nach dem Unfall habe ich meine Familie verlassen, da habe ich all das gelernt.“

„Du hast deine Familie verlassen? Aber warum?“

„Mein alter Herr und ich hatten einen Streit.“

Sie wartete darauf, dass er weitersprechen würde, doch er schwieg. „Warum habt ihr euch gestritten?“, fragte sie.

Seine Augen blitzten ärgerlich. „Über das Schlimmste – über eine Frau.“

„Wynona“, erriet sie.

„Richtig.“

„Er wollte, dass du sie heiratest.“

Hayden zögerte einen Augenblick, dann nickte er. „Darum ging es im Prinzip. Ich fand, dass er mir nicht vorschreiben dürfe, wen ich heirate oder wann. Zuerst haben wir uns nur angeschrien, aber dann habe ich einfach zugeschlagen. Als meine Mutter uns fand, hatten wir beide einander ganz schön zugerichtet. Meine Mutter versuchte, mich auf mein Zimmer zu schicken. Aber damals war ich schon beinahe neunzehn, ich habe es vorgezogen, durch die Haustür zu verschwinden.“

„Aber du bist schließlich zurückgekommen?“

„Erst als ich mich durchgesetzt hatte. Meine Mutter war nicht unbedingt die beste Mutter der Welt, aber auf ihre Art hat sie getan, was sie konnte. Meine Eltern haben mir damals Privatdetektive auf den Hals gehetzt, nachdem ich mich sechs Monate lang nicht gemeldet hatte. Einer, ein Schuft namens Timms, hat mich schließlich gefunden. Aber sie konnten nichts tun, ich war volljährig. Ich habe dann zugestimmt, mich von Zeit zu Zeit bei meiner Mutter zu melden. Ich habe mein Leben gelebt, wie ich es wollte, und sie haben mich in Ruhe gelassen. Mein Dad hat mich damals enterbt."

„Aber wieso ...?"

Haydens Mund verzog sich zu einem bitteren Lächeln. „Ich nehme an, er hat später seine Meinung geändert. Oder er hat gewusst, dass er mich so noch von seinem Grab aus würde ärgern können."

„Oh, Hayden, du kannst doch nicht wirklich glauben, dass er so grausam sein könnte."

„Du hast ihn nicht gekannt", wehrte er ab. „Was war das doch gleich, was du vor einigen Tagen gesagt hast? Er hat deinen Vater betrogen?"

Nadine schluckte. Wenigstens konnte sie ihm erklären, warum ausgerechnet er eigentlich der letzte Mann sein sollte, mit dem sie ins Bett ging. „Mein Vater hat damals jeden ersparten Penny deinem Vater gegeben, damit er es in Ölquellen investierte. Dein Vater hatte ihm so gut wie garantiert, dass er damit reich werden würde. Er wollte davon für uns drei Kinder die College-Ausbildung bezahlen, wollte ein neues Haus und ein Auto für Mom kaufen. Aber eines Tages kam er nach Hause und erklärte uns, dass das Geld nicht mehr da sei. Die Ölquellen seien angeblich trocken."

Sie schauderte bei dem Gedanken daran. „Es war das Ende. Meine Mom verschloss sich, und nicht viel später wurde mein ältester Bruder Kevin mit dem Leben nicht mehr fertig und brachte sich um."

Hayden blickte grimmig drein. „Wegen des Geldes?"

Nadine schüttelte den Kopf. „Wegen eines Mädchens, in das er sich verliebt hatte. Das Mädchen liebte ihn nicht. Kevins Tod war mehr, als meine Mutter ertragen konnte. Sie und Dad ließen sich scheiden, und meine Mom ging weg. Ben war zu dieser

Zeit beim Militär und ich noch im Internat. Mom bot an, mich mit nach Iowa zu nehmen, doch ich entschied mich, bei Dad zu bleiben."

„Und bei Sam?", fragte Hayden.

„Und bei Sam."

Er rieb sich die Schläfen mit den Fingerspitzen, doch er sagte nichts. Nadine entschied sich weiterzureden.

„Ich weiß wirklich nicht, was damals mit deinen fünftausend Dollar passiert ist, Hayden. Wenn mein Dad sie bekommen hat, so hat er nie darüber gesprochen. Ich nehme an, er hat Rechnungen damit bezahlt – oder er hat es für mein Internat ausgegeben. Wir hatten immer Schulden. Aber es besteht ja auch die Möglichkeit, dass dein Vater dich angelogen hat."

„Ich habe die Buchung in den Geschäftsbüchern gesehen."

„Bücher kann man auch fälschen", meinte sie. „Hast du den Scheck gesehen? Den eingelösten Scheck, der beweist, dass mein Vater das Geld auch wirklich bekommen hat? Und wenn er es wirklich bekommen hat, so war es kein Schweigegeld, Hayden. Es war höchstens ein kleiner Teil der Rückzahlung einer Schuld."

Er lehnte sich auf dem Stuhl zurück. „Ich frage mich, was wohl aus uns beiden geworden wäre, wenn es diesen Scheck nicht gegeben hätte."

Sie schüttelte den Kopf. „Nichts hätte sich geändert. Du lebtest in deiner Welt, ich in meiner. Ich weiß, dass es nicht die Umstände waren, die uns voneinander trennten, denn wenn wir wirklich hätten zusammen sein wollen, so hätten uns auch unsere Familien nicht trennen können." Sie seufzte. „Und das, was heute Nacht geschehen ist, war wahrscheinlich ein großer Fehler, das wissen wir beide." Es fiel ihr schwer, diese Worte auszusprechen, doch sie musste es tun. „Wir beide fühlten … sexuelles Verlangen, das war alles."

Er stand auf und trug seinen Teller zur Spüle.

„Wir gehören nicht zusammen, das wissen wir beide."

„Oder wenigstens hat man versucht, uns das einzureden", meinte er.

Nadines Herz klopfte schneller. „Willst du damit sagen, dass du eine feste Beziehung mit mir eingehen willst? Mit einer Frau, die zwei kleine Söhne hat?"

Er fuhr herum. „Ich bin kein Mann zum Heiraten", wehrte er grob ab.

„Nur ein Mann für eine schnelle Nummer im Heu, wie?" Sie fühlte, wie sie wütend wurde.

„Ich habe dir nichts versprochen."

„Gut, dann brauchst du auch kein Versprechen zu brechen."

Mit ein paar Schritten kam er zu ihr herüber und hob sie von ihrem Stuhl. „Zweifellos bist du die schönste, aber auch die frustrierendste Frau, die ich je …"

„Lass mich runter", befahl sie, und ihre Augen sprühten Feuer. Ihr Herz brach, aber das durfte er nicht wissen. Als er sie wieder auf die Füße stellte, drohte sie ihm mit dem Finger. „In den letzten beiden Jahren habe ich auf eigenen Füßen gestanden, habe mich um meine Kinder gekümmert. Und kein Mann, weder du noch ein anderer, hat das Recht, mir in meinem eigenen Haus zu sagen, was ich zu tun habe." Sie war so wütend, dass sie zitterte. „Und ich erinnere mich nicht, dich eingeladen zu haben, Hayden, damit du mich beleidigen kannst. Also, warum verschwindest du nicht einfach?"

Er biss die Zähne zusammen.

„Ich meine es ernst. Es gibt keinen Grund für dich anzunehmen, dass du mir deine unsterbliche Liebe erklären musst, nur weil wir miteinander geschlafen haben. Ich bin keine siebzehn mehr, Hayden, ich bin eine erwachsene Frau mit zwei Söhnen. Und ob du es glaubst oder nicht, ich will genauso wenig einen Ehemann, wie du eine Frau willst!" Sie breitete die Arme aus. „Für dich mag das vielleicht nicht viel bedeuten, aber es ist mein Haus, und die Jungen und ich haben uns in den letzten Jahren hier wohlgefühlt. Nur weil du hier plötzlich auftauchst, die Jungen in deinem Boot mitnimmst und dann in meinem Bett landest, heißt das lange nicht, dass ich mehr von dir erwarte."

„Du gibst dich mit einer Affäre zufrieden?", fragte er mit versteinertem Gesicht.

„Eine Affäre kann man das wohl kaum nennen, denn eine Affäre würde voraussetzen, dass uns etwas aneinander liegt. Versteh mich nicht falsch, es hat mir gefallen. Aber es war eben nur ein Erlebnis für eine Nacht." Während sie diese Worte aussprach, brach ihr fast das Herz, aber er durfte nicht wissen, dass sie sich etwas aus ihm machte, dass es schon immer so gewesen war. Selbst wenn all ihre Träume zerfielen.

„Ein Erlebnis für eine Nacht", wiederholte er. „Und es hat dir gefallen. Glaubst du das wirklich selbst?"

Es gelang Nadine, ihn mit hocherhobenem Kopf anzusehen. „Wir sind uns beide einig, dass es vorbei ist."

„Auf keinen Fall." Er zog sie an sich und küsste sie, dabei hielt er ihre Handgelenke fest, damit sie ihn nicht von sich stoßen konnte. Nadines Knie wurden weich, ihr Herz raste. Sie weigerte sich, seinen Kuss zu erwidern, weil sie ihm nicht eingestehen wollte, dass er Macht über sie hatte. Als er sie schließlich wieder losließ, hob sie die Hand und schlug ihm ins Gesicht.

„Zu einer Beziehung gehören immer zwei, Hayden, und ich habe nicht die Absicht, eine Affäre mit dir einzugehen, das ist nicht mein Stil. Du bist der erste Mann, mit dem ich seit Jahren geschlafen habe … der einzige Mann, mit dem ich außer meinem Mann geschlafen habe. Und ich habe nicht die Absicht, mit dir immer dann ins Bett zu hüpfen, wenn mir gerade danach ist. Ich finde, zwei Menschen sollten einander mögen und respektieren, ehe sie ihre Beziehung so weit ausdehnen."

„Aber du hast mir doch erklärt, dass wir keine Beziehung haben."

„Das stimmt. Wir haben einen Fehler gemacht. Ich arbeite für dich, du bist mein Boss, nicht mein Geliebter."

Langsam wandte Hayden sich ab und ging zur Tür. „Es muss nicht so enden."

Ihr Herz tat ihr weh. „Natürlich muss es das. Lass uns ehrlich sein, Hayden. Du wirst nicht für immer in Gold Creek bleiben, und ich habe nicht die Absicht, hier wegzugehen. Also würden wir wahrscheinlich nur einige Wochen zusammen haben." Tränen brannten in ihren Augen, aber sie drängte sie zurück. „Das ist mir nicht genug."

Seine Augen verengten sich. „Du willst eine Ehe."

„Vielleicht", gab sie zu. „Eines Tages. Aber auf keinen Fall möchte ich in der Stadt ins Gerede kommen, ich muss an meine Kinder denken. Auf Wiedersehen, Hayden." Die Stimme versagte ihr den Dienst, als sie ihm nachsah, wie er zur Tür hinausging. Ein paar Sekunden später sank sie gegen die Wand und fragte sich, ob sie nicht gerade den schlimmsten Fehler ihres Lebens gemacht hatte. Gestern Abend hatte sie gar nicht daran gedacht, dass sie vielleicht schwanger werden könnte. Sie war so dumm gewesen … Doch das würde nicht noch einmal passieren. Sie hatte Verantwortung zu tragen, auf keinen Fall durfte die Leidenschaft sie unvernünftig machen.

Das große Sommerhaus sah aus wie ein Mausoleum, im Inneren war es kalt und dunkel. Und auch als Hayden überall Licht angezündet hatte, wurde es nicht besser. Einem Vergleich mit Nadines kleinem Heim konnte dieses Haus nicht standhalten. Dort war Leben gewesen. Er erinnerte sich daran, wie sie ihm die Tür geöffnet hatte, noch feucht von ihrem Bad, in ihrem Morgenmantel, der kaum etwas von ihrem Körper verborgen hatte.

„Teufel!“, fluchte er. Er dachte daran, etwas zu trinken, doch dazu war es noch zu früh. Außerdem wusste er genau, wenn er jetzt zu trinken begann, würde er schon bald wieder vor Nadines Tür stehen. Er pfiff Leo herbei und stieg mit ihm in seinen Jeep.

Wie ein Verrückter fuhr er los. Er würde sich ein paar Stunden mit den Geschäftsbüchern beschäftigen und sich mit den Arbeitern unterhalten. Außerdem hatte er sowieso vorgehabt, die einzelnen Sägemühlen zu besuchen, und warum sollte er das nicht jetzt tun? Wenn er richtig plante, konnte die Reise zwei Wochen dauern. Das würde wohl kaum genügen, Nadine Warne zu vergessen, aber es wäre immerhin ein Anfang.

Sie hatte deutlich gesagt, was sie für ihn empfand, und er würde sich nicht bemühen, ihre Meinung über ihn zu ändern. Noch nie hatte er sich einer Frau aufgedrängt. Denn bis heute war keine Frau der Mühe wert gewesen.

Keine Frau – bis auf Nadine.

Doch sie hatte er aus seinem Leben verbannt.

Für immer.

9. Kapitel

Hayden war nicht mehr da. Sein Jeep stand nicht auf der Einfahrt, der Hund war weg, und er hatte einen Anrufbeantworter an das Telefon angeschlossen. Auch sein Schlafsack lag nicht mehr auf dem Bett. Er war verschwunden. Ohne ein Wort.

Nadine runzelte die Stirn. Das war es doch, was sie gewollt hatte. Warum also fühlte sie sich jetzt bedrückt?

Natürlich würde ihre Arbeit ohne ihn leichter sein, sie brauchte keine Angst mehr zu haben, dass sie ihm unerwartet begegnen würde. Und dennoch war sie nicht glücklich. Heute Morgen hatte sie sich sorgfältiger angezogen als sonst, hatte Make-up benutzt und sich eingestanden, dass sie sich etwas aus ihm machte. Wenn auch nur ein wenig.

Während sie arbeitete, läutete mehrmals das Telefon, sie hörte, wie der Anrufbeantworter zu laufen begann, aber wer die Anrufer waren, bekam sie nicht mit. Gerade war sie dabei, ihre Jacke anzuziehen, als das Telefon wieder läutete. Diesmal war sie nahe genug am Telefon, um die Stimme zu hören.

„Hayden?“, fragte eine Frauenstimme. „Bist du da? Ich bin es noch einmal. Wynona.“

Nadines Herz wurde schwer.

„Hayden, wenn du zu Hause bist, nimm bitte den Hörer auf“, verlangte Wynona. „Du hast keinen Grund, mir aus dem Weg zu gehen. Das kannst du nicht tun, du bist es mir schuldig.“ Nadine lehnte sich gegen die Wand, und Wynonas Stimme ertönte wieder. „Wir haben eine Menge durchgemacht, Baby, wir wollen doch jetzt nicht streiten. Ruf mich bitte an. Ich bin zu Hause und warte auf deinen Anruf.“ Es dauerte noch einige

Sekunden, dann legte sie auf, und Nadine, der gar nicht bewusst geworden war, dass sie den Atem angehalten hatte, holte tief Luft.

Also war Hayden noch immer mit Wynona Galveston zusammen. Bei dem Gedanken drehte sich ihr der Magen um. Doch vielleicht hatte dieser Anruf ja nichts zu bedeuten, versuchte Nadine sich einzureden. Und nur, weil sie mit ihm geschlafen hatte, hatte sie noch lange kein Recht auf ihn. Sie riss sich zusammen.

Sie hatte viel zu viel zu tun, um sich lange Gedanken über Hayden oder Wynona zu machen. Als sie in die Einfahrt zu ihrem Haus einbog, waren die Jungen schon zu Hause. Sie liefen ihr in die Arme, und zum ersten Mal, seit sie Wynonas Stimme gehört hatte, fühlte sie sich besser. Solange sie John und Bobby hatte, brauchte sie keinen Hayden Monroe. Nadine küsste Bobby auf die Stirn und zauste Johns blondes Haar. „Kommt, ihr könnt mir helfen, das Essen zu machen."

Nach dem Essen half sie den beiden bei den Hausaufgaben, dann schickte sie sie unter die Dusche, ehe sie ins Bett gingen. Die nächsten Stunden war sie damit beschäftigt, bunte Glasperlen auf eine Jeansjacke zu kleben. Als sie endlich fertig war und aufgeräumt hatte, war es ein Uhr nachts. Sie sank in ihr Bett und hoffte, dass sie sofort einschlafen würde. Doch obwohl sie schrecklich müde war, gelang es ihr nicht. Immer wieder musste sie an Wynonas Worte denken. Warum war sie nur so beunruhigt?

Jeden Tag rechnete Nadine damit, dass Hayden zurückkam, doch jeden Tag wurde sie aufs Neue enttäuscht. Am Dienstag bekam sie einen Brief von ihrem Bruder, in dem er berichtete, dass er noch vor Weihnachten wieder in Gold Creek sein würde.

Am Donnerstag traf sie sich mit ihrem Vater in der Stadt zum Essen. Das Altersheim war nicht weit vom Restaurant entfernt, trotzdem holte sie ihn mit ihrem Wagen ab. Mit seinen sechzig Jahren ging George Powell am Stock, er hatte vor einigen Jahren einen leichten Schlaganfall gehabt. Aber heute schien er sich einigermaßen wohlzufühlen.

„Ich habe gehört, dass du für Monroe arbeitest", begann er die Unterhaltung, als sie an ihrem Tisch saßen.

Nadine war überrascht. „Woher weißt du das?"

„Das ist eine kleine Stadt, mein Kind, Neuigkeiten verbreiten sich schnell. Es stimmt also." Er wischte sich über die Stirn. „Was, zum Teufel, hast du dir nur dabei gedacht?"

„Dad, beruhige dich doch."

„Ich habe gehört, dass Hayden das Haus schon übernommen hat. Wahrscheinlich konnte er es gar nicht abwarten, das Geld seines Vaters in die Hände zu bekommen."

Nadine hob die Schultern. „Es stimmt, dass er hier ist. Oder wenigstens, er war hier. Aber ich glaube nicht, dass er sich für das Geld interessiert."

„Jeder interessiert sich für Geld, Hayden ist da nicht anders. Er ist also in dem Haus, in dem du arbeitest?"

„Er war da."

„Du liebe Güte!"

„Es ist ein Job, Dad", wehrte sie ab. „Mehr nicht."

Mit seinen grünen Augen, die den ihren so ähnlich waren, blickte er ungläubig drein. Er sah aus, als wolle er noch etwas sagen, doch dann schwieg er. Die Kellnerin brachte das Essen, und sie unterhielten sich über dies und das und endeten dann in einer heißen Diskussion darüber, wie Nadine ihre Söhne erziehen sollte.

Nachdem ihr Vater schließlich das Essen bezahlt hatte, ein Ritual, auf das er bestand, weil sie jeden Monat die Hälfte der Miete für sein Zimmer im Altersheim überwies, erzählte sie ihm von Ben. „Er wird vor Weihnachten wieder hier sein."

„Nun, das ist ein Grund zum Feiern."

Draußen wehte ein kalter Wind. Nadine fuhr ihren Vater zum Altersheim zurück. Ehe er ausstieg, wandte er sich noch einmal zu ihr. „Der liebe Gott hat dir einen wachen Verstand gegeben, Kind. Wenn du ihn richtig gebrauchst, wirst du wissen, dass Hayden Monroe dir nur Schwierigkeiten machen wird. Genau wie sein alter Herr."

„Dad." Sie legte ihm eine Hand auf den Arm. Sie hasste es, ihm die nächste Frage zu stellen, aber sie musste die Wahrheit wissen. „Hayden hat mir gesagt, dass sein Vater dir Geld gegeben hat, fünftausend Dollar. Um sicherzugehen, dass ich aus seinem Leben verschwinde. Hayden hat den Scheck damals gesehen, und vor ein paar Tagen hat er aus den Geschäftsbüchern herausgefunden, dass der Scheck eingelöst wurde."

„Dieser Schuft!", fluchte ihr Vater und starrte durch die Windschutzscheibe nach draußen. „Garreth hat mir einen Teil meines Geldes zurückgezahlt, dass ich bei ihm investiert hatte – einen sehr kleinen Teil. Ich habe ihm beinahe fünfzigtausend Dollar gegeben, all unsere Ersparnisse, und alles, was ich zurückbekam, waren fünftausend Dollar." Er senkte den Kopf. „Deine Mutter hat mich einen Dummkopf geschimpft, und wahrscheinlich hatte sie sogar recht. Ich habe ihr den Scheck damals gegeben, weil ich der Meinung war, dass es ihr Geld sei. Einen Teil haben wir für dein Internat gebraucht." Er schien plötzlich um Jahre gealtert zu sein. „Es hat Donnas Herz gebrochen, und es war das Ende unserer Ehe." Er öffnete die Autotür und stieg aus. „Ich kann ihr nicht einmal einen Vorwurf machen. Stan Farley konnte ihr all das geben, was sie sich wünschte." Er warf seiner Tochter einen Blick zu. „Ist sie glücklich?"

Nadine nickte nur, sprechen konnte sie nicht. Donna hatte ihr Glück bei einem anderen Mann gefunden, sie hatte noch zwei Kinder bekommen, die nicht viel älter waren als ihre Enkel. Stan Farley war ein guter Mann, ein Mann, dessen Finanzen in Ordnung waren.

„Gut, gut“, murmelte George. „Sie hat ein wenig Glück verdient.“ Er legte seiner Tochter eine Hand auf die Schulter. „Deshalb solltest du dich auch von Hayden Monroe fernhalten. Er wird dir dein Herz brechen.“

Sie gab es nicht gern zu, aber ihr Vater hatte recht.

Hayden tat alles weh, nachdem er fünf Tage lang unterwegs gewesen war. Fünfzehnhundert Meilen war er gefahren, hatte sieben Sägemühlen besucht, mit den Arbeitern gesprochen und sich alles angesehen. Es war nur ein oberflächlicher Überblick, den er sich verschafft hatte, aber in den Unterhaltungen mit den Leuten hatte er erfahren, dass sie sich Sorgen darüber machten, ihre Jobs zu verlieren, da das Holz in den Bergen immer weniger wurde und die Auflagen der Umweltschützer und der Regierung immer strenger ausfielen.

Hayden kletterte aus seinem Jeep, er hatte das Gefühl, die ganze Welt laste auf seinen Schultern. Bradworth und Thomas Fitzpatrick hatten recht, seine Entscheidung würde das Leben der Menschen beeinflussen. Viele von ihnen hatten seine Hand geschüttelt und ihm versichert, dass sie froh seien, dass die Sägemühle in der Familie Monroe blieb. Doch er hatte auch ihre unausgesprochenen Fragen gehört. *Werde ich arbeitslos? Wird die Sägemühle geschlossen? Werden die Maschinen Stück für Stück verkauft? Was soll ich tun, wenn es keine Arbeit mehr gibt? Wie soll ich meine Familie ernähren, meine Rechnungen bezahlen, meine Kinder zur Schule schicken?*

Hayden schloss die Hintertür auf und blieb wie angewurzelt stehen. Das Haus duftete nach Politur und Bohnerwachs, alles glänzte und blitzte. Eine Vase mit Blumen stand auf dem Küchentisch.

Nadine. Er verspürte einen dicken Kloß im Hals, als ihm klar wurde, dass sie diesem Haus ihren Stempel aufgedrückt hatte. Er ging die Treppe hinauf, und nach einem Blick in die einzelnen

Zimmer stellte er fest, dass jedes der Betten bezogen worden war. Das Fenster in seinem Schlafzimmer war gekippt, im Kamin war Holz aufgeschichtet, auf seinem Schreibtisch stand eine große Glasschale mit Wasser, in dem Blüten schwammen.

Er wandte sich um und ging ins Bad. Offensichtlich hatte sie ihre Arbeit hier beendet, er brauchte sich also ihretwegen keine Sorgen mehr zu machen.

Im Bad lagen frische Handtücher und eine Schale mit duftender Seife. Er stellte sich unter die Dusche und wusch sich den Schmutz der letzten Tage vom Körper. Er war beschäftigt gewesen, und immer, wenn sich die Erinnerung an Nadine in seine Gedanken geschlichen hatte, hatte er sie schnell weit von sich geschoben.

Doch jetzt war er wieder in Gold Creek, und nur der Whitefire Lake lag zwischen ihnen. Er lehnte sich gegen die Wand und ließ das heiße Wasser über seinen Körper laufen. Es fühlte sich wunderbar an, noch wunderbarer würde es sein, Nadines herrlichen Körper unter sich zu fühlen. Er dachte daran, wie er sie geküsst und gestreichelt hatte und dann tief in sie eingedrungen war …

Hayden biss die Zähne zusammen, als sein Körper reagierte, dann stellte er das heiße Wasser ab und das eiskalte an. „Verdammt", murmelte er und wusste nicht, ob er mit sich selbst sprach oder mit Nadine.

Nadine warf einen Blick auf die Küchenuhr. Sam hatte versprochen, die Jungen vom Basketball-Training abzuholen und sie dann nach Hause zu bringen. Schon jetzt waren sie eine Stunde zu spät.

Sie warf einen Blick aus dem Fenster, er glitt automatisch zum anderen Ende des Sees, zum Sommerhaus der Monroes. Ihr Herz setzte einen Schlag lang aus, als sie durch die Bäume das Licht in den Fenstern des Hauses entdeckte.

Er war also wieder da. Und auch wenn ihr Job beendet und das Haus sauber war und sie eine Liste der Reparaturen abgeliefert hatte, so tat ihr doch das Herz weh. Wenn sie ihn doch noch einmal sehen könnte!

Im selben Moment hörte sie einen Wagen auf der Einfahrt.

„Was gibt es zum Essen?", fragte John, als er ins Haus gestürmt kam, dann rümpfte er die Nase. „Schon wieder Stroganoff! Ich esse viel lieber Gulasch."

„Dann gibt es eben beim nächsten Mal Gulasch." Sie legte liebevoll einen Finger an seine Nasenspitze. „Geh jetzt duschen, wenn du fertig bist, können wir essen. Und hilf deinem Bruder." Sie blickte sich besorgt um. „Wo ist er überhaupt?"

John vermied ihren Blick. „Er ist im Auto eingeschlafen."

„Aber es ist doch nur ein Weg von zehn Minuten."

„Ja, aber … er war wirklich müde." Ohne weitere Erklärung lief John nach oben. Die Tür des Badezimmers schloss sich hinter ihm, als Sam mit Bobby auf dem Arm in die Küche kam.

„Was ist passiert?", fragte sie besorgt. Normalerweise war Bobby nach dem Training so munter, dass sie ihn erst einmal beruhigen musste. Sie legte ihm eine Hand auf die Stirn, doch er hatte kein Fieber. Bobby seufzte, als Sam ihn vorsichtig auf die Couch legte. Der Geruch nach Zigarettenrauch mischte sich mit dem Geruch von Alkohol, was sie aus ihrer Ehe so gut kannte. Sofort wurde Nadine wütend.

„Er war irgendwo, wo er nicht sein sollte." Nadine zupfte ein Körnchen Popcorn von Bobbys Jacke und kannte die Antwort schon.

„Phil und Rick wollten nach dem Training noch ein Bier trinken, da haben wir bei ‚Buckeye' haltgemacht."

Nadine biss die Zähne zusammen. „Und was haben die Jungen gemacht, während du Bier getrunken hast?"

Sam wurde über und über rot. „Ich habe sie im Wagen gelassen. Aber ich konnte sie aus dem Fenster sehen, und ich habe jedem eine Tüte Popcorn gekauft …"

„Sam, wie konntest du nur! Himmel, wer weiß, was für Gestalten abends auf dem Parkplatz herumschleichen! Es sind doch noch Kinder."

„Und es geht ihnen gut, wie du siehst. Ich musste mit Rick und Phil unbedingt etwas besprechen." Sam schrie beinahe, doch dann fuhr er sich mit beiden Händen durch sein dünner werdendes blondes Haar. „Im Augenblick gibt es in der Sägemühle so viele Veränderungen, wer weiß, was aus unseren Jobs wird?"

„Du hättest die Kinder zuerst nach Hause bringen können", fuhr sie ihn an. „Du hättest mich auch anrufen können, dann hätte ich die beiden abgeholt."

Sam verzog auf einmal das Gesicht. „Dazu hatte ich keine Zeit. Wir hatten Dinge zu besprechen, Dinge, die du wahrscheinlich schon weißt."

„Wie bitte?" So schnell konnte sie ihm nicht folgen.

„Monroe der Vierte. Wie ich gehört habe, war er schon hier, hat die Jungen in seinem Boot mitgenommen und hat sich hier ganz wie zu Hause gefühlt. Bei meinen Kindern!" Verächtlich verzog er den Mund. „Herrje, Nadine, wirst du eigentlich nie schlau?"

„Ich verstehe nicht, was Hayden damit zu tun hat."

„Wirklich nicht? Du kannst doch nicht noch immer so blind sein wie damals, als wir noch in der Schule waren!"

Sie wollte protestieren, doch Sam kam ihr zuvor. „Jetzt, wo die Sägemühle dem Junior gehört, werden wahrscheinlich große Veränderungen auf uns zukommen. Es ist kein Geheimnis, dass er vorhat, die Sägemühle zu verkaufen. Für uns wird das nicht gut sein, und das schließt dich mit ein. Wenn ich keine Arbeit habe, kann ich auch für dich und die Kinder keinen Unterhalt zahlen. Also hoffst du besser, dass dein Freund die Mühle nicht schließt."

„Er ist nicht mein Freund."

Sam zog anzüglich die Augenbraue hoch. „Nun, es wäre sicher interessant zu wissen, was er wirklich für dich ist."

„Mein Chef … wenigstens war er das." Nadine reckte sich. Sam war nie damit einverstanden gewesen, dass sie für andere Leute putzte. Aber sie musste Geld verdienen, während sie gleichzeitig Abendkurse besuchte oder sich darum bemühte, den Schmuck und die Jacken zu verkaufen, die sie entwarf. „Es war ein Job, Sam, und ich war froh, dass ich ihn hatte."

Seine Augen verengten sich. „Es ist wohl besser, wenn ich jetzt gehe."

„Nicht, bis ich mit dir fertig bin, Sam Warne." Nadine trat ihm in den Weg. „Wage es nicht noch einmal, meine Kinder allein im Wagen auf einem Parkplatz zu lassen. Und setze dich nie wieder hinter das Steuer, nachdem du ein paar Bier getrunken hast, verstanden?"

„Ich brauche mir das von dir nicht anzuhören." Sam schob sich an ihr vorbei zur Tür. Laut fiel die Tür hinter ihm ins Schloss, kurz darauf fuhr sein Wagen mit quietschenden Reifen davon.

„Mom?"

Nadine erstarrte. Als sie sich umwandte, stand John hinter ihr, in ein großes gelbes Badetuch gewickelt. Mit großen Augen sah er sie an.

„Du sollst Dad nicht anschreien."

„Oh, John." Sie nahm das Kind in den Arm. „Ich wollte nicht mit ihm streiten."

„Es war schon in Ordnung. Ich hatte keine Angst allein mit Bobby im Auto."

„Und Bobby? Hatte er Angst?"

John zuckte mit den Schultern. „Na ja, am Anfang vielleicht. Aber dann ist er ja eingeschlafen."

Sie sah ihren ältesten Sohn an. Das Herz tat ihr weh, und sie gab ihm einen Kuss auf die Stirn. „Geh – und zieh deinen Schlafanzug an, dann können wir essen." Sie gab ihm einen Klaps auf den Po, und er lief nach oben.

Als er wieder herunterkam, brannte ein gemütliches Feuer im Kamin, und Bobby war auch wach. Er hatte nicht mehr viel Appetit, und nicht lange nach dem Abendessen lagen die beiden in ihren Betten und schliefen tief und fest.

Nadine machte sich eine Tasse Kaffee und holte dann die Jacke hervor, an der sie gerade arbeitete. Mit etwas Glück würde sie diese Jacke noch vor Weihnachten verkaufen.

Noch ehe Nadine ihre Arbeit beendet hatte, läutete es an der Tür. Da sie im Grunde Sam erwartete, riss sie ärgerlich die Haustür auf. Doch als dann Hayden vor ihr stand, stockte ihr der Atem.

„Das ist eine Überraschung", brachte sie hervor.

„Für mich auch", gab er zu. „Ich hatte nämlich nicht die Absicht, noch einmal hierherzukommen."

„Habe ich wieder etwas vergessen?"

Er schüttelte den Kopf. „Nein, diesmal habe ich etwas vergessen."

„Aber was …?" Noch ehe sie zu Ende sprechen konnte, hatte er sie schon in die Arme gezogen und seinen Mund auf ihren gelegt. Hungrig küsste er sie.

Sie durfte das nicht zulassen! Mit all der Kraft, zu der sie fähig war, stieß sie ihn von sich. „Hayden, bitte … nicht …"

Langsam zog er sich von ihr zurück und starrte ihr in die Augen. Was er dort sah, verstand er nicht, aber er ließ sie langsam los.

„Ich …" Er strich sich das Haar aus dem Gesicht. „Teufel, Nadine, ich wollte nicht so über dich herfallen. Aber wenn du in meiner Nähe bist, kann ich nicht anders."

„Was … was willst du damit sagen?" Himmel, sie konnte kaum atmen.

Er lächelte. „Nur, dass ich dich vermisst habe. Ich bin wütend hier weggegangen und habe Dinge gesagt, die ich nicht so gemeint habe, und jetzt möchte ich mich dafür entschuldigen." Er fluchte leise. „Ich kann so etwas nicht so gut."

„Du hattest wohl zu wenig Übung, wie?"

„Weißt du eigentlich, dass du mich verrückt machst?"

Sie konnte nicht anders, sie musste lächeln. „Ich habe dich auch vermisst", gestand sie, auch wenn sie ihn am liebsten angelogen hätte. Doch dann schüttelte sie den Kopf. „Es würde niemals gut gehen, Hayden."

„Das weißt du doch gar nicht."

„Darüber haben wir schon einmal gesprochen." Im Augenblick wünschte sie sich nichts sehnlicher, als ihn mit sich ins Haus zu ziehen und in seine Arme zu sinken, doch sie blieb hart.

„Ich finde, wir sollten noch einmal ganz von vorn anfangen."

Oh Gott, warum nur quälte er sie so! „Warum?"

„Warum?", wiederholte er und blickte zum Himmel, als fände er dort die Antwort. „Weil ich langsam, aber sicher den Verstand verliere ohne dich. Weil das Haus wie ein Mausoleum ist. Weil … weil ich dich vermisst habe." Er sah sie an, und sie erkannte seine Verzweiflung.

Langsam schmolz ihr Widerstand. „Ich will keine Affäre."

„Ich auch nicht."

„Aber was willst du dann?"

Die Frage hing zwischen ihnen, mit angehaltenem Atem wartete Nadine auf seine Antwort. „Ich möchte dich kennenlernen, Nadine."

„Vielleicht magst du mich ja dann gar nicht mehr."

Er lächelte schief. „Das glaube ich kaum. Aber ich habe die Absicht, es herauszufinden."

„Verflixt, Hayden, warum verschwindest du nicht einfach?", fragte sie mit rauer Stimme. „Lass mich in Ruhe. Lass mich mein Leben leben, so wie vorher."

„Das kann ich nicht“, gab er zu, dann küsste er sie noch einmal. Diesmal war sein Kuss zärtlich und liebevoll. Sie sank ergeben in seine Arme und wusste mit überdeutlicher Klarheit, dass es ihr nie im Leben gelingen würde, Hayden Monroe etwas abzuschlagen.

10. Kapitel

Hayden hatte Mühe, sein Versprechen einzuhalten. Schon immer hatte er Nadine unwiderstehlich sexy gefunden. Er konnte seinen Blick nicht von ihr lassen. Ihr mahagonifarbenes Haar glänzte im Licht der Flammen, und ihre grünen Augen waren groß über den hohen Wangenknochen. Sie machte ihm eine Tasse Kaffee, dann widmete sie sich wieder der Jacke.

Hayden sank auf die Couch und sah ihr bei der Arbeit zu. Sie erzählte ihm davon, dass sie sich als Designerin selbstständig zu machen versuchte, dass sie schon im College Kurse in Farblehre und Materialkunde belegt hatte und zusätzliche in Buchführung und in kaufmännischem Recht. Sie wollte nicht ihr Leben lang für andere Leute putzen. Als die Jacke fertig war, hielt sie sie hoch.

„Ich bin nicht gerade Experte für so etwas“, meinte er.

„Aber ich wette, du möchtest auch so eine Jacke haben.“

„Richtig.“ Er lächelte.

„Vielleicht bekommst du eine zu Weihnachten“, neckte sie ihn. Ihre Wangen waren rosig, der Mund war zum Lachen verzogen. „Schwarze Jeans mit goldenen Strasssteinen, so eine, wie Elvis sie trug …“

Er griff nach ihr, und die Jacke fiel zu Boden, als er Nadine zu sich auf die Couch zog.

„Hayden, nicht.“ Sie lachte, doch er hielt sie fest. „Ich dachte, wir würden so etwas nicht tun …“

„Tun wir ja auch nicht.“ Er küsste sie und knabberte an ihrer Unterlippe. Wohlige Schauer liefen über Nadines Rücken. Seufzend öffnete sie ihm die Lippen, und sein Kuss wurde immer eindringlicher.

Mit geschlossenen Augen erwiderte Nadine seinen Kuss. Sie protestierte nicht, als sich seine Hand um ihren Po schloss und Hayden sie noch näher an sich zog, damit sie seine Erregung fühlte.

„Du bringst mich dazu, Dinge zu tun, die ich noch nie im Leben getan habe", gestand er ihr. Er strich ihr die Locken aus dem Gesicht und betrachtete sie. „Aber solche Jacken zu tragen gehört nicht dazu."

„Wirklich nicht?", neckte sie ihn.

„Mir fallen da bessere Dinge ein." Ihre Blicke trafen sich, ganz langsam glitt seine Hand tiefer, bis er ihre Brust umschloss. Nadine stöhnte leise. Verlangen stieg in ihr auf, als er sie streichelte.

Sie schloss die Augen und bog sich ihm entgegen.

„Ich will dich", flüsterte er. „Ich habe dich gewollt, seit ich dich zum ersten Mal in dem Wagen deines Dads gesehen habe. Ich dachte, die Jahre und die Zeit würden das ändern, doch ich habe mich geirrt. Heute will ich dich noch mehr als damals."

Nadines Hals wurde eng, sie schluckte und wagte nicht, ihm zu glauben.

Er barg sein Gesicht an ihrem Hals. „Es bringt mich um, aber ich werde mich an das halten, was ich dir versprochen habe, Nadine. Ich weiß zwar noch nicht, wie ich das schaffen soll, aber ich werde es versuchen."

Er gab ihr einen spielerischen Klaps auf den Po, dann setzte er sich auf. „Glaubst du wirklich, wir können eine Beziehung ohne Sex haben?"

„Ich weiß nicht", gestand sie ihm.

„Nun, wir werden es herausfinden. Aber ich sage dir eins, leicht wird es nicht sein!"

Hayden hielt Wort. Er kam Nadine regelmäßig besuchen und überredete sie, weiter für ihn zu arbeiten. Er wollte Handwerker bestellen, und sie sollte die Arbeiten überwachen, während er in der Sägemühle zu tun hatte. Nie sprachen sie über seine Pläne im Hinblick auf die Sägemühle, und Nadine stellte ihm auch keine Fragen. Doch wann immer Sam die Kinder abholte, versicherte der ihr, dass alle davon überzeugt seien, dass die Mühle geschlossen werden würde.

Glücklicherweise hatten die Jungen Sam nichts davon erzählt, dass Hayden beinahe jeden Abend zu Besuch kam, dass er manchmal mit ihnen aß und sie auch wieder mit dem Boot mitgenommen hatte. Er hatte den Jungen versprochen, sie mit in die Berge zum Skilaufen zu nehmen, sobald genug Schnee lag.

Und sie hatten nicht wieder miteinander geschlafen, obwohl sie ein paar Mal kurz davor gewesen waren. Nadine zweifelte, dass es ihnen noch lange gelingen würde, darauf zu verzichten.

Als Weihnachten näher rückte, bekam Nadine mehrere Aufträge für ihren selbst entworfenen Schmuck. Im Drugstore, wo sie ihren Schmuck verkaufte, versicherte die Verkäuferin ihr, dass große Nachfrage bestand.

Ehe Nadine nach Hause ging, wollte sie noch eine Tasse Schokolade trinken. Sie ging zur Erfrischungstheke hinüber und setzte sich auf einen freien Stuhl. Erst da erkannte sie die junge Frau, die neben ihr saß, es war Carlie Surrett. Nadine wurde es bei ihrem Anblick ganz kalt.

„Hallo, Nadine", begrüßte Carlie sie, und Nadine zwang sich zu einem Lächeln. Carlie war wunderschön, sie hatte langes schwarzes Haar und dunkelblaue Augen. Jahrelang hatte sie als Model gearbeitet, doch ehe sie vor ein paar Monaten nach Gold Creek zurückgekehrt war, war sie Fotografin geworden.

Und sie war der Grund dafür gewesen, dass Kevin sich das Leben genommen hatte. Sie hatte das Herz von Nadines Bruder gebrochen. Weil seine Liebe zu ihr unerwidert blieb, hatte er seinen Wagen in die Garage bei seiner Wohnung gefahren und den Motor laufen lassen, bis er an den Auspuffgasen erstickt war.

Nadine wusste, sie durfte Carlie deswegen keinen Vorwurf machen. Doch wäre Carlie ein wenig netter zu ihrem Bruder gewesen, würde er vielleicht heute noch leben.

Carlies Mutter Thelma bediente hinter der Theke. Ohne das Gesicht zu verziehen, nahm sie Nadines Bestellung an.

Mit lautem Getöse kam der fünfjährige Adam Brooks zur Theke gelaufen. Seine Mutter Heather und deren Schwester, Rachelle Moore, folgten ihm. Heather war zierlich und blond, man sah ihr an, dass die beginnende Schwangerschaft sie glücklich machte.

„Rachelle!“, rief Carlie erfreut, dann sah sie Heather vorwurfsvoll an. „Du wusstest, dass sie in der Stadt ist.“

„Ich war nicht ganz sicher“, lenkte Heather ein.

Rachelle setzte sich neben Carlie, Adam kletterte auf den Stuhl neben seiner Tante und bestellte einen Bananensplit. Heather hatte Nadine entdeckt.

„Du bist genau die Frau, nach der ich gesucht habe“, wandte sie sich an Nadine, während Rachelle und Carlie von alten Zeiten zu sprechen begannen. „Ich brauche deine Hilfe.“

„Meine Hilfe?“

„Ja, du weißt doch, ich habe das Studio. Und der Arzt hat mir geraten, ein wenig kürzerzutreten.“ Sie klopfte auf ihren sanft gerundeten Bauch. „Ich dachte, dass du mir nach Weihnachten vielleicht helfen könntest, beim Aufräumen und Anstreichen. Das heißt, wenn du Zeit dazu hast.“

„Das ließe sich einrichten.“

„Gut. Außerdem habe ich noch eine lange Liste für dich … ah, hier ist sie ja.“ Heather suchte in ihrer Tasche und zog ein Blatt Papier heraus. „Alle diese Leute hier interessieren sich für deinen Schmuck. Diese Frau hier …“ Sie deutete auf einen der Namen, „besitzt einige Boutiquen, eine davon am Fisherman’s

Wharf, eine in Sausalito und ein paar andere in Santa Rosa und Sonoma. Sie stellt einige meiner Bilder aus und interessiert sich sehr für deine Arbeiten. Du solltest diese Leute anrufen."

Nadine konnte ihr Glück kaum fassen. Sie steckte die Liste in die Tasche. „Danke. Darf ich dir dafür wenigstens eine Tasse Kaffee spendieren?"

Heathers blondes Haar glänzte wie Gold, und ihre Augen strahlten. Offensichtlich war sie glücklich und liebte Turner Brooks, mit dem sie verheiratet war.

Und was ist mit Hayden? Liebst du ihn?

Der Gedanke kam so plötzlich, dass Nadine beinahe ihre Tasse hätte fallen lassen. Liebe? Aber das war doch lächerlich!

„Dein Vater meint, dass die Sägemühle geschlossen wird", berichtete Thelma ihrer Tochter.

„Die Sägemühle?", fragte Carlie erschrocken.

„Aber das wird die ganze Stadt treffen", mischte sich jetzt auch Heather ein.

Thelma schüttelte den Kopf. „Du wirst schon sehen. Hayden Monroe war schon immer ein verwöhnter reicher Junge. Er hat noch nie etwas Vernünftiges getan. Sieh dir doch nur mal das Mädchen an, das er heiraten sollte. Zuerst hat er sie bei dem Bootsunfall beinahe umgebracht, dann hat er die Verlobung gelöst." Sie schnalzte abfällig mit der Zunge.

Nadine verabschiedete sich von den anderen und bedankte sich noch einmal bei Heather. Wie viel Macht Hayden über die Stadt besaß! Wenn er die Sägemühle schloss, dann war das Schicksal der ganzen Gemeinde besiegelt.

Hayden Monroe hatte die Macht, alles zu ändern.

„Denk daran, wie dein Vater die Dinge gesehen hat", riet Thomas Fitzpatrick Hayden. Er hatte den Nachmittag mit seinem Neffen verbracht und versucht, ihn von seinem Standpunkt zu überzeugen. Doch Hayden schien sich nicht für das zu interessieren, was sein Vater gewollt hatte, und auch die Zukunft des Holzhandels kümmerte ihn nicht. Ein neuer harter Ausdruck war in sein Gesicht getreten, den Thomas an ihm nicht kannte. Es war beinahe so, als wüsste er etwas, was er besser nicht wissen sollte.

Thomas begann zu schwitzen. Er und Garreth hatten gut zusammengearbeitet, sie hatten hier in Gold Creek ihr Monopol aufgebaut, hatten die Stadt kontrolliert, deren wichtigste Bürger sie waren.

„Was willst du eigentlich?“, fragte ihn Hayden jetzt direkt.

„Bis ich mehr Geld zusammenbringen kann, möchte ich, dass du die Monroe-Sägemühle weiterführst.“

„Und ich soll wohl mein Holz bei dir kaufen, wie?“

„Sicher. Dein Vater und ich haben Verträge …“

„Ich wette, die Sägemühle und der Holzhandel sind die einzigen legitimen Geschäfte, die ihr beide je gemacht habt.“

Thomas blickte ärgerlich auf. „Du warst schon immer störrisch. Dein Vater wollte für dich nur das Beste.“

„Mein Vater hat sich nie für mich interessiert, und das weißt du“, fuhr Hayden ihn an.

Thomas schob seinen Stuhl zurück. „Tu nichts Unüberlegtes“, warnte er ihn.

„Du wirst der Erste sein, der es erfährt“, antwortete Hayden. „Bei der Gesellschafterversammlung.“

„Und wenn ich nun bis dahin genug Geld zusammenhabe?“

Hayden lächelte. „Dann mach mir ein Angebot, und wir reden darüber.“

Thomas ging, und Hayden goss sich einen Drink ein. Doch dann nahm er das Glas mit dem Scotch und kippte es in die Spüle. Mit gerunzelter Stirn sah er aus dem Fenster. Das Gespräch mit seinem Onkel beunruhigte ihn. Zum ersten Mal hatte er Bedenken, ihm die Sägemühle zu verkaufen und damit die alleinige Kontrolle über die Stadt zu überlassen. Dann hätte

Thomas mehr Macht als je zuvor, auch über Menschen wie Nadine.

Was sie wohl gerade tat?

Teufel, warum nur musste er immer wieder an sie denken? Seit er in diese Stadt zurückgekommen war und sie beim Badewannenschrubben überrascht hatte, faszinierte sie ihn.

Leo winselte und kratzte an der Tür. Abwesend tätschelte Hayden seinen Kopf. „Ich weiß, du willst raus." Er nahm seine Jacke von der Garderobe.

Kurze Zeit später saßen sie in seinem Wagen und fuhren um den See herum. Die Nacht war kühl, Sterne glänzten am Himmel, doch Hayden sah nichts davon. Er konzentrierte sich auf das Licht seiner Scheinwerfer und auf den Gedanken, dass er bald bei Nadine sein würde.

„Okay, wir werden den Weihnachtsbaum aufstellen. Aber es ist schon spät, heute Abend werden wir nur die Lichter aufstecken", gab Nadine dem Drängen der Jungen nach. Auf dem Weg nach Hause hatte sie einen kleinen Weihnachtsbaum gekauft. Jetzt hielt sie ihn zur allgemeinen Betrachtung hoch.

„Du hättest einen größeren kaufen sollen", beklagte sich John. „Der hier sieht mickrig aus."

„So schlecht ist er nicht. Wenn er erst einmal geschmückt ist, wird er wunderschön sein, du wirst schon sehen. Komm, Bobby, hilf mir, den Baum reinzutragen. John, der Ständer ist auf dem Regal in der Garage."

Es gelang ihnen, den Baum in den verstaubten Ständer zu stecken, doch er stand ganz schief.

„Wir werden ihn so drehen, dass man das nicht merkt", meinte Nadine, wischte sich die Hände ab und betrachtete ihre Arbeit.

John probierte gerade die elektrischen Kerzen aus, als es an der Tür klopfte. Bobby kletterte auf die Couch und sah aus dem Fenster. „Es ist der Mann mit dem Boot!"

„Mr. Monroe?“, fragte John, und seine Augen begannen zu leuchten. „Vielleicht will er uns zu einer Nachtfahrt in seinem Boot mitnehmen! Wäre das nicht toll?“

„Das bezweifle ich“, meinte Nadine, und ihr Herz klopfte schneller, als sie zur Tür lief.

„Haben Sie Ihr Boot mitgebracht?“, rief Bobby und sprang auf der Couch auf und ab, der Hund bellte dazu laut.

„Hör auf damit, Bobby!“, rief Nadine, dann wandte sie sich zu dem Hund. „Und du, hör auf zu bellen!“ Sie öffnete die Tür weit. „Willkommen in meinem Zoo.“

Hayden schloss die Tür hinter sich. „Das ist der netteste Zoo, den ich je gesehen habe“, flüsterte er ihr zu, dann sah er ihr tief in die Augen. Nadine stockte der Atem.

„Kommen Sie, Sie können uns bei unserem Weihnachtsbaum helfen“, rief John und zerstörte so den wundervoll intimen Augenblick. „Ich wollte es Mom nicht sagen, aber er ist schief, wir könnten Hilfe gebrauchen.“

Hayden schüttelte den Kopf. „Ich wollte nicht stören …“

„John hat recht, wir könnten wirklich Hilfe gebrauchen“, versicherte Nadine ihm.

„Ich habe noch nie einen Weihnachtsbaum aufgestellt.“

„Aber sicher hast du das. Als du noch ein Kind warst …“ Sie hielt inne, als sie den Schatten sah, der über sein Gesicht fiel.

„Als ich noch ein Kind war, hat meine Mutter immer einen Dekorateur damit beauftragt, den Weihnachtsbaum zu schmücken. Er hat den Schmuck für das ganze Haus entworfen, und ich durfte seine Kreationen nie anrühren.“ Er warf einen Blick auf den kleinen Baum, der in der Ecke des Zimmers stand.

„Nun, es ist noch immer Zeit, Versäumtes nachzuholen.“ Ihr ganzes Leben lang hatte Nadine Hayden beneidet, die Geschichte vom armen kleinen Jungen hatte sie nie glauben wollen. Doch jetzt dachte sie anders darüber.

„Ihr könnt zusammen den Baum gerade rücken, und John wird dir zeigen, wie man ihn schmückt. Bobby und ich werden in der Zeit Popcorn machen."

Bobby sprang von der Couch und lief in die Küche, John machte sich daran, Hayden zu erklären, was zu tun war. „Das Problem ist …", hörte Nadine ihn noch sagen, als sie aus dem Zimmer ging, „… Mom ist eine Frau."

„Das habe ich bemerkt", antwortete Hayden.

„Frauen haben nicht viel Ahnung von einer Axt und …"

„John", rief Nadine aus der Küche, „sei lieber vorsichtig mit dem, was du sagst, sonst darfst du demnächst das ganze Feuerholz allein hacken." Sie blinzelte Bobby zu, dann stellte sie die Popcorn-Maschine an und hörte nicht mehr, was John Hayden über das „schwächere Geschlecht" erzählte.

Als sie mit Popcorn und heißer Schokolade ins Wohnzimmer zurückkam, stand der kleine Baum aufrecht, und die ersten Lichterketten hingen bereits an ihrem Platz.

„Wie sieht es aus?", fragte John stolz.

„Als wären Profis am Werk gewesen", versicherte Nadine den beiden.

Hayden schüttelte den Kopf. „Nein, als wären es Amateure gewesen, wie es auch sein sollte."

Vor dem knisternden Feuer im Kamin aßen sie Popcorn, unterhielten sich und lachten miteinander. Zu Nadines Überraschung packte Hayden Bobby und begann, mit ihm auf dem Teppich zu ringen. Bobby kicherte, schließlich wurde er Sieger und saß rittlings auf Hayden, bis John sich auch einmischte und die drei lachend durch das Zimmer tobten.

Nadine beobachtete sie voller Verwunderung und Schrecken. Sie hatte natürlich schon gesehen, wie die beiden miteinander aus Spaß kämpften, sie hatte ihre Brüder dabei beobachtet und hatte auch gesehen, wie ihr Vater mit Kevin und Ben getobt hatte. Doch Sam hatte für so etwas nie Interesse gezeigt.

Aber als sie Bobbys rotes Gesicht sah und seine glänzenden Augen, als John auf Haydens Rücken sprang und es ihm trotzdem nicht gelang, Hayden zu Boden zu zwingen, fragte sie sich, ob ihren Söhnen bis jetzt vielleicht etwas entgangen war.

Hayden lag schließlich am Boden, die beiden Jungen saßen über ihm. „Ich ergebe mich“, keuchte er, obwohl Nadine sicher war, dass er bei Weitem nicht so erschöpft war, wie er tat.

„Mehr, mehr“, rief Bobby.

„Nein, Kumpel, ich kann nicht mehr.“

„Genug jetzt“, mischte sich Nadine ein. „Es ist Zeit, ins Bett zu gehen.“

Nach dem üblichen Protest und dem Kampf ums Zähneputzen kletterten die beiden endlich in ihre Betten. Bobby schlief schon fast, als Nadine sich über ihn beugte, um ihm einen Gutenachtkuss zu geben, und auch Johns Augen waren ganz klein.

„Du bist eine glückliche Frau“, meinte Hayden, der sie beobachtete, als sie die Kleidung der Jungen vom Boden aufhob.

Zusammen gingen sie nach unten, Nadine lächelte. „Ich weiß. Deshalb werde ich es nie bedauern, dass ich Sam geheiratet habe, denn er hat mir meine Söhne gegeben.“

„Es braucht nicht viel, um ein Kind in die Welt zu setzen. Das Schwierige sind die nächsten zwanzig Jahre.“

„Willst du denn keine Kinder?“, fragte sie.

„Nein“, wehrte er heftig ab.

„Du wärst ein wundervoller Vater.“

Er hob den Kopf und sah sie aufmerksam an. „Findest du? Ich habe doch nur mit ihnen gespielt.“

„Ich habe euch beobachtet.“ Sie stellte die Becher zusammen und trug alles in die Küche. Als ihr klar wurde, was sie gesagt hatte, begann sie sich zu ärgern. „Das sollte kein Wink mit dem Zaunpfahl sein, wenn du das glaubst.“

„Was soll ich denn sonst glauben?“

„Du warst derjenige, der heute Abend hier erschienen ist." Sie schlug heftig die Tür des Geschirrspülers zu. „Hattest du einen Grund? Ich meine, noch einen anderen Grund als den, mich zu beleidigen? Falls du es noch nicht bemerkt hast, ich komme ganz gut allein zurecht, ich brauche keine Hilfe von dir oder einem anderen Mann. Wenn du also glaubst, ich sei auf der Suche nach einem Ehemann, dann denk besser noch einmal nach!" Sie hatte heftiger gesprochen, als sie wollte, und als sie an ihm vorbei ins Wohnzimmer zurückstrebte, hielt er sie fest.

„Es tut mir leid."

Nadine riss sich von ihm los. „Und dein Mitleid brauche ich auch nicht, Prinz."

„Glaub mir, ich bemitleide dich nicht, Nadine. Ich habe eine Menge unterschiedlicher Gefühle für dich, aber Mitleid gehört nicht dazu. Einige dieser Gefühle verstehe ich selber nicht. Ich respektiere dich, ich mache mir sehr viel aus dir, ich bewundere dich, und manchmal beneide ich dich sogar …"

Sie schnaufte ärgerlich. „Du beneidest mich. Wunderbar."

„Es stimmt. Du weißt, was du willst, du kommst allein zurecht, und ich wette, wenn jemand dich oder deine Kinder bedroht, wirst du wie eine Bärin kämpfen. Und dazu habe ich noch keine Frau kennengelernt, die so sexy ist wie du."

Wahrscheinlich sollte das ein Kompliment sein, und wahrscheinlich sollte sie sogar stolz darauf sein. Doch Nadine fühlte sich eigenartig leer. Sie umarmte ihn. „Warum bist du gekommen?"

Er schwieg einen Augenblick, dann sagte er: „Ich bin gekommen, weil ich nicht wegbleiben konnte."

„Du sagst das, als sei es ein Fluch."

Er lächelte. „Ist es das nicht?"

Er sah sie eindringlich an, doch statt ihm eine Antwort zu geben, begann Nadine, das Wohnzimmer aufzuräumen. Hayden half ihr. Gerade wollte sie nach draußen gehen, um die leeren Kartons in die Garage zurückzubringen, als er sie festhielt. Er drehte sie zu sich herum und legte ihr einen Finger unter das Kinn. Der Wind verwehte ihr Haar, das Mondlicht war wie ein silberner Strahl in der Dunkelheit.

„Ich habe mich geirrt", gestand er ihr. „Ich verstehe es selbst nicht, aber du hast etwas an dir, was mir in der Nacht den Schlaf raubt, etwas, dem ich nicht widerstehen kann." Er beugte den Kopf und berührte ihre Lippen mit seinen.

Nadine begann zu zittern, als sein Kuss intensiver wurde. Irgendwo pfiff ein Zug, eine Eule rief. Der See glänzte im Mondlicht, und Nadine schloss die Augen. Sie wehrte sich nicht, als Hayden sie mit sich zu Boden zog.

Willig öffnete sie seiner suchenden Zunge die Lippen. Sie erbebte, als er die Hand unter ihren Pullover schob.

„Das ist ein Fehler", meinte Hayden, als er den Kopf hob und ihr tief in die Augen sah.

„Nicht unser erster." Sie lächelte ihn an.

„Wahrscheinlich auch nicht unser letzter."

„Das hoffe ich."

Wieder küsste er sie voller Leidenschaft und drängte sich an sie. Nadine bog sich ihm entgegen und klammerte sich an ihn, als er ihr den Pullover über den Kopf zog und den Verschluss ihres Büstenhalters öffnete. Heiß durchfuhr es sie, als er mit der Zunge ihre Brustspitzen reizte. Sie schrie auf und bog sich ihm entgegen. Sie dachte nicht mehr, fühlte nur noch, und als er dann den Reißverschluss ihres Rockes herunterzog, konnte sie es nicht erwarten, seine Hände auf ihrer nackten Haut zu fühlen.

Er war schnell, und als er sie ausgezogen hatte, half er ihr, ihn seiner Kleidung zu entledigen, bis sie beide nackt im Schein des Mondlichtes nebeneinanderlagen.

Hayden küsste ihre Augen, ihre Wangen und ihren Mund, dann schob er sich über sie. Sie flüsterte seinen Namen, während seine Lippen tiefer glitten, bis zu ihrem Bauchnabel.

Mit einem leisen Stöhnen bäumte sich Nadine auf. Er hielt mit beiden Händen ihre Hüften fest, küsste und liebkoste sie mit Lippen und Zähnen. Sie fasste in sein Haar und glaubte zu vergehen. Wie Lava in einem Vulkan stieg Verlangen in ihr auf und bahnte sich einen Weg.

„Hayden!“, rief sie. „Hayden, bitte …“

Er kam zu ihr. Während er sie in seinen Armen hielt, schob er ihre Schenkel auseinander. „Liebe mich, Nadine“, hauchte er. „Liebe mich, und höre nie wieder auf.“

„Ja, oh ja …“

Sie nahm ihn willig in sich auf, wurde eins mit ihm und fühlte brennende Leidenschaft.

Es ist so wunderbar, so richtig, dachte sie, als sie sich der Leidenschaft hingab, die nur er in ihr entfachen konnte. Sie umklammerte seine Schultern, und ein Schrei kam über ihre Lippen. Dann stöhnte Hayden auf und fand Erfüllung.

„Ich liebe dich“, flüsterte er. „Verdammt, Nadine, ich glaube, ich liebe dich.“

11. Kapitel

Liebe? Hayden liebte sie?

Was er mit Leidenschaft gesprochen hat, hat nichts zu bedeuten, versuchte Nadine, sich einzureden. Seitdem hatte er diese drei magischen Worte nicht mehr wiederholt. Sie machte sich nichts vor, er hatte sie bestimmt nicht ernst gemeint.

Sicher, sie kämpfte mit ihren eigenen Gefühlen für Hayden, doch sie wollte nicht der Fantasie erliegen, dass es etwas mit Liebe zu tun hätte. Es war Anziehungskraft, und es hatte mit Lust zu tun. Aber Liebe? Sie war nicht einmal sicher, dass ein so romantisches Ideal überhaupt existierte.

Seit dem Abend, an dem sie sich geliebt hatten, hatte sie Hayden jeden Tag gesehen. Am nächsten Abend war er zurückgekommen und hatte geholfen, den Weihnachtsbaum zu schmücken. Er hatte John bei seinen Hausaufgaben unterstützt, und als die Kinder dann im Bett lagen, hatten sie sich noch einmal ihrer Leidenschaft hingegeben.

Er brachte Wein mit und Geschenke für die Jungen, und er reparierte Bobbys Fahrrad, der ihn dafür liebte. Hayden Monroe wusste eben, wie er sich einen Platz in den Herzen der Menschen erobern konnte.

Aber auf keinen Fall durfte sie sich in ihn verlieben, es war Zeit, ihre Gefühle im Zaum zu halten.

„Was für ein Durcheinander“, sagte sie leise. Sie hatte keine Affäre gewollt, ganz sicher nicht mit einem Mann wie Hayden, und dennoch steckte sie jetzt bis zum Hals in Schwierigkeiten. Immerzu musste sie an ihn denken, dabei war es gerade jetzt so wichtig, dass sie sich auf ihre Arbeit konzentrierte.

Elizabeth Wheeler, die Besitzerin von „Beth's Boutique", hatte drei Jacken bei ihr bestellt und ein Dutzend Paar Ohrringe. Und wenn es möglich war, wollte sie alles noch vor Weihnachten haben. Nadine lächelte. Es schien, dass sich ihr Leben endlich zum Besseren wandelte.

Haydens Jeep stand in der Einfahrt zu ihrem Haus, als sie um die Kurve bog. Er wartete auf sie. Ihr Herz machte einen kleinen Sprung, als sie ihn sah, und für einen kurzen Augenblick stellte sie sich vor, wie es wohl sein würde, mit ihm verheiratet zu sein, in dem großen Haus auf der anderen Seite des Sees zu leben, ihn zu lieben, Kinder von ihm zu bekommen …

Sehr schnell kehrte sie in die Realität zurück. Hayden würde nicht in Gold Creek bleiben. Wahrscheinlich würde er die Sägemühle verkaufen. Sie kannte ihn inzwischen gut genug, um zu wissen, dass er weder eine Frau noch Kinder haben wollte. Er selbst war das Kind aus einer unglücklichen Ehe gewesen, man hatte unrealistische Erwartungen in ihn gesetzt, daher hatte er sich schon sehr früh im Leben entschieden, sich nur auf sich selbst zu verlassen.

Ihr dummes Glücksgefühl, das sie für einen Augenblick verspürt hatte, zerplatzte wie eine Seifenblase. Bei Hayden durfte sie nur für den Augenblick leben, sie durfte nicht an die Zukunft denken.

Jetzt zwang sie sich zu einem Lächeln, als sie aus ihrem Wagen stieg. Hayden zog sie in seine Arme und küsste sie, bis sie atemlos war und ihre Knie weich wurden.

Wie ein Schlag traf sie die plötzliche Erkenntnis, dass sie ihn liebte. Wochenlang hatte sie ihre Gefühle verleugnet und sich eingeredet, dass es nur daran lag, weil sie so lange nicht mehr mit einem Mann zusammen gewesen war. Aber während sie in seinen Armen lag, erkannte sie, dass sie ihr Herz an ihn verloren hatte.

Er hob den Kopf und sah ihr tief in die Augen. „Ich habe dich vermisst", sagte er und spielte mit einer Locke ihres Haares.

„Wir haben uns doch erst heute Morgen gesehen“, meinte sie und dachte daran, wie sie sich kurz nach ein Uhr nachts auf der Veranda verabschiedet hatten.

„Das ist schon so lange her.“

„Hmm“, stimmte sie ihm zu. „Ich habe dich auch vermisst.“

Wieder küsste er sie. „Am liebsten würde ich dich jetzt ins Haus tragen, dich auf das Bett werfen und lieben, bis du um Gnade bettelst.“ Mit einer schnellen Bewegung hob er sie hoch.

„Hayden, nein!“, rief sie und lachte. Der Hund bellte und sprang um sie herum. „Bitte, lass mich wieder runter!“

Er machte ein paar Schritte auf das Haus zu. „Wie lange haben wir noch Zeit, ehe die Jungen nach Hause kommen?“

„Sie werden jeden Augenblick hier sein.“

„Lügnerin.“

„Es ist die Wahrheit!“

Er stellte sie auf ihre Füße, hielt sie aber noch in seinen Armen und küsste sie. Atemlos erwiderte sie seinen Kuss, doch dann hörten sie das Geräusch der Fahrräder auf dem Kiesweg.

„Siehst du?“, meinte sie, dann seufzte sie. „Mir scheint, wir sind nie mehr allein.“

Er verzog den Mund. „Ich bin ein geduldiger Mann, Nadine, ich werde warten.“

Die beiden Jungen kamen um die Ecke des Hauses, noch im Fahren sprang John von seinem Rad.

„Was gibt's zu essen?“, fragte er und tätschelte den Hund, der aufgeregt um ihn herumsprang.

„Wir könnten ja zu McDonald's gehen“, schlug Bobby vor.

„Auf keinen Fall.“ Nadine schüttelte den Kopf. „Ihr mögt doch Nudelsalat und …“

„Bah!“ John verzog das Gesicht. „Ich hasse Salat.“

„Aber dieser Salat ist anders. Ich habe ihn mit Hähnchenfleisch gemacht und mit Käse und …“

„Trotzdem ist es Salat. Wir könnten ja auch Kentucky Fried Chicken essen."

Nadine wurde langsam ungeduldig. „Wir werden nicht …"

„Ich lade euch zum Essen ein."

Nadine wandte sich zu Hayden um und sah ihn an, als hätte sie nicht richtig gehört. „Die Jungen müssen Hausaufgaben machen und …"

„Du musst auch einmal freihaben. Außerdem habe ich schon so oft bei euch gegessen."

„Komm schon, Mom!", rief Bobby.

Nadine warf Hayden einen empörten Blick zu. „Irgendwie habe ich das Gefühl, dass ich hier überstimmt werden soll. Oder willst du mir vielleicht vorschreiben, wie ich meine Rolle als Mutter ausfüllen soll? Was macht dich plötzlich zum Experten?"

„Ich war schließlich auch einmal Kind. Ein Kind, von dem man in der Schule nur die besten Leistungen erwartete. Außerdem sollte ich noch der beste Footballspieler sein, der beste Baseballspieler, Schachspieler, Leiter des Debattier-Teams. Meine Eltern erwarteten all das von mir."

„Hast du ihre Erwartungen erfüllt?"

„Bis ungefähr zur siebten Klasse. Dann wurde ich der größte Rüpel."

Ehe Nadine noch weiterreden konnte, waren die Jungen schon zu Haydens Jeep gelaufen und hineingeklettert. Hayden fuhr mit ihnen zu einem kleinen Restaurant in der Stadt. Zum ersten Mal durften die Jungen von der Speisekarte bestellen, was sie wollten. Sie fühlten sich wie im siebten Himmel.

„Warum können wir so etwas nicht immer machen?", fragte John, als er sich über sein Steak hermachte.

„Weil wir uns so etwas nicht leisten können", antwortete Nadine.

„Er aber!" Bobby deutete mit der Gabel auf Hayden.

„Das stimmt", mischte sich John ein. „Katie Osgood sagt, Sie sind der reichste Mann in Gold Creek. Aber Mike Katcher sagt, das ist Mr. Fitzpatrick."

Nadine war entsetzt. „John, es ist sehr unhöflich ..."

Hayden hob die Hand. „Ich weiß, was in der Stadt geredet wird, und es macht mir nichts aus. Mein Vater war ein sehr reicher Mann, und ich habe von ihm eine Menge geerbt. Aber mir bedeutet das nicht viel."

„Das sollte es aber", widersprach John. „Geld stinkt nicht, das sagt mein Dad immer."

Nadine wäre am liebsten im Boden versunken, doch als Hayden dann den Nachtisch bestellte, wandte sich die Unterhaltung wieder anderen Themen zu. Hinterher bedankten sich die beiden Jungen bei Hayden, und er bot ihnen an, ihn beim Vornamen zu nennen.

Das geht alles viel zu schnell, dachte Nadine, und ihr war klar, dass nicht nur ihr Herz brechen würde, wenn Hayden Gold Creek wieder verließ. Auch die beiden Jungen würden ihn vermissen. Sie musste dafür sorgen, dass sie ihr Herz nicht an einen Mann hängten, der schon bald zu seiner gewohnten Lebensweise in der Großstadt zurückkehren würde.

Später am Abend brachte Nadine die Kinder ins Bett. Sie strich Bobby noch einmal das Haar aus der Stirn und löschte das Licht.

„Mom?"

„Ja?" Über ihre Schulter hinweg sah sie ihn an.

„Wirst du Mr. Mon... Hayden heiraten?"

Nadine erstarrte und hoffte, dass Hayden die Frage ihres jüngsten Sohnes nicht gehört hatte. John stützte sich in seinem Bett auf den Ellbogen und sah seine Mutter erwartungsvoll an. Nadine brachte kein Wort heraus, aber sie schüttelte den Kopf.

„Warum nicht?", wollte Bobby wissen.

„Er hat sie noch nicht gefragt, du Dummkopf", sagte John.

„Nein, es ist nicht nur das", wehrte Nadine ab. „Es ist so, ich ... Hayden ... wir leben in verschiedenen Welten."

„Aber ihr mögt euch doch", widersprach Bobby. „Er ist so oft hier."

„Das genügt aber nicht."

John sah sie nachdenklich an. „Wenn er dich fragen würde, würdest du dann Ja sagen?"

Das war eine schwierige Frage. „Ich glaube nicht."

„Ach Mom." Bobby seufzte. „Wenn du ihn heiraten würdest, könnten wir alles haben, was wir uns wünschen. Neue Fahrräder, ein großes Haus, ein Boot, das wirklich schnell fährt ..."

„Und ein Flugzeug. Wie Mr. Fitzpatrick eins hat. Katie Osgood sagt ..."

„Es ist mir gleich, was Katie Osgood sagt", fuhr Nadine ihn an. „Und ihr beide schlaft jetzt." Schnell schloss sie die Tür hinter sich und ging nach unten.

„Probleme?", fragte Hayden, als er ihr Gesicht sah. Er nahm sie in den Arm und gab ihr einen Kuss auf die Stirn. Willig schmiegte sie sich in seine Arme und wünschte, es gäbe einen Weg, ihre Kinder vor der großen Enttäuschung zu schützen, die sie empfinden würden, wenn er sein großes Haus auf der anderen Seite des Sees wieder verschloss und verschwand.

Das Angebot, das sein Onkel ihm gemacht hatte, war verlockend. Hayden brauchte den Vertrag nur noch zu unterschreiben, und alles wäre perfekt. Da er die Mehrheit an der Firma besaß, konnte niemand Widerspruch einlegen. Also, warum zögerte er?

Wegen Nadine. Wenn er die Mühle verkaufte und auch sein Sommerhaus, würde er Gold Creek, Nadine und die Kinder verlassen müssen. Er lächelte, als er an die beiden Jungen dachte.

Sie würden ihrer Mutter schon noch genügend graue Haare machen.

Und dennoch wussten alle drei nicht, wie glücklich sie sich schätzen konnten. Hätte er selbst doch nur einen Bruder oder eine Schwester gehabt, um seine kleinen Geheimnisse jemandem anvertrauen zu können.

Er stand auf und ging nach oben, denn er wollte ein Wochenende lang von hier verschwinden. Aber Nadine und die Jungen sollten mitkommen.

Sam klatschte in die Hände. „Kommt schon, Jungs, beeilt euch!“

„Sei doch nicht so hektisch“, schalt Nadine ihn. „Heute war der letzte Schultag vor den Ferien, sie sind aufgeregt.“ Sie wollte nicht misstrauisch sein, aber Sams Eile machte sie stutzig. Er war kein schlechter Vater, doch normalerweise bemühte er sich nicht so sehr um die Jungen.

Die beiden kamen die Treppe hinuntergelaufen und verabschiedeten sich von ihr. Gerade wollten sie in Sams Wagen steigen, als Haydens Wagen um die Ecke bog.

„Was, zum Teufel, will der denn hier?“, fragte Sam.

„Er kommt Mom besuchen“, meinte Bobby und winkte Hayden fröhlich zu. „Er kommt immer.“

Sam warf Nadine einen missbilligenden Blick zu. „Stimmt das?“

„Nun ja …“

„Und er nimmt uns mit zum Angeln, und wir fahren mit ihm in seinem Boot und gehen in feine Restaurants“, fügte Bobby hinzu.

John schien zu fühlen, wie die Atmosphäre zwischen seinen Eltern sich plötzlich verändert hatte, deshalb schwieg er.

„Er hat gesagt, er nimmt uns mit zum Skilaufen.“

„Bobby, ich glaube kaum, dass Dad sich für das interessiert, was Mr. Monroe gesagt hat“, versuchte Nadine einzugreifen.

„Er hat gesagt, wir dürfen ihn Hayden nennen“, korrigierte Bobby sie.

Hayden war unterdessen aus seinem Wagen gestiegen. Nadine stellte die beiden einander vor. Hayden streckte Sam die Hand hin, doch Sam übersah sie geflissentlich.

„Wollten Sie etwas?“, fragte er eisig.

„Ich wollte nur Nadine und die Kinder besuchen.“

Sam reckte sich. „Von den Kindern können Sie sich gleich verabschieden, ich werde sie nämlich das Wochenende über mitnehmen.“

Hayden grinste, als hätte er ein Geheimnis. „Dann wünsche ich euch viel Vergnügen.“

„Das haben wir immer“, erklärte Sam, stieg in seinen Wagen und fuhr mit den Kindern davon.

„Was sollte das denn sein?“, fragte Hayden, nachdem der Wagen ihren Blicken entschwunden war.

„Das weißt du ganz genau. Man nennt es ‚Territorium abstecken‘. Die Jungen haben die ganze Zeit von dir geschwärmt und davon erzählt, was du alles für sie tust. Das hat Sams väterliche Instinkte geweckt.“ Sie blickte in die Richtung, in die der Wagen verschwunden war.

Hayden legte die Hände auf ihre Taille. „Heißt das, du hast das Wochenende über frei?“

„Es heißt, dass ich allein bin.“

Sein Grinsen wurde noch breiter. „Jetzt nicht mehr. Ich werde dich mitnehmen.“

„Wohin?“

„Das ist eine Überraschung.“

„Hayden, ich glaube nicht …“

„Tu mir den Gefallen. Du wirst nicht enttäuscht sein.“

Hayden behielt recht. Drei Stunden später bog der Jeep um eine Kurve des schmalen Bergweges, und Nadine hielt den

Atem an. Lichter schienen durch die Bäume, vor ihnen lag ein dreistöckiges Haus – es war ganz aus Holz gebaut und hatte eine große Veranda – inmitten von großen Nadelbäumen, etwa zwanzig Meilen von der nächsten Stadt entfernt.

Auch innen waren die Wände aus rohem Holz, dunkel geworden mit den Jahren. Erinnerungsstücke aus der Zeit des Wilden Westens hingen daran, Wagenräder waren zu Kronleuchtern umgebaut.

„Ich hatte schon Angst, du würdest mich irgendwohin bringen, wo es besonders vornehm zugeht", gestand Nadine Hayden.

„Ich?" Er lachte. „Niemals."

Sie saßen an einem großen Fenster, über dem ein Mistelzweig hing. Der Kellner goss den Wein ein, den Hayden ausgewählt hatte, und sie bestellten das Abendessen. Ein Windlicht mit einer Kerze stand auf dem Tisch. Nadine nippte an ihrem Wein, und sie unterhielten sich, während draußen dicke weiße Flocken zu fallen begannen.

„Wenn es weiter so schneit, müssen wir heute Nacht hierbleiben", neckte Hayden sie. „Wäre das so schrecklich?", fragte er, und das Kerzenlicht spiegelte sich in seinen Augen.

„Ich bin Mutter, ich habe meine Pflichten."

„Die Kinder sind bei ihrem Dad. Und dein Anrufbeantworter ist eingeschaltet. Wenn es ein Problem gibt, wirst du es erfahren."

„Mr. Monroe, ich glaube beinahe, du willst mich verführen", meinte sie gespielt fröhlich, doch ihr Herz klopfte heftig.

„Und ob!" Als ihre Gläser gegeneinanderstießen, wurde Nadines Hals ganz trocken.

Während des Essens erzählte Hayden ihr, dass er einen Käufer für die Sägemühle gefunden hätte, dass er über das Angebot allerdings noch nachdenke. Es gab Nadine einen Stich, als sie daran dachte, dass er vielleicht schon bald nicht mehr da sein würde.

Natürlich hatte sie die ganze Zeit über gewusst, dass er gehen würde, an ein konkretes Datum aber hatte sie nie gedacht.

Sie merkte gar nicht, wie die Zeit verging, auch nicht, dass der Schnee immer dichter fiel und liegen blieb, weil sie sich ganz auf Hayden konzentrierte, auf sein Gesicht und die Bewegung seiner Lippen, wenn er redete.

Als sie ihren Kaffee getrunken hatten, lagen draußen beinahe zehn Zentimeter Schnee. „Es sieht so aus, als müssten wir wirklich hierbleiben", meinte Hayden, als er bezahlte.

„Hat dein Jeep keinen Vierradantrieb?"

Er grinste breit. „Doch, aber es wäre doch Verschwendung, wenn wir das Zimmer nicht benutzen würden. Immerhin habe ich es schon bezahlt. Was meinst du?"

„Was ich meine?" Sie standen auf. „Du hättest mich vorher fragen sollen."

Er zog sie in eine Ecke der Eingangshalle. „Also gut, ich frage dich." Sein Blick hielt ihren gefangen. „Willst du die Nacht mit mir hier verbringen?"

Nadine schluckte und dachte an all die Gründe, die dagegen sprachen. Wenn sie blieb, würde der Schmerz nur noch größer werden, und dennoch konnte sie der Versuchung nicht widerstehen.

„Natürlich will ich", flüsterte sie, und ihr wurde klar, dass sie damit sogar den Rest ihres Lebens einbezog.

Das Zimmer war groß, unter einem Orientteppich glänzte der polierte Holzfußboden. Im Kamin im Schlafzimmer brannte ein Feuer, eine Sturmlaterne stand auf dem Kaminsims, das große Bett nahm beinahe die Hälfte des Zimmers ein. In einem Kühler lag eine Flasche Champagner, durch die große Schiebetür, die auf einen Balkon führte, sah man den Dampf, der aus einem Whirlpool aufstieg. Er erinnerte Nadine an den Nebel über dem Whitefire Lake.

„Das ist ja toll hier“, meinte sie und strich über das geschnitzte Bettgestell.

„Es ist ganz nett.“ Hayden zündete mit einem Streichholz die Laterne an, dann knipste er das übrige Licht aus.

„Warst du schon einmal hier?“ Eigentlich sollte sie das gar nicht interessieren, doch sie wollte nicht eine in einer langen Reihe von Frauen sein, die er hierher brachte.

Er nickte und betrachtete sie aufmerksam. Im Schein der Laterne schien sein Gesicht härter zu sein, männlicher, und der Gedanke, dass er hier mit einer anderen Frau … Oh Gott, sie liebte ihn so sehr. „Mit wem?“, fragte sie mit erstickter Stimme.

Er besaß die Unverschämtheit, sie anzulächeln. „Mit einer Frau.“

Nadine kämpfte gegen den Wunsch an, einfach zu gehen, als er hinter sie trat und ihr die Hände auf die Schultern legte. „Kenne ich sie?“

„Ich glaube schon. Du hast sie vor langer Zeit einmal gesehen.“

Wynona. Sie fühlte sich wie ein Dummkopf. Doch er zog sie an sich und flüsterte in ihr Ohr: „Ich war mit meiner Mutter hier. Damals muss ich zehn oder elf gewesen sein.“

Erleichtert atmete Nadine auf, und als sich ihre Blicke in dem großen Spiegel trafen, sah sie, wie seine blauen Augen schelmisch aufblitzten. „Du bist ein verkommener, gemeiner, elender …“

„Prinz“, beendete er den Satz für sie, und Nadine lachte, als er sie in seine Arme zog.

Er schüttelte den Kopf. „Nein, ich bin ein ganz normaler Mann.“ Seine Lippen schlossen sich über ihren, und er zog sie mit sich auf das Bett. All ihre Zweifel und Ängste verschwanden, als sie einander mit zitternden Händen entkleideten. Das alte Bett knarrte ein wenig, das Feuer warf einen goldenen Schein auf ihre nackten Körper.

„So sollte es immer sein", flüsterte er, als er sie in seine Arme zog. Ihre Lippen fanden sich, und er küsste sie voller Leidenschaft.

Er beugte sich zu ihr und küsste ihre beiden Brustspitzen so sanft, dass sie sich unruhig unter ihm bewegte.

„Ganz ruhig", flüsterte er. „Wir haben viel Zeit."

Es klang so wunderbar. Nadine schmiegte sich in seine Arme, legte den Kopf an seine Brust und genoss seine Liebkosungen. Seine Hände schlossen sich um ihren Po, und als er sich an sie drängte, fühlte sie, wie erregt er war.

Seine Hände schienen überall gleichzeitig zu sein, er streichelte und liebkoste sie, und Nadines Herz begann zu rasen. Das Zimmer begann, sich um sie zu drehen, als die Leidenschaft immer größer wurde. Nadine schloss die Augen, doch das Kerzenlicht drang durch ihre geschlossenen Augenlider. „Hayden", rief sie erstickt, als sie gemeinsam den Höhepunkt erreichten.

„Ich bin hier", versicherte er ihr, als sie sich an ihn klammerte. Er küsste sie, als sie die Augen öffnete. „Okay, mein Schatz, jetzt bin ich dran", versicherte er ihr.

Er hob sie auf seine Arme und trug sie nach draußen. Die kalte Luft ließ sie erschauern. „Bist du verrückt? Was tust du denn da?", rief sie. „Es ist eiskalt."

Er setzte sie in den Whirlpool. „Nicht im Wasser."

Mit einem Kuss erstickte er ihren weiteren Protest. Und in dem dampfenden Wasser, mit Schneeflocken im Haar, liebten sie sich.

Eingewickelt in ein flauschiges Badelaken, rief Nadine später zu Hause an, hörte den Anrufbeantworter ab und stellte fest, dass er nichts gespeichert hatte. Hayden trat hinter sie und zog das Badetuch fort, zusammen sanken sie auf das Bett.

Als sie am folgenden Tag nach Gold Creek zurückkamen, stand die Sonne schon tief am Himmel. Nadine dachte an die Woche, die vor ihr lag. Schon zwei der bestellten Jacken waren fertig, die dritte brauchte nicht mehr viel Arbeit. Doch sie sollte auch noch etwa ein Dutzend Ohrringe basteln. Dann musste für Weihnachten eingekauft werden, das Weihnachtsessen für ihren Vater, die Jungen und Ben wollte geplant werden. Und für Hayden …? Ob das möglich war?

Hayden legte seine Hand auf ihre. „Du könntest den Rest des Wochenendes in meinem Haus verbringen."

Das Angebot war verlockend. „Besser nicht. Ich habe noch eine Menge zu tun."

Er legte die Hand auf ihr Knie. „Kann das nicht bis morgen warten? Ich werde ein Feuer im Kamin anzünden, und du könntest mir bei meinem Weihnachtsbaum helfen. Du weißt doch, ich bin in diesen Dingen noch Anfänger. Ich verspreche dir, ich bringe dich gleich morgen früh zurück."

„Das habe ich doch schon einmal gehört." Sie lachte leise. „Aber diesmal werde ich dich an dein Versprechen erinnern."

Sie hielten vor Nadines Haus. Nadine fütterte den Hund, sah nach ihrer Post und nahm ein paar Sachen zum Wechseln mit. In Gold Creek kauften sie einen Weihnachtsbaum und Weihnachtsschmuck und noch einige Lebensmittel.

Es war schon dunkel, als sie vor Haydens Haus vorfuhren. Durch die Bäume hindurch sahen sie Licht in den Fenstern.

„Komisch", meinte Hayden, und seine Hände schlossen sich fester um das Lenkrad. Als er den weißen Jaguar vor der Tür stehen sah, trat er heftig auf die Bremse und fluchte.

„Wer ist das?", fragte Nadine erschrocken.

„Wynona", brachte er hervor und stieg aus.

Nadine erstarrte. Wynona Galveston war hier? Und sie hatte offensichtlich einen Schlüssel für das Haus.

Hayden war schon fast an der Haustür, als diese sich öffnete und Wynona heraustrat.

„Da bist du ja endlich", sagte sie und strahlte ihn an. Ihr blondes Haar leuchtete im Mondlicht, als sie sich in Haydens Arme warf.

Nadine biss sich auf die Lippen, sonst hätte sie aufgeschrien. Sie wandte sich um und wollte weglaufen. Doch dann holte sie tief Luft. Haydens Beziehung zu Wynona war vielleicht ganz anders, als es den Anschein hatte.

Sie nahm all ihren Mut zusammen und stieg aus dem Jeep. Es war kalt, Wolken zogen vor den Mond, doch sie konnte deutlich erkennen, wie Hayden Wynonas Arme von seinem Hals löste.

„… du musst mir helfen“, hörte sie Wynona sagen. „Das bist du mir schuldig.“

„Ich habe dir schon einmal erklärt, dass ich dir gar nichts schuldig bin.“ Haydens Stimme klang eisig.

„Wie kannst du nur so grausam sein!“ Wynona begann zu schluchzen. „Wenn du nicht gewesen wärst …“

„Fang nicht wieder damit an.“

„Du hast mich beinahe umgebracht“, rief sie. Tränen rannen jetzt über ihre Wangen.

Nadine drehte sich der Magen. Sie sollte den beiden nicht zuhören. Aber es gelang ihr auch nicht, sich abzuwenden.

„Der Unfall war allein deine Schuld, Hayden. Es war deine Schuld, dass ich deshalb beinahe gestorben bin. Und verdammt noch mal, es war auch deine Schuld, dass ich das Baby verloren habe!“

12. Kapitel

Nadines Knie gaben nach. Wynona war bei dem Bootsunglück damals schwanger gewesen? Der Schmerz zerriss ihr beinahe das Herz. Sie hatte Hayden geglaubt, hatte ihn geliebt und hatte sich ihm hingegeben, und er hatte sie nicht einmal genug geachtet, um ihr die Wahrheit zu sagen.

„Wie kannst du nur so grausam sein?" Wynona war in hysterisches Schluchzen ausgebrochen, und Nadine lehnte sich gegen einen Baum und wünschte, sie hätte sich nie mit Hayden eingelassen. Dass sie ausgerechnet diesen Mann liebte, der … Sie hatte das Gefühl, sterben zu müssen.

Hayden fluchte laut. „Verdammt, Wynona, glaubst du nicht, dass du die Tatsachen ein wenig verdrehst?"

„Du hast mich verlassen, Hayden, für ein billiges Flittchen aus der Kleinstadt … Au!"

Erschrocken sah Nadine auf und bemerkte, dass Hayden Wynona an den Schultern gefasst hatte und sie schüttelte. „Wage es nicht, so von ihr zu reden …"

„Du willst doch nicht etwa behaupten, dass du sie liebst!" Wynonas Tränen waren plötzlich versiegt. Nadine machte einen Schritt auf sie zu, und erst jetzt entdeckte die andere sie. „Das ist ja toll", murmelte sie. „Du hast also noch immer dieses rothaarige …"

„Hör auf!" Hayden schüttelte sie wieder.

Wynona verzog verächtlich den Mund. „Du bist genau wie dein alter Herr, nicht wahr, Hayden? Eine Frau war für ihn auch nie genug."

Hayden ließ sie los, als hätte er sich die Finger verbrannt.

„Verschwinde, Wynona."

„So leicht wirst du mich nicht los." Sie rieb sich die Arme. „Du und dein Vater, ihr seid mir noch etwas schuldig. Es hat da Versprechungen gegeben. Nur weil er gestorben ist, hat sich daran nichts geändert."

„Und ob! Jetzt habe ich zu sagen. Du kannst alles Weitere mit Bradworth besprechen. Vielleicht könnt ihr beide euch ja auch privat einigen."

Wynona versuchte ihn zu schlagen, doch er war zu schnell. Er umfasste ihr Handgelenk und schob sie von sich.

„Du Bastard! Du elender Bastard!"

„Mit Schmeicheleien kommst du auch nicht weiter", meinte er. Wynona warf Nadine einen vernichtenden Blick zu, dann lief sie ins Haus, holte ihre Tasche und ihren Pelzmantel und stürmte zu ihrem Wagen.

Im Rückwärtsgang fuhr sie los und krachte gegen einen Baum. Metall knirschte, Glas splitterte, doch sie kümmerte sich nicht darum, als sie wendete und wegfuhr.

Nadine war so erschüttert, dass sie sich kaum rühren konnte. Sie hatte das Gefühl, sich übergeben zu müssen. „Ich glaube, ich sollte jetzt gehen", meinte sie, und Tränen brannten in ihren Augen.

„Wegen Wynona?"

Sie nickte, und in diesem Augenblick begann es zu regnen. „Es hat ein Baby gegeben?", flüsterte sie.

„Ja, es hat ein Baby gegeben", bestätigte Hayden. „Aber es war nicht meines."

„Hayden, lüg mich nicht an …"

„Ich lüge nicht, verdammt." Er griff nach ihr und zog sie an sich. „Du musst mir glauben."

„Aber du hast nie etwas davon gesagt", rief sie. Wie hatte sie ihm vertrauen, ihn lieben und ihm ihr Herz schenken können, obwohl sie doch so wenig von ihm wusste?

Hayden biss die Zähne zusammen und schloss die Augen. „Es war das Baby meines Vaters."

Nadine wurde blass. Sie konnte nicht glauben, was sie da hörte. „Aber du warst doch mit ihr verlobt. Hayden, du nimmst doch nicht an, dass ich dir das glaube ...!"

„Du glaubst nicht, dass mein Vater eine Frau verführt hat, die halb so alt war wie er? Du glaubst nicht, dass seine Aufmerksamkeiten ihr geschmeichelt haben, nachdem sie feststellen musste, dass sie mich nicht haben konnte? Du glaubst nicht, dass Wynona Galveston sich mehr für das Geld der Monroes interessiert hat als für mich?" Hayden strich sich das feuchte Haar aus der Stirn.

„Es ist nie davon geredet worden, dass sie schwanger war. Von dem Unfall wurde in allen Zeitungen berichtet – und keine davon ..."

„Ihr Vater ist Arzt, er hat dafür gesorgt, dass nichts davon bekannt wurde. Es gehörte alles zu dem Abkommen, das er mit meinem Vater getroffen hat ... Oh, Teufel, komm rein, ehe wir beide völlig durchnässt sind. Du kannst die ganze hässliche Geschichte erfahren."

Nadine sagte sich, dass es dumm war, auf ihn zu hören, trotzdem half sie ihm, die Sachen aus dem Wagen zu holen. „Wir werden zuerst essen", meinte er, als sie im Haus waren, und Nadine widersprach ihm nicht. Sie war gar nicht sicher, ob sie all die Einzelheiten wissen wollte, doch wenn es für sie beide eine Chance auf eine Zukunft geben sollte, musste sie ihn wohl anhören.

Sie aßen im Wohnzimmer, vor dem flackernden Feuer im Kamin, nippten an ihrem Wein und versuchten, die Anspannung zu ignorieren, die mit jedem Ticken der alten Uhr auf dem Kaminsims zuzunehmen schien.

„Ich habe Wynona nie geliebt", begann Hayden, als er schließlich die leere Kaffeetasse abstellte. „Meine Mutter hat sie für mich ausgesucht. Sie kam aus der richtigen Familie, ihr Vater war Arzt, und ihre Mutter hatte viel Geld geerbt. Sie war hübsch und intelligent, und meine Mutter dachte, dass wir gut zusammenpassen würden. Auch ihre Eltern waren begeistert, und Wynona selbst schien ebenfalls nicht abgeneigt. Doch ich wollte mich nicht zwingen lassen, eine Frau zu heiraten, aus der ich mir nichts machte."

Er sah Nadine an, die ihm schweigend gegenübersaß. „Du erinnerst dich an den Mercedes, den ich damals in der Sägemühle stehen ließ, als wir uns zum ersten Mal trafen?" Nadine nickte. „Nun, das war das Verlobungsgeschenk von meinem Vater. Aber es hat nie eine Verlobung gegeben, deshalb habe ich das Geschenk auch nicht angenommen. Mein Vater war schrecklich wütend."

Nadine konnte sich noch gut daran erinnern, es war, als sei es erst letzte Woche gewesen. Hayden zu begegnen hatte ihr ganzes Leben verändert.

„Ich weiß nicht, wann die beiden ihre Affäre begonnen haben", sprach Hayden weiter. „Ich denke, es muss passiert sein, nachdem ich ihr gesagt habe, dass ich sie nicht heiraten würde, aber sicher bin ich mir da nicht. Sie war jedenfalls schwanger." Er stand auf, ging zum Kamin und legte ein Stück Holz nach.

„Zuerst hatte ich keine Ahnung von ihrer Affäre, und meine Mom natürlich auch nicht. Dad hatte schon immer eine Schwäche für jüngere Frauen, und Mom tat immer so, als bemerke sie das nicht. Sie litt lieber, als sich von ihm scheiden zu lassen. Ich werde nie begreifen, wie sie es mit ihm aushalten konnte."

Nadine hatte das Gefühl, dass sie Dinge erfuhr, die sie eigentlich gar nichts angingen. „Ich glaube, ich brauche den Rest nicht mehr zu hören …"

„Ich möchte aber, dass du es weißt. Während meine Mom noch versuchte, zwischen mir und Wynona zu vermitteln, hatte mein Dad sie sich schon in sein Bett geholt. Als sie dann schwanger war, brach die Hölle los." Er nahm Nadines Hände in seine. „Glaub mir, Nadine, ich habe nie mit ihr geschlafen. Das Baby konnte gar nicht von mir sein."

Nadine schüttelte den Kopf. „Hayden, das alles ist zu viel für mich, selbst wenn es nicht dein Baby war …"

Er nahm sie in seine Arme, und Tränen brannten in Nadines Augen. Sie weinte um ein Baby, das nicht hatte leben dürfen, wegen Hayden, der unter einem Vater leiden musste, der die Bedeutung von Liebe nie gekannt hatte, und um sich selbst. Sie liebte ihn, und dennoch gab es so vieles, was sie von ihm nicht wusste. Er war in einer völlig anderen Welt aufgewachsen, und in ihren beiden Familien hatte es so viel Leid gegeben.

„Du sollst auch den Rest noch wissen", sagte Hayden und hielt sie in seinen Armen. „Ich habe das Boot gar nicht gefahren."

„Aber in dem Unfallbericht …"

„Psst." Sie fühlte seinen Atem in ihrem Haar. „Wynona und ich hatten gestritten. Wegen des Babys bat sie mich, sie zu heiraten, und ich wollte nicht. Sie war verzweifelt und sagte, sie wolle sich umbringen. Ich habe ihr natürlich nicht geglaubt, aber sie lief aus dem Haus zum Boot. Ich lief hinter ihr her, und es gelang mir, in das Boot zu springen, ehe sie losfuhr. Sie ist so schnell gefahren, wie es möglich war, und ich habe sie in Ruhe gelassen, weil ich glaubte, sie würde sich wieder beruhigen. Das andere Boot entdeckte ich, noch bevor sie es sah, ich habe sie angeschrien, doch es war schon zu spät. Der Fahrer sprang heraus, und wir haben das kleine Schiff dann gerammt."

„Aber der Polizeibericht …"

„Sie haben gesagt, ich hätte das Boot gelenkt. Das hatte etwas mit der Versicherung zu tun. Weil das Boot so schnell war, durfte es kein anderer fahren. Ich war für ein paar Tage nicht bei Bewusstsein, und als die Polizei dann endlich mit mir sprach, hatte mein Vater mir schon gesagt, was ich ihnen erzählen solle. Am Anfang habe ich mich zwar gesträubt, aber er hat mich davon überzeugt, dass es für alle das Beste wäre, besonders für Wynona. Ich fühlte mich schuldig, daher habe ich auf meinen alten Herrn gehört und einen Skandal vermieden." Er seufzte. „Und dafür, dass ich damals den Mund gehalten habe, hat mein Dad mich bezahlt." Er machte eine ausladende Handbewegung. „Hiermit."

Nadine wollte ihm so gerne glauben, wollte ihm vertrauen, doch sie brauchte Zeit, um zu entscheiden, was sie glauben konnte und was nicht. Langsam löste sie sich aus seinen Armen und stellte ihm die Frage, die sie so lange schon beschäftigte.

„Es hat Gerüchte gegeben, Hayden, eine Menge Gerüchte. Du hattest einen schlechten Ruf. Da gab es zum Beispiel ein Mädchen, Trish London." Sie wagte kaum weiterzusprechen. „Du hattest ein Verhältnis mit ihr. Und sie wurde nach Portland zu ihrer Schwester geschickt, weil sie von dir ein Baby erwartete."

„Was?" Sein Kopf fuhr hoch. „Es gab kein Baby. Es stimmt, dass mein Dad ihrer Familie Geld gegeben hat, aber sie ist zu ihrer Schwester gezogen, weil ihre Mutter sich nicht um sie kümmern konnte. Ihre Schwester hatte sich angeboten, sie aufzunehmen. Trish hatte damals gar keine andere Wahl. Ich streite nicht ab, dass wir beide ein Verhältnis miteinander hatten, aber wir haben aufgepasst, dass nichts passierte." Er sah sie eindringlich an. „Die einzige Frau, bei der ich nicht aufgepasst habe, warst du. Bis vor ein paar Wochen habe ich nie Kinder haben wollen, und ich habe immer verdammt gut dafür gesorgt, dass ich auch keine bekam."

Nadine war nicht sicher, dass sie ihm glauben konnte. „Und was will Wynona jetzt von dir?"

Er verzog verächtlich den Mund. „Was glaubst du?"

„Geld."

„Genau. Mein alter Herr hat ihr nicht viel hinterlassen, und jetzt will sie mehr. Sie behauptet, sie hätte ein Anrecht darauf."

Also lief wieder einmal alles darauf hinaus. Und so würde es immer sein. So lange Hayden lebte, würde Geld sein Leben bestimmen.

Nadine stand auf. Warum verlängerte sie diese Geschichte noch? Warum verließ sie ihn nicht einfach und ersparte sich und ihren Kindern weiteren Kummer?

Sie schob ihn weg, als er sie in seine Arme ziehen wollte. „Ich möchte jetzt gehen."

„Du glaubst mir nicht."

Sie kämpfte mit den Tränen. „Das Problem ist, dass ich dir glaube. Du lebst in einer Welt, die ich nie verstehen werde, in einer Welt, in der Geld die Hauptsache ist. Du hast gesagt, du wolltest keine Frau und auch keine Kinder. Und ich will keinen Mann. Also gibt es für uns keine Zukunft, es gibt deshalb auch keinen Grund weiterzumachen."

„Nadine, hör zu, ich …"

Sie legte einen Finger auf seine Lippen und schüttelte den Kopf. „Es ist vorbei, Hayden. Es hat sowieso keinen Zweck. Du hast vor, die Sägemühle zu verkaufen, und dann?"

Er sagte nichts, und Nadine wurde es plötzlich eiskalt. „Glaub mir, es ist das Beste so." Sie wandte sich um und ging zur Tür. Insgeheim betete sie darum, dass er sie aufhalten, dass er sie in seine Arme nehmen und ihr erklären würde, er könne keinen einzigen Tag mehr ohne sie leben.

Und dann hörte sie seine Schritte hinter sich. Ihr Herz machte einen kleinen Sprung.

Doch er meinte nur: „Ich glaube, du brauchst jemanden, der dich nach Hause bringt."

Hayden hätte sich am liebsten getreten, weil er so dumm war. Nadine war erst achtzehn Stunden weg, und er verlor beinahe den Verstand. Wie ein Idiot hatte er das ganze Haus weihnachtlich geschmückt, jetzt lachte er darüber. All seine Bemühungen würden nicht die Leere vertreiben können, die er ohne sie und die Jungen fühlte. Er hatte Geschenke für sie und die Jungen gekauft, hatte sie eingepackt und dann unter den Weihnachtsbaum gelegt.

Schon vor langer Zeit hatte er gelernt, dass alles seinen Preis hatte. Der Preis, den er für Nadine würde zahlen müssen, war der Verlust seiner Freiheit und ein Leben in Gold Creek. Mit dem Verlust seiner Freiheit könnte er leben. Und die Tatsache, eine Familie zu haben, würde ihn glücklich machen. Aber ein Leben in Gold Creek, mit der Sägemühle seines Vaters? Natürlich könnte er sie an Thomas Fitzpatrick oder einen der anderen Holzbarone verkaufen, aber das war der Weg, den nur ein Feigling gehen würde.

Er kletterte in seinen Jeep und fuhr in die Stadt. Es begann zu schneien, der Boden war gefroren, deshalb blieb der Schnee liegen. Hayden war es gleich. Kälter, als er sich in seinem Innersten fühlte, konnte es gar nicht werden.

Im Silver Horseshoe Saloon waren nicht viele Menschen, einige von ihnen kannte er. Als er sich auf den Barhocker an die Theke setzte, sah er im Spiegel über der Bar, dass man ihm vielsagende Blicke zuwarf. Er wusste, dass diese Männer und Frauen von ihm abhängig waren, weil sie bei ihm ihren Lebensunterhalt verdienten.

Er bestellte ein Bier und fragte sich, wie sein Leben wohl sein würde, wenn er sich entschied, in Gold Creek zu bleiben. Er könnte die Leitung der Sägemühle übernehmen, genug Erfahrung besaß er dafür. Es würde allerdings einige Zeit dauern, bis es ihm gelingen würde, die Arbeiter auf seine Seite zu bringen. Bis jetzt trauten sie ihm nicht.

Ein Windstoß fuhr in den Raum, als sich die Tür öffnete und ein Neuankömmling die Bar betrat. Hayden sah sich um und entdeckte Ben Powell, Nadines Bruder. Ben erstarrte, als er Hayden an der Bar sitzen sah.

„Ich dachte mir schon, dass du zurückgekommen bist", meinte er und sah ihn kalt an. „Ich habe gehört, dass dein Vater gestorben ist."

Hayden nickte. „Kann ich dir ein Bier ausgeben?"

Bens Mund verzog sich zu einem freudlosen Grinsen. Er griff in die Tasche und holte einige Münzen heraus, die er auf die Theke warf. „Ich will dein Geld nicht, Monroe." Zu dem Mann hinter der Bar sagte er: „Gib mir ein Bier", dann wandte er sich wieder zu Hayden. „Nun, ich bin auch wieder da", meinte er. „Für immer. Also, geh mir aus dem Weg."

„Das wird schwierig sein."

Bens Augen zogen sich zusammen. „Warum?"

„Weil ich deine Schwester bitten werde, mich zu heiraten."

„Was willst du?" Alle Farbe war aus Bens Gesicht gewichen.

„Du hast mich ganz gut verstanden."

Ben reagierte schnell. Im nächsten Augenblick hatte er ausgeholt, und seine Faust landete in Haydens Gesicht. Haydens Kopf wurde zurückgerissen, er fühlte, wie Blut aus seiner Nase rann.

Eine Frau schrie auf, und die Blicke aller Personen in dem Raum richteten sich auf die beiden Männer.

Schnell hatte Hayden sich wieder gefangen. „Komm schon", forderte er Ben heraus. „Bruder!"

„Du elender Schuft!" Ben ging auf ihn los, doch Hayden wich seinem Schlag aus.

Der Barkeeper sprang über die Theke. „Genug jetzt. Raus", sagte er zu Ben, doch Hayden winkte ab und hielt sich eine Serviette an die Nase. „Es ist vorbei", erklärte er dem Barkeeper. „Ich gebe eine Runde aus für alle."

Der Mann zögerte einen Augenblick, doch die anderen Leute klatschten Beifall, und zum ersten Mal, seit Hayden nach Gold Creek zurückgekommen war, hatte er das Gefühl, dazuzugehören.

Bens Gesichtsausdruck war finster. Er griff nach dem Bier, das der Barkeeper vor ihn hinstellte, und goss es auf den Boden. Ohne sich noch einmal umzublicken, ging er.

„Wer war das?“, wollte der Barkeeper wissen.

„Jemand, der etwas gegen mich hat“, antwortete Hayden. Aber es würde noch schlimmer werden, wenn Ben erst herausfand, dass er und Nadine schon zusammen geschlafen hatten.

Hayden grinste. Ben würde ein guter Schwager werden.

„Was hast du getan?“, fragte Ben, als er mit geballten Fäusten vor Nadine stand.

Nadine packte ein Weihnachtsgeschenk für John ein. Im Ofen dufteten die Plätzchen, draußen vor dem Fenster fiel der Schnee. Sie hatte sich gefreut, als sie nach Hause gekommen war und Ben dort auf sie gewartet hatte. Doch wie ein Tiger war er auf sie losgegangen.

„Du bist mit Hayden Monroe ausgegangen? Verdammt, weißt du überhaupt, was du tust?“ Unruhig lief Ben vor dem Kamin auf und ab, seine Augen blitzten ärgerlich. „Weiß Dad davon?“

„Ja“, antwortete Nadine überfreundlich.

„Aber Monroe …“

„Hör auf, Ben. Du kannst nicht einfach hier hereinkommen und den großen Bruder spielen. Ich bin eine erwachsene Frau, und du hast kein Recht, mir zu sagen, was ich zu tun habe.“ Sie vermied es, ihn anzusehen. „Außerdem ist es sowieso vorbei. Wir haben uns heute Abend verabschiedet und sind übereingekommen, uns nicht mehr zu treffen.“

„Gut.“ Ben lehnte sich gegen den Kamin. „Du solltest nicht vergessen, was sein Vater unserer Familie angetan hat.“

Nadine hob den Kopf und sah ihn an. „Das habe ich nicht vergessen. Aber es ist an der Zeit, die Vergangenheit zu begraben.“

„Du willst alles vergessen, nur damit du diesen Kerl heiraten kannst?“

Nadine erstarrte. „Nein. Es ist aus mit Hayden.“

„Und du würdest auch nicht so dumm sein, ihn zu heiraten, nicht wahr?“ Er rieb sich nachdenklich den Nacken. „Hat er dich denn nicht darum gebeten?“

Nadines Herz tat weh. „Das wird er nicht tun, Ben, deshalb brauchst du dir keine Sorgen zu machen.“ Sie ging zum Ofen und holte das Blech mit den Plätzchen heraus.

Das Haus duftete nach dem frischen Gebäck, im Kamin brannte das Feuer. Der Weihnachtsbaum stand in der Ecke des Wohnzimmers, seine Lichter spiegelten sich im Fenster. Alles war perfekt, und dennoch schien das Haus leer zu sein, selbst jetzt noch, da Ben hier war. Die Jungen waren noch bei Sam – und Hayden … der Himmel allein wusste, wo er war und was er tat. Sie blickte aus dem Fenster über den See, hinüber zu den Bäumen, durch deren Äste sie das Licht in Haydens Haus sehen konnte.

Sie hatte nicht bemerkt, wie Ben hinter sie getreten war. Sie zuckte zusammen, als er sprach.

„Du hast wirklich etwas übrig für diesen Schuft, nicht wahr?“

„Ich habe dir doch gesagt, es ist aus zwischen uns.“

Ben lächelte kühl, doch er schwieg.

„Wo du schon einmal hier bist, kannst du dich auch nützlich machen. Ich habe Fahrräder gekauft für die Jungen, die kannst du zusammenbauen. Und dann werde ich dir etwas zu essen machen.“

„Ich bin nicht hungrig, ich werde nur ein paar Plätzchen essen.“ Er streckte die Hand aus, und erst jetzt sah Nadine, dass die Fingerknöchel seiner rechten Hand angeschwollen waren.

„Was ist denn da passiert?“, wollte sie wissen.

„Ich … äh, ich hatte eine kleine Auseinandersetzung im Saloon."

„Du bist noch nicht einmal vierundzwanzig Stunden in der Stadt und hast dich schon geprügelt? Hast du denn in der Armee gar nichts gelernt?"

„Der Kerl hatte es verdient."

„Aber sicher", stimmte sie spöttisch zu. „Wer war er, und was hat er getan?"

Ben schwieg, er sah sie nur an, und Nadine wusste die Wahrheit. Ihr Bruder war in die Stadt gekommen, Hayden war ihm über den Weg gelaufen, und sofort hatte Ben versucht, ihn zu verprügeln.

„Du hast Hayden also schon gesehen. Was ist passiert?"

„Er wollte mir ein Bier ausgeben."

„Und du hast ihn stattdessen verprügelt? Sehr nett, Ben, wirklich sehr nett."

„Er hat es verdient." Ben rieb sich die schmerzende Hand. „Schon seit Jahren."

Nadine schüttelte den Kopf. Am liebsten wäre sie jetzt zu Hayden gelaufen, um sich zu versichern, dass es ihm gut ging. „Du hattest wohl das Gefühl, du müsstest meine Ehre verteidigen."

Ben rieb sich das Kinn, er schien ein wenig unsicher zu werden. „Ich konnte nicht anders, Nadine. Der Kerl sagte etwas davon, dass er dich heiraten will."

Bens Worte hatten sie wie ein Schlag getroffen. Heirat? Hayden sprach von Heirat?

Jeden Augenblick erwartete sie, Hayden vor ihrer Tür zu sehen. Doch er kam nicht. Er rief auch nicht an. Nadine glaubte schon, dass Hayden sich nur über Ben lustig gemacht hatte.

Nadine schlief unruhig in dieser Nacht, sie träumte von Hayden. Am nächsten Morgen ging Ben früh weg, weil er sich nach einer Wohnung umsehen wollte. Nadine beschäftigte sich im Haus, weil alles fertig sein sollte, wenn die Jungen nach Hause kamen. Immer wieder blickte sie über den See und lauschte auf den Motor von Haydens Jeep, doch er kam nicht.

Sam brachte die Jungen ein paar Stunden später nach Hause. Sein Gesicht war rot, und seine Augen wirkten verschwommen.

„He, Mom, unter dem Weihnachtsbaum liegen ja schon Geschenke“, rief Bobby aufgeregt.

„Auch welche von Monroe?“, fragte Sam kalt und sah sich in dem gemütlichen Wohnzimmer um. „Die Jungen haben erzählt, dass du dich mit Monroe sehr gut verstehst.“

„Wir haben uns ein paar Mal getroffen.“

Er strich sich durchs Haar. „Du sollst wissen, dass ich damit nicht einverstanden bin.“

„Das dachte ich mir.“

„Ich rede von den Kindern. Sie sehen den Kerl viel zu oft.“ Sam wurde wütend, offensichtlich hatte er getrunken. Er gestikulierte heftig. „Dieser Schuft wird die Sägemühle schließen und …“

„Das würde er nicht tun, Dad“, widersprach John.

„Woher willst du das wissen?“

„Ich mag ihn. Er ist ein guter Mann.“

„Er ist ein verwöhnter reicher Bastard, der nichts taugt, und es gefällt mir nicht, wenn er für meine Kinder unnützes Zeug kauft.“

„Aber das stimmt doch gar nicht, Dad“, versuchte John es noch einmal.

Sam packte John beim Kragen. „Gibst du mir etwa Widerworte?“

„Lass ihn los!“ Nadine stellte sich vor ihren Sohn. „Wage es nicht, Hand an ihn zu legen“, warnte sie Sam.

Doch Sam war wütend. „Du bist sowieso viel zu nachsichtig mit den Kindern. Geh mir aus dem Weg." Er versuchte Nadine wegzuschieben, doch sie blieb stehen.

„Es ist besser, wenn du jetzt gehst."

„Warum?" Sam schwankte leicht, ein hässliches Lächeln lag um seinen Mund. „Damit du dich mit deinem reichen Freund vergnügen kannst?" Sams Augen wurden schmal vor Hass. „Du hast ihm sicher schon nachgegeben. Das wolltest du doch schon immer. Glaub nur nicht, dass ich das nicht weiß. Jedes Mal, wenn wir zusammen im Bett waren, hast du an ihn gedacht, hast dir vorgestellt …"

„Hör auf!", rief sie, dann lief sie zur Tür und riss sie auf. „Geh, Sam, schlaf deinen Rausch aus."

„Ich glaube, ich werde bleiben. Es ist viel zu gefährlich, wenn ich jetzt noch fahre."

„Ich werde jemanden anrufen, der dich nach Hause bringt."

„Komm schon, Nadine, lass mich bleiben. Wie in alten Zeiten." Sein Grinsen wurde anzüglich, er griff nach ihr, doch stolperte er dabei über den Teppich. „Verdammt!" Er griff nach etwas, woran er sich festhalten konnte, und erwischte einen Ast des Weihnachtsbaumes. Doch der Baum konnte das Gewicht nicht halten, er stürzte zu Boden, ein Ast fiel in den Kamin. Mit lautem Knistern fingen die angetrockneten Nadeln Feuer.

„Oh Gott, Sam! Pass auf! Kinder, schnell, lauft nach draußen!", rief Nadine, doch die beiden Jungen blieben wie angewurzelt stehen. „Lauft! Sagt den Thorntons, sie sollen die Feuerwehr rufen!"

Die beiden Jungen rannten los. Der brennende Baum war auf Sam gefallen. Nadine lief in die Küche und holte den Feuerlöscher, doch es war schon zu spät. Die Flammen hatten den Teppich und die Gardinen erfasst, und obwohl Sam sich von dem Baum befreit hatte, stand seine Kleidung in Flammen. Er schrie entsetzlich.

Nadine hatte Hayden nicht gehört, aber plötzlich war er da. Er rief ihr zu hinauszugehen, und trat den Baum zur Seite. Dann packte er Sam und zog ihn aus dem Haus.

Nadine zitterte am ganzen Körper, trotzdem nahm sie noch ein Fotoalbum vom Tisch und holte ihre Handtasche, dann half sie Hayden, Sam nach draußen zu bringen. Sie rissen ihm die Kleidung vom Leib und ließen ihn in der Unterwäsche auf dem Boden liegen. Seine Schreie erfüllten die Nacht, während der fallende Schnee auf seiner Haut schmolz.

Nadine sah sich verzweifelt nach den Kindern um, doch sie waren nirgends zu entdecken. Ihr kleines Haus, ihr Stolz und ihre Freude, ihr einziger Besitz, den sie so sehr geliebt hatte, ging vor ihren Augen in Flammen auf.

„Du wirst bald wieder in Ordnung sein", versuchte Hayden Sam zu beruhigen. „Gleich kommt Hilfe." Er nahm Nadines Hand. „Bleib bei ihm, aber gib mir deine Schlüssel."

Sie suchte in ihrer Tasche, in der Ferne hörte man bereits die Sirene der Feuerwehr.

Hayden nahm ihr die Schlüssel aus der Hand und lief zum Haus zurück. Nadine schrie, doch dann sah sie, wie er in ihren Wagen stieg und ihn aus dem Bereich der Flammen fuhr.

„Oh Gott", flüsterte sie vor sich hin. „John? Bobby?" Die Kinder waren doch hoffentlich nicht ins Haus zurückgelaufen?

Sam stöhnte, sie ging neben ihm auf die Knie und hielt seine Hand. Als das erste Fenster mit einem Knall zerplatzte, war Hayden wieder bei ihr.

„Wo sind die Jungen?", rief sie entsetzt.

„Denen geht es gut." Er legte einen Arm um ihre Schultern und gab ihr einen Kuss auf die Stirn. Dann beugte er sich zu Sam. „Die Hilfe wird gleich hier sein." Zum ersten Mal wurde Nadine klar, wie nahe Sam dem Tod gewesen war. Sie hörte die Kinder, die mit den Nachbarn angelaufen kamen. Jane Thornton war Krankenschwester, sie kümmerte sich sofort um Sam, während Nadine ihre Kinder in die Arme schloss.

Mittlerweile schlugen die Flammen aus dem Dach, Tränen rannen über Nadines Wangen. Alles war weg, alles, wofür sie so hart gearbeitet hatte, alles, was sie besaß.

„Du bist in Sicherheit", flüsterte Hayden ihr zu.

„Aber das Haus …"

„Das kann man wieder aufbauen."

„Nein, ich … alles ist dort drinnen."

„Nicht alles", widersprach er mit liebevoll rauer Stimme, auch in seinen Augen glänzten Tränen. „Du hast doch mich und die Jungen. Für immer."

Sie blickte auf und traute ihren Ohren nicht.

Das Sirenengeheul kam näher, die Flammen knisterten, es roch nach Rauch. Feuerwehrwagen hielten vor dem Haus, ein Krankenwagen kam, die Ärzte kümmerten sich um Sam. Es dauerte nur Minuten, bis sie mit ihm zum Krankenhaus fuhren, nachdem sie Nadine versichert hatten, dass er überleben würde.

Über eine Stunde sahen sie den Feuerwehrmännern zu, die die lodernden Flammen bekämpften. Doch schließlich blieb von dem Haus nur ein schwarzes verkohltes Gerippe.

„Es ist alles weg", flüsterte Nadine, als die Feuerwehrleute wieder abgefahren waren. „Alles."

Hayden hielt sie in seinen Armen. „Ich bin hierhergekommen, um dich zu bitten, meine Frau zu werden, Nadine. Und als ich das Feuer sah und Angst hatte, dass ich dich verlieren könnte, da wusste ich … ich wusste, dass ich ohne dich nicht leben kann. Heirate mich." Er küsste sie. „Bitte. Sag mir, dass du meine Frau werden willst."

„Ich …"

„Ich liebe dich", erklärte er ernst, und seine Augen drückten all seine Gefühle aus. „Lass uns dieses Weihnachtsfest als Familie feiern."

Nadine lachte und weinte gleichzeitig. Erleichterung mischte sich mit einem Gefühl tiefsten Glücks, während sich der Schnee auf die Reste des Hauses legte, in dem sie ihre Kinder zur Welt gebracht, in dem sie die Qualen ihrer Scheidung überstanden und in dem sie Hayden geliebt hatte.

Ihr Blick ging über seine Schulter über den Whitefire Lake zu den Lichtern, die durch die Bäume schienen. Zu ihrem neuen Zuhause, das sie mit Hayden teilen würde.

Ihr Hals war so eng, dass sie kaum sprechen konnte. Sie nahm ihre Kinder in den Arm. „Ich glaube, wir könnten ganz neu beginnen“, sagte sie, und ihre Augen leuchteten. „Natürlich werde ich dich heiraten.“

Epilog

Vom Treppenabsatz in ihrem neuen Haus warf Nadine ihren Brautstrauß in die wartende Menge. Ein begeisterter Schrei ertönte, als Carlie Surrett den Strauß auffing.

Die halbe Stadt war zu der hastig geplanten Hochzeit eingeladen worden. Die Gäste lachten und tanzten und tranken Champagner.

Als sie die Treppe hinunterkam, entdeckte Nadine Hayden in seinem schwarzen Smoking. Sie lächelte ihn an. Im Wohnzimmer nahm er sie in seine Arme, um mit ihr zu tanzen. In der Ecke stand ein riesiger Weihnachtsbaum, der ganze Raum war weihnachtlich geschmückt.

Nach und nach begannen auch die anderen Paare zu tanzen. Heather Brooks tanzte mit ihrem Mann Turner, der Nadine zublinzelte. „Der nächste Tanz gehört mir", meinte er, und Hayden grinste ihn an.

„Auf keinen Fall."

Rachelle und ihr Mann Jackson Moore tanzten an ihnen vorbei. Rachelles Augen leuchteten. Im Frühling sollte sie ihr Kind bekommen.

„Alle sind glücklich", flüsterte Hayden Nadine zu.

„Mmm." Selbst ihr Vater, der in der Ecke des Raumes in einem Sessel saß, lachte mit Ellen Little, der Mutter von Rachelle und Heather.

Sogar Ben hatte Hayden brummend als Schwager akzeptiert. Da Hayden sich entschieden hatte, in Gold Creek zu bleiben und die Sägemühle zu leiten, hatte Ben gemeint, dass er vielleicht doch ganz akzeptabel sei.

Hayden zog Nadine mit sich auf die Terrasse. „He … was ist?“, fragte sie, als er sie durch den Schnee zum Seeufer führte. „Bist du verrückt?“, rief sie, als er sie dann mit sich zu Boden zog und ihr Kleid vom Schnee ganz nass wurde.

Mit einem fröhlichen Lachen nahm er eine Hand voll des eisigen Wassers und hielt es an die Lippen seiner Braut. „Trink“, befahl er. „Das ist ein alter Brauch bei den Indianern. Und möge der Sonnengott uns segnen.“

„Ich glaube, das hat er schon getan.“ Sie nippte von dem Wasser und sah Hayden tief in die Augen. „Du wirst Vater.“

„Was werde ich?“

„John und Bobby werden nicht unsere einzigen Kinder bleiben“, sagte sie und beobachtete ihn, als er die Neuigkeit langsam begriff. „Bist du glücklich?“

Anstatt einer Antwort zog er sie in die Arme und küsste sie lange und voller Leidenschaft. Doch Nadine entzog sich ihm, bückte sich und schöpfte mit der Hand Wasser aus dem See.

„Nicht zu viel“, warnte sie ihn, als er aus ihrer Hand trank.

Seine blauen Augen blitzten, als er sie ansah, er legte eine Hand auf ihren Nacken und zog ihren Kopf zu sich. „Es gibt nur eines auf der Welt, von dem ich nie genug bekommen kann, Lady“, meinte er. „Und du weißt, dass du das bist.“

Ihre Lippen fanden sich, und als im Wald eine Eule rief, war Nadine sicher, dass es der Geist des Whitefire Lake war, der ihnen seinen Segen gab.

– ENDE –

Lisa Jackson

Denn schuldig ist, wer liebt

Roman

Aus dem Amerikanischen von
Robyn Peters

Weltbild

1. Kapitel

Keith Webster warf den Telefonhörer so heftig auf die Gabel, dass die beiden gerahmten Fotos des kleinen blonden Mädchens klappernd umfielen. Behutsam stellte er die Bilder auf ihren Platz zurück, dann begann er, die Hände auf den Rücken gelegt, wieder mit langen Schritten in seinem Büro auf und ab zu gehen. Er dachte an Krista und fragte sich, ob er wohl jemals den Wall überwinden konnte, den sie um sich errichtet hatte. Leider gab es keine Antwort auf diese Frage.

Mutlos ließ Keith die Schultern hängen. In seinen Zorn mischte sich ein dumpfer Schmerz. Doch im nächsten Moment stieß er einen leisen Fluch aus. Er ärgerte sich grenzenlos über sich selbst und die Hilflosigkeit seiner Lage. War denn wirklich nichts zu machen? Auf jeden Fall kam er mit Zorn und Wut nicht weiter. Um sich zu beruhigen, blieb er einen Augenblick vor dem Fenster stehen und blickte hinaus.

Noch leuchtete die untergehende kalifornische Sonne am Horizont, würde aber gleich im Pazifischen Ozean versinken. Lange Schatten fielen über den weißen Strand, und in der Luft war bereits die erste Kühle des Herbstes zu spüren.

Überwältigt schloss Keith die Augen. Wieder einmal hielt er sich vor – wie schon so oft –, dass er die Vergangenheit nicht ändern konnte und dass er der toten Frau nicht die Schuld an dem Zustand seiner Tochter geben durfte. Er sagte es sich wieder und wieder, und doch quälte er sich weiterhin mit der Erinnerung.

Es klopfte energisch an der Tür. Keith schreckte aus seinen düsteren Gedanken auf. „Herein!“, rief er scharf, und Jim Haney trat ein. Er trug einen Stapel Akten unter dem Arm und in der einen Hand einen großen festen Umschlag. Zwar lächelte Jim Haney herzlich, doch als er Keith erblickte, verschwand das Lächeln. Keiths sonst stets tadelloser Anzug war zerknittert, die teure Seidenkrawatte verrutscht. Die zusammengepressten Lippen und die feinen Fältchen um die Augen verrieten Jim, dass Keith wahrscheinlich wieder an seine Tochter dachte. Keith machte sich große Sorgen um sie. Das Gefühl der Schuld, das er schon so lange mit sich herumschleppte, war nun auch nach außen hin deutlich sichtbar. Er grübelte dauernd über den schrecklichen Unfall nach, bei dem seine elfjährige Tochter schwer verletzt worden war. Jim lächelte zaghaft in der Hoffnung, dass es ihm gelingen würde, Keith auf andere Gedanken zu bringen.

„So, Keith", sagte Jim und legte ihm einen Stapel dicht bedruckter Seiten auf den Tisch, „ich glaube, damit hätten wir alles unter Dach und Fach. Die Angelegenheit ‚Seattle' ist erledigt, bis auf eine Sache alles geklärt, der Kauf vollzogen."

„Das ging ja überraschend schnell", stellte Keith erstaunt fest. Er setzte sich auf den abgewetzten Lederstuhl hinter seinen Schreibtisch und blätterte in den Papieren.

„Wir haben diesmal anscheinend großes Glück gehabt, Keith."

„Schön." Keith lächelte grimmig. „Wenn alles klar ist, besteht also wirklich kein Grund mehr für mich, noch länger hierzubleiben, oder?"

Jim hüstelte nervös, schaute Keith aber dann offen in die grauen Augen. „Bist du dir ganz sicher, dass du die richtige Entscheidung triffst, Keith?"

Keith biss die Zähne zusammen. Ein Nerv zuckte in seinem Gesicht. Es dauerte einen Moment, bevor er antwortete. „Sagen wir mal so: Ich habe keine Wahl und muss diese Entscheidung treffen. Sie ist die einzig mögliche."

„Willst du wirklich einfach auf und davon gehen und hier alles verlassen?“

Nachdenklich betrachtete Keith die lederne Sitzgruppe, den dicken weichen Teppich, die kirschholzgetäfelte Wand mit den vielen Bücherregalen und den mächtigen Schreibtisch. Dann wanderte sein Blick zu Jim, seinem Freund. „Man könnte es auch als einen verlängerten Urlaub bezeichnen, falls dir das lieber ist, Jim.“

„Heißt das, dass du wieder zurückkommst?“, erkundigte Jim sich vorsichtig.

„Vielleicht.“ Keiths Stimme klang leicht gereizt. „Meine Direktoren werden bestimmt darauf bestehen, dass ich von Zeit zu Zeit hier erscheine und mich um alles kümmere.“ Er blätterte in den Computerauszügen und zog den Bericht heraus, den er gesucht hatte. Er las ihn durch, und sein Gesicht verdüsterte sich. „Also verschwindet in der Rechtsabteilung immer noch Geld“, sagte er. „Ich dachte, wir hätten die Unterschlagung letzte Woche aufgeklärt und diesen Cameron – oder wie er heißt – entlassen.“ Keith schaute Jim forschend an.

„Das ist die eine Sache, von der ich vorhin gesprochen habe. Du erinnerst dich? Ich meine, die Angelegenheit, die noch nicht restlos geklärt wurde. Es sieht aus, als hätte Cameron einen Komplizen. Den konnten wir bis jetzt nicht finden.“

„Was? Einen Komplizen?“

„Ja. Ich hatte von Anfang an den Verdacht, dass er mit jemandem zusammenarbeitet. Das könnte ich jedoch erst beweisen, nachdem Cameron außer Gefecht gesetzt ist. Noch weiß ich nicht, um wen es sich dabei handelt. Ich habe den Kreis der Verdächtigen allerdings schon auf einige wenige eingeschränkt.“ Jim reichte Keith den großen Umschlag. „Hier sind nähere Informationen über die Personen, die infrage kommen.“

Keith öffnete den braunen Umschlag. „Wer immer derjenige sein mag, sehr klug ist er anscheinend nicht. Nach all der Aufregung, die es in der Bank um Cameron gegeben hat, würde doch ein normal intelligenter Komplize erst einmal stillhalten, seine Spuren sorgfältig verwischen und abwarten. Stattdessen macht dieser Bursche seelenruhig weiter. Oder ist er einfach nur besonders frech und liebt die Gefahr?"

„Womöglich handelt es sich gar nicht um einen Mann", bemerkte Jim.

„Du meinst, eine Frau?" Ein seltsames Lächeln zuckte um Keiths Mund.

„Wie ich vorhin schon sagte, bin ich mir noch nicht ganz sicher. Aber alles deutet darauf hin, dass Cameron die Frauen liebt. Er ist dafür bekannt, dass er Frauen schnell zu befördern pflegt."

„Waren sie tüchtig?", fragte Keith seinen Mitarbeiter ärgerlich.

Jim zuckte die Achseln. Keiths Gesichtsausdruck gefiel ihm nicht. „Bis jetzt habe ich Cameron noch nicht verhaften lassen. Aber er wird genau überwacht. Wir hoffen, dass es nur noch eine Frage der Zeit ist, bis wir seine ‚Mitarbeiterin' erwischen."

„Habe ich dich richtig verstanden, Jim? Cameron steht also weiterhin auf der Gehaltsliste. Du bist sicher, dass er im Moment kein Geld mehr stiehlt. Das besorgt jemand aus seiner Umgebung." Man merkte Keith Webster seine Verärgerung deutlich an.

„So ungefähr, Keith", erwiderte Jim, dem nicht sehr wohl zumute war. „Wir beobachten Cameron Tag und Nacht. Darum wissen wir auch, dass er kein Geld mehr eingesteckt hat. Meine Leute lassen ihn nicht aus den Augen. Bis jetzt hat er noch nicht gemerkt, dass er beschattet wird."

„Und was ist mit seiner Komplizin?" Keith war noch nicht überzeugt.

„Die macht anscheinend weiter. Sie fälscht die Bücher, wie es aussieht, und leitet das Geld irgendwohin weiter. Noch wissen wir nur das." Jim schüttelte den Kopf und schnitt eine Grimasse. „Ich konnte sie bis jetzt noch nicht entlarven, Keith. Sie ist unwahrscheinlich gerissen."

Keith dachte lange nach. Endlich blickte er auf und nahm die Personalakten aus dem Ordner, den Jim ihm vorgelegt hatte. Die beiden kannten sich schon seit Jahren, und Keith vertraute Jim. Wenn der behauptete, dass Cameron mit einer Frau zusammenarbeitete, dann stimmte das auch. Schon oft hatte sich herausgestellt, dass Jims Verdacht gerechtfertigt war.

Mit den Namen in den Personalakten konnte Keith nichts anfangen, denn er kannte die einzelnen Leute noch nicht. Auch sonst fiel ihm nichts Ungewöhnliches auf. „Bist du sicher, dass eine der hier aufgeführten Personen Camerons Komplize oder Komplizin ist?", fragte er zweifelnd.

„Ganz sicher, Keith. Nur diese Leute haben die Möglichkeit und die entsprechenden Vollmachten, über größere Beträge zu verfügen."

„Und was ist, wenn ein kleinerer Angestellter die Unterschrift eines Vorgesetzten gefälscht hat oder noch fälscht?"

„Natürlich dachte ich auch an diese Möglichkeit. Ich habe alles genauestens überprüft und dabei festgestellt, dass das Sicherheits- und Kontrollsystem der Bank so etwas absolut ausschließt. Nein, Keith, es gibt keinen Zweifel. Der Name von Camerons Mitarbeiterin befindet sich hier in diesen Akten. Wir müssen nur noch herausfinden, wer es ist."

Keith schüttelte ungläubig den Kopf. Noch immer konnte er es nicht fassen, dass Jim ausgerechnet in der kleinen seriösen Bank in Seattle diese raffinierten Unterschlagungen aufgedeckt hatte. Aber bald würde dieser böse Spuk beendet sein. Man würde Cameron und seiner Komplizin eine Falle stellen und die beiden außer Gefecht setzen. Dass es sich bei der zweiten Person um eine Frau handelte, berührte Keith besonders. Hatte er doch vor einigen Jahren am eigenen Leib zu spüren bekommen, dass Frauen so einiges zuzutrauen war!

Besorgt musterte Jim Haney das Gesicht seines Chefs und Freundes. Keith war ein großzügiger, fairer und gerechter Mann, er konnte aber auch hart und gnadenlos sein. Vor allem, wenn sich ihm ein Hindernis in den Weg stellte. Jim hatte es schon einige Male erlebt. Cameron konnte einem beinahe leidtun. Jim war froh, nicht in dessen Haut zu stecken, denn Keiths finstere Miene ließ nichts Gutes ahnen. Jim hatte auch Mitleid mit der Frau, die sehr intelligent sein musste, sonst gäbe es bereits handfeste Beweise gegen sie. Warum hatte sich dieses unglückliche Geschöpf nur mit Mitchell Cameron abgegeben und sich zu einer kriminellen Handlung verleiten lassen? Nun, das ist nicht mein Problem, dachte Jim.

„Keith, soll ich bei der Polizei Anzeige gegen Cameron erstatten?“, fragte er in dem Bestreben, nichts falsch zu machen.

„Nein.“ Ein schwer zu deutendes Lächeln zuckte um Keiths Mund. „Ich nehme diese Angelegenheit selbst in die Hand und fliege noch heute Abend nach Seattle.“

„Anscheinend macht es dir großen Spaß, Cameron persönlich zu erledigen, was, Keith?“

„Cameron und seine Komplizin. Ich mag keine Diebe, Jim, vor allem dann nicht, wenn sie mir in die Tasche greifen“, erwiderte Keith hart. „Übrigens ein Grund mehr, so schnell wie möglich nach Seattle zu reisen.“

„Etwas verstehe ich nicht, Keith. Musstest du denn ausgerechnet diese lächerliche kleine Bank kaufen, die seit Jahren in den roten Zahlen steckt, nur um von hier wegzukommen?“

„Ich fühle mich schon seit längerer Zeit nicht mehr wohl in Kalifornien.“ Keith presste grimmig die Lippen zusammen. Doch als er das besorgte Gesicht seines Freundes bemerkte, fuhr er versöhnlicher fort: „Du weißt ja, was mit Krista ist. Der Arzt glaubt, dass ihr ein Klimawechsel guttun würde. Das ist der entscheidende Grund. Sobald ich ein passendes Haus gefunden habe, lasse ich sie nachkommen.“

Jim, dem eine sehr persönliche Frage auf der Zunge lag, beschloss, lieber zu schweigen. Er wäre nicht Vizepräsident dieser großen Finanzierungsfirma geworden, wenn er sich um Dinge kümmerte, die ihn nichts angingen. Und dass Keith nicht über sich und Krista reden wollte, merkte er ihm deutlich an. Es gab viele Gerüchte über Keiths bildschöne Frau, über eine hässliche Scheidung und einen schrecklichen Unfall. Aber Jim hatte seinem Freund niemals Fragen gestellt – schon aus reinem Selbsterhaltungstrieb nicht. An manche Dinge rührt man besser nicht, sagte er sich.

Keith verstaute den braunen Umschlag in seinem Aktenkoffer und nahm das gerahmte Foto seiner Tochter in die Hand. Einige Sekunden betrachtete er das Mädchen mit dem intelligenten jungen Gesicht, bevor er das Bild in ein Seitenfach des Koffers steckte.

„Die Leute von der Möbelspedition holen die anderen Sachen ab“, erklärte Keith und schaute sich noch einmal in seinem Büro um. „Lass dir von Carla die Telefonnummer meines Hotels in Seattle geben, falls du dich mit mir in Verbindung setzen musst.“

Jim schüttelte seinem Freund herzlich die Hand. „Viel Glück, Keith.“

„Ich will doch stark hoffen, dass ich mich nicht auf mein Glück verlassen muss“, erwiderte Keith und verließ mit einem gezwungenen Lächeln sein Büro. Es fiel ihm nicht leicht, das alles aufzugeben und sich um die Bank in Seattle zu kümmern, aber die Entscheidung war gefallen. „Consolidated Finances“ musste – wenigstens vorläufig – ohne ihren Chef auskommen. Und auf Jim konnte er vertrauen. Er hatte ihm bis jetzt stets ausgezeichnete Dienste geleistet, auch in der Angelegenheit mit der Bank in Seattle.

Der alte gelbe Volkswagen blieb so abrupt stehen, dass das schmutzige Regenwasser auf den Bürgersteig spritzte. Eine schlanke Frau stieg aus, warf die Wagentür zu und lief auf das gemütliche irische Restaurant zu. Sie schlug den Kragen ihres Regenmantels hoch, hüpfte über die Pfützen und schlüpfte schnell in das Lokal. Das wird bestimmt wieder ein verregnetes Wochenende, dachte Iris O'Toole verdrossen.

Drinnen war es ziemlich dunkel und verräuchert, aber Iris gewöhnte sich schnell daran. Suchend schaute sie sich um. Eine kleine Band veranstaltete ziemlichen Lärm mit Schlagern aus den Fünfzigerjahren, denen anscheinend niemand zuhörte. Es war an diesem Freitagabend besonders voll, und viele der männlichen Gäste warfen Iris bewundernde Blicke zu. Doch das ließ sie kalt. Endlich hatte sie den etwa fünfzigjährigen Mann entdeckt, der an der Bar saß. Sie ging zu ihm, und er forderte sie mit einer knappen Handbewegung auf, sich zu setzen.

„Hallo, Mitch", begrüßte Iris ihn mit einem leisen Seufzen. „Sag mal, was machst du denn ausgerechnet hier?"

Mitchell Cameron beantwortete ihre Frage nicht. Sein Gesicht war angespannt, seine Augen blickten kalt. „Woher wusstest du, dass ich hier bin?", fragte er scharf.

„Olivia Parsons hat es vermutet", erwiderte Iris, und bei dem Gedanken an Olivia – die langbeinige rassige Brünette – verging Iris das Lächeln.

„Ach so, die liebe Olivia. Deine und meine Freundin. Komm, Iris, trinken wir auf die Freundschaft." Mitch hob sein Glas und winkte den Barkeeper heran. „Was möchtest du haben?", fragte er Iris.

„Eigentlich nichts, Mitch."

„Nichts?", wiederholte Mitch spöttisch. „Nanu, Iris, willst du denn nicht mit mir auf alte Zeiten anstoßen? Oder ist das zu viel verlangt?" Er klang bitter.

„Wovon redest du, und warum bist du hier in diesem Lokal, Mitch?" Iris sprach leise, damit niemand mithören konnte. Sie begriff nicht, warum Mitch sich so seltsam benahm. Was war aus dem freundlichen Mann mit der weichen Stimme und dem trockenen Humor geworden, den sie schon über acht Jahre kannte?

Da sie keine Antwort bekam, wiederholte sie ihre Frage, denn so schnell gab sie nicht auf. „Was ist los, Mitch? Warum bist du hier?“

„Rate mal! Wonach sieht es wohl aus, Iris?“

„Es sieht aus, als wolltest du dich betrinken.“

„Gut beobachtet, Lady“, höhnte Mitch. „Ich bin schon lange davon überzeugt, dass du ein kluges Kind bist.“ Er leerte sein Glas in einem Zug und griff bereits nach dem nächsten, das vor ihm stand. „Willst du wirklich nicht mit mir trinken, Iris? Der Scotch ist sehr zu empfehlen. Er schmeckt ausgezeichnet. Na, wie wär's?“

Iris schüttelte den Kopf. „Nein danke.“

Mitch beachtete sie nicht und bestellte ein Glas Wein für sie beim Barkeeper.

Es fiel Iris schwer, die Verärgerung über ihren Chef und seine Unhöflichkeit zu unterdrücken, aber es gelang ihr. Sie wollte unbedingt herausfinden, was los war, und versuchte es noch einmal. Diesmal nicht so direkt. „Warum hast du heute schon so früh die Bank verlassen, Mitch?“

„Hast du es denn noch nicht gehört?“

„Was soll ich gehört haben?“ Iris wurde immer nervöser. Mitch wirkte irgendwie verschlagen und gefährlich. Das kannte sie gar nicht an ihm, und es gefiel ihr nicht. „Was ist los, Mitch?“

Er zuckte die Schultern. „Wenn du es genau wissen möchtest, solltest du Keith Webster fragen.“

„Webster? Du meinst, unseren neuen Bankpräsidenten? Was hat er denn damit zu tun, dass du heute zeitiger weggegangen bist und dich betrinken willst?“ Sie machte sich ernsthafte Sorgen um Mitch. Er hatte sich in den letzten Monaten unglaublich verändert. Seine Stimmung wechselte ständig, und er verrichtete seine Arbeit nicht mehr zuverlässig. Aber bis heute hatte sie weder für ihn einspringen noch ihn in einer schäbigen kleinen Bar suchen müssen. Sie zählte Mitch zu ihren wenigen Freunden, und es tat ihr weh, zusehen zu müssen, wie es mit ihm immer weiter bergab ging.

Mitchell Cameron hatte ihr über eine sehr schwere Zeit hinweggeholfen und ihr damals einen interessanten Job vermittelt, der sie von ihren Problemen ablenkte. Diesen Freundschaftsdienst würde sie ihm nie vergessen. Er hatte aber noch mehr für sie getan, indem er sie ermutigte, sich im Bankrecht weiterzubilden. Mit seiner Hilfe war es ihr gelungen, den Schock über das unglückliche Ende ihrer Ehe mit Lee zu bewältigen. Wann immer sie einen guten Freund gebraucht hatte, war Mitch da gewesen. Und jetzt, wo er selbst in Schwierigkeiten steckte, wollte sie versuchen, ihm zu helfen. Das war sie ihm schuldig.

Sie griff nach dem Weinglas. „Mrs. Anderson war heute da. Sie wollte unbedingt mit dir persönlich sprechen. Ich erklärte ihr, dass ich deine Stellvertreterin bin. Doch das interessierte sie nicht. Es sollte der Chef der Rechtsabteilung persönlich sein. Und irgendwie kann ich es ihr nicht verdenken. Ich hatte ja wirklich keine Ahnung vom Testament ihres Großvaters oder dem Vermögen, das wir …“

„Pech für die Anderson“, bemerkte Mitch und starrte wieder in sein Glas. „Das ist ihr Problem.“

„Nein, Mitch, da muss ich dir widersprechen. Es ist nicht nur ihr Problem.“

„Meins ist es jedenfalls nicht.“

„Aber die Bank …“

„Die Bank kann von mir aus zum Teufel gehen“, unterbrach er sie grob und stellte sein Glas heftig auf die Theke. Er hatte so laut gesprochen, dass sich einige Gäste umdrehten. Iris war ziemlich unwohl zumute.

„Was ist in letzter Zeit eigentlich mit dir los, Mitch?“, fragte sie verhalten. „Du hast dich sehr verändert. Und ich verstehe auch nicht, was Keith Webster damit zu tun hat, dass du hier hockst und dich betrinkst.“ Sie beugte sich vor und fuhr eindringlich fort: „Möchtest du über etwas mit mir sprechen?“

„Nein, will ich nicht“, erwiderte er gereizt. „Du warst es doch, die hergekommen ist und mich gesucht hat. Ich habe dich nicht hergebeten.“

„Mitch, ich mache mir große Sorgen um dich.“

„Völlig überflüssig. Ich kann schon allein auf mich aufpassen, Iris.“

Sein Sarkasmus verletzte Iris sehr. Aber sie unterdrückte die scharfe Bemerkung, die ihr schon auf der Zunge lag, weil sie Mitleid mit ihm hatte. Iris merkte ihm an, wie unglücklich er war, und wollte ihm helfen. Sanft berührte sie seinen Arm. „Mitch, willst du mir nicht von deinen Problemen erzählen?“

„Probleme?“ Er lachte auf. Seine blauen Augen funkelten böse. „Ich weiß nicht, ob man es ein Problem nennen kann, wenn jemand nach zwanzig Jahren harter Arbeit gefeuert wird.“

Iris zuckte erschrocken zusammen. Sie glaubte, sich verhört zu haben. „Gefeuert? Dich, Mitch? Webster hat dich entlassen? Warum, um Himmels willen?“

„Ich sagte dir schon einmal, frag ihn selbst, falls du noch Gelegenheit dazu bekommst. Wer weiß, ob du deinen Job behältst! Vielleicht fliegst du als Nächste aus der Bank.“

„Aber Webster ist doch noch gar nicht hier, sondern in Kalifornien.“

„Oh doch, er ist bereits hier, meine Liebe. Und denk an meine Worte: Die Angestellten der First Puget Bank – Verzeihung, ich meine natürlich der Consolidated First Bank“, korrigierte er sich sarkastisch, „sollten sich auf einiges gefasst machen.“

Iris saß einige Sekunden wie versteinert da. Sie konnte nicht fassen, dass Mitch entlassen worden war. Er hatte die Rechtsabteilung der First Puget Bank, die in der ganzen Stadt bekannt war und einen ausgezeichneten Ruf genoss, aufgebaut. Zugegeben, zum ersten Mal seit der Gründung vor zehn Jahren verschwand Geld in dieser Abteilung. Aber dafür konnte der neue Präsident doch nicht allein Mitch verantwortlich machen. Oder gab es dafür einen besonderen Grund? Iris begriff nichts mehr. Verstört saß sie da und grübelte. Mitch merkte ihr an, wie traurig sie war.

„Du brauchst kein Mitleid mit mir zu haben, Iris", sagte er ein wenig milder. „Außerdem ist es nicht gut für dich, wenn man dich in meiner Gesellschaft sieht. Glaub mir, es ist am besten, wenn du mich allein lässt."

„Und ich glaube, dass du gerade jetzt einen guten Freund nötig hast", erwiderte Iris leise.

„Ich brauche keinen guten Freund, sondern einen sehr tüchtigen Rechtsanwalt."

„Das bist du doch selbst, Mitch." Iris wurde immer verwirrter.

„Natürlich bin ich Anwalt. Aber mein Fachgebiet ist Zivilrecht. Damit komme ich in meinem Fall nicht weiter. Helfen kann mir nur ein ausgezeichneter Strafverteidiger."

„Strafverteidiger? Ich verstehe nicht …"

„Brauchst du auch nicht." Plötzlich stand Mitch auf. „Ich sagte dir bereits, dass ich auf deine Freundschaft und dein Mitleid verzichten kann. Lass mich in Ruhe!" Er warf ein paar Geldscheine auf den Tresen und wandte sich zum Ausgang. „Wir werden uns irgendwann schon mal wiedersehen", rief er über die Schulter zurück.

„Mitch, warte!" Doch er drehte sich nicht um, sondern ging mit langen Schritten aus der Tür und verschwand in der Nacht.

Iris saß fassungslos da. Sollte das alles wirklich wahr sein?

Würde Mitch am Montag nicht mehr an seinem großen Schreibtisch sitzen und das Wall Street Journal lesen?

„Man hat Sie wohl sitzen lassen, was?“, fragte eine vertrauliche Stimme neben Iris. „Darf ich Sie zu einem Drink einladen?“

„Nein danke“, lehnte Iris energisch ab. Der junge Mann mit dem gestutzten Schnurrbart schien nicht allzu enttäuscht zu sein. Er zuckte lässig die Schultern und ging auf eine schlanke Blondine zu, die neben der kleinen Tanzfläche saß und anscheinend weniger abgeneigt war, sich auf ein kleines Abenteuer einzulassen.

Der Himmel hing voller schwarzer Wolken, und aus dem leichten Nieseln war ein heftiger Regen geworden. Iris stieg in ihr Auto und überlegte, wie es ohne Mitch in der Bank weitergehen würde. Nachdenklich fuhr sie los. Sie hatte schon seit einigen Monaten den Verdacht, dass Mitch in Schwierigkeiten steckte.

Er war immer müde und erschöpft. Nein, verbesserte sie sich, das stimmte nicht, es war mehr. Verspannt, gehetzt und überaus nervös, das traf eher den Kern der Sache. Und es war umso schlimmer geworden, je näher der Tag der Übergabe der Bank an den neuen Eigentümer und Präsidenten, Keith Webster, rückte.

Zunächst hatte Iris sich eingeredet, dass sich alle Angestellten vor dem neuen Chef fürchteten. Das war ja normal. Aber jetzt machte sie sich bittere Vorwürfe, dass sie nicht schon eher erkannt hatte, dass etwas mit Mitch nicht stimmte. Und jetzt war er auch noch entlassen worden!

Vor einem alten viktorianischen Gebäude angekommen, schaltete Iris den Motor ab und schloss die Augen. Ihr Nacken war völlig verspannt, darum ließ sie den Kopf kreisen.

Unwillkürlich musste sie an Keith Webster denken. Was mochte er für ein Mensch sein? Sie wusste praktisch nichts von ihm und kannte nur seine markante Unterschrift auf den vielen Aktennotizen, die ihr auf den Schreibtisch flatterten. Über sein Privatleben erfuhr man nicht viel. Offenbar legte er großen Wert darauf, es für sich zu behalten. Gelegentlich las Iris im Börsen- und Wirtschaftsteil der Zeitung über ihn, so zum Beispiel auch, dass er Eigentümer der Puget Bank geworden war.

Außerdem hatte die Presse vor einigen Jahren oft über ihn im Zusammenhang mit seiner Exfrau berichtet. Jana war ein berühmtes Fotomodell und hatte erfolglos versucht, sich als Schauspielerin einen Namen zu machen. Lange nach der Scheidung war sie bei einem Autounfall ums Leben gekommen und hatte ihre Tochter, wie Gerüchte besagten, mit einer schweren Behinderung zurückgelassen.

Und noch etwas wusste Iris über Keith Webster, nämlich dass er sich sein großes Vermögen selbst erarbeitet hatte. Er kaufte Firmen und Unternehmen auf, die kurz vor dem Zusammenbruch standen, und brachte sie bereits nach kurzer Zeit aus den roten Zahlen. In Finanzkreisen war Webster für seine harten und manchmal recht ungewöhnlichen Methoden bekannt. Aber er hatte immer Erfolg. Alles, was er anpackte, gelang.

Iris verscheuchte die Gedanken und stieg aus dem Auto. Sie ging den schmalen, von Büschen gesäumten Weg entlang zu dem vornehmen alten Haus im viktorianischen Stil, über dessen Anblick sie sich immer wieder freute. Vor zwanzig Jahren war es zu Apartments umgebaut worden. Es stand auf einem Hügel hoch über der Stadt, hatte an der Frontseite eine schöne breite Terrasse und strahlte den Charme des neunzehnten Jahrhunderts aus. Bei Iris war es Liebe auf den ersten Blick gewesen, und obwohl ihr alle Freunde und Bekannten davon abrieten, hatte sie das Haus gekauft und mit einer kleinen Erbschaft angezahlt. Der Rest gehörte eigentlich der First Puget Bank, die ihr als langjähriger Mitarbeiterin eine großzügige Hypothek auf das Haus gegeben hatte.

Jetzt, in Dämmerung und Regen, wirkte es besonders warm und einladend. Das weiß verputzte zweistöckige Gebäude mit dem sanft geneigten Dach und den runden Lukenfenstern im obersten Stockwerk wirkte altmodisch und sehr anheimelnd. Man erkannte erst bei genauerem Hinsehen, dass es dringend einiger Reparaturen bedurfte. Aber heute wollte Iris nicht an den abbröckelnden Putz und die rostenden Dachrinnen denken. Sie hatte bei ihrer Bank ein Darlehen beantragt – zu besonders günstigen Bedingungen für Angestellte –, um alles in Ordnung bringen zu lassen. Aber sie befürchtete, dass Keith Webster ihren Antrag ablehnen würde. Die Bank stand sowieso schon in den roten Zahlen, und diese Art Darlehen brachten kaum Zinsen.

Iris bewohnte das Apartment im obersten Stockwerk des stattlichen Gebäudes. Ihre gemütliche Wohnung war ein umgebauter Dachboden, von dem aus sie einen herrlichen Blick über Seattle hatte. Während sie langsam die Treppe hinaufstieg, blätterte sie ihre Post durch, die vor allem aus Werbeprospekten und Beschwerden ihrer Mieter bestand, wie sie mit einem Seufzer feststellte. Plötzlich hörte sie das Telefon in ihrer Wohnung klingeln. Sie rannte die letzten Stufen im Eiltempo hinauf, öffnete hastig die Tür und warf die Post auf den Tisch.

„Hallo“, meldete Iris sich atemlos.

„Iris, Darling, wie schön, deine Stimme zu hören. Wo hast du denn so lange gesteckt?“

„Lee, bist du es?“ Iris holte tief Luft.

Ein gutmütiges Lachen erklang vom anderen Ende der Leitung. „Ja, ich bin es. Und wie geht es dir, Darling?“

„Gut, Lee“, lautete die knappe Antwort. Warum rief er schon wieder an? Er hätte doch bei seinem letzten Anruf vor zwei Wochen merken müssen, dass sie nichts mehr mit ihm zu tun haben wollte.

„Hör mal, was hältst du davon, wenn wir beide ausgehen? Irgendwo etwas trinken und uns ein bisschen amüsieren? Ich komme dich in einer Stunde abholen, okay?“

Einen Moment war Iris versucht, die Einladung anzunehmen. Lee hatte etwas an sich, dem man nur schwer widerstehen konnte. Das war schon immer so gewesen, wie sie nur allzu gut wusste. Lee war ein umkomplizierter, äußerst kontaktfreudiger und liebenswürdiger Mensch, der alles leichtnahm. Das machte ihn zu einem äußerst beliebten Partygast, aber auch zu einem unzuverlässigen Ehemann. Iris konnte sich Lees jungenhaftes, fröhliches Gesicht, das dichte blonde, gelockte Haar und die lachenden blauen Augen genau vorstellen.

„Lieber nicht“, erwiderte sie. Es hatte wirklich keinen Sinn, mit ihm auszugehen. Aber Lee ließ sich nicht so leicht entmutigen.

„Warum denn nicht? Sag bloß nicht, dass du schon etwas anderes vorhast.“

„Nein, das nicht“, gestand Iris und fragte sich im nächsten Moment, warum sie nicht einfach gelogen hatte, um ihn loszuwerden. Nach all den Jahren und all dem Schmerz, den er ihr zugefügt hatte, brachte sie es immer noch nicht fertig, einfach den Hörer aufzulegen.

„Also, dann etwas anderes, Iris. Dann werden wir eben ganz groß ausgehen und uns einen tollen Abend machen …“

Sie unterbrach ihn. „Tut mir leid, Lee, aber ich kann nicht. Ich muss bis Montag noch etwas für die Bank erledigen, und das wird lange Zeit in Anspruch nehmen.“

„Dafür hast du doch noch das ganze Wochenende. Sei nicht so langweilig, Darling.“ Lee lachte. „Erst das Spiel und dann die Arbeit – das ist mein Motto.“

Seine Worte machten Iris wieder einmal deutlich klar, dass sie mit diesem Mann, der nicht erwachsen werden wollte, nichts gemeinsam hatte. Und noch deutlicher erinnerte sie sich an die

Demütigungen und Qualen, die ihr dieser große Junge während der Ehe zugefügt hatte.

„Nein, Lee“, erwiderte sie hart. „Diese Sprüche kenne ich leider zu gut, weil du sie schon vor acht Jahren gemacht hast. Sie treffen auch heute nicht auf mich zu.“

„Ach Darling, was soll das? Lass doch die Vergangenheit ruhen. Komm schon, ein kleiner Drink wird dir nicht schaden.“

Iris seufzte. Lee war aber auch zu hartnäckig. „Ich habe keine Lust. Weder heute noch an einem anderen Tag. Ich dachte, ich hätte mich bereits vor zwei Wochen klar genug ausgedrückt.“

Eine Pause entstand, und Iris konnte sich genau vorstellen, wie Lee nach den passenden Worten suchte. „Warum lässt du mich nicht in Ruhe?“, fragte sie scharf. „Was willst du wirklich von mir?“

„Das sagte ich dir bereits: ein bisschen Spaß und angenehme Unterhaltung.“

„Dann rate ich dir, das Fernsehgerät einzuschalten und dir einen lustigen Film anzusehen.“ Kaum hatte sie diese bissige Bemerkung gemacht, da tat sie ihr auch schon leid. Sie wollte niemanden verletzen, nicht einmal ihren verflossenen Ehemann.

„Ich muss dich aber sehen, Iris. Bitte!“

„Warum? Vor acht Jahren hast du doch gar keinen Wert darauf gelegt. Warum jetzt auf einmal dieses Interesse?“ Ihre Stimme schwankte, weil die Erinnerungen, die auf sie einstürzten, seit sie Lees Stimme gehört hatte, schmerzten.

„Du möchtest es mir unbedingt schwer machen, nicht wahr?“, warf er ihr vor.

„Was will ich dir angeblich schwer machen? Ich weiß nicht, wovon du sprichst.“ Eine böse Vorahnung stieg in ihr auf. Ihr Magen zog sich zusammen. Das war kein harmloser Anruf! Lee wollte Geld von ihr haben. Schon wieder. Auf einmal verspürte sie Mitleid mit dem Mann, der einmal ihr Ehemann gewesen war.

„Hör mal, Darling“, sagte Lee verunsichert, „du weißt ja, dass ich meinen Job in Spokane verloren habe. Seitdem … ich muss gestehen, dass ich … seit meiner Rückkehr nicht gerade von Glück überschüttet worden bin. Ich hoffte, du könntest mir ein paar Dollar leihen, bis ich wieder festen Boden unter den Füßen habe.“

Iris musste erst einmal Luft holen, bevor sie mit energischer Stimme antwortete: „Lee, ich habe dir schon einmal Geld geliehen, um dir zu helfen. Bis jetzt hast du es mir noch nicht zurückgezahlt.“

„Das ist nicht meine Schuld. Es lief in Spokane nicht so, wie ich es erwartet hatte. Die schlechte Wirtschaftslage und so. Es ist verdammt hart, ganz von vorn anzufangen.“

„Ach Lee, auch das habe ich schon gehört“, seufzte Iris. Aber sie spürte selbst, dass sie wankend wurde.

Lee merkte es und nutzte die Gelegenheit. „Ich brauche ja nur ein paar Hunderter, Iris. Dann kann ich neu anfangen, mir etwas aufbauen und brauche nicht …“

„Verschone mich mit deinen traurigen Geschichten, Lee“, unterbrach sie ihn. „Ich könnte dir im Moment kein Geld leihen, selbst wenn ich wollte. Ich habe nämlich keins.“

„Du hast keins?“

„Tut mir leid, Lee.“

„Das bezweifle ich sehr“, höhnte er.

„Lassen wir das. Wir beide haben uns nichts mehr zu sagen. Muss ich dich daran erinnern, dass du derjenige warst, der damals den Schlussstrich gezogen hat? Gute Nacht.“

Mit zitternden Händen legte Iris den Hörer auf. Warum kreuzte Lee immer wieder ihre Wege? Warum verschwand er nicht endlich aus ihrem Leben? Musste sie jedes Mal die schreckliche Scheidung aufs Neue durchleben, an der sie nicht schuld war? Oder war sie es vielleicht doch?

Womöglich lag es an ihrer inneren Unsicherheit, dass Lee immer wieder auftauchte und neu mit ihr anfangen wollte. Darum war sie so erleichtert gewesen, als er nach Spokane zog. Sie glaubte, er würde sich endlich ein neues Leben aufbauen. Aus diesem Grund hatte sie ihm auch fünfzehnhundert Dollar geliehen. Doch aus seinen Plänen war nichts geworden. Sechs Monate später kehrte Lee wieder nach Seattle zurück.

Iris zog den Regenmantel aus und löste die Kämme, die ihre Haare zusammenhielten. Schluss mit den Gedanken an Lee, befahl sie sich. Sie hatte genügend eigene Probleme. Zum Beispiel die Angelegenheit mit dem Anderson-Nachlass, die sie in Ordnung bringen musste, weil Mitch nicht mehr zur Verfügung stand. Und das bedeutete, dass sie morgen, an ihrem freien Samstag, zeitig aufstehen und ins Büro gehen musste. Der neue Chef sollte nicht gleich am Montag von einer verärgerten Kundin mit Beschwerden überfallen werden.

2. Kapitel

Die Morgennebel waberten um das hohe Marmorgebäude, von dem einige Arbeiter bereits die alten Schriftzüge entfernten. Sie ersetzten sie durch neue, die verkündeten, dass nun auch die First Puget Bank von dem riesigen Unternehmen „Consolidated Finances“ übernommen worden war. Als Iris sah, wie der letzte Goldbuchstabe von der Marmorwand gelöst wurde, verspürte sie eine seltsame Traurigkeit. Es war bedrückend zu erleben, dass eine seit achtundachtzig Jahren hier verwurzelte, hoch angesehene Firma so einfach von einem modernen Finanzierungsunternehmen geschluckt werden konnte. Bestimmt würde sich der Charakter der First Puget Bank genauso verändern wie die Goldschrift auf dem Gebäude.

Iris schloss das Portal mit ihrem eigenen Schlüssel auf, winkte dem Sicherheitsbeamten zu und betrat leise das Bankgebäude. Die große Eingangshalle war ungewöhnlich ruhig, denn es gab hier an einem Samstag keine Kunden, keine ständig klingelnden Telefone und keine Angestellten. Irgendwie wirkte diese ungewohnte Stille beängstigend und bedrückend auf Iris. Sie stieg in den Fahrstuhl und fuhr ins dreiundzwanzigste Stockwerk. Dort befand sich ein wahrer Irrgarten von Büros, die zur Rechtsabteilung gehörten.

Iris durchquerte im matten Schein der Sicherheitsbeleuchtung die Gänge. Vor Mitchells Büro blieb sie einen Moment zögernd stehen. Warum hat Webster ihn entlassen? fragte sie sich traurig und verbittert. Was mochte der Grund sein? Es tat ihr sehr leid, dass Mitchells Karriere auf diese Weise enden musste, und sie hätte gern gewusst, was wirklich hinter seiner

Entlassung steckte. Würden etwa auch andere das gleiche Schicksal erleiden, falls Keith tatsächlich eine Art Hexenjagd veranstaltete, wie Mitch angedeutet hatte?

Unwillkürlich griff Iris nach der Türklinke seines Büros, zog die Hand aber gleich wieder zurück. Es hatte keinen Sinn, hineinzugehen. Sie würde doch keine Antwort auf ihre Fragen finden, sondern nur noch trauriger und besorgter werden. Am besten wäre es, sich schleunigst an die Arbeit zu machen, um dann so schnell wie möglich wieder nach Hause zu fahren.

Ihr Büro war dunkel, doch Iris schaltete nur die Schreibtischlampe ein, die einen sanften Schein verbreitete und dem Raum eine gemütlichere Atmosphäre gab als die grelle Deckenbeleuchtung. Und nun an die Arbeit! Iris setzte die Lesebrille auf und nahm die Kopie des Anderson-Testaments aus dem Schreibtisch. Es handelte sich um ein ziemlich umfangreiches Dokument, für das sie einige Zeit brauchen würde. Also ließ sie sich auf dem Teppichboden nieder und vertiefte sich in die vielen Bestimmungen des komplizierten Testaments. Bald hatte sie alles um sich herum vergessen und summte leise vor sich hin.

Keith Webster stieg aus dem Taxi und drückte dem Fahrer ein ansehnliches Trinkgeld in die Hand. Einen Moment blieb er auf dem Bürgersteig stehen und blickte auf das hohe Gebäude, das jetzt ihm gehörte. Dann betrachtete er nachdenklich die Arbeiter, die das neue Firmenzeichen von „Consolidated Finances“ an der Mauer anbrachten. Ist es vielleicht doch ein Fehler gewesen, die First Puget Bank zu kaufen, wie Jim Haney behauptet hatte? Die Bank ist schlecht geführt worden, verlor seit zwei Jahren auf unerklärliche Weise Geld und stand kurz vor dem Bankrott.

Vielleicht hatte er übereilt gehandelt, weil er das oberflächliche Leben in Kalifornien nicht länger ertrug und weil er sich in einer anderen Umgebung Hilfe für sein kleines Mädchen versprach. Doch nun war es zu spät, darüber nachzugrübeln, denn er konnte nichts mehr ändern.

Keith schob energisch das Kinn vor und betrat die jüngste Tochtergesellschaft der „Consolidated Finances“. Auf der Fahrt im Lift dachte er über die geschäftliche Lage der Bank nach, die alles andere als rosig war.

Zuallererst musste das Loch gestopft werden, aus dem das Geld verschwand. Keith brannte förmlich darauf, die Frau zu erwischen, die die Bankkonten der Kunden bestahl. Einen Schuldigen, Mitchell Cameron, hatte er bereits gefasst und gestern gefeuert. Leider war von diesem nicht zu erfahren, um wen es sich bei seiner Komplizin handelte. Keith hatte Mitchell, der verbissen schwieg, offenbar unterschätzt. Er war nicht zusammengebrochen und hatte die ganze Zeit den Mund gehalten, obwohl Keith davon überzeugt gewesen war, dass Mitchell Cameron auspacken würde.

Sein Verhalten hatte Jim Haneys Verdacht bestärkt, dass es sich bei der zweiten kriminellen Person um eine Frau handelte, und zwar um eine für Cameron sehr wichtige Frau. Ein weiterer Anhaltspunkt für die Ermittlungen. Keith war in die Bank gekommen, um ungestört in Mitchells Büro nach Hinweisen auf diese geheimnisvolle Komplizin zu suchen.

Der Lift hielt an, und Keith betrat den nur schwach beleuchteten Empfangsraum der Rechtsabteilung. Gerade wollte er die Deckenbeleuchtung einschalten, da hielt er verdutzt inne. Bildete er es sich nur ein, oder summte wirklich jemand leise vor sich hin?

Langsam blickte Keith sich um, bis er durch die halb geöffnete Tür eines Büros den sanften Schein einer Schreibtischlampe entdeckte. Aus diesem Raum kam auch das leise Summen einer weichen Frauenstimme. Keith wurde misstrauisch. Wer hielt sich an einem arbeitsfreien Tag ausgerechnet in der Rechtsabteilung der Bank auf? Zufall oder Absicht? War es ein Sicherheitsbeamter? Der Hausmeister? Eine Putzfrau?

Oder hatte er vielleicht Glück und ertappte Camerons Komplizin auf frischer Tat? Grimmig vor sich hin lächelnd, schlich er durch den Empfangsraum zu der halb geöffneten Tür und nahm sich vor, ganz harmlos zu erscheinen. Das war wichtig, denn wenn die verdächtige Person merkte, dass er sie für die Schuldige hielt, würde sie natürlich schnell alle Beweise und Spuren vernichten. Also wollte er sie zunächst eine Weile beobachten. Leise näherte er sich der Tür und schob sie vorsichtig ein Stück weiter auf. Der Anblick, der sich ihm bot, überraschte ihn. Darauf war er nicht gefasst.

Eine zierliche junge Frau saß im Schneidersitz auf dem Fußboden, mit dem Rücken zur Tür. Vor ihr lagen Berge von amtlich aussehenden Schriftstücken, Notizen und Büchern, nicht anders sah es im ganzen Raum aus. Keith betrachtete die junge Frau genauer. Sie hatte dichtes schwarzes Haar, das ihr lang über den Rücken fiel, trug eng anliegende Jeans und einen lose fallenden violetten Pullover, der ihre weiblichen Rundungen nicht ganz verbarg.

Sie war so sehr in ihre Arbeit vertieft, dass sie Keith nicht bemerkte. Noch immer summte sie leise vor sich hin. Die Brille war ihr auf die Nasenspitze gerutscht. Hinter dem einen Ohr steckte ein Bleistift, der das Haar zurückhielt, das ihr dauernd ins Gesicht fallen wollte. Sie war von einer unaufdringlichen und doch unterschwellig sinnlichen Schönheit und sah überhaupt nicht wie eine Diebin aus.

Keith presste die Lippen zusammen. Gleichgültig, wer diese Frau war, er durfte sich nicht von ihr beeindrucken lassen und musste sachlich und kühl urteilen. Zunächst einmal stand sie auf der Liste der Verdächtigen, und mochte sie auch noch so unschuldig und verletzlich aussehen. Höchstwahrscheinlich handelte es sich um Mitchells Komplizin. Es spielte dabei überhaupt keine Rolle, dass ihr wunderschönes schwarzes Haar bläulich schimmerte und dass ihr vornehmes Profil …

Bevor seine Gedanken weiter abschweifen konnten, riss Keith sich zusammen. Es wäre geradezu absurd, wenn er sich ausgerechnet in diese Frau verlieben würde, und es wäre das Letzte, was er sich leisten konnte.

Um sich bemerkbar zu machen, hüstelte Keith verhalten. Erschrocken wandte Iris sich zu ihm um. Ihre Blicke begegneten sich, und Keith glaubte einen Moment, in den violetten Tiefen ihrer Augen zu versinken. Ein Anflug von Furcht huschte über ihr Gesicht, und unwillkürlich drängte es ihn, die junge Frau beschützend in die Arme zu nehmen. Aber er widerstand der Versuchung.

Iris, die jemanden aus der Rechtsabteilung vermutet hatte, rief in der ersten Überraschung: „Mitch?“ Erst dann erkannte sie, dass es sich um einen fremden Mann handelte. Ein kalter Schauer rieselte über ihren Rücken. Wer war der Fremde, der sie schon einige Zeit beobachtet haben musste? Sie sah, wie sein Blick mit sichtbarer Bewunderung über ihren Körper glitt, und das machte sie noch nervöser. Was wollte der Mann hier?

„Haben Sie jemand anderen erwartet?“, fragte er.

„Ja … nein … ich bin nur überrascht“, stammelte sie.

Der Fremde, der am Türpfosten lehnte, musterte sie noch immer eindringlich. Er war hochgewachsen und wirkte trotz der lässigen Kleidung ausgesprochen elegant. Unter dem maßgeschneiderten Sportsakko zeichneten sich die kräftigen Schultern ab, unter der braunen Cordsamthose die sehnigen Beine. Iris fiel sein dichtes kastanienbraunes Haar auf, das im Lampenlicht kupferfarben schimmerte. Das braun gebrannte, kantige Gesicht wirkte fast ein wenig hart, der ernste Blick seiner grauen Augen verriet Energie und Selbstbewusstsein. Einige Sekunden schwiegen beide, und die Spannung zwischen ihnen knisterte förmlich.

„Kann ich Ihnen behilflich sein?“, fragte Iris nach einer Weile so kühl wie möglich, obwohl ihr Herz heftig klopfte.

Inzwischen ahnte sie, wer der Eindringling war. Darum versuchte sie, vor ihrem neuen Chef unbedingt völlig beherrscht zu erscheinen. Leichter gesagt als getan, denn sie hockte noch immer lässig auf dem Fußboden. Das musste sie schleunigst ändern. Also stand sie so graziös wie möglich auf, ohne den Blick von dem Mann zu wenden, der ihren guten Freund Mitch gefeuert hatte.

„Sind Sie Miss O’Toole?“, fragte Webster, nachdem er kurz auf das Namensschild auf ihrem Schreibtisch geblickt hatte.

„Ja, die bin ich.“ Iris versuchte ein Lächeln, das ihr nicht recht gelingen wollte. „Ich vermute, Sie sind – Mr. Webster?“

„Nennen Sie mich Keith. Ich halte nicht allzu viel von Förmlichkeiten. Jedenfalls zunächst noch nicht.“ Er blickte sie prüfend an, und Iris spürte, dass Keith gespannt ihre Reaktion auf diese etwas rätselhafte Bemerkung beobachtete. „Haben Sie mit mir gerechnet?“

„Nein, natürlich nicht.“

„Dann warteten Sie also auf Mitchell Cameron, nicht wahr?“

„Nein, das sagte ich Ihnen bereits.“

„Warum sind Sie dann hier? Was machen Sie am Samstag in der Bank?“

Iris antwortete nicht gleich. Keith Webster konnte doch selbst sehen, dass sie mit Rechtsfragen beschäftigt war. Oder nicht? Vielleicht lag es an dem Tonfall, in dem er ihr die Frage gestellt hatte, dass Iris vorsichtiger wurde. „Ich habe gearbeitet“, erwiderte sie ruhig.

„Das ist mir nicht entgangen“, spottete er, und es sah beinahe so aus, als lächelte er leise. „Ich glaube, ich muss meine Frage etwas genauer formulieren. Also, warum müssen Sie an einem Samstag so ganz allein arbeiten? Sie sind doch allein – oder?“ Er blickte sich suchend um.

„Natürlich. Und ich musste heute herkommen, weil mir durch die Übernahme der Bank von Consolidated eine Menge zusätzlicher Arbeit entstanden ist, die ich in den Bürostunden nicht geschafft habe.“ Keith schien ihr gar nicht zuzuhören. Zu ihrer Bestürzung kam er näher und setzte sich lässig auf die Schreibtischkante. Er tat es so selbstverständlich, als wollte er ihr zeigen, wer hier der Chef war.

Iris fühlte sich zunehmend beunruhigt und wäre am liebsten ein Stück zurückgewichen. Doch ihr Instinkt riet ihr, Webster nicht merken zu lassen, wie sehr er sie durcheinanderbrachte. Sein schroffes Benehmen und seine bohrenden Fragen verursachten ihr Unbehagen und machten sie vorsichtig.

„Aha, ich verstehe“, sagte er, aber es klang eher so, als sei das Gegenteil der Fall. „Ihnen ist also eine Menge zusätzlicher Arbeit entstanden, die Sie während der Bürostunden nicht bewältigen können. Soll das heißen, dass Sie überarbeitet sind?“, fragte er und schaute sie forschend an.

„Nein!“, protestierte Iris.

„Nein?“ Keith Webster lächelte, doch das Lächeln erreichte seine kühlen grauen Augen nicht. „Dann ist es wohl so, dass der Job zu hohe Anforderungen an Sie stellt, denen Sie nicht gewachsen sind.“

„Wie bitte?“, brachte Iris fassungslos heraus. Ihr Gesicht war kreidebleich geworden. Was bezweckte Webster mit dieser Provokation?

„Nun, es muss entweder das eine oder andere sein, nicht wahr?“

„Keinesfalls!“, beteuerte sie energisch. Sie hatte das schreckliche Gefühl, dass Keith Webster aus irgendeinem Grund mit ihr spielte, und das machte ihr Angst. Um ihre Nervosität zu verbergen, fing sie an, die überall verstreuten Papiere zu ordnen und die Bücher in die Regale zu stellen. Und die ganze Zeit spürte sie seinen Blick auf ihrem Körper. Es musste etwas geschehen, bevor sie noch die Nerven verlor. Iris wandte sich zu ihm um.

„Also nicht?“, kam er ihr zuvor.

„Nein. Ich wollte Ihnen lediglich erklären, dass ich noch etwas aufarbeiten muss. Aus irgendeinem Grund scheinen Sie darüber verärgert zu sein. Glauben Sie mir, dass ich Sie durchaus nicht verärgern oder beleidigen wollte.“

„Sie haben mich weder verärgert noch beleidigt.“ Seine Stimme klang plötzlich weicher.

„So? Warum sind Sie dann so – so seltsam? Ich gebe mir Mühe, möglichst gute Arbeit zu leisten, übrigens für Ihre Bank, wie ich ausdrücklich betonen möchte. Und Sie kommen hier aus heiterem Himmel hereingeschneit und fangen an, mich in eine Art Kreuzverhör zu nehmen.“

„Finden Sie, dass ich Sie ins Kreuzverhör genommen habe?“ Seine Stimme klang gefährlich leise, und er griff nach ihrem Handgelenk.

„Durchaus, und Sie tun es immer noch.“ Seine Finger waren wie eine Fessel, und ihr Herz fing bei dieser unerwarteten Berührung rasend zu hämmern an. Iris blickte irritiert auf seine Hand und dann in seine Augen. Plötzlich ließ er ihr Handgelenk abrupt los. Iris trat sofort ein paar Schritte zurück. Dieser Mann war zu verwirrend und dominierend, und sie spürte, dass sie unangemessen stark auf ihn reagierte.

„Es tut mir leid“, entschuldigte er sich, und sein Gesicht verdüsterte sich. „Ich hatte nicht die Absicht, Sie ins Kreuzverhör zu nehmen. Ich hatte gar nicht damit gerechnet, heute jemanden hier anzutreffen.“

„Ich auch nicht“, flüsterte Iris und atmete tief durch. „Und genau das ist der Grund, warum ich herkam. Ich wollte ungestört arbeiten und weder vom Telefon noch von sonst etwas unterbrochen werden.“ Ihre Stimme klang leicht schrill, denn Iris war noch immer schrecklich nervös.

„Kommen Sie öfter nach Dienstschluss in die Bank, Miss O'Toole?" Schon wieder eine Frage!

„Nur, wenn es unbedingt sein muss", entgegnete sie scharf. Doch gleich bereute sie ihren unfreundlichen Ton, und um ihn zu mildern, fügte sie rasch hinzu: „Bitte nennen Sie mich Iris. Das tut jeder."

„Einverstanden. Ich ziehe es wie gesagt vor, die Atmosphäre ein bisschen persönlicher und lockerer zu gestalten."

Von locker hatte sie noch nicht viel gemerkt, darum schaute sie ziemlich erstaunt auf, auch wenn sie vorsichtshalber den Mund hielt.

Keith Webster erhob sich, und Iris fiel ein Stein vom Herzen. Höchste Zeit, dass er sie allein ließ, damit sie sich fassen konnte. Sie wusste nicht, warum er eine derart starke Wirkung auf sie ausübte, doch spürte sie, dass sie ihm nicht zu nahe kommen durfte. Je größer der Abstand zwischen ihm und ihr, desto besser. Iris hatte jedoch zu früh aufgeatmet. An der Tür blieb Keith Webster stehen.

In die spannungsgeladene Atmosphäre hinein fragte Keith kühl: „In welchem Verhältnis stehen Sie zu Mitchell Cameron?"

Iris schluckte. Es fiel ihr schwer, in Keith Websters eisige graue Augen zu schauen. „Er war mein Vorgesetzter", lautete ihre knappe Antwort.

„Ist das alles?"

„Nein … das ist nicht alles", erwiderte Iris brüsk.

„Eigentlich hatte ich das auch nicht erwartet."

„Mitchell Cameron ist ein guter Freund von mir", erklärte sie aufgebracht, weil sie wusste, was Webster dachte. „Und das wird er weiterhin bleiben, auch wenn Sie ihn entlassen haben."

„So, das ist Ihnen also bekannt? Hat Cameron es Ihnen mitgeteilt?"

„Ja."

„Nannte er Ihnen auch den Grund für seine Entlassung?"

„Ich dachte, den könnten Sie mir verraten."

Keith schloss die bereits geöffnete Tür und kam wieder an Iris' Schreibtisch zurück. Er stemmte die Hände auf die Tischplatte und brachte sein Gesicht ganz nah an ihres. „Was genau hat Cameron Ihnen berichtet? Und wann war das?"

„Ich weiß nicht, ob Sie das etwas angeht", erwiderte Iris schroff. Sie konnte nicht verstehen, warum Keith Webster so gereizt war. Auch sie wurde immer aufgebrachter und hatte große Mühe, sich zu beherrschen.

Er umfasste ihr Gesicht mit beiden Händen und sagte leise: „Alles, was diese Bank betrifft, geht mich etwas an."

Iris spürte seine Nähe, die Wärme seiner Hände an ihren Wangen, die Hitze, die in ihr aufstieg. Dieser Mann besaß einfach eine unglaubliche Anziehungskraft. „Ich ..."

„Warum erzählen Sie mir nicht ein wenig mehr von Ihrem Freund Mitchell!", forderte Keith sie auf. Plötzlich wurde sein Griff sanft und zärtlich, und mit dem Daumen streichelte er ihre Wange.

„Es gibt nichts zu erzählen", hauchte Iris. Sie versuchte, einigermaßen klar zu denken und sich von dem erregenden Streicheln nicht überwältigen zu lassen. Für einen Moment flammte Leidenschaft in seinen Augen auf. Doch gleich wurde sein Blick wieder kühl und verschlossen.

„Erklären Sie mir, was Sie unter einem guten Freund verstehen."

„Genau das, was ich sagte. Unsere Beziehung ist rein platonisch, sonst nichts. Ich verwahre mich energisch gegen jede Unterstellung."

„Welche Unterstellung?", fragte er spöttisch.

„Dass ich mit Mitch schlafe. Das haben Sie doch andeuten wollen, nicht wahr?" Sie konnte ihre Verbitterung nicht länger unterdrücken und setzte kalt hinzu: „Nicht alle erfolgreichen Frauen schlafen sich nach oben.“

„Ich wollte nicht andeuten …“

„Natürlich wollten Sie das. Übrigens verstehe ich nicht, was diese Suggestivfragen für einen Sinn haben. Ich bin hergekommen, um meine Arbeit zu erledigen.“ Iris befreite sich aus seinem Griff und sammelte einige lose Blätter auf, um Zeit zu gewinnen und ihren Zorn abklingen zu lassen. Sie durfte vor diesem Mann nicht ihre Haltung verlieren, gerade weil sie ihn wegen Mitchs Entlassung zutiefst verachtete. Warum reagierte sie so intensiv auf seine Berührung und seine Nähe? Eine unbequeme Frage, die Iris schnell verdrängte, während sie ihren Schreibtisch abschloss und die Wagenschlüssel aus ihrer Handtasche kramte.

„Es sind durchaus keine Suggestivfragen. Ich möchte nur herausfinden, wie die Angestellten meiner Bank ihre Arbeit tun.“

„Damit Sie uns alle wie den armen Mitch hinauswerfen können?“, konterte Iris.

In Websters stahlgrauen Augen blitzte es auf. „Ist das der Grund, dass Sie sich so aufregen? Sie sind wütend, dass ich Cameron gehen ließ, stimmt's?“, fragte er ernst und sah ihr fest in die Augen.

„Das geht mich nichts an“, erwiderte sie so gleichmütig wie möglich.

„Falls es Sie beruhigt, ich habe im Moment nicht vor – wie drücke ich es am besten aus? –, das Personal der Bank umzuorganisieren. Jedenfalls so lange nicht, bis ich mich selbst davon überzeugt habe, wie gut jede Abteilung arbeitet.“

„Nur bei Mitch haben Sie sich anscheinend nicht daran gehalten.“

„Bei Cameron lag eine ganz andere Situation vor. Aber, wie Sie vorhin so treffend bemerkten, das geht Sie nichts an.“ Keith

Webster schwieg einige Sekunden, bevor er fragte: „Arbeiten Sie oft allein hier?“

Ihre Antwort klang aufrichtig und unbefangen. „Normalerweise nicht. Aber Ihnen ist doch bestimmt bekannt, dass Mitch dauernd mit Ihren Buchprüfern und Computerleuten beschäftigt war.“

„Dann haben Sie also seine sonstigen Aufgaben übernommen?“

„Nicht alle. Olivia hat sich um einige seiner Kunden gekümmert.“

„Olivia Parsons? Meinen Sie die Chefsekretärin?“

„Olivia ist mehr als das. Man kann sie ohne Übertreibung Mitchs Assistentin nennen.“ Iris dachte an die rassige Frau, die mit Lee ein ganz offenes Verhältnis unterhalten hatte, das dann schließlich zur Scheidung führte. Noch heute fiel es Iris unsagbar schwer, sich an jene Zeit zu erinnern.

Keith beobachtete Iris scharf. Er sah die Röte, die ihr in die Wangen gestiegen war, die gerunzelte Stirn, die herabhängenden Schultern. Irgendetwas bedrückte Miss O'Toole, und Keith war fest entschlossen, herauszufinden, was es war. Iris nahm ihre Handtasche – ein Zeichen, dass sie loswollte. Doch so schnell ließ Keith sie nicht gehen.

„Wenn Sie mich bitte entschuldigen, Mr. Webster“, fing Iris an und wollte an ihm vorbei zur Tür. Er hielt sie am Arm zurück.

„Sie möchten gehen?“

„Ja.“ Und doch blieb sie stehen, fasziniert von der Wärme seiner Hände auf ihrem Arm.

„Ich hatte mich schon darauf gefreut, dass mir jemand Gesellschaft leisten und mir helfen würde, mein Büro einzurichten.“

Verblüfft blickte Iris auf. „Sie haben aber doch gar nicht damit gerechnet, dass heute jemand in der Bank ist, oder?“

„Nein, das nicht. Aber da Sie nun einmal da sind, könnten Sie mir gleich erklären, wie diese Abteilung aufgebaut ist, wie sie funktioniert und was ihre Aufgaben sind."

„Tut mir leid, aber ich habe heute Nachmittag etwas vor", schwindelte Iris.

Keith hielt sie immer noch fest, und es war ein erregendes Gefühl – warm, zärtlich und verführerisch. Der nur schwach erleuchtete Raum schien plötzlich zu schrumpfen. Iris bekam kaum noch richtig Luft. Sie musste schleunigst weg von hier, um wieder einen klaren Gedanken fassen zu können.

„Wie wäre es mit heute Abend?"

„Da bin ich auch beschäftigt." Iris lächelte zu ihm auf, doch ihre Lippen zitterten.

Keith schaute sie prüfend an, und sie wollte gleichzeitig von ihm fort und ihm ganz nahe sein. Als ob er ihre widerstreitenden Gefühle erriet, zog er Iris an sich und stellte ihr flüsternd eine weitere Frage: „Dann morgen?" Sein heißer Atem streifte ihr Gesicht.

Iris blickte in seine Augen und brachte keine weitere Ausrede zustande. „Ich … ich weiß nicht."

„Seien Sie doch nicht so hart mit mir", drängte er. „Ich bin fremd in Seattle. Sie könnten mir die Stadt zeigen."

„Ich dachte, Sie wollen Auskünfte über die Firma."

„Das natürlich auch."

„Ich gehe nie mit einem Mann aus, mit dem ich zusammenarbeite, und schon gar nicht, wenn er mein Chef ist."

„Betrachten Sie es als ein dienstliches Treffen, wenn es Ihnen dann leichterfällt."

„Aber …"

„Bitte, kein Widerspruch. Wir sehen uns also morgen früh."

„Ich …"

Keith Webster überhörte ihren schwachen Protest, und Iris sagte nichts mehr. Sie brachte es nicht fertig. Aber es gelang ihr, wenn auch mit großer Mühe, sich aus seinem Bann zu befreien und in stolzer Haltung das Büro zu verlassen, obwohl sie völlig durcheinander war.

Iris lief zu ihrem Wagen, wobei sie tief die frische Luft einatmete, um wieder zu sich zu kommen. Ihre Hände zitterten, und fast hätte sie den Autoschlüssel fallen lassen. Sie biss die Zähne zusammen und fand, dass sie sich wie eine alberne Gans benahm. Was war nur mit ihr los? Schön, sie war einem äußerst attraktiven Mann mit einer ungeheuren Ausstrahlung begegnet, aber die Begleitumstände waren nicht gerade sehr erfreulich. Diese seltsamen Gefühle, die sie verwirrten, konnten nichts anderes sein als die Reaktion auf die angestaute Spannung, die unterdrückte Furcht vor dem neuen Chef. Es wäre doch gelacht, sich davon unterkriegen zu lassen!

Doch je mehr sie sich einzureden versuchte, dass sie sich wieder völlig gefangen hatte, desto hilfloser und verletzlicher fühlte sie sich. Seit der missglückten Ehe mit Lee hatte sie keinen Mann in ihre Nähe gelassen, sich für keinen interessiert. Darum erschreckte die Wirkung, die Keith auf sie ausübte, sie auch so sehr. Sie durfte sich nicht ihren Gefühlen ausliefern. In Zukunft musste sie unter allen Umständen vermeiden, noch einmal mit Keith allein zu sein. Sie traute sich selbst nicht mehr. Früher hatte sie darüber gelacht, wenn so viel über die Macht körperlicher Anziehungskraft geredet und geschrieben wurde. Jetzt aber war ihr das Lachen vergangen.

Iris startete den Motor und fuhr nach Hause. Während der ganzen Fahrt schalt sie sich, dass sie sich derart unvernünftig und kindisch wie ein Teenager benahm.

Noch lange, nachdem Iris gegangen war, saß Keith tief in Gedanken versunken an seinem Schreibtisch. Er hatte am Fenster gestanden und gewartet, bis Iris das Bankgebäude verließ und wegfuhr. Erst jetzt nahm er den Bericht aus der Aktentasche. „Iris O'Toole“ lautete die Überschrift. Keith las noch einmal alle Seiten gründlich durch und prägte sich die Fakten ein. Eine Sache fiel ihm besonders auf. Iris war einmal eine Mrs. Sinclair gewesen und hatte nach der Scheidung von ihrem Mann Lee wieder ihren Mädchennamen O'Toole angenommen.

Stirnrunzelnd las Keith weiter. Iris war seit zehn Jahren bei der Bank angestellt und hatte sich mit Mitchells Unterstützung überraschend schnell hochgearbeitet, bis sie ihren jetzigen Posten als stellvertretende Abteilungsleiterin erreicht hatte. Ein großer Erfolg für eine 32-jährige Frau. In den letzten Jahren war sie etwas zu oft befördert worden, fand Keith. Vor einigen Jahren hatte sie sich ein Apartmenthaus gekauft, natürlich mit einem Angestelltendarlehen, zu dem ihr ebenfalls Mitchell Cameron verholfen hatte. Und erst vor kurzer Zeit hatte Iris um ein weiteres Darlehen gebeten. Als Grund dafür hatte sie angeführt, dass sie das Haus reparieren lassen müsse.

Noch einige weitere Dinge kamen Keith merkwürdig vor. Iris schien dauernd Geld zu brauchen, und trotzdem hatte sie vor einem Jahr ihrem geschiedenen Mann eine größere Summe geliehen. Das sah Keith an dem Scheck, der auf Lee Sinclair ausgestellt und von ihm auch eingelöst worden war. Man musste es Jim Haney lassen: Er hatte ganze Arbeit geleistet, über alle Angestellten genau Bericht erstattet und anscheinend nichts Wichtiges übersehen. In Iris' Akte machten Keith vor allem drei Dinge stutzig. Erstens: Iris steckte ständig in Geldschwierigkeiten und hatte hohe Schulden. Zweitens: Sie war erstaunlich schnell befördert worden; und drittens: Mitchell Cameron hatte ihr restlos vertraut, wie aus seinen Beurteilungen hervorging, die in ihrer Personalakte lagen.

Hinzu kam noch etwas. Als Keith heute in ihrem Büro erschien, hatte sie Mitchells Namen gerufen. War sie mit ihm verabredet gewesen, oder hatte Cameron sie hingeschickt, um mit ihrer Hilfe seine schmutzigen Unterschlagungen fortzusetzen? Sie musste am vergangenen Abend mit ihm gesprochen haben, was sie ja nicht bestritt. War sie Camerons Komplizin? All diese Fragen gingen Keith durch den Kopf, bis er genug davon hatte und die Akte der Iris O'Toole zuklappte und auf den Schreibtisch warf.

Es fiel Keith Webster schwer, sich vorzustellen, dass Iris Unterschlagungen beging, auch wenn viele Beweise gegen sie sprachen. Immer wieder sah er ihr fein geschnittenes Gesicht mit den klaren Augen vor sich, die seinem Blick nicht ausgewichen waren. Nachdenklich massierte Keith seinen verspannten Nacken. Es machte ihm auf einmal keinen Spaß, Camerons Helfershelfer nachzustellen. Bestürzt stellte er fest, dass er Iris gegenüber ziemlich nachsichtig geworden war, und das durfte er nicht. Er musste unbedingt sachlich bleiben, vor allem weil sie ihn wahrscheinlich nach allen Regeln der Kunst bestahl.

Wieder griff er nach der Akte. Der Name Lee Sinclair sprang ihm förmlich ins Gesicht. Und wieder begriff Keith sich selbst nicht. So lächerlich es sein mochte, ihn störte weniger der Verdacht gegen Iris als vielmehr die Tatsache, dass sie einmal verheiratet gewesen war. Der Gedanke, dass ein anderer Mann mit dieser schönen dunkelhaarigen Frau geschlafen hatte, machte ihn wütend. Dabei war das doch wirklich schon ewig lange her. Gereizt lachte Keith auf. Was hatte er denn erwartet? Dass jede Frau, die ihm gefiel, nur auf ihn wartete?

Das war das Stichwort, das ihn in die Wirklichkeit zurückbrachte. Was hatte er soeben gedacht? Dass Iris ihm gefiel? Ja, und es stimmte. Aber er konnte sich den Luxus nicht erlauben, sich in diese Frau zu verlieben. Er durfte nicht zulassen, dass Iris sich in sein Herz schlich. Vor allem nicht, wenn sie es bewusst darauf anlegte, was er argwöhnte.

Wütend schob Keith die Akte in die Schreibtischschublade, die er sofort abschloss. Am liebsten hätte er den Schlüssel auf der Stelle weggeworfen.

Offensichtlich bahnten sich hier Schwierigkeiten an, und er hatte sie, ob er nun wollte oder nicht, als neuer Chef der First Puget Bank zu bewältigen.

3. Kapitel

Iris kam erst am späten Nachmittag nach Hause. Sie hatte den Tag damit verbracht, sich die Stadt und die Schaufenster anzusehen und die salzige Meeresluft zu genießen. Die vielen Menschen, die ihre Wochenendeinkäufe erledigten, störten sie ebenso wenig wie die Touristen, die durch die Stadt spazierten. Stundenlang war sie durch die Straßen gelaufen. Es zog sie nicht nach Hause, weil sie zuerst einmal Ordnung in ihre verwirrten Gefühle bringen musste. Vorher wollte sie sich mit nichts und niemand anderem befassen. Aber sosehr sie sich auch bemühte, die Gedanken an Keith Webster ließen sich nicht verdrängen.

Besonders ärgerte sich Iris darüber, dass Webster ihren Freund Mitch so plötzlich entlassen hatte. Außerdem war sie zutiefst verletzt, dass Webster ihr zutraute, aus Karrieregründen mit einem Mann zu schlafen. Aber am schlimmsten empfand sie die unbestreitbare Tatsache, dass Keith sie nur anzuschauen oder zu berühren brauchte, um sie völlig durcheinanderzubringen. Sie fürchtete sich vor ihren eigenen Gefühlen.

Warum gelang es Keith, sie gleichzeitig abzustoßen und so heftig anzuziehen? Was hatte er an sich, dass er diese widerstreitenden Gefühle in ihr auslöste? Es war etwas, was sie erregte und faszinierte, und sie kam sich wie eine Motte vor, die unwiderstehlich von der hellen Flamme angezogen wurde. Es war die Flamme der Leidenschaft, in der sie verbrennen würde, wenn sie sich nicht sehr in Acht nahm.

Verstört machte Iris sich auf den Nachhauseweg. In ihrem momentanen Zustand kam ihr selbst das alte viktorianische

Haus nicht so anheimelnd und gemütlich wie sonst vor. Niedergeschlagen betrat sie die Eingangshalle und wollte die Treppe zu ihrer Mansardenwohnung hinaufsteigen. Doch da öffnete Mrs. Cavenaugh, die im Erdgeschoss lebte, ihre Wohnungstür. Iris konnte nicht mehr flüchten. Sie blieb am Treppenabsatz stehen.

Mrs. Cavenaugh stützte sich schwer auf ihren Stock. Sie war die älteste Bewohnerin des Hauses und mochte Iris sehr. „Guten Tag, meine Liebe“, grüßte Mrs. Cavenaugh freundlich. „Ich wollte Ihnen nur sagen, dass es bei mir schon schrecklich kalt wird. Sie wollten doch etwas dagegen unternehmen. Ich meine, wegen der Wärmedämmung und so. Der Fußboden ist eisig, und mein Rheumatismus fängt wieder an, mich zu plagen und zu zwicken.“

„Ich weiß, Mrs. Cavenaugh“, seufzte Iris. „Ich verspreche Ihnen, dass ich noch in dieser Woche den Kostenvoranschlag machen lasse. Es gab da einige Veränderungen in der Bank, und ich war sehr beschäftigt. Tut mir leid, wenn ich meine Pflichten als Hausbesitzerin vernachlässigt habe. Aber ich werde mich bessern.“

Mrs. Cavenaughs kluge blassblaue Augen schauten Iris forschend an. Dann sagte sie nachdenklich: „Ich habe Ihnen gleich angemerkt, dass Sie etwas bedrückt, Iris. Sie schleppten sich so müde herein. Es ist doch nicht etwa Ihr geschiedener Mann, der Ihnen wieder einmal Kummer bereitet?“

„Oh nein, das hat nichts mit Lee zu tun.“

„Nun, ich habe schon immer gewusst, dass aus diesem Jungen nichts wird.“ Iris wollte etwas erwidern, doch Mrs. Cavenaugh sprach bereits weiter. „Wissen Sie, was Sie jetzt dringend brauchen, Liebes? Eine Tasse von meinem guten Kamillentee. Sie haben Glück, denn zufällig brühte ich mir vorhin einen auf. Inzwischen hat er lange genug gezogen.“ Ihr runzliges Gesicht sah plötzlich ziemlich verschmitzt aus.

„Danke, Mrs. Cavenaugh, aber ich kann nicht …"

„Unsinn", erwiderte die alte Dame energisch und schob Iris bereits in den Flur. „Sie kommen jetzt herein, und dann erzählen Sie mir, was Sie bedrückt."

Iris gab ihren Widerstand auf und folgte Mrs. Cavenaugh in die Wohnung. Natürlich ging es der alten Dame gar nicht um die kalten Fußböden, sondern sie wollte einen Menschen um sich haben, der ihr den langen Tag verkürzte und ihr über die Einsamkeit hinweghalf. Iris schätzte ihre älteste Mieterin sehr. Darum fand sie sich auch mit dem Kamillentee ab, der ihrer Meinung nach das fürchterlichste Gebräu war, das jemals aus einer silbernen Teekanne eingeschenkt worden war.

Tatsächlich war der Tisch bereits für zwei Personen gedeckt, wie Iris längst geahnt hatte. Die silberne Teekanne und zarte kostbare Teetassen standen auf der Spitzendecke. Mrs. Cavenaugh goss mit zitternder Hand die blassgelbe Flüssigkeit in die Tassen. „Zucker, Iris?", erkundigte sie sich und ließ, ohne auf Antwort zu warten, zwei Stück Würfelzucker in den Tee fallen.

Iris nahm brav einen Schluck, während Mrs. Cavenaugh es sich in ihrem alten, abgenutzten Schaukelstuhl bequem machte. „So, und nun erzählen Sie mir von Ihren Problemen in der Bank", forderte sie Iris auf.

Als Iris in kurzen Zügen berichtete, was sich an diesem Tag ereignet hatte, leuchteten die blassblauen Augen der alten Dame interessiert auf. Natürlich sprach Iris nicht über die seltsamen Gefühle, die der neue Chef in ihr geweckt hatte. Aber die gescheiten Augen von Mrs. Cavenaugh sahen mehr, als Iris lieb war.

„Also, Ihr neuer Chef … wie war doch gleich sein Name?"

„Keith Webster."

„Aha. Und was ist er für ein Mann?"

„Ach, ich weiß nicht so recht." Iris zuckte die Schultern und hoffte, dass sie uninteressiert wirkte. „Er ist … der typische

Manager, ein Bankier, der nur sein Geschäft und seine Arbeit kennt."

„Tatsächlich?" Mrs. Cavenaugh legte eine kleine Kunstpause ein und schaute Iris auffordernd an. Doch diese fiel nicht auf den Trick herein, sondern schwieg. „Sie sagten, dass er Mr. Cameron entlassen hat, nicht wahr, Iris? Aus welchem Grund?"

Düster starrte Iris in ihre Teetasse. „Ich weiß es nicht", antwortete sie ernst. „Aber ich werde es schon noch herausfinden!"

Mrs. Cavenaugh lachte. „Davon bin ich felsenfest überzeugt. Haben Sie vor, Mr. Webster am Montag zur Rede zu stellen, um der Geschichte auf den Grund zu gehen?"

Was gibt es denn da zu lachen?, fragte sich Iris. Warum war Mrs. Cavenaugh so vergnügt? „Darüber habe ich bis jetzt noch nicht nachgedacht. Er will, dass wir uns morgen treffen. Ich soll ihn über die Bank informieren und ihm dabei Seattle zeigen. Aber ich bin nicht sehr begeistert von dieser Idee. Sie wissen ja, wie sehr ich meine freie Zeit schätze und wie gern ich allein …"

„Ach Unsinn." Die alte Dame lächelte und tat Iris' Bemerkung mit einer Handbewegung ab. „Ja, ich weiß, dass Sie gern allein sind, und ich weiß auch, warum. Aber, Iris, es ist schon acht Jahre her, seit Sie dieser Schuft von Ehemann verließ. Sie können sich doch nicht Ihr ganzes Leben lang verstecken. Warum wollen Sie sich nicht einmal ein bisschen amüsieren, und zwar in der Gesellschaft von diesem Mr. Webster? Da ist doch nichts dabei."

„Ich habe nicht die Absicht, mich mit Keith zu amüsieren!", rief Iris aufgebracht. Als sie ihren Chef beim Vornamen nannte, funkelten Mrs. Cavenaughs kluge Augen noch vergnügter. „Falls ich überhaupt hingehe, dann nur, weil es eine geschäftliche Verabredung ist", setzte Iris etwas lahm hinzu.

„Nennen Sie es, wie Sie wollen. Das ist ganz unwichtig. Aber gehen Sie um alles in der Welt hin, Kindchen." Mrs. Cavenaugh schien Iris' Schwanken zu spüren. Sie spielte ihre Trumpfkarte aus und sagte: „Wie wollen Sie etwas über Camerons Entlassung herausfinden, wenn Sie diesem Webster aus dem Weg gehen? Es ist sicherlich am einfachsten, dieses Thema anzuschneiden, wenn Sie mit ihm allein sind. Es wäre doch ziemlich unangenehm, vor all den anderen Angestellten heikle Fragen zu stellen. Das gäbe nur böses Blut und viel Gerede, nicht wahr?"

Iris musste über die gerissene alte Dame, die sie unbedingt zu dem Treffen mit Keith überreden wollte, lachen. „Komisch, ich habe das seltsame Gefühl, manipuliert zu werden", sagte sie schmunzelnd.

Mrs. Cavenaugh breitete mit höchst unschuldigem Gesicht die Arme aus. „Sie meinen doch nicht etwa, von mir?", fragte sie verschmitzt. „Ich habe keine Ahnung, wie Sie darauf kommen."

„Hören Sie, Mrs. Cavenaugh, vielleicht gehe ich wirklich morgen mit Keith aus. Aber machen Sie nicht mehr aus der Angelegenheit, als sie tatsächlich ist, nämlich ein rein geschäftliches Treffen. Ich habe diesen seltsamen Ausdruck in Ihren Augen schon öfter gesehen und möchte Sie warnen. Versuchen Sie nicht schon wieder, mich zu verkuppeln." Lächelnd stellte Iris ihre Teetasse ab.

Mrs. Cavenaugh schien auf einmal schwer zu hören. Sie nahm jedenfalls von der Warnung keine Notiz, sondern fragte nur liebenswürdig: „Noch etwas Tee?"

„Nein, vielen Dank", lehnte Iris ab. „Ich muss jetzt wirklich nach oben." Sie bückte sich und betastete den blank gebohnerten Holzfußboden. „Sie haben recht, Mrs. Cavenaugh, der Boden ist sehr kalt. Außerdem zieht es vom Erkerfenster her." Sie stand auf, ging zum Fenster und fuhr mit den Fingern am Sims entlang. „Es zieht eindeutig. Ich werde versuchen, das Haus abdichten zu lassen, bevor der Winter einsetzt. Das verspreche ich Ihnen. Vielen Dank für den Tee."

„Gern geschehen, Iris. Sie wissen hoffentlich, dass Sie mir jederzeit willkommen sind", sagte Mrs. Cavenaugh zufrieden lächelnd.

Iris stieg die Treppe zu ihrer Dachwohnung hinauf. Ein Blick auf die Uhr zeigte ihr, dass sie heute keinen Handwerker mehr anzurufen brauchte. An diesem Wochenende würde niemand das Apartment von Mrs. Cavenaugh in Ordnung bringen. Dazu war es zu spät. Mit einem leisen Seufzer schloss Iris ihre Wohnungstür auf, die wieder einmal klemmte. Es war schrecklich, wie viele Dinge in einem Wohnhaus kaputtgingen, die man reparieren lassen musste. Und das kostet alles entsetzlich viel Geld, dachte sie verzweifelt.

Niedergeschlagen zog sie ihre Jacke aus und ging in die winzig kleine Küche. Während sie sich ein Sandwich zubereitete, dachte sie über Mrs. Cavenaugh nach. Eigentlich hatte die alte Dame völlig recht. Wenn sie etwas über den wahren Grund von Mitchs Entlassung herausfinden wollte, musste sie Keith direkt danach fragen. Von Mitch würde sie nicht viel erfahren. Das hatte sie an seinem beinahe feindseligen Verhalten gemerkt. Ja, Mrs. Cavenaugh war schon eine kluge Frau, auch wenn sie in diesem Fall etwas vermutete, was eindeutig nicht da war.

Das belegte Brot schmeckte Iris wie Pappe mit Senf. Darum legte sie es nach einigen Bissen in den Kühlschrank. Mrs. Cavenaughs Worte gingen ihr nicht aus dem Kopf. *Es ist acht Jahre her, seit dieser Schuft von Ehemann Sie verlassen hat. Sie können sich nicht ein ganzes Leben lang verstecken ...* Nein, das konnte sie nicht. Und sie konnte auch der Begegnung mit Keith nicht ausweichen. Sie musste ihre verworrenen Gefühle in Ordnung bringen und ruhig und sachlich reagieren, durfte nicht davonlaufen.

Tue ich das wirklich?, fragte sie sich, als sie sich in die weichen Sofakissen fallen ließ. *Verstecke ich mich? Wovor oder vor wem?* Seit jener schrecklichen Zeit, da alle über ihr Privatleben Bescheid wussten und darüber klatschten, war Iris ein gebranntes Kind. Sie hatte sich geschworen, in Zukunft keinem Menschen mehr Einblick in ihr Leben zu gestatten. Niemand sollte ihr anmerken, wie ihr zumute war.

Lees offenes Verhältnis mit Olivia hatte Iris so tief verletzt, dass sie keinen Kollegen näher an sich heranließ und sich in der Bank äußerst zurückhielt. Außer einigen wenigen Freunden wusste niemand Näheres über ihr Privatleben und ob sie überhaupt Männerbekanntschaften hatte, vor allem in der Bank nicht.

Diesmal schaffte Iris es nicht, sich gegen die schmerzlichen Erinnerungen zu wehren, die plötzlich mit voller Wucht auf sie einstürmten. Sie schloss die Augen und erlebte alles noch einmal: Vor acht Jahren gab es in der Kantine nur ein wichtiges Thema, nämlich Olivia und Lee. Das hatte Lee geschafft. Er schien es darauf angelegt zu haben, dass jeder von seiner Affäre mit der verführerischen Bankangestellten erfuhr. Iris kam jedenfalls schnell dahinter, dass er etwas mit Olivia Parsons hatte. Es war ein furchtbarer Schock für sie, und sie litt entsetzlich.

Aber Lee schien sich regelrecht an ihren Qualen zu weiden. Als sie ihn zur Rede stellte, ging er nicht etwa in sich und entschuldigte sich – im Gegenteil, er gab das Verhältnis unumwunden zu und war anscheinend noch stolz auf seine Eroberung. Er machte Iris für das Scheitern der Ehe verantwortlich und zeigte sich überall mit seiner Geliebten. Vor allem aber suchte er immer wieder die Auseinandersetzung mit Iris, bis sie merkte, welchen Spaß es ihm machte, sie zu quälen und zu demütigen.

Auch als sie getrennt lebten, richtete er es immer wieder so ein, dass Iris mit ihm und Olivia zusammentraf.

Er kam in den Pausen in die Bank und ging mit Olivia in die Kantine, und er begleitete Olivia auf alle Partys, die die Bank veranstaltete. Dabei ließ er keine Gelegenheit aus, Olivia zärtlich zu streicheln und zu küssen, vor allem, wenn Iris in der Nähe war. Sie biss die Zähne zusammen und ließ sich tagsüber nicht anmerken, was sie durchmachte. Aber nachts, wenn sie allein im großen Doppelbett lag, weinte sie bittere Tränen der Scham und Verzweiflung.

Das alles lag nun Jahre zurück, und der Schmerz hatte nachgelassen. Iris fragte sich jetzt manchmal, ob sie Lee jemals wirklich geliebt hatte. Sicher, sie war sehr in ihn verliebt gewesen, und seine Untreue hatte ihren Stolz zutiefst verletzt. Doch sie bezweifelte ernsthaft, ob man das Liebe nennen konnte.

Als die Affäre mit Olivia abgekühlt war, kam Lee zurück und wollte die gescheiterte Ehe wieder kitten. Iris hatte auf diesen Tag gewartet und sich vorgenommen, Lee die Tür vor der Nase zuzuknallen und das köstliche Gefühl des Triumphes zu genießen. Doch als er müde und niedergeschlagen auf der Schwelle stand, war alles ganz anders, als sie es sich vorgestellt hatte. Lee hatte tiefe Ringe unter den Augen, war schlampig angezogen und nicht rasiert, und selbst sein sonst so gepflegtes blondes Haar sah stumpf und verstrubbelt aus. Iris brachte es gerade noch fertig, den niedergeschlagenen, beschämten Mann wegzuschicken. Statt Triumph und Schadenfreude empfand sie nur Traurigkeit und Mitleid und war den Rest des Tages krank.

Seufzend streckte sie sich auf der Couch aus und versuchte, die hässlichen Erinnerungen zu verscheuchen. Der lange Abend lag vor ihr, und sie schaltete das Fernsehgerät ein, um sich abzulenken. Doch sie fand die Unterhaltungssendungen derart fade, dass sie zu einem Kriminalroman griff und es sich damit gemütlich machte. Aber auch das Buch half ihr nicht. Entweder schweiften ihre Gedanken in die Zeit ihrer unglücklichen Ehe zurück, oder sie kreisten um Keith Webster. Verärgert warf Iris den Roman auf den Tisch und starrte blicklos in die Dämmerung. So saß sie bis in die späte Nacht da.

Pünktlich um zehn Uhr klingelte es am nächsten Morgen an der Wohnungstür. Iris blieb einen Moment im Flur stehen. Es fiel ihr nicht leicht, Keith gegenüberzutreten. Sie musste sich erst Mut zusprechen. Es klingelte noch einmal, diesmal jedoch recht ungeduldig. Iris straffte die Schultern, atmete tief durch und öffnete die Tür.

„Da sind Sie ja. Ich habe schon befürchtet, dass Sie vor mir davongelaufen sind", scherzte Keith. Er schien heute gut gelaunt und ausgeglichen zu sein. Aber hinter seiner verbindlichen Art spürte Iris die unnachgiebige Härte, die sie gestern auch schon bemerkt hatte.

„So etwas würde mir nicht einmal im Traum einfallen", parierte sie seinen Scherz. Keith konnte ja nicht wissen, wie sehr sich bei dieser Lüge ihr Magen zusammenzog. Iris hatte während der Nacht nämlich nicht nur einmal mit dem Gedanken gespielt, einfach wegzulaufen.

„Sehr schön. Und wie wäre es mit einer Tasse Kaffee?" Keith rieb sich die kalten Hände und betrat das kleine Apartment.

„Laden Sie mich dazu ein, oder bitten Sie mich darum?", fragte Iris.

Keith registrierte den spöttischen Unterton und blickte sie prüfend an. „Ärgern Sie sich schon jetzt über mich? Wie soll das später noch werden?"

Erst in diesem Moment wurde Iris bewusst, dass sie sich tatsächlich über Keith ärgerte, weil er ihr friedliches Leben durcheinandergebracht hatte. „Nein, natürlich nicht", erwiderte sie beschämt. „Ich wollte nicht unfreundlich sein. Entschuldigen Sie."

„Ist schon gut. Dürfte ich bitte Ihr Telefon benutzen?", fragte Keith nach kurzem Zögern. „Ich musste meiner Tochter versprechen, dass ich sie heute anrufe, wollte sie aber nicht allzu früh stören."

„Das Telefon steht im Schlafzimmer." Zum ersten Mal an diesem Morgen lächelte Iris. „Bitte, bedienen Sie sich."

Keith zog seine Jacke aus und hängte sie im Flur auf den Garderobenständer. Dann verschwand er in Iris' Schlafzimmer. Um nicht neugierig zu erscheinen, ging sie in die Küche und brühte den Kaffee auf. Da sie aufgrund der Enge der Wohnung trotzdem einiges von dem Gespräch mitbekam, drehte sie das Radio lauter. Sie legte wirklich keinen Wert darauf, etwas über Mr. Websters Privatleben zu erfahren, denn sie wollte versuchen, in ihm nur ihren Chef zu sehen. Leider vermochte nicht einmal die klassische Musik Keiths Stimme zu übertönen, als er auf einmal ziemlich verärgert ausrief: „Krista! So etwas darfst du nicht einmal denken. Ich komme in zwei Wochen zurück, und dann ziehst du hierher." Eine lange Pause entstand, und danach sprach Keith etwas gedämpfter weiter. „Ich weiß, wie dir zumute ist, Kleines. Aber Dr. Richards meint ..." Wieder eine lange Pause. Am anderen Ende der Leitung wurde entschieden mehr geredet. „Sieh mal, Krista, mir ist natürlich bekannt, dass Tante Sharon dich bis Weihnachten behalten möchte. Aber der Arzt und ich halten es für besser, dass du hier so schnell wie möglich zur Schule gehst." Schweigen. „Darüber sprechen wir später." Schweigen. „Also, leb wohl, mein Liebling."

Es dauerte einige Minuten, bis Keith aus dem Schlafzimmer kam. Die Fältchen um seine Augen schienen sich vertieft zu haben. Er lächelte zwar, doch es war ein gezwungenes Lächeln, wie Iris erkannte. Keith stellte sich im Wohnzimmer ans Fenster und blickte hinaus. Er wirkte sehr nachdenklich und bedrückt. Am liebsten hätte Iris ihn in die Arme genommen und getröstet.

Es war klar, dass er mit seiner heranwachsenden Tochter Probleme hatte, und Iris hätte ihm gern geholfen und seinen

Schmerz gelindert. Doch sie blieb in der Küche und beschäftigte sich mit völlig überflüssigen Dingen. Sie hielt es für sicherer, Keith nicht zu nahe zu kommen, wünschte ihm jedoch von ganzem Herzen, dass er bald eine Lösung für seine Probleme fand.

Als er ihr endlich das Gesicht zuwandte, wirkte es nicht mehr so angespannt wie vorher. Er schaute sich in der Wohnung um und musterte die Einrichtung sehr genau. Iris erschrak, denn auf einmal hatte sie das Gefühl, dass ihr ganzes Leben wie ein offenes Buch vor ihm lag. Das antike altrosa Sofa, die abgegriffenen Shakespeare-Bände, der alte Schaukelstuhl, die vielen Pflanzen – nichts entging den kühlen grauen Augen.

Ein Teil von ihr wünschte, dass er mehr über sie erfuhr und sie verstehen lernte, eine andere, vorsichtigere Seite jedoch wehrte sich heftig dagegen, von ihm analysiert zu werden. Keith nahm den Kriminalroman und einen Gedichtband von Keats, der daneben lag, vom Tisch. Dann setzte er sich aufs Sofa, schob seine langen Beine unter den niedrigen Tisch und schlug den Gedichtband auf.

„Sie lesen also so etwas?“, sagte er mehr zu sich selbst.

Iris, die den Kaffee eingegossen hatte, blieb im Flur stehen. Sie wusste nicht, wie sie mit den widerstreitenden Gefühlen fertigwerden sollte, die jedes Mal auf sie einstürmten, wenn sie mit Keith allein war. Es dauerte eine Weile, bis sie seine Frage beantworten konnte. „Ich lese sehr viel und sehr verschiedene Bücher. Es kommt immer auf meine jeweilige Stimmung an, was ich mir aussuche.“

„Ich verstehe.“ Keith warf einen Blick auf den Kriminalroman.

Iris’ Herz fing zu hämmern an, und sie erkannte plötzlich, dass es ein Fehler gewesen war, Keith hereinzubitten. Sie fühlte sich ihm irgendwie ausgeliefert, viel zu durchschaubar und bloßgestellt. Keith bekam Einblick in die privateste Sphäre ihres Lebens, und sie war allein mit ihm. Das alles beunruhigte und ängstigte sie.

Das Telefongespräch kam ihr in den Sinn, das Keith mit seiner Tochter geführt hatte und das nicht sehr erfreulich für ihn gewesen war. Wie gern hätte Iris ihn getröstet, wie es ihrem mitfühlenden Wesen entsprach. Doch da waren ihr Instinkt und ihr Verstand, die sie davor warnten, sich mit Keiths Problemen zu befassen. Er war ihr Chef, und sie musste mit ihm zusammenarbeiten. Das war aber auch alles. Sie durfte sich nicht von ihren Gefühlen leiten lassen. Das Leben war schon schwer genug, sie brauchte es sich nicht noch schwerer zu machen.

Iris verscheuchte die Gedanken, nahm sich zusammen und trug die dampfenden Kaffeetassen ins Wohnzimmer. „Keith", sagte sie mit fester Stimme, „ich halte es für keine gute Idee, heute auszugehen."

„Möchten Sie lieber zu Hause bleiben?", fragte er liebenswürdig. Kein Zweifel, er wollte sie falsch verstehen! „Das ist mir genauso recht." Er hob dankend die Tasse und trank einen Schluck.

„Nein, das habe ich nicht gemeint. Ich wollte damit sagen, dass wir uns nicht mehr privat sehen sollten."

„Warum nicht?"

„Weil ich Privatleben und Arbeit strikt trenne."

Keith schmunzelte. „Dann haben Sie anscheinend doch keine so große Angst, Ihren Job zu verlieren, wie Sie gestern durchblicken ließen. Sie warfen mir mehr oder weniger vor, dass ich alle Angestellten entlassen wolle."

Ihr wurde immer unbehaglicher zumute, und sie versuchte sich zu verteidigen. „Sie schweifen vom Thema ab", konterte sie. „Ich habe wirklich keine Lust, mich auf Wortklaubereien einzulassen."

„Schön, dann wollen wir offen und ehrlich miteinander reden. Warum weigern Sie sich, mit mir auszugehen?"

„Weil …" Sie wusste nicht weiter. Wie konnte sie ihm erklären, was sie selbst nicht richtig begriff? Sollte sie ihm etwa sagen, dass sie sich nach seiner Nähe sehnte und doch gleichzeitig den Drang verspürte, vor ihm davonzulaufen?

„Haben Sie etwa Angst vor mir?", fragte er in ihre Überlegungen hinein.

„Nein."

„Also?"

„Ich halte es nur nicht für gut, Beruf und Vergnügen miteinander zu verquicken."

„Aha. Dann verspreche ich Ihnen, dass Sie heute durchaus keinen vergnügten Tag erleben werden." Er stellte die Kaffeetasse ab und lächelte Iris strahlend und anscheinend sehr vergnügt an.

„Können Sie denn nicht einmal ernst sein?"

„Das bin ich durchaus. Sie haben mir bis jetzt noch keinen vernünftigen Grund für Ihre Weigerung genannt, einen ruhigen Tag mit mir zu verbringen."

„Ich dachte …"

„Ganz gleich, was Sie sich dachten", Keith ergriff ihre Hand, „ich möchte einfach die Gelegenheit haben, Sie etwas besser kennenzulernen. Das ist doch kein Verbrechen, oder?" Sein markantes Gesicht war ernst, und er schaute sie offen an. Alle Zweifel und Bedenken, die Iris so deutlich gespürt hatte, lösten sich in nichts auf.

„Nein, das ist kein Verbrechen."

„Schön. Dann können wir also gehen. Einverstanden?"

Iris entzog ihm ihre Hand und griff nach ihrer Jacke. Keith stand auf und schaute sich noch einmal interessiert um. Die Minuten vergingen, und Iris wurde immer nervöser. Endlich wandte er sich ihr zu. „Leben Sie gern hier?"

„Warum fragen Sie?"

„Weil ich ziemlich überrascht bin, glaube ich." Er zog die Jacke an. „Ich hatte mir dieses Apartmenthaus ganz anders vorgestellt. Und Ihre Wohnung auch."

„Was hatten Sie sich denn vorgestellt?" Die Antwort darauf interessierte sie brennend. Vielleicht würde Keith ein wenig aus sich herausgehen und ihr verraten, was er von ihr hielt. Sie ahnte, dass da etwas war, was er ihr verschwieg. Er wirkte ihr gegenüber irgendwie auf der Hut.

„So genau kann ich das nicht sagen. Aber diese Wohnung zum Beispiel, die passt gar nicht zu dem Bild, das man sich von Ihnen macht." Er sah auf den verblichenen Perserteppich und fuhr mit den Fingerspitzen über die antiken Möbel und die Bleiverglasung der Fenster. „Übrigens nicht nur die Wohnung, sondern das ganze Haus."

„Welches Bild haben Sie sich denn gemacht?" Iris war ehrlich überrascht.

„Nun, Sie sind das, was man eine Karrierefrau nennt, nicht wahr?" Er wartete einen Moment, bis Iris nickte.

Worauf wollte er hinaus? Vielleicht wäre es besser, wenn sie es nicht wüsste …

„Weder die Wohnung noch das Haus passen zu einer selbstbewussten, modernen Karrierefrau."

„Warum nicht?"

Er lachte. „Ich will ganz ehrlich antworten. Haus und Apartment wirken eher wie die Kulisse für einen Schwarz-Weiß-Film aus den Vierzigerjahren."

„Sie haben wohl mit getöntem Glas, Stahlmöbeln und schwarzen Ledersesseln gerechnet?"

„So ähnlich hatte ich es mir vorgestellt", gab er zu.

„Tut mir leid, dass ich Sie enttäuscht habe", spottete Iris.

„Sie haben mich nicht enttäuscht. Ganz bestimmt nicht." Er hielt einen Moment inne und sah ihr dabei tief in die Augen. Dann fuhr er fort: „Als ich Sie kennenlernte, spürte ich, dass es noch eine andere Seite der Iris O'Toole geben muss – eine dunklere, die Sie verborgen halten. Etwas, worüber Sie nicht sprechen. Habe ich recht?“ Iris lehnte an der Tür. Er trat zu ihr und stemmte rechts und links von ihr die Hände gegen den Türrahmen.

Iris kam sich wie eine Gefangene vor und erwiderte seinen Blick nur widerstrebend. Er war der Wahrheit zu nahe gekommen und damit auch ihren geheimsten Gefühlen. Sie atmete tief durch. „Ja, Sie haben recht, Keith. Ich bin verschlossen und möchte es auch bleiben. Ich mag es nicht, dass jemand in mein Haus kommt und versucht, mich zu analysieren wie ein Psychiater.“

Ein winziges Lächeln zuckte um Keiths Mund, aber seine Augen blieben kalt. „Finden Sie, dass ich Sie analysiere?“, fragte er, und sein Atem streifte ihr Gesicht.

„Hoffentlich nicht“, flüsterte sie. Ihr Herz hämmerte wie wild. Sie fürchtete fast, Keith könnte es hören, so dicht stand er vor ihr.

Er hob die Hand und streichelte zärtlich ihr Gesicht. „Vielleicht wäre es wirklich besser, wenn wir heute hierblieben“, sagte er sehr leise. Aber im nächsten Moment hatte er es sich anders überlegt. „Nein, eigentlich ist diese Idee nicht so gut. Es könnte zu gefährlich werden.“ Er trat einen Schritt zurück. „Kommen Sie! Ich verspäte mich nicht gern.“

„Verspäten? Ich verstehe nicht. Was haben Sie vor?“

„Sie werden schon sehen.“

„Was haben Sie denn geplant? Wohin gehen wir?“

„Das wollen Sie doch gar nicht so genau wissen“, rief er lachend und half ihr in die leichte Wolljacke, wobei er ihren Arm berührte. Absichtlich oder zufällig? Jedenfalls machte Iris sich hastig los.

„Natürlich will ich es wissen. Also, wohin bringen Sie mich, Keith?“

„Warten Sie es ab. Ich kenne Sie noch nicht lange, aber gut genug, um zu wissen, dass Sie Überraschungen und Geheimnisse lieben.“

„Wie kommen Sie darauf, dass Sie mich gut kennen?“, fragte sie gereizt und griff nach der Türklinke. Sie ärgerte sich, weil er mit seiner Behauptung tatsächlich recht hatte.

Bevor sie die Tür öffnen konnte, umfasste Keith ihren Arm und drehte sie zu sich herum. Seine Augen schienen bis auf den Grund ihrer Seele zu blicken.

„Sie können sich vor mir nicht verstecken, Iris“, flüsterte er. „Das lasse ich nicht zu.“ Bei seiner Berührung fing Iris zu zittern an, und der Protest, der ihr schon auf der Zunge lag, blieb unausgesprochen.

Langsam senkte Keith den Kopf, und dann lag sein Mund in einem unendlich sanften Kuss auf ihren Lippen. Alles in ihr sehnte sich danach, die Wärme und Zärtlichkeit dieser Minute auszukosten. Doch es gelang Iris, stark zu bleiben und sich von Keith zu lösen. Er stellte ihr keine Fragen, sondern zog sie nur leicht an sich und begleitete sie die Treppe hinunter.

Viele Fragen wirbelten Iris durch den Kopf, Fragen, auf die sie keine Antwort wusste. Verwirrt und bedrückt ließ sie sich von Keith zu seinem schnittigen schwarzen Sportwagen bringen.

Kurz darauf heulte der starke Motor auf. Weder Keith noch Iris sprachen ein Wort. Das Schweigen war schwer wie der graue Nebel von Seattle. Aber in Iris’ Innern breitete sich eine so beglückende Wärme aus, wie sie sie noch nie empfunden hatte.

4. Kapitel

Vorsichtig steuerte Keith das elegante Cabriolet die ziemlich steilen Straßen zur Stadt hinunter. Bald konnten sie das Wasser der Elliott-Bucht ans Ufer klatschen hören. Als sie den letzten Hügel hinter sich gebracht hatten, sah Iris den Hafendamm, auf dem buntes Treiben herrschte.

Keith stellte den Wagen ab und schlenderte mit Iris am Wasser entlang. Salzige Tropfen sprühten ihnen ins Gesicht, Möwen stießen mit schrillem Kreischen auf die Wasseroberfläche nieder. Weiße Fährschiffe pflügten durch die Wellen und verschwanden im Nebel. Nur die schäumende Kielspur blieb noch eine Weile zurück.

Keith führte Iris in ein kleines Restaurant am Hafen. Nach der Kälte der Seeluft und den feuchten Nebelschwaden genoss sie die Wärme des gemütlichen Lokals ganz besonders. Sie setzten sich an einen Tisch am Fenster, durch das sie das Leben und Treiben draußen beobachten konnten.

Der Kellner brachte ihnen köstliche Fisch-Omeletts. Keith schwieg nachdenklich und schaute in seine leere Kaffeetasse. Dann blickte er auf und sagte: „Ich nehme an, dass Sie mein Gespräch mit Krista mit angehört haben."

„Zum Teil."

„Warum haben Sie mir keine Fragen gestellt?"

Standhaft begegnete Iris seinem Blick. Ist er immer so angespannt, wenn er an seine Tochter denkt? fragte Iris sich. Laut erwiderte sie: „Ich wollte nicht neugierig erscheinen."

Keith holte tief Luft und starrte lange Zeit aufs Meer hinaus. Er schien einen inneren Kampf mit sich auszufechten. Endlich wandte er sich wieder Iris zu. „Krista ist schwerbehindert", sagte Keith mit zitternder Stimme.

Iris erschrak. Es gelang ihr, mit ruhiger Stimme zu erwidern: „Das tut mir aufrichtig leid, Keith."

„Mir auch", stöhnte er auf und warf die Serviette auf den Tisch.

„Möchten Sie darüber sprechen?"

„Möchten Sie es denn hören?" Sein Gesicht war auf einmal eine steinerne Maske. Es sah aus, als bereute er bereits, dass er einen Moment seine Gefühle nicht unter Kontrolle gehabt hatte. Iris wollte rufen: „Nein, ich will es nicht hören. Ich will mich nicht mit deinen Problemen befassen, Keith Webster. Ich fühle mich zu dir hingezogen, und das macht mir Angst. Ich will nichts von dir erfahren, was mich noch mehr an dich bindet. Ich muss dich zurückweisen. Es gibt keine andere Möglichkeit." Aber sie nickte und antwortete leise: „Natürlich möchte ich es hören."

„Krista ist elf", fing Keith an. „Als das Unglück geschah, war sie zehn." Sein Gesicht verdüsterte sich, und seine Augen schienen in die Vergangenheit zu blicken. Dann sprach er mit ausdrucksloser Stimme weiter, die nichts von seinen Gefühlen verriet. Es klang fast, als hätte er die Geschichte auswendig gelernt. „Krista fuhr mit Jana, ihrer Mutter, im Auto. Sie wollten das Wochenende bei irgendeinem Gruppentreffen verbringen. Ich weiß nicht, um was für eine Gruppe es sich handelte, nur, dass es das neueste Selbstverwirklichungsseminar war. Meine geschiedene Frau machte jeden Modetrend, jede Verrücktheit mit, die mit Selbstverwirklichung und ähnlichem Kram zu tun hatten. Ein Seminar nach dem anderen. Vielleicht bin ich irgendwie auch mit daran schuld."

Keith fuhr sich mit der Hand durchs Haar und schloss die Augen. Iris wartete stumm, bis er die Augen langsam öffnete und weitersprach: „Sie rief mich an und teilte mir mit, wohin sie fahren wollte. Ich war ziemlich wütend, denn es gefiel mir gar nicht, dass meine Tochter immer wieder diesem Unsinn ausgesetzt wurde. Und das sagte ich Jana. Es kam zu einem Streit, und Jana legte einfach den Hörer auf. Zwei Stunden später wurde ich von der Polizei angerufen. Jana war tot, Krista lag im Krankenhaus. Um es kurz zu machen, Krista ist seitdem ständiger Gast im Krankenhaus. Sie kann ohne Hilfe nicht laufen."

„Ist sie gelähmt?", fragte Iris vorsichtig.

„Nicht direkt." Keiths Gesicht wurde einen Moment tieftraurig. Dann biss er sich auf die Lippen. Ein Nerv zuckte in seiner Wange. „Sie hat Glück gehabt und sich bei dem Unfall wie durch ein Wunder nichts gebrochen. Jana, die aus dem Auto geschleudert wurde, starb sofort. Bei Krista konnten die Ärzte nur einige Schnittwunden, Blutergüsse und ein verstauchtes Handgelenk feststellen."

„Aber …"

„Ich weiß." Keith senkte den Kopf. „Anscheinend ist die Lähmung seelisch bedingt."

„Das verstehe ich nicht."

„Ich auch nicht. Aber es scheint so, dass Krista sich selbst oder mir die Schuld an dem Unfall gibt."

„Nein, Keith, das wäre nicht gerecht."

Keith zuckte die Schultern. „Warum nicht? Wenn Jana und ich nicht gestritten hätten, wäre sie womöglich jetzt noch am Leben. Sie ist – wie die Zeugen sagten – wild und rücksichtslos gefahren. Vielleicht war der hässliche Streit der Anlass."

„Keith, Sie dürfen sich nicht die Schuld geben."

„Wem sonst?"

„Niemandem. Es war ein Unfall, ein entsetzlicher Unfall, mehr nicht."

„Versuchen Sie, dies einem elfjährigen Mädchen klarzumachen, das gerade seine Mutter verloren hat."

„Oh Keith", seufzte Iris und griff nach seiner Hand.

Ihre Hand war warm und tröstlich, und Keith vergaß, dass er Iris der Unterschlagung verdächtigte. Was hatte sie nur an sich, dass er seine Zurückhaltung aufgegeben und ihr die traurige Geschichte von Kristas Lähmung erzählt hatte? Warum war es ihm so wichtig, dass sie mehr über ihn erfuhr und ihn verstand?

Der Kellner trat an den Tisch, um das Geschirr abzuräumen und die Rechnung vorzulegen.

Nachdem Keith bezahlt hatte, half er Iris in die Jacke und lächelte entschuldigend. „Verzeihen Sie bitte. Ich wollte Sie nicht mit meinen Problemen langweilen."

„Wie können Sie so etwas sagen? Sie haben mich nicht gelangweilt."

„Gut. Dann wollen wir für heute alle düsteren Gedanken und Erinnerungen vergessen", schlug er vor und nahm Iris fest bei der Hand. „Ich bin sicher, dass es Krista, wenn sie erst einmal hier ist und sich eingewöhnt hat, besser gehen wird." Das klang, als wollte er sich mit diesen Worten etwas einreden, woran er selbst nicht so recht glaubte.

Es war inzwischen früher Nachmittag geworden. Iris und Keith liefen schnell zur Anlegestelle der Blake-Island-Fähre. Keith wollte mit ihr das Tillicum-Indianerdorf besichtigen. Auf der Insel angekommen, ließen sie sich von der folkloristischen Atmosphäre und dem wunderschönen Kunsthandwerk der Indianer verzaubern. Vor allem bewunderten sie das harmonische Zusammenspiel von uralter und moderner Kultur.

Der Nebel hatte sich aufgelöst, und der Tag war kühl, aber angenehm. Keith und Iris durchstreiften die Insel und beobachteten das Leben und Treiben der Indianer ganz aus der Nähe. Am Abend wurden alle Besucher zum Essen eingeladen. Es gab Lachs, auf indianische Art über Holzkohlen gegrillt, wie es seit Jahrhunderten üblich war. Als es dunkel wurde, entzündeten die Männer Fackeln, und Keith setzte sich mit Iris auf die

Steinstufen des Amphitheaters, von wo aus sie den farbenfrohen Darbietungen und Tänzen der Indianer zuschauten.

Keith hatte den Arm um ihre Taille gelegt, und Iris warf ab und zu einen verstohlenen Blick auf ihn. Im Schein der flackernden Fackeln wirkte sein Gesicht noch härter und kantiger als sonst. Unwillkürlich schmiegte sie sich enger an ihn.

Als die Vorführungen beendet waren, gingen sie zum Fähranleger zurück. Inzwischen war es völlig dunkel geworden. Aus dem Innern der Fähre leuchtete ihnen heller Lampenschein entgegen, doch Keith blieb mit Iris oben an Deck. Der Wind wehte stärker und sprühte ihnen Gischt ins Gesicht. Aber sie ließen sich nicht stören, sondern standen an der Reling und blickten auf die glitzernden Lichter von Seattle, die ihnen über den schmalen Streifen der Meerenge zublitzten.

Keith hielt Iris fest an sich gepresst. Die Stärke und Wärme seines Körpers ließen ihren Widerstand immer mehr dahinschmelzen. Seit er so offen von seiner Tochter gesprochen hatte, fühlte sie sich ihm sehr nahe. Die Ängste und Zweifel, die sie gequält hatten, schwanden.

Schweigend und dicht aneinandergeschmiegt schauten sie beide über das schwarze Wasser, durch das die Fähre sich ihren Weg bahnte. Die Maschine des großen Schiffes stampfte laut und rhythmisch, und auf den Wellen sah man die weiße Schaumspur der Kiellinie.

Obwohl ein leichter Nieselregen eingesetzt hatte, rührte Iris sich nicht. Sie wollte den Zauber dieser Stunde nicht zerstören. Keiths Körper wärmte sie, sodass sie die Kühle der Septembernacht nicht spürte. Keiner von beiden sagte etwas. Es war, als hätten sie einen stillschweigenden Pakt geschlossen.

Aus dem Nieseln wurde allmählich ein recht heftiger Regen, und nun suchten selbst die zähesten Touristen Schutz im Innern der Fähre. Nur Iris und Keith blieben weiterhin an Deck und genossen die salzige Brise und die Wärme ihrer Körper.

Keiths Mund glitt leicht über Iris' Nacken. Der Wind zerzauste ihr das Haar. Iris spürte, wie ihre Haut zu prickeln begann und ihr plötzlich ganz heiß wurde. Sie schloss die Augen und drückte sich noch fester an ihn.

Keith flüsterte ihren Namen, und Iris sah ihn an. Er legte die Hand unter ihr Kinn und küsste sie auf den leicht geöffneten Mund. Verführerisch strich seine Zungenspitze über ihre Lippen. Bald erwiderte Iris die erregenden Zärtlichkeiten, und Keith zog sie fest an sich, während seine Zunge das süße warme Innere ihres Mundes erforschte.

Der Regen strömte über Iris' Wangen und ran ihren Hals hinunter, bis er im Ausschnitt ihrer Bluse verschwand. Keiths Küsse wurden immer leidenschaftlicher – er liebkoste ihre Augen, die Wangen, den Hals. Iris erschauerte. Keith stöhnte auf und hielt sie ein wenig von sich ab. Sein Blick glitt über ihren Körper, schien keinen Zentimeter auszulassen. Seine Augen waren dunkel vor Leidenschaft.

Er bemerkte, wie ein dicker Regentropfen über ihren Hals rann, und senkte den Kopf, um ihn wegzuküssen. Seine Lippen glitten tiefer, bis zum Ansatz ihrer Brüste, und Iris begann zu zittern. Seine Zärtlichkeit erregte sie so, dass ihr die Knie nachgaben. Keith riss sie aufstöhnend an sich. Doch in diesem Moment heulte die Schiffssirene auf, die das Anlegen der Fähre verkündete. Die aufregende Fahrt über die Meerenge war vorbei, und sie mussten das Schiff verlassen.

Stumm gingen Iris und Keith zum Wagen. Beide waren in ihre Gedanken vertieft. Iris fragte sich, wie sie für einen Mann arbeiten sollte, in den sie sich zweifellos verlieben würde. Und was war mit seiner Tochter, die ihm die Schuld am Tod ihrer Mutter gab? Und Mitchell? Konnte sie mit Keith über seine Entlassung reden, ohne ihre Beziehung zu gefährden? Unwillkürlich begann Iris, sich und Keith als Paar zu betrachten. Aber das ist ja Wahnsinn, meldete sich die Stimme der Vernunft in ihr. *Keith ist dein Chef, vergiss das nicht! Und du kennst den Mann ja kaum.*

Keith seinerseits machte sich Gedanken über Iris. Konnte diese schöne, zurückhaltende Frau tatsächlich Mitchells Komplizin sein? Sie wirkte so unschuldig und aufrichtig, und man konnte mit ihr so gut über alles reden, dass er ihr sogar die Sache mit Jana und Krista anvertraut hatte. Vielleicht war das ein Fehler. Doch im Moment wollte er darüber nicht nachgrübeln, sondern nur seine Gefühle sprechen lassen.

Iris hatte ihn bezaubert, das gab er zu. Trotzdem würde er alles über sie herausfinden und sie wenn nötig überführen. Aber heute war es ihm verdammt gleichgültig, ob Iris ihn bestahl oder nicht.

Der schwarze Sportwagen glitt über die regennassen Straßen. Die Scheibenwischer bewegten sich hin und her. Im Innern des Autos war es noch dunkler als draußen, und während der ganzen Fahrt war sich Iris intensiv Keiths Nähe bewusst. Sie roch den Duft seines Aftershaves und genoss den Anblick seiner kräftigen und doch schmalen Hände, die um das Lenkrad lagen.

Vor dem Apartmenthaus hielt Keith an und blieb stumm sitzen. Nach einer Weile ertrug Iris das Schweigen nicht länger. Sie räusperte sich und fragte: „Möchten Sie noch auf einen Drink oder eine Tasse Kaffee mit nach oben kommen?"

Keith wandte ihr das Gesicht zu, und im Schein einer Straßenlaterne glaubte sie Leidenschaft in seinen Augen zu erkennen. „Ja, sehr gern."

So leise wie möglich stiegen sie in den obersten Stock. Obgleich sie einander nicht berührten, überlief Iris ein erregendes Prickeln. Ihr Mund wurde trocken, und sie befeuchtete mit der Zungenspitze die spröden Lippen, während sie nervös den Schlüssel aus der Handtasche fischte.

War es wirklich erst zwölf Stunden her, seit sie ihre Wohnung verlassen hatte? Was war in dieser Zeit alles geschehen! Und warum hatte sie Keith trotz ihrer Bedenken aufgefordert, mit nach oben zu kommen? Es war gefährlich, nach dem heutigen Tag mit ihm allein zu sein. Doch Iris wollte den Abend noch nicht sofort beenden. Mrs. Cavenaugh hatte recht: Sie hatte sich viel zu lange von Männern ferngehalten.

Keith musste Iris beim Aufschließen helfen, so sehr zitterte ihre Hand. Im Flur des kleinen Apartments zog Iris ihre Jacke aus und fuhr sich über das Haar. Doch in Gedanken war sie ununterbrochen bei Keith. Jetzt war sie mit ihm allein in ihrer Wohnung. Hier konnte sie sich nirgends verstecken.

„Darf … darf ich Ihnen etwas zu trinken anbieten?“, brachte sie verlegen hervor.

Keith warf seine Jacke achtlos über die Sofalehne. „Ja, bitte.“

Iris ging in die Küche und holte die Flasche mit dem Whisky. Obwohl Keith im Wohnzimmer wartete, war die ganze Wohnung erfüllt von knisternder Anspannung. Es fiel Iris schwer, sich auf die Zubereitung des Irish Coffee zu konzentrieren. Warum hatte sie Keith eingeladen, und warum hatte er angenommen? Sie trug die dampfenden Gläser ins Wohnzimmer, wo Keith am Fenster stand und in die Nacht hinausblickte. Sein Hemd war nass und klebte ihm am Körper. Iris konnte das Spiel seiner Muskeln sehen, was sie nur noch mehr verwirrte.

Als sie hereinkam, drehte Keith sich um. Iris merkte seinem angespannten Gesichtsausdruck an, dass er genauso nervös war wie sie. „Ist etwas?“, fragte sie leise.

„Nichts“, erwiderte er kaum hörbar, doch der gequälte Ausdruck veränderte sich nicht. Keith nahm ein Glas Irish Coffee und trank einen Schluck. „Danke“, sagte er mit einem gezwungenen Lächeln.

„Hier stimmt doch etwas nicht, Keith. Ich fühle es, und es hat mit mir zu tun, nicht wahr?“

„Das bilden Sie sich nur ein“, antwortete er und nahm einen großen Schluck.

„Nein, das ist keine Einbildung. Es fing schon gestern in der Bank an.“

„Ich weiß nicht, wovon Sie sprechen“, sagte er hart.

„Und ich bin überzeugt, dass Sie es sehr gut wissen. Sie wollen doch nicht bestreiten, dass Sie gestern im Büro gereizt und verärgert waren. Und dann diese vielen Fragen wegen Mitchell. Es geht um ihn, stimmt's?“

„Darüber sollten lieber Sie mir etwas sagen, Iris. Was wissen Sie von Mitchell Cameron?“, fragte Keith schroff.

Iris erschrak über seinen Ton. „Nichts weiter, als dass Sie ihn entlassen haben. Aber ich weiß noch nicht einmal, warum.“

Keith stellte sein Glas ab und trat dicht an Iris heran. Er sprach jetzt sehr leise. Sein Blick hielt ihren unerbittlich fest. „Können Sie sich den Grund nicht denken? Ahnen Sie ihn nicht?“

„Nein.“

„Warum versuchen Sie nicht, den Grund herauszufinden?“ Keith legte die Hand auf ihren Nacken, hob das Haar von ihren Schultern und fing an, ihre verspannten Nacken- und Schultermuskeln sanft zu massieren.

„Ich habe wirklich keinen Schimmer, Keith. Mir ist nur bekannt, dass die Rechtsabteilung Verluste macht.“

Seine Augen blitzten. „So? Das also wissen Sie?“

„Ist das der Grund? Haben Sie einen tüchtigen Mann nur wegen eines schlechten Jahres, wegen ein paar roter Zahlen in der Bilanz entlassen?“

„Was meinen Sie damit?“

„Ich weiß nicht, wonach Sie einen Menschen beurteilen und welche Gründe zu Ihren Entscheidungen führen.“

„Natürlich wissen Sie das“, flüsterte Keith, und sie konnte an nichts anderes als an seine warmen, zärtlichen Hände denken.

„Wollen Sie denn Ihren Irish Coffee nicht austrinken?“, brachte sie stockend heraus. Seine Daumen zogen verführerische Kreise über ihren Hals, und Iris atmete keuchend ein.

„Gegenfrage: Ist das eine versteckte Andeutung, dass ich gehen soll?“

Iris riss sich zusammen und kämpfte gegen die Erregung an, die seine Zärtlichkeiten in ihr auslösten. „Es … es ist schon spät.“

„Und Sie möchten schlafen gehen“, lächelte Keith. Seine dunklen Augen glühten.

„Ich … Sie … ich meine, wir müssen doch beide morgen früh in die Bank.“

„So ist es.“

Ihr Herz fing heftig zu klopfen an, weil Keiths Hände Dinge taten, die sie noch mehr erregten. Sie konnte seinen Atem und seinen herben männlichen Duft spüren, und sie wusste, dass Keith sie gleich küssen würde. Tatsächlich nahm er sie fest in die Arme und bedeckte ihren Hals mit Küssen. Iris bog den Kopf zurück und seufzte sehnsüchtig, während Keith fortfuhr, ihr Gesicht und ihren Hals zu liebkosen. Dann tastete er zögernd nach dem Saum ihrer Bluse, zog sie, als Iris sich nicht wehrte, aus dem Hosenbund und streichelte Iris’ Rücken. Sie konnte sich kaum noch auf den Beinen halten, ihre Knie gaben nach. Keith hielt sie fest und suchte leidenschaftlich ihre Lippen.

Iris stöhnte auf, als seine Zunge wieder ihr erregendes Spiel begann. Keith streichelte ihren flachen festen Bauch. Ihre Haut brannte, und dann seufzte Iris wie erlöst auf. Endlich hatten seine Fingerspitzen ihre Brüste gefunden.

Keith drückte Iris sanft auf den Boden, und sie spürte die kühlen Dielenbretter unter ihrer heißen Haut. Behutsam knöpfte Keith ihr die Bluse auf und befreite Iris’ Brüste aus dem BH. „Wie schön du bist“, flüsterte er heiser.

Mit zitternden Händen griff Iris nach seinem Hemd und öffnete es. Als sie die bronzefarbene Haut sah, stöhnte sie voller Verlangen. „Du bist auch schön", hauchte sie.

Er ließ seine Daumen über die rosigen Knospen kreisen, bis sie hart wurden und sich aufrichteten. Ein triumphierendes Lächeln flog über sein Gesicht. Iris war wie benommen und wollte nichts anderes, als Vergnügen bereiten und empfangen. Ihr Verlangen siegte über ihren Verstand. Keith streichelte und erforschte ihren Körper, und sie erwiderte seine Zärtlichkeiten. Seine Zunge brannte wie Feuer auf ihrem Körper und erweckte in ihrem tiefsten Innern eine drängende Sehnsucht. Und dann umschlossen seine Lippen ihre Brustknospen und saugten leicht daran, während seine Hände die empfindsamen Rundungen streichelten. Sekunden später fühlte sie das Gewicht seines Körpers auf ihrem, und ihr wurde ganz heiß.

„Oh Iris", stöhnte Keith, und sie konnte nicht anders, als sich rhythmisch unter ihm zu bewegen. Er richtete sich ein wenig auf. „Komm, lass uns ins Bett gehen", raunte er. „Ich möchte dich lieben."

Ihr Herz hämmerte, und sie bekam kaum noch Luft. „Willst du das wirklich?"

„Ja, das habe ich mir schon den ganzen Abend gewünscht."

„Ich … möchte es auch, aber …", flüsterte sie und schloss die Augen. Sie versuchte noch einmal, vernünftig zu überlegen. Würde dann der Schmerz vergehen? Würde sie wirklich fähig sein, mit Keith zu schlafen? Hätte sie damit die Vergangenheit besiegt?

„Aber …?", fragte er, und sein Atem streifte ihre Wange.

„Aber … ich habe Angst."

„Wovor? Vor mir?"

„Nein."

„Dann hast du anscheinend Angst vor deinem Mann", vermutete Keith.

„Lee? Woher weißt du von ihm?“

„Aus deiner Personalakte.“

„Oh.“

Iris zog die Bluse über ihre nackten Brüste. Plötzlich fühlte sie sich ausgeliefert.

„Dieser Lee ist dein großes Problem, nicht wahr?“, fragte Keith. Seine Stimme klang auf einmal sachlich und kühl.

„Nein – Lee hat mit uns nichts zu tun“, brachte Iris heraus. Der Zauber war verflogen.

„Liebst du ihn immer noch?“ Keith blickte Iris einen Moment forschend an, dann zog er sie an sich und wiegte sie in seinen Armen.

„Nein, so ist es nicht. Du siehst das falsch. Ich liebe Lee nicht. Manchmal frage ich mich, ob ich ihn überhaupt jemals geliebt habe.“ Nachdenklich strich Iris sich das Haar aus der Stirn. „Ich habe natürlich einmal geglaubt, ihn zu lieben. Aber einige Dinge, die er sagte und tat …“ Sie konnte noch immer nicht darüber sprechen, ohne dass es ihr die Kehle zuschnürte.

„Iris, Liebling, das ist so viele Jahre her, und noch immer leidest du darunter. Bist du ganz sicher, dass du nichts mehr für ihn empfindest?“

Tränen liefen ihr über die Wangen. Iris wollte das Gesicht abwenden, aber Keith zwang sie mit sanfter Gewalt, ihn anzuschauen. Zärtlich wischte er ihr die Tränen ab, aber seine Gedanken waren grimmig. Dieser Lee Sinclair hatte Iris zutiefst verletzt. Noch immer waren die Narben nicht verheilt. Keith musste alles über diesen Mann erfahren.

„Hast du ihn kürzlich getroffen?“

„Nein. Er ist vor etwa einem Jahr nach Spokane gezogen.“ Iris brachte es aus irgendeinem Grunde nicht fertig, Keith von Lees Anrufen zu berichten und zu gestehen, dass er wieder in Seattle war.

Keith hielt sie weiter sanft umschlungen. Nur die zusammengepressten Lippen verrieten, dass er nicht so ruhig war, wie er sich nach außen hin gab. Nach einiger Zeit hatte Iris sich gefasst. Sie richtete sich auf, und als sie begriff, dass sie halb nackt auf dem Fußboden ihrer Wohnung saß und sich von ihrem Chef trösten ließ, brannten ihre Wangen vor Scham. Aber am meisten schämte sie sich dafür, dass sie beinahe mit Keith geschlafen hätte. Das sah ihr so gar nicht ähnlich und erschreckte sie.

„Tut mir leid", entschuldigte sie sich mit einem schwachen Lächeln. „Ich verstehe wirklich nicht, warum ich mich so gehen ließ."

„Ist schon gut." Keith zog die Kamelhaardecke vom Sofa und legte sie um ihre Schultern. „Bist du jetzt wieder okay?"

„Ja."

Er stand auf und zog Iris mit sich hoch. „Warum gehst du nicht ins Bett? Ich bringe dir eine Tasse Tee."

„Nein … oh nein, mir geht es gut … ehrlich."

„Bist du ganz sicher?" Keith, der sein Hemd zuknöpfte, schaute sie zweifelnd an. Doch offenbar meinte sie es ernst.

Iris sah ihm an, wie schwer es ihm fiel, sie zu verlassen, aber nach einem flüchtigen Kuss auf ihre Stirn schrieb er noch die Telefonnummer seines Hotels auf einen Zettel und verließ das gemütliche Apartment.

Die Tür fiel hinter ihm ins Schloss, und Iris hörte, wie er die Treppe hinunterstieg. Stumm zählte sie die Stufen mit, bis sie ihn die Haustür öffnen und schließen hörte. Dann heulte der starke Motor seines Wagens auf, bis auch dieses Geräusch in der Nacht verstummte. Auf einmal fühlte sich Iris so allein wie schon seit langer Zeit nicht mehr.

Betrübt räumte Iris ein wenig auf, um dann schnell ins Bett zu gehen. Sie konnte lange Zeit nicht einschlafen, so sehr beschäftigte sie der vergangene Abend. War sie in Keith Webster verliebt?

5. Kapitel

Während Iris bei ihrem leichten Frühstück saß, das nur aus Kaffee, Toast und Marmelade bestand, überflog sie die Schlagzeilen der Zeitung, die aufgeschlagen vor ihr auf dem Tisch lag. Dabei versuchte sie vergeblich, ihre Gedanken von dem gestrigen Zusammensein mit Keith zu lösen. Was ihr vor einigen Stunden noch wunderschön und ganz natürlich erschienen war, sah im hellen Morgenlicht entschieden anders aus. Natürlich bereute sie nicht, Keith näher kennengelernt zu haben. Aber er war ihr Chef, und sie durfte nicht zulassen, dass ihr Körper über ihren Verstand siegte.

Nein, es war nicht gut, sich mit dem Arbeitgeber einzulassen. Sie musste ihr Verlangen nach ihm unterdrücken, auch wenn es ihr schwerfiel. Seufzend löffelte Iris Himbeermarmelade auf ihren Toast und schlug die Wirtschaftsseite der Zeitung auf. Im nächsten Augenblick fiel ihr der Marmeladenlöffel aus der Hand. Aus der Zeitung blickte ihr das Foto von Mitchell Cameron entgegen. Es war ein älteres Foto von ihm, auf dem er strahlend und selbstbewusst lächelte. *Bankjurist ein Dieb?* lautete die nicht sehr schmeichelhafte Überschrift. Darunter stand: *Mitchell Cameron wird beschuldigt, Kontogelder bei seiner Bank unterschlagen zu haben.*

„Oh nein!“, rief Iris entsetzt aus und las weiter. „Das muss ein Irrtum sein“, flüsterte sie. „Das ist einfach nicht wahr.“ Im Artikel stand, dass Mitchell fast zwei Jahre lang äußerst geschickt Gelder abgezweigt und die Spuren raffiniert verwischt hätte. Erst als die hoch angesehene Bank verkauft wurde, entdeckten die Buchprüfer kriminelle Machenschaften, woraufhin der neue Präsident Keith Webster den Beschuldigten entlassen hatte. Die Polizei wurde eingeschaltet, und Mitch sollte in der kommenden Woche unter offizielle Anklage gestellt werden. Zurzeit war er frei.

Iris las den Artikel mehrere Male. Dann stürzte sie zum Telefon und wählte Mitchs Nummer. Besetzt. Sie probierte es noch ein paarmal. Immer dasselbe. Entweder hatte Mitch den Hörer neben den Apparat gelegt, oder er wurde bereits von allen möglichen Freunden und Bekannten sowie neugierigen Reportern mit Anrufen bestürmt.

Blitzschnell schlüpfte Iris in ihren Mantel, hängte die Schultertasche um und riss die Zeitung an sich. Sie stürmte so hastig die Treppe hinunter, dass sie beinahe Mrs. Cavenaugh umgerannt hätte, die gerade aus ihrer Wohnung kam. Mit ein paar überstürzten Worten entschuldigte Iris sich bei der erschrockenen alten Dame und eilte aus dem Haus. Sie sprang ins Auto, startete den Motor, und der kleine Wagen schoss förmlich davon. So schnell, wie es der Verkehr zu dieser Stunde zuließ, fuhr Iris zur Bank.

Obwohl es noch sehr früh war, wimmelte es dort bereits von Angestellten. Iris drängte sich in den überfüllten Fahrstuhl zwischen zwei Frauen.

„Hast du die Zeitung schon gelesen?“, fragte die eine über Iris’ Kopf hinweg.

„Noch nicht. Ich lese sie erst in der Kaffeepause. Zu Hause habe ich keine Zeit“, erwiderte die andere.

„Dann weißt du also die Sache mit Mitchell Cameron noch nicht, oder?“

„Cameron? Dem Chef von der Rechtsabteilung?“

„Ja. Anscheinend ist er vom neuen Präsidenten, diesem Mr. Webster, gefeuert worden.“

„Nein!“

„Doch.“ Die Frau schaute sich vorsichtig um und sprach leiser weiter. „Er soll Unterschlagungen begangen haben.“

„Was? Ausgerechnet der Chef der Rechtsabteilung?“

Iris tat, als hätte sie nichts gehört. Der Fahrstuhl hielt im siebzehnten Stockwerk, wo die beiden Frauen ausstiegen. Iris biss die Zähne zusammen. Jetzt wussten wohl schon alle Angestellten über Mitch Bescheid. Konnte es wahr sein? Iris hoffte fieberhaft, dass Keith unrecht hatte. Mit einem Ruck blieb der Lift stehen, und Iris ging in die Rechtsabteilung. Ihr fielen einige neue Gesichter auf, und da wusste sie, dass Keith bereits eigene Leute eingesetzt hatte.

In ihrem Büro überflog sie die Telefonnotizen, die auf dem Schreibtisch lagen. Eine war besonders wichtig. Die Sekretärin hatte geschrieben, dass Mr. Webster Iris sofort in seinem Büro sehen wolle.

Iris zog den Mantel aus, griff nach der Zeitung und ging zu Keiths Büro. Ein wehmütiges Gefühl stieg in ihr auf, als sie feststellte, dass man Mitchells Namensschild bereits von der Tür entfernt hatte. Nur zwei kleine Bohrlöcher wiesen darauf hin, dass Mitch vor wenigen Tagen noch der Chef hier gewesen war.

Keith saß an seinem Schreibtisch. Er forderte Iris mit einer Handbewegung auf, Patz zu nehmen, und fuhr fort, einige Notizen am Rand eines amtlich aussehenden Schriftstücks anzubringen. Iris blieb mit verschränkten Armen vor dem Schreibtisch stehen. Sie zögerte einen Moment, bevor sie Keith ansprach. Natürlich konnte sie ihn nun nicht mehr duzen.

„Haben Sie die Zeitung gelesen?“, fragte sie nach einer Weile.

Er blickte kurz von seinen Notizen auf. „Ja.“

„Auch den Artikel über Mitchell?“

„Ich habe inzwischen schon mehr als nur einen Artikel über Cameron gelesen, die ersten bereits gestern in der Nachtausgabe.“

„Ist das wahr?“, fragte Iris unglücklich. „Hat Mitch tatsächlich Unterschlagungen begangen? Was gibt es für Beweise?

Und warum musste die Presse davon erfahren? Ist Ihnen bewusst, was Sie damit angerichtet haben? Seine Karriere ist zerstört. Über zwanzig Jahre lang hat Mitch für diese Bank gearbeitet, und Sie haben ihn mit wenigen Worten ruiniert."

Ihre Stimme war immer lauter geworden. Sie warf die Zeitung auf den Schreibtisch und wandte das Gesicht ab. Ihr war so elend zumute, dass sie die Hand auf den Mund presste, um die Beherrschung wiederzugewinnen. Keith stand auf und schloss die Tür. Dann trat er zu Iris und legte die Hände auf ihre Schultern. Behutsam massierte er ihren verspannten Nacken.

„Bitte nicht. Fassen Sie mich nicht an! Beantworten Sie mir meine Fragen." Iris zitterte am ganzen Körper.

Keith ließ die Hände auf ihren Schultern liegen und fing mit leiser Stimme zu sprechen an. Auch er benutzte die offizielle Anrede.

„Sie haben meinen Mitarbeiter Jim Haney kennengelernt, nicht wahr?" Iris nickte. „Jim stellte bei der Überprüfung der Akten und Konten anlässlich der Bankübernahme fest, dass Geld verschwand. Es handelt sich um treuhänderisch verwaltete Vermögen aus Nachlässen. Jim brauchte einige Zeit, bis er den geschickt arbeitenden Täter gefunden hatte …"

„Mitch?", unterbrach Iris ihn kaum hörbar.

„Ja."

„Wie können Sie so sicher sein?" Iris blickte auf und entdeckte die Qual in seinen Augen.

„Es gibt keinen Zweifel, Iris. Wir haben ihn auf frischer Tat ertappt."

Tränen stiegen in Iris auf. Mühsam drängte sie sie zurück und versuchte, ihre Erschütterung zu verbergen. „Ich kann es immer noch nicht glauben", flüsterte sie.

Keith umfasste ihr Kinn und schaute sie prüfend an. „Sie standen sich wohl sehr nahe?"

Sie schüttelte den Kopf. „Er war mir immer ein sehr guter Freund." Ungeweinte Tränen schimmerten in ihren Augen. „Er … er hat mir über eine sehr schwere Zeit in meinem Leben hinweggeholfen", stammelte sie und gab nach einem kurzen Zögern dem Bedürfnis nach, sich an Keith zu lehnen. Keith schlang die Arme um sie.

War das derselbe Mann, der Mitch so unbarmherzig gefeuert und der Presse ausgeliefert hatte? Für einen Moment vergaß Iris alles und genoss die tröstliche Umarmung.

„Meinen Sie mit der schweren Zeit Ihre Scheidung?", fragte Keith schließlich.

„Ja." Iris nickte und schmiegte den Kopf an seine breite Brust.

Plötzlich klopfte es an die schwere Mahagonitür, und bevor Keith „Herein" rufen konnte, trat Olivia Parsons selbstbewusst, aufregend und elegant ins Zimmer. Sie trug ein teures Modellkleid, das ihre fabelhafte Figur perfekt zur Geltung brachte.

„Entschuldigen Sie, Mr. Webster, ich wollte nicht stören. Hallo, Iris." Es war Olivia anzumerken, dass sie Iris nur aus reiner Höflichkeit begrüßte. Ihr war die intime Szene bestimmt nicht entgangen, obwohl Iris sich sofort von Keith losgemacht hatte.

„Was gibt es?", fragte Keith gereizt.

„Ich wäre nicht gekommen, wenn Ihre Sekretärin nicht gemeint hätte, dass Sie diesen Finanzbericht noch vor der Vorstandssitzung haben wollen." Olivia lächelte Keith selbstsicher an und reichte ihm einige dicht beschriebene Blätter.

„Sie müssen Miss Parsons sein", bemerkte Keith, nachdem er einen kurzen Blick auf die sauber getippten Seiten geworfen hatte.

„Bitte nennen Sie mich Olivia, und entschuldigen Sie nochmals die Störung." Olivia musterte Iris von oben bis unten, als ob sie sie noch nie gesehen hätte. Iris spürte, wie sie rot wurde.

„Ist schon gut", bemerkte Keith und brachte Olivia höflich zur Tür. „Vielen Dank, dass Sie sich die Mühe gemacht haben, den Bericht persönlich zu mir zu bringen."

„Gern geschehen", erwiderte Olivia mit verführerisch rauchiger Stimme und verließ den Raum.

Keith schloss die Tür hinter ihr und drehte sich zu Iris um. Sein Gesicht war eine steinerne Maske geworden, seine Stimme klang auf einmal kühl und sachlich.

„Ich halte mein Büro für ungeeignet, diese Unterredung fortzusetzen", erklärte er knapp.

„Und ich finde, es ist genau der richtige Ort, um über Mitch zu sprechen", erwiderte Iris heftig. „Es ist nämlich sein Büro, in dem wir uns befinden."

„Für Sie ist es also immer noch Camerons Büro", stellte Keith gelassen fest. „Gut, dann rate ich Ihnen aber, schleunigst umzudenken. Mitchell Cameron gehört nicht mehr hierher. Er ist ein Dieb und hat Gelder unterschlagen, die ihm anvertraut waren. Hoffentlich beeinträchtigt diese Tatsache Ihre Arbeitsstimmung nicht zu sehr." Keith ließ Iris stehen und ging zu seinem Schreibtisch. „Wir können heute Abend darüber sprechen, wenn Sie wollen. Jetzt bin ich sehr beschäftigt." Er setzte sich und fing an, den Bericht zu lesen, den Olivia ihm gegeben hatte.

Ungläubig sah Iris ihn an. Wie konnte ein Mensch sich so schnell wandeln? Eben war Keith noch freundlich und mitfühlend, und im nächsten Moment benahm er sich schroff und herzlos. „Sie waren es doch, der mich herzitiert hat", erinnerte sie ihn und hielt ihm den grünen Notizzettel hin. „Worüber wollten Sie mit mir sprechen?"

Keith lächelte, aber seine Augen blieben kühl. „Ich wollte Sie bitten, heute Abend mit mir essen zu gehen."

„Sie machen wohl Scherze!", entgegnete Iris, und es klang spöttisch. „Erst zitieren Sie mich her, dann werfen Sie mich praktisch hinaus, und jetzt erwarten Sie, dass ich mit Ihnen ausgehe? Nun, das kommt überhaupt nicht infrage."

„Warum nicht?"

„Aus denselben Gründen, die ich Ihnen bereits gestern genannt habe."

Keith beugte sich vor. „Sie haben Angst vor mir, nicht wahr?" Er machte eine kleine Pause. „Oder haben Sie Angst vor sich selbst?"

„Das hat überhaupt nichts mit Angst zu tun, und das wissen Sie genauso gut wie ich. Es ist nicht nötig, Anlass zu Büroklatsch zu geben. Das können wir uns schon aus rein beruflichen Gründen nicht leisten."

„Finden Sie diese Gründe nicht selbst ziemlich fadenscheinig, wenn Sie ehrlich sind?"

„Ich verstehe nicht, was Sie meinen."

„Klatsch kann doch nur entstehen, wenn jemand Gerüchte in die Welt setzt. Und da ich zu den Männern gehöre, die schweigen können, muss ich annehmen, dass Sie nicht so verschwiegen sind. Sonst bräuchten Sie doch nichts zu befürchten – oder?", fragte er und lächelte herausfordernd.

„Sie verstehen mich nicht!", rief Iris leidenschaftlich aus. „Klatsch kann so bösartig sein, so widerlich! So gemein! Klatsch kann Ihr Leben zerstören."

„Nur wenn Sie es zulassen, sonst nicht", erwiderte Keith ernst. „So wie es mit allen anderen Dingen ist. Seien Sie doch aufrichtig, Iris – gegen mich und sich selbst –, und erzählen Sie mir, was Sie wirklich quält. Es kann Sie doch nicht so fürchterlich aufregen, wenn Kollegen darüber spekulieren, was Sie in Ihrer Freizeit tun. Du lieber Himmel, Sie sind schließlich kein dummes junges Mädchen mehr, sondern eine erwachsene Frau."

Ihre Augen sprühten vor Zorn, und sie stemmte die Hände in die Hüften. „Mein Privatleben geht niemanden etwas an, und so soll es auch bleiben. Auch wenn Sie und ich schweigen können, würde sich unsere Beziehung bald herumsprechen. Das können Sie mir glauben."

„Und natürlich würde man sofort vermuten, dass wir miteinander schlafen", bemerkte Keith spöttisch. Er warf den Bericht auf den Aktenstapel und kam zu Iris. Dicht vor ihr blieb er stehen. Sie spürte seinen warmen Atem, und jeder Nerv ihres Körpers prickelte. Keith beugte sich vor. „Wäre es wirklich so schlimm, wenn einige Leute das glauben?" Zart berührte er ihre Wange. „Was kümmert Sie die Meinung anderer?"

Iris trat einen Schritt zurück, weil seine Nähe sie verwirrte. „Ich habe hart gearbeitet, um meine heutige Stellung zu erreichen. Darum lege ich keinen Wert darauf, dass meine Kollegen glauben, ich schlafe aus Karrieregründen mit meinem Chef."

„Und wenn man annimmt, dass Sie es aus Zuneigung tun?"

„Sie können – oder Sie wollen mich nicht verstehen", flüsterte sie und wandte sich um, um zu gehen. Beim Verlassen des Zimmers hörte sie Keith noch sagen: „Sie leiden unter Verfolgungswahn, Miss O'Toole. Ich hole Sie um halb acht ab."

Seine Stimme war auch im Vorzimmer zu hören. Einige Sekretärinnen blickten von ihren Schreibmaschinen auf und starrten Iris an. Iris bewahrte Haltung und ging – nach außen hin so gelassen wie möglich – in ihr Büro.

Aber ihr Gesicht brannte vor Scham.

Mit aller Macht versuchte Iris, sich auf ihre Arbeit zu konzentrieren. Doch es gelang ihr nicht. Keith hatte sie mit seiner abschließenden Bemerkung bloßgestellt. Zweifellos klatschte bereits die halbe Rechtsabteilung über sie. Aber noch schlimmer fand Iris, dass er Mitchs Entlassung einfach so abgetan hatte, ohne ihr den Sachverhalt näher zu erklären.

Es war ihr sehr recht, dass sie Keith während des restlichen Tages kaum noch sah. Den Kontakt mit ihm hielt sie nur über sein Sekretariat. Sie vergrub sich in die Akten, die sich auf ihrem Schreibtisch häuften, und stand erst lange nach Dienstschluss auf, um nach Hause zu fahren. Natürlich hatten ihre Gedanken trotz der Arbeit ständig um Keith und seine Einladung gekreist. Warum eigentlich hatte sie abgelehnt? Was konnte es ihr schon schaden, sich mit ihm zu treffen?

Die Stimme der Vernunft stellte ihr eine andere Frage: Was würde es ihr bringen, sich mit Keith einzulassen? Nichts Gutes, lautete die Antwort. Sicher, er war ein interessanter Mann mit einer faszinierenden Ausstrahlung. Aber sie müsste praktisch ein Doppelleben führen und tagsüber seine Angestellte, nachts seine Geliebte sein. Und das würde sie nicht verkraften.

Iris gestand sich ein, dass sie sehr viel für Keith empfand, mehr, als sie je für einen anderen Mann empfunden hatte. Wenn er nicht ihr Chef wäre, könnte sie sich in ihn verlieben. Nein … sie wusste genau, dass er der Mann war, den sie aus ganzem Herzen lieben würde.

Aber das Schicksal hatte bereits gegen sie entschieden, und damit musste sie sich abfinden. Nur einmal noch wollte sie sich mit Keith treffen und ihm ihren Standpunkt klarmachen. Sie warf ihren leichten Mantel über die Schulter und verließ ihr Büro. Beim Passieren von Keiths Büro hörte sie Stimmen. Er arbeitete also noch.

Als sie in den Lift steigen wollte, öffnete sich die Tür des Chefzimmers. Vielleicht sollte ich die Gelegenheit nutzen und gleich mit ihm reden, dachte Iris. Da sah sie, dass er nicht allein war. Olivia Parsons stand neben ihm und blickte bewundernd zu ihm hoch. Iris wirbelte herum und drückte wieder auf den Aufzugknopf.

„Iris!“, rief Keith und eilte zu ihr. „Warten Sie. Ich bin froh, dass ich Sie noch erwischt habe. Soll ich Sie nach Hause bringen?“

„Danke, ich habe meinen Wagen unten auf dem Parkplatz“,

erwiderte Iris schroff. Olivia, die ebenfalls herausgekommen war, blickte sie seltsam an.

„Dann sehen wir uns also um halb acht“, sagte Keith.

Iris schaute von Keith zu Olivia und wieder zurück. „Ich glaube, es klappt heute Abend nicht“, erwiderte sie und stellte sogleich fest, dass Olivias grüne Augen aufblitzten.

„Gehen Sie aus?“, fragte Olivia scheinbar harmlos. „Kann ich verstehen. Wer hat nach einem langen Arbeitstag schon Lust zum Kochen?“

Es reizte Iris, ihr zu widersprechen. „Ich koche leidenschaftlich gern.“

Keith erwiderte: „Das ist gut. Ich habe schon seit Ewigkeiten kein hausgemachtes Essen mehr gehabt. Wir werden also bei Ihnen zu Abend essen.“

„Ich habe eine bessere Idee“, warf Olivia ein, die sich schnell gefasst hatte. „Warum kommen Sie nicht zu mir zu einem ganz besonderen Dinner? Ich besorge uns frische Meerestiere vom Puget Sound und …“

„Vielen Dank, Olivia. Ich weiß Ihre Gastfreundschaft zu schätzen.“ Iris wurde blass. Keith warf ihr einen fragenden Blick zu und fuhr freundlich, aber entschieden fort: „Doch ich habe ja bereits etwas vor.“

„Wie wäre es an einem anderen Tag?“, drängte Olivia ihn, die sich normalerweise nicht so schnell abweisen ließ.

„Vielleicht“, antwortete Keith höflich, aber unverbindlich.

Eine kleine Pause entstand, bis Olivia das Schweigen brach. „Ich glaube, ich muss allmählich nach Hause.“ Sie blickte Keith herausfordernd aus ihren leuchtenden grünen Augen an. Dann stieg sie in den Fahrstuhl.

Nachdem sich die Türen des Lifts geschlossen hatten, wandte Iris sich sofort an Keith. „Ich habe einen Entschluss gefasst“, sagte sie energisch. „Sie können heute Abend nicht zu mir kommen. Und ich kann nicht mit Ihnen ausgehen.“ Sie drückte auf den Liftknopf und wartete auf Keiths wütenden Ausbruch.

Zu ihrer Überraschung sagte er ruhig: „Sie werden mir doch ein hausgemachtes Abendessen nicht verweigern?“ Seine Augen funkelten bei dieser Frage verschmitzt.

„Natürlich nicht. Doch Sie müssen auch verstehen, dass …“

„Das wäre also geregelt“, unterbrach er sie. „Ich bringe den Wein mit.“ Er stieg mit ihr in den Lift und suchte ihre Lippen in einem leidenschaftlichen Kuss, der Iris den Atem nahm.

Es regnete noch immer, als Iris vor ihrem Haus ankam. Sie stieg aus ihrem Wagen und rannte schnell in die Eingangshalle. Vor Mrs. Cavenaughs Wohnung blieb sie stehen und klopfte an.

„Wer ist da?“, rief die alte Dame.

„Ich bin es, Iris!“ Sie hörte das Klicken der Schlösser, dann öffnete Mrs. Cavenaugh die Tür und sah Iris erstaunt an.

„Kommen Sie herein, Iris. Sie bleiben doch hoffentlich ein Weilchen?“

„Leider nicht, Mrs. Cavenaugh. Ich bekomme nämlich selbst Besuch.“

„Ach?“ Mrs. Cavenaugh schmunzelte vergnügt. „Mr. Webster, nicht wahr?“

Iris betrachtete die zierliche alte Dame mit liebevollem Blick. „Woher wissen Sie das?“

„Ich dachte es mir. Haben Sie nicht doch noch ein bisschen Zeit, mir alles zu erzählen?“

„Nein, wirklich nicht. Es tut mir aufrichtig leid. Ich kam nur vorbei, um Ihnen zu sagen, dass ich jemanden für die Wärmedämmung gefunden habe. Ende der Woche werden die Handwerker bei Ihnen erscheinen.“

„Wie schön.“

„So, und jetzt muss ich nach oben.“

„Ich verstehe. Ach, da wäre noch etwas, Iris. Wissen Sie schon, dass Mr. Jefferies vorhat, Ende des Monats auszuziehen?“

„Oh nein!“, rief Iris enttäuscht. „Ich wusste, dass er mit dem Gedanken spielte, zu seiner Tochter und seinem Schwiegersohn zu ziehen. Aber ich ahnte ja nicht, dass er sich so schnell dazu entschließen würde.“

„Man hat ihm offenbar die Entscheidung abgenommen“, bemerkte Mrs. Cavenaugh trocken. „Ich bin sicher, dass seine Kündigung in Ihrem Briefkasten steckt.“

„Danke, dass Sie mich daran erinnern.“

Iris ging durch die Halle zum Briefkasten und nahm die Post heraus. Die Kündigung von Mr. Jefferies war dabei. Das hatte ihr gerade noch gefehlt. Sie brauchte jeden Cent, um die Hypothekenzinsen zu bezahlen – von den Reparaturen gar nicht zu sprechen. Aber Mrs. Cavenaugh sollte ihr die Sorgen nicht anmerken. Darum setzte Iris ein fröhliches Gesicht auf und sagte: „Ich benachrichtige Sie noch, wann genau die Handwerker kommen.“ Dann lief sie die Treppe hinauf in ihre Wohnung, wo sie sich erst einmal auf einen Stuhl fallen ließ.

Keith hielt den Wagen an und schaltete Motor und Scheinwerfer aus. Einige Minuten saß er im Dunkeln da und betrachtete das Haus, das Iris gehörte. In ihrer Wohnung brannte Licht, und ihr kleiner VW stand am Rand des Bürgersteigs.

Keith bemerkte, wie alt und reparaturbedürftig das Gebäude war, und unwillkürlich drängte sich ihm eine Frage auf. Steckte Iris in finanziellen Schwierigkeiten, weil die Reparaturen und der Unterhalt dieses Hauses so viel Geld kosteten? Das könnte der Grund für die Unterschlagung der Bankgelder sein.

Es machte ihm plötzlich keinen Spaß mehr, Camerons Komplizin zu überführen. Und doch musste er es tun. Inzwischen wusste er, dass Iris ihn belogen hatte, und das traf ihn sehr. Lee befand sich ihren Angaben zufolge in Spokane. Aber Keith hatte ohne große Mühe festgestellt, dass Lee Sinclair bereits vor etwa sechs Wochen nach Seattle zurückgekehrt war – um dieselbe Zeit, als Iris das neue Darlehen beantragt hatte. War Lee ein weiterer Grund für ihre Geldsorgen? Hatte er sie vielleicht dazu getrieben, mit Cameron gemeinsame Sache zu machen?

Keiths Hände fassten das Steuerrad so fest, dass seine Knöchel weiß hervortraten. Er konnte nur hoffen, dass sein Verdacht nicht zutraf und jemand anderer mit Cameron unter einer Decke steckte. Noch gab es ein paar Verdächtige. Aber leider deutete alles im Augenblick auf Iris O'Toole. Energisch verdrängte er die beunruhigenden Gedanken und stieg mit Schwung aus dem Auto. Er war wütend auf sich, auf Iris und ganz besonders auf diesen Lee Sinclair.

Iris hatte gerade die Auflaufform mit Lasagne in den Ofen geschoben, als es an der Wohnungstür klingelte. Bevor sie den Flur erreichen konnte, flog die Tür auf. Es war Keith, und nachdem er eingetreten war, warf er die Tür genauso zornig zu, wie er sie aufgestoßen hatte. Er trug den Anzug, den er auch im Büro angehabt hatte, seine Krawatte hing lose um den Hals, und seine Haare waren zerzaust. „Schließen Sie Ihre Wohnungstür nie ab?“, fragte er grimmig.

„Doch. Aber heute hatte ich es eilig – und …“

„Das ist keine Entschuldigung!“, unterbrach er sie.

Iris, die zu Anfang eher irritiert war, wurde wütend. „Vielen Dank für Ihre Sorge um mich, Keith. Aber es geht Sie wirklich nichts an, was ich mache oder nicht.“

„Ihre Sicherheit geht mich sehr viel an.“

„Ich habe nur vergessen, die Tür richtig zu schließen. Das ist alles.“

Keiths Gesicht entspannte sich. „Sie haben recht. Entschuldigen Sie meinen Ausbruch.“ Er küsste sie leicht auf die Stirn. „Aber seien Sie bitte in Zukunft etwas vorsichtiger.“

„Ich will es versuchen“, erwiderte sie nachgiebig, um die Spannung zwischen ihnen zu mildern. Sie merkte Keith an, dass ihn etwas quälte. Vielleicht war es einfach der erste Tag in der Bank, oder es hing mit Krista zusammen. „Möchten Sie einen Drink, Keith?"

„Oh!" Er schlug sich mit der flachen Hand an die Stirn. „Der Wein! Ich habe ihn im Hotel vergessen. Verzeihen Sie."

„Ich verzeihe Ihnen. Aber ich muss Sie warnen. Meine Alkoholvorräte sind ziemlich übersichtlich." Sie deutete auf das Barfach.

Keith öffnete es. „Sie haben noch gewaltig untertrieben, Iris. Das ist ja ein trauriger Anblick", seufzte er.

„Ausgerechnet Sie müssen sich beklagen!" Iris lachte. „Wer hat denn den Wein vergessen?"

„Eins zu null für Sie, Miss O'Toole. Nun wollen wir sehen, was wir hier haben." Hinter halb leeren Likörflaschen entdeckte Keith eine volle Cognacflasche. Triumphierend hielt er sie hoch. „Schauen Sie sich das an! Jetzt ist der Abend doch nicht ganz verloren."

„Verloren? Sie laden sich selbst zu einem hausgemachten Essen ein, und jetzt fürchten Sie bereits, dass es ein verlorener Abend sein könnte?"

Er blickte sie prüfend an, und als er merkte, dass sie nur scherzte, stellte er sich hinter sie und legte die Arme um sie. „Ich glaube, keine Minute mit dir ist verloren." Seine Stimme klang zärtlich und sanft, als er das sagte.

Es fiel Iris schwer, Haltung zu bewahren. Keiths Hände um ihre Taille, sein heißer Atem an ihrer Haut, seine verführerischen Worte erregten sie. In dem Bemühen, die unbefangene Stimmung wiederherzustellen, lachte sie und erwiderte: „Mit solchen Schmeicheleien versucht man, sich ein Mädchen zu angeln, Mr. Webster."

„Ein Mädchen zu angeln? Glaubst du nicht, dass ich für so etwas zu alt bin, Iris?" Keith war sehr ernst geworden. „Weißt du denn nicht, was du mir bedeutest?"

Es lag etwas Gequältes in seinen Worten, als hätte er nur widerstrebend etwas eingestanden, was er nicht gern wahrhaben wollte. Langsam drehte er Iris zu sich um, sodass sie ihn anschauen musste. Dann senkte er den Kopf und küsste voller Leidenschaft ihre zitternden Lippen.

Heiße Schauer rieselten ihr über den Rücken, und ihre Knie gaben nach. Sie konnte sich kaum noch auf den Beinen halten. Es gab nichts mehr außer Keith und seiner Leidenschaft. Die Wirklichkeit versank, und das Verlangen, das in ihr erwacht war, wurde immer stärker und wollte gestillt werden.

Anfangs erwiderte Iris seine Küsse noch zurückhaltend. Doch allmählich wurde sie immer fordernder. Wie von selbst schlangen sich ihre Arme fest um seinen Nacken. Sanft fing sie an, seine Rückenmuskeln zu kneten.

Keith stöhnte genüsslich auf, als Iris die Verspannung aus seinen Schultern wegmassierte. Wieder suchte er ihre Lippen, und seine Zunge begann ein erregendes Spiel. „Iris … ich muss dich haben … heute Nacht“, flüsterte Keith dicht an ihrem Ohr.

Die leise Stimme der Vernunft riet ihr, Keith zurückzuweisen, solange sie es noch konnte. Aber Iris wollte nicht vernünftig sein. Noch nie war sie so erregt, so völlig Frau gewesen wie jetzt. Sie konnte der Versuchung nicht widerstehen. Jetzt bedeckte Keith ihr Gesicht mit federleichten Küssen. Iris bog hingebungsvoll den Kopf zurück. Seine Daumen zeichneten kleine Kreise über ihre Kehle.

Iris wurde bewusst, dass sie sich mit Leib und Seele nach Keith sehnte und ihm gehören wollte. Und das sprach sie auch offen aus. „Oh Keith“, hauchte sie, „ich will dich …“ Sie drängte sich ihm entgegen und überließ sich ihrem Verlangen. Keith lächelte sie zärtlich an, bevor er sie hochhob, ins Schlafzimmer trug und aufs Bett legte.

„Ich weiß, dass du mich willst, Iris. Endlich hast du erkannt, dass wir zusammengehören.“

„Zusammengehören?“

„Als Mann und Frau. Ich wusste es vom ersten Moment an, als ich dich in deinem Büro auf dem Fußboden vor dem Aktenstapel sitzen sah.“

Zusammengehören – als Mann und Frau, dachte Iris. Aber für wie lange? Für eine Stunde? Einen Tag? Eine Woche? Ihr Verstand wollte Klarheit, wollte wissen, ob die Zukunft ihnen gehörte. Doch ihrem Körper genügte das Hier und Jetzt. In dieser Nacht wollte sie nicht mehr nachdenken. Sie spürte Keiths heißen Körper, atmete seinen männlichen Duft ein und sah die stürmische Leidenschaft in seinen Augen. Da ließ sie ihren Gefühlen freien Lauf. Es gab kein Zurück mehr. Sie vergaß alles andere und nahm nur noch seine Zärtlichkeiten wahr. Sie wollte die herrlichen Lustgefühle, die er in ihr weckte, restlos auskosten. Auch sie hatte ihn schon bei der ersten Begegnung als etwas Besonderes wahrgenommen, war sich seiner Männlichkeit bewusst gewesen. Keith hatte sie mit seiner starken Ausstrahlung verzaubert. Und nun wollte sie sich nicht mehr gegen ihre übermächtigen Gefühle wehren.

Ihr wurde ganz heiß, und Leidenschaft nahm sie gefangen. Mondlicht überflutete das Schlafzimmer und das Bett, auf das Keith Iris gelegt hatte. Sie spürte die kühle Seide des Lakens durch den dünnen Stoff ihrer Bluse. Plötzlich kam sie sich nackt und hilflos vor, nackt in der Erkenntnis, dass sie ihn liebte und dass ihre Liebe von ihm nicht erwidert wurde. Sie sah in seine Augen und war davon überzeugt, dass sie darin nur ungezähmtes Verlangen, aber keinen Funken Liebe entdeckte. Trotzdem wollte sie sich ihm hingeben, denn sie liebte ihn …

Keiths Fingerspitzen glitten über ihren Arm, und sein Blick hielt ihren fest. „Sag mir, wenn ich aufhören soll“, bat er heiser und küsste sie unendlich zart auf den Mund.

Iris stöhnte auf und presste sich fest an ihn. Keith streichelte sanft ihr Gesicht und ihren Hals, bis er die Knöpfe ihrer seidenen

Bluse fand. Langsam öffnete er sie und streifte sie Iris von den Schultern. Mit vor Leidenschaft dunklen Augen betrachtete er ihre Brüste, die sich bei jedem Atemzug hoben und senkten.

„Wie wunderschön du bist", flüsterte Keith bewundernd und tastete nach dem BH, der eine verführerische Barriere zwischen ihrem und seinem Körper bildete. Keith öffnete geschickt den Verschluss. Aufstöhnend streichelte Keith die rosigen Knospen, bis sie sich hart aufrichteten. Schließlich barg er seinen Kopf zwischen den weichen weiblichen Rundungen.

Iris konnte sich nicht mehr beherrschen. Sie bog sich Keith entgegen und zog ihm mit bebenden Händen das Hemd aus. So wie er sie erregt hatte, erregte sie jetzt ihn. Ihre Fingerspitzen berührten, massierten und streichelten über seinen Körper.

Das Zimmer war dunkel. Nur der sanfte Mondschein erhellte es ein wenig. Doch Iris konnte Keith deutlich sehen. All ihre Sinne waren so wach und geschärft wie noch nie und völlig auf den geliebten Mann konzentriert: seine Berührungen, den Duft seiner Haut und den süß-salzigen Geschmack seiner Küsse auf ihren Lippen.

Keiths Hände glitten zu Iris' Rock, der ihn störte und den er ihr bald abgestreift hatte. Dann zog er sich schnell und geschickt aus, ohne von Iris zu lassen. Nie verlor sein Körper den Kontakt mit ihrem. Aufreizend langsam küsste er ihre Brüste, während er sanft und gleichmäßig ihren flachen festen Bauch streichelte. Als seine Finger unter den Bund ihres Slips glitten und Sekunden später auch dieses Kleidungsstück auf dem Boden lag, stöhnte Iris vor Lust auf.

Zeit und Raum waren bedeutungslos geworden. Iris verlor sich ganz in Keiths Zärtlichkeiten und hatte alle Zweifel und Ängste vergessen. Es gab nur noch den Mann, den sie liebte, nur seine erfahrenen Hände auf ihren Hüften und Schenkeln, nur seine glühenden Küsse auf ihren Brüsten und ihrem Bauch, nur die aufregende Verlockung seines starken Körpers.

Iris spürte seine muskulösen Beine an ihren, spürte das Haar, das ihre Haut kitzelte. Aber sie spürte auch, dass er sein Verlangen zurückhielt, um erst ihr Vergnügen zu bereiten. Im schwachen Licht des Mondes konnte sie sehen, wie erregt er war. Doch das hatte ihr sein heißer Körper ohnehin bereits verraten.

Als sie glaubte, die Sehnsucht keine Sekunde länger aushalten zu können, kam Keith zu ihr. In rhythmischer Leidenschaft vereinten sich ihre Körper, und Keith führte Iris höher und höher bis zum Gipfel der Lust, den sie beide gleichzeitig erklommen.

Iris seufzte tief auf und hielt Keith fest an sich gedrückt – so fest, als hinge ihr Leben davon ab. Es war schon viele Jahre her, seit sie mit einem Mann geschlafen hatte, und noch nie war sie zu solchen Höhen gelangt wie mit Keith, noch nie hatte sie eine so tiefe, beglückende Befriedigung verspürt. Obgleich sie über alle Maßen glücklich war, stieg doch auf einmal eine seltsame Traurigkeit in ihr auf, die ihr die Tränen in die Augen trieb.

Beschämt und bestürzt versuchte sie, die Tränen zu unterdrücken und sich von Keith zu lösen. Aber als sie zur Bettkante rückte, hielt Keith sie fest.

„Wohin willst du denn?“, flüsterte er zärtlich.

Ihre Stimme versagte, und sie brachte keinen Ton heraus.

Beunruhigt richtete Keith sich auf. „Was ist? Stimmt etwas nicht?“

Stumm schüttelte sie den Kopf. Keith streichelte ihr Gesicht. Als er die Tränen an seinen Fingern spürte, zuckte er zusammen. „Oh nein!“, rief er.

„Es ist nicht, was … du denkst“, hauchte Iris.

„Habe ich dir wehgetan?“ Seine Stimme klang verunsichert.

„Nein, nein, Keith.“

„Was ist es dann? Ich verstehe nicht.“

„Ich auch nicht“, flüsterte sie und ließ jetzt endlich den Tränen freien Lauf. Verzweifelt senkte sie den Kopf, sodass ihr das schwarze Haar über das Gesicht fiel. Wie kann ich Keith so etwas antun?, fragte sie sich unglücklich. *Und warum fühle ich mich so verstört und zerrissen, obwohl ich doch eben noch so unsagbar glücklich gewesen bin?*

„Iris?“ Keith strich ihr das Haar zurück und küsste die Tränen von ihren Wangen. Zart drückte er sie an sich und wiegte sie in seinen Armen. „Was hast du?“

„Nichts ... nichts ... alles ist in Ordnung“, stieß sie stockend hervor.

„Das kann ich nicht glauben. Du schämst dich doch nicht, dass du mit mir geschlafen hast?“

„Nein, natürlich nicht.“ Iris hörte, wie Keith erleichtert aufseufzte. „Ich kann es nicht erklären“, fuhr sie fort. „Die letzte Woche war hart und anstrengend – und ...“ Zweifelnd brach sie ab. Sollte sie ihm von den so dringend erforderlichen Reparaturen, von Lees nervenden Telefonanrufen, von der Verwirrung erzählen, die sie wegen Mitch empfand? Nein, das konnte sie nicht. „Ich glaube, ich bin nur sehr erschöpft“, wich sie aus. Mehr wollte sie nicht sagen und nicht einmal denken. Nicht heute, nicht jetzt. Keine Sorgen und Probleme sollten den Frieden und die Geborgenheit stören, die sie in Keiths Armen empfand.

Keith spürte den Aufruhr ihrer Gefühle und presste sie beschützend noch fester an sich. Er konnte ihr Herz schlagen hören, schnell und aufgeregt. Er wünschte, dass sie redete – gestand –, damit er ihr sagen konnte, dass er alles in Ordnung bringen würde, dass sie keine Angst haben solle. Er würde ihr aus dem Schlamassel heraushelfen, in den Mitchell sie verwickelt hatte. Er musste ihr das sagen.

„Iris“, fing er an, „du sollst wissen, dass du immer zu mir kommen kannst, wenn du ein Problem hast. Ich bin immer für dich da, und ich halte stets zu dir.“

„Danke, Keith“, flüsterte Iris. Wie sehr wünschte sie sich, ihm all ihre Gedanken und Empfindungen anzuvertrauen, ihm ihre Liebe zu gestehen. Aber sie brachte es noch nicht fertig. Irgendetwas hielt sie zurück. „Es gibt nichts zu sagen, Keith, glaub es mir. Ich bin nur ein bisschen nervös und gestresst. Das ist alles.“ Unter Tränen zwang sie sich zu einem Lächeln.

Draußen zog eine Wolke über den Mond hinweg, und das Licht im Schlafzimmer wurde schwächer. Iris blickte Keith in die Augen, die eigenartig schimmerten.

„Hoffentlich ist dir klar, dass du immer mit mir rechnen kannst, wenn du einen Freund brauchst, Iris“, sagte Keith ernst. Er beugte sich vor und küsste die letzten Tränen weg, die ihre Wangen benetzten. Dann lag sein Mund auf Iris’ Lippen, und sie schmeckte das Salz ihrer eigenen Tränen.

Aufstöhnend streichelte er ihren bebenden Körper, der sich ihm nur allzu willig entgegenbog. Zusammen erlebten sie noch einmal wilde Leidenschaft und restlose Erfüllung.

Danach schlief Iris erschöpft und zufrieden in Keiths Armen ein. Er aber blieb wach. Zu sehr beunruhigten und bedrückten ihn die Gedanken, die er sich wegen Iris machte. Er betrachtete ihr im Schlaf entspanntes Gesicht und strich ihr eine Strähne des rabenschwarzen Haares aus der hohen Stirn. Wie unschuldig und verwundbar sie aussieht, dachte er.

Aber seine Gedanken ließen sich nicht verdrängen. Er musste die Wahrheit herausfinden, mochte sie auch noch so hässlich und zerstörerisch sein. Es gab viele Fragen, die einer Antwort bedurften. Eine davon lautete: Warum hatte Iris ihn angelogen? Und dann die alles entscheidende Frage: Warum traf es ihn so besonders schwer, dass sie ihm nicht die Wahrheit sagte?

6. Kapitel

Iris streckte sich lang aus und zog die seidene Decke ein wenig höher. Sie fühlte sich warm und wohlig, und ein glückliches Lächeln spielte um ihren Mund, während sie langsam erwachte. Die Nervosität und Verspannung der letzten sechs Monate waren wie durch Zauberhand verschwunden. Iris blieb noch ein wenig benommen liegen und genoss das herrliche Glücksgefühl. Erst dann wurde ihr klar, warum sie sich so wohlfühlte: weil sie mit Keith geschlafen hatte. Mit Keith Webster, ihrem neuen Chef!

Bestürzt riss sie die Augen auf. Das Schlafzimmer war noch dunkel, das Bett neben ihr leer. Ihre tastende Hand berührte nur das kalte Laken. Das Herz zog sich ihr zusammen. Hatte sie erwartet, dass Keith bei ihr bleiben würde? So naiv konnte sie doch kaum sein, oder?

Was wusste sie eigentlich über Keith? So gut wie nichts, lautete die ehrliche Antwort. Wie stand er zu ihr? Vielleicht hielt er sie für eine leichte Eroberung, eine Frau für eine Nacht. Warum auch nicht? Sie hatte es ihm ja wirklich nicht schwer gemacht und ihn ohne zu zögern in ihr Herz und ihr Bett gelassen. Du bist entsetzlich dumm, Iris O'Toole, schalt sie sich stumm und stand auf, um sich anzuziehen. Bedrückt griff sie nach ihren Sachen, die auf dem Fußboden lagen.

„Von mir aus brauchst du dich nicht anzuziehen", hörte sie Keith sagen. Sie wirbelte herum, und ihre Enttäuschung verwandelte sich in Freude. Er lehnte lässig am Türpfosten und musterte bewundernd ihren Körper.

„Ich ... ich dachte, du wärst weggegangen", sagte Iris. Irgendwie fühlte sie sich verlegen, so nackt vor ihm zu stehen.

Hastig nahm sie die Decke vom Bett und schlang sie um sich. Keith ließ sie nicht aus den Augen.

„Warum sollte ich fortgehen?“, fragte er mit rauer Stimme.

„Ich weiß es nicht. Aber als ich aufwachte, war das Bett leer, und ich hörte nichts.“ Sie verstummte, überwältigt von der Erinnerung an die leidenschaftliche Liebesnacht.

Keith stand noch immer in der Tür. Unter dem offenen Hemd waren die braun gebrannte Haut und die kräftigen Muskeln zu sehen. Iris atmete schneller.

„Ich habe nicht die Absicht, dich zu verlassen“, sagte Keith ernst und wunderte sich, warum seine Worte wie ein festes Versprechen geklungen hatten.

Er konnte das zarte Oval von Iris’ Gesicht im Mondlicht sehen, den schlanken Hals, den Ansatz ihrer Brüste. Nur mit Mühe widerstand er der Versuchung, sie in die Arme zu nehmen und sie noch einmal zu lieben. Wie konnte diese Frau, die so unschuldig und verletzlich wirkte, in eine gemeine Unterschlagung verwickelt sein? Die bedrückenden Gedanken spiegelten sich in seinem Gesicht wider, und Iris blickte irritiert auf.

„Also, du dachtest, dass ich dich verlassen hätte?“, fragte Keith, der die plötzliche Spannung entschärfen wollte. „Oder hattest du das gehofft?“

„Gehofft? Was meinst du damit?“

„Du willst dich doch nicht etwa davor drücken, für mich zu kochen?“, meinte er augenzwinkernd. „Ich habe nämlich schrecklichen Hunger.“

„Die Lasagne!“, rief Iris entsetzt aus. „Oh nein! Die habe ich völlig vergessen.“ Mit einer Hand hielt Iris die Decke fest, mit der anderen versuchte sie, den Rock höherzuziehen und den Reißverschluss zuzumachen.

Keith beobachtete sie mit vergnügtem Schmunzeln, wie sie zog und zerrte und sich mit dem Reißverschluss abplagte, der sich in der Decke verhakte. Das reichte Iris, sie gab auf. Nach den Intimitäten der vergangenen Stunde kam es ihr selbst lächerlich vor, sich so prüde wie eine alte Jungfer zu benehmen. Keith hatte sie ja schon nackt gesehen. Sie ließ die Decke fallen, löste den verklemmten Reißverschluss und zog ihn hoch.

„Na also", sagte sie zufrieden und schaute Keith an, der sie immer noch beobachtete. „Du könntest wenigstens das Essen aus dem Ofen nehmen, damit es nicht verbrennt."

„Was? Du verlangst von mir, deinem Gast, dass ich dir beim Kochen helfe?", tat Keith entrüstet.

„Warum nicht? Du willst mir ja auch beim Essen helfen", erwiderte sie ungerührt und wollte an ihm vorbei in die Küche.

„Nicht so eilig." Keith stellte sich ihr in den Weg. Ihr Herz fing zu rasen an, und sie bekam kaum noch Luft. „Das hat Zeit", sagte er leise und blickte ihr tief in die Augen. Unendlich zärtlich küsste er sie auf den Mund. Doch im nächsten Moment löste er sich schon wieder von ihr. „Ich wollte mich nur bei dir bedanken."

„Wofür?"

„Dass es dich gibt", erwiderte er ernst, und seine Worte erwärmten ihr Herz. Er schob sie sanft ins Wohnzimmer, und sie stellte überrascht fest, dass Keith bereits den Tisch gedeckt und die Lasagne aus dem Ofen geholt hatte. Kerzen schmückten den Tisch, der Cognac schimmerte in den Gläsern, alles war liebevoll hergerichtet.

„Du hast das alles gemacht?" Iris schüttelte erstaunt den Kopf. „Während ich geschlafen habe?"

Keith lächelte und reichte ihr die Bluse, die sie hastig überstreifte. Dann setzten sich beide an den Tisch. Iris schaute nachdenklich auf Keith, der ziemlich ernst geworden war. Sie holte tief Luft. Jetzt war der Zeitpunkt gekommen, ihm einiges klarzumachen. Vielleicht hatte er einen falschen Eindruck von ihr gewonnen und hielt sie für oberflächlich und leichtfertig. Das durfte sie nicht zulassen.

„Keith“, sagte sie eindringlich, „ich möchte dir etwas erklären. Du denkst womöglich, dass …“ Sie suchte verzweifelt nach den richtigen Worten. „Ich meine, ich bin sonst … nicht so …“ Sie gab sich einen Ruck. „Ich schlafe normalerweise nicht gleich mit einem Mann, den ich kaum kenne.“

„Aha.“ Er beugte sich vor und schaute sie aufmerksam an.

„Hoffentlich hast du keinen falschen Eindruck von mir bekommen.“

„Du meinst, weil du mit mir geschlafen hast?“

Iris wurde rot, sprach aber tapfer weiter. „Ja, das meine ich. Du musst wissen, dass ich keine leichtfertigen Abenteuer eingehe.“ Sie schluckte und senkte den Kopf. Dann blickte sie Keith direkt in die Augen. „Um es ganz deutlich zu sagen: Es hat nur meinen früheren Ehemann gegeben, sonst niemanden.“

„Das weiß ich.“

„Du weißt es?“, fragte sie überrascht. „Warum hast du mir dann all diese beleidigenden Fragen wegen Mitch gestellt?“

„Da habe ich dich noch nicht so gut gekannt wie jetzt.“

„Du willst mich in drei Tagen so gut kennengelernt haben, dass du mein Liebesleben ganz genau beurteilen kannst?“ Spott lag in ihren Worten.

„Ich kenne dich viel besser, als du glaubst. Und ich weiß sehr viel über dich.“

„Keith, du hast doch nicht etwa Erkundigungen über mich eingezogen?“, fragte sie entrüstet.

„Genauso wie über alle anderen Angestellten der Bank auch.“ Es war eine Lüge, die Keith ganz bewusst gebrauchte, weil er Iris jetzt noch nicht die Wahrheit sagen durfte. Er hasste sich selbst dafür, konnte jedoch nicht anders handeln, denn Iris stand unter schwerem Verdacht.

„Warum dann diese Anspielungen wegen Mitchell? Willst du nicht glauben, dass eine Frau Karriere machen kann, ohne mit ihrem Chef zu schlafen?“

Keith warf ihr einen so seltsamen Blick zu, dass sie erschrak. Der unausgesprochene Verdacht stand zwischen ihnen und verursachte eine fast körperlich spürbare Spannung. Stolz hob Iris den Kopf. „Du weißt, dass ich nicht aus Karrieregründen mit dir geschlafen habe, Keith."

„Dann nenne mir den Grund."

„Derselbe wie deiner. Weil ich es wollte."

Der angespannte Ausdruck in seinem Gesicht schien ein wenig gelöster zu werden. Keith betrachtete Iris, die so aufrichtig und überzeugend wirkte. Und doch hatte dieser schöne Mund gelogen. Warum verschwieg Iris, dass Lee längst wieder in Seattle war und dass sie ihm Geld geliehen hatte?

Iris legte die Gabel auf den Teller. Sie hatte das drängende Verlangen, Keith alles zu erklären, obwohl ihr Verstand ihr zur Vorsicht riet. „Keith", sagte sie ernst, „Mitchell war mein Chef und ein sehr lieber Freund, auch wenn wir nie etwas miteinander hatten. Du musst mir glauben, dass außer Freundschaft und beruflichem Respekt nichts gewesen ist."

„Ich glaube dir jetzt, Iris. Aber du musst auch verstehen, dass ich zunächst recht misstrauisch war. Ich kannte dich bis vor Kurzem nur aus der Personalakte, und da fiel mir auf, wie schnell du befördert wurdest. Ein wenig zu schnell für meinen Geschmack, darum wollte ich herausfinden, aus welchem Grund das geschah. Und du musst auch begreifen, dass Cameron ein Dieb ist – ein ganz gemeiner, gerissener Dieb."

„Keith …"

Er ließ sie nicht zu Wort kommen. „Ich trage gegenüber den Mitarbeitern der Bank, den Kontoinhabern, Sparern und Geldanlegern eine große Verantwortung, und das bedeutet, dass ich alles über meine Angestellten wissen muss. Ich darf mich nicht allein auf Mitchell Camerons Urteil verlassen."

Iris wurde blass. „Soll das heißen, dass ich für meinen Job ungeeignet bin? Dass ich meine jetzige Position nicht hätte, wenn Mitch mich nicht bevorzugt hätte? Hast du das die ganze Zeit angenommen? Dass ich Mitchells Geliebte gewesen bin und deshalb so schnell befördert wurde?“

Keith antwortete nicht gleich. Er schien sich seine Worte sehr genau zu überlegen. Nervös biss Iris sich auf die Lippen. Irgendetwas stimmte hier nicht.

Nach einer Weile räusperte Keith sich und antwortete ruhig und sachlich: „Es fiel mir nur schwer zu glauben, dass eine so junge Frau stellvertretende Leiterin der Rechtsabteilung werden konnte …“

„Ach!“, unterbrach Iris ihn zornig. „Und wenn ich ein Mann wäre?“

„Ob Mann oder Frau spielt doch keine Rolle in diesem Fall.“

„Und ob das eine Rolle spielt, Keith Webster!“, empörte sie sich und schlug mit der flachen Hand auf den Tisch. „Du hast wohl übersehen, dass ich in den letzten sechs Jahren täglich nach der Arbeit die Abendhochschule besuchte. Ich habe Körperschafts- und Aktienrecht studiert und wäre vielleicht jetzt schon freie Rechtsanwältin, wenn du die Bank nicht gekauft hättest.“

Nun wurde auch Keith zornig und fragte schneidend: „Was habe ich mit deiner Karriere als Anwältin zu schaffen? Würdest du mir bitte erklären, wodurch ich das verhindert haben soll?“

Iris trank einen Schluck von ihrem Cognac und versuchte sich zu beruhigen. Es hatte keinen Sinn, die Beherrschung zu verlieren. Das würde die Lage nur noch verschärfen. „Aus verschiedenen Gründen war es mir nicht möglich, das Abschlussexamen zu machen“, antwortete sie so ruhig wie möglich.

„Und daran soll ich schuld sein?“

Nervös spielte Iris mit ihrer Serviette. „Ich mache dir ja keinen Vorwurf. Die Bank hat mir das Studium finanziert. Alles, was mit Bankrecht zu tun hatte, wurde bezahlt. Für die anderen Fächer kam ich selbst auf. Und du weißt ja, wie teuer das Studium bei uns ist. Das ging so, bis die Bank verkauft wurde.“

„Also konntest du das Examen nicht mehr bezahlen, stimmt's?“ Keith machte eine grimmige Miene. Noch ein weiterer Grund für ihre finanziellen Schwierigkeiten.

„Das fehlende Geld war nicht das einzige Problem“, seufzte Iris. „In den letzten sechs Monaten hat es in den einzelnen Abteilungen viele Veränderungen gegeben, die offenbar von dir ausgingen. Auch das ist nur eine Feststellung, Keith, kein Vorwurf. Ich musste viele Überstunden machen und meine Freizeit opfern, um zusätzliche Arbeiten auszuführen.“

„Deshalb hattest du für deine Prüfung nicht genügend Zeit“, sagte Keith, und Iris glaubte, einen spöttischen Unterton in seiner Stimme zu hören.

„Das Juraexamen ist kein Kinderspiel!“, rief sie wütend, weil sie sich nicht länger beherrschen konnte. Keith reizte sie zu sehr. Sie beugte sich über ihren Teller und fing zornig zu essen an.

Ihre Gedanken überschlugen sich. Warum kam sie gegen den hässlichen Verdacht nicht an, dass Keith etwas vor ihr verbarg? Warum schien in seinem Blick immer eine unausgesprochene Frage zu liegen? Hatte er vielleicht eine Freundin oder sogar eine Verlobte in Kalifornien und bereute, dass er mit ihr, Iris, geschlafen hatte? Oder sorgte er sich um seine Tochter und war deshalb manchmal so abweisend und verschlossen?

Nach dem Essen stand Iris mit einer Entschuldigung auf und ging in die Küche. Sie brühte Kaffee auf und trug die Tassen ins Wohnzimmer. Keith hatte trotz des unangenehmen Gesprächs mit großem Appetit gegessen, wie sie erfreut feststellte. Es war schön, für den Mann, den sie liebte, zu kochen. Genauso hatte sie in den ersten Monaten ihrer Ehe empfunden, entsann sie sich. Aber die Freude war ihr sehr schnell vergangen … Iris schüttelte den Kopf. Warum musste sie ausgerechnet jetzt an ihren geschiedenen Mann denken?

Keith hatte sich erhoben und war ans Fenster getreten. Versonnen blickte er auf das Wasser des Puget Sound hinaus, in dem sich die Lichter der Stadt spiegelten.

„Selbst bei Nacht ist dies ein sehr schöner Anblick“, sagte er und nahm Iris die Kaffeetasse ab, die sie ihm reichte.

„Ja, unter anderem deshalb wollte ich unbedingt dieses Haus haben.“ Iris lachte. „Hinzu kommen natürlich noch eine Menge weiterer Gründe.“

„Zum Beispiel?“

„Der Charme dieses alten Gebäudes. Hier spürt man auf Schritt und Tritt die frühere romantische Zeit.“ Behutsam strich Iris über das polierte Holz des Fensterbretts. „Das ist noch echte Handarbeit. Solch feine Schnitzerei kann man heute kaum noch herstellen. Dieses Haus ist mit Liebe gebaut worden. Schau dir nur einmal das geschnitzte Treppengeländer und die Stuckarbeiten an den Fenstern und Decken an. Sogar der Bauunternehmer, der die Apartments gebaut hat, war begeistert. Er achtete darauf, beim Umbau nichts von diesem Charme zu zerstören. Ich habe mich auf Anhieb in dieses Gebäude verliebt.“ Iris wunderte sich, dass sie Keith so selbstverständlich ihre Gefühle offenbart hatte.

Keith setzte sich aufs Sofa und zog Iris neben sich. „Hat dir niemand gesagt, was die Instandhaltung eines so alten Hauses kostet?“, fragte er vorsichtig.

„Oh doch. Praktisch alle meine Freunde und Bekannten rieten mir vom Kauf ab. Sogar meine Eltern kamen von der Ostküste hergeflogen, um mir diese verrückte Idee, wie sie es nannten, auszureden. Alle sagten mir, dass ich mein Geld zum Fenster hinauswerfen würde und dass dieses Haus mein finanzieller Ruin sei. Aber je mehr alle dagegen waren, desto mehr versteifte ich mich darauf, es zu haben.“

„Ertappt, Iris!“ Keith lächelte. „Du hast mir mit deinen Worten verraten, wie dickköpfig du sein kannst.“

„Dickköpfig?“

„Ja, das ist die andere Seite deines Wesens, von der ich gestern gesprochen habe“, bemerkte Keith und musterte sie eindringlich.

Iris kam sich wie unter dem Mikroskop vor, und das gefiel ihr ganz und gar nicht. Überhaupt war ihr das Gespräch viel zu persönlich geworden, und sie hätte das Thema gern gewechselt. „Nun, jedenfalls kaufte ich dieses Haus und habe es bis jetzt noch nicht bereut“, erklärte sie energisch.

„Hatten aber all diese Leute nicht doch recht?“ Keith trank vorsichtig einen Schluck des heißen Kaffees. „Dieses Haus muss doch eine große finanzielle Belastung für dich sein.“ Gespannt wartete er auf ihre Antwort.

Iris erschrak. Sollte sie ihm von ihren Problemen erzählen? Und was wusste oder ahnte Keith bereits? „Es ist nicht immer leicht“, gab sie widerstrebend zu.

„Probleme mit den Mietern?“, fragte Keith scheinbar leichthin.

„Das eigentlich weniger. Die meisten wohnen schon seit Jahren hier. Lauter nette Leute, die stolz auf ihr Zuhause sind. Ab und zu zieht mal jemand aus, und das Apartment steht eine Weile leer. Mein Hauptproblem sind die Reparaturen. Weißt du, ich bin nicht sehr geschickt im Umgang mit Hammer und Säge.“

„Darüber brauchst du dir keine grauen Haare wachsen zu lassen.“ Keith berührte Iris sanft an der Schulter. „Du bist dafür auf anderen Gebieten umso begabter.“ Seine Stimme klang zärtlich, und Iris fühlte sich gleich viel besser.

Keith sah ihr schönes Gesicht und musste sich zurückhalten, um diesen verlockenden Mund nicht zu küssen. Doch er musste jetzt sachlich bleiben und die Dinge nüchtern betrachten, auch wenn es ihm nicht leichtfiel.

Iris hatte ihn belogen. Ob sie es nun zugab oder nicht, Lee Sinclair war in Seattle. Keith musste noch heute darüber mit ihr sprechen, bevor sie ihn noch mehr verzauberte. Er wollte sie und ihre Beweggründe verstehen, wollte herausfinden, was hinter dieser Stirn vorging. Es gab keine andere Wahl, Klarheit zu bekommen, als mit Iris zu reden.

Keith schaute Iris lange und eindringlich an. Sie konnte das gespannte Schweigen kaum noch ertragen, spürte, dass jetzt irgendetwas geschehen würde. „Wo ist dein geschiedener Mann?“, fragte Keith hart.

„Lee?“ Verwirrt strich sich Iris eine schwarze Locke aus der Stirn. Warum hatte Keith gerade jetzt von dem Mann angefangen, den sie am liebsten vergessen wollte? „Was hat denn Lee mit dem Haus zu tun?“

„Wie dachte er über das Haus und deinen Plan, es zu kaufen?“

„Was sollte er schon darüber denken? Wir waren damals ja bereits geschieden.“ Iris hoffte, dass damit dieses unerfreuliche Thema erledigt wäre. Doch sie hatte sich geirrt.

„Erzähl mir von deiner Scheidung“, forderte Keith.

„Warum?“

„Weil ich alles über dich wissen möchte.“

„Ich möchte aber nicht über Lee sprechen.“

„Warum nicht?“

„Werde ich schon wieder verhört?“, fragte Iris scharf. Aber sie bereute ihren Ton sofort, stand auf und zuckte scheinbar gelassen die Schultern. „Es ist mir nicht sehr angenehm, von Lee zu reden. Es regt mich auf.“

„Hat er dich so sehr verletzt?“

Ihre Augen schimmerten vor Tränen, weil sie sich noch jetzt der damaligen Demütigungen schämte. „Ja, er hat mich sehr verletzt, aber es war meine eigene Schuld.“

„Weil du ihn so sehr geliebt hast?“

„Nein, weil ich so jung und dumm gewesen bin. Damals glaubte ich, dass alle Ehen im Himmel geschlossen würden. Ich konnte mir nicht vorstellen, dass …" Iris zitterte am ganzen Körper und musste die Kaffeetasse abstellen.

„Es gab eine andere Frau, nicht wahr?" Mitfühlend blickte Keith auf Iris.

„Ja. Mein Stolz war tief getroffen", gab sie leise zu. Dann straffte sie die Schultern und hob den Kopf. „Aber ich hätte nie gedacht, dass ich eines Tages vor dem Scheidungsrichter stehen würde."

„Wolltest du die Ehe fortsetzen?", fragte Keith vorsichtig.

„Nein, Keith, so war es nicht. Ich wollte nur keine Versagerin sein und nicht so schnell aufgeben. Doch es war mir nicht möglich, noch länger Lees Frau zu bleiben. Ich ertrug die Heucheleien und das Theaterspielen nicht."

Keith stand auf und nahm Iris in die Arme. Stumm drückte er sie an seine Brust. Als sie seinen regelmäßigen Herzschlag spürte, beruhigte sie sich allmählich. „Arme Iris", flüsterte Keith.

„Es ist schon gut. Ich weiß gar nicht, warum ich noch manchmal daran denke. Der Schmerz ist nämlich schon längst vergangen."

Keith nahm sie noch fester in die Arme, und seine Stimme war leise, als er fragte: „Siehst du ihn noch ab und zu?"

„Ich habe ihn seit einem Jahr – seit er nach Spokane gezogen ist – nicht mehr gesehen", antwortete Iris. Der Druck seiner Hände gegen ihren Rücken wurde fester und zwang sie, weiterzusprechen. „Aber er ist wieder nach Seattle zurückgekommen und hat mich angerufen."

Keith atmete erleichtert auf. „Will er dich wiedersehen?"

„Ja, aber ich ihn nicht."

„Und er versucht es trotzdem weiter?"

„Ja … nein … eigentlich nicht." Verwirrt rieb Iris sich die Stirn. „Können wir nicht über etwas anderes reden? Ich möchte wirklich nicht so gern an diese schlimme Zeit meines Lebens erinnert werden. Was ist eigentlich mit dir, Keith? Wie war deine Ehe?“

Keith ließ Iris los. „Ich glaube, du hast ein Recht zu dieser Frage“, erwiderte er nachdenklich. „Du hast mir ja auch einiges von dir erzählt.“ Er fuhr sich mit der Hand durchs Haar. „Meine Ehe mit Jana war von Anfang an ein Fehler“, begann er mit einem Stirnrunzeln. „Wahrscheinlich wusste ich das auch schon damals. Aber ich war zu jung und verliebt. Es dauerte einige Jahre, bis ich mir eingestand, dass wir uns geirrt hatten und dass uns dieser Irrtum zerstören würde.“

Er schwieg eine Weile und blickte in den Nebel hinaus. Dann setzte er sich auf das Sofa. Iris kam zu ihm und hockte sich auf die Lehne. Keith räusperte sich. „Ich hatte mich in Jana verliebt, weil sie ein bildschönes und berühmtes Model war. Damals baute ich gerade meine Firma auf, und es schmeichelte mir, dass Jana mich überhaupt beachtete. Ich redete mir ein, sie zu lieben. Dabei hat es zu keiner Zeit Liebe zwischen uns gegeben. Und ich war so dumm zu glauben, in einem so schönen Körper müsste sich ein ebenso schöner Charakter befinden. Übrigens ein typisch männlicher Fehler. Ich hatte mich natürlich maßlos geirrt.“

„Oh Keith“, flüsterte Iris mitfühlend.

„Wir stürzten uns Hals über Kopf in eine wilde Affäre. Und als ich merkte, dass wir nicht zusammenpassen, war es zu spät. Jana erwartete ein Kind. Sie erwog einen Abbruch, was ich ihr jedoch ausreden konnte. Dann haben wir geheiratet.“ Er lachte verbittert auf. „Was war ich doch für ein Narr! Ich glaubte, ein Baby würde alles ändern, und Jana und ich hätten vielleicht doch noch eine gemeinsame Zukunft. Nun, Janas Einstellung zum Familienleben unterschied sich gewaltig von meiner. Sie hasste den bloßen Gedanken, Mutter und Hausfrau zu sein. Sie hatte nur ihre Karriere im Kopf.“

Ein Schatten flog über sein Gesicht. Iris hätte ihn so gern getröstet, denn sie wusste ja genau, wie weh Erinnerungen taten. Keiths Stimme war rau, als er fortfuhr: „Nach fünf Jahren ständiger Auseinandersetzungen willigte ich in die Scheidung ein. Wie ich schon erwähnte, war diese Ehe von Anfang an zum Scheitern verurteilt, und ich wusste es. Und dennoch hat sich all die Qual für mich gelohnt – wegen Krista." Keith räusperte sich, Trauer überschattete sein Gesicht. „Der größte Fehler meines Lebens war, dass ich bei der Scheidung Jana das Sorgerecht überließ. Ich fiel auf denselben Blödsinn herein wie so viele Menschen, dass ein Mädchen bei seiner Mutter am besten aufgehoben sei, auch wenn diese Mutter unfähig ist, Kinder zu erziehen." Er blickte gequält drein. „Dann stürzte ich mich wie ein Wilder in die Arbeit, um nicht an diese traurigen Tatsachen denken zu müssen."

Er rieb sich den verspannten Nacken. Iris ahnte, wie sehr Keith litt, und sie musste gegen die Tränen ankämpfen, die ihr in die Augen stiegen.

„Weißt du, ich habe mein Kind vernachlässigt. Das ist die bittere Wahrheit. Natürlich durfte ich Krista ab und zu sehen. Doch nicht so oft, wie ich wollte oder sollte. Es machte mich unglücklich. Ganz schön selbstsüchtig, nicht wahr? Mein Gott, ich war der miserabelste Vater, den man sich denken kann."

„Nein, Keith, das …" Er unterbrach ihren Protest mit einer harschen Handbewegung. „Oh ja, genau das war ich." Er holte tief Luft. „Jana versuchte, wieder als Model tätig zu sein. Das gelang ihr nicht, denn sie hatte nicht mehr die knabenhafte Figur und war sechs Jahre älter. Die Berühmtheit von gestern zählte nicht mehr. Keine der großen Agenturen von New York oder Los Angeles interessierten sich für sie. Danach entdeckte sie ihre Leidenschaft für Filme, doch sie versagte auch da, weil sie vor der Kamera den Text vergaß."

„Wie schrecklich für sie", warf Iris ein.

Keith blickte überrascht auf. „Sie nahm das nicht so tragisch", sagte er spöttisch, „denn sie hatte schon wieder etwas anderes im Sinn. Es waren diese Selbstfindungs- und Selbsthilfegruppen, Veranstaltungen gegen Depressionen und für positives Denken, zum Abnehmen und weiß der Teufel was noch alles. Ich riet ihr, zu einem Psychiater zu gehen, was sie natürlich ablehnte. Sie machte in jeder Gruppe mit, die gerade in Mode war. Da wusste ich endlich, dass ich Krista zuliebe etwas unternehmen musste. Janas Verrücktheiten und ihre Neurosen konnten nicht gut für ein empfindsames neunjähriges Mädchen sein." Keith ballte voller Zorn die Hände zu Fäusten. „Wenn ich das doch nur schon früher erkannt hätte!"

Er sprang auf und ging im Zimmer auf und ab. Iris rührte sich nicht. Er sollte sich alles von der Seele reden, was er – wie sie vermutete – so lange in sich verschlossen hatte. Plötzlich blieb er stehen und sagte mit schwerer Stimme: „Vielleicht hätte ich Kristas Probleme verhindern können, wenn ich mich mehr um sie statt um mein Geschäft gekümmert hätte. Vielleicht würde Jana dann noch leben, und mein Kind könnte wie jedes normale elfjährige Mädchen herumlaufen."

„Du darfst dir keine Vorwürfe machen, Keith", wandte Iris ein. „Du hast versucht zu helfen."

„Zu wenig und viel zu spät."

Iris sah, wie sehr es ihn aufwühlte, von der Vergangenheit zu sprechen. Er schob die Hände in die Hosentaschen. Es dauerte einige Sekunden, bis er sich gefasst hatte. „Viel ist nicht mehr zu erzählen", fuhr er dann etwas ruhiger fort. „Ich schlug Jana vor, Krista wenigstens eine Weile bei mir wohnen zu lassen. Aber Jana lehnte strikt ab, obwohl sie Krista als Last empfand. Ich hatte oft das Gefühl, dass Jana meine Tochter als Waffe gegen mich benutzte und mich bewusst quälen wollte."

„Wie konnte sie so etwas tun?", empörte sich Iris.

„Das frage ich mich auch. Aber sie hatte Erfolg damit. Nicht nur, dass ich furchtbar litt, viel schlimmer war, dass Krista sich immer mehr verschloss. Sie ist schon immer ein stilles Kind gewesen, doch nun kam niemand mehr an sie heran. Und dann ereignete sich der Unfall."

Keith schloss für einen Moment die Augen und holte tief Luft, bevor er Iris ernst ansah.

„Bis dahin konnte ich wenigstens noch einigermaßen mit Krista sprechen. Aber seit dem Unglück und seit ihrer Lähmung gibt es so gut wie keine Verständigung mehr. Ich habe den Eindruck, dass sie mich für Janas Tod bestrafen will." Keith senkte den Kopf und sagte leise: „Wahrscheinlich habe ich das verdient."

„Nein, Keith. So darfst du nicht denken. Du hast doch diesen Unfall nicht verursacht."

„Das soll ich nicht denken? Das ist leichter gesagt als getan. Krista sah ihre Mutter sterben!"

Es war nicht seine Absicht gewesen, Iris all das zu erzählen, und es überraschte und erschreckte ihn, dass er es getan hatte. Sie wusste jetzt mehr über ihn, als ihm lieb war. Er hatte alles über sie erfahren wollen, und nun war es genau umgekehrt gekommen. Keith erwachte wie aus einem Traum. Warum war es so verdammt leicht, ihr sein Innerstes zu offenbaren? Ich muss weg von hier, befahl er sich. *Schleunigst weg – solange ich es noch kann.*

Keith richtete sich auf, nahm seine Jacke und zog sie an. „Ich muss allmählich gehen", sagte er, gegen den Wunsch ankämpfend, Iris in die Arme zu nehmen und alle Bedenken zu vergessen. „Es ist besser."

„Warum?", fragte sie, und ihre Lippen zitterten.

„Du warst doch diejenige, die unsere Beziehung nur auf das Berufliche beschränken wollte."

„Dafür ist es bereits zu spät", flüsterte sie, und ihre Augen schimmerten feucht.

Keith fühlte sich wieder schwach werden, sosehr er sich deswegen verwünschte.

„Beweis es mir“, sagt er heiser.

Iris trat ganz dicht an ihn heran. Ein verführerisches Lächeln lag auf ihren Lippen. Mit beiden Händen fuhr sie unter seine Jacke, um seine festen Muskeln zu fühlen und zu streicheln.

Keith stöhnte genüsslich auf. Er beugte den Kopf und küsste Iris' weiche Lippen.

„Oh Iris“, raunte er, als er sie hochhob und ins Schlafzimmer trug. „Warum kann ich dir nicht widerstehen?“

7. Kapitel

Die Matratze bewegte sich, und die Sprungfedern quietschten leise.

„Was ist?“, fragte Iris schlaftrunken und öffnete die Augen. Ihr Blick fiel auf Keith, der vorsichtig aus dem Bett stieg.

„Ich stehe auf, weil ich schließlich arbeiten muss“, erwiderte er und verstrubbelte zärtlich ihr Haar. Sie tastete nach dem Wecker und hielt ihn sich dicht vor die Augen.

„Um Himmels willen, es ist ja noch nicht einmal fünf!“, stöhnte sie gequält. „Kein vernünftiger Mensch steht um diese Zeit auf.“

Er nahm ihr den Wecker ab und stellte ihn wieder zurück. „Sollen mich deine Mieter sehen, wenn ich das Haus verlasse? Du hast doch darauf bestanden, dass wir unsere Beziehung geheim halten.“ Keith küsste Iris zärtlich auf die Stirn. „Abgesehen davon muss ich mich ja auch noch umziehen, duschen, rasieren.“

Das leuchtete ihr ein. Sie begann langsam richtig zu erwachen, zog die Bettdecke höher und schaute Keith interessiert beim Anziehen zu. Seltsam, wie richtig und selbstverständlich ihr das vorkam und wie wohl sie sich in seiner Gegenwart fühlte. Aber er hatte recht, je weniger Menschen von ihrer Beziehung wussten, desto besser.

Keith verließ die Wohnung, als die erste Helligkeit ins Schlafzimmer fiel. Iris lauschte dem Motorengeräusch seines Wagens, bis es in der Ferne verstummte. Da sie genau spürte, dass sie nicht wieder einschlafen würde, stand sie ebenfalls auf, duschte und machte sich fürs Büro fertig. Die Nacht in Keiths Armen war vorüber.

Nach der abwechselnd heißen und eiskalten Dusche fühlte Iris sich trotz der wenigen Stunden Schlaf erfrischt und hellwach. Sie legte etwas Make-up auf und steckte wie üblich das Haar hoch. Nachdem sie ihr burgunderrotes Lieblingskostüm und die weiße Bluse mit der breiten Schleife angezogen hatte, warf sie einen Blick in den Spiegel. Lächelnd gestand sie sich ein, dass sie sich heute besonders gut gefiel.

Noch lagen einige Nebelschleier über der Stadt. Doch schon durchdrang die strahlende Morgensonne die grauen Schwaden. Es sah ganz nach einem herrlichen Herbsttag aus.

Lächelnd betrat Iris das Bankgebäude. Das ungute Gefühl, das sie seit der Übernahme der Bank gehabt hatte, war verschwunden. Selbst an Mitch dachte sie nur noch mit leisem Bedauern. Natürlich brachte sie ihrem früheren Chef noch immer freundschaftliche Gefühle entgegen. Aber sie wusste, dass weder sie noch sonst jemand etwas für ihn tun konnte. Er hatte auf ihre vielen Anrufe nicht reagiert, obwohl sie jedes Mal eine Nachricht auf dem Anrufbeantworter hinterließ. Mehr konnte sie nicht tun. Wenn Mitch sie wirklich dringend brauchte, würde er sich schon melden.

Im Empfangsbereich der Rechtsabteilung holte Iris die vielen Mitteilungen und Notizen aus ihrem Fach. Ein Zettel fiel ihr sofort auf. Keith hatte nur einige Worte geschrieben, die sie sehr glücklich machten und erröten ließen. *Heute Abend acht Uhr*, stand da in seiner charakteristischen großen Handschrift. Vorsichtig schaute Iris auf die Empfangsdame, eine sechzigjährige Sekretärin, die den Zettel in das Fach gelegt hatte. Aber die grauhaarige, sehr gepflegte Frau schien sich nicht für die vertraulichen Nachrichten an eine gewisse Mrs. O'Toole zu interessieren, ihr „Guten Morgen“ klang wie gewöhnlich.

Erst am Nachmittag sah Iris Keith wieder. Er stand mit dem Chef der Darlehensabteilung in der Halle, und Iris fragte sich, ob gerade über ihr Darlehen gesprochen wurde. Keith nickte ihr nur flüchtig zu, worüber Iris sich im ersten Moment ärgerte. Dann glaubte sie den Grund für seine Zurückhaltung zu verstehen. Niemand sollte etwas von ihrer Beziehung merken. Sie selbst hatte das so gewünscht. Warum also kämpften auf einmal zwei widerstreitende Gefühle in ihrer Brust? Die Frau in ihr wollte das Glück, das sie bei Keith gefunden hatte, der ganzen Welt verkünden. Die andere, vernünftigere und vorsichtigere Seite ihres Wesens warnte sie davor.

Keith war schließlich ihr Chef. Viele Menschen würden ihre Gefühle für ihn falsch deuten. Schon einmal hatte man über sie geklatscht und ihr Privatleben an die Öffentlichkeit gezerrt. Das durfte sich nicht wiederholen. Sie hatte damals zu sehr gelitten und sich geschworen, nie wieder Anlass zu Klatsch zu geben. Daran wollte sie sich halten – so wie er es eben auch tat.

Wie aber sollte ihnen das gelingen? Sie hatte sich dagegen gewehrt, sich in Keith zu verlieben. Und doch war es geschehen. Vielleicht würden sie es gemeinsam schaffen, Gerede zu vermeiden, indem sie in der Firma nur rein dienstlich miteinander verkehrten. Kein persönliches Wort, kein verräterisches Lächeln. Das durchzuhalten konnte nicht so schwer sein. Iris' Bedenken schwanden, und ihre Stimmung hob sich.

Es war ein herrlicher Herbstnachmittag, und bis auf die kühle Begrüßung durch Keith hatte sich nichts Unangenehmes ereignet. Also Grund genug, sich wohlzufühlen. Diese heitere Stimmung hielt bis kurz vor Büroschluss an, um dann umso nachhaltiger zerstört zu werden.

Iris hatte an diesem Tag viel mehr als sonst geschafft. Zum ersten Mal seit sechs Monaten konnte sie sich ausschließlich mit den vielen Nachlässen befassen, die die Bank verwaltete. Bis jetzt war sie ständig von irgendwelchen aufgeregten Erben oder von Mitchells Anrufen gestört worden. Keith Webster, der jetzt an Mitchs Schreibtisch saß und unter anderem dessen Arbeit tat, schien ein hervorragender Chef zu sein. Zufrieden mit sich und der Welt schlüpfte Iris in ihre Kostümjacke, nahm die Handtasche an sich und wollte das Büro verlassen.

Plötzlich klopfte es laut an die Tür, und Olivia Parsons stöckelte auf hohen Absätzen herein.

Iris erschauerte, und sie wurde von einer bösen Vorahnung ergriffen. Olivia trug eine Liste in der einen, einen Schlüsselbund in der anderen Hand, mit dem sie in der Luft herumfuchtelte.

„Neue Schlüssel", verkündete sie. „Alle Schlösser wurden ausgetauscht. Ich komme die alten Schlüssel abholen."

„Neue Schlüssel? Warum?", fragte Iris überrascht.

„Reine Routinesache, die mit Mitchs Unterschlagung zusammenhängt. Man kann ja nicht wissen, ob er Nachschlüssel für die Türen und Safes der Bank anfertigen ließ. Er hat zwar seine Schlüssel abgegeben, aber der Chef möchte nicht riskieren, dass er heimlich an die Tresore herankommt."

„Ach so." Iris nahm den Schlüsselbund aus ihrer Handtasche und reichte ihn Olivia, die die Schlüssel nachzählte. Plötzlich stutzte sie und fragte scharf: „Wo ist der andere Schlüssel? Es fehlt der zu dem Fach mit den Wertpapieren und Aktien einzelner Kunden." Sie überprüfte noch einmal die Nummern auf ihrer Liste.

„Den habe ich schon seit Jahren nicht mehr." Nachdenklich rieb Iris sich die Stirn. „Mindestens sieben Jahre nicht." Ihre böse Vorahnung verstärkte sich, und ihr Magen zog sich zusammen.

„Tut mir leid, aber in meiner Liste steht, dass Sie den Schlüssel zu diesem Fach haben." Olivia legte Iris die Liste vor und zeigte auf eine Zeile, die die Bürounterschrift von Iris trug. Es waren einwandfrei ihre Kürzel. Danach zu urteilen, hatte Iris den Schlüssel im vergangenen Jahr erhalten und den Empfang bestätigt. Sie schaute genauer hin. Kein Zweifel, das war ihre Handschrift.

„Das muss ein Irrtum sein“, sagte Iris nervös. „Ich habe den Schlüssel nie gehabt.“

„Das ist doch aber Ihre Unterschrift hier neben der von Mitchell Cameron, oder?“

„Ja, es sieht so aus, als ob ich das abgezeichnet hätte. Trotzdem muss es ein Irrtum sein.“

Hilflos starrte Iris auf die Liste. Sie wusste genau, dass sie diesen Schlüssel nicht erhalten hatte. Was wurde hier gespielt? Allmählich bekam sie es mit der Angst zu tun. Jeder, der diesen Schlüssel besaß, konnte Wertpapiere aus dem Tresorfach entfernen. Die ideale Möglichkeit für jemanden, der Unterschlagungen begehen wollte. Der bloße Gedanke machte Iris krank.

Olivia, sehr elegant in ihrem grünen Modellkleid, das ausgezeichnet zu ihren Augen passte, winkte lässig ab. „Nun, es spielt keine Rolle mehr, weil die Schlösser alle ausgetauscht worden sind. Unterschreiben Sie hier, dass Sie die neuen Schlüssel bekommen haben, und ich werde die Sache mit dem Wertpapierfach klären.“

Iris setzte ihre Unterschrift neben die von Olivia und verstaute die neuen Schlüssel in ihrer Handtasche. Olivia wandte sich zum Gehen, und Iris atmete auf. Zu früh, denn Olivia blieb an der Tür stehen und fragte leise: „Was halten Sie von der Sache mit Mitch? Ist das nicht schrecklich?“ Ihre sonst so strahlenden Augen sahen plötzlich irgendwie stumpf und sehr besorgt aus.

„Ich spreche nicht gern darüber“, erwiderte Iris nervös. „Es ist mir unmöglich, das zu begreifen.“

„Ich kann Sie verstehen, denn mir geht es ebenso. Nie hätte ich so etwas von Mitch vermutet.“ Auf einmal kam wieder Leben in ihren Blick, und ihre Stimme klang falsch, als sie in gespielter Besorgnis hinzufügte: „Für Sie muss es natürlich besonders schlimm sein, Sie Ärmste.“

„Warum? Es hat uns alle sehr getroffen.“

„Ja, aber ist es nicht für Sie noch etwas anderes? Spielen Sie doch nicht die Naive. Ich weiß doch, was zwischen Ihnen und Mitch war."

Jetzt hatte Iris genug. „Ich weiß nicht, wovon Sie sprechen. Mitch war und ist ein guter Freund von mir. Mehr nicht." Damit war das Thema für sie beendet. Sie hängte sich die Tasche um.

„Nur ein guter Freund?", fragte Olivia mit einem boshaften Unterton. „So wie Keith Webster vielleicht?" Es entging ihr nicht, dass Iris blass wurde. „Nun, Schätzchen, eines verstehen Sie ausgezeichnet: sich immer an die richtigen Leute ranzumachen." Mit dieser niederträchtigen Bemerkung verließ Olivia zufrieden lächelnd den Raum.

Iris stand wie gelähmt da. Olivias Anspielungen hatten sie zutiefst getroffen. Also fing alles wieder von vorn an. Genau wie damals. Man klatschte bereits über sie und Keith, und Olivia würde mit Genuss noch mehr Tratsch verbreiten.

Ein dicker Kloß steckte Iris im Hals, und sie fühlte sich so elend, dass sie sich setzen musste. Wie konnte sie nur so dumm sein? Sie hätte doch wissen müssen, was kommen würde. Diese verstohlenen Blicke, dieses Kichern hinter ihrem Rücken, das Getuschel, das sogleich verstummte, wenn sie irgendwo auftauchte. All das noch einmal!

Verzweifelt stützte Iris den Kopf in die Hände. Es war doch ein so schöner Tag gewesen, den Olivia ihr nicht verderben sollte. Aber sie hatte es getan. Warum regten sie Olivias Bemerkungen immer noch so auf, obwohl die Scheidung schon so lange zurücklag? Acht Jahre waren seit Lees stürmischer Affäre mit Olivia vergangen, die zum Ende der Ehe führte. Dabei war Olivia gar nicht Lees einziges Abenteuer gewesen. Das wusste Iris leider nur zu genau. Trotzdem fiel es ihr immer noch schwer, Olivia mit nüchternem Blick zu sehen, weil deren bösartige Zunge ständig Unfrieden stiftete.

Iris seufzte. Vielleicht hatte sie wirklich Vorurteile gegen diese intelligente, verführerische Frau, die Lees Geliebte gewesen war und ihre Modellkleider mit so unnachahmlicher Haltung trug. Doch sie hatte etwas an sich, was Iris zu größter Vorsicht riet.

Nun, es hatte wenig Sinn, sich jetzt darüber den Kopf zu zerbrechen. Darum stand Iris auf und verließ das Gebäude. Sie setzte sich in ihren Wagen und steckte den Zündschlüssel ins Schloss.

Schlüssel … Iris zuckte zusammen. Die Unterschrift auf der Liste. Wie war ihre Unterschrift auf die Liste der Vertrauenspersonen gekommen, die Zugang zum Tresorraum mit den Wertpapieren hatten?

Angestrengt dachte sie darüber nach, kam aber zu keinem Ergebnis. Sie wusste nur, dass sie nicht unterschrieben hatte. Also blieb eigentlich nur noch eine Möglichkeit: Jemand hatte ihre Unterschrift gefälscht. Aber wer? Etwa Mitch? Und warum?

Nein, so durfte sie nicht denken, das hatte er nicht verdient. Zornig startete Iris den Wagen und fuhr los. Mitch war gut zu ihr gewesen und hatte ihr beigestanden, als sie dringend einen Freund brauchte. Sie würde sich nicht jetzt von ihm abwenden, wo er in Schwierigkeiten steckte. Und sie konnte sich auch nicht vorstellen, dass er ihre Unterschrift gefälscht hatte, um den Verdacht auf sie zu lenken. Das traute sie Mitch nicht zu.

Aber was hatte es dann mit dieser Liste und dem Schlüssel auf sich? Wahrscheinlich war alles doch nur ein Irrtum. Und dennoch …

Als sie den Hügel zum Apartmenthaus hinauffuhr, verschwanden die letzten Nebelschwaden, und man konnte weit sehen. Nur in der Ferne hingen noch einige graue Schleier über dem Meer. Es war fast sieben, und Iris eilte ins Haus, um sich für Keith fertig zu machen. Doch an der Treppe fiel ihr Mrs. Cavenaugh ein.

Sie stellte die Aktentasche ab und klopfte leicht an die Tür. Ein Auge spähte durch das Guckloch, und gleich darauf stand Millie Cavenaugh in der geöffneten Tür.

„Guten Abend, Iris. Ich hatte nicht damit gerechnet, Sie heute zu sehen." Die alte Dame lächelte.

„Warum nicht?", fragte Iris beunruhigt. „Sind die Handwerker nicht gekommen?"

„Und ob die gekommen sind!" Mrs. Cavenaugh zeigte auf die Abdrücke von schmutzigen Stiefeln. „Ein ganzes Bataillon. Aber sie sind noch nicht ganz fertig. Es gibt anscheinend doch mehr Arbeit, als im Kostenvoranschlag aufgeführt wurde."

„Mehr Arbeit?" Iris erschrak und sah im Geiste schon gewaltige Dollarzahlen vor sich.

„Ich glaube, der Fußboden ist morsch oder verschimmelt. So genau habe ich nicht darauf geachtet. Ich hatte genug damit zu tun, aufzupassen, dass sich die Leute die Schuhe abputzten."

Morsche Fußböden! Iris war alarmiert. Wahrscheinlich waren auch Stützbalken angefault. Das konnte sehr teuer werden.

„Ist Ihnen nicht gut?", fragte Mrs. Cavenaugh besorgt. „Kommen Sie herein, und ich mache uns einen schönen Kamillentee."

Iris schüttelte den Kopf. „Nein, es ist nichts. Ich bin nur etwas über die morschen Fußböden erschrocken", antwortete sie nachdenklich.

„Vielleicht wird es gar nicht so schlimm", versuchte Millie Cavenaugh sie zu trösten. Und dann stellte sie die Frage, die ihr schon lange auf der Zunge brannte. „Wie war es in der Bank?"

Iris' Gedanken waren noch bei den morschen Dielen. „Wie bitte? Ich habe nicht recht zugehört."

„Ich wollte wissen, wie es Ihnen heute mit dem neuen Chef ergangen ist. Kommen Sie gut mit ihm aus?"

„Oh ja. Es läuft alles ganz gut. Mr. Webster scheint ein sehr tüchtiger Mann zu sein."

„Und was ist mit Mr. Cameron?“

Ein Schatten flog über Iris’ Gesicht. „Ich weiß es nicht“, erwiderte sie bedrückt. „Ich habe ihn noch nicht erreicht.“

„Es stand in der Zeitung. Unterschlagung, was für eine hässliche Geschichte!“ Mrs. Cavenaugh schnalzte kopfschüttelnd mit der Zunge.

„Wenn ich nur mit ihm sprechen könnte“, seufzte Iris. „Es fällt mir schwer, so etwas von ihm zu glauben.“

„Aber Ihr Mr. Webster …“

Iris, die rot geworden war, unterbrach Mrs. Cavenaugh. „Er ist nicht mein Mr. Webster.“

„Na schön“, gab Mrs. Cavenaugh nach, aber ihre blauen Augen funkelten vergnügt. „Trotzdem, was meint er?“

„Er ist fest von Mitchells Schuld überzeugt“, murmelte Iris und fuhr mit den Fingern über das polierte Treppengeländer. Es kostete sie viel Kraft, über Mitch und die Unterschlagung zu sprechen. Außerdem hielt sie es im Grunde für falsch, sich mit ihren Mietern über Bankangelegenheiten zu unterhalten. „Haben Sie Mr. Jefferies gesehen?“, wechselte sie das Thema. „Zieht er wirklich aus, oder hat er es sich vielleicht anders überlegt?“

„Leider nicht. Ich traf ihn, als ich meine Post aus dem Briefkasten holte. Seine Tochter hat ihm eingeredet, dass er bei ihr besser aufgehoben sei. Nun ja, er ist ja auch schon sehr alt.“

Iris musste ein Lächeln unterdrücken. Sie wusste genau, dass Mr. Jefferies gute zehn Jahre jünger war als Mrs. Cavenaugh, was diese nie zugeben würde.

„So ist das Leben“, meinte Iris leichthin. „Mal so, mal so. Ich werde wohl am besten in der Zeitung inserieren. Dabei kommt es mir so vor, als hätte ich die Wohnung gerade erst an Mr. Jefferies vermietet.“

„Sie machen sich viel zu viele Sorgen“, sagte Mrs. Cavenaugh mit der Weisheit des Alters. „Es geht immer irgendwie weiter. Was bringt Ihnen denn all das Grübeln? Nichts als Ärger und Magengeschwüre. Hören Sie auf mich – und werden Sie ein bisschen lockerer, wie man heute zu sagen pflegt."

Iris lachte und umarmte die zierliche alte Dame mit dem gütigen Faltengesicht spontan. „Ich werde Ihren Rat beherzigen."

„Das wäre übrigens nicht der einzige Rat, den ich Ihnen geben möchte, Iris. Wenn Sie klug sind, angeln Sie sich schleunigst diesen Mr. Webster und lassen ihn nicht mehr los."

„Mrs. Cavenaugh!" Iris spielte die Entrüstete. „Sie haben mir wohl nachspioniert?"

„Ich will nur das Beste für Sie, mein Kind. Jemand muss sich doch um Sie kümmern. Ich weiß ja, wie gemein Sie Ihr geschiedener Mann behandelt hat, und ich möchte nicht, dass Sie wieder leiden. Sie haben etwas Besseres verdient. Und was diesen Mr. Webster betrifft, so habe ich gesehen, wie er Sie anschaut."

„Und?"

„Wenn ich mich nicht ganz gewaltig irre – und das geschieht mir eigentlich höchst selten –, möchte ich behaupten, dass er bis über beide Ohren in Sie verliebt ist."

„Sie machen Scherze."

Mrs. Cavenaugh lächelte nur wissend.

„Ich … ich muss jetzt gehen", brachte Iris verlegen hervor.

Was wusste Mrs. Cavenaugh? Stimmte ihre Behauptung? Es wäre zu schön! Iris nahm die Aktentasche und winkte Mrs. Cavenaugh zu. „Machen Sie sich keine Mühe mit den Fußabdrücken im Treppenhaus und in der Halle. Ich werde den Hausmeister bitten, morgen früh hier sauber zu machen." Damit stieg sie die Treppe hinauf.

„Iris!", rief Mrs. Cavenaugh ihr nach.

„Ja, was ist denn?" Iris drehte sich um. Sie sah, dass die alte Dame mit sich kämpfte. Dann sagte Mrs. Cavenaugh: „Lee war hier und hat nach Ihnen gefragt."

„Lee!", rief Iris entsetzt aus.

„Ja, er hat eine Nachricht hinterlassen, glaube ich.“ Besorgt schaute sie Iris an, die blass geworden war. „Ist Ihnen nicht gut?“

„Doch, doch, alles in Ordnung, Mrs. Cavenaugh“, erwiderte Iris schnell. Sie hörte selbst, wie unecht ihre Worte klangen. „Danke, Mrs. Cavenaugh.“

Niedergeschlagen ging Iris nach oben.

In ihrer Wohnung löste sie zuerst die Haare und betrachtete sich im Garderobenspiegel. Das beglückende Gefühl, das sie bei Mrs. Cavenaughs Bemerkung über Keith empfunden hatte, war verschwunden. Ein ernstes Gesicht blickte Iris entgegen. Woher wollte Mrs. Cavenaugh wissen, dass Keith sich in sie, Iris, verliebt hatte? Oh, wenn sie doch daran glauben könnte! Es wäre zu schön.

Doch ihr kritischer Verstand bezweifelte das. Iris dachte daran, wie seltsam Keith sie manchmal musterte und welch merkwürdige Fragen er ihr stellte. Warum hatte sie das beklemmende Gefühl, dass er ihr nicht völlig vertraute?

In Gedanken versunken wandte Iris sich um und sah erst jetzt den Zettel, der unter der Tür steckte. Er stammte von Lee. Sie hob die Notiz auf und begann zu lesen.

Zwei Wochen waren vergangen, seit Iris Lees Nachricht in ihrem Flur gefunden hatte. Die kurze Mitteilung lautete: *Bitte, ruf mich an!* Darunter stand eine Telefonnummer, die zu einem Vorort von Seattle gehörte, wie Iris an der Vorwahl erkannte.

Dort also wohnte Lee. Sie hatte diese Nummer einmal angerufen und erleichtert den Hörer aufgelegt, als sich niemand meldete. Danach war sie einige Male versucht gewesen, es noch einmal zu probieren, hatte es sich aber jedes Mal wieder anders überlegt. Wenn Lee mich wirklich braucht, wird er sich schon mit mir in Verbindung setzen, sagte sie sich.

Nachdenklich rührte Iris ihren Tee um. Was sollte sie tun? Lee anrufen, obwohl sie wusste, dass es ihr nur neuen Ärger und Kummer bringen würde? Oder sollte sie es lassen? War sie feige oder nur vernünftig?

Sie trank einen Schluck und dachte über die beiden letzten Wochen nach, die eigentlich ganz gut gewesen waren. In der Bank lief alles, wie es laufen sollte. Iris war es gelungen, alle schwebenden Rechtsangelegenheiten, die sich schon seit Monaten auf ihrem Schreibtisch gestapelt hatten, zu erledigen. Außerdem hatte es keinen Klatsch und keine Gerüchte über sie und Keith gegeben. Es war bei dem einen Zwischenfall mit Olivia geblieben.

Keith erwies sich als ein großzügiger, äußerst fähiger Chef, für den alle gern arbeiteten. Auch Iris. Es war ihr gelungen, alles Persönliche auszuschalten und sachlich zu sein, auch wenn sie manchmal versucht war, sich an ihn zu schmiegen. Aber sie hatte sich beherrscht und überzeugend die kühle, nur an ihrer Arbeit interessierte Angestellte gespielt, für die Keith nichts anderes als der neue Chef war.

Nur die Nächte machten ihr zu schaffen. Das merkte sie daran, wie unruhig sie zum Beispiel auch jetzt wieder war. Sie nahm den zerknüllten Zettel und ihre Teetasse und ging damit ins Wohnzimmer. Vorsichtig stellte sie die Tasse ab, legte den Zettel auf die Armlehne des Sofas und strich ihn auf dem weichen Untergrund glatt. Die sieben Zahlen sprangen ihr förmlich ins Auge, und sie nagte unschlüssig an ihrer Unterlippe. Sollte sie – oder nicht? Auf einmal hatte sie es satt und zerriss den Zettel in winzige Fetzen, die sie wütend in den Papierkorb warf. Das hätte sie schon vor zwei Wochen tun sollen!

Iris ließ sich in die zartrosa Kissen des Sofas fallen und dachte darüber nach, wie sehr sich ihr Leben verändert hatte. Wenn sie mit Keith allein war, fühlte sie sich unbeschreiblich frei und glücklich, so froh und heiter und voller Lebensfreude, wie sie es nur als sehr junges Mädchen gekannt hatte. Keith brauchte sie nur zu berühren oder ihr etwas ins Ohr zu flüstern, schon schwebte sie im siebten Himmel. Das war herrlich, aber auch beunruhigend. Noch nie war sie einem Mann so verfallen gewesen.

Manchmal glaubte sie zu spüren, dass auch Keith ihr tiefere Gefühle entgegenbringen wollte, sich aber im letzten Moment immer zurückhielt. Aus einem ihr unbekannten Grund wehrte er sich gegen die Liebe.

Anfangs war Iris überzeugt, dass es an seiner schlechten Erfahrung mit Jana lag. Doch in letzter Zeit hatte sie den Eindruck, dass es sich um etwas anderes handelte. Es musste etwas sein, was mit ihr zu tun hatte.

Grübelnd blickte Iris in ihre Teetasse. Warum diese Ruhelosigkeit? Warum kam sie sich wie eine Seiltänzerin vor, die vorsichtig über einen Abgrund balancierte und genau wusste, dass sie irgendwann abstürzen würde? Wahrscheinlich kostete es sie viel zu viel Kraft, tagsüber die brave Angestellte zu spielen und nachts Keiths Geliebte zu sein.

Es gab Momente, wo der Wall bröckelte, den Keith um sich errichtet hatte. In diesen kurzen Zeiten erlebte sie das höchste Glück, das man sich vorstellen konnte. Aber oft, wenn sie allein im Bett lag und Keith fortgehen hörte, setzten Verzweiflung und Niedergeschlagenheit ein, und sie fühlte sich hilflos und einsam. Stundenlang lag sie wach, und wenn sie endlich einschlief, wurde sie von schrecklichen Albträumen gequält, sodass sie oft laut weinend erwachte.

Und warum all diese Qualen? Wohin führte die Beziehung mit Keith? Warum konnte sie sie nicht als das sehen, was sie war: eine leidenschaftliche, aber kurze Affäre. Warum sehnte sie sich unbedingt nach Liebe?

Sosehr Iris sich das alles vernünftig klarzumachen versuchte, so wenig wollte es ihr gelingen.

Ihr Herz sprach eine andere Sprache als ihr Verstand. Sie konnte es nicht ändern, dass sie Keith liebte, und sie wusste nicht mehr, wie sie sich ihm gegenüber verhalten sollte.

8. Kapitel

Ein Schlüssel drehte sich im Schloss der Eingangstür. Das konnte nur Keith sein. Iris' Herz klopfte in ängstlicher Erwartung. Wie jeden Abend in den letzten zwei Wochen besuchte Keith sie. Aber heute – so nahm Iris sich fest vor –, heute würde es anders sein. Heute würde sie darauf bestehen, dass er ihr einige Fragen beantwortete. Eine davon lautete: Warum sah er sie oft so zweifelnd an?

Keith stand bereits im Zimmer und machte die Tür hinter sich zu. Sein Gesicht war so ernst, dass Iris erschrak und ihr Herz wild zu hämmern anfing. Ängstlich blickte sie auf Keith, der lässig in Jeans und einen leichten braunen Pullover gekleidet war. Sein kastanienbraunes Haar sah aus, als hätte er es seit dem frühen Morgen nicht mehr gekämmt. Anscheinend hatte er nur kurz beim Hotel angehalten und war dann gleich zu ihr weitergefahren. Seltsam, so hatte Iris ihn noch nie erlebt.

Offenbar war auch für ihn heute einiges anders, nicht nur für sie. Sie hielt seinem rätselhaften Blick stand und nahm sich noch einmal fest vor, ihm die entscheidenden Fragen zu stellen. Sie musste endlich erfahren, warum er sich nie ganz offen gab.

„Pack deine Sachen!“, befahl Keith ohne ein Grußwort.

Iris erschrak über seinen Kommandoton und fürchtete sich vor dem, was kommen würde. Keith presste die Lippen zusammen, und die Linien in seinem Gesicht wirkten tiefer. Er sah aus, als hätte er einen schwierigen, aber sehr wichtigen Entschluss gefasst.

„Was soll ich?“, fragte sie entgeistert. Überraschung und Empörung spiegelten sich in ihrem Gesicht wider. Sie saß noch immer auf dem Sofa, die Beine hochgezogen, die Teetasse in der zitternden Hand.

Keith überhörte ihre Frage. Die Hände tief in die Taschen seiner Jeans vergraben, ging er im Zimmer auf und ab.

„Hast du nicht verstanden?“, fragte Keith schneidend und blieb direkt vor Iris stehen. „Ich habe dich gebeten, deine Sachen zu packen.“

„Nein, du hast mich nicht gebeten“, konterte sie. „Du hast es mir befohlen. Und das, ohne mich zu begrüßen oder mir zu erklären, worum es eigentlich geht.“

Zorn flammte in seinen Augen auf. Aber er beherrschte sich und sagte überraschend ruhig: „Du hast recht, Iris.“ Keith holte tief Luft und fuhr sich mit den Fingern durchs Haar. „Ich glaube, ich muss mich bei dir entschuldigen. Anscheinend bin ich heute ein bisschen durcheinander.“

„Das merke ich!“, sagte sie, immer noch aufgebracht. Doch als sie sein bedrücktes Gesicht sah, lenkte sie ein. „Ich muss mich auch entschuldigen, weil ich so heftig reagiert habe. Ich wollte dich nicht verärgern. Mir geht es anscheinend auch nicht besser als dir.“

„So?“ Er blickte sie aufmerksam an.

„Mach dir keine Sorgen“, beruhigte Iris ihn lächelnd und fragte sich, warum sie nicht endlich die Karten offen auf den Tisch legte und Keith fragte, wie er sich ihre Zukunft vorstellte. Warum brachte sie nichts anderes heraus als: „Was bedrückt dich, Keith?“

Im Zimmer war kein anderer Laut als Keiths schwerer Atem zu hören. Irritiert blickte Iris auf den Mann, der plötzlich aufstöhnte und die Hände vors Gesicht schlug. „Oh Iris“, flüsterte Keith verzweifelt.

Wie konnte er ihr sagen, dass er kurz davorstand, sie als Diebin zu entlarven? Die Beweise gegen sie verdichteten sich immer mehr, und sein Verdacht hatte sich deutlich bestätigt. Mit ihrer Unterschrift hatte Iris indirekt zugegeben, den Schlüssel zu den Wertpapierfächern erhalten zu haben. Wie lange wollte sie sich noch verstecken? Er musste ihr helfen, aus dieser schlimmen Sache herauszukommen. Aber wie? Was konnte er für sie tun?

„Keith“, flüsterte Iris verunsichert.

Oh Gott, dachte Keith. *Will sie mir jetzt alles gestehen?* Könnte er das ertragen? Warum ging sie ihm bloß so sehr unter die Haut? Er biss die Zähne zusammen und wartete.

„Keith“, wiederholte Iris leise. „Kann ich denn gar nichts für dich tun?“ Sie hatte bemerkt, dass er bei ihren ersten Worten zusammengezuckt war und wieder diese Mauer zwischen sich und ihr errichtet hatte. Aber es drängte sie, die Mauer zu überwinden und Keiths Herz zu erreichen, denn er litt offenbar entsetzlich.

„Du kannst überhaupt nichts für mich tun“, erwiderte er hart. „Niemand kann etwas für mich tun.“

Iris presste die Hände zusammen. Ihre Stimme zitterte. „Geht es um Krista?“

Keith antwortete erst nach kurzem Zögern. „Ja, zum Teil auch um sie“, gab er zu und hasste sich, weil er Iris die Wahrheit verschwieg.

Müde ließ er sich auf das Sofa fallen, nur wenige Zentimeter von Iris entfernt, und blickte starr vor sich hin.

Iris spürte die Wärme seines Körpers und den herben Duft seines Aftershaves, registrierte seinen Bartschatten. Tiefes Mitgefühl stieg in ihr auf.

„Ich habe heute mit Krista gesprochen“, verkündete er mit schwerer Stimme.

„Und?“, drängte Iris.

„Sie will nicht nach Seattle ziehen“, seufzte er und rieb mit der Handfläche nervös über sein Knie. „Sie hat das mit aller Entschiedenheit abgelehnt.“ Er wandte ihr sein bekümmertes

Gesicht zu. „Ich fliege nächste Woche nach Kalifornien und hole sie nach Seattle.“

„Du machst dir Sorgen, ob sie sich eingewöhnen wird“, vermutete Iris.

„Natürlich. Das würdest du an meiner Stelle auch tun.“

„Selbstverständlich. Keith – kann ich dir in irgendeiner Weise helfen?“

Er schaute sie eindringlich an. Nach kurzem Zögern fragte er: „Würdest du mit nach Kalifornien fliegen?“

„Um Krista zu holen?“ Als Keith nickte, schüttelte Iris energisch den Kopf. „Das halte ich für keine sehr gute Idee, Keith. Sieh mal, Krista hat Angst davor, sich an eine neue Umgebung und an neue Menschen gewöhnen zu müssen. Und da soll ich, eine Fremde, mitkommen? Sie würde mich als Eindringling empfinden und noch widerspenstiger werden. Nein, du solltest allein mit ihr sein.“

Iris konnte in seinen Augen lesen, dass sie ihn überzeugt hatte. „Aber wenn ich dir sonst helfen kann …“

„Da wäre etwas“, sagte er leise.

„Was?“

„Pack eine Wochenendtasche“, lautete die knappe Antwort.

Plötzlich flammte Leidenschaft in seinen Augen auf, und er fasste Iris an der Hand. Sein Daumen zeichnete kleine Kreise auf die Innenseite ihres Handgelenks. Iris erschauerte.

„Keith“, hauchte sie.

„Iris, Iris …“ Sein Mund fand ihre Lippen in einem heißen Kuss. Doch gleich schob er sie ein Stück von sich weg und schaute ihr forschend in die Augen. Er stellte ihr eine stumme Frage, die sie nicht verstand. Es arbeitete in seinem Gesicht, bevor er Iris’ Kopf fest an seine Brust drückte und heiser sagte: „Weißt du eigentlich, wie schwer es mir im Büro gefallen ist, dich nicht anzurühren? Es gab Momente, da glaubte ich, verrückt zu werden, weil ich dich nicht umarmen durfte.“

Iris legte die Arme um seine Taille und küsste Keith auf die Wange. „Ich weiß."

„Nein, du hast keine Ahnung, wie quälend es ist, dich jeden Tag zu sehen und nicht berühren zu dürfen, was mir gehört."

„Was dir gehört? Du bist ganz schön besitzergreifend", entgegnete sie spöttisch.

„Das bin ich zweifellos." Er drückte Iris noch fester an sich. Sie hob ihm das Gesicht entgegen, und er küsste sie so hungrig, dass ihr ganz heiß wurde. Am liebsten hätte sie sich jetzt einfach fallen gelassen, doch das durfte sie nicht. Dazu gab es viel zu viele offene Fragen.

Iris löste sich von Keith. „Warum soll ich meine Sachen packen?"

„Weil wir beide übers Wochenende wegfahren." Mit sichtlichem Widerstreben ließ Keith sie los. „Beeil dich, wir haben nicht viel Zeit. Ich möchte unterwegs sein, bevor es dunkel wird."

„Keith", sagte Iris ungeduldig. „Mach es doch nicht so spannend. Wohin fahren wir?"

Sein Lächeln wurde grimmig, und Iris entdeckte eine Spur Verbitterung in seinen grauen Augen. „Wir beide verlassen die Stadt, die Bank, dieses Haus, alles. Für ein paar Tage tauchen wir in der Wildnis unter."

„In der Wildnis?"

„Ja, mein Herz." Er nahm Iris an der Hand und zog sie mit sich ins Schlafzimmer, wo er den Schrank öffnete und, ihren Protest ignorierend, einen Koffer herausnahm. „Ich habe es satt, mitten in der Nacht aus deiner Wohnung zu schleichen wie irgendein Gigolo."

„Keith!"

Er winkte ab, und sein Gesicht war verschlossen und kalt. „Ich habe genug von dem ganzen Theater! Verdammt!" Keith schlug mit der flachen Hand auf die braune Kommode. „Ich bin es leid, mich verstecken zu müssen und zu heucheln. Darum werde ich es auch nicht mehr tun. Von heute an werden wir unsere Beziehung nicht länger geheim halten, als ob wir uns schämen müssten." Seine Stimme klang zornig.

„Warum regst du dich nur so auf?", meinte Iris beschwichtigend. „Keith, bitte, sag mir doch endlich, was los ist."

„Sieh mal, Iris, ich habe mich zwei Wochen ganz nach deinen Wünschen gerichtet und das Spiel mitgemacht. Nun aber kann und will ich es nicht mehr. Diese Heuchelei bringt mich um." Er holte tief Luft und fuhr etwas ruhiger fort: „Ich möchte einmal ein ganzes Wochenende allein mit dir sein und mich nicht verstellen müssen."

„Trotzdem verstehe ich immer noch nicht ..."

Er ließ sie nicht ausreden. „Lass uns an einen Ort fahren, wo wir am helllichten Tag zusammen spazieren gehen können, wo wir uns nicht irgendwo heimlich zu küssen brauchen, wo wir ganz wir selbst sein können."

„Hat dich das so sehr bedrückt?" Iris legte die Hand auf seinen Arm.

Keith sah ihr beschwörend in die Augen. „Ach Iris", seufzte er, „es gibt so viele Dinge, die mich bedrücken."

„Sollten wir nicht lieber darüber sprechen?"

„Genau das habe ich vor. Aber nicht hier. Ich halte es für besser, wenn das woanders geschieht. Ein Ortswechsel wird uns beiden guttun."

„Ich kann doch nicht einfach alles stehen und liegen lassen und verschwinden."

„Warum nicht?"

„Meine Mieter ... ich habe eine Anzeige in die Zeitung gesetzt, dass die Wohnung im Erdgeschoss zu vermieten ist."

„Die Wohnung gegenüber von Millie?"

„Ja, genau die. Wieso nennst du Mrs. Cavenaugh übrigens beim Vornamen? Kennst du sie denn näher?" Iris horchte auf.

„Die kleine alte Dame hat einen ausgezeichneten Geschmack“, antwortete Keith lachend. „Sie mag mich nämlich sehr.“

„Und sie hat dir natürlich von der leer stehenden Wohnung erzählt?“

„Natürlich.“ Keith schmunzelte.

„Dann weißt du ja, warum ich hierbleiben muss.“

„Mach dir keine Gedanken wegen der Wohnung. Ich nehme sie, bis ich ein passendes Haus für mich und Krista gefunden habe. Die Wohnung hat doch zwei Schlafzimmer?“, fragte Keith.

„Ja, aber ...“

„Nichts aber, dann ist sie genau richtig.“

„Keith, ich weiß nicht ...“

„Das ist die ideale Lösung unserer Probleme.“

Iris stockte der Atem. „So? Ich wusste gar nicht, dass wir welche hatten.“ Sie beschäftigte sich angelegentlich mit dem Packen des Koffers. Würde Keith ihr jetzt wohl verraten, was ihn bedrückte?

Er trat hinter sie und umfasste ihre schmale Taille. Sein Atem streifte die empfindsame Haut ihres Halses.

Aufstöhnend vergrub er sein Gesicht in ihrem Haar. „Das Problem ist, dass ich immer bei dir sein möchte.“ Es hörte sich wie ein unfreiwilliges Geständnis an.

„Was sagst du da?“ Iris schnürte es die Kehle zu.

„Ich möchte mit dir leben.“

Ihre Stimme schwankte. „Und was ist mit Krista? Was würde sie davon halten, dass ihr Vater mit einer Mitarbeiterin zusammenlebt? Das wäre ein sehr schlechtes Beispiel. Nein, Keith, es ist unmöglich.“ Traurig schüttelte sie den Kopf.

„Viele Leute leben so.“

„Ich gehöre nicht dazu.“

„Das weiß ich“, flüsterte Keith und fing an, ihren Bauch mit trägen, kreisenden Bewegungen zu streicheln. Ein heißes Prickeln überlief sie. Abrupt beendete Keith das verführerische Spiel. „Entschuldige", sagte er heiser. „Ich will dich nicht drängen. Vergessen wir es – jedenfalls fürs Erste. Aber komm bitte mit, lass uns das Wochenende miteinander verbringen."

Iris machte sich sanft von ihm los und unterdrückte ein Lächeln. „Gut, Mr. Webster. Ich komme mit, aber unter einer Bedingung."

Keith lehnte sich an die Kommode und verschränkte die Arme vor der Brust. „Okay, und was ist das für eine Bedingung?", fragte er.

„Dass du mir auf der Stelle verrätst, wohin wir eigentlich fahren."

„Spielverderberin!"

„Keith, bitte!"

„Wo ist die Frau geblieben, die alte Filme und Geheimnisse liebt?", wollte Keith mit einem breiten Lächeln wissen.

„Du möchtest also immer noch nicht mit der Sprache herausrücken?"

„Nur wenn du mir süße Qualen zufügst – auf eine ganz besondere raffinierte und erotische Weise." Er strich ihr sanft über die Haare.

„Träumer", erwiderte Iris und packte weiter.

Das kleine Motorboot schoss durch die kalten Fluten des Puget Sound weiter zum Stillen Ozean. Als Iris die Jacht betrat, hatte sie den Verdacht, dass Keith sie zur San-Juan-Insel bringen würde. Aber er schwieg auf ihre Fragen und verriet nichts. Kalte salzige Gischt sprühte Iris ins Gesicht, und sie war froh, dass sie eine warme Jacke angezogen hatte.

Die Sonne war bereits untergegangen, als die Orcas-Insel in Sicht kam. Nur ein orangefarbener Schein erhellte noch den Horizont. Die Nacht breitete ihre Schatten aus, und die Lichter von Deer Harbor glitzerten wie Diamanten. Keith steuerte die

Jacht um die Insel herum, und Iris wartete gespannt, was nun geschehen würde.

In der Dämmerung konnte sie nicht sehr viel sehen, doch stellte sie fest, dass Keith das Boot auf eine malerische Bucht zusteuerte. Am schönen Sandstrand entdeckte sie ein kleines verwittertes Holzhaus.

Das rhythmische Tuckern des Motors wurde langsamer, und dann stellte Keith die Maschine ab und sprang an Land. Nachdem er die Jacht festgemacht hatte, half er Iris beim Aussteigen. Er legte den Arm um ihre Schultern und deutete auf das kleine Häuschen. „Nun, wie findest du es?"

„Ich finde, dass das hier wie die Kulisse für einen Schwarz-Weiß-Film der Vierzigerjahre aussieht", scherzte Iris und betrachtete das gemütliche, aber offenbar sehr vernachlässigte Wochenendhaus.

„Ich wusste, dass es dir gefallen würde", sagte Keith zufrieden. „Komm, schauen wir uns einmal an, wie es drinnen aussieht."

Die Hütte war wirklich ziemlich verwahrlost, wie sich bald herausstellte. Sie bestand aus Zedernholz, das aber schon seit Ewigkeiten keinen Schutzanstrich mehr gesehen hatte. Eine breite, altersschwache Holzveranda führte zur Eingangstür. Seeluft, Wind und Sonne hatten das an sich recht geräumige Haus ausgebleicht und verwittert. Eine Hängematte, die in einer Ecke der Veranda hing, schaukelte in der Ozeanbrise hin und her.

Die Haustür ächzte und quietschte, als Keith sie öffnete. Im Innern roch es muffig. Es gab keinen elektrischen Strom. Eine Pumpe versorgte die Küche mit Wasser. Daneben stand ein einfacher Küchenofen. Im Wohnraum befand sich ein massiver Steinkamin als einzige Wärmequelle. Iris schaute sich skeptisch und nicht sehr begeistert in den Räumen um. Sie hielt nicht sehr viel vom spartanischen Leben und verzichtete nur ungern auf die Annehmlichkeiten eines modernen Haushalts, wie sie es gewohnt war.

Während Keith die Sachen aus dem Boot holte und Holz zum Feuermachen zusammensuchte, zündete Iris die Petroleumlampe an und zog die Schonbezüge von den Möbeln ab. Dann riss sie sämtliche Fenster ungeachtet der feuchten Kälte weit auf, um den muffigen Geruch zu vertreiben. Es gab nicht viele Möbel in der Hütte, und die wenigen waren reichlich abgenutzt. Wozu man sie mit Schonbezügen bedeckt hatte, war Iris nicht klar. Doch sie musste zugeben, dass, nachdem das Feuer im Kamin flackerte und sie die Fußböden ordentlich gefegt hatte, alles sehr viel freundlicher wirkte. Der Duft der brennenden Holzscheite mischte sich mit dem Geruch der frischen salzigen Seeluft, und im Innern der Hütte war es schön warm und sogar richtig gemütlich geworden.

Keith war so umsichtig gewesen, sich vor ihrer Abreise in einem Feinkostladen mit verschiedenen Sandwiches und einer Flasche Wein einzudecken. Iris stöberte in der altmodischen Küche und fand eine ungeöffnete Packung mit Pappbechern sowie einen verstaubten, aber dringend benötigten Korkenzieher. Hocherfreut über ihre erfolgreiche Suche ging sie in den Wohnraum und hielt triumphierend den Korkenzieher hoch. „Voilà, Monsieur!“, rief sie in ihrem besten Schulfranzösisch.

Keith, der gerade die Fenster zumachte, drehte sich lächelnd zu ihr um. „Braves Mädchen“, lobte er sie.

„Sag mal, Keith, wie um alles in der Welt hast du das hier aufgetrieben?“ Iris schaute sich im Raum um.

„Ich gebe zu, dass es nicht unbedingt das Feinste vom Feinen ist“, bemerkte Keith und stellte sich an den Kamin. „Oder wie es der Dichter ausdrückt: nicht nur Mondschein und Rosen.“ Er hielt die Hände über das prasselnde Feuer und seufzte wohlig auf. „Das tut gut.“

„Was soll ich mit Mondschein und Rosen anfangen?“ Iris zuckte die Schultern.

„Und ich dachte, dass gerade du …“ Keith verstummte und musterte Iris erstaunt.

„Irrtum, ich bin viel zu nüchtern, um mich an weltfremde Träume zu verlieren. Ich glaube nicht daran, dass die Welt aus silbernem Mondschein, Blumensträußen und leiser Musik besteht.“

„Du und nüchtern?“ Keith sah nicht sehr überzeugt aus.

„Ist das so wichtig?“, fragte Iris und packte die Sandwiches aus. „Außerdem bist du mir noch immer die Antwort auf meine vorige Frage schuldig. Wie hast du dieses Versteck gefunden?“ Iris setzte sich vor den Kamin, und Keith ließ sich neben ihr nieder, Kopf und Schultern an die Couch gelehnt. Seine langen Beine reichten fast bis ans helle Kaminfeuer. Iris bot ihm ein Sandwich an.

„Danke.“ Herzhaft biss Keith in das Brot. „Also, hier ist meine Antwort“, sagte er dann. „Du weißt ja, dass ich in Seattle für Krista und mich ein Haus suche. Ich las jeden Tag die Anzeigen in der Zeitung und hoffte, etwas Passendes zu finden.“ Er unterbrach sich, um die Flasche zu entkorken und den kühlen Wein in die Pappbecher zu gießen. Der Schein der Flammen tanzte über sein Gesicht und spiegelte sich in der grünen Flasche wider.

„Und?“

„Da stieß ich auf die Anzeige von diesem Haus. Ich habe mich schon immer für die See, die freie Natur und das einfache Leben begeistert, von alten rustikalen Hütten ganz zu schweigen.“ Keith lachte, wurde aber gleich wieder ernst. „Ich dachte dabei vor allem an Krista, für die das hier eigentlich genau richtig sein müsste. Mir kam es jedenfalls ideal vor.“

Iris, die gerade einen Schluck Wein trank, hätte sich beinahe verschluckt. Sie blickte sich im dürftig eingerichteten Raum um und schüttelte den Kopf. „Keith, das kann doch nicht dein Ernst sein! Hast du das hier etwa gekauft, ohne es dir vorher anzuschauen?" Diese Hütte war nicht einmal für einen Erwachsenen ideal, noch viel weniger für ein elfjähriges, an den Rollstuhl gefesseltes Mädchen.

Iris musterte den Raum genauer. Man müsste viel Arbeit hineinstecken, dachte sie. Allein die Reinigung würde einige Tage in Anspruch nehmen. Der Firnis blätterte von den Kiefernholzwänden, und die Fußböden brauchten dringend einen neuen Anstrich. Es gab kein heißes Wasser, und die Möbel mussten entweder erneuert oder zumindest gründlich repariert werden. Und das war nur der Anfang. Tausend andere Sachen kamen noch dazu.

Keith sah ihr besorgtes Gesicht und lachte belustigt auf. „Nein, Iris, keine Angst, ich habe das Grundstück nicht gekauft. Noch nicht. Ich wohne dieses Wochenende sozusagen auf Probe hier. Das Haus gehört einer Witwe, deren Mann vor einigen Jahren gestorben ist. Seitdem war sie nicht mehr hier. Ich habe mich mit ihr in Verbindung gesetzt und ihr gesagt, dass ich an einem Kauf interessiert sei. Darauf schlug sie mir vor, mir alles genau anzusehen, bevor ich mich endgültig entscheide."

„Denkst du denn wirklich daran, das Haus zu kaufen?", fragte Iris fassungslos. „Es hat ja noch nicht einmal elektrischen Strom."

„Das macht doch gerade einen Teil seines Reizes aus, findest du nicht?" Keith musste über ihre offensichtliche Bestürzung lachen.

Iris zuckte die Schultern. „Nun, es ist schließlich dein Geld", bemerkte sie und trank noch einen Schluck Wein. Das gemütliche Kaminfeuer und die berauschende Wirkung des Weins versetzten sie in eine heitere, zufriedene Stimmung. Doch als sie Keith über den Rand ihres Glases anschaute, stellte sie betroffen fest, dass seine gute Laune verschwunden war. Er wirkte auf einmal sehr angespannt.

Keith schob den Pappteller mit dem Sandwich beiseite und presste die Lippen zusammen. Düster starrte er in die zuckenden Flammen. Das Feuer prasselte und knisterte und warf seltsame Licht- und Schattenreflexe über sein kantiges Gesicht.

„Ja, es ist mein Geld“, sagte er schließlich grimmig. „Weißt du übrigens, dass Ende der Woche die Vorverhandlung gegen Mitchell Cameron stattfindet?“, fragte er unvermittelt. Aus seinen grauen Augen blickte er sie aufmerksam an, um ihre Reaktion festzustellen.

Iris erschrak. Mit dieser Frage hatte sie nicht gerechnet. „Ich habe es in der Zeitung gelesen“, erwiderte sie unsicher.

Mit zitternder Hand legte auch sie ihr Sandwich beiseite. Rasch trank sie einen Schluck Wein, um sich zu beruhigen. Warum brachte Keith dieses Thema zur Sprache? Sie hatten sich stillschweigend darauf geeinigt, Mitchell nicht mehr zu erwähnen. Er sollte für sie beide tabu sein. Aus welchem Grund fing Keith ausgerechnet hier und heute mit dieser unerfreulichen Sache an? Iris konnte es sich nicht erklären.

Keith unterbrach ihre Gedanken. „Es ist durchaus möglich, dass ich am Tag der Verhandlung nicht in Seattle bin.“

„Na und? Du brauchst doch nicht als Zeuge zu erscheinen, oder doch?“

„Ich habe bereits schriftlich meine Aussage gemacht und beeidet“, lautete seine unterschwellig gereizt klingende Antwort. „Ich bin sicher, sie wird das Gericht zufriedenstellen. Es findet ja erst die Vorverhandlung statt.“

„Ach Keith“, seufzte Iris, die immer nervöser wurde, „willst du Mitch tatsächlich ein Strafverfahren anhängen?“ Sie wollte ihm die Hand auf die Schulter legen, doch er schüttelte sie ab.

„Aha, so ist das also“, flüsterte er gefährlich leise und umfasste ihr Handgelenk.

„Was …? ich verstehe nicht."

„Bist du darum so willig gewesen, damit ich den Strafantrag gegen deinen früheren Chef zurückziehe? Hast du mich einwickeln wollen?" Keith musterte Iris mit kaltem Blick.

Als sie seine Anschuldigung begriff, blieb ihr fast das Herz stehen. „Oh, wie abscheulich!", rief sie in hellem Zorn. Sie riss sich von ihm los und hätte ihn am liebsten geohrfeigt. Aber das brachte sie nicht fertig, denn in seinen Augen stand wieder die tiefe Qual, die sie schon so oft bemerkt hatte. Sie ließ die Hand sinken.

Keith schloss einen Moment die Augen und atmete tief durch. „Entschuldige, Iris", flüsterte er rau. „Es tut mir leid."

„Das sollte es auch."

„Du hast ja recht." Zögernd streckte er die Hand aus und streichelte ihre Wange. „Iris, mir bleibt keine andere Wahl. Ich kann die Anzeige gegen Cameron nicht zurückziehen, selbst wenn ich es möchte. Meine Direktoren und die Versicherungsgesellschaft, die für die Schäden haftet, werden darauf bestehen."

„Und wenn du die Wahl hättest?" Ihre Augen schimmerten feucht.

Keith zog seine Hand zurück. „Es würde an meinem Entschluss, Cameron vor Gericht zu bringen, nichts ändern." Da es ihm schwerfiel, in ihrer unmittelbaren Nähe klar zu denken, stand er auf. Er musste klar denken und bei ihr sehr vorsichtig sein! Vielleicht wusste sie bereits, dass er sie verdächtigte, Mitchells Komplizin zu sein. „Verdammt", fluchte er leise. Warum musste er ausgerechnet dieser Frau so rettungslos verfallen? Noch nie hatte eine Frau in seinem Leben eine so entscheidende Rolle gespielt. Warum also jetzt und warum ausgerechnet Iris?

Er brauchte Zeit zum Nachdenken und um sein Leben wieder in Ordnung zu bringen. Allein! Es war ein Fehler, Iris in diese Einsamkeit mitzunehmen. Daran hätte er denken müssen, bevor er sie bat, ihn zu begleiten. Seit wann gestattete er sich falsche Entscheidungen? Wo war sein gesunder Menschenverstand geblieben?

„Willst du es denn nicht einsehen, Iris?“, fragte er beinahe flehend. „Mitchell Cameron ist ein Gauner. Er muss für sein kriminelles Verhalten büßen. Ich kann da nichts tun.“

„Du bist doch der Eigentümer und Präsident der Bank. Bei deinen Beziehungen und deinem Einfluss könntest du …“

„Kein Wort weiter, Iris!“, rief Keith, und seine Augen funkelten kalt. „Gerade als Eigentümer und Präsident der Bank habe ich besondere Verpflichtungen meinen Kunden und Angestellten gegenüber. Nie würde ich Beziehungen ausnutzen.“

„Warum gibt es immer Streit, wenn wir über Mitch sprechen?“, fragte Iris unglücklich. Sie wusste nicht, was sie davon halten sollte.

„Diese Frage solltest du beantworten, nicht ich.“

„Ich wüsste nicht, wie“, erwiderte sie ehrlich.

Das Schweigen, das diesen Worten folgte, war mit Hochspannung geladen. Keith schaute Iris so durchdringend und gleichzeitig verzweifelt an, dass ihr ganz seltsam zumute wurde. Was wollte Keith ihr wirklich sagen? Sie verstand ihn einfach nicht.

Er lehnte sich an den Kaminsims und rieb sich die Schläfen. Müde schloss er die Augen. Nach einer Weile schien er sich zu entspannen. „Ich glaube, wir sollten das Thema Mitchell Cameron bis nach der Vorverhandlung aufschieben.“

Iris hob empört den Kopf. „Bildest du dir ein, ich könnte mich so leicht damit abfinden, dass Mitchells Schicksal von dir abhängt?“

„Irrtum“, verbesserte er sie. „Sein Schicksal hängt ganz allein von ihm ab. Er hat es schon vor einiger Zeit entschieden. Ich habe nichts damit zu tun. Mir blieb nichts anderes übrig, als einen Betrüger zu stellen.“

„Ich weiß nicht, ob ich es schaffe, dieses Gespräch über Mitch zu vergessen."

„Zumindest übers Wochenende?", schlug Keith vor und trat näher. Er nahm ihre Hände und schaute ihr ernst in die Augen. „Du musst mir mein schroffes Benehmen verzeihen", entschuldigte er sich. „Ich glaube, die beiden letzten Wochen haben uns beide sehr angestrengt."

„Das stimmt."

„Dann lass uns diese beiden Tage ohne Spannung miteinander verbringen, damit wir uns ein bisschen näher kennenlernen. Ich …" Er dachte einige Sekunden nach und kam dann anscheinend zu einem Entschluss. „Ich möchte mit dir allein sein, weit weg von Mitchell Cameron und dem Rest der Welt." Plötzlich riss er sie an sich und barg den Kopf an ihrer Brust. „Iris", stöhnte er, „warum bist du nur so verführerisch? Ich kann dir nicht widerstehen." Sein heißer Atem streifte ihre Haut.

Alle Zweifel und Bedenken, die sie eben noch gequält hatten, verflogen, und Iris gab sich ganz ihren Gefühlen hin. Wie von selbst glitten ihre Arme um seinen Hals, und ihre Finger schoben sich in sein dichtes braunes Haar. Heißes Verlangen stieg in ihr auf. Ihr Atem ging schwer. Keith, der ihre Reaktion spürte, neigte langsam den Kopf und schaute ihr tief in die Augen. Als er mit den Knöpfen ihrer Bluse spielte, hielt Iris still und wehrte sich nicht. Auch dann nicht, als er ihr die Bluse von den Schultern streifte, um ihre üppigen Brüste zu betrachten.

Iris sehnte sich danach, von Keith berührt, geküsst und gestreichelt zu werden und die Hitze seines Körpers zu spüren. Sie wollte eins mit ihm werden, ihm restlos gehören.

In seinen Augen spiegelten sich die zuckenden Flammen des Kaminfeuers. „Weißt du eigentlich, wie sehr ich dich brauche?", flüsterte Keith heiser. Und dann lag sein Mund auf ihren warmen, leicht geöffneten Lippen. Iris konnte einfach nicht genug von ihm bekommen. Seine Küsse schmeckten nach Wein, waren voller Leidenschaft und Sinnlichkeit, und die Sehnsucht nach ihm wurde so stark, dass es fast schmerzte.

Sein Mund erforschte ihren ganzen Körper, glitt über ihre Schultern, die Kehle und tiefer über ihre Brüste und ihren flachen Bauch. „Ich muss dich haben“, stöhnte Keith.

„Dann nimm mich, Keith!“, flehte sie erregt. „Komm, liebe mich.“

„Das werde ich.“ Er beugte sich über sie und liebkoste voller Zärtlichkeit die intimsten Stellen ihres Körpers. Und Iris rief sich selbst jetzt, in ihrem berauschten Zustand, in Erinnerung, dass er nur die rein körperliche Liebe meinte und nicht wie sie die wahre Liebe, nach der sie sich sehnte. Vorläufig musste ihr das jedoch genügen.

9. Kapitel

Es waren zwei unbeschwerte, sorglose Tage, die Iris und Keith auf der Insel verbrachten. Nachdem sich die leichten Morgennebel aufgelöst hatten, schien die Sonne auf den Strand und erwärmte den Sand. Die Luft war angenehm kühl und überaus klar.

Iris zeigte Keith, wie man am Rande der Flut Krabben aus dem Sand grub. Er lernte schnell, im feuchten Sand zu knien und blitzschnell zu schaufeln, um die flinken Tiere zu erwischen. Einmal traf ihn eine besonders große Welle, die ihn mit in die kalte Brandung riss. Iris lachte schallend, worauf sie, ehe sie sich's versah, ebenfalls im Wasser landete.

„Das ist die Strafe, weil du dich über mich lustig gemacht hast", sagte Keith und küsste sie auf die vor Kälte blassen Lippen. Eine zweite Welle spülte über sie beide hinweg, und sie rannten schleunigst ins Haus, um sich abzutrocknen und aufzuwärmen. Während das Wasser auf dem Küchenherd heiß wurde, zog Iris ihre nassen sandigen Sachen vor dem Kaminfeuer aus, wobei sie noch immer lachen musste.

Den größten Teil dieser beiden Tage verbrachten sie am Strand. Aber sie fuhren auch mit der Jacht in die nahe gelegene kleine Stadt Deer Harbor, wo sie sich alles anschauten und in den Antiquitätengeschäften herumstöberten.

Es war ein wunderbares Wochenende, und Iris merkte, wie ihre Gefühle für Keith immer stärker wurden. Sie mochte nicht daran denken, dass sie bald die Insel verlassen mussten, und es graute ihr davor, nach Seattle und an die Arbeit zurückzukehren. Vor allem fürchtete sie sich vor den Spannungen, die zu Hause so oft zwischen ihr und Keith entstanden.

Iris genoss die Freiheit auf der Insel, genoss es, mit Keith allein zu sein und ihn zu berühren, wann sie wollte. Aber am meisten genoss sie es, ihn am helllichten Tag küssen zu dürfen, ohne Angst haben zu müssen, entdeckt zu werden.

Die Nächte verbrachten sie in einem Doppelschlafsack, den sie vor dem Kaminfeuer auf dem Fußboden ausgebreitet hatten. Das war beiden lieber, als das abgenutzte und muffig riechende Bett im Schlafraum zu benutzen. Viele Stunden lagen sie gemütlich vor dem Feuer, unterhielten sich, lachten miteinander oder liebten sich bis zum Morgengrauen.

Das ganze Wochenende war ein bezauberndes Erlebnis, das sie nie vergessen würden.

Die Zeit verging wie im Flug. Als die Sonne langsam in den Fluten der kalten grauen See versank, fand Iris Keith nachdenklich und in sich versunken auf der Holzveranda. Sie hatte ihre Sachen bereits gepackt und beobachtete ihn besorgt. Der Zeitpunkt, den Keith ihr als Abfahrtstermin genannt hatte, war längst verstrichen, und doch zögerte er noch immer und schien es gar nicht eilig zu haben. Er lehnte am Geländer und schaute über die endlose See.

Iris verhielt sich ganz still. Sie spürte, dass es auch Keith schwerfiel, dieses romantische Paradies zu verlassen, das ihnen das schäbige kleine Haus geboten hatte.

Behutsam setzte sie sich in die Hängematte. Doch trotz aller Vorsicht quietschten die verrosteten Halteringe. Das Geräusch riss Keith aus seinen Gedanken. Er drehte sich um und ließ seinen Blick zärtlich über ihren Körper gleiten.

„Ich … ich bin mit Packen fertig“, sagte Iris leise.

„So?“

„Ja. Wir sollten wirklich aufbrechen.“

„Du hast recht“, gab Keith widerstrebend zu und blickte noch einmal über das Meer. „Seltsam, es zieht mich gar nicht ins Büro“, sagte er vor sich hin. „Das ist neu. Sonst kann ich es nämlich kaum erwarten, wieder an meinem Schreibtisch zu sitzen und mich auf die Arbeit zu stürzen. Aber heute kommt mir das so sinnlos vor."

Er drehte sich zu Iris um und betrachtete ihr Gesicht so eindringlich, als wollte er es sich für immer einprägen. Dann fuhr er mit fester Stimme fort: „Ich werde dieses Grundstück mit dem Haus kaufen. Wir beide kommen wieder hierher."

„Das hoffe ich sehr", flüsterte Iris.

Ein warmes Gefühl des Glücks stieg in ihr auf. Es war das erste Mal, dass Keith eine Andeutung über eine gemeinsame Zukunft gemacht hatte, und daran wollte sich Iris klammern.

Die folgende Woche war für Iris nicht leicht. Sie fühlte sich nach der herrlichen, unbeschwerten Zeit auf der Insel sehr einsam. Außerdem gab sich Keith keine Mühe mehr, ihre Beziehung zu verheimlichen. Er war nicht mehr der kühle, zurückhaltende Chef, sondern zeigte ganz offen seine Zuneigung und schaute Iris mit unverhohlener Zärtlichkeit an.

Obgleich Iris sich darüber freute, litt sie doch unter den kritischen und missbilligenden Blicken ihrer Mitarbeiter. Sie versuchte, die Gerüchte und den Klatsch zu überhören, die durch die Bank schwirrten. Aber sie konnte nicht verhindern, dass sich ihr Magen schmerzlich zusammenzog und sie sich entsetzlich elend fühlte, wenn sie wieder einmal von den anderen geschnitten wurde.

Als Keith am Mittwoch nach Kalifornien flog, atmete sie erleichtert auf. Jetzt brauchte sie sich nicht mehr so verzweifelt zu bemühen, ihm in der Firma aus dem Weg zu gehen.

Am Freitag aber ereigneten sich lauter kleine Katastrophen auf einmal. Keiths Abwesenheit verursachte sowohl für Iris als auch für einige andere zusätzliche Arbeit. Damit hatte Iris gerechnet.

Völlig unerwartet jedoch trafen sie zwei Ereignisse: Das eine war eine Grippeepidemie, die bewirkte, dass eine Reihe von

Angestellten ausfiel. Das zweite war der Zusammenbruch des Hauptcomputers, was bedeutete, dass sich der wöchentliche Abschluss der Konten wesentlich verzögerte und die noch verbliebenen Bankangestellten völlig überlastet waren. Außerdem schrillte an diesem hektischen Tag ständig das Telefon.

Als es wieder einmal klingelte – zum zwanzigsten Mal in fünf Minuten, wie es Iris vorkam –, verlor sie die Geduld. Ihre sonst so liebenswürdige Stimme klang scharf. „O'Toole."

„Iris?", fragte eine bekannte Stimme.

„Mitch? Bist du es? Seit Wochen versuche ich, dich zu erreichen", rief Iris aufgeregt. Sie bereute sehr, dass sie sich ausgerechnet bei Mitch so barsch gemeldet hatte. „Wie geht es dir?"

„Es ist mir schon mal besser gegangen, Iris."

„Oh Mitch, es tut mir ja so leid", fing sie an und wusste nicht weiter.

„Ich weiß, Iris", sagte er ernst. Also hatte er verstanden, dass sie ihn immer noch als ihren Freund betrachtete. Eine längere Pause entstand, bis er sich räusperte und zögernd den Grund für seinen Anruf nannte. „Iris, könnten wir zusammen zu Mittag essen?", bat er.

„Oh Mitch, sehr gern, wirklich", erwiderte Iris mir ehrlichem Bedauern. „Aber heute ist es mir völlig unmöglich. Ich stecke bis über beide Ohren in Arbeit." Sie warf einen Blick auf die vielen Notizen und Akten, die sich auf ihrem Schreibtisch türmten.

„Du bist also derart beschäftigt, dass du keine Zeit für ein Mittagessen mit einem alten Freund hast?" Es sollte scherzhaft klingen, tat es jedoch nicht.

Iris zuckte zusammen. „So darfst du nicht denken, Mitch. Es ist nur heute … Keith ist nämlich verreist, und alle Welt hat Grippe, sogar der Hauptcomputer."

Mitch lachte verbittert auf. „Schon gut, Iris. Ich habe verstanden. Also, vielleicht ein andermal."

Iris bemühte sich, die richtige Entscheidung zu treffen. Sie wusste, dass heute die Vorverhandlung gegen Mitch stattfand, und wenn das Gericht ihn für schuldig hielt, stand ihm eine schlimme Zeit bevor. Aber Keith wäre es bestimmt nicht recht, wenn sie Mitchells Einladung annahm. Davon war Iris überzeugt. Und doch brachte sie es nicht fertig, ihn zu enttäuschen, Mitch war einsam und brauchte sie. Keith hatte kein Recht, sich in ihre Freundschaft mit ihm einzumischen.

„Okay, Mitch. Ich mache es irgendwie möglich, mich mittags mit dir zu treffen."

„Gut", sagte er und atmete hörbar erleichtert auf. „Passt es dir um halb zwei bei Shorty?"

„Ja, natürlich", stimmte sie zu und kam sich gleichzeitig wie eine Verräterin an Keith vor.

Mit einem unguten Gefühl machte Iris sich auf den Weg zu Shorty, einem kleinen Restaurant, in dem es besonders gute Spareribs gab. Viele Bankangestellte pflegten dort zu essen, weil es sehr bequem in einem alten Hotel am Pioneer Square lag und eine besonders gemütliche Atmosphäre hatte.

Iris hatte mit Mitch dort schon oft die Mittagspause verbracht, aber heute konnte sie sich nicht so wie sonst darauf freuen. Mitch stand unter einem schweren Verdacht, und das bedrückte sie.

Sei nicht kindisch, befahl sie sich. *Dies ist dasselbe gemütliche Restaurant wie sonst, und Mitch ist derselbe Mann wie früher. Lass dich nicht von dem Gerede über ihn beeinflussen. Er braucht gerade jetzt einen guten Freund.* Trotzdem verkrampfte sich alles in ihr, und ein kalter Schauer rieselte ihr über den Rücken. Unwillkürlich zog sie ihren Regenmantel enger um sich, da sie plötzlich fror.

In dem nur schwach beleuchteten Restaurant stieg Iris der verlockende Geruch von gegrilltem Fleisch, Honig und Tomatensoße in die Nase. Sie merkte, dass sie sich bereits nach kurzer Zeit in der angenehmen Atmosphäre entspannte. Ja, sie konnte sogar lächeln, als die blonde Tischanweiserin sie zu Mitch führte.

Doch bei seinem Anblick zuckte Iris zusammen. Sie hatte Mitch seit mehr als drei Wochen nicht mehr gesehen und stellte bestürzt fest, dass er sich sehr verändert hatte. Zwar war er heute nüchtern im Gegensatz zu neulich in der Bar, aber er wirkte gehetzt und übernervös. Seine einst so leuchtend blauen Augen waren wässrig und stumpf. Er musste sehr abgenommen haben, denn sein Gesicht sah hager aus, und die Jacke hing lose um seine Schultern. Im Aschenbecher vor ihm glühte eine dünne Zigarre.

Als Iris an den Tisch kam, blühte Mitch förmlich auf. Er erhob sich und wartete, bis sie sich gesetzt hatte. Dann griff er nach ihrer Hand. „Iris, du bist ja noch schöner geworden, falls das überhaupt noch möglich ist", rief er ein wenig zu laut für ihren Geschmack.

„Danke, Mitch", erwiderte sie und nahm nervös die Serviette vom Tisch.

Ihre Hände zitterten. Es sah Mitch gar nicht ähnlich, derart übertriebene Komplimente zu machen. Seine Schmeicheleien wirkten unecht und waren Iris ausgesprochen peinlich. Das ungute Gefühl, das ihr schon die ganze Zeit zu schaffen gemacht hatte, verstärkte sich. Vielleicht lag es daran, dass Mitch ihrem Blick auswich und dass er viel zu hastig an der Zigarre sog.

„Nun, Iris, wie geht es dir so in der alten Tretmühle?", sagte Mitch mit gezwungener Heiterkeit. „Immer noch viel Arbeit?"

Iris argwöhnte, dass die Antwort auf diese Frage Mitch gar nicht interessierte. Ja, wir haben alle viel zu tun", sagte sie.

Als Mitch schwieg, redete sie drauflos, denn sie ertrug das gespannte Schweigen nicht. „Keith … ich meine, Mr. Webster, ist für ein paar Tage verreist. Du kannst dir ja denken, dass es darum besonders hektisch bei uns zugeht."

Warum verursachte ihr ein guter Freund, den sie einst so sehr geschätzt hatte, dieses schreckliche Unbehagen?

Der Kellner stellte zwei Teller mit Spareribs auf den Tisch, und Iris fing gleich zu essen an. Sie wartete nur auf eine günstige Gelegenheit, sich verabschieden zu können. Mitch konnte sie nicht helfen. Es war ein Fehler gewesen, sich mit ihm zu treffen. Sie wollte nichts mehr mit ihm und seinen Problemen zu tun haben. Plötzlich wurde ihr dies ganz klar.

Erschrocken stellte sie fest, wie sehr sich ihre Einstellung zu Mitch gewandelt hatte. Aber das war nun einmal der Fall. Sie fühlte sich in seiner Gesellschaft sehr unbehaglich.

Plötzlich begann Mitch von der Vorverhandlung zu sprechen. „Du weißt wahrscheinlich, dass ich heute vor den Kadi muss", sagte er und steckte sich eine neue Zigarre an, obwohl die alte noch glimmte. Gespannt beobachtete er, wie Iris reagieren würde.

„Ach Mitch", seufzte Iris. „Ich wünschte, dass all dies nicht geschehen wäre."

„Daran ist nichts mehr zu ändern."

„Nein, wahrscheinlich nicht." Iris schob ihren Teller beiseite. Der Appetit war ihr restlos vergangen. „Wenn ich dir irgendwie behilflich sein kann, lass es mich denn wissen."

Seine wässrigen blauen Augen leuchteten auf. „Du könntest mir sehr helfen, Iris."

„Und wie?"

Nervös rutschte er auf seinem Stuhl herum. „Es ist gar nicht viel, worum ich dich bitte", sagte er zögernd und zog einen weißen Umschlag aus seiner Jackentasche. „Ich brauche nur ein paar Informationen."

„Was für Informationen?" Iris fuhr sich mit zitternder Hand über die Stirn. „Etwa Bankinformationen?"

Mitch wedelte mit dem Umschlag in der Luft und tat harmlos. „Es ist wirklich nicht wichtig, aber ich brauche nun einmal diese Informationen. Und da ich nicht mehr in der Bank arbeite, komme ich an solche Sachen nicht heran.“ Er reichte Iris den Umschlag.

Widerwillig nahm sie ihn entgegen. Ihr Magen fing jetzt ernsthaft zu schmerzen an. „Mitch, ich möchte wissen, wofür du die Informationen brauchst.“

„Das will ich dir genau erklären. Ich brauche diese Angaben, um meine Unschuld zu beweisen. Also Bankberichte, Urkunden über treuhänderische Vermögensverwaltung, Computerauszüge, Zahlungen von Dividenden, Wertpapieranlagen und allen möglichen Kram. Du siehst, es ist nichts Besonderes.“

„Mitch, das kann doch nicht dein Ernst sein!“

„Natürlich ist es mein Ernst. Alles, was ich brauche, ist hier aufgeführt.“ Er zeigte auf den Umschlag, den Iris noch immer krampfhaft in der Hand hielt. Entsetzt ließ sie ihn auf den Tisch fallen.

„Mitch.“ Iris' Stimme klang ganz offiziell. „Verlangst du etwa von mir, dass ich dir geheime Bankunterlagen aushändige?“

„Nicht aushändigen, nur für kurze Zeit überlassen. Du bekommst sie ja zurück, sobald ich diese Geschichte mit der Unterschlagung aufgeklärt habe.“

„Du weißt selbst am besten, dass ich so etwas nicht tun darf“, rief Iris entsetzt. „Das Bankgeheimnis zu verletzen ist strafbar.“

„Es geht schließlich um meinen Kopf, Iris, um mein Leben. Wenn es mir nicht gelingt, den Verdacht zu entkräften, lande ich für viele Jahre im Gefängnis.“ Mitch schaute Iris flehend an, aber sie ließ sich nicht umstimmen.

„Du weißt, dass ich dir liebend gern helfen würde, Mitch. Aber du kannst unmöglich von mir verlangen, dass ich gegen das Gesetz handle. Mitch, um Himmels willen, das kannst du doch nicht!“

Er presste die Lippen zusammen und durchbohrte Iris mit seinem stechenden Blick.

„Warum fordert dein Anwalt die Informationen nicht von der Bank an? Das kann er doch tun. Warum verlangst du es von mir?"

„Weil es besser für mich wäre. Sonst hätte ich dich nicht darum gebeten. Jede Information, die mein Anwalt dem Gericht vorlegt, wird zuerst vom Staatsanwalt geprüft. Wenn ich aber diese Informationen erst in der Verhandlung herausrücke, kann ich das Überraschungsmoment ausnutzen und den Staatsanwalt verwirren. Es wäre durchaus möglich, dass man dann die Anklage gegen mich fallen lässt." Es klang ziemlich lahm, und Iris schüttelte den Kopf.

„Selbst wenn es so wäre, kannst du nicht erwarten, dass ich ein so großes Risiko eingehe. Ich ..."

Er ließ sie nicht ausreden. „Und ich habe geglaubt, wir sind Freunde", stieß er so erbittert hervor, dass Iris zusammenzuckte.

„Wir ... sind Freunde", meinte sie hilflos.

„Oh nein, das sind wir nicht!", rief er mit verzerrtem Gesicht. „Wir waren Freunde, als es dir nützte. Als ich dein Chef war und dir weiterhelfen konnte. Vor allem, als dein sauberer Ehemann dich sitzen ließ und du jemanden brauchtest, bei dem du dich ausweinen konntest. Aber jetzt, wo sich das Blatt gewendet hat, ist es aus mit der Freundschaft."

Iris' Kehle war wie zugeschnürt. Sie konnte kaum sprechen. „Das meinst du doch nicht im Ernst, Mitch. Du weißt genau, dass ich dich mag und dass mir dein Schicksal am Herzen liegt. Aber du verlangst Unmögliches von mir."

„Hört, hört!", höhnte er und musterte sie geringschätzig.

„Mitch, bitte ... nicht ..."

„Was nicht?", zischte er, und plötzlich sah er sie regelrecht hasserfüllt an. „Ich soll die sogenannte Freundschaft ja nicht zu sehr belasten, nicht wahr? Dich nicht um Hilfe bitten, obwohl ich dir während deiner Scheidung immer zur Seite gestanden habe. Ich soll vor allem nichts von dir verlangen, was die Beziehung zu deinem neuen Chef gefährden könnte, nicht wahr?"

„Was willst du damit sagen?", fuhr Iris auf.

„Komm mir nicht mit diesem unschuldigen Getue, Iris. Damit machst du bei mir keinen Eindruck. Für wie blöd hältst du mich? Ich weiß genau, dass du Websters Geliebte bist und dass du nur allzu bereitwillig in sein Bett hüpfst, sooft es dir möglich ist."

Alle Farbe war bei Mitchs grausamen Worten aus Iris' Wangen gewichen. Mühsam rang sie nach Atem. Aber er war noch nicht fertig. „Warum so aufgeregt, meine Liebe? Du scheinst überrascht zu sein, dass ich etwas weiß, was sich in ganz Seattle herumgesprochen hat."

„Nein!"

Mitchs Gesicht wurde zur boshaften Grimasse. „Ich hätte nie gedacht, dass du mit einem so widerlichen Kerl wie Webster schlafen würdest. Aber eigentlich sollte ich mich darüber gar nicht wundern. Du hast noch nie Geschmack bewiesen, was Männer betrifft."

„Genug, Mitch!", empörte sich Iris und griff nach ihrer Handtasche. „Ich höre mir das keine Sekunde länger an."

„Was hast du denn? Stört es dich, dass ich dir auf die Schliche gekommen bin und deinen wahren Charakter entdeckt habe? Ich Idiot, ich hätte dich vor acht Jahren nicht Olivia Parsons in der Beförderung vorziehen dürfen. Das war ein großer Fehler. Anscheinend ist dir das zu Kopf gestiegen."

„Bestimmt teilt Olivia deine Auffassung", fauchte Iris leise. Ihre Augen funkelten zornig. Sie stand auf und zog eilig ihren Mantel an. „Ich weiß nicht, warum du auf einmal so zynisch und brutal bist, so verbittert ..."

„Der Gedanke ans Gefängnis", sagte Mitch hart. „Das ist es, was mir Angst macht."

„Tut mir leid, aber ich kann wirklich nichts für dich tun. Trotzdem wünsche ich dir viel Glück, Mitch. Vor allem für heute."

„Damit hast du dein Gewissen beruhigt, nicht wahr? Vielen Dank, aber ich verzichte auf deine guten Wünsche. Ich brauche sie nicht, weder heute noch in Zukunft. Haben wir uns verstanden?"

Iris ging kerzengerade aus dem Restaurant, ohne sich von Mitch zu verabschieden oder sich noch einmal umzusehen. Die Tränen, die ihr in die Augen steigen wollten, drängte sie energisch zurück. Sie wollte nicht wegen Mitch weinen – nicht nachdem er sie so niederträchtig behandelt hatte. Ihre Knie zitterten, und sie fühlte sich entsetzlich elend.

Es regnete ziemlich heftig, und die Tropfen rieselten Iris in den Nacken. Sie merkte es kaum, ihre Gedanken kreisten um Mitch. Wie konnte er sich derart verändert haben? Was war aus dem kultivierten, liebenswürdigen Gentleman geworden, den sie einst so geschätzt hatte? Und wieso wusste er von ihrer Beziehung zu Keith?

Fragen über Fragen, auf die sie keine Antwort fand. Sie senkte den Kopf gegen den Wind und lief über eine Stunde lang gedankenverloren durch die Straßen, die Hände tief in die Taschen des Regenmantels vergraben. Noch immer konnte sie nicht fassen, dass Mitch sie zu einer kriminellen Handlung hatte überreden wollen. Wie konnte er sie auffordern, vertrauliche Bankunterlagen zu entwenden und sie ihm zu geben? War das Freundschaft? Was würde er noch von ihr verlangen?

Auf einmal musste sie an die Unterschrift auf der Liste für die Safeschlüssel denken. Wie kam ihre Unterschrift auf die Liste? Sie selbst hatte nicht unterschrieben, wer dann? Wollte

Mitch den Verdacht auf sie lenken und sie in die Unterschlagung verwickeln? Hatte sie sich womöglich die ganze Zeit in ihm geirrt und ihn völlig falsch eingeschätzt? Verstört blieb Iris stehen.

Ein Blick auf die Uhr zeigte ihr, dass es schon sehr spät war. Sie rannte zur Bank zurück und nahm die Telefonnachrichten an sich, die sich inzwischen angesammelt hatten. Ihrer Sekretärin teilte sie mit, dass sie unter keinen Umständen gestört werden wollte – außer wenn Mr. Webster anriefe.

Dann setzte sie sich an den Schreibtisch und stürzte sich in die Arbeit. Es gelang ihr nicht, ihre Gedanken von Mitch zu lösen, der so verzweifelt und nervös gewesen war und ihr nicht in die Augen sehen konnte. Ihr Magen verkrampfte sich, als ihr bewusst wurde, wie sehr sie Mitch auf einmal misstraute.

Litt sie an Verfolgungswahn, oder hatte sie überhaupt keine Menschenkenntnis besessen und sich von Mitch die ganze Zeit hinters Licht führen lassen?

Sehnsüchtig wartete sie auf Büroschluss, und als es so weit war, eilte sie zu ihrem gelben Volkswagen und quälte sich durch den Stoßverkehr langsam heimwärts. Ausgerechnet heute waren sämtliche Straßen verstopft. Auch die Stadtautobahn, weil alle Fahrer ins Wochenende wollten.

Da Iris immer viel länger als bis sechs Uhr arbeitete, hatte sie ganz vergessen, wie entnervend die Stoßzeit sein konnte. Es dauerte eine geschlagene Stunde, bis der kleine VW vor dem Apartmenthaus hielt. Iris zog die Handbremse an, stieg aus und lief, so schnell sie konnte, hinauf in ihre Wohnung.

Mit zitternden Fingern schloss sie die Tür auf, rannte ins Wohnzimmer und schaltete die Nachrichten des Regionalprogramms ein. Sie nahm sich nicht einmal die Zeit, den nassen Regenmantel auszuziehen und den Schirm in den Ständer zu stellen.

Der Nachrichtensprecher stellte bereits Vermutungen über den Ausgang der baldigen Kommunalwahlen an, und Iris hörte ungeduldig zu, den Blick wie gebannt auf den Bildschirm gerichtet. Während der Werbespots streifte sie den nassen Regenmantel ab und warf ihn achtlos aufs Sofa. Und dann berichtete der Nachrichtensprecher endlich über die Sache, die ihr am wichtigsten war – über den Fall einer Bankunterschlagung bei einer großen Bank im Zentrum von Seattle.

Iris benetzte nervös die Lippen. Auf dem Bildschirm erschien jetzt das Gerichtsgebäude, dann sah man Mitch, der aus dem großen Portal des Gerichtsgebäudes eilte. Er wurde von seinem Rechtsanwalt begleitet, der seinen Mandanten offenbar vor den zudringlichen Reportern beschützen wollte. Mitch hielt die Hände vors Gesicht und stürmte zu einem wartenden Auto. Iris empfand tiefes Mitleid mit dem Mann, der sich so verzweifelt verstecken wollte. Kaum saß er im Wagen, da schoss dieser auch schon davon.

„Mitchell Cameron", sagte der Sprecher, „einst einer der geschätztesten und angesehensten Bankiers dieser Stadt, wurde heute in der Vorverhandlung der Unterschlagung in sieben Fällen angeklagt. Wenn Cameron in der Hauptverhandlung diese Verbrechen nachgewiesen werden, droht ihm eine Gefängnisstrafe von …"

Iris brachte es nicht über sich, weiter zuzuhören. Sie war wie betäubt von der Tatsache, dass Mitch nun doch angeklagt werden sollte. Ihre Gedanken überstürzten sich.

Was bedeutete eigentlich die Vorverhandlung genau, und was besagte die vom Gericht bestätigte Anklage? Iris rieb sich die Schläfen und rief sich ins Gedächtnis zurück, was sie gelernt hatte. Dann wusste sie es: „Angeklagt" bedeutete noch nicht, dass Mitch bereits für schuldig befunden war. Aber seine Schuld war heute so deutlich bewiesen worden, dass es zur Hauptverhandlung kommen würde, in der das Gericht über die Strafe entschied.

Niedergeschlagen ließ Iris sich aufs Sofa fallen. Auf dem Bildschirm zeigte man jetzt das Bankgebäude. „Consolidated

First Bank“, stand in großen Buchstaben an der Frontseite. Ein Reporter berichtete über die Geschichte der Bank von ihrer Gründung bis zu diesem Tag.

„Wir haben Mr. Keith Webster, den neuen Inhaber und Präsidenten der Bank, gebeten, sich zu den Unterschlagungen zu äußern“, fuhr der Reporter fort. „Aber Mr. Webster lehnte eine Stellungnahme ab und ist auch heute nicht zu interviewen, da er sich angeblich auf Reisen befindet.“

Iris hatte genug gehört und gesehen. Sie schaltete das Fernsehgerät ab und setzte sich mit hochgezogenen Beinen, die Arme um die Knie geschlungen, wieder aufs Sofa. So starrte sie bedrückt in den dunklen Abend hinaus. Sie dachte an Keith, der so weit weg im sonnigen Kalifornien war. Und das Gefühl der Einsamkeit überwältigte sie. Auch ihr Kopf fing zu schmerzen an.

Warum konnte Keith nicht bei ihr sein? Vielleicht wäre sie dann nicht so verzweifelt und unglücklich.

Die Zeit verging, doch Iris merkte es nicht. Erst das Klingeln des Telefons riss sie wieder aus ihren düsteren Gedanken. Sie sprang auf und meldete sich. Aber sie konnte nicht verhindern, dass ihre Stimme müde und lustlos klang.

„Iris?“, fragte Keith besorgt. „Bist du in Ordnung?“

„Keith!“ Sie war aus tiefstem Herzen dankbar, dass wenigstens der dünne Draht sie mit ihm verband. „Mir geht es gut. Ich bin nur ein bisschen müde. Es war eine hektische Woche ohne dich.“

„Gut.“ Nach einer Pause fragte er: „Hast du von der Vorverhandlung gegen Cameron gehört?“

„Ja … ich habe die Nachrichten im Fernsehen geschaut.“

Iris zögerte. Sollte sie Keith von ihrem Treffen mit Mitch erzählen? Nein, besser nicht. Keith würde sich schrecklich aufregen. So etwas konnte man nicht am Telefon besprechen.

„Ich weiß, dass du Cameron sehr magst“, fuhr Keith vorsichtig fort. „Hat es dich sehr getroffen?“

„Ich mochte ihn und tue es wohl noch. Aber es musste ja so kommen, nicht wahr?“

Keith schwieg eine Weile. Hatte ihre Stimme unsicher geklungen? Auch er hatte eine schwere Woche hinter sich. Seine Tochter hatte nicht nachgeben wollen, und dass Iris so weit weg war, trug auch nicht zur Besserung seiner Laune bei.

„Ich wollte dir vor allem sagen, dass ich am Sonntagabend gegen sechs mit Krista zurückkomme. Die Möbelspedition hat versprochen, meine Einrichtung bis Montag nach Seattle zu bringen. Was nicht ins Apartment passt, lasse ich lagern.“

Sonntag erst! Iris war enttäuscht. Sie hatte gehofft, dass er heute Abend käme.

„Mr. Jefferies ist Anfang der Woche ausgezogen, und heute war die Putzkolonne da. Also ist bis Sonntag alles fertig.“

„Sehr schön. Bis Sonntag also.“

„Gute Nacht, Keith“, flüsterte Iris und hielt den Hörer umklammert.

„Gute Nacht, Iris.“

Es fiel Iris entsetzlich schwer, den Hörer aufzulegen und damit die Verbindung zu Keith zu unterbrechen. Auch ihm ging es nicht anders. „Mein Liebling“, flüsterte er und lehnte sich an die Wand. Wie sollte er mit seinen Gefühlen für Iris fertigwerden? Wenige Tage erst waren vergangen, seit er sie zuletzt gesehen hatte, und doch kamen sie ihm wie eine Ewigkeit vor.

Er hatte erwartet und gehofft, dass die Trennung ihm helfen würde, Abstand zu gewinnen und vielleicht ganz von Iris loszukommen. Aber er hatte sich geirrt – schwer geirrt –, genau das Gegenteil war geschehen. Er sah Iris nur noch deutlicher vor sich und sehnte sich Tag und Nacht nach ihr. Zornig hieb er mit der Faust gegen die Wand. Diese Lügen – oh, wie er sie hasste! Wie lange musste er noch dieses schäbige Doppelspiel treiben? Er misstraute Iris und verfolgte sie unbarmherzig, um sie zu entlarven. Und er war zu feige, ihr das zu gestehen, weil er Angst hatte, sie zu verlieren. Er wollte sie beschützen, dabei jagte er sie und wollte sie überführen. Was war er doch für ein verdammt heuchlerischer Kerl!

Der heftige Kampf zwischen Gefühl und Verstand war so grausam, dass Keiths Hände zitterten. Er griff nach seinem Whiskyglas und trank einen großen Schluck. Aber der Alkohol bekam seinem leeren Magen nicht. Keith stöhnte auf. Das Zeug brannte wie Feuer. Er stürmte ins Wohnzimmer und warf sich auf die zierliche, nicht sehr bequeme Couch seiner Schwester. Warum konnte er Iris O'Toole nicht vergessen?

Verdammt, Keith Webster, beherrsche dich, ermahnte ihn die Stimme der Vernunft. *Wahrscheinlich ist diese Frau eine gerissene Betrügerin, die es geschafft hat, dich um den kleinen Finger zu wickeln. Geh ihr aus dem Weg, und streich sie aus deinem Leben!*

10. Kapitel

Obwohl der Sonntagmorgen genauso düster anfing, wie der Samstagabend geendet hatte, fühlte Iris sich irgendwie beschwingt, weil sie Keith bald wiedersehen würde. Sie streckte sich noch einmal gemütlich im Bett aus und stellte fest, dass ihr alles wehtat. Die Arm- und Beinmuskeln waren verspannt, sämtliche Knochen schmerzten. Aber trotzdem lächelte Iris. Sie hatte nämlich, um sich von ihren trüben Gedanken abzulenken, am Freitag noch Farbe gekauft und nachts sowie den ganzen Samstag Mr. Jefferies' Wohnung und die Eingangshalle gestrichen.

Iris ging ins Bad und duschte sich. Sie wollte heute weitermachen. Die Halle war noch nicht ganz fertig, und dann kam Mrs. Cavenaughs Wohnung dran. Die Handwerker, die bei ihr die Wärmedämmung vorgenommen hatten, waren wirklich gründlich gewesen. Das sah man an den Schmutz- und Schuttspuren, die sie hinterlassen hatten. Ein neuer Anstrich würde einiges wiedergutmachen. Iris durfte allerdings nicht daran denken, dass sie fast ihre gesamten Ersparnisse für die Reparaturen und Farbe aufgebraucht hatte.

Mrs. Cavenaugh war begeistert, dass ihre Wohnung nun auch noch gestrichen werden sollte. Sie bestand darauf, Iris zu helfen, und erschien in uralten Turnschuhen und einer weiten Hose sowie einem schrecklich bunten Kopftuch. Obwohl sie darüber schimpfte, dass am Sonntag gearbeitet wurde, schwang sie unermüdlich den Pinsel. In einer kurzen Pause betrachtete sie kritisch die Wand, die Iris gerade anstrich, und lobte: „Sehr gut. Die Wohnung gewinnt unwahrscheinlich. Sie sind ein wahrer Schatz." Dann warf sie einen Blick auf das gegenüberliegende Apartment und fragte neugierig: „Wann ziehen die neuen Mieter ein?"

„Ich erwarte sie heute Abend", antwortete Iris zögernd.

„Ein junges Paar?" Es klang ganz harmlos.

„Nein – mein Chef, Mr. Webster. Sie sind ihm wohl schon begegnet."

„Ein besonders netter Mann." Mrs. Cavenaugh nickte. „Aha, also, er zieht heute noch ein." Sie schmunzelte.

Iris wurde hellhörig. „Komisch, warum habe ich das Gefühl, dass ich Ihnen nichts Neues mitteile, Mrs. Cavenaugh? Raus mit der Sprache! Sie haben doch bestimmt mit Keith über diese Wohnung geredet, oder?"

Das runzelige Gesicht der alten Dame wirkte ein bisschen zu unschuldig. „Jemand muss sich doch um Ihr Wohl kümmern. Ich habe nur einmal erwähnt, dass die Wohnung frei wird. Mehr nicht."

„Nur einmal erwähnt? Wann haben Sie Keith gesprochen?"

„Nun hören Sie einmal zu, junge Dame: Ich bin zwar nicht mehr jung, aber ich kann mir immer noch einiges, was ich sehe und höre, zusammenreimen. Ich habe Keith kommen und gehen sehen, und ich begreife nicht, warum Sie vor diesem netten Mann davonlaufen, der hoffnungslos in Sie verliebt ist. Sie sollten sich diesen prachtvollen Menschen nicht entgehen lassen."

„Ach Mrs. Cavenaugh", seufzte Iris. „So einfach ist das alles nicht."

„Es gibt ja auch Leute, die es sich besonders schwer machen", bemerkte Mrs. Cavenaugh und schaute Iris aus ihren klugen alten Augen eindringlich an. „Glauben Sie bloß nicht, dass ich Ihnen nachspioniere. Ich will nur, dass es Ihnen gut geht. Und ich bin trotz meines Alters durchaus noch in der Lage, zu erkennen, was Liebe ist. So, und nun sollten Sie für heute aufhören und für Mr. Webster und seine Tochter etwas

Hübsches anziehen. Ich schaffe den Rest hier allein." Sie lächelte Iris herzlich zu.

„Ich muss erst noch …", wollte Iris protestieren.

Mrs. Cavenaugh hob drohend den Pinsel. „Ab mit Ihnen!", befahl sie. „Und machen Sie für die beiden etwas Gutes zu essen. Ich bin sicher, sie werden halb verhungert sein."

In den folgenden Stunden zog Iris sich um und bereitete das Abendessen. Da Krista wahrscheinlich nicht in die Mansardenwohnung hinaufkommen konnte, trug Iris das Essen hinunter in Keiths neues Apartment. Iris hatte sich große Mühe gegeben, die Räume so gemütlich wie möglich zu gestalten. Die Wände waren zartgelb gestrichen, und sie hatte einige Möbel aus ihrer Wohnung in die Räume gestellt. Sie musste zugeben, dass ihre Mühe sich gelohnt hatte. Auf dem Tisch im Wohnzimmer lag ein hübsches Leinentuch, und darauf stand eine Vase mit schönen Blumen. Eigentlich sah alles sehr einladend aus, und trotzdem wurde Iris das ungute Gefühl nicht los, das ihr schon den ganzen Tag zu schaffen machte.

Aufgeregt lief sie auf und ab und schaute innerhalb von zwei Minuten sechsmal auf die Uhr. Die Zeit wollte und wollte nicht vergehen. Das quälende Wochenende ohne Keith hatte sie nervös gemacht. Besorgt fragte sie sich, wie sie auf Krista reagieren würde und wie Krista sich wohl ihr gegenüber verhalten würde. Das waren nur zwei von vielen Fragen, auf die sie noch keine Antwort wusste.

Endlich hörte Iris Geräusche in der Eingangshalle. Keith und Krista waren angekommen. Iris starrte auf die Wohnungstür und wischte die feuchten Hände an ihren Designerjeans ab, die sie zu einer bunt bedruckten Bluse trug. Mit einem gezwungenen Lächeln wartete sie gespannt auf das, was sich gleich ereignen würde.

Die Tür flog auf. Keith und seine Tochter kamen herein. Iris' Herz sank, als sie Keith erblickte. Wie konnte ein Mensch sich in wenigen Tagen derart verändern? Tiefe Falten hatten sich in sein Gesicht gegraben, seine Augen wirkten müde, und Iris merkte ihm an, dass er völlig überanstrengt war.

Das surrende Geräusch des elektrischen Rollstuhls veranlasste Iris, ihre Aufmerksamkeit Krista zuzuwenden. Sie war ein ungewöhnlich schönes Mädchen. Dichte Locken umrahmten das schmale, ebenmäßige Gesicht mit den hohen Wangenknochen, den großen eisblauen Augen und der perfekten edlen Nase. Sie sieht wie eine kleine Madonna aus, dachte Iris. Wenn nur der Rollstuhl nicht wäre …

Wie schwer musste das arme Kind im letzten Jahr gelitten haben! Krista hatte in ihrem kurzen Leben viel zu viel durchgemacht. Die Trennung der Eltern, der Tod der Mutter, den das Kind mit ansehen musste, die Lähmung – all das in so kurzer Zeit. Iris' Herz floss über vor Mitgefühl für das schöne Mädchen im Rollstuhl.

Keith ging hinaus, um das Gepäck hereinzuholen, und Iris blieb einige spannungsgeladene Momente mit Krista allein. Sie erschrak, als sie die eisige Kälte in den Augen des Mädchens bemerkte. Würde es ihr je gelingen, ein wenig Wärme in Kristas Herz zu wecken? Unsicher stand sie da und wusste nicht, wie sie sich verhalten sollte. Keith spürte sofort die Spannung, als er zurückkam. Er blickte Iris an, und in seinen Augen las sie die Bitte um Geduld und Verständnis. Er beugte sich über seine Tochter.

„Krista", sagte er behutsam, „das also ist Iris, von der ich dir erzählt habe. Sie arbeitet mit mir in der Bank und hat uns dieses Apartment überlassen, bis wir das passende Haus finden."

Krista schaute sich gleichgültig um, sagte jedoch nichts. Ihre Augen waren finster, die Lippen zusammengepresst, und es war nicht schwer zu erraten, dass ihr das neue Zuhause nicht gefiel.

Keith runzelte die Stirn, wies Krista jedoch nicht zurecht, sondern sprach scheinbar unbeirrt weiter. „Iris, und das ist meine Tochter Krista."

„Hallo, Krista!" Iris lächelte. „Ich freue mich, dich kennenzulernen, und hoffe, dass es dir hier gefallen wird." Sie streckte Krista die Hand hin. Es dauerte eine Weile, bis Krista mit ihren Fingerspitzen Iris' Hand flüchtig berührte und unwillig Hallo sagte, ohne sie dabei anzusehen.

Obwohl Iris tief betroffen war, ließ sie sich nichts anmerken. Sie ging mit einer Entschuldigung in die Küche und kümmerte sich um das Abendessen. Doch in Gedanken war sie nicht bei der Sache. Ich muss Geduld mit Krista haben, sagte sie sich. *Das arme Ding sitzt im Rollstuhl, und man hat sie aus ihrer vertrauten Umgebung gerissen, von ihren Freunden und ihrer Familie getrennt, und nun muss sie in einer fremden Stadt unter fremden Leuten ein neues Leben beginnen.* Kein Wunder, dass sie verstört war.

Iris nahm sich fest vor, nachsichtig und geduldig zu sein und auf Kristas zurückhaltende Kühle nur mit Freundlichkeit zu reagieren. Und damit wollte sie gleich anfangen. Also setzte sie ein warmherziges Lächeln auf und trug das Essen ins Wohnzimmer, wo Krista inzwischen auf einem Stuhl am Tisch saß.

„Nun wollen wir anfangen", sagte Iris munter. „Ich nehme an, ihr beide seid sehr hungrig."

„Wir haben bereits im Flugzeug gegessen", murmelte Krista und senkte den Kopf.

Keith warf ihr einen vorwurfsvollen Blick zu. „Das ist doch schon einige Stunden her. Außerdem war es kein besonders gutes Essen, und du hast kaum etwas zu dir genommen, Krista." Keith blickte sie dabei so streng an, als wollte er sie warnen, noch einmal Ärger zu machen.

An seinem grimmigen Gesicht erkannte Iris, dass er sich nur mit größter Mühe beherrschte. Auch sie wurde immer nervöser. Warum war Krista so fest entschlossen, sich und anderen das Leben schwer zu machen und Iris zu hassen?

Während des ganzen Essens herrschte eine gespannte Stimmung, obwohl Keith versuchte, gut gelaunt zu erscheinen und Iris Kristas Benehmen bewusst übersah. Das Mädchen schaute missmutig auf die leckeren Speisen, die Iris mit so viel Liebe zubereitet hatte und die verlockend dufteten. Es gab glasiertes Hühnchen auf wildem Reis mit Pilzen.

„Das sieht ja großartig aus!", rief Keith übertrieben fröhlich aus. „Findest du nicht auch, Krista?"

Das Mädchen schwieg verbissen und blickte starr auf die Serviette in ihrem Schoß.

Iris konnte die unbehagliche Stimmung kaum noch ertragen. Schweigend verzehrten sie das Hühnchen, auf das Iris so stolz war. Krista stocherte nur lustlos in ihrem Essen herum, und Keith sah so grimmig aus, dass Iris wusste, er würde Krista später noch heftige Vorhaltungen machen. Klugerweise wartete er damit, bis er mit ihr allein war. Plötzlich klingelte das Telefon. Keith entschuldigte sich und nahm den Hörer ab. Es war anscheinend kein sehr erfreuliches Gespräch, wie Iris an seinen knappen Kommentaren merkte.

„Nicht heute Abend", sagte er. Dann hörte er eine Weile angespannt zu. „Nein, unmöglich. Ich bin eben erst mit meiner Tochter angekommen. Du wirst dich allein darum kümmern müssen." Pause. Dann: „Kann das denn nicht Jones machen? Nein? Und Martin?" Wieder eine Pause, diesmal jedoch viel länger. „Ja, hat denn niemand eine Ahnung, was zu tun ist?" Ungeduldig lief Keith auf und ab, so weit die Telefonschnur reichte. „Okay, okay! Ich verstehe. Also gut, ich bin in etwa zwanzig Minuten da." Er knallte den Hörer auf die Gabel und stieß einen leisen Fluch aus.

Sekunden später hatte er sich wieder in der Gewalt. „Ich muss in die Bank", sagte er entschuldigend. „Anscheinend gibt's neue Probleme mit dem Zentralcomputer."

„Nein!", rief Krista. „Bitte geh nicht weg."

„Tut mir leid, Kleines." Liebevoll streichelte Keith Kristas seidenweiche Locken. „Aber ich bin bald zurück."

„Nein, nein", jammerte Krista und hielt Keith fest. „Daddy, bitte, lass mich nicht allein."

Keith sah einen Moment unschlüssig drein, doch dann richtete er sich auf und straffte die Schultern. „Es muss sein, Kleines. Und du bist ja nicht allein. Iris bleibt bei dir." Er blickte Iris beschwörend an. „Oder macht es dir etwas aus?"

„Nein, durchaus nicht. Wir beide werden gut miteinander auskommen." Iris lächelte Krista herzlich an, obwohl ihr nicht sehr wohl zumute war.

„Daddy, bitte, bitte!", rief Krista mit zitternder Stimme. Ihre blauen Augen waren voller Angst. Keith ging neben ihr in die Hocke und nahm ihre Hände.

„Hör mal, Liebling", sagte er zärtlich, „mach es mir nicht so schwer. Ich verspreche dir, dass ich so schnell wie möglich zurückkomme."

Er stand auf und küsste sie liebevoll auf die Stirn. Dann schaute er Iris über Kristas Kopf hinweg an. In seinen Augen las sie die Bitte um Verständnis.

Iris begleitete ihn hinaus. Er kam ihr irgendwie merkwürdig vor. „Wurde der Computer denn nicht bereits repariert?", fragte sie stirnrunzelnd. „Man sagte uns doch, dass er wieder in Ordnung sei."

„Anscheinend gibt es noch Probleme", erwiderte Keith seltsam kühl und zurückhaltend. Doch auf einmal zog er Iris in die Arme und hielt sie so fest, als wollte er sie nie wieder loslassen. „Du ahnst ja nicht, wie sehr du mir gefehlt hast", stöhnte er. Weiter kam er nicht, denn Iris legte ihm den Finger auf die Lippen und deutete auf die Zimmertür.

„Psst, nicht jetzt. Ich glaube, ich sollte mich um Krista kümmern."

„Du hast recht." Widerstrebend ließ Keith sie los und stürmte aus der Wohnung.

Wie gut, dass Iris nicht wusste, warum man ihn wirklich in die Bank gerufen hatte! Wieder war Geld verschwunden. Dreitausend Dollar diesmal.

Iris straffte die Schultern und sprach sich Mut zu, bevor sie zu Krista ins Wohnzimmer zurückkehrte. In den kommenden Stunden würde sich ein Machtkampf zwischen ihr und dem Mädchen abspielen, bei dem Krista eindeutig im Vorteil war. Das Gefühl hatte Iris, auch wenn sie die Erwachsene war und sich auf eigenem Boden befand. Sie fürchtete sich vor der Auseinandersetzung, wollte sie jedoch mit Haltung durchstehen. Iris holte tief Luft und fragte Krista, die sie feindselig anstarrte: „Darf ich dir etwas anbieten?" Iris deutete auf die frisch gebackenen Brötchen und das Obst, das in einer Schale auf dem Tisch stand.

Schweigen.

Sie versuchte es noch einmal. „Vielleicht ein Glas Milch?"

Schweigen.

„Krista, ich möchte so gern, dass wir uns anfreunden", bat Iris leise. So schnell wollte sie nicht aufgeben.

Krista betrachtete sie mit einem kalten Blick, als ob sie sie noch nie gesehen hätte. „Ich kann Sie nicht leiden!", fauchte sie.

Iris zuckte zusammen, versuchte aber tapfer, das Gespräch weiterzuführen. „Warum kannst du mich nicht leiden? Ich habe dir doch nichts getan. Oder ist es, weil ich mit deinem Vater befreundet bin?"

„Ich will Sie nicht gernhaben!" Zorn und Trotz spiegelten sich auf dem kleinen Gesicht.

Iris seufzte und setzte sich Krista gegenüber an den Tisch. Wie kam man am besten gegen ihre Feindseligkeit an? Wie den Abgrund zwischen ihr und Keiths Tochter überwinden?

Iris dachte angestrengt nach, wobei sie das trotzig vorgeschobene Kinn und die verstörten Augen des Mädchens betrachtete. Als ihr Blick auf den Rollstuhl fiel, wurde sie von Mitleid überwältigt. Was für ein schweres Los hatte dieses Kind zu tragen! Und nun fielen Iris auch die richtigen Worte ein.

„Du brauchst mich nicht gernzuhaben, Krista. Das verlangt niemand von dir."

Sie sah den überraschten Blick, mit dem Krista sie ansah, ließ es sich aber nicht anmerken. Obwohl ihr Magen schmerzte, wandte sie ihre ganze Aufmerksamkeit dem Essen zu und tat, als ob es ihr vorzüglich schmeckte. Aus den Augenwinkeln beobachtete sie das Mädchen, dessen Gesicht alle möglichen Gefühle widerspiegelten.

Es dauerte noch einige Minuten, bis Krista leise das Schweigen brach. „Sie wollten wieder zusammenkommen."

Iris blickte höflich von ihrem Teller auf. „Wie bitte? Ich habe nicht verstanden."

„Mom und Daddy. Sie wollten wieder heiraten. Das hat mir meine Mutter selbst gesagt."

Krista wartete sichtlich darauf, dass Iris dies anzweifelte. Das erkannte man an dem verbissenen Gesicht des Kindes.

„So, wirklich?", fragte Iris ruhig.

„Ja, bestimmt!", rief Krista wild. „Und sie hätten sehr bald geheiratet! Und … und … dann wären … wären wir wieder eine richtige Familie gewesen." Kristas Stimme brach.

Iris hörte genau zu und überlegte, wie sie am besten auf diesen Aufschrei reagieren sollte.

„Wir wären dann alle wieder für immer beisammen gewesen. Ganz bestimmt!" Tränen glitzerten in Kristas Augen. „Wenn meine Mom nicht gestorben wäre … ich weiß es … mein Daddy …" Krista schluchzte auf, und die Tränen schossen ihr aus den Augen.

Voller Mitleid sprang Iris auf, ließ die Gabel auf den Teller fallen und lief zu Krista. Sanft berührte sie die zuckenden Schultern. „Es tut mir so leid, Krista", flüsterte sie.

„Das ist ja gar nicht wahr", rief Krista. „Wenn meine Mom noch leben würde, könnten Sie meinen Daddy nicht haben. Er hat Mom sehr geliebt. Ja, das hat er!"

Kristas Körper wurde von wildem Schluchzen geschüttelt. Iris konnte sich nicht länger zurückhalten und legte den Arm um Kristas schmale Schultern. „Rühren Sie mich nicht an!", rief Krista außer sich. „Wagen Sie es nicht, mich noch einmal anzufassen." Sie stieß sich mit ihrem Stuhl vom Tisch ab und versuchte, den Rollstuhl heranzuziehen. Iris merkte, dass sich die Situation gefährlich zuspitzte, und wollte Krista helfen, indem sie ihr den Rollstuhl zuschob.

„Das kann ich allein!" Krista biss die Zähne zusammen, stützte sich auf die Tischkante, stand mühsam auf und bewegte sich zu Iris' grenzenloser Überraschung mit langsamen Schritten zum Rollstuhl. Es war nur ein kurzes Stück, doch sie schaffte es, klammerte sich am Rollstuhl fest und ließ sich dann schwer hineinfallen. Dann hob sie den Kopf und schaute Iris feindselig an.

Iris überlegte angestrengt, wie sie mit Krista umgehen sollte. Eigentlich gab es nur eine einzige Möglichkeit.

„Krista", fing Iris behutsam an und hielt dem Mädchen ein Taschentuch hin, damit es sich die Tränen abwischen konnte. „Bitte hör mir einmal zu. Wie ich vorhin schon sagte, verlangt niemand von dir, dass du mich magst. Aber ich möchte dich herzlich bitten, mir eine Chance zu geben, eine echte Chance. Und ich möchte dich außerdem darum bitten, wenigstens höflich zu sein. Das vor allem wegen deines Vaters, der unter deinem Benehmen leidet. Ist das zu viel verlangt?"

„Ich will keine Stiefmutter!", schrie Krista verzweifelt. „Ich will es nicht!"

„Das kann ich sehr gut verstehen“, sagte Iris und hielt Krista immer noch das Taschentuch hin. „Ich werde mich danach richten. Niemand hat das Recht, den Platz eines anderen Menschen einzunehmen, wenn man ihn nicht darum bittet. Ich bin überzeugt, dass deine Mutter eine wunderbare Frau gewesen ist und dass sie dich sehr geliebt hat. Leider kann ich sie dir nicht zurückgeben. Das kann kein Mensch.“

Iris schaute Krista an und blickte in ein Gesicht, das viel zu jung war, um die Endgültigkeit des Todes zu erfassen. Nun stiegen auch Iris Tränen in die Augen.

„Krista, ich hoffe, dass dir eines ganz klar ist: Was auch immer zwischen deinem Vater und mir geschehen mag, ich werde niemals versuchen, den Platz deiner Mutter einzunehmen. Das verspreche ich dir.“ Ihre Stimme klang bewegt.

Lange schwieg das Mädchen und blickte Iris eindringlich an, bevor es endlich das Taschentuch nahm und sich die Tränen abwischte. Iris atmete erleichtert auf und ging schnell in die Küche, wo sie ihre eigenen Tränen mit dem Ärmel ihrer Bluse trocknete. Hoffentlich hatte Krista nichts gemerkt.

Während Iris den Tisch abräumte und das Geschirr spülte, saß Krista in ihrem Rollstuhl und blickte starr in den leeren Kamin. Iris fragte sie, ob sie ein Feuer machen sollte, doch Krista hatte sich wieder ganz in sich zurückgezogen und gab keine Antwort.

Iris zuckte betont die Schultern und tat, als wäre ihr Kristas Verhalten völlig gleichgültig. Sie widmete sich weiter ihrer Küchenarbeit, merkte jedoch mit untrüglichem Instinkt, dass Krista nicht mehr ganz so abweisend war, wie sie sich nach außen hin gab …

Sobald Krista sich unbeobachtet glaubte, nahm sie Iris in Augenschein. Das war also die Frau, in die ihr Vater sich verliebt hatte. Natürlich reichte sie nicht an ihre Mutter heran, trotzdem musste Krista Iris’ Mut und ihre Haltung bewundern. Vielleicht wurde es nicht ganz so schlimm in Seattle, wie sie befürchtet hatte, und vielleicht war Iris ja doch nett.

Es war schon sehr spät, als Keith den Wagen vor dem Apartmenthaus parkte und den Motor abschaltete. Doch Keith stieg nicht gleich aus. Lange saß er bewegungslos hinter dem Lenkrad und blickte niedergeschlagen in die Nacht hinaus.

Am liebsten wäre er sofort wieder losgefahren und in der nächsten Bar eingekehrt. Er brauchte einen Drink und wollte dann nur noch ins Bett fallen und einige Tage durchschlafen.

Was er unter keinen Umständen wollte, war eine weitere Auseinandersetzung mit Krista und eine Begegnung mit Iris. Nicht jetzt!

Keith stöhnte verzweifelt auf, als er daran dachte, was sich in der Bank abgespielt hatte. Jim Haney hatte ihm ausführlich über die neuesten Erkenntnisse in der Unterschlagungs-Angelegenheit berichtet und Beweise angeführt, die Keith erschreckten.

Dass dreitausend Dollar fehlten, war Keith ja schon bekannt. Nun erfuhr er das Übrige: Olivia Parsons hatte Jim erzählt, dass Iris am Tag der Vorverhandlung mit Mitchell Cameron zusammengekommen war. Und genau an diesem Tag war das Geld verschwunden.

Erfreulich war lediglich die Tatsache, dass Jim hatte zurückverfolgen können, auf welchem Weg die dreitausend Dollar verschwunden waren. Nun konnte es sich nur noch um Tage handeln, bis er alle Unterlagen geprüft und den Eintrag gefunden hatte, der nicht mit dem Hauptbuch übereinstimmte. Dann wäre die quälende Ungewissheit endlich zu Ende und Iris als Betrügerin überführt.

Als Keith schließlich die Wohnung betrat, fand er Iris in einem Sessel sitzend. Sie hatte die Beine angezogen, die Lesebrille thronte auf ihrer Nasenspitze, und sie war in einen Kriminalroman vertieft. Ihre schwarzen Haare hatte sie locker zusammengebunden.

Bei diesem Anblick musste Keith unwillkürlich an den Tag denken, als er ihr zum ersten Mal begegnet war. Auch damals hatte sie im Schneidersitz dagesessen, die Brille auf der Nase. Nur war sie nicht in einen Kriminalroman, sondern in einen Haufen Dokumente vertieft gewesen. Und wie damals reagierte er nur als Mann auf sie.

Am liebsten wäre er zu ihr hingelaufen, um sie in die Arme zu ziehen und an sich zu drücken. Selbst jetzt, wo er wusste, dass man Iris bald entlarven würde, sehnte er sich nach ihr, wie er sich noch nie nach einer Frau gesehnt hatte.

„Hallo", begrüßte sie ihn und nahm die Brille ab.

Sie legte Brille und das Buch, in dem sie gelesen hatte, auf den Tisch vor sich, stand auf und streckte sich. Sie tat es völlig unbefangen und ohne jeden Hintergedanken. Doch Keith, der sah, wie sich ihre Brüste gegen den dünnen Stoff ihrer Bluse pressten, spürte heiße Erregung in sich aufsteigen.

„Soll ich dir etwas zu essen holen? Es ist viel übrig."

Keith stand im Türrahmen. In seinem Gesicht spiegelten sich seltsame Empfindungen wider, die Iris nicht deuten konnte. Langsam schüttelte er den Kopf.

„Keith, ist dir nicht gut?", fragte Iris besorgt.

„Was? Ach so … nein, keine Angst, ich bin okay", erwiderte er zerstreut und rieb sich den verspannten Nacken.

„Hast du so große Probleme mit dem Computer gehabt?"

„Was für Probleme? Mit dem Computer? Nein, nein, der Computer ist in Ordnung. Aber du weißt ja, wie das ist. Ein Problem führt zum anderen, und ehe man sich's versieht, sind mehrere Stunden vergangen."

Seine Stimme klang fremd und unecht, und Iris fragte sich, was der Grund dafür sein mochte.

„Wie geht es Krista?“ Keith machte es sich auf dem Fußboden bequem, stopfte sich ein Kissen unter den Kopf und forderte Iris auf, ihm Gesellschaft zu leisten.

„Wir sind gut miteinander ausgekommen“, schwindelte Iris und setzte sich neben Keith auf den Fußboden.

„So?“ Das klang nicht sehr überzeugt.

„Nun ja, es war zuerst nicht leicht“, gab sie zögernd zu. „Aber es hätte schlimmer sein können.“ Iris sprach nicht weiter. Sie sah, wie erschöpft Keith war. Sollte sie ihn noch mit weiteren Problemen belasten? Andererseits fand sie, dass er über Krista Bescheid wissen musste, deshalb sagte sie leise: „Weißt du, dass Krista … laufen kann?“

Keith erstarrte. „Krista soll laufen können?“ Er packte Iris am Arm. „Ist sie während meiner Abwesenheit wirklich gelaufen?“

„Nicht direkt …“

„Aber du hast doch eben gesagt …“

„Ich weiß, was ich sagte. Keith, bitte, reg dich nicht auf, und hör mir eine Minute ruhig zu. Krista und ich hatten eine Auseinandersetzung. Keine schlimme“, fügte sie schnell hinzu und schämte sich sogleich für ihre Lüge. „Und als ich ihr in den Rollstuhl helfen wollte, erlaubte sie es nicht. Sie stützte sich am Tisch ab und ging die drei oder vier Schritte zu ihrem Rollstuhl ohne Hilfe.“

„Hast du dich nicht geirrt?“

„Ich stand doch direkt neben ihr und habe es gesehen. Sie ist gegangen, wenn auch ziemlich schwerfällig.“

„Himmel“, stöhnte Keith und schlug die Hände vors Gesicht. „Wenn ich nur daran glauben könnte, dass sie wieder richtig laufen wird! Wenn doch nur …!“

„Hast du schon mit einem Arzt hier in Seattle gesprochen?“

„Noch nicht. Ich wollte warten, bis Krista sich ein bisschen eingewöhnt hat.“ Gedankenverloren rieb er sich das Kinn.

„Am Dienstag kommt ein Hauslehrer, der prüft, wie weit sie in ihren schulischen Leistungen ist. Danach wollte ich den Arzt anrufen, den man mir in Los Angeles empfohlen hat."

„Gut." Iris stand auf. Es war ein langer, anstrengender Tag für sie und Keith gewesen. „Krista hat sich um zehn Uhr schlafen gelegt. Sie wollte eigentlich auf dich warten. Aber das arme Ding war todmüde. Vielleicht solltest du noch zu ihr gehen und ihr Gute Nacht sagen."

Keith schien ihr gar nicht zuzuhören. Er sah Iris zwar intensiv an, schien aber mit seinen Gedanken ganz woanders zu sein.

„So, ich verschwinde jetzt auch", verkündete sie und versuchte es mit einem kleinen Scherz: „Ich muss nämlich morgen rechtzeitig in die Bank. Mein Chef legt großen Wert auf Pünktlichkeit."

„Geh nicht", bat Keith leise. „Bleib heute Nacht bei mir."

Er nahm ihre Hand. Sein Blick war so flehend, dass Iris Mühe hatte, ihm zu widerstehen.

„Du weißt, wie gern ich bleiben möchte, nicht wahr, Keith? Aber ich kann nicht."

„Warum nicht? Ich brauche dich."

„Sieh doch ein, dass ich nicht bleiben kann. Krista schläft nebenan im Zimmer, und du hast einmal gesagt, dass ihre Lähmung seelisch bedingt ist. Das hat sich heute ja auch bestätigt, denn Krista konnte einige Schritte gehen. Wie, glaubst du, würde es auf sie wirken, wenn sie merkte, dass wir miteinander schlafen?" Iris kniete sich neben Keith auf den Boden und umschloss sein Gesicht mit beiden Händen. „Wir dürfen sie jetzt nicht im Stich lassen."

Sie sah seinem Blick an, dass er ihr recht gab.

Er nickte gequält. Aber im nächsten Moment brach es aus ihm heraus: „Verdammt! Wie lange muss ich mich noch beherrschen?"

„Mir fällt es auch nicht leicht, Keith. Aber ich finde, wir müssen Krista Zeit lassen, sich erst einmal einzugewöhnen. Das sind wir ihr schuldig.“

„Ach Iris, du hast ja schon wieder einmal recht“, seufzte Keith, stand auf und zog Iris mit sich hoch. „Danke, dass du bei ihr geblieben bist. Wir sehen uns also morgen in der Bank.“

Er ließ sie los und wirkte entspannter. Nur die geballten Fäuste verrieten, wie ihm zumute war. „Ich komme morgen erst ziemlich spät zum Dienst, wegen Krista und weil ich auf die Möbelspediteure warten muss. Aber sobald ich im Büro bin, müssen wir unbedingt miteinander reden.“

„Oh?“

„Ja, wir haben eine Menge zu besprechen.“

Iris lächelte und versuchte, den rätselhaften Ausdruck in seinen Augen zu ignorieren. „Ich bin froh, dass du wieder da bist. Du hast mir sehr gefehlt.“

Keith schloss für einen Moment die Augen und rieb sich die hämmernden Schläfen. „Ich bin auch froh.“

„Gute Nacht, Keith.“ Sie wandte sich zum Gehen. „Schlaf gut.“ Weit kam sie nicht, denn seine Stimme hielt sie zurück.

„Iris!“

„Ja?“ Sie drehte sich fragend zu ihm um.

Das ist das schönste Gesicht, das ich je gesehen habe, dachte er.

Er trat zu ihr und schaute sie eindringlich an. „Du würdest es mir doch sagen, wenn du irgendwelche Schwierigkeiten hättest? Ich meine, du würdest mir vertrauen und mir erlauben, dir zu helfen, nicht wahr?“

Sie wunderte sich über diese seltsamen Fragen. Manchmal war Keith Webster schwer zu verstehen. „Selbstverständlich würde ich das! Weißt du das nicht?“, versicherte sie ihm lächelnd.

„Doch“, erwiderte er lahm.

„Gut. Dann vertrau mir, Keith!“

Rasch lief sie die Treppe hinauf. Der Pferdeschwanz, zu dem sie ihr Haar zusammengebunden hatte, wippte. Warum war Keith so ernst und eindringlich gewesen? Was hatten seine merkwürdigen Fragen zu bedeuten? Gelegentlich war er wirklich ein wenig übertrieben dramatisch.

Keith schloss die Tür zu seiner Wohnung und lehnte sich schwer an die kühle Wand. Iris' Worte gingen ihm nicht aus dem Kopf.

Dann vertrau mir, Keith! Oh Gott, wenn er das doch könnte!

11. Kapitel

Einige Tage waren vergangen, und noch immer hatte Iris kaum eine Möglichkeit gehabt, mit Keith allein zu sein. Immer wieder kam etwas dazwischen, und sie konnten nicht ungestört miteinander reden. Viele Angestellte waren noch krank und erschienen nicht zur Arbeit, der Computer machte wieder Schwierigkeiten, und Iris hatte derart viel zu tun, dass sie nicht wusste, wo ihr der Kopf stand.

Keith war ebenfalls völlig überlastet. Außerdem teilte er seine Zeit zwischen dem Büro und zu Hause auf, um nach Krista zu schauen. Zum Glück hatte sich Mrs. Cavenaugh bereit erklärt, sich während seiner Abwesenheit um das Mädchen zu kümmern. Trotzdem war Keith überanstrengt, wie Iris unschwer an seiner erschöpften Miene sehen konnte.

Auch abends hatten sie wenig Zeit zu entspannen. Keiths Möbel waren angekommen, und Iris half ihm nach dem gemeinsamen Essen beim Einrichten seiner Wohnung. Das war eine schier unmögliche Aufgabe, wie sich bald herausstellte.

Obgleich Keith die meisten Möbel noch eingelagert ließ, fand Iris das Apartment viel zu überladen. Zum ersten Mal wurde ihr jetzt auch klar, dass Keith einen viel höheren Lebensstandard als sie hatte. Die teuren Ledermöbel, die vielen Maßanzüge, das kostbare Porzellan – überhaupt alles, was er besaß, verriet, dass er sehr wohlhabend sein musste.

Mit jedem Tag wurde Keith nervöser und angespannter. Iris führte dies auf die Tatsache zurück, dass er nun allein für Krista verantwortlich war und ihr ein besonders guter Vater sein wollte.

Erstaunlicherweise gewöhnte sich Krista viel schneller an das neue Leben in Seattle, als Iris geglaubt hatte. Das Mädchen ging allmählich aus sich heraus und zeigte sich nicht mehr so feindselig. Krista betete Mrs. Cavenaugh förmlich an und akzeptierte allmählich sogar Iris. In Gegenwart ihres Vaters wagte sie jeden Tag einige Schritte mehr. Das waren die Augenblicke, in denen Keith aufblühte.

Schnell ging die hektische Woche vorbei, und Iris atmete am Freitag um sechs Uhr abends erleichtert auf. Nun brauchte sie sich zwei Tage lang nicht mehr über launische Computer, grippekranke Kollegen und übergründliche Bankprüfer zu ärgern, die sich vor allem mit den von der Bank verwalteten Nachlässen befassten. Rasch schlüpfte sie in ihren Mantel und verließ die Bank.

Da sie wusste, dass Keith noch länger arbeiten musste, und sie ihn nicht stören wollte, hatte sie sich bei ihm nicht abgemeldet. Heute hatte sie ganz spezielle Pläne. Sie eilte zu einem Zoogeschäft, das sie kürzlich entdeckt hatte.

Es blieb extra für sie heute zehn Minuten länger geöffnet, wie ihr der Besitzer neulich fest versprochen hatte. Sie trat in den Laden, in dem es sehr nach allen möglichen Tieren roch, und wurde von einigen dicken Hundebabys mit Quietschen und Winseln begrüßt. Zärtlich tätschelte sie eines der kleinen zutraulichen Geschöpfe. Das Hündchen wedelte begeistert mit seinem Schwänzchen und leckte mit seiner rosigen Zunge ihre Hand.

„Nun, Miss“, fragte der bärtige Geschäftsinhaber, „haben Sie es sich überlegt? Möchten Sie nicht doch einen Hund kaufen?“ Er hob ein schwarzes Hundebaby hoch, das sofort mit ihm spielen wollte.

„Nein, leider habe ich für einen Hund keinen Platz.“ Iris zögerte sichtlich, schüttelte dann jedoch energisch den Kopf. „Ich glaube, eine junge Katze ist besser geeignet. Ich möchte sie einer kleinen Freundin schenken.“

„Ganz wie Sie wollen. Bitte warten Sie einen Moment. Ich hole Ihnen die Katze, die Ihnen neulich so gut gefallen hat." Der Mann ging in einen Nebenraum und kam kurz darauf mit einem winzigen schwarz-weiß gefleckten Kätzchen zurück, das nicht älter als sechs Wochen sein konnte. „Dies hier war es doch, nicht wahr, Miss?"

Iris nahm ihm das weiche Fellknäuel ab und streichelte es behutsam. Sofort fing das Kätzchen laut zu schnurren an und kratzte mit seinen winzigen Krallen an Iris' Jacke. „Es ist entzückend!" Iris strahlte und hob es hoch, um es näher anzuschauen.

„Es ist ein Kater. Macht es Ihnen etwas aus?"

„Überhaupt nicht. Dies hier nehme ich. Es ist genau das Tier, das ich haben will."

Als Iris an die Tür von Keiths Apartment klopfte, konnte sie ihre Aufregung kaum unterdrücken. Der kleine Kater saß zufrieden auf ihrem Arm.

Mrs. Cavenaugh öffnete die Tür. „Sie waren aber lange weg", sagte sie mit leisem Vorwurf. „Mr. Webster hat schon zweimal angerufen. Ich soll Ihnen ausrichten ... Nanu, was haben Sie denn da?"

„Wonach sieht es denn aus?" Iris lachte hell und wirbelte herein. „Eine Überraschung für Krista. Wo steckt sie?"

Das Surren des Rollstuhls war zu hören, und Krista kam ins Zimmer gefahren. Sie wirkte seit einigen Tagen nicht mehr so trotzig und verschlossen, und diesmal hatte Iris sogar den Eindruck, dass Krista sich bei ihrem Anblick freute.

„Da bist du ja. Sieh mal, was ich hier habe", sagte Iris strahlend und hielt Krista den Kater hin. Krista stieß einen entzückten Schrei aus. „Den habe ich dir mitgebracht. Du magst doch Katzen, nicht wahr?"

„Oh Iris." Krista konnte kaum sprechen. Sie rollte ganz dicht an Iris heran und ließ sich das kleine Tier von ihr auf den

Schoß legen. Sofort rollte sich der Kater zu einem Fellknäuel zusammen und schnurrte zufrieden. „Er ist wunderschön", stammelte Krista und schaute mit leuchtenden Augen zu Iris auf. „Danke."

„Freust du dich, Krista? Wenn du ihn behalten willst, bist du für ihn verantwortlich." Iris kniete sich neben den Rollstuhl und streichelte das schlafende Tier. „Du musst ihn füttern, ihn rauslassen …"

„Das mache ich alles", versicherte Krista energisch. „Hat er schon einen Namen?"

„Nein. Ich dachte, den solltest du ihm geben. Oder vielleicht fällt Mrs. Cavenaugh einer ein?" Die alte Dame schüttelte den Kopf.

„Dann musst du ihn taufen", lächelte Iris. „Was meinst du, wie soll er heißen?"

„Was halten Sie von Figaro? So heißt doch die Katze bei Pinocchio." Es war das erste Mal, dass Krista Iris um ihre Meinung bat.

„Das ist ein wunderschöner Name", sagte Iris, stand auf und zog ihren Rock glatt. „Figaro gefällt mir ganz besonders. Und jetzt gehe ich nach oben, ziehe mich um und mache unser Abendessen fertig."

Mrs. Cavenaugh und Krista wechselten einen verschwörerischen Blick. „Das brauchen Sie nicht." Mrs. Cavenaugh schmunzelte. „Krista und ich essen heute Pizza und sehen dann fern. Ich sagte Ihnen ja, dass Keith angerufen hat. Er möchte heute Abend mit Ihnen ausgehen."

„Ich verstehe nicht …" Iris blickte verwundert auf Krista, die den zufriedenen Kater auf ihrem Schoß streichelte. „Will Keith wirklich mit mir ausgehen? Ich dachte, er möchte so oft wie möglich mit Krista zusammen sein."

„Es ist alles bereits entschieden, Iris. Keine Widerrede", sagte Mrs. Cavenaugh energisch. „Keith rief vor wenigen Minuten an, und ich soll Ihnen ausrichten, dass er Sie in einem Restaurant mit einem verrückten Namen treffen wird. Ich glaube, es heißt ‚Zerfetztes Segel' oder so ähnlich. Es soll an der Uferstraße liegen."

Iris war immer noch nicht restlos überzeugt. „Haben Sie sich auch bestimmt nicht geirrt, Mrs. Cavenaugh? Mir hat Keith nämlich nichts davon gesagt."

„Darum rief er ja hier an. Er konnte Sie nicht mehr erreichen. Sie waren schon fort, während er noch eine Besprechung mit einem Mann aus Kalifornien hatte. Einem Mr. …"

„Mr. Haney?"

„Ja, genau. Jetzt fällt es mir wieder ein."

„Aber, Mrs. Cavenaugh …", fing Iris verwirrt an.

Die alte Dame unterbrach sie. „Ich weiß sonst nichts, Iris. Also stellen Sie mir bitte keine weiteren Fragen."

Iris gab es auf und wandte ihre Aufmerksamkeit Krista zu, die aus dem Rollstuhl aufgestanden war und ohne Hilfe einige Schritte zur Couch gemacht hatte.

Dort ließ sie sich mit der Katze auf dem Schoß in die Polster fallen. Kristas Fortschritte waren erstaunlich.

„Krista, möchtest du nicht mit uns kommen?", fragte Iris spontan.

Das Mädchen schüttelte den Kopf. „Nein. Heute nicht. Ich möchte lieber mit Figaro spielen und fernsehen."

„Verschwinden Sie schon", befahl Mrs. Cavenaugh lächelnd. „Oder wollen Sie zu spät kommen? Keith erwartet Sie um acht. Da haben Sie nicht mehr viel Zeit zum Umziehen und Schönmachen."

„Also gut." Iris war überzeugt, dass Krista und Mrs. Cavenaugh sie nicht vermissen würden und gut versorgt waren.

Iris wählte ein violettes Seidenkleid, das gut zu ihren Augen passte. Es war schlicht, elegant im Schnitt und hatte einen

V-Ausschnitt und lange Ärmel. Der Rockschlitz machte es auf diskrete Weise sexy.

Kritisch betrachtete Iris sich im Spiegel und musste zugeben, dass sie mit ihrem Aussehen zufrieden sein konnte. Das schwarze Haar fiel ihr lose auf die Schultern, und ihre Wangen waren vor Aufregung ein wenig gerötet. Also brauchte sie nur noch ganz wenig Make-up aufzulegen.

Dann griff sie nach Mantel und Handtasche und verließ die Wohnung. Sie freute sich schon sehr auf das Alleinsein mit Keith.

Kaum hatte sie die Tür hinter sich geschlossen, da hörte sie das Telefon klingeln. Sie zögerte. Sollte sie es einfach klingeln lassen und sich nicht darum kümmern? Doch das brachte sie nicht fertig. Es konnte ja etwas Wichtiges sein. Vielleicht war es Keith, dem etwas dazwischengekommen war. Also schloss sie die Tür wieder auf und eilte zum Telefon.

„Hallo“, meldete sie sich atemlos.

„Iris! Ein Wunder, dass ich dich endlich erreicht habe. Seit Tagen versuche ich es schon. Warum hast du nicht auf meinen Anruf reagiert? Du hast doch die Nachricht bekommen?“

Es war Lee, der ziemlich beleidigt zu sein schien. Iris sah sein jungenhaftes Gesicht mit dem verletzten Ausdruck in den Augen direkt vor sich.

„Tut mir leid, Lee. Ich habe es versucht, aber es hat sich niemand gemeldet.“

„Du hättest es ja noch einmal versuchen können.“

„Ich … hielt das nicht für so gut.“

„Und wenn es ein Notfall gewesen wäre?“

Iris bekam ein schlechtes Gewissen. „Es war doch keiner … oder?“

„Nein, trotzdem hätte es einer sein können.“

Iris lehnte sich schwer an die Wand und schloss die Augen. Warum ausgerechnet heute Abend dieser Anruf? Warum rief

Lee sie überhaupt an? „Hör mal, Lee“, sagte sie gereizt, „ich habe es sehr eilig, weil ich verabredet bin. Was gibt es denn?“

Eine kleine Pause entstand, und Iris hörte Lees schweren Atem. „Ich … wollte dich eigentlich nur mal wiedersehen.“

„Unsinn. Komm mir bitte nicht damit!“

„Aber ich muss mit dir sprechen“, klagte er mit weinerlicher Stimme.

„Dann fang endlich an – und sprich!“

„Können wir uns nicht treffen?“

„Ich sagte dir doch eben, dass ich bereits verabredet bin.“ Nervös blickte Iris auf die Uhr.

Schweigen. Dann ein tiefer, theatralischer Seufzer. „Ist es ein besonderer Mann?“

„Ja, Lee. Ein ganz besonderer. Aber warum sollte dich das nach all den Jahren noch interessieren?“

„Selbst wenn du es nicht glauben willst, aber ich habe nie aufgehört, mich für dich zu interessieren. Ich mag dich noch sehr.“

„Spar dir deine Lügen, Lee. Das alles habe ich schon gehört. Ich habe wirklich keine Lust, noch einmal über dieses Thema zu sprechen. Nicht jetzt.“

„Wann denn?“

„Ach Lee, willst du nicht verstehen, dass es endgültig aus ist mit uns? Und zwar schon seit langer Zeit. Wahrscheinlich schon, bevor du Olivia kennengelernt hast.“

„Okay, Iris. Das habe ich verdient. Ich war ein Schuft und gebe das ehrlich zu. Aber glaubst du nicht, dass ich dich gern wiedersehen möchte?“

„Nein.“

„Iris, ich muss dich sehen!“

Tränen, die sie bis jetzt unterdrückt hatte, liefen ihr über die Wangen. „Nein!“

„Iris, Darling …“

„Nenn mich nicht so! Sag endlich, was du willst, Lee. Geld?“

Schweigen … verdächtiges Schweigen.

„Tu uns beiden den Gefallen, mich nie wieder anzurufen, Lee! Hörst du? Wir haben das Theater oft genug durchgemacht, und ich will es nicht noch einmal erleben. Es hat keinen Sinn.“

„Iris, Darling, sei doch nicht so …“

Lee redete immer noch, als Iris den Hörer auflegte. Sie wischte sich die Tränen ab und versuchte wieder so fröhlich zu sein wie vor dem Telefonanruf.

Warum ließ Lee sie nicht in Ruhe? Iris konnte sich nur einen einzigen Grund denken – es ging wie schon so oft um Geld.

Verflixt! Jetzt wurde sie allmählich wütend. Wie konnte sie Lee ein für alle Mal loswerden?

Schluss mit diesen störenden Gedanken, befahl sie sich und lief zu ihrem Wagen.

Bald würde sie mit Keith zusammen sein und Lee, den Telefonanruf und die Vergangenheit vergessen, die sie manchmal einzuholen drohte.

Das „Zerfetzte Segel“ war eins der besten Restaurants von Seattle und für seine Fischspezialitäten berühmt.

Schon als Iris das gemütliche Lokal betrat, entspannte sie sich sichtlich. Es war ziemlich dunkel und ein bisschen verräuchert, und man hörte trotz der leisen Musik die Wellen an die Pier klatschen, auf der das Restaurant errichtet war.

Keith bestellte frische Dungeness-Krabben in einer scharfen Soße – übrigens die Spezialität des Hauses – und dazu eine Flasche Champagner. Das gedämpfte Licht, die Segel und Rettungsringe an den Wänden und die Aussicht auf das dunkle Wasser des Puget Sound trugen wesentlich zu der romantischen Atmosphäre bei, die Iris so genoss.

Keith konnte den Blick kaum von ihr lösen, und der Ausdruck in seinen grauen Augen sowie sein Lächeln sagten ihr deutlicher als alle Worte, was er für sie empfand.

Irgendwie schien er heute wesentlich ausgeglichener zu sein als sonst, und die unterschwelligen Spannungen, die zwischen ihnen geherrscht hatten, waren verschwunden.

Iris genoss das Abendessen, das von Anfang bis Ende ein voller Erfolg war. Sie fühlte sich so leicht und unbeschwert wie schon lange nicht mehr. Während der Unterhaltung erwähnte Iris auch den kleinen Kater, den sie Krista geschenkt hatte.

Keith war begeistert, als er hörte, wie sehr sich Krista über das Geschenk gefreut hatte. Seine Augen leuchteten so zärtlich auf, wenn er von seiner Tochter sprach, dass Iris ganz gerührt war. Was für ein wunderschöner Abend, dachte sie, als sie in ihrem Wagen nach Hause fuhren. Sie konnte nicht leugnen, dass sie diesen Mann, der neben ihr saß, mit einer so verzehrenden Leidenschaft liebte, dass es fast beängstigend war. Zum ersten Mal seit Wochen fragte sie sich, ob sie, Keith und Krista nicht womöglich doch eine gemeinsame Zukunft hatten.

Der Volkswagen kletterte den Hügel zu dem viktorianischen Apartmenthaus hinauf. Oben angekommen, schaltete Iris den Motor ab und blieb einen Moment still sitzen.

Keiths Hand legte sich warm auf die ihre.

„Lass uns noch nicht hineingehen", bat er mit rauer Stimme. „Bitte."

„Aber Krista ...", protestierte Iris schwach. Ein heißes Prickeln überlief sie.

„Krista geht es gut", flüsterte Keith und strich Iris eine vorwitzige Haarsträhne aus der Stirn.

„Sollten wir nicht trotzdem nach ihr sehen?"

„Ich glaube, wir würden nur stören." Keith lächelte. „Sie und Mrs. Cavenaugh wollen sich die ganze Nacht hindurch Filme anschauen. Ich habe Krista erlaubt, heute aufzubleiben." Sein warmer Atem streifte Iris' Gesicht, während er leise weitersprach: „Ich möchte ein paar Minuten ganz allein mit dir sein."

Er fuhr zart mit dem Finger über ihre Wange, den Hals und den Ausschnitt ihres Kleides. Iris atmete schneller, denn nun hatte Keith den Schlitz in ihrem Rock ertastet.

„Keith … bitte … wir können doch nicht hier …", protestierte sie.

„Psst." Er streifte mit den Lippen ihren Mund. Iris schloss die Augen und schmolz in seiner Umarmung förmlich dahin.

„Komm", hauchte er ihr ins Ohr. „Die Nacht ist warm, und mir ist heiß. Ein kleiner Spaziergang … nur ein ganz kurzer …"

Wie wunderschön diese Nacht ist, dachte Iris. Lag es am Mondschein oder an Keiths Nähe, dass sie sich wie verzaubert fühlte? Keith hielt sie an der Hand und führte Iris zu dem kleinen Gartenhaus im Hinterhof. Es war alt und reparaturbedürftig, aber in der Dunkelheit konnte man die Schäden nicht sehen. Im Gegenteil, von hohen Fichten eingerahmt, wirkte es wie ein Schmuckstück aus alten Zeiten.

Keith half Iris die beiden Stufen hinauf und sagte leise: „Schon als ich das kleine Haus zum ersten Mal sah, wusste ich, dass ich dich eines Tages hier lieben würde."

Langsam senkte er den Kopf, und sein Mund berührte ihre Lippen. Iris hatte das brennende Verlangen in seinen Augen gesehen, und sie erbebte. Keith zog sie hungrig an sich.

„Ich will dich, Iris", stöhnte er. „Diese Qualen halte ich keine Sekunde länger aus. Berühr mich, bitte. Streichle mich!" Seine Lippen streiften ihre halb entblößte Brust. Wieder stöhnte Keith auf: „Ich muss dich haben!"

Iris stockte der Atem. Ihr Herz hämmerte laut. „Keith", hauchte sie. „Keith …"

Er fiel auf die Knie und presste das Gesicht fest an ihren Schoß. „Liebe mich!", befahl er und schob das dünne Kleid hoch, um die nackte Haut ihrer Schenkel zu streicheln.

„Ich will dich auch“, flüsterte Iris und schob die Finger in sein dichtes Haar. „Oh, wie ich mich nach dir sehne!“

„Ich weiß.“ Keith zog den Reißverschluss des Kleides herunter, und Iris spürte die kühle Herbstluft auf ihrem Rücken. Das Kleid raschelte zu Boden, und Keith liebkoste die bloße Haut mit Händen und Mund. Er zog Iris mit sich hinunter auf den Boden und berührte behutsam ihre festen Brüste. Dabei ließ er sie nicht aus den Augen. Aufstöhnend beugte er sich über sie und umschloss eine rosige Knospe sanft mit den Lippen.

Sein Mund brannte auf ihrer Haut, glitt über ihren ganzen Körper. Die Sehnsucht nach Erfüllung wurde immer stärker, und heiße Leidenschaft durchströmte Iris. Trotz der Kühle der Nacht bedeckte ein feiner Schweißfilm ihren Körper. Wie von selbst fanden ihre Finger die Knöpfe von Keiths Hemd, den Reißverschluss seiner Hose, und Iris erkannte, wie sehr Keith sie begehrte. Sie bog sich ihm hingebungsvoll entgegen, getrieben von dem Verlangen, ihn zu lieben und eins mit ihm zu werden.

Er erregte sie mit den Lippen, bis Iris glaubte, es nicht länger ertragen zu können. Seine Augen registrierten alles: die Leidenschaft in ihrem Blick, die Art, wie sie mit der Zungenspitze ihre Lippen anfeuchtete, die vollen Brüste mit den hart aufgerichteten Knospen und die weichen, sinnlich gerundeten Hüften.

Als Iris sich fest an ihn presste, glaubte Keith sich nicht länger beherrschen zu können. Fast hätte er dem übermächtigen Verlangen nachgegeben und sie genommen, weil er so endlos lange auf diesen Moment gewartet hatte. Aber mit fast übermenschlicher Anstrengung hielt er sich zurück, bis er sicher sein konnte, dass Iris bereit für ihn war.

Iris stöhnte lustvoll auf und schlang Arme und Beine um Keith, als er sich auf sie schob. Sie öffnete sich ihm, und er konnte nicht länger widerstehen.

„Oh Iris, du bist so wunderschön. Ich will dich …"

Er verstummte, als er sanft in sie eindrang. Während er Iris liebte, beobachtete er sie, bis er sah, dass ihr Verlangen und ihre Leidenschaft in tiefste Befriedigung übergingen. Zusammen erlebten beide einen so überwältigende Höhepunkt, dass sie alles um sich herum vergaßen.

Nur eines störte das vollkommene Entzücken, das Keith empfand: das Bewusstsein, dass er eine Doppelrolle spielte und Iris noch immer nicht die Wahrheit eingestanden hatte. Einige Minuten lag er schweigend da, er wollte den Zauber dieser Stunde nicht zerstören. Es war so unendlich schwer, ihr all das zu sagen, was sie eigentlich wissen musste. Und genauso schwer, ihr all die Fragen zu stellen, die ihn quälten.

Doch es musste sein. Jetzt war die Zeit für offene Gespräche und Erklärungen gekommen. Es stand zu viel auf dem Spiel. Die Angst, Iris zu verlieren, wurde von Tag zu Tag, ja, von Stunde zu Stunde stärker. Es war höchste Zeit für ein offenes Wort.

Iris, die plötzlich die Furcht und Unsicherheit in seinen Augen sah, fragte irritiert: „Was ist, Keith?" Nun stiegen auch in ihr verborgene Ängste auf, und sie fing zu zittern an. Keith warf ihr seine Jacke über und legte die Hände um ihre kühlen Wangen.

„Heirate mich, Liebling", bat er bewegt.

Das Herz ging Iris vor Glück über, und sie wollte die Arme um Keith schlingen und ihn küssen. Doch da war etwas, was sie zurückhielt. „Was sagtest du?", fragte sie unsicher.

„Bitte heirate mich", wiederholte er. „Und zwar so schnell wie möglich." Er führte ihre Hand an die Lippen und küsste jede einzelne Fingerspitze. „Wir müssen zusammen sein", setzte er nach einer Weile hinzu.

Wie gern hätte Iris Ja gesagt. Aber es stand etwas zwischen ihnen, etwas Bedrohliches, was ihr Angst machte. „Ich würde dich schrecklich gern heiraten", antwortete sie leise. „Das weißt du doch, nicht wahr?"

„Dann pack deine Sachen. Wir fliegen noch heute Nacht nach Reno oder spätestens morgen früh. Je eher, desto besser." Keith stand auf und zog sich bereits an.

„Wir haben doch Zeit, Keith. Viel Zeit."

„Nein, wir haben überhaupt keine Zeit", widersprach er grimmig.

„Keith, bitte, denk doch nach. Wir müssen Kristas Gefühle berücksichtigen und sie behutsam auf unsere Heirat vorbereiten. Und dann die Bank ..."

Er umfasste Iris' Schultern. Seine Miene war hart und fest entschlossen. „Es muss sofort sein."

„Warum? Wir haben doch das ganze Leben vor uns."

„Nein, eben nicht! Verstehst du nicht?" Qual und Schmerz lagen in seiner Stimme.

Was ist nur mit ihm? fragte sich Iris. *Warum ist er so hartnäckig?* Eisige Kälte stieg in ihr auf.

„Keith, worum geht es eigentlich?", fragte sie mit zitternder Stimme. „Erkläre es mir."

„Ich will, dass wir heiraten. Ist das so schwer zu verstehen?"

„Hat es denn etwas mit Krista zu tun? Ich weiß, dass sie keine Stiefmutter haben will. Das hat sie mir sehr deutlich mitgeteilt." Forschend schaute Iris Keith an, konnte aber im Dunkeln seinen Gesichtsausdruck nicht deuten.

„Zieh dich an", sagte Keith weich und ließ Iris los. „Dann werden wir miteinander sprechen."

Iris konnte die unerträgliche Spannung kaum noch ertragen und beeilte sich. In kürzester Zeit war sie fertig angezogen. Während sie noch ihren Rock glatt strich, begann Keith bereits zu sprechen. Seine Stimme klang ihm selbst in den eigenen Ohren fremd.

„Als ich in Kalifornien war, erfuhr ich, dass wieder Geld unterschlagen wurde. Es waren dreitausend Dollar, die aus dem

Depot verschwanden. Zinsscheine, um es genau zu sagen." Keith war rastlos auf und ab gegangen. Jetzt drehte er sich abrupt zu Iris um und schaute sie durchdringend an.

„Ich verstehe nicht ... ich dachte, Mitchell sei der Verdächtige ..."

Keith unterbrach sie. „Natürlich ist er der Hauptverdächtige. Aber inzwischen hat sich herausgestellt, dass er einen Komplizen in der Abteilung hat."

„Nein!", stieß Iris hervor.

„Ja!"

„Wer ist es?", flüsterte Iris fassungslos.

Ein Nerv zuckte in Keiths Gesicht. „Warum sagst du es mir nicht?", fragte er, und seine Worte klangen wie eine Anklage.

„Weil ich es nicht weiß."

„Wirklich nicht?"

„Ich kann mir nicht vorstellen, um wen es sich handelt." Iris war derart überrascht, dass sie gar nicht merkte, wie scharf Keith sie musterte.

Doch plötzlich begriff sie. Iris wurde kreidebleich. „Keith, du ... du denkst doch nicht etwa, dass ich ...!" Maßloser Schmerz zeichnete sich auf ihrem Gesicht ab. „Ich kann nicht glauben, dass du mich derart verdächtigst ..."

„Warum willst du mir nicht erklären ...?"

„Nein!", fauchte sie. „Ich habe dir nichts zu erklären!" Tränen brannten in ihren Augen. „Verdächtigst du mich der Veruntreuung?" Ihre Stimme klang schneidend.

„Iris", sagte er ruhig. „Du sollst mir doch nur die Gründe nennen."

„Gründe? Wofür? Wohl dafür, weshalb ich Unterschlagungen begangen habe? Das ist doch nur eine bösartige, gemeine Verleumdung, denn du kannst keinerlei Beweise haben." Keith wollte sie unterbrechen, aber Iris ließ es nicht zu. „Jetzt wird mir auch klar, warum du mir all diese Fragen gestellt hast. Was war ich doch für eine Närrin, dass ich nicht schon früher darauf gekommen bin!"

Iris atmete tief die kühle Herbstluft ein und wurde sich plötzlich bewusst, wie sehr sie am ganzen Körper vor Zorn zitterte. „Wie kannst du mir so etwas Gemeines vorwerfen, nach allem, was zwischen uns gewesen ist? Oh Keith, warum?"

„Wenn du doch nur vernünftig sein würdest!"

„Vernünftig?" Sie lachte bitter auf. „Ich soll vernünftig sein, nachdem du mir erst einen Heiratsantrag machst und mich dann des Diebstahls bezichtigst?"

„Iris, mach es mir nicht noch schwerer, als es schon ist. Ich kann doch die Tatsachen nicht einfach vom Tisch fegen, so gern ich es auch möchte. Ich weiß doch, dass du Geld brauchst. Dein geschiedener Mann hat schon einmal Geld von dir bekommen, und jetzt ist er wieder in Seattle."

„Woher weißt du das?"

„Das ist unwichtig." Keith schüttelte den Kopf und fuhr mit ausdrucksloser Stimme fort: „Und dann ist da noch die Sache mit dem Schlüssel. Du konntest an die Wertpapiere heran, und auf einmal hast du genügend Geld, um die Wohnung zu streichen und gegen Kälte isolieren zu lassen, obwohl dir das Darlehen nicht gewährt wurde. Seltsamer Zufall, was?"

„Genau das ist es, nämlich reiner Zufall", erwiderte sie empört.

„Ich traf dich am ersten Tag allein im Büro, erinnerst du dich? An einem Wochenende, und du hattest die beste Gelegenheit ..."

„Das reicht mir!" Iris wirbelte herum und lief zur Tür. Keith war mit zwei Sätzen bei ihr und hielt sie fest.

„Wir werden heiraten, und ich finde eine Möglichkeit, das Geld zurückzugeben. In Zukunft wird kein Geld mehr verschwinden!"

„So einfach stellst du dir das vor?“, fragte sie ungläubig. „Du glaubst also wirklich, dass ich daran beteiligt war, nicht wahr?“

„Iris, ich weiß, dass du Mitch am Tag seiner Anklage getroffen hast, ich weiß auch, dass das Geld an dem Tag verschwand.“

„Oh, du gemeiner Kerl!“ Ehe sie überhaupt denken konnte, hatte sie die Hand gehoben und Keith ins Gesicht geschlagen. Seine Augen wurden dunkel vor Zorn, und er biss die Zähne zusammen. Doch gleich hatte er sich wieder in der Gewalt.

„Iris …“, sagte er weich.

„Hör auf! Ich will nichts mehr hören! Nie wieder will ich etwas davon hören. Morgen reiche ich meine Kündigung ein, und es wäre mir lieb, wenn du … wenn ihr so schnell wie möglich ausziehen würdet.“ Ihr Körper wurde von wildem Schluchzen geschüttelt bei dem Gedanken, dass Keith sie die ganze Zeit hintergangen und ein Doppelspiel getrieben hatte. Blind vor Tränen rannte sie davon.

„Iris, warte!“, rief Keith ihr nach. „Du darfst nicht kündigen. Das würde den Verdacht gegen dich nur noch erhärten.“

Sie wirbelte zu ihm herum. „Ich kündige! Ich … ich will nichts mehr mit der Bank und mit … mit dir zu tun haben!“

„Iris, tu es nicht!“ Er war sofort an ihrer Seite, und der Ausdruck seines Gesichts war weich. „Verstehst du denn nicht? Ich brauche dich … ich liebe dich!“

„Liebe? Du hast keine Ahnung, was dieses Wort bedeutet. Die ganze Zeit hast du mir etwas vorgespielt und mich ausgenutzt, um alles aus mir herauszukriegen und mir ein Verbrechen in die Schuhe zu schieben, das ich nicht begangen habe.“

„Iris, ich will nicht, dass es so endet.“

„Das hast du dir selbst zuzuschreiben.“

„Es tut mir leid.“

„Das genügt mir nicht, Keith, es genügt mir nicht.“ Ihre Stimme war kalt. Iris sah in diesem Augenblick stolz, unnahbar und wunderschön aus.

Lange schaute Keith sie stumm an. Dann holte er tief Luft. „Also gut, Iris. Wenn du es so willst …“

„Ja, so will ich es.“ Sie trat einen Schritt zurück und ließ Keith an sich vorbei. Schweigend sah sie ihm nach, wie er um die Ecke bog. Dann lehnte sie sich an die hohe Kiefer neben dem Gartenhaus und ließ den Tränen freien Lauf. Wie konnte Keith etwas so Schreckliches von ihr annehmen? Wie konnte er sie nur so falsch beurteilen?

Es war schon weit nach Mitternacht, als Iris endlich die Kraft aufbrachte, in ihre Wohnung zurückzukehren, in die Wohnung, in der sie mit dem Mann glücklich gewesen war, den sie immer noch liebte.

12. Kapitel

Lautes Klopfen weckte Iris aus dem unruhigen Halbschlaf, in dem sie von scheußlichen Albträumen gequält worden war. Bei jedem Klopfen verstärkte sich der dumpfe Schmerz in ihrem Hinterkopf.

„Ich komme“, stöhnte sie und stand mühsam auf. Sie fuhr sich übers Haar, zog den Morgenmantel an und ging zur Wohnungstür.

Wer konnte früh um sieben Uhr etwas von ihr wollen? Hoffentlich nicht Keith, dachte sie und bereitete sich schon auf eine Auseinandersetzung vor. Sie holte tief Luft und öffnete die Tür.

Es war Lee. Er hockte halb auf dem Geländer und hielt sich mit einer Hand am Pfosten fest. „Hallo, Darling“, begrüßte er sie strahlend und scheinbar unbeschwert. Aber der Nerv, der in seiner Wange zuckte, verriet Iris, dass Lee nicht so heiter war, wie er tat. Er betrachtete abschätzend ihr erschöpftes, bleiches Gesicht mit den dunklen Augenringen und lächelte dünn. „Anstrengende Nacht gehabt, was?“

Unbewusst zog Iris den Gürtel ihres Morgenmantels fester und trat einen Schritt zurück. „Deine seltsamen Andeutungen will ich überhört haben“, erwiderte sie kühl. „Was tust du hier?“

Geschmeidig sprang Lee vom Treppengeländer. „Ich sagte mir, wenn der Prophet nicht zum Berg kommt, muss der Berg …“

Ein ungutes Gefühl stieg in Iris auf. „Lass das, und erklär mir, warum du frühmorgens an meine Wohnungstür hämmerst, dass die ganze Nachbarschaft aufwacht. Was willst du?“

„Wie wäre es zunächst einmal mit einer Tasse Kaffee? Und dann sehen wir weiter." Er zwinkerte ihr unverschämt zu.

„Nein, Lee. Wie du bereits bemerkt hast, habe ich eine anstrengende Nacht hinter mir. Ich bin müde und habe keine Lust, mich auf lange Gespräche mit dir einzulassen. Also, sag endlich, was du wirklich willst, und dann verschwinde." Iris verschränkte die Arme vor der Brust, um sich vor Lees unverschämten Blicken zu schützen.

„Warum bist du nur immer so misstrauisch gegen mich, Schätzchen?"

„Weil ich dich zu gut kenne." Sie wich einen weiteren Schritt zurück.

„Darling", flüsterte er, „was hast du denn? Komm, ich werde dafür sorgen, dass du dich bald besser fühlst."

Sie war alarmiert. „So? Und wie willst du das bewerkstelligen?"

Lee griff nach dem Ausschnitt ihres Morgenmantels. „Wirst du gleich sehen. Das hat doch immer gut funktioniert."

Empört riss Iris sich los. „Lee, ich warne dich! Sag schon, was du zu sagen hast." Sie machte eine kleine Pause. „Brauchst du wieder einmal Geld?"

Er lächelte charmant. „Das ist nicht der eigentliche Grund meines Kommens. Aber wenn du schon davon sprichst, ja, ich könnte ein paar Kröten gut gebrauchen. Ich hatte nämlich eine ziemliche Pechsträhne in letzter Zeit."

„Haben wir das nicht alle manchmal?", erwiderte Iris kühl. Sie wunderte sich, dass Lee ihr so völlig gleichgültig geworden war und sie nicht einmal mehr Mitleid mit ihm empfand.

„Du schwimmst doch in Geld, wie ich gehört habe."

„So, das hast du gehört?" Iris lachte bitter auf. „Da hat man dir etwas Falsches erzählt."

„Wie meinst du das?" Lee lächelte plötzlich nicht mehr. Er sah verlebt aus, und das Jungenhafte, das seinen Charme ausmachte, war einem verschlagenen Ausdruck gewichen. „Was soll das heißen?“, fragte er scharf.

„Dass ich stellungslos bin, kein Geld habe und dir darum keins geben kann.“

„Das glaube ich dir einfach nicht. Du machst doch nur Witze.“

„Mir ist wirklich nicht nach Witzen zumute, Lee.“

„Du hast doch bestimmt was auf der hohen Kante?“

„Das bisschen ist kaum der Rede wert. Abgesehen davon bin ich dir wirklich weder Rechenschaft noch irgendwelche Gefälligkeiten schuldig.“

Nervös kaute Lee an seiner Unterlippe, und seine Augen flackerten. „Hör mal, Darling, ich bin am Ende und brauche unbedingt ein paar Kröten. Und zwar sehr schnell, sonst habe ich echte Probleme.“

„Warum suchst du dir keinen Job?“

„Ich habe alles probiert. Aber bis jetzt hat sich noch nichts ergeben.“

„Das tut mir leid für dich, Lee“, sagte Iris, und ihr Bedauern war ehrlich. „Aber wenn du nichts dagegen hast, möchte ich das Gespräch beenden und wieder ins Bett gehen. Ich bin sehr müde.“

Doch als Iris die Tür schließen wollte, drängte er sich dicht an sie und umarmte sie. Verzweifelt versuchte sie, sich aus seinem Griff zu befreien, aber es gelang ihr nicht. Lee presste sie gegen die Eingangstür und griff nach dem Gürtel ihres Morgenmantels. Und dann spürte sie seine Finger durch den dünnen Stoff des Nachthemds. „Iris, Baby“, murmelte er. „Warum hast du so viel Spaß daran, mich zu quälen?“

„Lass mich los“, keuchte sie. Aber seine Lippen, kühl und ohne jede Leidenschaft, legten sich auf ihren Mund.

Iris erstarrte. Als seine Zunge sich zwischen ihre Lippen drängen wollte, raffte sie all ihre Kraft zusammen und hob das Knie. Lee merkte, was sie vorhatte, und wich geschickt aus.

„Du willst es also ein bisschen gröber haben, was?“ Er lachte hinterhältig und hielt ihre Hände fest. „Lee! Hör auf!“, rief Iris verzweifelt. „Bist du verrückt geworden?“ Es nützte nichts. Sie kam gegen ihn nicht an.

„Lassen Sie sie sofort los!“, ertönte plötzlich Keiths Stimme vom Treppenabsatz her. Lee fuhr erschrocken herum und riss die Augen auf.

„Was?“, fragte er überrascht und musterte den Mann, der mit nacktem Oberkörper und nur mit Jeans bekleidet langsam und bedrohlich die letzten Stufen heraufkam. „Mister, warum kümmern Sie sich nicht um Ihre eigenen Angelegenheiten? Das hier ist meine Frau. Wir haben gerade eine kleine Auseinandersetzung.“ Lee hielt noch immer Iris’ Hände fest umschlossen.

„Das scheint mir nicht so.“ Keith blieb mit geballten Fäusten dicht vor Lee stehen und sagte gefährlich leise: „Sie scheinen schwerhörig zu sein. Sie sollen sie loslassen!“

Unsicher geworden, trat Lee einen Schritt zurück und gab Iris frei. Wütend starrte er Keith an. „Wer zum Teufel sind Sie?“

„Dieselbe Frage wollte ich Ihnen gerade stellen“, erwiderte Keith gelassen.

„Ich bin ihr Ehemann“, zischte Lee und warf einen zornigen Blick auf Iris, die sich bleich gegen den Türpfosten lehnte.

„Der geschiedene Ehemann“, verbesserte Keith. „Und jetzt verschwinden Sie, bevor ich Sie die Treppe hinunterwerfe.“

„Das werden Sie nicht wagen!“, rief Lee böse. Doch als Keith die Schultern straffte und grimmig lächelte, wich Lee zurück und tastete sich rückwärts die Treppe hinunter. Er hatte gemerkt, dass mit Keith nicht zu spaßen war.

„Und noch eine kleine Warnung, Sinclair“, rief Keith drohend. „Wenn ich noch einmal höre, dass Sie Iris belästigen, dann warte ich gar nicht erst, bis Sie hier auftauchen, dann komme ich mit dem größten Vergnügen persönlich zu Ihnen. Verstanden, mein Freund?“

Lee drehte sich um und rannte die Treppe hinunter. Die Haustür fiel mit lautem Krachen hinter ihm ins Schloss. Iris atmete erleichtert auf.

„Du hast dir schon einen seltsamen Kerl zum Mann ausgesucht“, sagte Keith kopfschüttelnd.

„Lee ist sonst im Grunde nicht schlecht. Er hatte in letzter Zeit viel Pech.“ Doch es klang, als ob Iris selbst nicht so recht an ihre Worte glaubte.

„Pech? Und das gibt ihm das Recht, sich so zu benehmen? Entschuldige, aber du bist naiv. Was ist eigentlich mit dir los?“

„Was meinst du damit?“, fragte Iris beklommen.

„Ich meine, da ist erstens dieser Mitchell Cameron. Du verteidigst ihn wie eine Löwin ihr Junges, obwohl Cameron ein Dummkopf ist. Und jetzt dein geschiedener Mann, der eine Pechsträhne hat, der Ärmste. Also darf er herkommen und dich beinahe …“ Keith machte eine bedeutsame Pause, und Iris wurde rot. „Du scheinst in der Wahl deiner Männer nicht sehr geschickt zu sein.“

„So, findest du?“, fauchte Iris und ließ ihrem Zorn freien Lauf. „Bezieht sich das auch auf den letzten Mann in meinem Leben? Du weißt doch, von wem ich spreche? Ein wunderbarer Mann. Ich habe ihm restlos vertraut, bis ich merkte, dass er mich für eine Kriminelle hält.“

Keith sah aus, als hätte sie ihn ins Gesicht geschlagen. Die plötzliche Verzweiflung und der Schmerz in seinem Blick berührten sie. Wie leicht wäre es, Keith zu verzeihen. Aber was dann? Stolz hob sie den Kopf.

„Es ist also endgültig aus, nicht wahr?“ Entmutigt ließ Keith die Schultern hängen. „Du lässt nicht zu, dass ich dir helfe?“

„Ich brauche keine Hilfe. Ich bin unschuldig.“

„Würde es dir etwas bedeuten, wenn ich dir sage, dass ich dir glaube?"

„Ach! Warum hast du mich dann erst gestern noch der Unterschlagung bezichtigt? Warum glaubst du mir erst jetzt, und warum hast du nicht schon längst ganz offen mit mir über deinen Verdacht gesprochen? Warum nicht, Keith?" Ihre Stimme brach. Es dauerte lange, bis sie weitersprechen konnte. „Warum hast du es nicht getan, sondern mich schweigend verurteilt?"

„Oh Gott, Iris", stöhnte Keith. „Ich hoffte, du hättest dich inzwischen beruhigt."

„Nein, Keith, es bleibt dabei." Sie schüttelte entschieden den Kopf. „Ich kann nicht anders. Aber ich möchte mich bei dir bedanken, dass du mich vor Lee gerettet hast."

„Iris", sagte Keith ernst, und seine dunklen Augen sahen sie eindringlich an. „Ich möchte, dass du mich heiratest! Ich brauche dich, und Krista braucht eine Mutter. Ich gebe zu, dass ich vorschnell geurteilt habe. Schon lange wollte ich mit dir über alles sprechen, doch ich hatte Angst vor der Wahrheit."

„Weil du mir nicht vertraut hast, Keith. Weil du nicht an meine Unschuld glauben wolltest. Es war ja so leicht, mich zu verdächtigen", entgegnete Iris mit matter Stimme.

„Iris! Glaub mir, dass ich dich liebe!"

„Ich glaube nur, dass du etwas anderes unter diesem Begriff verstehst als ich", sagte Iris leise. „Leb wohl, Keith." Damit schloss sie die Tür.

Sie lehnte die Stirn gegen das Holz und wartete, bis Keiths Schritte sich entfernten. Dann lief sie ins Schlafzimmer, zerrte ihren alten Lederkoffer hervor und warf ihn aufs Bett. Unter Tränen packte sie wahllos ein paar Sachen ein.

Mit zitternder Hand hob Iris den Telefonhörer ab und rief das Hotel an, in dem sie einige Tage verbringen wollte. Die Adresse und Telefonnummer schrieb sie auf einen Zettel, den sie sorgsam in einen Umschlag steckte. Nachdem auch das erledigt war, stellte sie sich ans Fenster und wartete.

Es dauerte nicht lange, bis Keith aus dem Haus kam und zu seinem Wagen ging. Krista war bei ihm. Als Iris sah, dass Krista auf ihren Vater gestützt zum Auto gehen konnte, lächelte sie unter Tränen. Nachdem Keiths Wagen um die Ecke gebogen war, lief Iris zu Mrs. Cavenaugh, die ihr so prompt öffnete, als hätte sie hinter der Tür gestanden.

„Guten Morgen“, begrüßte sie Iris fröhlich.

„Guten Morgen, Mrs. Cavenaugh. Ich … ich muss für ein paar Tage verreisen. Eine dringende Geschäftsangelegenheit. Ich bleibe etwa eine Woche weg. In diesem Umschlag finden Sie die Adresse und Telefonnummer meines Hotels, wo Sie mich im Notfall erreichen.“

„Iris!“ Mrs. Cavenaughs Stimme klang ruhig. „Was ist los? Hat es zwischen Ihnen und Keith Krach gegeben? Die Sache mit der Geschäftsreise klingt recht abgenutzt.“

Iris zögerte einen Moment. „Es hat … sich etwas ereignet“, antwortete sie stockend, „womit ich nicht fertigwerde. Ich brauche etwas Zeit und Abstand, um alles zu verarbeiten.“

„Ich will mich ja nicht einmischen, aber gestatten Sie einer erfahrenen alten Frau einen Rat. Lassen Sie sich nicht von Ihrem Stolz etwas Wunderbares zerstören, Iris.“

Das Blut schoss Iris heiß ins Gesicht. „Sie sprechen von Keith, nicht wahr? Von Keith und mir?“

„Ja. Keith liebt Sie wirklich. Und Krista betet Sie förmlich an. Sie redet nur noch von Ihnen.“ Mrs. Cavenaugh lächelte. „Und natürlich von Figaro“, scherzte sie.

Der Kloß, der Iris in der Kehle saß, drohte sie zu ersticken. Sie musste weg! Schleunigst, bevor sie in Tränen ausbrach. „Es tut mir leid“, brachte sie heraus. „Ich muss mich beeilen. Und bitte, Mrs. Cavenaugh, verraten Sie Keith nicht, wo ich bin.“

„Das kann ich Ihnen nicht versprechen.“

„Sie müssen es. Ich brauche unbedingt Zeit, um über alles gründlich nachzudenken. Kann ich mich auf Sie verlassen?"

„Also gut", seufzte Mrs. Cavenaugh und legte die Hand auf Iris' Arm. „Passen Sie gut auf sich auf, Kleines", sagte sie leise.

„Das werde ich."

Iris drehte sich um und ging zu ihrem Wagen. Sie spürte, dass Mrs. Cavenaugh ihr nachsah. Aber Iris wagte nicht, zurückzublicken. Sie brauchte ihre ganze Kraft, ins Auto zu steigen und den Berg hinunter zum Hafen zu fahren. Sie fühlte sich sehr einsam und traurig.

Kaum war Iris in Deer Harbor angekommen, da wusste sie auch schon, welch großen Fehler sie begangen hatte. Warum musste sie auch ausgerechnet auf diese Insel zurückkehren, wo sie mit Keith die unbeschwerten Tage voller Liebe und Glückseligkeit verbracht hatte? Obgleich sie weit entfernt vom Strandhaus wohnte, erinnerte sie alles an Keith. Auch hier in der kleinen Stadt, durch die sie mit ihm geschlendert war.

Das Wetter war seit damals umgeschlagen. Die Tage waren genauso kalt und grau wie der Pazifik. Wind und Regen suchten das Küstengebiet heim, und Iris konnte sich nur selten im Freien aufhalten. Meistens saß sie in ihrem Hotelzimmer, starrte geistesabwesend in den Fernseher oder grübelte über die Ereignisse nach, die ihr Leben verändert hatten. Außerdem quälte sie das schlechte Gewissen, dass sie sich nicht von Krista verabschiedet hatte.

Iris war schon über eine Woche auf der Insel, die ihr einst wie ein Paradies vorgekommen war, und noch immer hatte sie ihre Depression nicht überwunden. Den Stellenanzeigen der Zeitung entnahm sie, dass es für Bankjuristinnen nicht rosig aussah. Es würde schwerer sein, als sie gedacht hatte, einen neuen Posten zu finden. Lustlos blätterte sie den Wirtschaftsteil durch.

Plötzlich stutzte sie, denn sie entdeckte einen Artikel über ihre Bank. Iris las Zeile für Zeile, und ihr wurde vor Zorn, Empörung und Verachtung fast übel. Olivia Parsons war Mitchells Komplizin. Die beiden hatten ein so raffiniertes System für ihre Unterschlagungen ausgearbeitet, dass die Buchprüfer und Keith es nur mit großer Mühe aufdecken konnten.

Angewidert zerknüllte Iris die Zeitung und warf sie in den Papierkorb. Nie hätte sie Olivia zugetraut, dass sie aus Geldgier zur Diebin werden und sich damit – ebenso wie Mitchell – ihre Karriere und wahrscheinlich auch ihr ganzes Leben verderben würde. Das war ein so bedrückender Gedanke, dass Iris sich nicht einmal über ihre nunmehr klar erwiesene Unschuld freuen konnte.

Zwei Tage später entschloss sie sich, nach Seattle zurückzufahren. Sie konnte nicht ewig vor Keith und ihrer Liebe zu ihm davonlaufen, abgesehen davon, dass ihre Finanzen bedenklich zusammengeschrumpft waren. Sie klappte ihren Koffer auf und fing zu packen an. Da klingelte das Telefon auf ihrem Nachttisch.

Noch nie war sie hier angerufen worden, und sie fragte sich bang, wer es wohl sein mochte. Keith? … Unwahrscheinlich. Falsch verbunden? … Möglich.

Mit zitternder Hand hob sie den Hörer ab. „Hallo?"

„Iris, sind Sie es?", meldete sich zu ihrem Schrecken Mrs. Cavenaugh. Es konnte sich nur um einen Notfall handeln.

„Ja! Ist etwas passiert?" Nervös fuhr Iris sich mit der Hand durchs Haar.

„Es ist schrecklich. Er hat mir verboten, es Ihnen zu sagen, aber ich dachte, Sie müssen es wissen. Oh, ich weiß wirklich nicht …"

Aufgeregt unterbrach Iris den Wortschwall der alten Dame. „Versuchen Sie sich zu fassen. Was ist los?"

„Es geht um Krista." Mrs. Cavenaugh sprach so leise, dass Iris hoffte, sich verhört zu haben.

„Krista? Oh Gott! Was ist mit ihr?“ Zitternd ließ Iris sich aufs Bett fallen. Kalter Schweiß stand auf ihrer Stirn.

„Es ist entsetzlich. Seit Sie fort sind, ist hier alles ganz schrecklich. Keith erkennt man nicht mehr wieder. Er hat ständig schlechte Laune. Und Krista – sie ist überhaupt nicht weitergekommen. Erinnern Sie sich an ihren Zustand bei ihrer Ankunft? Genauso ist sie jetzt wieder. Sie hat sich völlig abgekapselt und lässt niemanden an sich heran.“

Iris schloss die Augen und fragte besorgt: „Sie hat doch hoffentlich ihre Gehübungen nicht aufgegeben?“

„Glücklicherweise nicht. Aber sie ist niedergeschlagen, lacht nicht und will nicht essen.“

Iris hatte das Gefühl, als ob sich ein Messer in ihr Herz bohrte. Wie hatte sie Krista ohne eine Erklärung verlassen können?

„Und dann ... heute Morgen ... Krista hat mit dem Kater gespielt. Und er rannte davon und kletterte die Treppe hoch. Krista wollte ihn zurückholen und fiel hin, mit dem Kopf hart auf die Stufen.“

„Oh nein!“, rief Iris entsetzt. Ihr Gesicht wurde kalkweiß. „Ist es sehr schlimm?“

„Das können die Ärzte noch nicht sagen. Sie liegt im Krankenhaus, wo man sie beobachtet. Ich glaube, sie ist inzwischen wieder bei Bewusstsein.“ Mrs. Cavenaughs Stimme schwankte.

„Wo liegt sie?“ Iris zitterte am ganzen Körper.

„Im Virginia-Mason-Hospital auf First Hill. Aber Sie sollten lieber nicht hinfahren. Keith ist dort, und er hat mir ausdrücklich verboten, Sie zu benachrichtigen.“

Nur mit Mühe konnte Iris das Schluchzen unterdrücken. „Machen Sie sich keine Sorgen, Mrs. Cavenaugh. Mit Keith werde ich schon fertig. Ich komme sofort zurück. Bis später.“

„Bis später, Iris.“

„Und vielen Dank, dass Sie mich angerufen haben.“

„Ich war überzeugt, dass Sie es wissen wollten."

Nachdem sie den Hörer aufgelegt hatte, riss Iris ihre Sachen von den Bügeln und aus den Fächern und warf sie achtlos in den Koffer. Dann bezahlte sie die Rechnung und sah sich nach einem Boot um, das sie zum Festland bringen würde. Es war nicht leicht, bei dem stürmischen Wetter jemanden zu finden. Doch zum Glück traf sie auf einen abenteuerlustigen jungen Bootsbesitzer, der sich einige Dollar verdienen wollte.

Es goss wie aus Kübeln. Mühsam kämpfte sich das kleine Boot durch die Wogen. Einige Male schaukelte es so bedenklich, dass Iris Angst bekam. Der Wind zerrte an ihren Haaren, und der Regen peitschte ihr ins Gesicht. Aber sie blieb eisern stehen, den Blick auf die Küste gerichtet, und betete für Krista.

„Möchten Sie einen heißen Kaffee?", rief ihr der junge Mann zu. „Ich habe eine Thermosflasche mitgebracht, kann ihnen aber auch einen Whisky anbieten."

„Nein, vielen Dank." Iris hätte nichts herunterbringen können. Ihr war übel.

„Wirklich nicht?", brüllte der Mann durch das Heulen des Sturmes. Er machte sich Sorgen um die bleiche junge Frau.

„Nein, wirklich nicht. Mir geht es gut", schwindelte Iris.

Grellweiß hob sich das Mason-Hospital vom dunklen Himmel ab. An den ebenso weißen Wänden im Innern hingen einige moderne Farbdrucke.

Iris eilte durch die Gänge. Der Geruch, die Stille, die überall herrschte, und die hin und her eilenden Schwestern und Ärzte gaben ihr das Gefühl von drohender Gefahr. Endlich hatte sie Zimmer Nummer 538 gefunden.

Vor der Tür blieb sie stehen und holte tief Luft. Iris hob die Hand und wollte anklopfen, als eine Schwester in blütenweißer gestärkter Tracht auf sie zukam.

„Zu wem wollen Sie?“, fragte die Schwester.

„Zu Krista Webster. Sie hatte einen Unfall, von dem ich eben erst erfuhr. Ich kam so schnell wie möglich her.“

Die Schwester, der man schon von Weitem Autorität und Tüchtigkeit ansehen konnte, musterte Iris kritisch. Erst da wurde ihr bewusst, dass sie völlig durchnässt und zerzaust war.

„Sind Sie mit der Patientin verwandt?“

„Nein, das eigentlich nicht.“

„Tut mir leid“, erwiderte die Schwester und legte die Hand auf Iris’ Arm. „Nur Familienangehörige dürfen Krista Webster besuchen. Möchten Sie vielleicht in der Halle warten? Dort finden Sie eine Kaffeemaschine und einige Illustrierte. Dann können Sie den Arzt fragen.“

So schnell ließ Iris sich nicht wegschicken. „Können Sie mir wenigstens sagen, wie es Krista geht? Wird sie wieder gesund? Bitte, Schwester, ich muss es wissen.“

„Ich verstehe.“ Iris spürte, dass die Frau mit den großen braunen Augen und dem breiten, freundlichen Gesicht sie nicht anlügen würde. „Krista ist schwer gestürzt. Sie hat eine Gehirnerschütterung. Aber Dr. Sampson, der sie behandelt, meint, dass die Aussichten nicht schlecht sind.“

„Was genau heißt das? Krista wird doch keinen Schaden zurückbehalten? Und wird sie wieder richtig laufen können?“

Die Schwester führte Iris in die Wartehalle. „Machen Sie sich keine Sorgen. Dr. Sampson ist ein sehr tüchtiger Arzt.“ Ein Patient rief nach der Schwester. Sie entschuldigte sich und eilte davon.

Iris blieb allein in dem peinlich sauberen Raum mit den alten Illustrierten und den abgenutzten Plastikstühlen zurück und wartete auf Dr. Sampson, um von ihm die Erlaubnis zu erbitten, Krista wenigstens für einige Minuten zu besuchen.

Plötzlich hörte sie eine wohlbekannte Stimme, bei deren Klang ihr Herz wild zu hämmern begann. Einige Sekunden konnte sie sich nicht rühren. Wie erstarrt betrachtete sie Keith, der sie nicht bemerkt hatte und sich mit einem kleinen rundlichen Mann unterhielt, der wohl Dr. Sampson war.

Tränen brannten in Iris' Augen, als sie den Schmerz in Keiths Augen sah. Am liebsten wäre sie zu ihm gegangen, um ihn zu trösten und ihm ihre Liebe zu gestehen. Aber sie hielt sich zurück. Dann verabschiedete sich der Arzt. Iris blieb noch immer wie angewurzelt stehen.

Auch Keith stand stumm da, tief in Gedanken versunken. Iris stellte sich die bange Frage, wie er wohl reagieren würde, wenn er sie bemerkte. Und wie konnte sie ihm sagen, was sie für ihn und Krista empfand? Er hatte Mrs. Cavenaugh verboten, Iris zu benachrichtigen. Vielleicht wollte er wirklich nichts mehr von ihr wissen.

Auf einmal schien Keith ihre Anwesenheit zu spüren. Er drehte sich um und schaute sie kalt an.

„Iris?" Er zog die dunklen Augenbrauen zusammen. „Woher weißt du es?"

„Mrs. Cavenaugh hat es mir berichtet."

„Diese Frau kann den Mund nicht halten!" Es klang beißend, und Iris wurde immer unsicherer. War es ein Fehler gewesen, herzukommen? Womöglich empfand er sie als aufdringlich. Was sollte sie nur tun? Zögernd ging sie einen Schritt auf ihn zu. Es gab so viel zu sagen, so große Missverständnisse aus der Welt zu schaffen. Aber war das überhaupt möglich?

„Es tut mir so leid, was mit Krista geschehen ist", flüsterte sie, und der Schmerz in ihrer Stimme war nicht zu überhören.

Keith schloss für einen Moment die Augen. Als er sie wieder öffnete, waren sie klar und nicht mehr so verzweifelt. „Ich bin froh, dass du gekommen bist", sagte er zu ihrer grenzenlosen Überraschung mit rauer Stimme.

„Konntest du dir denn nicht denken, dass ich kommen würde?"

„Ich weiß überhaupt nicht mehr, was ich denken soll, Iris“, gestand er mit einem Seufzer.

„Wie ... wie geht es Krista?“

Keith ließ sich auf die Kante der orangefarbenen Couch fallen und rieb sich den verspannten Nacken. „Dr. Sampson glaubt, dass sie wieder ganz gesund wird. Sie hat eine Gehirnerschütterung und war einige Zeit bewusstlos, kam aber wieder zu sich. Man hat ihr etwas zur Beruhigung gegeben, und jetzt schläft sie. Der Arzt meint, dass sie bald aufwacht. Dann darf ich sie sehen. Dieses Warten, diese Ungewissheit zerren an meinen Nerven und machen mich noch wahnsinnig.“

Iris setzte sich neben ihn. Sie zerbrach sich den Kopf, wie sie Keith trösten sollte. Obwohl sie nur wenige Zentimeter von ihm trennten, kamen sie ihr wie Kilometer vor. Keith hatte die Augen geschlossen und sich ganz in sich zurückgezogen. Er sah erst auf, als er Schritte hörte. Dr. Sampson näherte sich, und Keith sprang auf.

„Wie geht es ihr?“, fragte er aufgeregt.

Der untersetzte Arzt lächelte. „Beruhigen Sie sich, Mr. Webster. Krista wird wieder in Ordnung kommen. Sie ist soeben aufgewacht, und Sie können jetzt zu ihr.“

Keith lief so schnell zu Kristas Zimmer, dass Iris kaum mit ihm Schritt halten konnte. Sie betrat hinter ihm den weiß getünchten Raum und blickte in banger Erwartung auf die zarte Gestalt in dem großen Bett.

Kristas Gesicht war fast so weiß wie das Laken, auf dem sie lag. Der Verband um den Kopf ließ sie noch zerbrechlicher aussehen, und in dem dünnen Arm, der mit einer Mullbinde am Bett festgebunden war, steckte eine Infusionsnadel. Aus der Flasche über dem Bett tropfte eine farblose Flüssigkeit in die Vene des Mädchens. Ein Anblick, der Iris erschauern ließ.

Nach einer Weile, die Iris wie Stunden vorkam, zuckten Kristas Lider, und sie öffnete langsam die Augen. Verwirrung und Angst spiegelten sich in dem kleinen Gesicht. „Daddy?“

„Krista, Liebling, ja, ich bin bei dir.“ Keith konnte kaum sprechen. Er streichelte ihre Wangen. „Ach Kleines, wie froh ich bin, dass du wieder redest.“

Krista wollte den Kopf heben, doch ihr Gesicht verzog sich vor Schmerz. „Ohhh“, stöhnte sie auf. „Wo bin ich?“

„Im Krankenhaus, Liebling. Du wolltest Figaro fangen und bist dabei gestürzt. Erinnerst du dich?“

„Figaro? Wo ist er?“

„Mrs. Cavenaugh kümmert sich um ihn.“

Krista wandte den Blick und entdeckte Iris. „Sie sind gekommen, Iris? Wie schön.“ Ihre Augen leuchteten auf. „Ich wusste ja, dass Sie mich nicht im Stich lassen würden.“

„Du hattest recht“, erwiderte Iris mit erstickter Stimme und trat ans Bett. „Du dachtest doch nicht, dass ich dich jemals verlasse?“

„Natürlich nicht. Siehst du, Daddy, ich habe dir doch gesagt, dass sie zurückkommt.“

„Ja, Liebling, das hast du gesagt“, flüsterte Keith bewegt.

Dr. Sampson betrat das Zimmer. „Aha, kleine Dame, du bist endlich wach. War auch höchste Zeit. Dein Vater hat sich schon große Sorgen um dich gemacht.“

„Das tut Daddy immer.“

„So? Aber du solltest in Zukunft etwas vorsichtiger mit Treppenstufen sein. Und nun musst du ruhen. Ich schicke deinen Daddy jetzt weg. Aber er darf später wiederkommen. Einverstanden?“

Enttäuschung spiegelte sich auf Kristas feinen Zügen, doch sie gab nach. „Also gut. Daddy, du kommst doch bestimmt?“

„Du kannst dich darauf verlassen, mein Liebling.“ Keith musste seine Rührung verbergen.

„Und Sie, Iris?" Krista blickte fragend auf Iris, die einen raschen Blick mit Keith wechselte und das Mädchen dann zärtlich anlächelte. „Ich komme selbstverständlich auch. Wenn du möchtest, schon sehr bald."

Draußen auf dem Gang erfuhren Iris und Keith von Dr. Sampson Genaueres über Kristas Zustand. Er versicherte Keith, dass sie sehr gut auf die Behandlung anspreche und dass man sich keine Sorgen zu machen brauche. Iris war ungeheuer erleichtert, und auch Keith fiel sichtlich ein Stein vom Herzen. Sie verließen zusammen das Krankenhaus, und Iris fragte ihn, ob sie ihn nach Hause bringen solle. Doch er schüttelte den Kopf.

„Nein danke, ich habe meinen Wagen hier." Iris versuchte, sich ihre Enttäuschung nicht anmerken zu lassen. Keith sprach weiter: „Ich muss noch kurz bei Mrs. Cavenaugh vorbeischauen und ihr über Krista berichten. Ich weiß, dass sie sich große Sorgen um sie macht."

„Sehen … sehen wir uns später?", brachte Iris stockend hervor.

„Möchtest du denn?"

„Ja. Ich habe dich sehr vermisst."

Keith drückte sie leicht an sich, und sie spürte sein Herz schlagen. „Ich komme in einer Stunde zu dir. Dass ich erst zu Mrs. Cavenaugh muss, verstehst du doch?"

„Oh ja", flüsterte sie und blickte Keith nach, der zu seinem Wagen ging.

In ihrer Wohnung angekommen, lief Iris nervös auf und ab. Aus einer Stunde wurden zwei, und noch immer keine Spur von Keith. Was war mit ihm? Würde er überhaupt kommen? Sie versuchte, sich das Warten zu verkürzen: mit Auspacken, Duschen und starkem Tee. Als er endlich erschien, war sie darauf gefasst, dass er Schluss machen würde. Zu viel war geschehen, zu viele böse Worte waren gefallen. Es hatte wohl keinen Sinn mehr, etwas kitten zu wollen. Keiths düstere Miene bestätigte ihre Ängste.

„Tut mir leid, dass ich mich verspätet habe", entschuldigte er sich, machte aber keine Anstalten, seine Jacke auszuziehen. Iris merkte ihm an, wie unwohl er sich fühlte, und das nahm ihr jede Hoffnung. „Ich bin die letzten zwei Stunden im Kreis herumgefahren und habe mich gefragt, wie ich dir sagen soll, was gesagt werden muss", bekannte er.

„Ich verstehe", flüsterte sie in tiefster Verzweiflung.

„Danke, dass du ins Krankenhaus gekommen bist."

„Das war doch schließlich selbstverständlich." Sie lächelte schwach. „Krista bedeutet mir sehr viel."

„Iris." Keith schaute sie eindringlich an und schluckte. „Ich weiß nicht, was ich sagen soll, um mich bei dir wegen meines hässlichen Verdachts zu entschuldigen."

„Bitte, Keith, nicht heute, nicht nach allem, was mit Krista geschehen ist. Es … es ist nicht wichtig."

„Verdammt, Iris, lass mich doch wenigstens erklären, wie es dazu kommen konnte. Wenn du mich anschließend wegschickst, werde ich gehen." Keith hockte sich direkt vor Iris auf den Couchtisch, sodass es ihr unmöglich war, seinem Blick auszuweichen. Sie musste ihm zuhören.

„Nach unserem letzten Streit grübelte ich darüber nach, wer Mitchells Komplize sein könnte. Ich gebe zu, ich war ein Narr, aber bis dahin war ich blind. Blind vor Angst, dass ich dich verlieren würde. Darum konnte ich die Tatsachen nicht klar sehen. Ich habe dir bitter unrecht getan, ich weiß. Erst als mir aufging, dass du unschuldig bist, habe ich noch gründlichere Nachforschungen angestellt, jeden Einzelnen nochmals ganz genau unter die Lupe genommen. Dabei entdeckte ich, dass Cameron ein Verhältnis mit Olivia hat. Nun fügte sich alles zusammen. Olivia wusste ein bisschen zu genau über dich Bescheid und hat den Verdacht äußerst geschickt auf dich gelenkt. Die Sache mit dem Schlüssel, dein Treffen mit Cameron am Tag der Vorverhandlung, all das, was sie mir scheinbar harmlos mitteilte. Sie erwähnte dich bei jeder Gelegenheit und erzählte mir, dass du mit Mitchell eng befreundet seist. Und Cameron, dieser Mistkerl, hat es nie bestritten."

„Ich kann es immer noch nicht glauben", warf Iris ein.

„Leider ist es wahr. Ich hatte Olivia schon früher verdächtigt, wurde aber dann abgelenkt, weil Krista mir solche Sorgen machte. Herrje, wie konnte ich dir auch nur für einen Moment zutrauen, dass …"

Iris berührte sanft seinen Arm und sagte leise: „Ist schon gut."

„Das ist es nicht." Er schloss die Augen und schüttelte den Kopf. „Ich kann mich selbst nicht begreifen, denn ich habe mich gleich am ersten Tag hoffnungslos in dich verliebt. Nein, das ist untertrieben. Ich *liebte* dich, Iris, und trotzdem glaubte ich, dass du Camerons Komplizin bist. Ich muss von Sinnen gewesen sein."

Iris glaubte sich verhört zu haben. Was hatte Keith soeben gesagt? Er liebte sie? Konnte das wahr sein? Sie schaute ihm prüfend in die Augen und registrierte den von tiefer Liebe erfüllten Blick. „Das ist jetzt alles unwichtig", flüsterte sie. „Als ich von Kristas Unfall erfuhr, wusste ich, dass nichts anderes zählt außer Krista und dir."

„Was willst du damit sagen?", fragte Keith gespannt.

„Ich will damit sagen, dass ich dich liebe und dich nur deshalb nicht heiraten wollte, weil ich glaubte, dass du mich nicht liebst."

„Wie konntest du nur so blind sein?" Er streckte die Arme aus und zog Iris an sich. „Das war doch deutlich!" Keith wartete ihre Antwort nicht ab. Er neigte den Kopf und verschloss ihren Mund mit einem leidenschaftlichen Kuss, sodass Iris alles um sich herum vergaß.

„Ich lasse dich nie wieder fort“, schwor er. „Wenn Krista aus dem Krankenhaus kommt, werden wir heiraten.“

„Einverstanden, da will ich dir nicht widersprechen, Keith“, sagte Iris lächelnd. „Diesmal nehme ich deinen Heiratsantrag an.“

– ENDE –